Monotheismus: elementarer Faktor der Gewalt?

Über den Autor

In seinen Büchern soll der Charakter des Schriftstellers zum Ausdruck kommen.

Joachim Endemann ist am 26. Oktober 1953 in Mülheim an der Ruhr geboren. Es begann schon in der ersten Schulzeit, zuerst noch aus einem Gefühl heraus, sich zu äußern, wenn „etwas nicht zu stimmen" schien — ob in der Schulklasse oder im Verhalten von Menschen untereinander. Dann, mit wachsendem Bewußtsein, waren es insbesondere die Diskussionen während der weiterführenden Schulzeit (Fachhochschulreife), die zur Artikulation seiner eigenen Sichtweise beitrugen: es zählte das bessere Argument. Diese Entwicklung setzte sich fort während der beruflichen (Schaufenstergestalter; Krankengymnast) und der (primär fernuniversitären) Studienzeit (*zuerst 4 Semester an der Fernuniversität Hagen, u.a. Sozialwissenschaften, dann in den 80er Jahren 2 Semester Kunstgeschichte, mit dem Schwerpunkt „Ikonographie", an der Universität Santiago de Compostela und, nochmals Jahre später, d.h. in den 90er Jahren, 4 Semester Études germaniques [inkl. „Histoire contemporaine allemande"] im Rahmen eines Fernstudiums am „Mirail" in Toulouse, d.h. zu der Zeit, als der Autor in seinem Haus in den franz. Pyrenäen oft lange Monate des Jahres verbringen konnte*). Unter anderem wurden diese Studien begleitet von Übersetzungsarbeiten, wodurch sich das Verständnis von Themenkomplexen und ihrer mehr oder weniger guten Ausleuchtung durch die jeweiligen schriftlich verfaßten Darlegungen festigte. Denn, wie sagt der Autor so treffend: *Geschichte ist das eine, die Schreibung von Geschichte, die Geschichtsschreibung also, ist das andere. Das heißt* „Geschichte" *und* „Geschichtsschreibung" *sind zwei verschiedene Paar Schuhe.*

Ein wesentlicher Ausdruck seines Charakters ist, daß für den Autor in seinem Leben nie „Karrieremachen" von Bedeutung war, sondern statt dessen ein besseres Verständnis von den anderen Menschen und von sich selbst (__las man einst nicht ohne Grund am Apollon-Tempel in Delphi: *Gn*o̲*thi saut*o̲*n* [„Erkenne dich selbst"]?__) — daß sich jenes erschließen möge, was *Anthropos* bedeuten _*kann*_: wozu dann allerdings auch das Wissen von den Bedingungen gehört, daß sich das jedem Menschen innewohnende Potential *tatsächlich* entfalten kann. _*Hierin*_ liegt der Ansatz zum Verständnis seiner Bücher, die in der *Edition !_scheuklappenfrei_!* erscheinen.

Joachim H.E. Endemann

Ist der Monotheismus von seiner Anlage her ein elementarer Faktor der Gewalt?

Edition !_scheuklappenfrei_! Band 8
EndemannVerlag

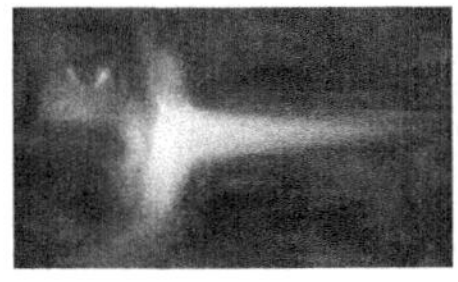

Edition !_scheuklappenfrei_!
Band 8

Ist der Monotheismus von seiner Anlage her
ein elementarer Faktor der Gewalt?

Gestaltung: Joachim Endemann
(__Schriftsatz in 9 + 10 pt Corbel__)

Herstellung:
Mybesteller BV, Delftseplein 37, 3013 AA Rotterdam, Niederlande

ISBN: 9789463984683

Die Deutsche Nationalbibliothek verzeichnet diese Publikation in der Deutschen Nationalbibliographie; detaillierte bibliographische Daten sind im Internet über https://dnb.dnb.de abrufbar.

Inhaltsverzeichnis

Einleitung

Der Autor dieses Buches stellt nicht in Abrede, daß „glauben“ zu wollen, ein menschliches Bedürfnis ist — so unsinnig sich dieses Bedürfnis für den unbedarften oder gleichgültigen Zeitgenossen im einzelnen auch ausdrücken mag. Wäre das anders, würden sich nicht so viele Menschen freiwillig einer Dogmatik unterwerfen, die ihr Recht auf freie Entfaltung _*nicht*_ „lediglich“ beschneidet

(__*gemeint ist hier sowieso allein eine persönliche Entfaltung, die nicht auf Kosten anderer geht, also auch nicht auf Kosten anderer* „Glaubensvorstellungen“, *wie gleich noch etwas auszuführen ist*__),

sondern die individuelle Entfaltung deformiert, so daß das Ergebnis zwar als „Freiheit des Gläubigen“ bezeichnet wird, tatsächlich aber nichts als eine Neurose ist, sich dann sowohl in der Art der Abgrenzung gegen andere ausdrückend als auch im eigenen Verhalten zeigend.

Und erheblich ist es dabei nicht, ob dies dazu dient, sich gegen eine andere Glaubensvorstellung abzugrenzen oder in Reaktion auf „religiöse Glaubensvorstellungen“ *überhaupt geschieht. Im zweiten Fall, also der* „Reaktion auf 'religiöse Glaubensvorstellungen'“, *spricht man wohl von* „Atheismus“, *allerdings ist dabei zu bedenken* — da allein nur „Reaktion“ —, *daß* „Atheismus“ *ohne* „Theismus“ *nicht zu denken ist. Demnach unterscheidet sich ein solches* „Abgrenzen“ *bloß in der „neurotischen Schattierung“ von der des* „Nachbarn“ *der gemeinsamen Glaubensvorstellung* _oder_ — dann deutlicher — *von der der* „Nachbarglaubensvorstellung“. *Wobei eine Monotheisierung des Glaubens zu einer für den entsprechenden Monotheismus typischen Neurotisierung aller seiner Gläubigen führt — und auf diese Weise zum gesellschaftspolitischen Problem wird, da gerade* „Glaubenssysteme“ *direkten Einfluß auf das nehmen, was man Psyche oder Seele nennt.*

Es folglich noch die Frage ist, ob es dabei tatsächlich um „Glauben“ geht oder nicht eher um ein gruppendynamisches Phänomen, das über die Redensart: „Mit den Wölfen mußt du heulen" genauso für religiöse Glaubensvorstellungen auf den Punkt zu bringen wäre ...

„Recht auf freie Entfaltung"

Es ist ein Recht auf freie Entfaltung gemeint, daß nicht reklamiert, dies ohne weiteres auf Kosten anderer tun zu können, und zwar aus dem einfachen Grund, da in einem solchen Fall diese Freiheit nicht wegen eigener Substanz gegeben wäre, sondern lediglich wegen der Hereinnahme von „Freiheitselementen", die an sich einem bzw. mehreren anderen Menschen eigen sind — machte doch, objektiv gesehen, eine auf diese Weise gewonnene „Freiheit" _*alle*_ Beteiligten unfrei.[1]

Übrigens ist mit einem richtigen Verständnis von Freiheit direkt die Frage gekoppelt, unter welchen Bedingungen die Bildung einer _*eigenen*_ Meinung überhaupt erst möglich sei.[2]

---

[1] Vgl. in: Die *tri*_logische Sezierung des lobbykratischen Zeitalters, Bd I: „Es werde mehr Licht! Mehr Demokratie wagen in der Lobbykratie? Untersuchung über die Konsequenzen der bürgerlichen Real-Demokratie", Teilbände 1-3, die Seite 413, beginnend mit: „Es ist _*nicht*_ gut, herrscht ..."; die Seiten 441 f., beginnend mit: „Der Grund für diesen stellvertretenden ..."; und in: a.a.O., Teilband 4, die Seite 22, beginnend mit: „Hierzu gilt es zu verstehen, daß Freiheit ...". — Bezogen auf dieses Buch gilt bei Verweisen im weiteren die folgende Titelkürzung: „Die *tri*_logische Sezierung [...], Band I"; entsprechendes gilt für die Bände II + III.

[2] Vgl. hierzu in: Die *tri*_logische Sezierung des lobbykratischen Zeitalters, Band II: „Zwischenrufe in satirisch-politischen Variationen oder Reale Betrachtungen dadaistisch-surrealer Phänomene in der Lobbykratie", die Seiten 219 f., beginnend mit: „Es ist viel von Freiheit der Meinung die Rede ...", sowie in: a.a.O., Band III: „'Ich stimme nicht zu!' — Gesellschaftspolitische Lesungen über den Neowilhelmoliberalismus und seine Konsequenzen", Teilband 1, erster Teil: „Von *Pen*_Pushern und *Spin*_Doktoren". — Bezogen auf diese beiden Bücher sowie den Band I gelten bei Verweisen im weiteren die folgenden Titelkürzungen: „Die *tri*_logische Sezierung [...], Band I", „Die *tri*_logische Sezierung [...], Band II", bzw. „Die *tri*_logische Sezierung [...], Band III".

Aber es ist notwendig, die Frage: „Ist der Monotheismus von seiner Anlage her ein elementarer Faktor der Gewalt?“ von einem weitmöglichst aufgeklärten Standpunkt aus zu stellen, da die Masse der Menschen einem global sich ereignenden „kollektiven Emotionalisierungsprozeß“ ausgesetzt ist. Dieser Prozeß ereignet sich jedoch lediglich als Konsequenz aus der Ende des Kalten Krieges ungehindert eingesetzt habenden „Neoliberalisierung“ möglichst aller Weltgegenden, die zur Chaotisierung ganzer Gesellschaften geführt hat und führt, mit der wiederum, u.a., kollektive Fluchtbewegungen und sich kollektiv auswirkende soziale Druckerhöhung einhergehen.

Zwar vollzieht sich dieser „kollektive Emotionalisierungsprozeß“ im einzelnen Menschen auf unterschiedliche Weise, allerdings ist zu vermuten, daß dieser sich im fanatisierenden Sinne ereignet, fehlt es dem Menschen zum einen an fundiertem Wissen über jenes, gegen das er sich (__*allein oder im Kollektiv*__) dann richtet und geht dieser Prozeß zum anderen mit der Projektion eigener Defizite einher, da dies den einzelnen Menschen (__*allein oder im Kollektiv*__) reflexhaft reagieren läßt.

Das Ausmaß der Projektion

Das Ausmaß der Projektion gibt nicht nur darüber Auskunft, wie emotional versaut man selbst ist, sondern auch über den Illusionsgrad eigener emotionaler Sauberkeit, der genau dem tatsächlichen Grad emotionaler Verkommenheit entspricht. Es dürfte einleuchten, daß, zur Vermeidung ihres Gewahrwerdens, das stetige Projizieren notwendig ist, da ansonsten ein _*Projektionist*_ nicht funktionsfähig bliebe. Einerseits ist das einem Projektionisten glücklicherweise nicht bewußt, andererseits ist es ihm genau aus diesem Grund nicht möglich zu sich selbst zu kommen, denn wesentliche Elemente seiner selbst hat er ja *weg*_projiziert, so daß es nicht ratsam wäre, ließe man ihn allein — wollte er sich _*tatsächlich*_ die Frage stellen: „Wer bin ich?“.

Demnach liegt es auf der Hand, daß das projektionistische Phänomen nicht kleiner, sondern gefährlich größer würde, stellten Projektionisten die Sinnfrage kollektiv: „Wer sind wir?".[3]

> Argumentativ darf man sich nicht auf das Niveau des *Schablonen*_Denkens, des *Reflex*_Denkens, des *Nur-so-geht-es*_Denkens, also des *Nicht*_Nachdenkens einlassen, da andernfalls, wenn auch nicht gleich anfänglich, aber in der Folge dann, aus einer Perspektive des selbst _*unzureichend*_ ausgeleuchtet bleibenden eigenen Kulturkreises heraus eben _*keine eigenen*_ Überlegungen angestellt werden, was zu einem dementsprechend folgenreichen „Argumentieren" führt, daß das „Problem" entweder bei den „anderen" verortet oder so beantwortet wird, daß seine „Lösung" allein unter den herrschenden Bedingungen als möglich hingestellt wird: die herrschenden Bedingungen sind es aber, die die gesellschaftspolitischen wie auch die natürliche Umwelt betreffenden existentiellen Probleme, sich bspw. auf das natürliche Klima auswirkend, erst verursachen. Wie sollten die damit verbundenen existentiellen Fragen aber gelöst werden, bleiben die gesellschaftlichen Machtverhältnisse unangetastet?

Da es zwar, vom direkten Ergebnis her gesehen, keinen Unterschied macht, ob sich Menschen wegen handfester, weltlicher Interessenkonflikte oder wegen spekulativer Streitereien bezüglich einer von Menschen vorgestellten und mit, in _*ihnen*_ selbst liegenden Kräften ausgestatteten „Größe" töten, es aber grundsätzlich fragwürdig ist, geschieht das Töten nicht „lediglich" wegen einer Glaubensvorstellung von einem einzigen, in völliger Abstraktheit „vorgestellten" — *obwohl behaupteterweise alle Menschen liebenden* — Gott, sondern das dann sogar im Namen einer solchen von Menschen vorgestellten Abstraktheit tun zu „m ü s s e n", wird sich der erste Teil dieses Buches zwar vorwiegend mit den monotheistischen Religionen beschäftigen.

[3] Quelle: Die *tri*_logische Sezierung [...], Bd III, Tb 1, Seiten 358 f.

Exkursion:

Die volle Ausformulierung einer monotheistischen Glaubensvorstellung

Da die volle Ausformulierung einer monotheistischen Glaubensvorstellung aber von machtpolitischen Überlegungen (__„weltlichen" *also*__) begleitet wird, ist es gerechtfertigt, zu vermuten, daß es _*ohne*_ machtpolitisches Streben keinen Monotheismus gäbe.

Man denke an Konstantin den Großen (__vielleicht um 272–337__), der im Jahre 325 dem ersten Konzil (__in Nicäa__) vorsaß. Denn es ist nicht anzunehmen, daß er das aus Gläubigkeit tat, da selbst die Behauptung, er habe sich erst auf dem Sterbebett taufen lassen, Teil der christlichen Kirchenlegende zu sein scheint, sondern für diesen Vorsitz ist allein _*der*_ Grund plausible, daß Konstantin der Große _*der*_ weltliche Herrscher war.

Und in _*dieser*_ Eigenschaft hatte er erkannt, daß ein monotheistischer Glaube das beste Herrschaftsmittel sei, daß sich ein weltlicher Herrscher überhaupt wünschen kann. Folglich konnte es ihm nur darum gehen, die Paulinische Kirche als weltliches Machtinstrument zu verwenden — weltliche Herrscher lassen sich nun einmal allein vom Machtwillen leiten, andernfalls wären sie keine Herrscher. Man denke in diesem Zusammenhang auch daran, daß Jahrhunderte später eine vom Klerus fabrizierte Fälschung begründen sollte, daß die katholische Kirche als alleinige Herrscherin über das Römische Reich, zumindest seinen westlichen Teil, deshalb zu gelten habe, da es ihr von Konstantin „geschenkt" worden sei. Von dieser „Konstantinischen Schenkung" ist später noch zu sprechen.

Machtpolitisches Streben geht aber immer von entsprechenden Eliten aus. Demnach liegt das eigentliche gesellschaftspolitische Problem im Streben der Eliten von staatlich organisierten Gesellschaften, ihre Macht zu etablieren, zu festigen und über ihren eigenen (__*territorialen*__) Kernbereich hinaus auszudehnen. Zur Verfolgung solcher weltlichen Ziele war einst die Etablierung einer monotheistischen Glaubensvorstellung ungemein dienlich, wenn nicht gar eine Voraussetzung zur Organisierung eines komplexen gesellschaftlichen Gefüges — wegen des als Einheit wahrgenommenen Politischen und Religiösen.

Seitdem es Herrscher komplexer gesellschaftspolitischer Gebilde gibt, waren für diese weniger die Götter ihrer Länder zu berücksichtigen als deren entsprechende Priesterschaft, die die Köpfe der jeweiligen Gläubigen beherrschten, da lediglich auf diese Weise weltlich herrscherlicher Erfolg möglich werden konnte. Weltliche Herrschaft ist jedenfalls ungemein leichter auszuüben, gibt es möglichst nur eine Priesterschaft. — Eigentlich ist aber die Herrschaft von Menschen über Menschen kein naturgegebenes Phänomen, sondern ein gesellschaftspolitisches. Insofern wäre dann Monotheismus Ausdruck eines tiefgreifenden Entfremdungsprozesses des menschlichen Wesens, oder vielleicht sogar das Ergebnis dieses Prozesses.[4]

Die Etablierung des Monotheismus', als alle Mitglieder einer Gesellschaft verbindendes Element, dessen sichtbare Spiegelung das europäische Feudalsystem war, erleichterte das politische Handeln in Europa ungemein. Dieses Machtmittel: die Herrschaft über die Köpfe der Masse der Menschen zu gewinnen, blieb mit dem in der Renaissance in Europa einsetzenden Ende der religiösen Einzigartigkeit[5] erhalten — für die Machteliten entstand lediglich die Notwendigkeit, ihr politisches Instrumentarium an die sich gewandelt habenden gesellschaftlichen Veränderungen in ihren Staaten anzupassen. Dies war die Geburtsstunde des „Absolutismus'".

---

[4] Daß „Herrschaft" Ausdruck eines problematischen gesellschaftspolitischen, aber keines sich naturgesetzlich notwendig ereignenden Prozesses ist, klingt an in: Prodosh Aich, « Das Vedische Erbe » — *Nachdenken über systematisch zurückgehaltene WAHRHEITEN* (__der korrigierte Originaltitel lautet: « The Vedic Heritage » — *Reflections on systematically concealed TRUTHS*__), aus dem Englischen übertragen vom Autor des Ihnen vorliegenden Buches, Band 13 der Edition !_scheuklappenfrei_! _ EndemannVerlag, Mülheim an der Ruhr, September 2019.

[5] Vgl. in: Die *tri*_logische Sezierung [...], Band III, Teilband 2, Anhang I: „Exkursion zu dem in der *markt*_konformen Gesellschaft bedeutungslos gewordenen, _*begrifflichen*_ Inhalt des Humanismus'".

Für den absolutistischen Staat war entscheidend, das *Monopol über die öffentliche Meinung* zu gewinnen und zu erhalten. Die Etablierung dieses Monopols war gegen das Meinungsmonopol des Klerus durchzusetzen. Bei diesem Vorhaben war das aufstrebende Bürgertum, das sich wegen seines „ökonomischen Denkens" vom Meinungsmonopol des Klerus gehemmt fühlte, der natürliche Verbündete des absolutistischen Herrschers, so daß mit der Etablierung des absolutistischen Meinungsmonopols zugleich der Keim für den „Nationalstaat" gelegt wurde.

Vielleicht ist sogar zu sagen, daß im „Nationalstaat" die „mentale Homogenisierung" seiner Bewohner, die „Bürger", zu bewirken bzw. aufrechtzuhalten, noch wichtiger ist als in allen anderen gesellschaftspolitischen Systemen, da behauptet wird, ein Nationalstaat sei letztlich der „Staat seiner Bürger". Das stimmt aber nicht, denn tatsächlich ist auch der „Nationalstaat" weiterhin das von der Machtelite beherrschte Organisationselement der Bewohner eines Nationalstaates. Die schon im Absolutismus verwendeten Mittel wurden nur verfeinert, und diese primären Mittel sind das allgemeine Schulsystem und die mittels „Massenmedien" veröffentlichte Meinung. Letztlich aber ist die Zielsetzung keine andere als die einst von den Vertretern des Monotheismus' verfolgte: Macht über die Köpfe der Bewohner des von einer staatlichen Machtelite beherrschten Territoriums' auf eine Art und Weise zu gewinnen *_und_* zu behalten, daß diese Bevölkerung quasi wie eine Person auf die von der Machtelite gewünschte gesellschaftspolitische Richtung reagiert und sich dann entsprechend „bewegt": Es sind immer nur „Updates der Machtmethode".[6]

Das Mittel, die Untertanen des absolutistischen Herrschers für sich „geneigt" zu machen, und um zugleich das Monopol des Klerus

---

[6] Siehe in diesem Zusammenhang auch in: « Sie fragen noch, wie die ›Verhältnisse‹ liegen? », die Seiten 576 ff., beginnend mit: „... bevor wir zum *über_*sichtenden Aspekt kommen ...", da sich die dortigen Erläuterungen mit genau dem befassen, das in dieser Anmerkung steht: „Für den absolutistischen Staat war entscheidend ...".

zu brechen, fand man in der Einführung eines einheitlichen „weltlichen Schulsystems"[7]. Zugleich war dies die Keimlegung des „Nationalstaates" (__*des bürgerlichen Staates*__), denn mit der Einführung eines einheitlichen „weltlichen Schulsystems" wurde auch jenes gelehrt, das die Grundlage der bürgerlichen Gesellschaft ist, nämlich sein „kapitalistisches Wirtschaftsprinzip", das nicht allein zur „Ökonomisierung" aller Lebensbereiche führt, sondern auch zur „Ökonomisierung" des Denkens _*und*_ Fühlens.

Die Machtelite, der ein „Herrscher" vorsteht, der aber letztlich von dieser Machtelite und von der Masse der Bevölkerung, die im Sinne dieser Machtelite funktioniert, abhängig ist, „versteht" die Masse der Bewohner ihres (__*also des*__) Nationalstaates (__*der Machtelite*__) als „mental zu homogenisierende Einheiten", wobei diese Homogenisierung durch die „Setzung von Ideen"[8] und die Identitätsschaffung durch Absonderung von anderen Gesellschaften (__*bspw. Nationalstaaten*__) erzielt wird, „begründet" in einer „Erzählung", die ein „Heimatgefühl" erzeugt.

Dies also ein „Gefühl", das kein gelebtes, da es lediglich ein über das Denken erzeugtes „Gefühl" ist, das aber wie ein „schon immer 'gewußtes' Gefühl" wirkt. — Sie halten es nicht für möglich, über das Denken Gefühle zu erzeugen? ... *das sollten Sie besser nicht*: „Ich fühle mich unwohl in deiner Gegenwart", sagte die Maus zu dem Wesen, das wie eine Katze aussah, das sie zu beruhigen wußte, indem es erwiderte: „du hast nur deshalb dieses Gefühl, da Dein Nachdenken es in dir erzeugt hat, vergiß das, was du weißt und denke nicht, dann fühlst du nicht".

Tatsächliches „Heimatgefühl" kann ausschließlich dort entstehen, wo einem menschlichen Wesen _*eigne*_ Erfahrungen allein möglich sind, nämlich dort, wo es selbst „verankert" lebt.

---

[7] Vgl. bspw. Johann Bernhard Basedow, von dem, u.a., in dem Buch die Rede ist, auf das in der Fußnote 6 hingewiesen wird, und zwar genau in dem dort benannten Abschnitt.

[8] Vgl. in: Die *tri*_logische Sezierung [...], Bd III, Tb 2, die Seiten 593 f.: „Die politisch folgenreiche *Ideen*_Setzung: 'Völker sind Gedanken Gottes'".

Eingeübt werden solche „nationalstaatlichen Heimatgefühle" mittels eines allgemeinen Schulunterrichts, die Schaffung von Symbolen und die Errichtung eines „Regelsystems", dessen Credo man bspw. so benennen könnte: a) „Müßiggang ist aller Laster Anfang" — obwohl es doch die „Muße" ist, die erst über das zu reflektieren erlaubt, das man gerade getan hat: um es vielleicht zu korrigieren, und b): „Du mußt nach vorne schauen!".

Das ist heute nicht anders, mit oder ohne EU: Die als „Bürger" bezeichneten Insassen der Nationalstaaten sind „mental homogenisiert" Verwaltete, und diese Tatsache würde sich nur noch vergrößern, wenn es jemals einen EU-Bundesstaat gäbe, da er dann eine noch größere selbstentfremdende Wirkung hätte.[9] — Es geht aber darum, daß sie zu *Citoyens* werden.[10]

Der Begriff „Citoyen" wird hier nicht mit „Bürger" übersetzt, was möglich wäre, aber ein „Citoyen" unterscheidet sich von einem „Bürger" dadurch, daß er, bzw. eine Citoyenne, im _*menschenmöglichen*_ Sinne wirklich frei ist, d.h. sich sowohl für sich selbst als auch für das Gemeinwesen verantwortlich fühlt, während ein „Bürger", im Sinne eines „nationalstaatlichen Insassen"[11], eher jemand ist, der verwaltet (__*administriert*__) wird. So ist ein solcher „Bürger" im Französischen ein *„administré"*, bzw. eine *„administrée"*. Nicht, daß dieser Fakt den meisten Franzosen heutzutage noch auffiele, denn *un*_üblich ist es nicht, ruft ein französischer Politiker sie, anläßlich einer Wahlkrampfveranstaltung, mit: « Chers administrés ! » an.

---

[9] Siehe in: « Sie fragen noch, wie die ›Verhältnisse‹ liegen? », dort bspw. die Aspekte 21: „Wem dient die EU und wem nicht?" und 34: „Sind Sie EU_*pist* oder EU_*pistin*?".

[10] Vgl. in: a.a.O., *Quintessenz*-Aspekt 2: „Was mag *externe Öffentlichkeitsarbeit* bezwecken?".

[11] Zu „nationalstaatlichen Insassen" siehe in: Die *tri*_logische Sezierung [...], Bd I, die Seiten 309-15, sowie in: a.a.O., die Seiten 497 f.

Deshalb „Citoyen" und nicht „Bürger", geht es an dieser Stelle doch um Differenzierung und Verdeutlichung, und was es heißt, wirklich ein Mensch, ein entwickeltes Wesen (__*selbstbewußt und verantwortungsbewußt zugleich*__), das um die Verletzlichkeit seiner Integrität weiß und sie dennoch zu bewahren versteht, also ein *In*_dividuum ... wie gesagt: ein *ent*_wickelter Mensch, ein sich selbst aufgerichtet habendes _*wesendes*_ Wesen — also ein *Anthropos* zu sein. Nun, wären die meisten Bewohner der Nationalstaaten allerdings Citoyens, gäbe es diese als Nationalstaaten bezeichneten Spielwiesen der Machteliten nicht.[12]

Ende der Exkursion: „Die volle Ausformulierung
einer monotheistischen Glaubensvorstellung"

Nun, da aber das Töten im Namen einer solchen, von den Menschen vorgestellten Abstraktheit, die sozusagen die „Spezialität" einer jeden monotheistischen Religion ist, ist aus meiner Sicht in den Kapiteln des ersten Teils dieses Buchs das Besondere am Monotheismus zu beleuchten. Schon allein deshalb, da es keine Rolle spielt, ob diese „Spezialität" aktuell praktiziert wird oder nicht. Denn, wegen der „monotheistischen Spezialität" des Anspruchs auf Ausschließlichkeit, haben diese Religionen dieses Potential grundsätzlich in sich und stellen folglich ein ernstes gesellschaftliches Problem dar, das seinen Grund in der oben angesprochenen Abstraktheit und im Bestreben von Machteliten findet, ihre Dominanz auf dem Territorium ihrer entsprechenden „Spielwiese" (__*heute meist* „Nationalstaat" *genannt*__) möglichst „ökonomisch" abzusichern, die zu diesem Zweck sowie zur Realisierung ihrer expansionistischen Absichten, ein spezifisches Instrument benötigen, da ihnen das erst erlaubt, die Masse der Menschen ihres Staates in ihrem Sinne derartig zu manipulieren, als hätten sie es mit einer einzigen Person zu tun.

---

[12] Zu „machtelitären Spielwiesen", siehe in: Die *tri*_logische Sezierung [...], Bd I, Tbb 1-3, die Seiten 309-15, beginnend mit: „Nun, für Machteliten stellten und stellen Nationalstaaten ...".

Der zweite Teil dieser Untersuchung beschäftigt sich dann mit „'gefühlt-gedachter' Wahrnehmungsweise, dem Ursprung der Prophetie und dem Werden des 'Religiösen' als gesellschaftliches Machtmittel". Dabei geht es dann selbstverständlich auch um das, was oft als „'pagane' Glaubensvorstellungen" bezeichnet wird und nichts mit „Monotheismen" zu tun hat, ja mitunter überhaupt nichts mit „Religion" im heute verstandenen Sinne zu tun haben kann.

Der Begriff „pagan"

hat wahrscheinlich sein Herkommen vom syrischen Wort *hunafā*, das auf *ḥanpā* (__Plural *hanpē*__) zurückgeht, das genau das bedeutet, was man unter „heidnisch" versteht.[13] Dieser Begriff wurde später von den Römern übernommen. Im Lateinischen bedeutet „pagan" ursprünglich „Dorf" — *oder mehrere zusammengehörige Dörfer* — mit den zugehörigen Bewohnern. Dieser Begriff wurde weiter abgewandelt, um einen Dorf- oder einen Landbewohner bzw. einen Bauern zu bezeichnen: *pagus*. Oder er wurde allgemein für die Landbewohner, die „Landleute" verwendet: *pagani*. Unter kirchlichem Einfluß diente der Begriff „pagan" der Abgrenzung vom christlich-monotheistischen Glauben und bezeichnete den oder die „Heiden", sowie jenes, das nicht zum Horizont der eigenen monotheistischen Glaubensvorstellung gehörte: das sogenannte Heidnische.

Vergleichbares gilt für die Araber. Denn, folgt man der Aussage von Guy Monnot[14], hatten die Araber der vorislamischen Zeit für die gleiche Bedeutung im Singular das Wort *ḥanīf* geprägt, hierbei dem syrischen Sammelbegriff *hunafā* folgend. Im Islam ist *ḥanīf* aber immer die Bezeichnung für einen gläubigen Muslim bzw. den abrahamitisch Gläubigen, womit weder „Juden" noch „Christen" gemeint sind, sondern jemand „lauteren Glaubens", also ein „Hanif", d.h. ein „Muslim".[15]

---

[13] Siehe Guy Monnot, « Abū Qurra et la pluralité des religions », in: Revue de l'histoire des religions, Band 208, n° 1, 1991, die Seiten 49-71, dort Seite 53, Fußnote 11.

[14] Siehe a.a.O., ebenda.

[15] Vgl. Koran, bspw. die Suren 2, 129; 3, 66 und 6, 162.

So kommt es, daß die vorchristlichen Glaubenssysteme oft auch unter dem Begriff „Paganismus" zusammengefaßt werden, wozu deutsche „monotheistische Autoren" auch „Heidentum" sagen. Tatsächlich kommt aber darin jenes Eigentümliche des menschlichen Wesens zum Ausdruck, das sich nicht in den mit dem Seßhaftwerden und der städtischen Organisation einer Masse von Menschen einhergehenden „Sozialisierungsprozeß" einfügen will. Dieses „Eigentümliche" war insbesondere in dem Teil der Bevölkerung eines Landes präsent, der außerhalb der Städte bzw. der Machtzentren lebte, d.h. aus Sicht der Städter bzw. der „Machtzentrumsbewohner" im „wilden Land" , nämlich in Gegenden, die dem direkten Zugriff der Machtelite einer Stadt oder eines Machtzentrums entweder nicht oder nur unzureichend unterlagen *_oder_* sich die Bewohner dort diesem widersetzten.

* * *

Im Gegensatz zu der Behauptung: *„Der Kern der monotheistischen Religionen beruht auf Nächstenliebe und Vergebung"*, ist es evident, daß es sich hierbei um eine narzißtische Anmaßung gewisser Vertreter des Menschengeschlechtes handeln muß, denn weder auf „Nächstenliebe" noch auf „Vergebung" hat der „Monotheismus" in seinen diversen Glaubensausprägungen das Copyright — wie die Geschichte leidvoll lehrt. Genauso wenig übrigens, wie die Europäer jenes auf „Demokratie" hätten — zumal diese noch auf ihre Verwirklichung wartet.[16]

---

[16] Zur Direkten Demokratie siehe bspw. in: « Sie fragen noch, wie die ›Verhältnisse‹ liegen? », dort Aspekt 32: „Die erste Demonstration der unbewußten Real-Satiriker ereignete sich am 19. Mai 2019", die Seiten 337 ff., beginnend mit: „Denn folgendes ist keine politische Geschmacksfrage".

Anmerkung zu den gesellschaftspolitischen Verhältnissen im klassischen Griechenland

Nimmt man die durchaus schon interessante Entwicklung im klassischen Griechenland, wo die Stadtstaaten die gesellschaftliche Organisationsgröße waren, also auch überschaubare Größen, läßt sich das zwar als wichtige Etappe auf dem Weg zu einer Demokratie bezeichnen, denn wegen dieser Überschaubarkeit bestand eine _*konkrete*_ Identifizierbarkeit, wußte man doch aus der _*eigenen*_ Erfahrung, was es bspw. bedeutete, sagte jemand: „der per Los bestimmte Ratsherr X unseres Stadtstaates hat mit dem per Los bestimmen Ratsherrn Y unseres Stadtstaates einen Disput gehabt", da realistischerweise angenommen werden konnte, daß dem Rezipienten sowohl „X" als auch „Y" persönlich bekannt waren, so daß die Bedeutung eines solchen Streitgesprächs tatsächlich einzuschätzen war.

Der sich um 1000 v.u.f.Z. ausbildende griechische Stadtstaat ist die *Polis*, die im 5. Jahrhundert v.u.f.Z. in Athen, auf den ägäischen Inseln und an den Küsten Kleinasiens zur vollen Blüte gelangen konnte. Einer der Gründe dafür ist, daß diese Gegenden — *im Gegensatz zu anderen im Griechenland der damaligen Zeit* — von kriegerischen Auseinandersetzungen mit einfallenden Volkschaften wenig berührt wurden. Das allen Poleis gemeinsame Merkmal war die Volksversammlung der Privateigentümer einer Polis und die per Los gewählten Ratsmitglieder[17].

In dieser Zeit und diesen Gegenden blühten insbesondere die Philosophie, die Geschichtsschreibung und das dramatische Theater, als Ausdruck einer politisch reifen, den „freien Blick über das Meer" wagenden Bürgerschicht — aber die dazu notwendige _*Muße*_ war lediglich auf der Basis einer Sklavenhaltergesellschaft möglich.

Bei dieser Art von „Demokratie" handelt es sich um ein Privileg, das lediglich für die sogenannten Freien der griechischen Stadtstaaten, nicht aber für die Sklaven oder für die Heloten, also nicht für die „*Staats*_Gefangenen" galt.

---

[17] Zum „politischen Losverfahren" siehe in: « Sie fragen noch, wie die ›Verhältnisse‹ liegen? », dort Aspekt 32, die Seiten 338-341.

(__Bei den Heloten handelte es sich aber tatsächlich um die von den Dorern, als einem der vier hellenischen Hauptstämme, um 1000 v.u.f.Z. unterworfene Landbevölkerung Lakoniens, und es war deren rechtloser Status, der zu den zahlreichen Heloten-Aufständen führte, so daß in diesem Teil der Peloponnes quasi permanenter Kriegszustand herrschte.__)

Nun, es waren die Sklaven, die den „Freien“ erlaubten, jene _*notwendige*_ Muße zu haben, ihre philosophischen, wissenschaftlichen und künstlerischen Überlegungen anzustellen, deren, soweit überliefert, verschrifteten, architektonischen und skulpturalen Ergebnisse wir heute noch, und das für sich genommen berechtigterweise, als „klassisch“ ansehen. Es waren also die Sklaven, die diese „Freien“ von knechtend alltäglicher Arbeit enthoben.

Allerdings stellten diese „Freien“ keine Überlegungen darüber an, wie ihr eigener Freiheitsgrad zu einem tatsächlich eigenen werden könnte, wäre der doch erst gegeben, ereignete sich Freiheit nicht mehr auf Kosten anderer — gäbe es folglich keine Abhängigen mehr und wären alle Sklaven befreit.

„Freie“ ist also bewußt in An- und Abführungszeichen gesetzt, denn wie kann ein Mensch tatsächlich frei sein, ist seine Freiheit von der Unfreiheit anderer abhängig, da dies nicht nur die anderen unfrei macht, sondern denjenigen genauso, der auf die Substanz dieser anderen angewiesen ist, sich der Illusion hingeben zu können, ein „Freier“ zu sein?

Dennoch waren die griechischen Stadtstaaten von ihrer Anlage her gesehen in der Tat nach menschlichem Maß strukturiert, denn mit ihnen war echte Identifizierung möglich, da es sich um überschaubare Organisationseinheiten handelte.

Das heißt diese Art der Staatlichkeit könnte durchaus als Vorbild für ein weltweites Organisationsprinzip genommen werden, gibt man das Herrschaftsstreben auf hegemonialer Basis auf und herrschte auf allen politischen Ebenen Transparenz. — Zumal Stadtstaaten sich anlagemäßig schlecht als Hegemonialmächte eignen.

Ende der Anmerkung zu den gesellschaftspolitischen Verhältnissen im klassischen Griechenland

Die heutigen Staaten haben allerdings nichts mehr mit den griechischen gemein, ist die Masse der Menschen doch in sogenannten, grundsätzlich anders strukturierten Nationalstaaten organisiert. Zwar gelten diese je als „Staaten der Völker", tatsächlich aber bedeutet das nicht, daß die Masse des Volkes eines Nationalstaates die in „seinem Namen" praktizierte Politik beeinflußte, denn diese wird ausschließlich über die Satelliten der Machtelite eines jeden Nationalstaates in Politik, *spin*_doktorischer Wissenschaft und Medien bestimmt.[18]

Damit ist zwar nicht gesagt, daß die Interessen der Machtelite eines Nationalstaates und jene der Insassen dieses Staates mitunter nicht in Übereinstimmung sein können. Allerdings ist das spätestens dann nicht mehr der Fall, geht es um die „harten" Interessen der Machtelite eines solchen Staates. Dann kann es sogar sein, daß die grundsätzlich unterschiedliche Interessenlage zwischen Volk und Machtelite offensichtlich wird. Es gibt keinen Fall in der Geschichte, der belegen könnte, daß eine tat_*sächlich* vom Volk bestimmte Herrschaft internationale Hegemonie erlangt hätte: Das normale Streben der Menschen zielt nicht auf Machterwerb. (_*Deshalb sprach Nietzsche im Sinne von Machteliten, nicht im Sinne der normalen Menschen.*_) Folglich ist die Masse der Menschen eines Volkes lediglich dann zu einem Krieg gegen ein anderes Land bereit, gewinnt sie den Eindruck, von diesem angegriffen zu werden. Damit die Menschen diesen Eindruck _*kollektiv*_ gewinnen, bedarf es der propagandistischen Bearbeitung. Diese Bearbeitung erfolgt immer _*dann*_ über die Massenmedien, stehen die „harten Interessen" der Machtelite eines Nationalstaates auf dem Spiel. Diese über die Massenmedien erfolgende Desinformation fällt den meisten Menschen allein deshalb nicht auf, da das sie Desinformieren kollektiv erfolgt. Auf diese Weise wird in den Menschen die Neigung gefördert, persönlichen Verzicht zu üben, da es ihnen „einsichtig" erscheint, daß die suggestiv erzeugte Bedrohungslage sowohl eine Erhöhung der Militärausgaben erfordere — *auf Kosten der gesellschaftlichen Daseinsvorsorge* — als auch die Bereitschaft, Menschenleben zu opfern. Das bedeutet: das Machtstreben der Elite eines Nationalstaates und das demokratische Streben der Masse der Menschen sind nicht vereinbar. Diesem Machtstreben kollektiv zu folgen bedeutet aber, daß die Masse

---

[18] Vgl. in: Die *tri*_logische Sezierung [...], Band III, Teilband 1, Teil 1.

der Menschen, objektiv gesehen, zu Insassen eines solchen Staates werden, der folglich nicht der ihre sein kann.[19]

Es sind die Satelliten einer jeden Machtelite, die eine wesentliche Rolle dabei spielen, daß der Masse der Menschen der grundsätzliche Interessen-Widerspruch zwischen Volk und Machtelite nicht deutlich werde. Denn diese in *spin*_doktorischer Wissenschaft, Politik und Journalistik tätige Funktions-Elite der Machtelite ist es, die massenwirksam derartig auf die Bevölkerung (__*folglich*__) _*ihres*_ Nationalstaates einwirkt, daß diese den Eindruck gewinne, alles geschähe in ihrem Interesse — *oder sie bestimme gar die politische Richtung*. Entsprechendes gilt für die Ausformulierung und Verabschiedung von Gesetzen und Verordnungen.

Bei objektiver Betrachtung der Faktenlage bedeutet das, daß die heutigen westlichen Staaten (__*die sich als* „Elitestaaten" *der Welt verstehen*__), Gebilde sind, die auf der Grundlage des alten, seit der Etablierung des Feudalsystems bestehenden Herrschaftsprinzips entstanden sind, wenn diese auch seit der Französischen Revolution eine andere Staatsform aufweisen — es sich dabei tatsächlich also um eine Transformation des in Gestalt des bürgerlichen Nationalstaates daherkommenden alten Herrschaftsprinzips handelt.

Der wesentliche Unterschied zum alten Ständestaat besteht darin, daß nun alle Bewohner eines solchen Gebildes als „Bürger" gelten, wodurch einerseits erst etwas entstehen konnte, das als „Massengesellschaft" bezeichnet wird, andererseits es hierdurch den „Bürgern" möglich ist, sich mit einer Abstraktion (__„Nationalstaat"__) zu identifizieren, von der sie, aus der _*eigenen*_ erlebten Anschauung heraus, selbst nichts Unmittelbares wissen können, sondern ledig über eine als „Leitkultur" bezeichnete Erzählung, die in der Lage ist ein (__*wegen der menschlichen Plastizität real wirksames*__) Gefühl von „Zu-

---

[19] Bezüglich der „kollektiven Desinformation" siehe in: Die *tri*_logische Sezierung [...], Band III, Teilband 1, Teil 1, sowie in: a.a.O., Band II, die Seiten 219 f., beginnend mit: „Es ist viel von *Freiheit der Meinung* die Rede ..."; bezüglich der „Insassen" eines solchen Staates, und siehe in: a.a.O., Band I, Teilbände 1-3, die Seiten 497 f., beginnend mit: „Die Bevölkerungen in den 'Elitestaaten' ...".

gehörigkeit" und „Ausschließlichkeit" zugleich zu suggerieren.[20] Folglich ist, von ihrer ganzen Anlage her, die bürgerliche Gesellschaft eines Nationalstaates eine Massengesellschaft, wobei zum einen die vor der Transformation in einen Nationalstaat gegolten habenden gesellschaftlichen Grundtendenzen und zum anderen das _*Wie*_ der Realisierung dieser Transformation es sind, die den konkreten kollektiven Charakter einer bestimmten national-staatlich organisierten Gesellschaft bestimmen.[21]

Da nun einmal anlagemäßig in einer Massengesellschaft lebend, müßten die Bürger schließlich ihre gerade erst _*vermeintlich*_ gewonnene Möglichkeit zur (__*zumindest tendenziellen*__) Ausbildung tatsächlich individueller Charakter-Züge wieder verlieren, bildeten sie nicht eine gewisse, vom _*direkten*_ gesellschaftlichen Umfeld geprägte „milieugestützte Schichtenzugehörigkeit" aus, oder, das entsprechende politische Bewußtsein vorausgesetzt, eine tatsächliche Klassenzugehörigkeit.

Wobei dieser individuelle Charakter dann aber von der entsprechenden gesellschaftlichen, „milieugestützten Schichtenzugehörigkeit" — *oder der Klassenzugehörigkeit* — geprägt würde und das Individuum den damit einhergehenden — *an es konkret* — gestellten Forderungen unterworfen wäre, so daß festzustellen ist, daß die mehr oder weniger tatsächlich vollzogene Befreiung von der alten feudalen Ständeordnung durch die bürgerlichen Revolutionen, per se nicht zu einer quasi automatisch sich ergebenden Freiheit des Individuums geführt hat — und wie die Nationalstaaten angelegt sind, sich bspw. in der Art und Weise des Verwaltetseins der Bürger zeigend, auch gar nicht gemeint ist. Und solange es eine Machtelite gibt, also eine „Gruppe", die primär ihre Interessen berücksichtigt sehen will, wird es

---

[20] Zur anlagemäßigen Plastizität des Menschen siehe in: Die *tri*_logische Sezierung [...], Band I, Teilband 4, die Seiten 139-47, beginnend mit: „das Wesen des einzelnen Menschen ist [...] plastisch ...".

[21] Das wird zwar in: a.a.O., Band III, Tb 2, Teil 4: „Der Neowilhelmoliberalismus", Lesung 16: „Die Ursprünge des Wilhelminismus'", ausreichend verdeutlichend ausgeführt, klinkt aber schon in: Die *tri*_logische Sezierung [...], Band II, auf den Seiten 386-89, beginnend mit: „Die Steilvorlagen des Establishments", an.

*niemals* eine tatsächlich aus dem Individuum selbst erwachsen kön-nende, dennoch mit der Gesellschaft „verwobene" Charakterlichkeit geben. Denn selbstverständlich ist darunter nicht das Ergebnis einer Charakterbildung zu verstehen, die in ihrer *vor*_verwebenden Phase[22] noch ohne Beeinflussung durch die gesellschaftliche und die natürliche Umwelt erfolgte — wer wollte das überhaupt als möglich annehmen? Hingegen ist eine Charakterbildung gemeint, in der gesellschaftliche Einflüsse _*nicht*_ im *ent*_fremdenden Sinne wirkkräftig sind, sondern die Bahnung des Lebensweges eines Individuums primär von seinem, in ihm vorhandenen Potential bestimmt wird, so daß sich das *Wesen der Materia* in ihm _*menschenmöglich*_ entfalten kann — die Kraft gesellschaftlicher Einflüsse in ihm bspw. nicht im Sinne von „marktwirtschaftlicher Trimmung" wirksam werden, wie es in der „marktkonformen Gesellschaft" mit ihrer *säkular-monotheistischen Religion* des Neoliberalismus' typischerweise der Fall ist, wo der Gott *Markt-regelt-alles-selbst* waltet und mittels seiner so berühmten wie berüchtigten unsichtbaren Hand und seinen meist als „Marktkräfte" bezeichneten „Kräften" in das gesellschaftliche Geschehen so richtend wie korrigierend eingreift.[23]

---

[22] Siehe zur „vorverwebenden Phase" in: Die *tri*_logische Sezierung [...], Band I, Teilband 4, die Seiten 139-47, beginnend mit: „das Wesen des einzelnen Menschen ist [...] plastisch ...".

[23] Was wesentliche Voraussetzung für die Entwicklung eines letztlich zwar an die menschliche Gesellschaft gebunden bleibenden, aber primär vom in ihm angelegten und sich schließlich über seinen Charakter _*menschenmöglich*_ ausdrücken wollenden *Wesen der Materia* bestimmten Individuums ist, als Bedingung für tatsächliche menschenmögliche individuelle Freiheit und menschliche Reifung, findet sich bspw. in: Die *tri*_logische Sezierung [...], Band III, Teilband 1, dort auf den Seiten 87-93, beginnend mit: „Die Fähigkeit zur eigenen Meinungsbildung in jedem Menschen entwickeln und charakterlich verankern", erläutert. Über die Methode, die Glaubenssätze des säkular-monotheistischen Neoliberalismus' in der Gesellschaft zu verankern, finden sich die notwendigen Erläuterungen in: a.a.O., Band I, Teilband 1.

Zu Adam Smith und seiner Verwendung der „unsichtbaren Hand des Marktes", als einem der wesentlichen Elemente der säkular-monotheistischen Glaubensvorstellung des Neoliberalismus', siehe in: a.a.O., Tb 4, die Seiten 134 f., beginnend mit: „Wie oft verwendet übrigens Adam Smith ...".

Exkursion

Zu der Frage, was die Werdung des *menschlichen Wesens der Materia* benötigt und was dieses Werden bedeutet, sei in diesem Zusammenhang deshalb an die diesbezügliche Aussage Karl Marxens erinnert, da durch sie deutlich werden kann, daß, bezogen auf die aktuellen Verhältnisse[24], an dieser Fragestellung a) *primär* die bürgerlichen Produktionsverhältnisse sowie *sekundär* das monotheistische Religionssystem hauptbeteiligt sind und daß sich c) an dieser, an sich alten Fragestellung, bis heute wesentlich nichts geändert hat, was insbesondere an der gesellschaftspolitischen Entwicklung seit dem Ende des Kalten Krieges deutlich wird.

Leicht modifiziertes Marx-Zitat

[...] Dies *materielle,* unmittelbar *sinnliche* Privateigentum ist der sinnliche Ausdruck des *entfremdeten menschlichen* Lebens. Seine Bewegung (__die Produktion und Konsumtion__) ist die *sinnliche* Offenbarung von der Bewegung aller bisherigen Produktion, d. h. Verwirklichung oder Wirklichkeit des Menschen. Religion, Familie, Staat, Recht, Moral, Wissenschaft, Kunst etc. sind lediglich *besondre* Produktionsweisen und fallen unter ihr allgemeines Gesetz. Die positive Aufhebung des *Privateigentums*, als die Aneignung des *menschlichen* Lebens, ist daher die positive Aufhebung aller Entfremdung, also die Rückkehr des Menschen aus Religion, Familie, Staat etc. in sein *menschliches*, d.h. *gesellschaftliches* Dasein. Die religiöse Entfremdung als solche geht lediglich in dem Gebiet des *Bewußtseins* des menschlichen *Innern* vor, aber die ökonomische Entfremdung ist die des *wirklichen Lebens* — ihre Aufhebung umfaßt daher beide Seiten. Es versteht sich, daß die Bewegung [des gesellschaftlichen Lebensprozesses] bei den verschiedenen Völkern ihren *ersten* Beginn danach nimmt, ob das wahre *anerkannte* Leben des Volkes mehr im Bewußtsein oder in der äußeren Welt vor sich geht, mehr das ideelle oder das reelle Leben ist. [...]

---

[24] Die Phrase: „aktuelle Verhältnisse" bezieht sich auf die gesellschaftspolitische Entwicklung seit dem Ende des Kalten Krieges, da sich die großen Nationalstaaten, oder gleicherweise organisierte Staatenbünde, seitdem neoimperialistisch entwickeln. Vgl. hierzu insbesondere in: Die *tri_*logische Sezierung [...], Band III, Teilband 2: „Der Neowilhelmoliberalismus".

[__Sind die gesellschaftlichen Bedingungen gegeben,__] produziert der Mensch sowohl sich selbst als auch den anderen Menschen, so daß der Gegenstand seiner unmittelbaren individuellen Betätigung seinem eigenen Dasein wie dem des anderen gilt, da sie erst in dieser Betätigung daseiend sind. Daraus ergibt sich, daß, im Prozeß [__des gesellschaftlichen Lebens__], sein eigenes *Da_*sein zu dem des anderen Menschen und dessen Dasein zu seinem wird, da sowohl das Material der Arbeit als auch der Mensch als Subjekt, Resultat und Ausgangspunkt der [__gesellschaftlichen__] Bewegung sind [__somit müssen diese auch der *Ausgangspunk*t des Privateigentums und dieses eine *Notwendigkeit* im Geschichtsprozeß sein — woran übrigens erkennbar wird, worin seine Überwindung liegt__]. Also ist der *gesellschaftliche* Charakter der *allgemeine* Charakter der ganzen Bewegung [_des gesellschaftlichen Lebensprozesses_], denn so *wie* die Gesellschaft selbst den *Menschen* als *Menschen* produziert, so ist diese durch ihn *produziert*. Tätigkeit und Genuß sind ihrem Inhalt wie ihrer *Existenzweise* nach *gesellschaftliche* Tätigkeit und *gesellschaftlicher* Genuß. Folglich ist das *menschliche* Wesen der [__Materia__] erst für den *gesellschaftlichen* Menschen daseiend, da sie [__die Materia__] erst dann für ihn [__den gesellschaftlichen Menschen__] das ihn mit dem anderen Menschen verbindende Band sein kann, als Dasein seiner für den anderen und des andren für ihn, wie als Lebenselement der menschlichen Wirklichkeit — erst in dieser [__Phase des Geschichtsprozesses__] ist sie als Grundlage seines eigenen menschlichen Daseins *da_*seiend. Erst hier ist ihm sein *natürliches* Dasein zu seinem *menschlichen* Dasein und die [__Materia__] für ihn zum Menschen geworden. Also ist die Gesellschaft die vollendete Wesenseinheit des Menschen mit der [__Materia__], die wahre Resurrektion der [__Materia__], der durchgeführte Naturalismus des Menschen und der durchgeführte Humanismus der [__Materia__].[25]

Ende dieser Exkursion

Um den auf den Seiten 31 f. entwickelten Gedankengang weiter zu verfolgen, sei zu diesem Zweck nun dessen Eingangssatz wiederholt: Da nun einmal anlagemäßig in einer Massengesellschaft lebend,

---

[25] Modifiziert zitiert aus den sogenannten *Ökonomisch-philosophischen Manuskripten* Karl Marxens, die, heute Teil des Bandes 2 der Marx/Engels Gesamtausgabe (__MEGA__), bzw. Teil des ersten Ergänzungsbandes der Marx-Engels-Werke (__MEW__) sind.

müßten die Bürger schließlich ihre gerade erst _*vermeintlich*_ gewonnene Möglichkeit zur (__*zumindest tendenziellen*__) Ausbildung tatsächlich individueller Charakter-Züge wieder verlieren, bildeten sie nicht eine gewisse, vom _*direkten*_ gesellschaftlichen Umfeld geprägte „milieugestützte Schichtenzugehörigkeit" aus, oder, das entsprechende politische Bewußtsein vorausgesetzt, eine tatsächliche Klassenzugehörigkeit. Denn andernfalls hätten die Bürger die Ansätze einer an sich (__*zumindest potentiell*__) möglichen Authentizität bereits verloren, bevor deren Ansätze sich überhaupt (__*potentiell*__) ausbilden könnten — immerhin leben sie in einem Staatsgebilde, das *anlagemäßig*, d.h. nach der von den Satelliten der *bürgerlichen* Machtelite gesetzten Vorgabe, bewußt der *einheitlichen* Organisierung einer menschlichen Gesellschaft dient — nämlich möglichst *ökonomisch*, also so gesellschaftlich *ent*_fremdet wie *selbst*_entfremdet zu funktionieren.

Dieser in einer bürgerlichen Gesellschaft spezifisch sich ereignende „Prozeß der Vermassung" von Menschen, bei gleichzeitigem Versuch, zumindest eine „autosuggestiv 'gefühlte' Authentizität" zu wahren, löst im Einzelfall unterschiedliche Reaktionen aus, von denen das eine Extrem das bewußte „in der Masse Aufgehen" ist. Immerhin spielte der Fußball bei der Ausbildung der Mentalität einer bürgerlichen Massengesellschaft nicht von ungefähr eine wichtige Rolle: Erzeugung „nationaler Massenidentität" über ein stellvertretend für die „eigene" Massengesellschaft gesetztes, sinnlich erfahrbares „Identifizierungsobjekt", genannt „Nationalmannschaft".

Im Gegensatz zu dieser so erzeugten „bürgerlichen Massenneurose" ist das andere Extrem die Ausbildung einer zwar individuell variantenreichen, aber mit _*kollektiv*_ verankerter zwanghafter Triebkraft einhergehenden Neurose, deren gemeinsamer Ausdruck ein sich „unbedingt von anderen Menschen Unterscheidenmüssen" ist. In diesem Fall wird das wesentlich menschliche Bedürfnis nach *In*_dividualität dadurch zusätzlich _*betrogen*_, daß nach „milieuschichtmäßigen Individualisierungsmöglichkeiten" Ausschau gehalten wird: Was tragen die anderen meiner „Gruppe"? Demnach eine „zwanghafte Individualisierung" auf eine Weise geschieht, der Authentizität, also _*menschliche Echtheit*_ fehlt und demzufolge „menschlich wesenhafte

Individualität" imitiert wird — ohne sich dessen bewußt zu sein, daß das Bedürfnis nach „menschlich wesenhafter Individualität" nagend bleibt, was schließlich den sich im Individuum spezifisch manifestierenden neurotischen Komplex bedingt. Möglich ist diese neurotische Komplexbildung allerdings nur deshalb, da der Mensch „plastisch" ist (__*siehe dazu die Angaben in der Fußnote 20 auf der Seite 31*__).

Daß es sich beim Nationalstaat um ein gedanklich konstruiertes Gebilde zur Organisierung eines Volkes handelt und nicht um den sichtbaren Ausdruck der „Bewußtwerdung" eines Volkes, wird u.a. daran deutlich, daß ein Bewohner eines solchen Gebildes keineswegs direkten (__*oder wenigstens indirekten*__) Einfluß auf die Staatsgeschäfte (__*ob nun auf kommunaler, regionaler oder das ganze Territorium betreffender Ebene*__) nehmen könnte — *selbst dann nicht, träte er im Namen der Masse dieser Bewohner* „demonstrativ" *auf* — es sei denn, dies geschähe im revolutionären Sinne. *Zumal es bis dahin ein weiter Weg wäre, denn ohne die notwendige* „massenwirksame" *Aufklärung in einem international gleichgesinnten Umfeld, ist ein solcher gesellschaftlicher Umwälzungsprozeß nicht erfolgreich umzusetzen* — wie die Geschichte lehrt. Denn „beim Konstrukt des Nationalstaates handelt es sich sozusagen um ein aktualisiertes Instrument der Herrschaft über die Bevölkerung eines von einer entsprechenden Machtelite beanspruchten („Staats-")Gebietes. — Also gilt es zu erkennen, daß Nationalstaat und Volk zwei verschiedene Paar Schuhe sind, denn im Nationalstaat wird ein Volk — *im Sinne der, nun nationalstaatlichen Machtelite* — organisiert, ist aber dieser Nationalstaat selbst nicht. Oder anders ausgedrückt: Nationalstaaten sind auf bürgerliches Niveau gebrachte Instrumente zur Herrschaft über die Masse der Menschen (__*das Volk*__) eines bestimmten Landes."[26] — Im weiteren Verlauf wird deutlich werden, was das mit den Monotheismen zu tun hat, bzw. welche Rolle säkularisierten Systemen, insbesondere dem Neoliberalismus, dabei ersatzweise zukommt.

---

[26] Dieses Zitat findet sich in: Die *tri*_logische Sezierung [...], Band I, Teilbände 1-3, dort auf der Seite 313.

Fall Sie jetzt die Frage stellen wollten, was denn ein „Volk" überhaupt sei, verweise ich Sie auf die einzig richtige Definition für „Staatsvolk".[27] Aus dieser Definition ergeben sich Konsequenzen, die zeigen, daß der „Nationalstaat" nicht geeignet ist, den Bedürfnissen eines „Staatsvolkes" gerecht zu werden, hingegen denen seiner Machtelite schon.

Haben weder die monotheistischen Religionen das Copyright auf „Nächstenliebe" und „Vergebung" noch die Europäer jenes auf „Demokratie", bedeutet das nicht, daß nun aber der „säkulare Monotheismus" des „Westens" mit seinem menschlich abgezehrten Modell vom Menschen (__*dem Homo oeconomicus novus*__)[28] ein solches Copyright bei der Beantwortung der Frage, wie denn die Masse der Menschen am besten staatlich zu organisieren sei, beanspruchen könnte, würden doch seine (__*neoliberalen*__) Hohepriester diese Frage allein gemäß der Glaubensvorstellung ihres „säkularen Monotheismus'" beantworten — *also ausschließlich im* „Sinne" *einer* „marktkonformen Gesellschaft" —, deren Glaubenssätze (__*in den marktkonformen Gesellschaften des* „Westens"__) längst die Basis für die sich _*daraus*_ logisch ergebenden politischen Schlußfolgerungen abgeben, so daß, obwohl doch die „Basis" eine rein ideologische, also die Prämissen für die _*daraus*_ sich ergebenden Schlußfolgerungen nichts mit der Wirklichkeit gesellschaftlicher Prozesse (__*einschließlich also gesamtwirtschaftlicher Prozesse*__) zu tun haben, _*deshalb*_ stetig erleichtert zu praktizieren ist, da die Glaubenssätze ihres „säkularen Monotheismus'" so leicht Eingang in die Köpfe der Menschen finden und dort entsprechend gut zu verankern sind.[29]

---

[27] Siehe dazu in: « Sie fragen noch, wie die ›Verhältnisse‹ liegen? », die Seiten 337 ff., beginnend mit: „Denn folgendes ist keine politische Geschmacksfrage".

[28] Zum *Homo oeconomicus novus* siehe in: Die *tri*_logische Sezierung [...], Band I, Teilbände 1-3, die Seiten 69-74.

[29] Die neoliberalen Glaubenssätze werden in: Die *tri*_logische Sezierung [...], Band I, Teilbände 1-3, dort in Teilband 1: „Die Benennung: Hintergrundausleuchtung zweier ideologischer Begriffe, zu denen zwar jeder etwas meint ...", behandelt.

Hingegen habe ich _*keine*_ Veranlassung, _*nicht*_ zu behaupten, daß die diversen „Monotheismen", also einschließlich des „säkular-monotheistischen Neoliberalismus'", überhaupt _*nicht*_ im Sinne hatten und haben, daß der einzelne (__der *individuelle*__) Mensch zu _*seinem*_ Heil komme. Dies verhindern diese Ideologien geradezu, indem sie von den Gläubigen ihres jeweiligen ideologischen Dunstkreises dogmatisch abfordern, Dinge glauben zu müssen, die nicht zu glauben sind. Überdies waren es immer die „im Namen des Glaubens" geführten und letztlich allein weltlichen Machtinteressen dienenden Kriege, die die grausamsten waren, wie das folgende zitierte Beispiel zeigt.

[...] *Heutzutage ist Béziers eine belebte Stadt im Département Hérault, circa 10 Kilometer vom Golf von Lion entfernt, doch im Jahre 1209 wurden die Einwohner von den Kreuzzüglern unbarmherzig niedergemacht, die in dieser Stadt mit der Vernichtung der Katharer begannen. Selbst für die oft bizarren und blutdurchtränkten Annalen dieses langen, von 1209 bis 1229 geführt wordenen Kreuzzugs, ist dieser Auftakt eine besonders merkwürdige Geschichte. Das Ereignis wird von verschiedenen zeitgenössischen Kommentatoren berichtet, aber wir wollen uns an dieser Stelle auf die Aussage des Zisterziensermönchs Pierre des Vaux de Cernay beschränken, der diese im Jahre 1213 abgefaßt hatte.*[30] *Persönlich nicht anwesend, legt Cernay seinem Bericht die Aussagen von Kreuzzüglern zugrunde, die Zeugen der Geschehnisse waren.*

Zu jener Zeit war Béziers so etwas wie ein Zentrum verschiedener häretischer Glaubensgruppen, wo, als die Kreuzzügler die Stadt angriffen, sich auch eine von den Bewohnern unbehelligt lebende Gruppe von etwa 220 Katharern befand. Der sich auf der Seite der Kreuzzügler befindende Bischof von Béziers, Renaud de Montpeyroux, hatte eine Liste von bekannten Katharern erstellt, deren Ergreifung er verlangte.[31]

---

[30] Vgl. in: Philippe Wolff, Documents de l'histoire du Languedoc, Édouard Privat, Toulouse, 1969, Seiten 110-112. In den folgenden zitierten Anmerkungen, greifen die Autoren, auf dessen Buch am Ende dieses Zitats hingewiesen wird, auf diese Schrift zurück.

[31] Das Dokument existiert noch; vgl. a.a.O., die Seite 110.

Wenn auch nicht bekannt ist, ob der von ca. 1185 bis zu seiner Ermordung am 10. November 1209 gelebt habende Raimund-Roger Trencavel, als Graf von Béziers, selbst Katharer war oder mit ihnen sympathisierte, ist sicher, daß er nichts zu ihrer Verfolgung oder Unterdrückung unternahm, und dies war es, was die Kreuzzügler erzürnte. Sie forderten, daß die Stadtbewohner — mehrheitlich einfache Katholiken — entweder die Katharer übergeben oder die Stadt verlassen sollten, ihnen auf diese Weise die Ergreifung der Katharer zu erleichtern.

*Obwohl ein Verstoß gegen diese Aufforderung mit der Androhung der Exkommunikation verbunden worden war (*__eine nicht auf die leichte Schulter zu nehmende Androhung, in einer Zeit, in der die Hölle ihr diesseitiges Gesicht zeigte__), *und die alternative Option, nämlich bei ihrer Folgeleistung, den Katholiken eine Chance einzuräumen, dem kommenden Massaker zu entgehen, als ausreichend großzügig erschien, ereignete sich etwas Erstaunliches: Die Bürger der Stadt weigerten sich jedweder Forderung nachzukommen. Wie Vaux-de-Cernay schrieb, zogen sie es vor,* „lieber zu sterben, als wie Christen zu leben". *Und gemäß dem Bericht, den er an den Papst über dessen Verbindungsleute sandte, legten die Bewohner der Stadt einen Eid ab, die Häretiker zu schützen. Daraufhin marschierten die Kreuzzügler im Juli 1209 auf Béziers, und ohne auf nennenswerten Widerstand zu stoßen, nahmen sie die Stadt ein, töteten ohne Unterschied alle ihre Bewohner* — Männer, Frauen, Kinder und Priester — *und steckten schließlich die Häuser in Brand. Um die 20.000 Menschen wurden abgeschlachtet — von denen kaum mehr als 200 Häretiker waren*: „Nichts konnte sie schützen, weder Kreuz noch Altar noch Kruzifix".

Es war vor diesem Abschlachten, als die Legaten des Papstes von den Kreuzzüglern gefragt wurden, wie sie denn die Häretiker vom Rest der Bewohner unterscheiden könnten, diese die berühmt-berüchtigt gewordene Antwort erhielten: „Tötet sie alle, Gott wird die Seinen schon erkennen."

Es ist zu betonen, daß den Bewohnern die Möglichkeit eingeräumt worden war, die Stadt zu verlassen. Und falls ihnen der Schutz ihrer Habe vorrangig gewesen wäre, sie vor den, von einer Armee charakteristisch verursachten Verwüstungen zu bewahren, hätten sie bloß die Häretiker an die Belagerer ausliefern müssen und ihrem Tagewerk wie üb-

lich weiter nachgehen können — ohne einen Blick zurückzuwerfen. Doch indem sie blieben und einen Eid schworen, die Katharer zu verteidigen, unterzeichneten sie wissentlich ihr eigenes Todesurteil. „Was verbirgt sich hinter diesem Verhalten, was geschah wirklich in Béziers?" [...][32]

Aber so gewiß es auch ist, daß es die im Languedoc schwindende Autorität des Papstes war, die jene Institution ins Leben rief, die unter der Bezeichnung „Inquisition" bekannt wurde und die _*zuerst*_ der „Befragung" der Katharer diente, ist es ebenso nicht von der Hand zu weisen, daß es der Reichtum dieses Landes war, der schon längst die Begehrlichkeiten der nordeuropäischen Fürsten geweckt hatte, und da traf es sich gut, daß der insbesondere im Languedoc ungeliebte Klerus seine Macht demonstrieren mußte, wollte er nicht ganz Südfrankreich verlieren — *und in der Folge vielleicht noch weit mehr* —, zumal die Feudalordnung auf dem seit Konstantin des Großen Zeiten geübten Zusammenspiel von weltlicher und monotheistischer Macht des Paulinischen Christentums fußte. Denn mochten die Fürsten mehrheitlich auch ungebildet sein, so wußten sie doch um die Möglichkeiten, die sich ihnen eröffnete, hatten sie ein Instrument in der Hand, das die Masse ihrer Untertanen in ihrem Sinne zu manipulieren erlaubte, ist dieses „Instrument" erst als „monotheistischer Glaube" in den Köpfen kollektiv verankert, bzw. „implantiert".

Auf gewisse Weise ist die im Zusammenhang mit diesem religiös „begründeten" Massaker und dem Verhalten der Bewohner Béziers' von Lynn Picknett und Clive Prince gestellte Frage: „Was verbirgt sich hinter diesem Verhalten, was geschah wirklich in Béziers?", von ihnen beantwortet worden.[33]

Nun, dieses exemplarische Beispiel soll _*kein*_ Grund, _*keine*_ Veranlassung sein, über die monotheistischen Weltreligionen, also neben dem Christentum mit seiner sich durch die Jahrhunderte zie-

---

[32] Quelle dieses Zitats: Lynn Picknett und Clive Prince, *The Templar Revelation — Secret Guardians of the True Identity of Christ*, Bantam Press, London, 1997, die Seiten 87 f. (__An das Original angelehnte Übersetzung des Autors.__)

[33] Siehe dazu die Angaben in der Fußnote 32.

henden Blutspur, insbesondere auch über den Islam nachzudenken — wegen der besonders heutigentags begangenen Greueltaten im Namen Allahs? Immerhin beanspruchen beide *Leit*_Kulturen zu sein — für die Regelung weltlicher Angelegenheiten. ... Wenn sie aus diesem Grund tatsächlich aber Leid bringende Kulturen, folglich *Leid*_Kulturen wären?

Es liegt sozusagen in der Natur monotheistischer Religionen, daß der *leit*_kulturelle Anspruch ausschließlich der eigenen religiösen Ideologie gebührt, die tatsächlich aber, wie die Geschichte lehrt, Ausdruck weltlicher Machtinteressen ist.

Was und zu welchem Zweck ein einzelner Mensch zu Beginn auch immer an andere beeinflussen könnenden Überlegungen angestellt haben mag, ab einem gewissen Punkt entdeckt die weltliche Macht dessen „Methode" *für sich und läßt diese von ihren Satelliten entsprechend* _ihren_ *Bedürfnissen umgestalten — dies ist die Zeit ihrer machtinteressendienlichen Ideologie-Bildung. ... Ob es geschehen könnte, daß ein* _unwissentlich_ *eine, aus seinen kollektiv wirkkräftigen Überlegungen erwachsene Ideologie begründet habender Mensch achtlos vorrüberginge, nähme er, nun als Religion geltend, ihr Propagieren durch ihre Anhänger wahr, käme dieser, weiterhin von seinen* _ersten_ — und damit authentischen — *Überlegungen beseelte Mensch, Jahrhunderte später zurück auf die Welt?*

Es ist immer der Ausschließlichkeitsanspruch der tötet — und _*das*_ gilt für die säkulare Glaubensideologie unserer Zeit nicht anders. Ist es doch der Neoliberalismus, der genauso diesen Anspruch erhebt und nach weltweiter Dominanz strebt, begleitet vom Einflüstern und Fordern seiner, im Namen des von der „unsichtbaren Hand" gelenkten „Marktes", seinen „Kräften" und _*seiner*_ „Freiheit" auftretenden und strukturelle gesellschaftliche Veränderungen einfordernden Hohepriester, damit seine — _*ihre*_ — Glaubenssätze erst praktisch wirkkräftig werden könnten.[34] ... Teil 3 verdeutlicht die sich daraus ergebenden Konsequenzen an zwei Beispielen.

[34] Was die Konsequenzen und Lösungsmöglichkeiten dieser „säkular-monotheistischen" Ideologie des Neoliberalismus' anbelangt, siehe Die *tri*_logische Sezierung [...], Band I, Teilbände 1-4.

* * *

Dieses Buch ist all jenen gewidmet, die ihr Leben lassen mußten und wohl noch werden lassen müssen, da andere sie töteten und im Namen eines ideologischen Ausschließlichkeitsanspruchs noch werden töten „müssen“, ob im Namen einer _*transzendenten*_ Größe selbst, von der _*niemand*_ wirklich etwas weiß und wissen kann, oder weil Machteliten glauben, es müßten „Menschenrechtskriege“ geführt werden, um ihre Machtinteressen zu „bedienen“, und da zudem die „Berechtigung“ für den „ideologischen Ausschließlichkeitsanspruch“ eigener Glaubensvorstellung immer — *nicht nur von fehlbaren und eigene* (__also weltliche__) *Interessen habenden Menschen* — unterschiedlich interpretiert werden kann, hat genau deshalb der „Glaube“ nicht weniger Privatsache zu sein hat, als das, was jemand _*persönlich*_ glauben will.

Joachim Endemann
Il Piano
März 2020

_ Teil 1 _

Ist ein monotheistischer Gott ein Krimineller?

Erstes Kapitel

Als sich der „einzige“ durch menschliche Gedankenkraft erzeugte Gott auf eine auserwählte Gemeinde beschränkte

Angesichts der von seinen Anhängern gelegten, die Jahrtausende durchziehenden Blutspur, kann die den ersten Teil des Ihnen vorliegenden Buches betitelnde Frage: „Ist ein monotheistischer Gott ein Krimineller?“ eine ketzerische oder gar eine blasphemische sein? Gewiß nicht, hingegen eine notwendige. Denn immer dann, hat eine monotheistische Glaubensvorstellung staatliche Bedeutung erlangt, oder beansprucht eine solche Religion diese Ausschließlichkeit für sich, wird im Auftrag einer abstrakten, behaupteterweise sich _*ausschließlich*_ über _*ihr*_ Buch[35] offenbarenden „Größe“, insbesondere dann getötet, ist diese über ihre Hohepriester und deren von diesen zu diesem Zweck fanatisierten Anhänger zur dominierenden Glaubensvorstellung einer Gesellschaft geworden. Wollen also, in enger Abstimmung mit den sogenannten weltlichen Vertretern eines Landes, Reiches oder Staates, die Repräsentanten eines monotheistischen Religionssystems die staatliche Verfaßtheit einer menschlichen Gesellschaft durch von ihnen verfaßte Gesetze und Verordnungen in

---

[35] Wie sehr gerade der sekundäre Wissensspeicher, nämlich die schriftliche Sprache, bspw. in Form eines Buches, die tatsächliche Ausdrucksvielfalt der mündlichen Überlieferung reduziert und der Manipulation Tür und Tor öffnet, erschließt sich in dem Büchlein von Prodosh Aich, « Das Vedische Erbe » — *Nachdenken über systematisch zurückgehaltene WAHRHEITEN*, aus dem Englischen übertragen vom Autor des Ihnen vorliegenden Buches, EndemannVerlag, Mülheim an der Ruhr, September 2019.

ihrem Sinne bestimmen, auf diese Weise sogar die traditionellen Sitten, Gebräuche und Gewohnheiten einer solchen Gesellschaft gar allein von ihnen interpretiert zulassen oder verbieten — verankert wie diese Ideologie in den Köpfen der Masse der Menschen dann ist. — Daß übrigens die Auswirkungen des säkularen Monotheismus' der existierenden Lobbykratie ähnlich sind, liegt daran, daß dessen Manipulationsmethode an sich _*der*_ Wurzel entspringt, die auch die religiösen Monotheismen mit „narrativem" Stoff „versorgt".[36]

Kleine exkursive Betrachtung des an
sich vielschichtigen Begriffs „Religion"

Wie lexikalischen Wörterbüchern zu entnehmen ist, findet der Begriff „Religion" sein Herkommen im Lateinischen Wort „religio"[37], das eigentlich „sorgfältige und gewissenhafte Erwägung und Beobachtung" dessen bedeutet, welches im menschlichen Gemüt eine den Menschen „bindende" Regung an das „sorgfältig und gewissenhaft" vom Menschen Erwogene und Beobachtete ausgelöst hat.

Der Bedeutungshorizont des Begriffs „Gemüt" (__zu mhd. „gemüete"__) erstreckt sich übrigens über die „Gesamtheit der seelischen Kräfte und Sinnesregungen" eines Menschen. Da sich seine ursprüngliche Bedeutung im Wort „Mut" (__zu ahd. „muot"__) findet, drückt sich über das „Gemüt" nicht nur die „Kraft des Denkens", des „Empfindens" und des „Wollens" eines Menschen aus, sondern es wird auch der aktuelle Zustand seines „Mutes", also seines „Gemüts_*Zustandes* ablesbar. Folglich steht „Gemüt" für „Entschluß", aber auch für „Seele". — Übrigens steht das englische Wort „mood" für „Gesinnung", „Laune", „Stimmung" oder auch für „Sinn". — Wobei „Mut" ursprünglich ebenso die Bedeutung, und darauf heute meist

[36] Aus diesem Grund ist es übrigens möglich, die Verwirklichung kollektiver Abrichtung exemplarisch am Beispiel des säkularen Monotheismus' der Lobbykratie zu verdeutlichen, siehe dazu in: Die *tri*_logische Sezierung [...], Band I, Teilband 1: „Die Benennung: Hintergrundausleuchtung zweier ideologischer Begriffe, zu denen zwar jeder etwas meint ...".

[37] Femininum; Genitiv-Endung: -ionis.

beschränkt bekannt, von „Erregung", „starken Willens sein", bzw. „heftig nach etwas streben" hatte. Und synonym galten einst „Herz" oder „Seele" für „Gemüt".

Die *religio* kann ohne weiteres im Sinne von „gewissenhafter Gesinnung", „auf Gefühl beruhender Sorgfalt", also im Sinne von „Gewissenhaftigkeit", oder bezüglich „sittlichen Verhaltens" verwendet werden, dem übrigens immer eine gesellschaftliche Vereinbarung vorausgegangen sein muß, eine *religio* also einem weltanschaulichen Konsens zugrunde liegt. Denn vor welchem Hintergrund sollte die entsprechende „Gesinnung" andernfalls praktiziert werden können?

Heutzutage wird aber _*religio*_ ausschließlich noch in Bezug auf die „Bindung an etwas als 'göttlich' Vorgestelltes oder als 'heilig' Angesehenes" verwendet (__*dem allerdings nicht anders eine gesellschaftliche Vereinbarung vorausgegangen sein, bzw. dem gleichfalls ein weltanschaulicher Konsens zugrunde liegen muß*__), und zwar dann im Sinne von „frommer Scheu" verwendet, die sich persönlich durch „Gewissensskrupel" oder „religiöse Bedenklichkeit" bemerkbar macht, folglich mit Begriffen wie „Frömmigkeit", „fromme Verehrung", „fromme Scheu", „Gottesfurcht", „Glaube", bzw. „Religiosität" einhergeht. Allerdings liegen die „abergläubische Scheu" oder der „religiöse Aberglaube" ebenso im Bedeutungshorizont von *religio*.

Verwundern kann es dann nicht, daß dies die „praktische" religiöse Verehrung, also den „Gottes_*Dienst*", die „*Be*_Obachtung des Kultus" betrifft, wird *religio* im Sinne von „ritualisiertem Handeln" in Bezug auf etwas als „göttlich" oder/und als „heilig" Vorgestelltes verwendet,.

Einst, also in vorchristlicher Zeit, bezog sich *religio* nicht auf das sichtbare Objekt der „frommen Scheu", ob bspw. Bildnis oder Heiligtum, sondern auf jenes, das diesem „anhaftete" — als Ausdruck des „Heiligen", das in einem solchen Objekt „Wohnung genommen" hatte. — Es war dann die Unwissenheit der monotheistischen Fanatiker über diesen alten vorgestellten „Glaubenssachverhalt", die dazu führte, daß von diesen Fanatikern solche Objekte mit jenem gleichgesetzt wurden, welches — *diesen Objekten als Ausdruck des Heiligen anhaftend* — von den Gläubigen der vorchristlichen Kulte als das Anbetungswürdige —

in solchen Objekten „Wohnung genommen" habende *_Numinose_* — vorgestellt wurde; so daß sich dann *religio* auf jenen Charakter, oder einen Aspekt des „Heiligen" bezieht, der dem Objekt der Verehrung zugesprochen und die Ursache für die *_Bindung_* an *_e s_* ist.

Aus dem vorstehend Erläuterten wird deutlich, daß „Religion" etwas bedingt, das als außerhalb eines Menschen *_vorgestellt_* wird, dem der Mensch als unterworfen gilt, somit von ihm als an dessen Macht „gebunden" erlebt wird und folglich Ausdruck einer *Ideo*_Logie ist, einer Weltanschauung eben, was jetzt keineswegs im negativen Sinne zu verstehen ist.[38] Aber es *_muß_* eine Ideologie sein, gibt es keinen objektivierbaren Beleg dafür, daß sich „hinter" einer Religion eine „spirituelle Größe" verbirgt, die *_extra_* zum Zwecke der Befriedigung menschlicher Bedürfnisse existierte.

Selbstverständlich ist auch der umgekehrte Weg möglich: Loslösung der „religiösen Bindung" über die Beeinflussung des als „göttlich" Bezeichneten durch das Ausüben „magischer Methoden", wodurch der Mensch den Schritt zur *selbst*_bestimmten Entfaltung seines Potentials vollziehen kann ... will er dann nicht dabei stehenbleiben und seine Kenntnis von der Beeinflussung und Manipulation von als „göttlich" vorgestellten „Wirkelementen", die letztlich Elemente der Materia sind — *und damit in jedem Menschen verborgen, durch Projektion wirkkräftig werdend* —, für eigene *_andere_* Menschen kollektiv betreffende Machtausübung verwenden. Widersteht er dieser Neigung, mag es wohl sein, daß er tatsächlich in das dem Menschen mögliche „Reich der Freiheit" eintritt, womit er die volle Verantwortung für sein Tun übernimmt und *_dann_* im Einklang mit der Materia ist — auf diese Weise nicht mehr von ihr durch eine vom Menschen selbsterzeugte, als „göttliche" oder als „spirituelle Größe" bezeichnete Fiktion — *als Ausdruck des Grades eigener Egozentrik* — geschieden ist.

Ende dieser kleinen exkursiven Betrachtung
des an sich vielschichtigen Begriffs „Religion"

---

[38] Siehe diesbezüglich in: Die *tri*_logische Sezierung [...], Band III, Teilband 2, die Seiten 801-8: „Exkursive Betrachtung des Begriffs 'Ideologie'".

Wie Eingangs dieses Kapitel bereits festgestellt: Angesichts der von seinen Anhängern gelegten, die Jahrtausende durchziehenden Blutspur, kann die den ersten Teil des Ihnen vorliegenden Buches betitelnde Frage: „Ist ein monotheistischer Gott ein Krimineller?" eine ketzerische oder gar eine blasphemische sein? ... Wohl kaum, denn seitdem es monotheistische Glaubensvorstellungen gibt, wird im Auftrag einer abstrakten „Größe" insbesondere dann getötet, ist diese zur dominierenden Glaubensvorstellung einer staatlich organisierten Gesellschaft geworden.

Wie anders sollte es bspw. zu verstehen sein, daß Bosnier, Serben und Kroaten, heute je in eigner Staatlichkeit lebend, sich einst aber als ein Volk verstehen konnten (__*und das ohne weiteres auch wieder könnten*[39]__), gemeinsam ihr dialektisch gefärbtes Serbokroatisch sprachen, als Menschen durch das bloße Hineingeborenwerden in eine Religionsgemeinschaft dieser als zugehörig bezeichnet wurden, egal, ob ihre Eltern diese praktizierten oder nicht, also wenn sie sich — *und dabei sich lediglich über den entsprechenden religiösen Ritus unterscheidend* — an eine monotheistische Glaubensvorstellung wendeten?

[...] *Bei scheuklappenfreier Betrachtung läßt sich der Eindruck gewinnen, daß der Hauptunterschied zwischen Serben, Kroaten und slawischen Muslimen nicht sprachlicher Natur ist, denn sie sprechen verschiedene Dialekte einer Sprache, wenn auch die Serben die kyrillische und die Kroaten und die muslimischen Slawen die lateinische Schrift verwenden.* [...] *Das heißt der wesentliche Unterschied zwischen den Bevölkerungsgruppen in der ehemaligen südslawischen Republik auf dem Balkan* [...] *rührt daher, daß Kinder zwar in eine bestimmte Religionsgemeinschaft hineingeboren werden, das aber keineswegs eine persönliche Glaubenszugehörigkeit zwingend bedingt— sondern dies zuerst lediglich die Ursache einer nicht selbstbestimmten Gewohnheit wäre. Werden daraus entscheidende Unterschiede herausgelesen, zeigt das allein die*

---

[39] Siehe in: Die *tri*_logische Sezierung [...], Band III, Teilband 2, die Seiten 647-49, beginnend mit: „Bosnien-Herzegowina war stets eine Einheit ...".

Wirkmächtigkeit von Ideologien — _und_ *wieso es diese Ideologien überhaupt gibt* […][40]

Gewiß, das große Interesse der europäischen Nationalstaaten, den Balkan als Einflußsphäre für sich wiederzugewinnen, sollte nicht außer acht gelassen werden.[41] Dennoch ist nicht von der Hand zu weisen, daß die monotheistischen Glaubensvorstellungen (__*ob* „religiös" *oder* „säkular" *ausgelöst, spielt keine entscheidende Rolle, da es allein um die* „Macht über die Köpfe einer möglichst großen Zahl von Menschen" *geht*__) bei dieser, von nationalistischen Erbsenzählern bewirkten Zerstörung eines traditionell multi-ethnisch geprägten Volkes eine zentrale Rolle gespielt haben — zur aggressiv nationalistischen „Stabilisierung" der neu gewonnenen Staatlichkeit(__*en*__) nach innen.

(__*Das multi-ethnische jugoslawische Staatsvolk kann übrigens durchaus als exemplarisches Beispiel für eine* „ethnische Vielfalt in der Einheit" *verstanden werden, da* „die Menschen dort auf dem Balkan so eng verbunden und vermischt waren, daß sie offenbar nicht nur zusammenleben konnten, sondern _*wegen*_ der „politischen Realität" *auch zusammenleben mußten* — und eigentlich müssen[42] — *Aber wen von den* spin_*doktorischen, politischen,* „multimedialen" *und kulturbetrieblichen Satelliten der machtelitär gesteuerten* „großen" *Nationalstaaten des* [__heute mehr und mehr orwellianische Züge zeigenden__] „EU-Imperiums des Friedens" *kann so etwas* „Nichtiges" *wie das friedliche Zusammenleben von Menschen schon interessieren … der Balkan ist doch* „Hinterhof", *oder etwa nicht? — Und so sei nun deutschen Intellektuellen randständig die Frage gestellt:* Für _*wen*_ ist der Balkan „Hinterhof"?__)

Tatsächlich ist die Existenzfähigkeit des multi-ethnischen jugoslawischen Staatsvolks auch darüber belegt, daß insbesondere dort,

[40] Vgl. in: Die *tri*_logische Sezierung […], Bd III, Tb 2, die Seiten 648 f.

[41] Vgl. in: a.a.O., die Seiten 622-65: „Exkursion: Exemplarische Beispiele kontraproduktiver Konsequenzen deutscher Machtpolitik".

[42] Vgl. in: a.a.O., die Seite 635.

wo jugoslawische Völker nach 1945 vermischt lebten, diese sich sogar in großer Zahl untereinander verheirateten.[43] Die von den Nationalisten in Szene gesetzte Erbsenzählerei, selbst Ergebnis solcher Separierung zwischen machtelitär gesteuertem und nach ideologischen Vorstellungen geschaffenen „Staatsvolk"

> (__da in einer machtelitär gesteuerten Staatlichkeit lebend, die also nicht im Interesse der Masse der Menschen existiert, sondern tatsächlich allein der Organisierung dieser Masse _*im Sinne*_ machtelitärer Interessen dienend, sich völlig von dem unterscheidend, das einzig die Bezeichnung „Volk" bzw. „Staatsvolk" verdient [44]__)

und den „anderen", dann als „Minderheiten" bezeichneten, nur gewaltsam separierbaren Volksgruppen, verursachte in den neu gewonnenen (__*machtelitär gesteuerten*__) Staatlichkeit_*en* erst „Verhältnisse", die dieses „multi-ethnische Volksdasein" dann vernichten mußten — *oder gar vernichten sollten, da ideologisch nicht passend?*[45] Diese aggressiv nationalistische „Stabilisierung" der neu gewonnenen Staatlichkeit(__*en*__) nach innen, ging mit aggressiver Abgrenzung nach außen einher — dann je die „Verhältnisse" zwischen den je nur mit anderen „Vorzeichen" versehenen, aber nicht anders machtelitär gesteuerten und nach ideologischen Vorstellungen geschaffenen „Staatsvölkern" und den in _*diesen*_ neugeschaffenen Staatlichkeit_*en* so separiert wie geduldet lebenden „ethnischen Minderheiten" betreffend. Gewiß, _*so*_ von den Herren dieses „Hinterhofs" bequem zu beherrschen, für sich aber — also als „Staatlichkeit" — kaum lebensfähig.

---

[43] Vgl. Vgl. Robert M. Hayden, „Imagined Communities and real Victims: Self-Determination and ethnic Cleansing in Yugoslavia", in: American Ethnologist 23 (4): pp. 783-801, American Anthropological Association, 1996, hier die Seiten 788-90.

[44] Siehe dazu in: « Sie fragen noch, wie die ›Verhältnisse‹ liegen? », dort die Seiten 337 ff., beginnend mit: „Denn folgendes ist keine politische Geschmacksfrage".

[45] Vgl. in: Die *tri*_logische Sezierung [...], Band III, Tb 2, Seiten 593 f.: „Die politisch folgenreiche *Ideen*_Setzung: 'Völker sind Gedanken Gottes'".

Wie dem auch sei, das Hauptproblem an Monotheismen ist, daß deren behauptete Offenbarung eine je exklusiv gegebene ist, die ganz woanders ihren Ursprung gehabt haben mochte, offenbar aber bestens zur aggressiven gesellschaftlichen Einigung nach innen und zur aggressiven Unterscheidung nach außen taugt — nämlich, wie anderswo nicht anders, den Eliten als bequemes Machtinstrument zu dienen. Das ist der Grund, wieso einst das Christentum Staatsreligion des Römischen Reiches werden konnte, und dann die Vorlage für alle nachfolgende „ökonomisierte Machtausübung" wurde: Es ist nun einmal „ökonomisch", eine große Masse von Menschen im machtelitär gewünschten Sinne so „drehen" zu können, als handelte es sich dabei um eine einzige Person — _*hierin*_ liegt der „monotheistische Trick der Macht".

Schaut man aus der Distanz auf das Treiben der Angehörigen des Menschengeschlechts, so zeigt sich, daß es überall auf der Welt für die Masse der Menschen im alltäglichen Leben vergleichbare Sorgen und Nöte gibt. Die Menschen mögen sich u.a. darin unterscheiden, daß sie nicht an _*einen*_ „Gott" glauben oder daß sie an einen bestimmten, „'ihren' Gott" glauben, dann sich in ihren Riten, in ihren Gebeten und in der Benennung ihrer Glaubensvorstellung unterscheidend — wie es bspw. bei den Juden und den muslimischen Arabern zwar der Fall ist, diese ansonsten aber die gleichen heiligen Orte kennen und die gleichen Propheten verehren, abgesehen von dem einen mehr, ohne den der Glaube der Muslime nicht existierte. — Und die Christen?

Nun, insbesondere unter ihnen, behaupteterweise auch sie der einen Wurzel entstammend, also unter Berufung auf den alten Teil der Bibel, der übrigens genauso für die Muslime Bedeutung hat, gab es blutig ausgetragene Kämpfe gegen Andersdenkende ihrer zum Dogma gewordenen Glaubensvorstellung.

Aus der Distanz betrachtet, ein eigentlich nicht unüberwindlich groß erscheinender Unterschied zwischen den drei großen monotheistischen Glaubensgruppen — zumal nicht zu leugnen ist, daß die Angehörigen dieser Gruppen auf _*dieser*_ Erde aufwachsen und von _*einer*_ Sonne beschienen werden — ohne Ausnahme.

Daß aber Glaubensvorstellungen für sich genommen kein grundsätzliches gesellschaftliches Problem darstellen, zeigt sich insbesondere bei solchen Glaubensvorstellungen (__ob nun „philosophischer Natur" oder als „religiöse Bindung" im weiter oben verstandenen ursprünglichen Sinne[46]__), die weder einen persönlichen noch einen „einzigartigen" Gott ihr eigen nennen, wie dies bspw. beim Schamanismus der Fall ist — den man aus meiner Sicht nicht nur als Ursprung aller Religion, sondern auch aller Religionen verstehen kann[47], und zwar in ihrer Phase des „rein religiösen Bedürfnisses" einer Gruppe, die noch nicht von einer sich von dieser Gruppe separiert habenden Machtelite gelenkt wurde. In Teilen Afrikas, im Nahen Osten und in der Türkei haben schamanistische Elemente Eingang in den Islam gefunden (__vgl. die Derwische__). Oder nehmen Sie den im „Westen" als „Hinduismus" bezeichneten, in sich friedlichen Weg des *sanâtana dharmas* — dem man dann als *Lebe*_Wesen richtig folgt, geschieht dies nach „der ewigen Natur der Dinge" — des alten Bhâratavarshas[48], das, ebenso, ohne die vorher an die dortigen Bewohner gerichtete Frage gestellt zu haben: „Wie heißt euer Land?", als „Indien"

---

[46] Siehe dazu auf den Seiten 46-48 die „Kleine exkursive Betrachtung des an sich vielschichtigen Begriffs „Religion".

[47] Siehe den Teil 2 des Ihnen vorliegenden Buches, d.h. insbesondere das Kapitel 5.

[48] Bhârata ist ein mythischer König der hinduistischen Geschichte, der den ganzen indischen Subkontinent eroberte und vereinigte. Deshalb heißt der „indische Subkontinent" eigentlich „Bhâratavarsha", denn „Varsha" bedeutet soviel wie „Kontinent", d.h. „Bhâratavarsha" ist der „Kontinent des Bhâratas". Laut dem *Shiva Purâna* ist *Bhâratavarsha* einer der neun Teile der Erde. Nach dieser Quelle sind die anderen acht Teile Kuru, Hiraṇmaya, Ramyaka, Ilâvṛta, Hari, Ketumâla, Bhadrâshva und Kinnara. Das *Shiva Purâna* gibt auch darüber Auskunft, daß *Bhâratavarsha* im Süden, Westen und Osten vom Meer umgeben ist, während es im Norden von der Gebirgskette des Himâlaya (__inklusive Hindukusch__) begrenzt wird. Quelle: *Śiva Purâṇa*, aus dem Sanskrit ins Englische übersetzt von J.L. Shastri, Motilal Banarsidass Publishers, Delhi, 1. Auflage 1950, Neuauflagen: 1973, '77, '81, '86, '90, '93, '96, '99, **2002**, Band I, die Seite 74, Fußnote 51.

bezeichnet und aus „westlicher Blickrichtung 'verstanden'" wird.[49] Oder nehmen Sie den Mandäismus[50], als Beispiel für eine heute noch praktizierte gnostische Religion — dem auch dieser ausdrücklich monotheistischen Religionen eigen seiende aggressive „missionarische Eifer" fehlt.

Eine gewisse Sonderrolle nimmt der sich zu einer eigenständigen Religion ausgebildet habende und seit seiner Einführung in Tibet dort staatstragende Rolle spielende Lamaismus[51] ein, der sich wegen der ziemlichen Abgeschiedenheit u.a. aus Elementen des Schamanismus' Tibets (__*oft über einen Kamm geschoren als* „Bön" *bezeichnet, was so aber nicht stimmen kann*[52]__), dem von Indien übernommenen Buddhismus[53] und verschiedenen chinesischen „glaubensphilosophischen Vorstellungen" eigentümlich entwickelt hat[54], und der durchaus problematische „staatsreligiöse Symptome" aufweist.

Bemerkenswert ist jedenfalls, daß unter den Anhängern dieser beispielhaft genannten Glaubenssysteme der Drang, Gläubige anderer Glaubensrichtungen — *aufgrund ihrer unterschiedlichen Überzeugungen* — zu massakrieren, entweder gar nicht vorhanden oder nur gering ausgeprägt ist.

---

[49] Siehe Kapitel 7 sowie auf den Seiten 326 f. auch die „PASSAGE DER VERACHTUNG", und in: « Sie fragen noch, wie die ›Verhältnisse‹ liegen? », die Aspekte 28 + 29.

[50] Siehe dazu den exkursiven Anhang II.

[51] Siehe das Kapitel 6.

[52] Zum „Bön" siehe das Kapitel 6.

[53] Zu dem, was es mit dem „Buddhismus" oder auch mit dem „Jainismus" auf sich hat, und damit tendenziell auch für den „Lamaismus" geltend, siehe Prodosh Aich, « Das Vedische Erbe — Nachdenken über systematisch verdeckt gehaltene WAHRHEITEN », Band 13 der Edition !_scheuklappenfrei_!_ EndemannVerlag, September 2019.

[54] Die Beispiele könnten fortgesetzt werden: stellvertretend seien noch, neben anderen „philosophische Glaubensvorstellungen" Chinas, der Konfuzianismus, der Mohîsmus und der Daoismus genannt, die mitunter selbst auch nach Westen ausstrahlten und insbesondere auf die glaubensvorstellungsmäßige Entwicklung in Tibet Einfluß nahmen.

Ob übrigens die Behauptung begründet ist, daß der sogenannte Brahmanismus als eine Monotheisierung von indischen Glaubensvorstellungen im westlichen Sinne zu verstehen ist und ob dies Ursache für den indischen Nationalismus wurde?[55]

Und was Afrika anbelangt, muß dort jene „monotheistische Glaubensgröße", von der niemand Genaues weiß, auf seltsame Weise identitätsstiftend herhalten — hierbei alten polytheistischen und animistischen Glaubensvorstellungen aufsitzend, und so ein seltsam identitätsstiftendes „religions-politisches" Amalgam bildend.[56]

Als Fakt kann gelten, daß diese beispielhaft genannten Religionen wesentliche Unterscheidungsmerkmale gegenüber den drei großen monotheistischen Religionen aufweisen. Einmal, wie schon erwähnt, reduzieren diese sich nicht auf eine alles andere ausschließende Vorstellung von als „Jahve", „Gott" oder „Allah" bezeichnete „Größe", über die nichts Nachweisbares ausgesagt werden kann; noch haben diese die Neigung andere Menschen zu massakrieren, nur weil sie anderer Glaubensmeinung sind. Ein weiteres Merkmal ist das unkomplizierte Neben- und Miteinander von vielfältigen Gottheiten und Geistern.

> Dies gilt in unterschiedlichem Maße für den Schamanismus (__*dem eine besondere, überhaupt erst die Schaffung von Religionssystemen ermöglichende Funktion zuzukommen scheint*__), den Lamaismus, insbesondere jene Elemente betreffend, die oft unter dem Begriff „Bön-Religion" zusammengefaßt werden, obwohl diese Bezeichnung nicht zu einem Verständnis dieser Elemente beträgt, oder bspw. den Daoismus. Auch im Konfuzianismus finden sich Elemente des Geisterglaubens und den daraus resultierenden Bräuchen, wenn auch, wie im späteren Mohîsmus, diese Einflüsse verblassen und möglicherweise lediglich eine Inrechnungstellung der verbreiteten Glaubenstraditionen der damaligen Zeit sind. Nicht uninteressant ist, daß der Mohîsmus

---

[55] Siehe hierzu das Kapitel 7 des Ihnen vorliegenden Buches.

[56] Die Ursache für eine gewisse zeitgenössische Entwicklung in Afrika wird in Kapitel 8 erläutert.

seine Gedanken von den Bedürfnissen der Masse der Menschen aus entwickelt, ohne allerdings die damalige Gesellschaftsordnung grundsätzlich in Frage zu stellen. — Näheres zu einigen der in dieser Randbemerkung genannten „Welt- und Seinserklärungssystemen" (__*insbesondere zu jenen, die sich in Tibet mischten*__) findet sich im zweiten Teil des Ihnen vorliegenden Buches.

Nun, genau genommen gilt eines dieser Merkmale für die sich ausdrücklich als monotheistisch definierenden Religionen auch, denn voraussetzungslos sind diese ebenso nicht, „lediglich" wurde ihnen das sie *ver*_besondernde Element einer „Offenbarung" aufgepfropft: Wurde der Koran etwas nicht, und ihn auf diese Weise monolithisierend, über ein Vierteljahrhundert von Gelehrten abgefaßt? Kann, vor diesem Hintergrund, dieses Buch also noch als „das" Wort Gottes ausgegeben werden? Muß vor diesem Hintergrund nicht gesagt werden: Auch der Koran enthält allein menschengemachte Aussagen, die, unterstellen wir es, allein eine „Interpretation des Wortes Gottes" sein könnten?

Man muß es aussprechen: Ein, im Namen einer als „transzendente Größe" bezeichneten (__*vorgestellten*__) *all*_umfassenden „Entität", andere bis zur physischen Vernichtung bedrohendes Verhalten, findet sich lediglich bei Angehörigen der drei großen monotheistischen Religionen entwickelt, wobei — *von der Tradition hergesehen* — in erster Linie das Christentum zu nennen ist, denn die Anhänger des mosaischen Monotheismus' zeigten ein solches Verhalten lediglich in Phasen direkter Bedrohung. Wohingegen _*heute*_ insbesondere _*im Namen*_ der Gottesvorstellung des islamischen *Ultra*_Monotheismus' getötet wird. Das heißt aber nicht, daß die Christen des „Westens" nicht mehr töteten, sondern das heißt „lediglich", daß diese es heute meist im Namen des „Marktes" seiner „unsichtbaren Hand" und seiner „Kräfte" tun — also anders verschleiert töten. Der Antrieb dafür ist der gleiche: „Wir wissen, was den anderen fehlt! Wir sind die Kulturbringer! Es genügt, daß _*wir*_ wissen, daß es keine Alternative zu unseren, in Theorien gesetzten Ideen gibt." — Die Basis für dieses „Sendungsbewußtsein" findet sich in einer der Propagandaschriften des

Paulinischen Christentums, ausgedrückt im Matthäusevangelium, wo es unter der mit „Missionsbefehl" betitelten Aufforderung heißt:

> [...] *Jesus trat herzu und sprach zu ihnen: Mir ist gegeben alle Gewalt im Himmel und auf Erden. Darum gehet hin und machet zu Jüngern alle Völker: Taufet sie auf den Namen des Vaters und des Sohnes und des heiligen Geistes und lehret sie halten alles, was ich euch befohlen habe.* [...][57]

Die „Religion des Marktes" des „Westens" speist sich aus christlichen Wurzeln: immerhin ist der „Kapitalismus" im „christlichen Schoß" entstanden. Die Menschen in Bhâratavarsha kannten diesen bspw. nicht, bevor die „Ära Vasco da Gama" eingeläutet wurde.[58] Das heißt er Kapitalismus ist eine Erfindung der europäischen Christen.

Es sind also die zwar schließlich mit je verschieden ausdifferenzierten Glaubensinhalten aus dem einen „heiligen monotheistischen Buch" herausgewachsenen Religionen (__*das Christentum und der Islam*__), die destruktives Potential dann entfalten, ist aus Sicht der je in der Zeitlichkeit aktiven Machtelite der „Grund" dazu gegeben (__*stehen also deren weltliche Interessen substantiell in Gefahr*__), die Masse der Bevölkerung des von ihr und ihren Satelliten beherrschten Territoriums, mit _*der*_ Behauptung zu Fanatismus anhalten zu können, Andersgläubige oder Nichtgläubige ohne jeden Skrupel, ohne jedes schlechte Gewissen, nämlich aus rein glaubensgestützter Gewißheit: ihr andere Massakrieren sei ein, je gemäß ihrer Glaubens_*Vorstellung*, gottgefälliges Tun. — Welch ein Gott sollte danach verlangen müssen?

Entweder zeigt sich in einem solchen Tun das Dilemma der menschlichen Spezies selbst, nämlich einerseits über die Fähigkeit zu abstraktem Denken zu verfügen, die andererseits dazu verleitet, die

---

[57] Siehe Mt 28, 18-20; zitiert nach der revidierten Fassung der „Lutherbibel" aus dem Jahre 1984, Deutsche Bibelgesellschaft, Stuttgart, 1985.

[58] Vgl. in: Prodosh Aich, « Das Vedische Erbe » — *Nachdenken über systematisch zurückgehaltene WAHRHEITEN*, die Fußnote 23 auf den Seiten 66 f.

dem Menschen tatsächlich erfahrbaren Dinge nicht erfahrungsgemäß zu interpretieren, also nicht _*darauf*_ aufbauende Spekulationen anzustellen. Dies dann erfahrungsgestützte Spekulationen wären, die, geschähe das, stets mit dem erfahrbaren _*Ist der Dinge*_ abgeglichen würden, so daß ein sich von den erfahrbaren Dingen und Erscheinungen bestimmtes, fortschreitendes Erkennen des *Da*_Seienden möglich würde, so daß dann — _*schließlich*_ — selbst das *nicht*_daseiende Sein (__der Materia__) zu „erkennen" wäre. Oder das abstrakte Denken sich _*völlig*_ vom Lebendigen ablöst und für alles dem Menschen erfahrbar *Da*_Seiende bestimmend wird, und auf diese Weise das so geglaubt richtige Dogma — also etwas Vorgestelltes — sich das Lebendige unterwirft, sich die Menschen kollektiv unterwirft — wohlgemerkt: als sich verselbständigt habendes Dogma. ... *O d e r — träfe das nicht zu* — man es in der Tat mit einem Gott zu tun hätte, der vor einem menschlichen Gericht als Krimineller zu verurteilen wäre, da diesem Gott das Unfriedliche dann inhärent wäre, trotz der ganzen „Liebesbekundungen" seiner Anhänger. Denn: wehe dem, der diese „Liebe" nicht wollte, da es da — *aus deren Sicht — Wider*_Spruche zu konstatieren gäbe. Dies dann aber ein „ideologisch konstatierter Widerspruch", der Ausdruck menschlicher Schwäche wäre: so daß das Massakrieren auch aus solcher „Schwäche" resultierte?

Nun, für mein Verständnis ist „Glaube" nicht so sehr eine Glaubensfrage, sondern eine (__*weltliche*__) Machtfrage. Denn was würde einem Gott fehlen, von dem seine Anhänger behaupten, er sei der *ALL*_Gott, wollte jemand im _*eigenen*_ Sinne leben und im _*eigenen*_ Sinne sein Leben führen, wäre derjenige ja doch „sein"? — Oder sollten vielleicht die vermeintlich glaubenssicheren Fanatiker, die doch nur ihre eigene Unzulänglichkeit auf andere projizieren, also nichts als *Projektionisten* sind, noch einmal einen Blick in das Heilige Buch _*ihrer*_ besonderen Prägung werfen? Immerhin ist — *es sei wiederholt* — das „Ausmaß der Projektion" beträchtlich.[59] Das zu tun, will ich den *Projektionisten* selbst überlassen, will auch auf keine Antwort warten, hingegen an dieser Stelle auf meine Weise auf eine Klärung des vielleicht größten gesellschaftlichen Problems hinarbeiten.

---

[59] Siehe dazu auf den Seiten 17 f.: „Das Ausmaß der Projektion".

Die These, daß der Monotheismus die Bedingung dafür sei, daß eine große Masse von Menschen wie eine einzige Person politisch gelenkt werden kann, wodurch das _*weltliche*_ Regieren sehr erleichtert wird, ist im folgenden _*nicht deshalb*_ an den aus dem mosaischen Monotheismus sich herausentwickelt habenden beiden Glaubenslehren, *dem Christentum und dem Islam*, zu erläutern bzw. zu zeigen, zumal ein solches Streben immer dann als üblich angesehen werden kann, gibt es eine machtelitäre Schicht in einer Gesellschaft, deren Streben also nicht mit der Masse der Menschen der entsprechenden Gesellschaft übereinstimmt, dient doch ab einem gewissen Strukturierungsgrad einer Gesellschaft _*jede*_ Glaubensvorstellung diesem Zweck, nämlich nach Möglichkeit eine innergesellschaftliche Bewußtseinshomogenisierung zu schaffen.

> Also eine Bewußtseinshomogenisierung zur erleichterten politischen Manipulation einer großen Masse von Menschen zu erzeugen, woraus dann eine gemeinsame Gemütslage resultiert, zu deren Aufrechterhaltung von den gesellschaftlichen Autoritäten lediglich von Zeit zu Zeit abgesonderte, diese Gemütslage stützende oder befördernde — *religionspolitische* — Slogans notwendig sind.

*Sondern deshalb* ist dies an diesen beiden monotheistischen Glaubensvorstellungen zu erläutern bzw. zu zeigen, da diesen eine Selbstgenügsamkeit _*nicht*_ eigen war, wie es hingegen bei der mosaischen Glaubenslehre noch der Fall gewesen, da von den Repräsentanten des Judentums ihre Lehre als tatsächlich konkreter und lediglich die eigene Gemeinschaft betreffender Ausdruck eines „Bundes mit dem eigenen Gott" verstanden wurde. _*Hingegen*_ die Machteliten der anderen beiden monotheistischen Lehren, und dabei, wegen der diesen Lehren eigenseienden Bewußtseinshomogenisierung, von der Masse ihrer Gesellschaften unterstützt, ab einem bestimmten Punkt auf Expansion ausgingen und im „Namen 'ihres' Gottes" von dessen Anhängern andere *en Gros* massakrieren ließen. Hinzu kommt, und daran läßt sich exemplarisch die Verquickung von realer weltlicher Macht und von behaupteter, sich in den Repräsentanten der jeweiligen Glaubensidee manifestierender geistlicher Macht zeigen, daß sich das

Christentum schon früh dem römischen Weltreich als Staatsreligion empfahl — für dessen rein weltliches Streben. Das heißt nachdem das Beherrschen der vielen Völker über das die vielen verschiedenen Gotteskulte Berücksichtigen für die damals Herrschenden nur noch unter großen Reibungsverlusten möglich war.

Das Besondere an „expandierenden" monotheistischen Lehren ist, daß _*ausdrücklich*_ im Namen einer unbekannten, und objektiv gesehen nicht erfahrbaren, völlig abstrakt bleiben müssenden Ideensetzung, massakriert wurde und wird.

Daß ein Gläubiger seinen „Gott" subjektiv „erfährt", ist normal, aber es ist nicht reproduzierbar — *nicht objektivierbar* —, unterliegt ein anderer Mensch nicht jenen Glaubensvorstellungen, die einen Gläubigen glauben machen, er „erfahre" gerade seinen „Gott", also jenes, welches Ergebnis der Projektion eigner, d.h. menschlicher „Qualitäten" auf eine von Menschen geschaffene „'außersinnliche' Größe" ist. Dies „Qualitäten", an denen es dem Gläubige dann mangelt — da er sie von sich *weg*_projizierte bzw. auf _*seine*_ eigene Vorstellung projiziert.

Die 4., die 6. und die 7. der „Thesen über Feuerbach".

4. These über Feuerbach. Feuerbach geht von dem Faktum der religiösen Selbstentfremdung, der Verdopplung der Welt in eine religiöse, vorgestellte und eine wirkliche Welt aus. Seine Arbeit besteht darin, die religiöse Welt in ihre weltliche Grundlage aufzulösen. Er übersieht, daß nach Vollbringung dieser Arbeit die Hauptsache noch zu tun bleibt. Die Tatsache nämlich, daß die weltliche Grundlage sich von sich selbst abhebt und sich, [__nun__] ein selbständiges Reich [__geworden__], in den Wolken fixiert, ist eben nur aus der Selbstzerrissenheit und dem Sich-selbst-widersprechen dieser weltlichen Grundlage zu erklären. Diese selbst muß also erstens in ihrem Widerspruch verstanden und sodann durch Beseitigung des Widerspruchs praktisch revolutioniert werden. [...]

6. These über Feuerbach. Feuerbach löst das religiöse Wesen in das *menschliche* Wesen auf. Aber das menschliche Wesen ist kein dem einzelnen Individuum innewohnendes Abstraktum. In seiner Wirklichkeit ist es das Ensemble der gesellschaftlichen Verhältnisse. Feuerbach, der auf die Kritik dieses wirklichen Wesens nicht eingeht, ist daher gezwungen:

1. von dem geschichtlichen Verlauf zu abstrahieren und das religiöse Gemüt für sich zu fixieren und ein abstrakt — *isoliert* — menschliches Individuum vorauszusetzen;

2. kann bei ihm daher das menschliche Wesen nur als *„Gattung"*, als innere, stumme, die vielen Individuen bloß *natürlich* verbindende Allgemeinheit gefaßt werden.

7. These über Feuerbach. Feuerbach sieht daher nicht, daß das „religiöse Gemüt" selbst ein *gesellschaftliches Produkt* ist und daß das abstrakte Individuum, das er analysiert, in Wirklichkeit einer bestimmten Gesellschaftsform angehört.[60]

Wichtig dabei ist nicht, daß diese „'außersinnliche' Größe" einmal gänzlich abstrakt als „Gott" und einmal als „Allah" bezeichnet wird.

(__*Die Bezeichnung* „Allah" *bezog sich übrigens ursprünglich auf einen Wüstengott, der bereits vor der Ausbildung des Islams, d.h. neben anderen Gottheiten des arabischen Götterpantheons, existierte.*__)

Nein, das so fragwürdige wie bemerkenswerte daran ist, daß auf alle mögliche Weise _*im Namen*_ einer alles andere ausschließenden „Glaubensgröße" massakriert wurde und wird, daß dies also — ereig-

[60] Quelle: Marx-Engels Werke, Band 3, Dietz Verlag, Berlin, 1969, die Seiten 533 ff., betitelt mit: „Thesen über Feuerbach".

net sich dieses Massakrieren — im Auftrag einer monotheistischen Glaubensvorstellung geschieht. Nämlich *en Gros* im Namen und Auftrag einer Abstraktheit zu töten, die als real wirkende Größe gilt, auf die alles hin geschieht, im teleologischen Sinne also einem Zweck dienend, anstatt — *wie vorher üblich* — bekannterweise im Namen weltlicher Interessen zu massakrieren.

Wenn jedes Ding und jedes Ereignis, jedes Geschehen, alles was im Universum existiert, aber je aus einem auf eine solche Glaubensvorstellung hin ausgerichteten Zweck diente, müßte ihr etwas fehlen, daß der Grund für diese Zweckgerichtetheit alles Seins und Geschehens wäre. Damit wäre sie zwar die abstrakte Vorstellung eines Glaubenssystems, aber unvollkommen. Denn wäre sie vollkommen, benötigte sie keiner von Menschen in ihrem Namen ausgeführten Aktionen — bspw. das Massakrieren „Ungläubiger" —, denen folglich der Glaube zugrunde läge, alles geschähe, daß sich — *allein zum Nutzen der entsprechenden Gläubigen* — alles sich natürlich Ereignende überhaupt erst ereignete. Somit wären Monotheismen probate Medien zur Befriedigung so narzißtischen wie interessengeleiteten Strebens von Machtgruppen, dessen Ursache wiederum in einem _*Vorurteil*_ über etwas läge, das dem Menschen adäquat zu begreifen nicht möglich ist: die tatsächliche Beschaffenheit der Materia, von der man so gern annimmt, sie habe lediglich rein grobstofflichen Charakter und man deshalb, sozusagen für das *Fein*_Stoffliche, lieber einen Gott annimmt, den man mit einem monotheistischen Gedankensystem ausstattet, so ihn zum „*ALL*_Gott" machend.

Dieses Vorurteil findet seinen Grund in der Unmöglichkeit, beim Denken von sich selbst abzusehen — selbst wenn behauptet wird, man stelle seine Überlegungen rein abstrakt an, ohne jede Stützung auf die natürlich und gesellschaftlich bedingten Prozesse in einem so Denkenden selbst oder ohne die ihn umgebenden natürlichen und gesellschaftlichen Prozesse, so daß alles Meinen und Denken darauf hinauslaufen muß, einen Beweis für die Zweckmäßigkeit des eigenen Seins zu suchen und nach Möglichkeit zu finden. Genau hierin liegt aber das *Vor*_Urteil: Denn wenn alles andere Seiende dem eigenen (__*vom eigenen monotheistischen Glaubenssystem abhängenden*__) Sein zum Zwecke diente, müßte man auch annehmen, daß dem entsprechenden monotheistischen Gott etwas fehlte — dieser also nicht vollkommen wäre.[61]

Weshalb dann aber ein monotheistisches Weltbild gutheißen, verursacht es so viele Übel in den Menschen wie für die Menschen — wie die Geschichte lehrt? Und folglich wäre es nicht nur nicht gerechtfertigt etwas anzubeten, dem selbst etwas mangelt, sondern es wäre absurd. Deshalb kann es einzig darum gehen, die uns betreffenden Dinge derartig _*ethisch*_ zu regeln, daß jeder einzelne in der Gesellschaft mit anderen Menschen auf eine Art und Weise lebt, das _*allen*_ freie Entfaltung möglich ist, was allerdings nur bedeuten kann, dies nicht auf Kosten anderer zu tun, denn dies bedeutete Freiheit _*nicht*_ aus _*eigener*_ Substanz heraus. Fehlt aber die eigene Substanz, kann „Freiheit" nur eine Illusion und tatsächlich, objektiv gesehen, lediglich „Unfreiheit" sein. Also ist gesellschaftliche Gleichheit aller Mitglieder einer Gesellschaft die Bedingung für individuelle Freiheit. Folglich läßt sich am Grad der Ungleichheit in einer Gesellschaft der für alle Mitglieder einer Gesellschaft tatsächliche Freiheitsgrad erkennen.[62]

Und dieses „ethische Regeln" ist stets unter Wahrung des Respektes vor _*allen*_ anderen Wesen zu tun: Denn gibt es keine, auf eine bestimmte Art von Wesenheit (__*also auf Menschen in ihrer Beziehung zu einem von ihnen vorgestellten, also erschaffenen Gott*__) hin orientierte Zweckgerichtetheit der Materia, hat alles Seiende gleiches Recht auf das eigene Dasein.

---

[61] Vgl. Baruch de Spinoza, *Ethik*, I, Anhang, Universal-Bibliothek Nr. 851 [9], Stuttgart, 1977/1990, die Seiten 91-109: ersetze dort „Gott" durch „Materia".

[62] Welche Institution menschlicher Gesellschaften das gewährleisten kann, wird erläutert in: Die *tri*_logische Sezierung [...], Band I, Teilband 4: „Der Lösungsweg — Überlegungen zur Überwindung der real existierenden Lobbykratie", die Kapitel 22-25.

Gibt es aber kein anthropozentrisch orientiertes Universum, sind monotheistische Glaubensvorstellungen ein Ausdruck für die Egozentrik der an solche Vorstellungen Glaubenden. Wobei das Maß der alles andere ausschließenden Glaubensvorstellung, nämlich die *un*_bedingte „Einzigartigkeit" der (__*von menschlicher Geisteskraft geschaffenen, also der „eigenen"*__) Gottesvorstellung, Ausdruck für den Grad der Egozentrik derartig Glaubender ist. Demnach diese Lehren lediglich dazu zu dienen scheinen, weltlichen Machtinteressen einen „spirituellen Deckmantel" zu verschaffen. Dem _*persönlichen*_ Heil eines _*konkreten*_ Menschen können sie nämlich nicht dienen, dazu bedürfte es einer auf _*ihn*_ zugeschnittenen Lehre, die ihn sozusagen genau dort abholte, wo er sich in seiner gesellschaftlichen Einbindung _*konkret*_ (__*folglich auch bewußtwerdungsmäßig*__) befindet — also von einem persönlich Wissenden vermittelt. Demzufolge wird es nicht möglich sein, das Gewaltpotential einer monotheistischen Lehre zu erkennen, nimmt man nicht zugleich die Beweggründe für ihre Ausformulierung in den Blick:

- wieso sie in der Folge für alle Menschen einer Gesellschaft verbindlich werden konnte;
- ab wann sie das dann tatsächlich wurde;
- ob ihre Lehrsätze als moralische, sich lediglich an den konkreten Gläubigen sowie an seine Mitgläubigen selbst oder sich auch an andere richtende Aufforderung zu verstehen wären;

so daß aus diesen moralischen Aufforderungen in Gewalt umschlagende, sich gegen andere richtende und schließlich in weltliche Diktatur münden müssende Lehrsätze werden konnten. Ob folglich eine solche monotheistische Lehre mit einer tatsächlichen, dem einzelnen Menschen in der Gemeinschaft mit anderen erst Freiheit und Orientierung ermöglichenden, dem menschlichen Wesen am ehesten gerecht werdenden Herrschaftsform, also mit Demokratie vereinbar sei.

Mit „Demokratie" kann nicht das gemeint sein, was im „Westen" unter „Demokratie" verstanden wird, denn gemeint sein kann allein die Direkte Demokratie. Da aber „Demokratie" in einer Gesellschaft anwesend ist oder nicht anwesend ist, spreche ich von „Demokratie", wenn auch damit die Direkte Demokratie gemeint ist. Denn ist „Demokratie" anwesend, bedarf sie keines Attributes. Wird ihr aber ein Attribut beigelegt, kann es sich lediglich um eine „bedingte Demokratie" handeln. — Ob es „später" heißen wird: „Zur Vollendung der Lobbykratie war es unerläßlich, die bedingte Demokratie zur simulierten fortzuentwickeln, um entsprechender Politik den 'Takt' zu geben"?[63]

* * *

Es sind nun jene drei Monotheismen in den Fokus zu nehmen, die alle aus jenem Buch geschöpft haben, das als Bibel oder Heilige Schrift bekannt ist, denn durch diese, auch als Altes Testament bezeichnete Schrift, sowie durch ihre, als Neues Testament und als Koran bezeichneten Ableger, spricht der „einzige Gott" des mosaischen Glaubens, des Christentums und des Islams.

Wieso es sein mußte, daß dieser, damals ausschließlich noch als Jahve bezeichnete Gott, dem Anführer einer Schar von Exilanten, die, so geht die Rede, aus Ägypten ausgezogen, auf dem Berge Sinai erscheinen mußte, wenn er doch allmächtig und überall anwesend sein konnte, wird immer ein Rätsel bleiben. Jedenfalls gilt es als ausgemacht, daß dieser Jahve dem Moses nicht bloß die zehn Gebote der Gesetzestafeln enthüllte, sondern diese sogar mit seinem eigenen „Finger" vorher selbst niedergeschrieben habe. Wobei seine Allmacht zudem noch als widersprüchlich gelten müßte, da seine Anhänger, also nicht lediglich, wie vorher oft schon praktiziert, zur Erlangung irgendwelcher weltlicher Güter andere massakrierten, sondern dieses Töten ausdrücklich in seinem Namen taten und damit gegen eines seiner zehn Gebote verstießen — denn heißt eines nicht: „Du sollst nicht töten"? _Oder_ könnte man sich zur Rechtfertigung für ein solches,

[63] Siehe diesbezüglich auch in: « Sie fragen noch, wie die ›Verhältnisse‹ liegen? », dort Aspekt 32: „Die erste Demonstration der unbewußten Real-Satiriker ereignete sich am 19. Mai 2019", die Seiten 337 ff., beginnend mit: „Denn folgendes ist keine politische Geschmacksfrage".

letztlich aus Gier nach fremdem Eigentum erfolgendes Töten hinter der Behauptung verstecken, daß sich die Anhänger dieses Gottes einfach angemaßt hatten, dies in „seinem Namen" zu tun — in seinem Namen zu töten? Also derartig, wie die Verantwortlichen (__?__) der heutigen Nationalstaaten sich anmaßen, „im Namen" der (__*gemeinhin als* „Volk" *bezeichneten*[64]__) Insassen dieser Staaten Politik zu betreiben, _*obwohl*_ sich diese Politik gegen jedes vernünftige Gesetz richtet[65], _*obwohl*_ diese Politik demokratiezerstörend[66] und _*obwohl*_ diese Politik eklatant gegen Grundregeln des Humanen verstößt[67] — und _*obwohl*_ diese Politik gefahrbringend für ganze Gesellschaften ist?[68] _*Nein*_, denn _*nicht nur*_ wie diese Machteliten der neoliberalen, die Entwicklungsrichtung des Menschengeschlechts bestimmenden Nationalstaaten mit ihrer säkularen Glaubensdoktrin[69] und ihren Satelliten in Politik, in *spin*_doktorischer Wissenschaft und in den meinungs_*machenden* Massenmedien, töteten diese Anhänger, oder ließen im Namen ihres einzigartigen Gottes töten, _*sondern*_ dieser Gott selbst verstieß gegen sein eigenes Gesetz, indem er, und egal ob dies für des möglicherweise schuldigen Pharaos erstgeborenen Kindes (__*und als Kind dennoch unschuldig bleibend*__) oder für jenes eines Gefängnisinsassen oder gar für das Junge eines jeden Haustieres den Tod bedeutete, tötete dieser Gott _*selbst*_ alle Erstgeborenen Ägyptens: [...] *Und zur Mitternacht schlug der HERR alle Erst-*

---

[64] Die Frage, wie „Volk" zu definieren ist, wird in: « Sie fragen noch, wie die ›Verhältnisse‹ liegen? » beantwortet, siehe dort die Seiten 337 ff., beginnend mit: „Denn folgendes ist keine politische Geschmacksfrage".

[65] Vgl. in: Die *tri*_logische Sezierung [...], Band I, Tbb 1-3, die Kapitel 1-3.

[66] Vgl. in: a.a.O., insbesondere das Kapitel 6; sowie in: a.a.O., Band II, insbesondere die Zwischenrufe 1, 2, 3, 4, 9, 10 und 19.

[67] Vgl. in: a.a.O., Band I, Tbb 1-3, insbesondere die Kapitel 14 und 15; sowie in: a.a.O., Band II, dort insbesondere der Zwischenruf 28.

[68] Vgl. in: Die *tri*_logische Sezierung [...],Band I, Teilbände 1-3, insbesondere die Kap. 13 und 18; sowie in: a.a.O., Band II, dort insbes. die Zwischenrufe 6, 7, 10 und 28.

[69] Vgl. in: a.a.O., Band I, Teilbände 1-3, Kapitel 1-3.

geburt in Ägyptenland vom ersten Sohn des Pharaos an [...] *bis zum ersten Sohn des Gefangenen im Gefängnis und alle Erstgeburt des Viehs.* [...][70]

Welche Rechtfertigung für wahlloses Töten kann es geben, ist das Töten als solches verboten? Welches Beispiel aber gab dieser Gott damit? Macht sich derjenige nicht schuldig, der einen solchen Gott verehrt? Immerhin wurde solches „göttliche Tun" später die Rechtfertigung fürs Töten ganzer Bevölkerungen, wie bspw. das Massakrieren aller Einwohner der weiter oben erwähnten Stadt Béziers: *Tötet sie alle, Gott wird die Seinen schon erkennen*[71]. Ja, das Töten wurde, etwas später dann, im Namen Gottes zur Grundlage der großen von europäischen Herrschern initiierten räuberischen Züge gegen den „Rest der Welt", und dies mit „moralischer" Unterstützung der christlichen Kirche und die dabei begangenen Greueltaten verschleiernder Rechtfertigung durch die intellektuellen Prostituierten des in die Welt expandierenden „europäischen Machtsystems", dessen heutiges Dogma namens Neoliberalismus den Charakter eines „säkularen Monotheismus'" aufweist.[72]

Nicht anders _*bedenkenlos*_ und es sei wiederholt, als ob nicht anzunehmen sei, daß ein als allmächtig geltender Gott nicht andere Möglichkeiten zur Verfügung hätte, tötete er die Armee des Pharaos, als dieser Gott über diese die Wasser des „Schilfmeeres" schlagen ließ, nachdem die Israeliten trockenen Fußes dieses „Meer" gequert hatten, wie ihre heilige Legende erzählt. (__Siehe hierzu 2. Mose 14, 1-31.__)

Nimmt man die dort gegebenen Ortsangaben zur Grundlage, nämlich, daß die Israeliten umkehrten und sich bei Pi-Hahirot zwischen Migdol und dem Meer vor Baal-Zefon lagerten, wäre diese Durchwan-

---

[70] Vgl. 2. Mose 12, 29, zitiert nach dem revidierten Bibeltext in der Fassung von 1984, Deutsche Bibelgesellschaft, Stuttgart, 1985.

[71] Vgl. die Seiten 38 ff., beginnend mit: „Heutzutage ist Béziers eine belebte Stadt ...".

[72] Siehe dazu auch auf den Seiten 326 f. die „PASSAGE DER VERACHTUNG", und in: « Sie fragen noch, wie die ›Verhältnisse‹ liegen? », Aspekt 29.

derung in einem Meerbereich erfolgt, der durch einen quasi ununterbrochenen schmalen Streifen Land geschützt war. Ein Bereich des Mittelmeeres also, der damals möglicherweise wegen eines wattenmeervergleichbaren Charakters als „Schilfmeer" bezeichnet worden sein könnte. (_*_Übrigens ist der gewöhnliche Tidenhub im Mittelmeer relativ gering, der allerdings durch starken Wind deutlich höher ausfallen kann._*_)

Aber solch metzelndes Tun scheint diesem allmächtigen Gott eigentümlich zu sein. ... Nun, ist es nicht so, daß Erzählungen, die von einem solchen „allmächtigen Gott" berichten, nicht eher Auskunft über den narzißtischen Charakter der Verfasser solcher Erzählungen und jener Menschen geben, die derartigen Erzählungen „gläubig" folgen, als das sie Ausdruck _*richtiger*_ Gläubigkeit sein könnten?

In seinem 1670 anonym in Amsterdam gedruckten Tractatus theologico-politicus bringt Baruch de Spinoza das Problem mit derartigen für die eigenen Anhänger als unbedingt verbindlich geltenden und letztlich immer von Menschen mit ihren eigenen Interessen verfaßten Schriften auf den Punkt: daß nämlich derjenige, der „den ganzen Inhalt der Schrift ohne Unterschied als allgemeingültige und unbedingte Lehre über Gott" auffasse und auf diese Weise, das „der populäre[n] Meinungen" Angepaßte mit dem Eigentlichen der „göttliche[n] Lehre" vermische, „die Autorität der Schrift" mißbrauche. Überdies sei es gerade deswegen überhaupt möglich, daß die „Anhänger von Sekten so viele und einander widersprechende Meinungen als Glaubenssätze" verkünden könnten, je gestützt „mit zahlreichen Beispielen aus der Schrift", woher übrigens das Sprichwort der Niederländer seinen Ursprung habe: „'geen ketter sonder letter' (_*_kein Ketzer ohne Buchstaben_*_)".[73]

Folgt man derartig „heiligen Erzählungen", hatte dieser „allmächtige" Gott auch vorher schon sein metzelndes Gemüt offenbart. So an den Sodomern und Gomorrern, an jenen Menschen nämlich, die

---

[73] Zitiert nach Wolfgang Bartuschat: Baruch de Spinoza, *Theologisch-politische Abhandlung*, neu übersetzt, herausgegeben, mit Einleitung und Anmerkungen versehen von Wolfgang Bartuschat, Felix Meiner Verlag, Hamburg, 2012, 14. Kapitel, die Seite 216.

einst in den am unteren Jordan gelegenen kanaanitischen Städten Sodom und Gomorra gelebt hatten. Die komplette Vernichtung der genannten Städte soll wegen der sittlichen Verdorbenheit ihrer Bewohner vermeintlich unvermeidlich gewesen sein.[74] Auch weiß dieser „Gott" keineswegs „allwissend" um deren „Sittenlosigkeit", denn er muß erst „hinabfahren und sehen [...] damit ich's wisse"[75]. Wobei es sich sowieso nicht auf „Allwissenheit" reimen will, fragt sich dieser einzigartige „Gott": „[...] Wie könnte ich Abraham verbergen, was ich tun will [...]?"[76] Und wie mag es um die Sittlichkeit jener stehen, die, obwohl doch seiner Anhängerschaft angehörig, wenn Lots Töchter von ihrem eigenen Vater schwanger wurden und je einen Sohn zeugten?[77]

Das zu richten ist nicht meine Absicht, es ist nur so, daß solche Erzählungen darin einmal mehr ihre Fragwürdigkeit „offenbaren". Denn, um diese Episode zu Ende zu führen, aus diesen Schwangerschaften seien die Moabiter und die Ammoniter „bis auf den heutigen Tag"[78] hervorgegangen, die später nicht deshalb nicht in die Gemeinde des HERRN aufgenommen werden durften, da sie aus einem Inzest hervorgegangen waren[79], sondern: „sie [kamen] euch nicht entgegen mit Brot und Wasser [...], vielmehr gegen euch den Bileam dingten [...]"[80]. — In diesem Zusammenhang findet sich gleich die nächste Widersprüchlichkeit, wenn Gott Bileam aufträgt, mit den Fürsten der Moabiter zu ziehen, dann aber darüber in Zorn entbrennt, als er genau dieses tut.[81]

Und die gegen Jericho wütende Brutalität?[82] Auch dies Ausdruck

---

[74] Vgl. 1. Mose 19, 1-29; zitiert nach dem revidierten Bibeltext in der Fassung von 1984, Deutsche Bibelgesellschaft, Stuttgart, 1985.

[75] Vgl. a.a.O., 1. Mose 18, 21.

[76] Vgl. a.a.O., 1. Mose 18, 17.

[77] Vgl. a.a.O., 1. Mose 19, 30-38.

[78] Vgl. a.a.O., 1. Mose 19, 37.38.

[79] Vgl. a.a.O., 1. Mose 19, 36-38.

[80] Vgl. a.a.O., 5. Mose 23, 4.5.

[81] Vgl. a.a.O., 4. Mose 20-22

[82] Vgl. a.a.O., Jos 6, 1-27.

eines Gottes, der seine Allmacht nicht anders als dadurch zu „beweisen" weiß, den Fall der Mauer Jerichos zu bewirken[83], damit das Niedermetzeln seiner Einwohner durch seine Anhänger seinen Lauf nehmen kann?

An welche Aussagen solcher als „offenbart" geltenden Schriften (__Tânach, Bibel, Koran__) soll man sich also halten, geht es um die Beurteilung einer letztlich menschlicher Vorstellungskraft entsprungenen „allmächtigen" Gottheit? Oder ist das abhängig davon, wie die Stimmungslage gerade in der Masse der Bevölkerung ist — *die eine monotheistisch geprägte Stimmungslage ist, so es einen dominierenden Eingottglauben in der Bevölkerung gibt* — und die Aussagen in solchen Schriften dann entsprechend der weltlichen Interessenlage der Machtelite des entsprechenden Staates auszulegen sind und dazu dann die Bevölkerung mittels der gerade passenden Glaubenssätze in die machtelitär genehme Richtung — *als wäre es eine Person* — „gedreht" wird? Muß ein allmächtiger Gott etwa erst lernen, daß er kein Vorbild sein kann, steht er im Widerspruch zu seinem eigenen Gesetz: *Du sollst nicht töten*, tötet er selbst und läßt er in seinem Namen töten? Soll sich dieses „Lernen" dann über seinen „Sohn" ereignet haben, wie die Schreiber der Evangelien des Neuen Testaments behaupten, verkünden diese, dieser Sohn habe Liebe und Gewaltlosigkeit gelehrt?

Nun, objektiv gesehen, setzte sich diese Widersprüchlichkeit im Christentum fort. Jetzt allerdings universell geworden, also nicht mehr streng auf eine bestimmte Gruppe von Menschen konzentriert, die in der Tat als Auserwählte dieses Gottes gegolten haben mochten und möglicherweise allein aus dem Grunde derartig im Alten Testament erzählt, da diese „Auserwählten" glaubten, daß sie sich allein auf diese Weise ein sie verbindendes Band schaffen könnten, sich als Gemeinschaft zu erleben und _*so*_ erst zu erhalten, denn objektivierbar ist ihre „biblische Erzählung" nicht. Genau dies ist es jedenfalls, das Spinoza anerkennt, geht es um die Klärung der Phrase: „Auserwähltes Volk".

---

[83] Vgl. Jos 6, 20, zitiert nach dem revidierten Bibeltext in der Fassung von 1984, Deutsche Bibelgesellschaft, Stuttgart, 1985.

Zwei „Sachverhalte" sind es für ihn nämlich, die _jeder_ Mensch potentiell selbst zur Entfaltung bringen kann, da sie in der menschlichen Natur selbst liegen: Die „Dinge durch ihre ersten Ursachen [__zu__] begreifen" sowie zu „tugendhafter Haltung [__zu__] gelangen". Das bedeutet, daß das Erreichen dieser „Ziele" „im wesentlichen [...] von [...] den Gesetzen der menschlichen Natur" abhängt. So daß diese „Sachverhalte" „keinem Volk eigen [...], sondern" dem Menschengeschlecht „gemeinsam" sind. Beim dritten „Sachverhalt" aber, nämlich „in Sicherheit und bei gesundem Körper [zu] leben", handelt es sich um „Glücksgüter", die uns zufallen mögen, auf deren Steuerung wir aber weder direkten Einfluß haben noch deren Ursachen wir kennen, fallen diese „Güter" doch, wie nicht anders die „Unglücksgüter" auch, wahllos dem „Einfältigen" wie dem „Klugen" zu. Aber „zur Sicherheit des Lebens" können „menschliche Leitung und Wachsamkeit viel beitragen." Hierzu sind jedoch aus „Vernunft wie Erfahrung" gewonnene Regeln für alle verbindlich zu setzen, die Inbesitznahme „eines bestimmten Landstrichs" zu verwirklichen „und die Kräfte aller in gleichsam einen einzigen Körper zu versetzen — den der Gesellschaft." Und diese mit Besonnenheit zu führen und die Gesetze für alle gleich geltend anzuwenden — oder sogar unter fremder Führung oder mit „göttliche Fügung", wenn es sich um Umstände handelt, die nicht in der menschlichen Natur selbst liegen, um auf diese Weise als Gemeinschaft erst gegen große Gefahren zu bestehen. „Allein darin unterscheiden sich also Völker voneinander: in Ansehung der Gesellschaft und der Gesetze, unter denen sie leben und regiert werden". Und so sei es klar, daß das jüdische Volk sich allein mit Blick auf „seine Gesellschaft und das Schicksal" von den anderen unterscheide, nicht aber „mit Blick auf den Verstand und die Seelenruhe auserwählt worden" sei. Dieses Volk wäre nämlich allein durch die Art und Weise seine gesellschaftlichen „Angelegenheiten" zu regeln, „was die Sicherheit [...] anbelangt, erfolgreich" gewesen und hätte „dabei große Gefahren überwunden [...], und dies vor allem dank dem äußeren göttlichen Beistandes", so daß seine „Auserwählung und Berufung" lediglich „das zeitliche Glück und die günstigen Verhältnisse [__seines__] Staates [__betrafen__] [...], [__ist__] also von Gott vor den anderen nicht unter dem Gesichtspunkt des Verstandes auserwählt worden", und genausowenig wegen hervorragender „Tugend" oder „wahren Lebens". Zumal „Gott" weder „den Erzvätern" noch „ihren Nachfolgern etwas anderes verheißen hätte". Es sei lediglich um den Gehorsam dem Gesetz gegenüber gegangen, von dessen Befolgung das Glück ihres Staates und das eines jeden einzelnen abhinge. Das leuchtet ein: Eine menschliche Gemeinschaft kann nämlich als „Staat nur auf Grund von Gesetzen Bestand haben, an die jeder gebunden ist", hingegen löste sich eine Gesellschaft auf und ihr Staat würde zerstört, sagten sich die Menschen kollektiv davon los.[84]

In diesem Zusammenhang sind auch Spinozas Aussagen von Interesse, in denen er nämlich darlegt, wieso es dennoch dazu kommen konnte, daß die Juden sich als „widerspenstig" erwiesen und die ihnen von Moses offenbarten Gesetze durchaus brachen.[85]

In der Tat können die zehn Gebote des Alten Testaments, nimmt man jene Elemente für sich, die als ethische Regeln fürs Miteinander der Menschen universell sind, also unabhängig von einem Glauben an einen oder welchen Gott auch immer oder keinen, als Kern dessen genommen werden, um den herum die gesellschaftlichen Vorgaben zu setzen sind. Und der adäquate Staat für das menschliche Wesen kann ausschließlich ein die Gesellschaft demokratisch organisierender Staat sein, denn in ihm schließen sich die Menschen aus Vernunftgründen zusammen, wohl wissend, daß sie als einzelne potentiell den Machtgelüsten eines anderen — *stärkeren Menschen* — ausgeliefert wären, im demokratischen Staat ihre persönliche Macht also einem Souverän anvertrauen, dessen Basis die kollektive Macht der Menschen dieses Staates ist, folglich diese Macht lediglich solange Bestand haben kann — *und damit dieser Staat* —, wie alle in ihm den Garanten für ein hohes Maß an persönlicher Freiheit sehen, da sich dies

---

[84] Die Zitatsplitter finden sich in: Baruch de Spinoza, *Theologisch-politische Abhandlung*, neu übersetzt, herausgegeben, mit Einleitung und Anmerkungen versehen von Wolfgang Bartuschat, Felix Meiner Verlag, Hamburg, 2012, Kapitel 3, die Seiten 53-5.

[85] Vgl. hierzu in: a.a.O., Kapitel 17, dort die Seiten 275 unten bis 281.

in ihrem persönlichen Freiheitsgrad spiegelt. Demnach ist eine demokratisch begründete Gesellschaft, deren Glieder sich in bewußter Willensentscheidung einen sie organisierenden Staat schaffen und die sich _*deshalb*_ gemäß dessen Gesetzen verhalten, Ausdruck vernunftgesetzter Freiheit und eben _*nicht*_ Ausdruck eines Sklavencharakters.[86]

Nun könnte man meinen, daß das höchste Recht Gott zukomme und deshalb einem auf menschlicher Vereinbarung beruhenden staatlichen Recht nicht zu folgen sei. Aber es ist zu bedenken: Wie die Erfahrung lehrt, haben die Menschen zu allen Zeiten ihre als gültig angesehenen göttlichen Offenbarungen gehabt, je gegeben über ihre Propheten, in welchen Gegenden der Welt auch immer. Da diese Offenbarungen aber, sieht man von den ersten, den Prähistorischen gegebenen „Offenbarungen" ab[87], immer von den gegebenen gesellschaftlichen Verhältnissen, dem Bildungsgrad und der (__*schwankenden*__) Einbildungskraft eines bestimmten Propheten (__*der allein wegen seiner Vorstellungskraft herausragend war, nicht aber deshalb, daß er* „mit einem vollkommeneren Geist ausgestattet" *gewesen wäre*__) abhängig waren, kann man nicht wissen, ob es sich bei „Offenbarungen" um das tatsächliche „Wort Gottes" gehandelt haben könnte oder — *zumindest* — um „sein" völlig falsch interpretiertes.

Aus diesem Grund haben die Gesetze und Verordnungen einer demokratischen Gesellschaft Vorrang, denn deren Art der Setzung, gemäß der auf philosophischer Basis in ethische Normen gefaßten Regeln, in denen sich also die Natur des menschlichen Wesens spiegeln müssen, da allein deren vernünftige Ausformulierung die Freiheit des einzelnen Menschen wahren kann, es ihm also auf diese Weise _*nicht*_ möglich ist, sich auf Kosten anderer zu entfalten — *und sei dies*

---

[86] Vgl. in: Baruch de Spinoza, *Theologisch-politische Abhandlung*, neu übersetzt, herausgegeben, mit Einleitung und Anmerkungen versehen von Wolfgang Bartuschat, Felix Meiner Verlag, Hamburg, 2012, Kapitel 16, die Seiten 244-46.

[87] Siehe hierzu den Teil 2 des Ihnen vorliegenden Buches.

unter dem Vorwand eines von ihm formulierten oder von ihm vertretenen Rechtes, das behaupteterweise göttlichen Ursprungs sei ... Da für dessen — *menschliche* — potentielle Irrigkeit, die durch die Jahrtausende gezogene Blutspur Beweis genug ist.[88] Mit anderen Worten: In einer demokratischen Gesellschaft kann es keine Sonderrechte geben — was hingegen für jede Art Glaubensvorstellung gilt, also für die säkulare des Neoliberalismus' nicht anders.[89]

Auch liest man im Neuen Testament vom Zweifel an der Messianität Jesu. Es ist Johannes der Täufer, der seine Messianität aus dem Gefängnis heraus anzweifelt.[90] Daraus ist unter anderem ebenso ersichtlich, daß es eine ausgeprägte Rivalität zwischen Jesu und Johannes und zwischen den Jüngern Jesu, von denen die ersten aus den Reihen des Johannes kamen[91], und den Jüngern des Johannes gegeben haben muß. Andere Passagen im Neuen Testament bestätigen das. Und muß es nicht seltsam klingen, fordern Jünger Jesum auf: „lehre uns beten, wie auch Johannes seine Jünger gelehrt hat"?[92] Beziehungsweise wie Johannes _*sie*_ das Beten gelehrt hatte, denn es werden solche Jünger gewesen sein, die nach der Ermordung ihres geliebten geistig-politischen Führers ohne Hoffnung waren. Und welches Gebet lehrt Jesus sie dann, immerhin muß es dem entsprochen haben, das Johannes sie gelehrt hatte. ... Nun, es ist das „Vaterunser"[93].

---

[88] Vgl. dazu auch Baruch de Spinoza, *Theologisch-politische Abhandlung*, neu übersetzt, herausgegeben, mit Einleitung und Anmerkungen versehen von Wolfgang Bartuschat, Felix Meiner Verlag, Hamburg, 2012, Kapitel 1, die Seite 30; Kapitel 2, die Seite 31 und das Kapitel 16, die Seite 252.

[89] Bezüglich dieser säkularen Glaubensdoktrin und ihren Auswirkungen, vgl. in: Die *tri*_logische Sezierung [...], Band I, die Teilbände 1-3; sowie in: a.a.O., Band III, Teilband 2, Anhang II: „Beleg für die Behauptung, daß die EU ein antidemokratisches Gebilde ist".

[90] Vgl. Lk 7, 19, zitiert nach dem revidierten Bibeltext in der Fassung von 1984, Deutsche Bibelgesellschaft, Stuttgart, 1985.

[91] Vgl. a.a.O., Joh 1, 35-37.

[92] Vgl. a.a.O., Lk 11, 1.

[93] Vgl. a.a.O., Lk 11, 2.

Und es gehört in diesen Zusammenhang, wenn im direkten Anschluß an die Ermordung Johannes' — *ist es auch nur verschleiert zu lesen* — die Aussage im Markusevangelium lautet: „Jesus [...] sah die große Menge [...]; sie waren wie Schafe, die keinen Hirten haben."[94] Da man diese Passage folgendermaßen lesen muß: „Jesus [...] sah die große Menge [...]; sie waren wie Schafe, die keinen Hirten" mehr hatten — denn Johannes war tot.

Nicht anders passen die beiden nachfolgend zitierten Aussagen aus diesen widerspruchsvollen Schriften, die ich als Propagandaschriften der Paulinischen Jesusbewegung bezeichne[95], _*wenig*_ zu der allgemein akzeptierten Vorstellung, Jesus habe die Liebe und die Barmherzigkeit gepredigt, und _*das*_ sei es, was ihn vor anderen auszeichne: „Meint ihr, daß ich gekommen bin, Frieden zu bringen auf Erden? Ich sage: Nein, sondern Zwietracht."[96] — Oder wenn dort zu lesen ist: „Und wer einen dieser Kleinen, die an mich glauben, zum Abfall verführt, für den wäre es besser, daß ihm ein Mühlstein an den Hals gehängt und er ins Meer geworfen würde."[97]

Nun, wie auch immer, „Liebe" und „Barmherzigkeit" können nur bedingungslos sein, nicht aber an Bedingungen geknüpft, denn dann verlieren sie ihren Wert und machen die Menschen heuchlerisch und kriecherisch, zu Sklaven, die „Ja" sagen, wenn sie eigentlich „Nein" sagen wollen, sich aber nicht trauen, denn niemand lernt den aufrechten Gang, wird verlangt, daß derjenige, der Jünger sein wolle, nicht nur

---

[94] Vgl. Mk 6, 30, zitiert nach dem revidierten Bibeltext in der Fassung von 1984, Deutsche Bibelgesellschaft, Stuttgart, 1985.

[95] Auf die *Propagandaschriften der Paulinischen Jesusbewegung* ist in einem meiner noch zu schreibenden Bücher zurückzukommen. Was nur bedeuten kann, dies von unabhängiger Warte aus zu unternehmen, da sich erst so die perspektivischen Möglichkeiten ergeben, etwas von dem Vielen des Fragwürdigen und Widersprüchlichen in diesen willkürlich ausgewählten, als kanonisch bezeichneten Schriften des Neuen Testaments adäquat aufzuhellen, um von dort in den „Bereich von Weiterungen" jenseits des gedanklich Reflexhaften zu gelangen.

[96] Vgl. a.a.O., Lk 12, 51.

[97] Vgl. a.a.O., Mk. 9, 42.

Vater, Mutter, Frau, Kind, Brüder, Schwestern, sondern auch sich selbst zu hassen habe.[98] Auf jeden Fall sollen alle an Gott *_und_* an ihn glauben.[99] Dies — *überdies* — eine seltsame Formulierung, wäre er tatsächlich Gott gewesen. Hingegen keine seltsame Formulierung, wollte er sich — *bspw. im Sinne eines ägyptischen Mysterienkultes* — einer Initiation unterziehen, dazu gedacht, ihn auf diese Weise „Gott werden" zu lassen ... und er bei diesem Versuch scheiterte.

Das bedeutet, daß sich viele der widersprüchlichen Passagen des Neuen Testamentes auflösen, versucht man sein missionarisches Wirken vor einem *außer_*jüdischen Hintergrund zu verstehen, wie an der sogenannten Tempelreinigung geradezu exemplarisch deutlich werden kann.[100] Denn das in diesem Zusammenhang gezeigte Verhalten Jesu ist ein klarer Hinweis darauf, daß er nicht dem jüdischen Glauben angehörte, oder (*__zumindest__*) nicht dem in Juda praktizierten, denn dort war es seit langer Zeit geübter Brauch, daß besonderen Kriterien genügende Händler im Tempel-Bezirk in Jerusalem koschere Waren anboten, die zu rituellen Zwecken gebraucht wurden — und daß zu *_diesem_* Zweck *_dort_* auch selbstverständlich „unreines" Geld in „reines" zu wechseln war.

Verdeutlichen diese Beispiele nicht genügend, daß irgend etwas nicht stimmen kann, reklamieren Christen für sich und ihre Glaubensvorstellung die Liebe und die Barmherzigkeit per se: sich *_so_* von den anderen beiden — *ob_*wohl mit ihnen aus einer Wurzel hervorgegangenen — monotheistischen Religionen unterscheidend ... ganz zu schweigen von anderen Glaubensvorstellungen noch? Gewiß, die „Bergpredigt" wird dann immer als *_das_* leuchtende Beispiel präsentiert, an dem deutlich werde, daß eben genau das stimme, also, das die Liebe und die Barmherzigkeit für sich — *als Christen* — Reklamieren ohne jede Frage sei. Tatsächlich?

---

[98] Vgl. Lk 14, 26, zitiert nach dem revidierten Bibeltext in der Fassung von 1984, Deutsche Bibelgesellschaft, Stuttgart, 1985.

[99] Vgl. a.a.O., Joh 14, 1.

[100] Vgl. a.a.O., Mk 11, 15.

Glaubt wirklich jemand, daß es sich bei der sogenannten Bergpredigt um eine einzige Predigt gehandelt hatte? Oder ist es nicht eher eine Kompilation von Aussprüchen? Und sind es die originalen Worte Jesu?[101]

Aber können solche Hinweise, Widersprüche und Fragen einen Gläubigen stören, wenn er im Namen seines Gottes der Liebe und der Barmherzigkeit massakrieren muß? — „Liebe" und „Barmherzigkeit", die irgendwo in einer *Macht*_Organisation verborgen sein könnten, die exemplarisch für eine kollektive Deformierung des Wesens des Menschen, für eine Einbindung von Fühlen und Denken in eine kollektive Zwangscharakterlichkeit steht — was übrigens _*wegen*_ der anlagebedingten Plastizität unseres Geschlechtes nur möglich ist?[102]

Nun denn ... kann _*das*_ einen _*so*_ Gläubigen stören, _*muß*_ er im Namen einer _*solchen*_ — *eigenen, nach außen projizierten* — Glaubensvorstellung massakrieren, damit diese Botschaft der Liebe in die ganze Welt getragen werde — wie könnte man da mit „Uneinsichtigen" nachsichtig sein?!

„Liebe" und „Barmherzigkeit"? Wie können Liebe und Barmherzigkeit in einer Machtorganisation lebendig bleiben, die heute kaum starrer und hierarchischer vorstellbar sein könnte, als diese es als christliche Kirche im Laufe der Jahrhunderte nach jenen Ereignissen im sogenannten Heiligen Land — *von den in ihren Propaganda-Schriften die Rede ist* — werden sollte? So wäre dieser Gott — also „Liebe und Barmherzigkeit" — und folglich _*keine*_ „Göttlichkeit" liebend und barmherzig früher — vorher gar nicht in der Welt gewesen?

---

[101] Siehe den Hinweis in der Fußnote 95 auf der Seite 75.

[102] Zur anlagemäßigen Plastizität des Menschen siehe in: Die *tri*_logische Sezierung [...], Band I, Teilband 4, die Seiten 139-47, beginnend mit: „das Wesen des einzelnen Menschen ist [...] plastisch ...".

Der chinesische Philosoph Mo Ti, der vermutlich zwischen 470 und 370 v.u.f.Z. lebte — *also weit vor der vermuteten Zeit der Entstehung des Christentums und nicht viel später als die vermutete Zeit der Monotheisierung der jüdischen Glaubensvorstellung*[103] —, und dessen philosophisches System den Namen Mohîsmus trägt, in dem deutlich wird, daß Mo Ti seine Gedanken (__*aus der Perspektive seiner Zeit*__) _*mit Blick*_ auf die Masse der Menschen entwickelt, schrieb u.a.:

Wenn man andere Staaten wie den eigenen betrachtet und andere Familien wie die eigene und andere Menschen wie sich selbst, dann werden die Feudalfürsten einander lieben und keinen Krieg miteinander führen, und die Familienvorstände werden untereinander Freundschaft pflegen und nicht aufeinander übergreifen, und die Menschen werden einander lieben und nicht schädigen. [...] *Die Menschen im ganzen Reich werden einander lieben, die Starken werden nicht die Schwachen überwältigen, die Masse wird nicht die Minderheiten berauben, die Reichen werden die Armen nicht verhöhnen, die Vornehmen werden über die Einfachen nicht lästern, und die Schlauen werden die Dummen nicht übervorteilen. Und Elend, Übergriffe, Unzufriedenheiten und Haß werden in der ganzen Welt nicht mehr vorkommen können. Dies hat seinen Grund in der gegenseitigen Liebe. Deshalb preist sie der Menschliche.*[104]

Mehr noch:

Die Beschränkungen im Essen, Feuertod und grobe Kleidung fallen den Menschen [...] *äußerst schwer, und trotzdem verstehen sie sich dazu, und die Oberen freuen sich darüber. Und es braucht keine Generation zu vergehen, und das Volk hat sich geändert. Warum? Es trachtet danach, sich nach seinen Oberen zu richten.*

Wenn sich heute alle durch gegenseitige Liebe vereinigten und untereinander Vorteile austauschten, so brächte dies unermeßlichen Nut-

---

[103] Vgl. Raphael Patai, *The Hebrew Goddess*, third enlarged edition, Wayne State University Press, Detroit, 1990, die Seiten 34 ff.

[104] Quelle: Helwig Schmidt-Glintzer (__Hrsg.__), *Mo Ti, Von der Liebe des Himmels zu den Menschen*, © 1992, Diederichs Verlag, München, 1992, in der Verlagsgruppe Random House GmbH, die Seiten 107 f. Mit freundlicher Genehmigung der Verlagsgruppe Random House GmbH.

zen und wäre überdies sehr leicht zu vollbringen. Die einzige Schwierigkeit sehe ich darin, daß es heute keinen Oberen gibt, der sich daran freute. Gäbe es Herrscher, die es so gern hätten, daß sie die Leute dazu durch Belohnungen und Lob ermunterten und sie durch Bestrafungen von der Nichtbeachtung dieser Prinzipien abschreckten, dann, glaube ich, würden die Menschen sich alle gegenseitig lieben und untereinander fördern. [...]

So war die Universalität der Weg der heiligen Könige und das, wodurch die Könige, Fürsten und Würdenträger Frieden erlangten und wodurch die Bevölkerung Kleidung und Nahrung zur Genüge hatte.[105]

Mit anderen Worten: _*Weshalb*_ sollte die Welt auf die Missionierung durch Christen oder Muslime gewartet haben?

Und diese „Liebe" und „Barmherzigkeit" rechtfertigten — *zur Rettung ihrer Seelen* — das unbedingte Massakrieren Andersgläubiger? — *Kollektives Töten aus Barmherzigkeit?*

Nun, im Rahmen der bei Matthäus zu lesenden Forderung: [...] *Mir ist gegeben alle Gewalt im Himmel und auf Erden. Darum gehet hin und machet zu Jüngern alle Völker: Taufet sie auf den Namen des Vaters und des Sohnes und des heiligen Geistes und lehret sie halten alles, was ich euch befohlen habe* [...][106], wird beim die ganze Welt missionieren Müssen, solches Töten für Christen tägliches Brot werden. Denn eine Botschaft der Liebe abzuweisen und statt dessen einen anderen, gar einen philosophisch begleiteten Weg zu gehen, gar sich seinen eigenen Lebensweg zu bahnen, als menschliches Wesen in völligem Respekt vor sich selbst (__*ohne Selbsthaß*__), in völligem Respekt vor anderen (__*ohne Haß*__) als gleichwürdige menschliche Wesen, und

---

[105] Siehe dazu ebenso: Helwig Schmidt-Glintzer (__Hrsg.__), *Mo Ti, Von der Liebe des Himmels zu den Menschen*, © 1992, Diederichs Verlag, München, 1992, in der Verlagsgruppe Random House GmbH, die Seiten 122. Mit freundlicher Genehmigung der Verlagsgruppe Random House GmbH.

[106] Siehe Mt 28, 18-20, zitiert nach dem revidierten Bibeltext in der Fassung von 1984, Deutsche Bibelgesellschaft, Stuttgart, 1985.

überhaupt vor jedem anderen Lebewesen, nun, das konnte und könnte lediglich Ausdruck eines unverzeihlichen Verhaltens sein. Und zwar rechtfertigte das jede Art von Folter und Tötung, wenn dies auch besser richtig durchdacht und geplant durchzuführen sei — „im 'Namen' der 'Liebe' und der 'Barmherzigkeit'", also im Namen eines als einzig seiend vorgestellten Gottes, dessen Ratschlüsse ihm offenbar selbst verborgen sind.

Aber liegt nicht — *im Prozeß seiner Umformung zum Gott der Christen* — im Gott „Jahve" tatsächlich denkbar größte, widerspruchsvolle Wandelbarkeit? Oder sind die Schriften des Neuen Testaments etwa nicht von tief Widersprüchlichem und Fragwürdigem geprägt, wie weiter oben ein klein wenig dokumentiert? Und liegt im fortgesetzten Umformungsprozeß zum Gott der Muslime etwa weniger Widersprüchlichkeit?

Was geschieht, betrachtet man für „heilig" gehaltene Texte nicht als Offenbarungen eines Gottes der „Liebe", der „Barmherzigkeit" und der „Allwissenheit"? Wie könnte ein allmächtiger Gott ein oft schon von ihm selbst und in seinem Namen geübtes Massakrieren überhaupt notwendig haben? Will seinen Gläubigen dieser Widerspruch nicht auffallen? Erkennen sie das Verachtenswerte daran nicht? Oder wovor haben sie Angst? Etwa vor der Erkenntnis, daß sie, indem sie auf eine von ihnen selbst erzeugte Vorstellung alle ihre eigenen menschlichen Kräfte projizieren, nicht mehr über das individuell menschliche Potential verfügen — *da auf diese Weise ihre Kräfte* ent_*äußernd und sich so menschlich* re_*duzierend* —, diese Unzulänglichkeit auf andere, die „Ungläubigen", projizieren, die sie, da „ungläubig" und nicht bereit, ihre Gott-Vorstellung anzubeten, töten müssen? Glauben sie durch dieses sich Entmenschlichen ihrer Gottes-Vorstellung näher zu kommen — und sich auf diese Weise zu „vergeistigen"?

Was bedeutet es, sich das ursprüngliche Geschehen vor der Abfassung solcher für „heilig" gehaltenen Texte vorzustellen, als deren, mit dem „inneren Auge" von besonders phantasiebegabten Menschen erfaßter inhaltlicher Kern von diesen mit größtmöglicher Vorstellungskraft, sich speisend auch aus ihren damit einhergehenden

Gemütsregungen, die sich aus ihrer besonderen Art und Weise mit ihrem natürlichen und gesellschaftlichen Umfeld zu interagieren ergaben, als „Selbsterlebthabendes" zum Ausdruck gebracht wurde, und sich dann vorzustellen, daß — *später* —, dieses eigenartig Ausgedrückte von anderen — *weniger phantasiereichen, aber mit mehr* „abgekühlter" *Verstandeskraft ausgestatteten* — Menschen zu einem „Glaubenssystem" im Sinne der damaligen machtelitären Bedürfnisse „schlüssig" unter *_der_* Prämisse verarbeitet wurde, daß es unbedingt einen von der Natur geschiedenen Gott gäbe, und daß dieser nicht lediglich eine vom menschlichen Geist selbst geschaffene Vorstellung wäre; ein „Gott" zudem, mit dem lediglich sie einen besonderen Umgang pflegen könnten: behaupteterweise zum Wohle der Gesellschaft — allerding unter stetiger Wahrung ihrer eigenen gesellschaftliche Position? Also, ein schlüssig gemachtes Glaubenssystem zur Führung der Menschen — allerdings nicht ihrem eigenen Interesse dienend, sondern dem der Führungsschicht einer solchen Gesellschaft. ... Wäre dieses gerade Ausgedrückte blasphemisch? Nun, vor *_dem_* geschichtlichen Hintergrund, auf dem sich die durch die Jahrhunderte gezogene Blutspur einer Universalisierung solcher als monotheistisch vorgestellten Ideensetzungen deutlich abzeichnet? Auf der Basis des bisher Erläuterten, und des durch die Geschichte X-fach Belegten, ist der umgekehrte Tatbestand festzustellen: Die durch die Jahrhunderte gezogene Blutspur einer Universalisierung solcher als monotheistisch vorgestellten Ideensetzungen *_ist_* „blasphemisch", da sie das Potential des Menschengeschlechtes alles andere als konstruktiv zu deblockieren hilft. Denn *_das_* kann *_k e i n_* Gott für seine „Geschöpfe" wollen!

In der Regel gilt für Juden, daß Andersgläubige nicht der Bestrafung durch die Regeln des mosaischen Gesetzes unterliegen können, da diese nicht dem allein dem „auserwählten Volk" offenbarten Gesetz Gottes unterliegen[107], es sei denn diese wollte aus ideologischen

---

[107] Zur Phrase „auserwähltes Volk" siehe die Seiten 70-72, auf der Seite 70 unten beginnend mit: „Genau dies ist es jedenfalls, das Spinoza anerkennt, geht es um die Klärung der Phrase: 'Auserwähltes Volk'".

Gründen ihre Vernichtung, sie diese folglich wegen einer existentiellen Bedrohung töten müßten — so sie dazu in der Lage wären, wobei dann aber (__*beim sich dagegen Wehren*__) eine menschengemachte Gesetzgebung zum Tragen käme. — Falls aber kein nachweisbarer Verstoß gegen von Menschen gesetztes Recht vorläge, ob nun gegen die Menschlichkeit überhaupt oder einen konkreten Straftatbestand betreffend, hätte dann nicht allein Gott über die Bestrafung eines „religionsspekulativen Verstoßes" zu richten? Immerhin: Die Menschen irren so leicht in ihren Urteilen, geht es insbesondere um die spekulativen Dinge der Religion, die zwar oft von Menschen beurteilt werden, aber das Urteilen dann in Abhängigkeit vom persönlich gefärbten und situationsabhängigen „Gemütshintergrund" erfolgt, oder etwa nicht?

Während also Juden aus einer existentiellen Bedrohung und nicht aus missionarischen Gründen töten, ändert sich mit der Globalisierung des Glaubens an einen einzigartigen Gott alles: *tötet sie alle, Gott wird die Seinen schon erkennen*[108]. Denn nun ist es für den Anhänger des aufstrebenden christlichen Glaubens völlig klar, daß Andersgläubige unbedingt zu töten wären, lehnten sie es ab, die Lehre eines Gottes anzuerkennen, der sich in universeller Liebe und Wahrheit ausdrücken soll. Allein durch ihre Ablehnung zeigten sie ihre Nichtswürdigkeit, ja, daraus allein ergäbe sich das gottgefällige Recht diese „Ungläubigen" zu töten: jeder Christ wäre dazu aufgerufen, wenn er nicht selbst Gefahr laufen wollte, von anderen Christen getötet zu werden, wollte er, also aus einer _*menschlichen*_ Barmherzigkeit heraus, darauf verzichten, im Namen seines einzigartigen Gottes zu töten — *du sollst nicht töten*?

Also werden, im Gegensatz zu den Juden, die Christen im Namen ihres Gottes der Liebe und der Barmherzigkeit unbedingt und voller Eifer töten _*müssen*_ — daß endlich der Haß in der Welt abgeschafft

[108] Vgl. die Seiten 38 ff., beginnend mit: „Heutzutage ist Béziers eine belebte Stadt ...".

werde. Folglich waren das Befreien eines tatsächlich leeren Grabes — *das aber das vermutete Jesu* — aus den Händen der Ungläubigen und das bei dieser Gelegenheit Abschlachten der Bewohner Jerusalems durch die Kreuzfahrer, was sich, da gottgefälliges Tun, später in Béziers, Sie erinnern sich, wiederholen mußte, und dieses irre Treiben dann — *im Rahmen der* „Entdeckung der Welt" — in die ganze Welt zu tragen war, immer gottesrechtlich gedeckt ... *Ob*_wohl doch diesem Abschlachten und Ausrauben allein der weltliche Beweggrund zugrunde gelegen hatte.[109] — Und überhaupt: Wie den Ungläubigen gegenüber ein anderes Verhalten zeigen, wenn dieses schon die Abweichler fühlen mußten, bspw. die Donatisten und die Priscillianisten, auf jenem langen Weg, der den Haß abschaffen würde? Etwa im Namen des einzigartigen Gottes Milde zeigen?

Exkursion: Von Donatisten, Priscillianisten und Manichäern

Der „Donatismus"

Der „Donatismus" ist deshalb nach dem 313 in Karthago zum Bischof gewählten Donatus Magnus benannt, da diese Bezeichnung das mit Donatus verknüpfte Ergebnis eines kirchlichen Schismas benennt, das seine Ursache in nationalen und gesellschaftspolitischen Auseinandersetzungen zwischen der berberischen Landbevölkerung und den römischen bzw. romanisierten Grundherren in der Gegend um Karthago und seinen Städtern hatte.

Für „Donatisten" war es unvorstellbar, daß die von Abtrünnigen oder von „Todsündern" vollzogenen christlichen Sakramente wirksam sein könnten und deshalb, im Ereignisfall, zumindest eine „Wiedertaufe" erfolgen müsse. — Das bdeutet, für die Donatisten stand die sittliche Qualität des Priesters über der behaupteterweise „objektiven" Kraft des zu vollziehenden Sakraments. Die Donatisten lehnten es demnach ab, daß eine Person ihre Autorität über die Verleihung

[109] Vgl. Prodosh Aich, *Das Vedische Erbe* — Nachdenken über systematisch verdeckt gehaltene WAHRHEITEN.

der Würde bekam, eine sakramentale Handlung ausüben zu können, anstatt erst durch persönliche Eignung als Vorbedingung, eine sakramentale Handlung überhaupt vollziehen zu können, nämlich durch „persönliche" Autorität — die somit auch verlorengehen konnte, wenn die entsprechende Person ihre herausragende Position mißbrauchte. Und diese Haltung ist richtig, denn sie beugt Korruption (__*bspw. Ämterkauf*__) vor und verhindert auch, daß die herrschende Macht sich ihren „spirituellen Klüngel" schafft. (__*Darin läßt sich sogar jenes erkennen, was* „Impuls für Direkte Demokratie" *gelten kann.*[110]__) Und _*darin*_ wird diese soziale Auseinandersetzung einen ihrer wesentlichen Ursprünge gehabt haben.

Der heilige Augustinus (__354-430__) war es dann übrigens, der den Donatismus theologisch bekämpfte und letztlich erst mit staatlicher Gewalt viele Donatisten zum Übertritt in die katholische Kirche „bewegen" konnte — dies, wie von der Mafia auch bekannt, ein „Angebot", das in jenen Tagen nicht _*mal eben*_ abzulehnen war.

Das bedeutet, daß die Ausformulierung der römisch-katholischen Sakramentslehre wesentlich im Prozeß dieser Unterdrückung erfolgte, nämlich hin zu einem hierarchisch geschlossenen Dogma, in dem mehr die dem Dogma gemäße Haltung die priesterliche Eignung bestimmte als das tatsächliche persönliche Geeignetsein.

> Ob dieser Hinweis deutlich machen könnte, daß eine solche Organisation nicht die Aufgabe haben kann, dem einzelnen Menschen Heil zu ermöglichen, sondern ausschließlich die, weltliche Macht dadurch zu festigen, daß ihre religiösen Vertreter die Menschen in deren Sinne spirituell _*binden*_?

Obwohl von mehreren Konzilien verurteilt und staatlicherseits verfolgt, lebte der Donatismus immer wieder auf und war noch bis in

[110] Zur Direkten Demokratie siehe in: « Sie fragen noch, wie die ›Verhältnisse‹ liegen? », die Seiten 337 ff., beginnend mit: „Denn folgendes ist keine politische Geschmacksfrage".

die Zeit der Rückeroberung Nordafrikas im Jahre 534 u.f.Z. durch Belisar, dem Feldherrn Justinians des Großen, existent.[111]

Die Priscillianisten

Die „Priscillianisten" waren Anhänger eines spanischen christlichen Häretikers, der die manichäisch-dualistische Lehre vertrat und 385 in Trier von Kaiser Maximus (__335-388__) zum Tode verurteilt wurde. Spuren der Reste seiner Anhängerschaft sollen bis ins 6. Jahrhundert hinein nachweisbar sein.

Die Lehre Manis (__216 bis ca. 276__)

wird meist als „Manichäismus" bezeichnet und ist eine strikte Lehre der Gegensätze:

- *Licht —Finsternis*
- *Geist —Körper*
- *Gut —Böse*

Im „Manichäismus" ist die Annahme grundlegend, daß diese Gegensätze nicht „rein" vorlägen, sondern in jeder Seins_*Form* in Mischung seien, die dem Menschen durch „manichäische Askese" aufzulösen möglich wäre, so daß das eingekörperte „Licht" Richtung „'Ursprung' 'aufsteigen'" könne.

In Manis Lehre finden sich zoroastrische, gnostische, mandäische und christliche Glaubensvorstellungen vereinigt. Wegen ihrer relativen Popularität galt den Paulinischen Christen der Manichäismus als gefährlicher Gegner, der mit allen Mitteln zu unterdrücken war, zu-

[111] Quellen der historischen Eckdaten: *Lexikon der Antike*, hgg. von Johannes Irmscher und Renate Johne, Bibliographisches Institut, Leipzig, 1985; *Wörterbuch der Religionen*, hgg. von Alfred Bertholet und Hans Freiherr von Campenhausen, Alfred Kröner Verlag, Stuttgart, 1952.

mal sie in dieser Lehre „die Krönung der gnostischen Häresien sahen".[112]

Ende der Exkursion:
Von Donatisten, Priscillianisten und Manichäern

Gewiß, für viele im „Westen" steht der Name Bin Laden für Glaubensgreuel in der Zeit des beginnenden 21. Jahrhunderts. Ob diese Anschuldigungen bei objektiver Betrachtung wahr sind, oder ob sie mit den zu Lebzeiten von als ehrenhaft geltenden Personen der „Weltgeschichte" begangenen Greueltaten vergleichbar sind, läßt sich durchaus fragen. Bei nüchterner Betrachtung müßte man sogar zu dem Schluß kommen, daß jene Taten, die auf die Kappe des Herrn Bin Ladens gehen sollen, nicht der Rede wert sind, werden dessen Greueltaten mit jenen verglichen, die, wie gesagt, von als honorig geltenden Figuren der „Weltgeschichte" begangen wurden und — *denn geändert hat sich daran nichts* — begangen werden. ... Eigentlich muß man sagen: „als honorig geltende Figuren der 'Weltgeschichtsschreibung', da sich „Weltgeschichte" zwar — *also zumindest i.d.R.* — im von politischen Akteuren — *im Auftrag staatlicher Machteliten stehend* — stets als in eine „gewisse" Richtung getriebenen Geschichts_*Prozeß* ereignet, und dieser „Manipulationsprozeß" von Menschen — *im Dienste solcher Machtgruppen stehend und dann als Historiker bezeichnet, ob*_wohl sie „Geschichtenschreiber" und „Geschichtenerzähler" sind — im Sinne _*jener*_ „beschrieben" wird, die diese Manipulation (__meist als „Geschichte" bezeichnet__) „gemacht" hatten, bzw. von ihren Satelliten in Szene setzen ließen, damit die dabei begangenen

[112] Quellen der historischen Eckdaten: *Lexikon der Antike*; *Die Gnosis*, Band 3: *Der Manichäismus*, eingeleitet, übersetzt und erläutert von Alexander Böhlig, unter Mitwirkung von Jes Peter Asmussen, Artemis & Winkler, Zürich, 1995, überarbeiteter Nachdruck des 1980 in der „Bibliothek der Alten Welt" erschienenen Bandes: „Der Manichäismus". Die zitierte Stelle: „die Krönung der gnostischen Häresien sahen", findet sich in: *Die Gnosis*, Band 3: *Der Manichäismus*, die Seite 12.

Verbrechen dieser „Macher" verschleiert bleiben, so daß jene Verbrechen der „'anderen' Macher" (__*und deren Satelliten*__) im besagten „Manipulationsprozeß" für die Masse der Menschen erst „deutlich" benennbar werden, gegen die dann in orwellianischen Kriegen (__*mit den entsprechenden Etiketten versehen*__) unbedingt zu kämpfen ist und diese so bspw. als „Menschenrechtskriege" zu bezeichnen sind — also, aus Sicht jener „Macher", _*deren*_ „Geschichtenschreiber" deren Verbrechen gekonnt zu verschleiern wußten.[113]

Ob also, um beim Thema zu bleiben (__*wenn auch, wie gerade festgestellt, lediglich bspw.*__), dessen Taten sogar mit jenen eines Arnaud Amaurys (__1160-1225__) mithalten könnten, der, als 17. Abt von Cîteaux, und damit als Oberhaupt der Zisterzienser, von Beginn des Kreuzzugs gegen die Katharer an (__1208-1229__) auf grausame Weise die Sache mit Gott vertrat? — Caesarius von Heisterbach (__1170-1240__), ein anderer Zisterzienser-Mönch, hielt jedenfalls etwa zwanzig Jahre später fest, daß es dieser, aus Katalonien stammende Amaury war, der, eingesetzt als Inquisitor und Legat des Papstes, die entlarvenden Worte gesprochen habe: *Caedite eos. Novit enim Dominus qui sunt cius* (__„Tötet sie [__die Bewohner Béziers__]. Gott weiß, welche [__von den Getöteten__] seine Kinder sind"__)[114] — von dort her stammte also die bekanntere, hier schon mehrmals verwendete Phrase: *Tötet sie alle, Gott wird die Seinen schon erkennen*[115]?

Wenn auch Caesarius an sich als verläßlich gelten kann, bleibt es dennoch möglich, daß diese Phrase so nicht über die Lippen Amaurys gekommen ist, immerhin ist Caesarius der einzige Gewährsmann für diese Aussage. Zumal er offenbar *Titivillus* kannte, ist nicht auszu schließen, daß es _*dieser*_ gewesen wäre, der ihm Fehlerhaftes in seine

---

[113] Vgl. in: Die *tri*_logische Sezierung [...], Band II, Zwischenruf 15: „Das Weihmachtspiel".

[114] Vgl. Caesarii Heisterbachensis Monachi Ordinis Cisterciensis, *Dialogus Miraculorum* (__um 1219 bis 1223 geschrieben__), Band 1, J. M. Heberle (__H. Lempertz & Comp.__), Köln, Bonn, Brüssel, 1851, die Seite 302.

[115] Vgl. die Seiten 38 ff., beginnend mit: „Heutzutage ist Béziers eine belebte Stadt ...".

seine Schriften geschmuggelt hatte — *was so mancher der „sauberen" Chronisten unserer Tage nicht ungern sehen würde* —, denn was spricht aus dieser, dem Amaury zugeschriebenen Phrase?[116]

Wie auch immer _*Sie*_ diese Phrase beantworten wollen, es bleibt die Tatsache, daß sich das Massakrieren der Bevölkerung Béziers' unabhängig von der Glaubensüberzeugung der Bewohner ereignete: unterschiedslos wurden _*alle*_ Bewohner getötet — selbst jene, die in Kirchen geflüchtet waren, und von diesen selbst jene, die dort, sich vor den christlichen Schlächtern zu retten, in ihrer Not beim christlichen Hauptsymbol, dem Kreuz, Zuflucht suchten, indem sie es umschlangen. Also steht die Phrase: „Tötet sie alle. Gott weiß, welche von den Getöteten seine Kinder sind", synonym für nicht zu überbietende Grausamkeit im Namen Gottes, hinter der sich zwar auch damals — *also wie üblich* — handfeste weltliche Interessen verbargen.

Und es muß ebenso gesagt werden, daß der Papst und seine Freunde, u.a. nordeuropäische (__*wozu genauso deutsche gehörten*__) und italienische Fürsten, von den im Languedoc zu gewinnenden Schätzen, die es dort in der Tat reichlich gab, schon allein deshalb überzeugen mußte, da die Herrschaft der römisch-katholischen Kirche im Languedoc von der Lehre der Katharer akut bedroht war.[117]

Bei diesem greuelhaften Treiben wurde Amaury vom diesen Kreuzzug führenden und so grausamen wie habgierigen Simon de Montfort (__ca. 1160-1218__) militärisch unterstützt — bei der gemeinsamen Sache der nordeuropäischen und italienischen Fürsten mit Papst Innozenz III.

Sollte das etwa aufgerechnet werden?

---

[116] Es geht die Rede, daß Caesarius all jenen, die schriftliche Werke verfassen, als „Patron" einen Dämon zugewiesen habe, genannt „Titivillus", der, im Auftrag eines der Fürsten der „Hölle" wie Belphegor, Satan oder Lucifer, Fehler in ihre Werke schmuggele ... Das ist für _*den*_ Menschen glaubwürdig, der daran glaubt ...

[117] Was für die Konkurrenzsituation zwischen dem Paulinischen Christentum und der Lehre Manis — vgl. die Seiten 85 f., beginnend mit: „Die Lehre Manis (__216 bis ca. 276__)" — galt, galt später vergleichbar zwischen Christentum und Katharismus im Languedoc und anderen Teilen Europas.

Nun ja, heutzutage besteht der wesentliche Unterschied darin, daß sich das Töten vordergründig im Namen von „Menschenrechtskriegen" ereignen mag, das hindert aber die Gläubigen des „Marktes" nicht daran, für sich den größten Nutzen aus seinen dabei wirksam werdenden „Marktkräften" und seiner unvermittelt zuschlagenden „unsichtbaren Hand" zu ziehen.

Oder gegen die Taten eines Torquemadas, dem Großinquisitor Spaniens, immer auf der Suche nach noch zu rettenden Seelen — unter Zurücklassung ihrer unbedeutenden körperlichen Hüllen und immer im Namen Gottes?

Der Dominikaner und von 1483 bis zu seinem Tode Großinquisitor für die ganze iberische Halbinsel gewesene Tomás de Torquemada (__1420-1498__), der Neffe des Kardinals und Dominikaners Juan de Torquemada (__1388–1468__) war, ist wegen seiner Intoleranz und Gnadenlosigkeit bleibend in Erinnerung geblieben. — Seine 1484 veröffentlichten *Instructiones* bildeten die Grundlage für die „Rechtsprechung" der Inquisition.

Nun — *wie es üblich ist, ist Unrecht Gesetz geworden* —, bei Torquemadas Tun ging es „rechtmäßig" zu. Also gewiß nicht allein wegen seines stets paraten *Directorii inquisitorum* (__dem „Leitfaden der Inquisitoren"__), verfaßt von Nicolaus Eymericus (__1316-1399__), einst selbst das Haupt der Inquisition im Königreich Aragón, und der anderen, in diesen Kreisen wichtigen, dem Erkunden des Denkens der Menschen dienenden Schriften. Denn tatsächlich erst erlaubte ja die Bulle *Exigit sincerae devotionis affectus*

(__die Papst Sixtus IV. (__1414-1484__) am 1. November 1478 im Auftrag der spanischen katholischen Könige Ferdinand (__1452–1516__) von Aragón und Isabella von Kastilien (__1451–1504__) verkündet hatte__)

für Spanien jene vom spanischen Königshaus kontrollierte Institution zu schaffen, der Torquemada von 1483 an als Großinquisitor Spaniens dann vorstehen konnte, um — *für Kirche und König* — methodisch herauszufinden, wie „aufrichtig" Juden und Muslime tatsächlich zum christlichen Glauben konvertiert seien.

Dieses *Directorium inquisitorum* des Nicolai Eymerici sowie die *Instructiones* des Tomás de Torquemadas mag manchen heutigen Zeitgenossen als Vorläufer des von Orwell in „1984" zur Perfektion gebrachten „Wahrheitsfindungsverfahren" gelten ... *ob*_wohl im lobbykratischen Zeitalter dieses „nachlaufende Verfahren" nur noch dann als „Leitfaden zur nachjustierenden sozialen Homogenisierung" anzuwenden notwendig ist, ist bei der längst erfolgten „kollektiven marktkonformen Trimmung der Gemüter" — *im Sinne der in diesem Zeitalter geltenden* „Huxleyschen 'gesellschaftsstabilisierenden Glückseligkeit'" — nur noch mitunter eine — *wenn auch dann* „energische" — „Nachschulung" notwendig.

Nun, zugegeben, soweit war man damals noch nicht. Das bedeutet aber nicht, daß die damaligen Inquisitoren geruht hätten. Denn, wie anders auch sollten gewisse von den Heutigen so methodisch wie subtil kollektiv manipulieren können, hätten die damaligen Inquisitoren tatsächlich geruht? Also wurden _*damals*_ die Untersuchungsmethoden, für die das *Directorium inquisitorum* des Nicolai Eymerici sowie die *Instructiones* des Tomás de Torquemadas die entsprechenden gedanklichen Gänge in den Köpfen der Inquisitoren erst zu bahnen erlaubten, immer weiter verfeinert. Und das war wegen der bereits damals sich entscheidend verändernden „Frageperspektive" _*höchst*_ notwendig. Denn Dissidenten selbst sind das eine ... was aber ist mit jenen, die diese kennen — ob nun denunziert, verleumdet oder per Folter „herausgefunden"? Nun, erst aus den von Eymericus und Torquemada gebahnten gedanklichen Gängen konnten die „Ideen" fürs Schmieden von „Werkzeugen" kommen, die es tatsächlich ermöglichten, wie gesagt, unter Zurücklassung der körperlichen Hüllen, zehntausende Seelen zu retten.

Allerdings war die Frage noch zu klären, ob denn überhaupt jene seelenmäßig zu retten wären, die — *aus Sicht der Hüter der als heilig geltenden Propagandaschriften eines solchen Dogmas vom einzigartig liebend-barmherzigen Gott* — diese Schriften für sich passend umschrieben, damit diese ihren eigenen, ihnen ebenfalls als heilig geltenden Schriften, inhaltlich entsprachen, diese Schriften also — *aus Sicht dieser* „Hüter“ — fälschten.

So hatte der heilige Thomas von Aquino (__1225-1274__) festgestellt, daß die Geldfälscher mit dem Tode bestraft würden. Konnte es da für „Glaubensfälscher“ etwa Pardon geben? Womit er sich selbst und seinesgleichen allerdings nicht meinte.

Keineswegs erschöpfende, aber hier genügen
könnende Anmerkung zu Thomas von Aquino

Selbst Dominikaner, Theologe und Philosoph, manipulierte Tommaso d'Aquino die Philosophie Aristoteles' indem er sie ihrer materialistischen Aussagen entkleidete, unter Verwendung platonischer Aussagen. Der *Thomismus*, ausformuliert von Tommaso d'Aquino und seinen Mitstreitern, kann als jene Blüte der Scholastik gelten, die bis in die heutige Zeit für jene Autoren — da eine *philosophia perennis* geworden — von großer Bedeutung ist, die sich als katholisch-christlich bezeichnen. Auch politisch *rechts*_stehende Autoren bedienen sich nicht selten „thomistischer, bzw. scholastischer Argumentationsführung“.[118]

In seiner unvollendet gebliebenen *Summa theologica*, die als Thomas von Aquinos Hauptwerk gilt und die von interessierter Seite als ihm vom heiligen Geist „eingegeben“ und deshalb 1879 von Papst Leo XIII. als die „für immer maßgebend“ bleibende Philosophie der Kirche, also als *philosophia perennis* bezeichnet wird, sagt Thomas von Aquino, u.a., daß es nicht genüge, die Häretiker zu exkommunizieren, sondern daß sie auch deshalb getötet werden müßten, da es eine weit schwerwiegendere Sache sei, den Glauben zu verderben, als Geld zu fälschen — zumal Geldfälscher und andere Übeltäter von der weltlichen Macht zum Tode verurteilt würden, folglich die Glaubensfälscher erst recht sowohl exkommuniziert als auch getötet werden müßten.

Das ist aber längst nicht alles, was dieser sowieso schon extrem einflußreiche Thomas von Aquino bewirkte, denn es sind insbesondere

---

[118] Zur „Scholastik“ vergleiche in: Die *tri*_logische Sezierung [...], Bd III, Teilband 2, Anhang I.

seine Aussagen, die in der Ende 1484 von oder durch Papst Innozenz VIII. verfaßten „Hexenbulle" (__die mit: *summis desiderantes affectibus*: „In unserem sehnlichsten Wunsche" beginnt und deshalb auch *Summis desiderantes affectibus* heißt, da es üblich war, und mitunter noch ist, den Textbeginn einer Schrift als ihren Titel zu verwenden__) sowie in dem „Kommentar" zu dieser „Hexenbulle", der, als „Hexenhammer" (__*Malleus Maleficarum*__) bezeichnet, vom ersten „Hexenjäger", genannt Henricus Institoris, der schon Innozenz VIII. aufgefordert hatte besagte Hexenbulle zu dekretieren, verfaßt worden und 1487 erschienen ist, zum Ausdruck kommen.

Beide Schriften hatten fürchterliche Folgen für all jene, die auf dem europäischen Kontinent lebten, nicht genügend christlich glaubten und deshalb per se verdächtig waren. Man schätzt, daß mehr als drei Millionen Menschen abgeurteilt wurden — davon zwischen 40.000 bis 60.000 — *meist Frauen* — hingerichtet. An den in ganz Europa stattfindenden Hexenverfolgungen nahmen auch lutherische, reformierte, anglikanische und puritanische Kirchen teil, so ist von Martin Luther bekannt, daß es Hexen gäbe, die also „mit dem Teufel im Bunde" und deshalb zu verfolgen seien.

Ende dieser keineswegs erschöpfenden, aber hier genügen könnenden Anmerkung zu Thomas von Aquino[119]

Immerhin sollte zu denken geben, daß von über 50 als heilig geltenden (__*im christlichen Kontext angesiedelten*__) Schriften lediglich vier als „Evangelienschriften" geeignet ausgewählt wurden, den substantiellen Teil des Neuen Testaments zu erschaffen, obwohl die verworfenen Schriften — *deren Exemplare nach Möglichkeit vernichtet wurden* — den ausgewählten des Neuen Testaments inhaltlich (__*an Fragwürdigkeit*__) wie an (__*zugesprochener*__) Heiligkeit in nichts

---

[119] Siehe dazu die Online-Datenbank: „Ökumenisches Heiligenlexikon", dort der Eintrag: „Thomas von Aquin". Der zugehörige Link wurde am 7. März 2020 erneut geprüft:
https://www.heiligenlexikon.de/BiographienT/Thomas_von_Aquin.htm.

nachstanden bzw. -stehen — „lediglich" *nicht in den Erzähl-Modus der kanonischen Schriften passend*. Also mußte — *um jeden Preis!* — das „Böse" herausgefunden werden, das sich über die Häretiker Ausdruck zu verschaffen suchte. Wie besser als durch jene Bulle wäre folglich ein solcher zu entlarven, denn genau aus diesem Grunde *Ad Extirpanda* — „zur Ausrottung" (_*der Häretiker*_) — heißend?

Was war es dann, daß im Jahre 1252 dieses liebend-barmherzigen Gottes *Ad Extirpanda* von einem Papst dekretiert wurde, und so ihre Gültigkeit erhielt, dessen Name — aus Sicht der damals *ver*_öffentlichten Meinung — dazu nicht besser passend sein konnte: der „unschuldige", der „unbescholtene", der „unsträfliche", der „rechtschaffende", wie der Name schon sagt: Innozenz IV. — etwa Ausdruck von Geschichtsironie, von schlimmstem Aberglauben — *gar von beidem* — oder Ausdruck völliger Verblendung?

War es doch diese Bulle, die systematisch die *vor*_greifende Folter zum probaten Mittel erklärte, das Böse aufzuspüren, das den Häretiker veranlaßte, die Botschaft der Liebe Christi abzulehnen oder zu fälschen — *wie anders Seelen retten?* ... Denn wie sollte ein — *durch geistige Menschenkraft erschaffener* — Gott, eine — *durch geistige Menschenkraft erschaffene* — Wahrheit, für — *allein* — den Gläubigen un_*zweifelhaft* in einem Buch offenbart, von Menschen letztlich geschrieben, behaftet mit ihren Gedanken, Erfahrungen und Interessen, wie sollte ein solches Buch geringste *Ab*_Weichung zulassen können, das _*einst*_ einem Menschen „Offenbarte" _*anders*_ aufzufassen ... geschweige, es wegen der Beleidigung des Denkens und wegen der gegen die komplexen Bedürfnisse des menschlichen Wesens sich richtend abzulehnen?

Die *Bulle ad extirpanda* ist jenes — *wie jede Bulle* — mit „Bleisiegel" versehene päpstliche Dekret, dessen Inhalt am 15. Mai 1252 feierlich verkündete, daß nun die Wahrheit durch eine unter Folter erfolgte Aussage des oder der Beklagten glaubens_*sicher* herauszufinden sei — denn: *stirps + ex* = „herausziehen mit der Wurzel", also die „Wahrheit", unter, es sei wiederholt, Zurücklassung der unbedeutenden körperlichen Hülle, folglich dem Seelenheil des oder der Gefolterten dienend — ausschließlich. ... Ob von dort der Spruch herrührt: „*Ich will nur dein Bestes*"?

Es ist also die als Einzigartigkeit vorgestellte Glaubensgröße, die, wegen ihrer Einzigartigkeit, ihre Anhänger zwingt, eine andersartig vorgestellte Ursache alles Seienden nicht nur abzulehnen, sondern _*deren*_ Anhänger und Schriften zu vernichten — andernfalls stände wiederum _*ihre*_ Einzigartigkeit radikal in Frage.

Es sollte wiederholt werden, daß diese Einzigartigkeit zunächst absolut auf eine bestimmte Gemeinschaft von Menschen beschränkt war und genau dies die Besonderheit dieser Gemeinschaft ausmachte. Erst dies erlaubte es ihr überhaupt, sich eine eigene organisierende Struktur zu geben. Das heißt das „Auserwähltsein" des jüdischen Volkes beschränkte sich ausschließlich auf das über Moses offenbarte Gesetz zur Organisierung einer Gruppe von Menschen, die, aus der staatlichen Bindung der ägyptischen Gesellschaft ausgestoßen, vor der entscheidenden Frage stand, sich entweder eine eigene gemeinschaftsbindende Gesetzlichkeit zu geben oder, je als einzelne, sich dann allein auf das jedem lebenden Wesen zukommende natürliche Recht berufend, sich also — *gemeinschaftslos* — den Fährnissen des Lebens als Individuum auszusetzen. Was an der Abfassung dieses Gesetzes letztlich wirklich göttlich war und was menschlich, also inhaltlich allein von einer Person namens Moses stammend, ist in diesem Zusammenhang nicht so wichtig, sondern es kann als das entscheidende Element verstanden werden, auf diese Weise als Gemeinschaft dauerhaft bestehen zu können.

(__Von der Existenz Moses wußte außerhalb dieser Gemeinschaft offenbar niemand etwas, die Griechen jener Zeit jedenfalls nichts, obwohl die zu der tatsächlich anzunehmenden Zeit gute Beziehungen mit den Ägyptern unterhielten: oder wer kann _*begründet*_ vermuten, daß der Jahve-Glaube weit älter als 2500 Jahre sei — *denn war dieser Gott nicht einst beweibt gewesen?*[120] —, aber lassen wir es an _*dieser*_ Stelle dabei bewenden …__)

Ob es gar von Moses _*und*_ den Leviten ausging, einer Gesetzesvorgabe den Nimbus des Göttlichen zu verleihen, also es vorher eine Absprache zwischen Moses und seinem Bruder Aaron sowie den an-

---

[120] Siehe dazu den Fingerzeig weiter unten.

deren ihres Stammes Levi gegeben hatte, muß zwar Spekulation bleiben, aber es gibt dafür gewisse Indizien: War es etwa von den Leviten inszeniert[121], als die Israeliten sich den goldenen Stier zum Gott erhoben und keiner von den Leviten sich dem anschloß?[122] Immerhin führte das dazu, daß die ursprüngliche Absicht dieser Gemeinschaft, die (__*männlichen*__) Erstgeborenen die gottesdienstlichen Arbeiten verrichten zu lassen, da alle Erstgeburt Gott gehöre[123], durch diesen Akt in ihr Gegenteil verkehrt wurde, da dadurch alle Israeliten als „unrein" galten: denn Gott ließ „sie unrein werden"[124]. Es deshalb sein müßte, daß nun die Leviten die gottesdienstlichen Angelegenheiten zu verrichten hätten[125], damit „nicht mehr [Gottes] Zorn komme über die Israeliten"[126]? Auch gab es eine große Empörung unter der Gemeinde gegen Mose: „mußt du auch noch über uns herrschen"[127], die sich dann zu einer Empörung der ganzen Gemeine gegen Mose und Aaron auswuchs: „Ihr habt des Herrn Volk getötet"[128].

Daß sie sich letztlich für die Annahme dieses Gesetz entschieden hatten, war die unbedingte Voraussetzung für individuelles Überleben, das lediglich in einer Gemeinschaft zu sichern ist, und ausschließlich die Frage bleibt, wie diese Organisierung erfolgt und ob sie zureichend ist. Wobei Spinoza _*diesbezüglich*_ zu dem Schluß kommt, daß die Art und Weise der „göttlichen" Gesetzgebung selbst es war, die die Juden so oft „ungehorsam" sein und „aufbegehren" ließ.[129]

---

[121] Siehe 2. Mose 32, 25, zitiert nach dem revidierten Bibeltext in der Fassung von 1984, Deutsche Bibelgesellschaft, Stuttgart, 1985.

[122] Siehe a.a.O., 2. Mose 32, 26.

[123] Siehe a.a.O., 2. Mose 13, 2.12; 22, 28.

[124] Siehe a.a.O., Hes 20, 26.

[125] Siehe a.a.O., 4. Mose 8, 14-16.

[126] Siehe a.a.O., 2. Mose 18, 5.

[127] Siehe a.a.O., 4. Mose 16, 13.

[128] Siehe a.a.O., 4. Mose 17, 6.

[129] Siehe Baruch de Spinoza, *Theologisch-politische Abhandlung*, Felix Meiner Verlag, Hamburg, 2012, die Seiten 275 unten bis 281.

Wie gerade festgestellt, blieb diese Einzigartigkeit einer Gottesvorstellung anfangs absolut auf eine bestimmte Gemeinschaft von Menschen beschränkt: Das Auserwähltsein des jüdischen Volkes bezog sich ausschließlich auf die dieser Gemeinschaft offenbarten, also nur für sie geltenden Gesetze (__*auf diese Weise ihren Bestand als* [__staatliche__] *Gemeinschaft zu sichern — später selbst dann noch, als sie über kein eigenes Territorium mehr verfügten*__), die Eingang in den alten Teil der Bibel gefunden hatten, und zwar unter dem Eindruck der babylonischen Gefangenschaft.

Der erste Tempel, der salomonische Tempel, wurde, nach Aussage des in seiner historischen Verläßlichkeit fragwürdigen biblischen Berichts[130], um 950 v.u.f.Z. errichtet und diente als Zentralheiligtum der Juden. Zerstört wurde dieser Tempel um 587 v.u.f.Z. vom babylonischen König Nebukadnezar. Damit einher ging die als Babylonische Gefangenschaft bezeichnete Deportation der jüdischen Oberschicht. Die „erste Wegführung" war aber bereits zehn Jahre früher erfolgt, als der jüdische König Jojakim (__um 601__) das Vasallenverhältnis aufkündigte und die Neubabylonier unter Nebukadnezar Juda eroberten, aber den salomonischen Tempel noch nicht zerstörten. Diese Zerstörung erfolgte erst nach der Aufkündigung des zweiten Vasallenverhältnisses durch den jüdischen König Zidkija (__587/6__), und damit ging die „zweite Wegführung" der führenden Schicht der Juden einher. Allerdings wurde nicht, wie sonst üblich, dort eine fremde Oberschicht angesiedelt, so daß der religiöse und nationale Zusammenhalt der Judäer intakt blieb.

Nachdem der achämenidische König Kyros den exilierten Juden die Rückkehr nach Palästina und den Bau eines zweiten Tempels erlaubt hatte (__*sogenanntes Kyros-Edikt aus dem Jahre 538*__), wurde der Zweite Tempel erbaut. Die Einweihung dieses Tempels fand 515 v.u.f.Z. statt, folgt man der biblischen Quelle.[131]

---

[130] Vgl. 1. Kön 6+7, zitiert nach dem revidierten Bibeltext in der Fassung von 1984, Deutsche Bibelgesellschaft, Stuttgart, 1985.

[131] Quelle der Eckdaten: bibelwissenschaft.de.

Es ist anzunehmen, daß es durch diese „Wegführung" zu einer Differenzierung der gelehrten Glaubensinhalte bei den ansässig gebliebenen und bei den exilierten Judäern kam, die zu gesellschaftspolitischen Spannungen führte, als die exilierte Oberschicht der Judäer zurückkehrte und diese — *vor ihrem sich in Babylon verändert habenden Erfahrungshorizont* — die alten — *von den in Juda Gebliebenen gepflegten* — Glaubensinhalte in ihrem Sinne veränderten. Und hierbei die weit ältere Tradition ausschließend, die sich für eine patriarchalische Gemeinschafts-Bindung nicht eignen konnte, worin sich der Ausstoß des weiblichen Prinzips und die Absolutsetzung des männlichen Prinzips spiegelt: Daß es nämlich ursprünglich einen *be_*weibten Jahve gegeben hat.[132]

Nun, dieses Streben, jedes Mitglied einer Gemeinschaft an diese quasi unlösbar zu binden, wofür damals, u.a., insbesondere die „Beschneidung" als probat erschien, wäre für den politischen Lauf der Welt ohne sonderliche Bedeutung geblieben, wenn diese „Idee" anderen Machtgruppen nicht als nachahmenswerte Möglichkeit gegolten hätte, die von ihnen beherrschte Masse der Menschen gleicherweise einzubinden, wodurch diese Menschen erst dem weltlichen Streben einer recht klein bleiben könnenden Gruppe einer jeden solchen Gesellschaft, mittels der von dieser Gruppe und deren Satelliten geschaffenen Gesetze und Verordnungen — gesichert durch die Universalisierung einer letztlich von Menschen als absolut *_gesetzten_* Idee mit Einzigartigkeitscharakter — voll zu unterwerfen wären.

Auslösend für diesen machtpolitischen Prozeß der Universalisierung einer von Menschen geschaffenen, absolut gesetzten „religiösen Größe", stehen insbesondere die Namen Paulus (*__weniger Jesus, denn von dieser Figur* „wissen" *wir nur Widersprüchliches, primär aus den Aussagen der Propagandaschriften des Paulinischen Christentums sowie nicht kanonischer Schriften stammend, worauf im Verlauf des Ihnen vorliegenden Buches zurückzukommen und an anderer Stelle noch*

---

[132] Vgl. Raphael Patai, *The Hebrew Goddess*, third enlarged edition, Wayne State University Press, Detroit, 1990.

weiter Erläuterndes zu finden ist[133]__), und Mohammed, wobei auch bei dieser Figur, mehr das über sie Erzählte Grundlage der muslimischen Glaubensvorstellungen ist.

Aus diesem machtpolitischen Prozeß entwickelten sich in der Folge weitere, je mit einem eigenen „Buch" ausgestattete, monotheistisch basierte gesellschaftliche Konkurrenzunternehmen, also, neben dem Judentum, das Paulinische Christentum, die orthodoxe Kirche (__*mit ihren je unabhängigen Kirchen*__), der Schiismus und der Protestantismus — abgesehen von den zahlreichen Untergruppen.

Anmerkung zur „orthodoxen Kirche"

Im 5. Jahrhundert war der Bischof von Rom einer von fünf gleichberechtigten Bischöfen der Christenheit, die je ihren Sitz in einer anderen Stadt hatten. Neben Rom waren das Alexandreia, Antiocheia (__*am Orontes*__), Konstantinopel und Jerusalem. Erst unter Justian I. erlangten diese fünf Bischofssitze je den Rang eines Patriarchats, die, zusammengefaßt als Pentarchie, die Einheit der „Universalkirche" sicherstellen sollten.

Dieser Justinian I. hatte vom Jahre 527 an bis zu seinem Tode im Jahre 565 den Titel des oströmischen Kaisers inne und strebte eine Restauration des römischen Imperiums an, wozu ihm auch die Förderung der orthodoxen christlichen Kirche diente, was sich u.a. darin ausdrückte, daß er den Fokus auf dieses Machtinstrument dadurch noch verschärfte, indem er im Jahre 529 die neoplatonische Philosophenschule in Athen schließen ließ, die sich in der direkten (__*wenn auch in inhaltlich veränderten*__) Tradition der um 390 v.u.f.Z. begründeten Platonischen Akademie stehend verstand. Diese Schließung bedeutete, daß nicht-christliche philosophische Traditionen praktisch keine legale Möglichkeit mehr zur Entwicklung, Formulierung und Artikulation ihrer Gedankengänge im Einflußgebiet der Paulinischen Jesus-Bewegung hatten.

---

[133] Beispielsweise, sozusagen zur Gewinnung eines ersten, umfassenden Eindrucks, siehe in: Die *tri*_logische Sezierung [...], Band III, Teilband 1, die Lesung 4: „Meinungsbildung ist grundsätzlich Gefahren ausgesetzt".

Aber die Differenzen zwischen den christlichen Patriarchen, im Verein mit solchen Differenzen, die sich auf Grund der ursprünglichen Traditionen in den Ländern ergaben, denen diese Patriarchate nun übergestülpt wurden, konnten weder Spaltungen (__*sogenannte Schismen*__) noch die schließliche Herausbildung von eigenständigen Kirchen verhindern.

So wurde das „*Patriarchat des Abendlandes*" zur Lateinischen Kirche (__mit dem Hauptsitz in Rom__). Das *Patriarchat von Alexandreia* wurde zur (__*miaphysitischen*__) Koptischen Kirche (__Alexandreia/Kairo__) und zur sich später entwickelnden Äthiopischen Kirche (__Addis Abeba__).[134] Das *Patriarchat von Antiocheia* wurde zur Armenischen Kirche (__mit ihren vier verschiedenen Sitzen: Wagharschapat bzw. Etschmiadsin in Armenien, Kozan bzw. Sis in der Türkei, Jerusalem und Konstantinopel__) und zur Syrisch-Orthodoxen Kirche von Antiocheia (__Damaskus__). Aus dem *Patriarchat von Konstantinopel*, das als eine autokephale, d.h. selbständige orthodoxe Kirche (__als „Ökumenisches Patriarchat von Konstantinopel"__) in der Tradition der byzantinischen Kirche steht, entwickelten sich schließlich zahlreiche autonome Kirchen, wie die orthodoxe Kirche Griechenlands, die sich entsprechend an den traditionellen Besonderheiten der Länder im Bereich ihrer Ausbreitung orientierten. (__Sitz des „Ökumenischen Patriarchats von Konstantinopel" ist Istanbul__).

Ende der Anmerkung zur „orthodoxen Kirche"

Anmerkung zum „Schiismus"

Der „Schiismus" ist eine politisch begründete Richtung des Islams. Dieser Begriff hat sein Herkommen von dem Wort „schi'a", das „Partei" bedeutet und die „Partei Alis" meint, des Schwiegersohns Mohammeds und vierten Kalifen (__656-661__). Für die Schiiten, den Anhängern der Schia, sind allein dieser Ali sowie seine Nachkommen

[134] Zum „Miaphysitischen" siehe die Seiten 176-78, beginnend mit: „Von Diphysiten und Miaphysiten".

rechtmäßige Stellvertreter Mohammeds. Auch die Schiiten kennen jene (__*nur entsprechend islamisch ausgedrückte*__) Vorstellung, die in einer Legendenbildungen christianisiert ausgedrückt ist und die ihren Ursprung im 4. Jahrhundert findet, daß einst ein „letzter Imam", wohlgemerkt, als Nachkomme Alis, kommen werde, bzw. „zurückkommen" werde, um ein _*islamisches*_ Friedensreich zu errichten.

Die Schiiten verwerfen keineswegs die orthodoxe, sich auf den Koran und die als *Ahadith* bezeichneten „Berichte über normative Äußerungen und Handlungen" Mohammeds stützende Tradition (__die „Sunna" zu arabisch „Gewohnheit"__), aber für Schiiten hat das Imamat, also die Stellung der Nachkommen Alis, entscheidende Bedeutung. Insofern kann der Schiismus als autoritäre Kirche bezeichnet werden, im Unterschied zur sunnitischen Richtung, wo „gesellschaftliche Zustimmung" (__der „Consensus der Gemeinde"__) vorherrscht.

Bei den *Ahadith*

handelt es sich um „Überlieferungen" von „Aussprüchen", die von Mohammed stammen könnten oder auch nicht. Vielfach wurden sie in entsprechenden Situationen erfunden und Mohammed in den Mund gelegt. Diese „Überlieferungen", die sich zu Tausenden zählen, konstituieren die zweite Quelle des muslimischen Glaubens: die Sunna (__„Gewohnheit", auch „Brauch", „Verhalten"__). Sie sind es, die die Heiligenlegende des Propheten weben, indem sie von den tausendundeins Eigenschaften des Verhaltens des „islamischen Modells" berichten.

Der als Rechtsanwalt, ägyptischer Botschafter in Algerien und Schriftsteller tätig gewesene, 1932 geborene und 2014 verstorbene Ägypter Husain Ahmad Amīn beschreibt folgendermaßen dieses System von Mohammed in den Mund gelegten „Aussprüchen": „[...] Der Name des Propheten diente als Bürgschaft für Lügen, die man mit noch größeren Lügen bekämpfte. Jede Sekte, jede Doktrin hatte eine imposante Anzahl Ahadith zu ihrer Verfügung, um konkurrierende Sekten und Doktrinen zu disqualifizieren. Das Ziel rechtfertigte die

Mittel, jeder Notbehelf war gut, einschließlich Erfindung und Diffamierung […][135]

[135] Quelle: Hussein Amin, *Le Livre du musulman désemparé — Pour entrer dans le troisième millénaire*, Éditions La Découverte, Paris, 1992 (__1983 in Kairo auf Arabisch erschienen__), die Seite 53. Den Titel dieses Buches kann man folgendermaßen übersetzen: „Das Buch vom ratlosen Muslim — Anläßlich des Eintritts ins 3. Jahrtausend". Übersetzung des Autors, mit freundlicher Genehmigung des Verlags La Découverte, Paris.

Zweites Kapitel

Wie ein mittels menschlicher Gedankenkraft erzeugter Gott schließlich höchste machtpolitische Verwendung erlangte

Da jeder Gott einer menschlichen Idee entspringt, ist es gar nicht so schwer zu verstehen, wie es dazu kommen konnte, daß die Gottesvorstellung der anfangs ohne eigenes Gesetz bleibenden, aus welchen Gründen auch immer Ägypten verlassen habenden Menschengruppe sich, wenn auch weit später erst, universalisierte. Das heißt zwar mögen bspw. die diversen Heiligenlegenden — *je vom Martyrium besonderer Anhänger des Paulinischen Christentums erzählend* — für Festtagsbenennungen gut sein und der Unterrichtung — *gewollt oder gezwungen* — „Gläubigwerdender" dienen, sind aber weder geeignet, diese Universalisierung zu erklären noch einen wirklichen Begriff vom Streben der Vertreter politischer Machtstrukturen zu vermitteln.

> Übrigens, ist es nicht ein schlechter Witz, jemanden ohne dessen bewußtes Einverständnis zu taufen? Dürfte dies nicht erst dann erlaubt sein, ist ein Mensch erwachsen geworden, nicht aber, ist er noch ein kleines Kind, das nichts von dem damit Zusammenhängenden weiß?

Es soll an dieser Stelle noch nicht die grundsätzliche Frage reflektiert werden, was von ihrem Ursprung her der *_plausible_* Grund und Zweck der von Jesu selbst verfolgten „Mission" war — *also* _nicht_ *die als Grundlage des Paulinischen Christentums geltende und ihr damit verbundener* „Befehl"[136] —, da dies, u.a., in einem gesonderten Buch zu behandeln ist. Dennoch läßt sich an dieser Stelle sagen, daß sowohl die von Jesu geführte Bewegung als auch (__*und insbesondere*__) die später dann von dem „zum Paulus gewordenen Scha'ul" geführte Jesus-Bewegung — *und so erst die als christlich geltende Dynamik bekommend* —, eine besondere Affinität zur weltlichen Macht hatten. Kurz gesagt, bei der Verfolgung seiner eigenen Interessen — *und dabei sich schließlich in doppelter Hinsicht verkalkulierend* — paktierte Jesus mit dem Herodes-Klan[137], Paulus mit der römischen Macht direkt. (__*Aus den in Apostelgeschichte* [__Apg__] *19, 23-40 geschilderten Ereignissen geht hervor, daß von seiten der Obrigkeit starkes Interesse bestand, die von Paulus initiierte Bewegung zu fördern.*[138]__) Und es sei an dieser Stelle wiederholt, daß es sich bei den Schriften des Neuen Testaments um solche handelt, die der Propagierung der insbesondere von Paulus geprägten Jesus-Bewegung dienten.

Wie die Geschichte lehrt, verquickte sich die Paulinische Jesus-Bewegung mit der weltlichen Macht, d.h. wurde ihr förderlich und diente letztlich ihrer Festigung, wie im Verlauf dieses Kapitels noch näher zu erläutern ist, während, wie erwähnt, in einem anderen Buch eine erweiterte Ausleuchtung solchen Strebens zu unternehmen ist, das _*nicht*_ der Ermöglichung (__*eines* _nicht_ *auf Kosten anderer beruhenden*__) persönlichen Glücks und persönlichen Heils dient, hingegen allein der Stützung und Beförderung politischer Interessen zum vorzüglichen Nutzen von Machteliten, die dazu die Masse der Menschen mißbrauchen (__*dieser* „vorzügliche Nutzen" *folglich auf ihre Kosten geht*__) — und zu _*diesem*_ Zweck werden den Menschen die _*dazu*_ „geeigneten" Geschichten erzählt ... bis heute.

---

[136] Siehe Mt 28, 18-20.

[137] Siehe hierzu weiter unten. Der ganze Zusammenhang aber — *selbst eingebettet in einen größeren* — ist, wie gerade bemerkt, Gegenstand eines gesonderten Buches im Rahmen meines letzten großen Buchprojektes.

[138] Vgl. dort insbesondere die Verse 23, 31, 33 und 40.

Jesus und der Herodes-Klan waren sozusagen natürliche Verbündete: Johannes und seine Anhänger standen in Opposition zum Herodes-Klan und zwischen Jesu und Johannes und ihren Anhängern bestand echte Rivalität.

Freilegung von kriminalfalltypischen Indizien, deren Spuren zwar nicht mehr frisch sein können.

Daß es eine echte Rivalität zwischen Johannes dem Täufer und Jesu gegeben haben muß, kommt in den Schriften der Jesus-Bewegung selbst deutlich zum Ausdruck: „Als aber Johannes im Gefängnis von den Werken Christi hörte, sandte er seine Jünger und ließ ihn fragen: Bis du es, der da kommen soll, oder sollen wir auf einen anderen warten?“[139]

Läßt man diesen Satz scheuklappenfrei auf sich wirken, ist seine Aussage als heftige Kritik am Tun Jesu zu verstehen, daß Johannes nämlich Zweifel an der Art und Weise der Werke Jesu hatte — oder ihm diese Zweifel gekommen waren? Immerhin hatte Johannes noch _vor_ dem Beginn des „Wirkens“ Jesu gesagt: „Ich taufe euch mit Wasser zur Buße; der aber nach mir kommt ist stärker als ich und ich bin nicht wert, ihm die Schuhe zu tragen; der wird euch mit heiligem Geist und mit Feuer taufen.“[140].

Auch wird deutlich, daß Johannes sehr einflußreich gewesen sein muß, denn er läßt seinen Rivalen noch aus der Festungshaft heraus um seine grundsätzliche Kritik an ihm wissen — *und zwar kurz vor seiner Ermordung* —, indem er aus seiner Anhängerschaft Jünger empfängt und ihnen aufträgt, Jesu diese oben zitierte, als Frage verpackte Kritik zu überbringen.

---

[139] Siehe Mt 11, 2.3, zitiert nach dem revidierten Bibeltext in der Fassung von 1984, Deutsche Bibelgesellschaft, Stuttgart, 1985.

[140] Siehe in: a.a.O., Mt 3, 11; Mk 1, 7.8 und noch deutlicher Lk 1, 29-34.

Laut Flavius Josephus, ließ Herodes Johannes in die Festung Machaerus bringen und dort hinrichten.[141] Diese Festung befand sich direkt an der Grenze zwischen _den_ Gebieten, die von Herodes Antipas auf der einen Seite und von Aretas IV. auf der anderen Seite beherrscht wurden: Peräa und Nabataea.

Etwas unterhalb von der zur Dekápolis gehörenden Stadt Pella erstreckte sich Peräa am Ostufer des Jordans bis etwa zur Mittel des Toten Meeres, dort direkt an Nabataea grenzend. In etwa 8 Kilometer Entfernung von dort befand sich auf dem in Richtung Nord-Osten abknickenden Grenzverlauf diese Festung Machaerus, von der diese Grenze nach weiteren etwa 6 Kilometern erneut abknickte, um parallel zu der am Ostufer des Jordans verlaufenden Westgrenze Richtung Norden zu verlaufen, auch hier eine gemeinsame etwa 30 Kilometer lange Grenze mit Nabataea habend. Auf Höhe der Stadt Philadelphia und bis unterhalb von Pella hatte Peräa eine gemeinsame Grenze mit dem Gebiet der Dekápolis, dem aus zehn Orten bestehenden hellenistischen Städtebund. Und während der Peräa genannte etwa achtzig Kilometer lange und durchgängig etwa achtzehn Kilometer schmale Streifen Land im Norden an das Gebiet der Dekápolis, im Süden an das Tote Meer, im Südosten an Nabatäa grenzte und der Jordan die Westgrenze zu Samaria bildete, hatte dieses Peräa mit Galiläa keine gemeinsame Grenze. Peräa und Galiläa, die beiden von Herodes Antipas beherrschten Länder, lagen folglich zwar nahe beieinander, waren aber entweder nur über das zur Dekápolis gehörende Gebiet oder über das Samarias zu erreichen, wobei Samaria und Judäa zwischen ca. 26 und 37 vom römischen Landpfleger Pontius Pilatus verwaltet wurden. Das von Aretas IV. beherrschte Nabataea dehnte sich zu jener Zeit von Arabien bis etwa Damaskus aus und hatte Petra zur Hauptstadt. (__*Siehe zu diesen Angaben die Skizze auf der nächsten Seite.*__)

---

[141] Vgl. in: *Des Flavius Josephus* „Jüdische Altertümer", übersetzt und mit einer Einleitung und Anmerkungen versehen von Dr. Heinrich Clementz, 12. Auflage, 2 Bände in einem, MECO Verlag, Dreieich, Lizenzausgabe für Fourier Verlag, Wiesbaden, 1994, Buch XVIII, die Seite 526.

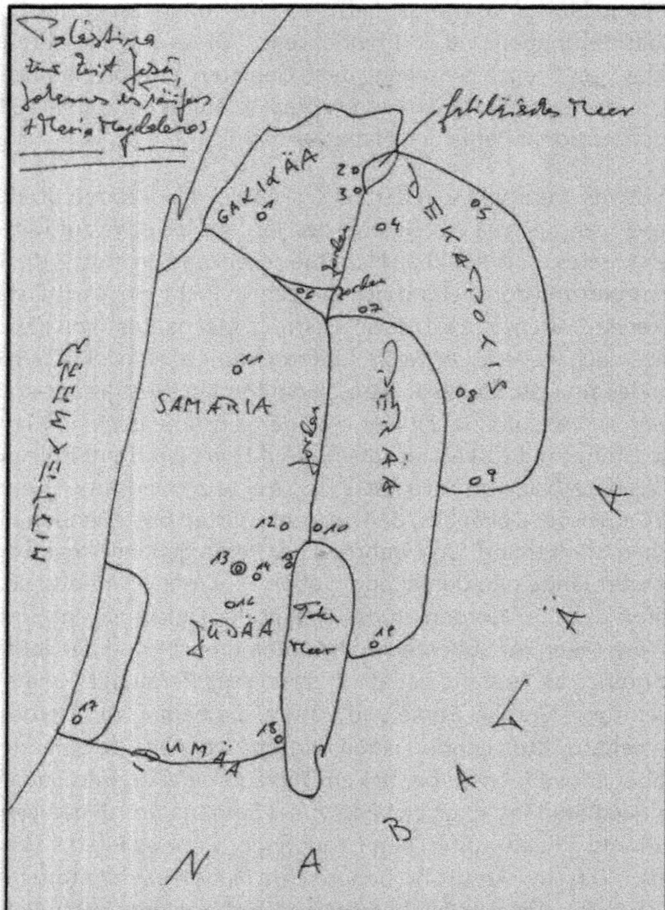

Skizze zur Verdeutlichung des relativen Grenzverlaufs Peräas.

(__Die Skizze gibt einige jener Angaben näherungsweise wieder, die sich in der Karte XIV des „Kleinen historischen Bibelatlas" finden, der von G. Ernest Wright und Floyd V. Filson herausgegeben worden ist und von Theodor Schlatter für die deutsche Ausgabe bearbeitet wurde. Zur Anfertigung dieser Skizze wurde die 1963 im Calwer Verlag in Stuttgart erschiene 3. Auflage dieses Atlas verwendet. Auf der folgenden Seite finden sich die Angaben zur Numerierung in dieser Skizze.__)

Die in dieser Skizze markierten und
von 1 bis 19 durchnumerierten Orte:

1. Sepphoris (__Galiläa__)
2. Tarichea (__Galiäa: Galiläisches Meer__)
3. Tiberias (__Galiläa: Galiläisches Meer __)
4. Gadara (__Dekápolis__)
5. Abila (__Dekápolis__)
6. Skythopolis (__Dekápolis__)
7. Pella (__Dekápolis__)
8. Gerasa (__Dekápolis__)
9. Philadelphia (__Dekápolis__)
10. Bethanien jenseits des Jordans (__Peräa__)
11. Samaria (__Samaria__)
12. Jericho (__Samaria, an der Grenze zu Judäa__)
13. Jerusalem (__Judäa__)
14. Bethanien (__in Judäa__)
15. Qumran (__Judäa__)
16. Bethlehem (__Judäa_)
17. Gaza (__zusammen mit Askalon, Asdod und Jamnia, eigener Ordnung unterliegend__)
18. Masada (__Judäa, an der Grenze zu Idumäa__)
19. Machaerus (__Peräa, an der Grenze zu Nabatäa__)

Nun, wenn auch nicht sicher ist, wo Herodes seine Residenz hatte, ist doch anzunehmen, daß diese in Galiläa lag. Mit Berechtigung ist auch zu vermuten, daß es sich dabei um Sepphoris, der „Zierde Galiläas" (__vgl. Flavius Josephus, a.a.O. [__siehe Fußnote 141__], die Seite 509__) oder, dann nach 18 u.f.Z., Tiberias am Galiläischen Meer, das von diesem Herodes gegründet worden ist und dessen Namensnennung auf Kaiser Tiberius zurückgeht. Saß aber Johannes in der Festung Machaerus ein, während in der oberhalb der Stadt Tiberias liegenden, extra für diesen Herodes erbauten Burg dessen Geburtstag mit „seinen Großen und den Obersten und den Vornehmsten von Galiläa" (__Mk 6, 21__) gefeiert wurde, anläßlich dessen seine

Stieftochter Salome den berühmten Tanz getanzt haben soll, der alle Anwesenden und insbesondere Herodes dermaßen in Verzückung versetzte, glaubt man der kanonischen Erzählung nur fest genug (__Mk 6, 22__), so daß sie von Herodes verlangen konnte, er habe ihr „jetzt gleich auf einer Schale, das Haupt Johannes des Täufers" nicht nur zu präsentieren, sondern es ihr sogar zu überlassen, wie uns das Markusevangelium „unterrichtet" (__vgl. Mk 6, 25__), dieses Fest sich aber, wie erwähnt in Galiläa, also entweder in Sepphoris oder in Tiberias ereignete, dann ist diese Geschichte nicht nur von der im Markusevangelium und im Matthäusevangelium behaupteten Begründung hergesehen, daß Herodes nämlich die Ermordung des Täufers wegen einer nekrophilen Regung seiner Stieftochter veranlaßt habe, sowieso völlig unglaubwürdig, sondern es wäre auch vom praktischen her gesehen unmöglich zu realisieren gewesen, dieser Salome „jetzt gleich auf einer Schale, das Haupt Johannes des Täufers" zu „geben", denn Machaerus liegt etwa 125 Kilometer Luftlinie von Sepphoris bzw. Tiberias entfernt. (__*Und wenn Herodes seinen Geburtstag in Tiberias gefeiert haben sollte, bedeutete das auch, daß die Geburt Jesu weiter zurückliegend als behauptet anzunehmen wäre, da er eher gegen dreißig Jahre alt gewesen sein dürfte als er, gemäß den Aussagen im Neuen Testament, mit seiner* „Mission" *begann.*__)

Wenn man hingegen — *sozusagen in Vorbereitung auf die* „Speisung der Fünftausend" — in Matthäus 14, 13 liest, wohlgemerkt, im direkten Anschluß an diese Episode, die die Ermordung Johannes' „erklären" soll: „Als das Jesus hörte [__also, daß Johannes hingerichtet sei__], fuhr er von dort weg in einem Boot in eine einsame Gegend allein", und unter gleichzeitiger Beiseiteschiebung dieser abstrusen Erzählung, die die Ermordung Johannes' „plausibilisieren" soll, sowie mit dem Wissen ausgestattet, daß es eine echte Rivalität zwischen Jesu und Johannes sowie ihren Bewegungen gegeben haben muß, und daß Jesus neben Jüngern auch Jüngerinnen hatte (__vgl. Lk 8, 2.3__), von denen eine wahrscheinlich Salome hieß (__*zumindest ist eine Salome bei jenen Frauen, die in der Absicht an das Grab kommen, Jesum zu salben* [__vgl. Mk 16, 1__]__), eine andere dieser ist Johanna, die Frau eines Verwalters Herodes' (__vgl. Lk 8, 3__), _*und*_ darüber wissend, daß es insbesondere ein ursprüngliches Markusevangelium gegeben hat[142], das passagenweise redigiert worden ist, bspw. zur Entfernung des Namens Salome (__*gewiß, ein geläufiger Name damals, aber wieso den dann entfernen?*__), erscheint es nicht nur denkbar, sondern sogar wahrscheinlich, daß Jesus selbst zu den „Vornehmsten von Galiläa" bzw. zu den „Großen" Herodes' gehört hatte (__vgl. Mk 6, 21__).

Und die „Aufgabe" Jesu _*nach*_ der Ermordung Johannes'? Abgesehen von den eigenen Absichten Jesu, die schließlich im Fiasko endeten, bestand die alles entscheidende „Aufgabe" Jesu darin, die diversen religionspolitischen Bewegungen in Galiläa, Samaria und Judäa zu sammeln und in „kontrollierte Kanäle" zu leiten. Dies ereignete sich direkt im Anschluß an die Ermordung des Täufers, also anläßlich der als „Speisung der Fünftausend" bezeichneten Zusammenkunft der Anhänger Jesu, der zahlreichen, nun führerlos gewordenen Anhänger Johannes' sowie derjenigen Leute aus dem religionspolitisch-nationalistischen jüdischen Untergrund[143].

Das erscheint Ihnen abstrus? Nun, die Propagandaschriften der Jesus-Bewegung legen selbst nahe, daß es sich bei dieser „Speisung" um eine Zusammenkunft diverser religions-politischer Gruppen handelte. Schiebt man das Wundersame — *5.000 Menschen mit zwei mageren Fischen und fünf dürften Broten zu speisen*(__Mk 6, 38__) — beiseite (__*das offenbar weder die Anwesenden noch jene überrascht zu haben scheint, die diese Erzählung anfertigten, wie aus der Art der Formulierung ersichtlich wird und bspw. bei Matthäus 14, 17-20 aufscheint*__), entpuppt sich das „Wunder" dieser Speisung als eine „symbolische Speisung". Dann genügte es nämlich, daß die verschiedenen Anführer, der je in Opposition zur römischen Herrschaft stehenden Bevölkerungsteile Israels, gekommen mit ihren (__*nur männlichen ge-*

---

142 Siehe Morton Smith, *The Secret Gospel — The Discovery and Interpretation of the Secret Gospel According to Mark*, The Aquarian Press, Wellingborough, Northamptonshire, UK, 1985 [__Harper and Row, USA, 1973__].

143 Vgl. weiter unten auf den Seiten 116-19 die diesen heute als „Terroristen" bezeichneten „Untergrund" betreffende Erläuterung.

zählten__) Anhängern, an dieser symbolischen Speisung stellvertretend für ihre eigenen Anhänger teilnahmen, die wiederum diesen „Akt der Verbrüderung" von dort beobachteten, wo sie „in Gruppen zu je fünfzig" saßen.

Markus, das früheste der synoptischen Evangelien, erzählt von *„fünftausend Mann"* (6, 44), Matthäus von *„etwa fünftausend Mann, ohne Frauen und Kinder"* (14, 21), Lukas berichtet: „es waren etwa fünftausend Mann. [...] Laßt sie sich setzen in Gruppen zu je fünfzig." (9, 14) und Johannes spricht von *„etwa fünftausend Mann"* (6, 10).

Wie viele solcher Führer mag es gegeben haben? Hypothetisch geantwortet: es genügte einer für die Sikarier, einer für die Zeloten, einer für die Essener und einer für die Johannesbewegung — und möglicherweise konnte noch einer von seiten der Pharisäer dazugehört haben. Immerhin scheint es zu jener Zeit keineswegs so gewesen zu sein, daß die Pharisäer grundsätzlich in Opposition zu den frühen Christen gestanden hatten, scheinen diese doch über lange Zeit mit den frühen Christen in Jerusalem gut ausgekommen zu sein — zumindest zu jener Zeit, als Paulus die jüdisch-christliche Gemeinde in Jerusalem besuchte, also zur Zeit des Jakobus'.

(*__Als dieser Jakobus, der, neben seinem Bruder Johannes, als enger Vertrauter Jesu geltend, der ältere Bruder des Apostels Johannes gewesen sein soll, im Jahre 44 auf Veranlassung Agrippas' hin geköpft worden sein soll, protestierten die Pharisäer dagegen.__*)

Dieses offenbar gute Verhältnis zwischen den frühen Christen und den Pharisäern schlug erst z.Z. des jüdischen Aufstands (__66-70__) in Feindschaft um.[144] — Ist also in den Evangelien die Mehrzahl der Aussagen zu den Pharisäern negativ, so kann das als Beleg dafür gelten, daß die Evangelien nicht vor 70 u.f.Z. verfaßt worden sind.

Demjenigen, der das bisher Erläuterte für abstrus hält, kann ich nur erwidern, daß, im Gegensatz zu dem ihm abstrus Erscheinenden,

[144] Vgl. Morton Smith, *Jesus the Magician*, Victor Gollancz, London, 1978, die Seite 29, sowie den Anhang A: „The Pharisees in the Gospels".

jede monotheistische Lehre _*tatsächlich*_ nicht nur abstrus ist, sondern zu einem gesellschaftlichen Problem werden kann — und zwar schon allein anlagemäßig. Folglich ist dieses Problem scheuklappenfrei zu untersuchen, wozu dann auch jenes *un*_verstellt ins Auge zu fassen ist, welches als „unumstößlicher Glaubens-Fakt" gilt.

Muß es nicht zu denken geben, daß Johannes offenbar grundsätzliche Vorbehalte gegenüber Jesum gekommen waren? Diese Vorbehalte lassen übrigens auch deutlich werden, daß die bei Matthäus, Markus und Lukas stereotyp zu lesende Behauptung: „ich bin es nicht wert, ihm die Schuhe zu tragen" (__bspw. Mt 3, 11__) als fragwürdig zu gelten hat. Abgesehen davon, daß das an Jesu vollzogene Zeremoniell der Taufe (__siehe Mt 3, 13__) darauf hinweist, daß er ursprünglich ein Jünger Johannes' war, der, aus welchen Gründen auch immer, in dessen Lehre eingeweiht werden wollte, denn es werden mit diesem Zeremoniell auch bestimmte Unterweisungen verbunden gewesen sein.

Und dieses Zeremoniell als Ganzes entsprach keinem jüdischen Ritus (__*was in einem anderen Buch noch Thema sein wird*__). Demnach können weder Jesus noch Johannes der Täufer noch Maria Magdalena jüdischen Glaubens gewesen sein.

Auch wird an folgender Stelle deutlich, wie gering Jesus Johannes einschätzte, sagt dieser doch über ihn: „der aber der Kleinste ist im Himmelreich, ist größer als" Johannes (__siehe Mt 11, 11__).

Wenn übrigens an verschiedenen Stellen die Schreiber der Evangelien davon reden, Johannes sei Elias (__vgl. bspw. Mt 11, 14__), ist eher davon auszugehen, daß das irgendwie erwähnt werden mußte, um den Eindruck von Kontinuität zu erwecken, immerhin weist alles darauf hin, daß die kanonischen Evangelien erst weit nach den in diesen Schriften geschilderten „Ereignissen" niedergeschrieben worden sind — ob von je einem Autor oder von je mehreren, ist überdies eine offene Frage. Folglich ist der Eindruck nicht von der Hand zu weisen, daß solche Gleichsetzungen willkürlich sind, denn zu bekannt und geachtet war Johannes, als daß er einfach hätte ignoriert werden können. Einzig möglich war lediglich, die Ereignisse der damaligen Zeit im Sinne der Paulinischen Jesus-Bewegung zu „drehen" — *später, als es keine Augen- und Ohrenzeugen mehr gab*. Und so wurde, u.a., vor der Ermordung Johannes' nach Parallelen gesucht, ihn als in jüdisch-prophetischer Tradition stehend zu präsentieren. Nichts aber von dem, was Johannes tat oder predigte, entsprach originär jüdischem Ritus — *zumindest nicht dem des nicht mehr beweibten Jahves*. Und wenn Jesus ein Jünger Johannes' war, kann das genauso für ihn angenommen werden. Wie bei vielen Stellen in diesen Schriften, wo zudem Passagen geradezu unverbunden nebeneinanderstehen, entsteht bei scheuklappenfreier Betrachtung auch in diesem Zusammenhang der Eindruck, daß Text-Passagen fehlen, die erlaubten — *befänden sich diese noch an ihrem Platz* — ein völlig anderes „Bild" von den damaligen Ereignissen zu zeichnen.

Nun, wenn auch davon erst später und an anderer Stelle mehr, sei nun bereits angemerkt, daß, u.a., aus dem Ausspruch in Markus 6, 15: „Und die Leute sprachen: Johannes der Täufer ist von den Toten auferstanden; darum tut [__Jesus__] solche Taten", hervorgeht, daß Johannes selbst Taten vollbracht haben muß, die den Jesu zugeschriebenen vergleichbar wären. Folglich läßt sich fragen, ob dann Jesus tatsächlich schon mit „Vollmacht", also nach vollständig erfolgter Einweihung in die von Johannes vermittelten Lehren, dauerhaft erfolgreich, d.h. ohne Täuschung lehren konnte, oder ob ihm nicht noch entscheidende Kenntnisse gefehlt hatten — und das Fehlen dieser entscheidenden Kenntnisse seine „Mission" — *seine eigentlichen Ambitionen* — scheitern ließ? Denn wie anders soll es erklärlich sein, hatte, laut der Paulinischen Propagandaschriften der Jesus-Bewegung, Johannes zuvor von Jesu zwar gesagt: „Ich taufe euch mit Wasser [...]; der aber nach mir kommt, ist stärker als ich, und ich bin es nicht wert, ihm die Schuhe zu tragen; der wird euch mit dem heiligen Geist und mit Feuer taufen" (__vgl. Mt 3, 11__), Johannes später kurz vor seiner Ermordung, wie schon angemerkt, dann Jesum fragen läßt: „Bis du es, der da kommen soll, oder sollen wir auf einen anderen warten?" (__siehe Mt 11, 2.3__), wäre es dabei nicht um eine Rücknahme seiner ersten Aussage über Jesum (__*wenn diese Aussage tatsächlich überhaupt je so von Johannes geäußert wurde*__) gegangen, da Johannes den Eindruck gewonnen hatte, daß Jesus ohne „Vollmacht" Taten „vollbrachte", die, wie selbstverständlich, die Leute offenbar dem Johannes zuschrieben, folglich Johannes Zweifel an der „Qualität", an den „Ambitionen" und der „Mission" Jesu gekommen waren?

Bestand zwischen Jesu und Johannes sowie ihren jeweiligen Anhängern eine echte Rivalität, so konnte für Herodes-Antipas Jesus als wertvolles Gegengewicht zu der von Johannes dem Täufer geführten Bewegung gelten, die Herodes wegen ihrer Art der Missionsarbeit ein Dorn im Auge war, wozu auch deren grundsätzliche Kritik am Jerusalemer Tempel gehörte, was übrigens auf ein anderes kulturelles Herkommen schließen läßt, das insbesondere am offenbar spezifischen Taufen Johannes' deutlich wird, das kein mosaisch-typisches Zeremoniell war, also Ausdruck einer davon unabhängigen Lehre gewesen sein muß: „Täufer" und „Johannes" wurden und werden synonym verwendet.

Allerdings war dies sozusagen der alltägliche Gefährdungshintergrund für einen römischen Klientelkönig, vor dem jetzt aber akut gefährlich die Folgen seines Affronts gegen den König von Nabataea, Aretas IV. aufzogen, dessen Reich an das des von Herodes beherrschten Peräa dort grenzte, wo Johannes seine religionspolitischen Reden hielt und dessen Verhaftung deshalb eine Notwendigkeit war, da aus Sicht Herodes' die durchaus als real anzunehmende Gefahr bestand, daß sich der Herodes kritisch gegenüberstehende Johannes mit Aretas verbinden könnte, was er wegen dessen Beliebtheit unterbinden mußte — diese Verhaftung also nicht wegen Johannes' vermeintlicher Kritik an Herodes' Verheiratung mit der Frau seines Halbbruders Boethos erfolgte, denn um diese Verheiratung wußte längst das ganze Land.

Daß diese Einschätzung der sich für Herodes darstellenden politischen Sachlage weit eher realistisch ist als die in den Evangelien nach Markus und Matthäus erzählte Geschichte (__Markus scheint tatsächlich das ältere zu sein und wird hier aus diesem Grunde als erstes genannt; vgl. also Mk 6, 14-29 und Mt 14, 1-12__), er habe dem Wunsch seiner Frau Herodias' nachkommen wollen, bzw. den Neigungen seiner Stieftochter, um deren Namen wir übrigens nicht aus den Evangelien wissen, was für sich genommen Anlaß zum Nachdenken wäre, aber, wie schon versprochen, hiervon später und an anderer Stelle mehr, wird durch den Fakt unterstrichen, daß Herodes deshalb zu jener Zeit mit einem militärischen Schlag Aretas' IV. rechnen mußte, da es ja dessen Tochter war, die er wegen Herodias verstoßen hatte.

So problematisch diese Verhaftung auch gewesen sein mag, sie würde sich im Sinne Herodes' wenden lassen, gäbe es einen oppositionellen religionspolitischen Führer für die renitenten und nicht fest an das (__*römische*__) Recht gebundenen Bewohner Galiläas und Peräas, der, wie Politiker es selbst in unseren (__*vermeintlich*__) aufgeklärten Zeiten zu tun pflegen, seinen Anhängern, und nach Möglichkeit denen seines Hauptgegners — *nämlich Johannes* — gleich mit, alles mögliche vom Himmel versprechen würde, gespickt mit geschickt inszenierten „Wundern", wie sie damals von ägyptischen Magiern bekannt waren. ... Gäbe es also einen religionspolitischen Führer, der den so beliebten wie für die Macht des Herodes' gefährlichen Johannes hätte neutralisieren bzw. ersetzen können.

Es ist keineswegs weithergeholt, daß Jesus um magische Praktiken wußte. Das wäre damals jedenfalls weder für seine Anhänger noch für seine Gegner überraschend gewesen. Lediglich die Interpretation, wieso er über diese Kenntnisse verfügte und zu welchem Zweck er diese einsetzen wollte, mochte dann je nach Zustimmung oder Ablehnung variieren. Diese Praktiken konnte er ohne weiteres über die Einweihungen erfahren haben, die er von Johannes dem Täufer nach seiner „Taufe" erhalten hatte, wobei dann diese „Taufe" als „Eröffnungsritual" einer „mysteriengleichen Initiation" anzusehen wäre, von der in den Propagandaschriften der Jesusbewegung nichts als der Hinweis auf die „Taufe" blieb[145], so daß dem Leser der Evangelien der Charakter der über den Täufer erfolgten Einweihung, wozu eben auch magische Praktiken gehört haben dürften, für sich genommen verborgen bleibt. Genauso ist es möglich, daß schon in Ägypten eine Ausbildung in Magie vorausgegangen war: Denn wieso sollte anzunehmen sein, daß Jesus lediglich als Kind in Ägypten gelebt hatte, wie es über den oder die Schreiber des Matthäusevangeliums nahegelegt wird (__vgl. Mt 2, 13-21__)? Immerhin tritt Jesus erst als etwa

---

[145] Vgl. Mt 3, 13-17; Mk 1, 9-13; Lk 3, 21.22 sowie — *noch weiter verschleiert* — in Joh 1, 29-34.

dreißigjähriger Mann relevant in den Evangelien auf. Ägypten war aber, u.a., als das „Land der Magie" bekannt: man denke an die zahlreichen ägyptischen magischen Papyri, die davon Zeugnis ablegen.

Übrigens könnte Jesus, und dies wäre ebenso keineswegs weithergeholt, sowohl Maria Magdalena, deren Name sich eher von Magdolum, einem unweit von der Judäischen Wüste im Nordosten Ägyptens gelegenen Ort, als von dem Ort „Magdala" (__el-Mejdel__) am Galiläischen Meer herleiten läßt (__*war doch dieser Ort zur Zeit des Täufers, der Maria Magdalena und Jesu nur unter der Bezeichnung Tarichea bekannt*__), als auch Johannes den Täufer und dessen Bewegung — *zu der auch Simon Magus gehörte* — in Ägypten kennengelernt haben. Alternativ wäre es auch möglich, daß Jesus in Galiläa selbst, bspw. in Sepphoris, oder im angrenzenden Samaria, mit Kennern der ägyptischen Magie in Kontakt gekommen war, u.U. sogar mit Vertretern der Johannesbewegung, die dann den direkten Kontakt mit dem Täufer herstellten.[146]

Wie gesagt, so problematisch die Verhaftung des Täufers auch gewesen sein mag, die sich dadurch verschärfende innenpolitische Situation konnte von Herodes Antipas gemeistert werden, gäbe es einen oppositionellen religionspolitischen Führer für die renitenten Bewohner Galiläas und Peräas, der insbesondere nach der Ermordung des Täufers in der Lage wäre, die Anhängerschaft des potentiell so gefährlichen wie geachteten Johannes zu neutralisieren, gelänge es nur, großen Teils der Johanneischen Bewegung Jesu und seiner Bewegung zuzuführen. Dies wäre für das politische Überleben Herodes' von entscheidender Bedeutung gewesen. Denn die Ermordung des Täufers allein hätte Herodes nur schaden können. Ein „Gewährsmann" aber — *insbesondere vor dem Hintergrund des heraufziehenden Krieges gegen Aretas IV, dessen Tochter ja seine Frau gewesen und die er wegen der Herodias verstoßen hatte, was von ihrem Vater nur als schlimmer Affront zu werten war* — konnte ihm wenigstens im eigenen Herrschaftsbereich den Rücken nach Innen freihalten.

---

[146] Interessant ist in dem oben geschilderten Zusammenhang das schon erwähnte Werk von Morton Smith: *Jesus the Magician*, Victor Gollancz, London, 1978.

Wie schon erwähnt, das Ereignis, durch das die politische Neutralisierung insbesondere der führerlosgewordenen Anhängerschaft der Johannesbewegung erfolgte, und das sich unmittelbar an die Ermordung des Täufers ereignete, wird in den Propagandaschriften der Jesusbewegung als die „Speisung der Fünftausend" (__Männer__) bezeichnet. (__Vgl. bspw. Mt. 14, 1-21.__)

Daß sich in Jesu Reihen auch solche Figuren befanden, die heutzutage als Terroristen bezeichnet würden, wird übrigens an der Verwendung von Begriffen wie „Iskariot" oder „Zelot" deutlich. Denn die auf diese Weise Bezeichneten standen für religionspolitische Richtungen, die entweder direkt aus dem Untergrund heraus gewaltbereit agierten oder über politische Gruppierungen, die heute als politisch gemäßigt gelten würden, diesen tatsächlich aber nahestanden.

„Iskariot" (__Judas Iskariot__) scheint eine personifizierte Form von „Sikarier" zu sein, dessen Ursprung sich im lateinischen Wort *sica* findet, das soviel wie „Dolch" bedeutet, es sich bei „Iskariot" folglich um jemanden gehandelt hätte, der (__*aus politischen Gründen*__) mit einem leicht in der Kleidung zu versteckenden Dolch tötete. „Sikarier" somit „Meuchelmörder" gewesen wären.

Die Benennung „Sikarier" scheint erst im Judäischen Krieg zur Bezeichnung von in Gruppen auftretenden militanten jüdischen Nationalisten üblich geworden zu sein, die nach terroristischer Methode Angst unter der Bevölkerung verbreiteten, indem sie jenen auflauerten, die die römische Herrschaft akzeptierten, bzw. solchen, die der Meinung waren, daß auf diese Weise ihre persönliche Freiheit besser zu wahren sei — *als durch das enge monotheistische Gesetz des jüdischen Glaubens* — oder daß sich ihnen hierdurch bessere wirtschaftliche Möglichkeiten eröffnen könnten.

Seit der Zeit Herodes' des Großen (__37-4 v.u.f.Z.__) gab es mehr oder weniger heftig geführte soziale Kämpfe in Judäa, die — *einhergehend mit der Vertreibung* (__Herodes'__) *Agrippas II. aus Jerusalem* — im Jahre 66 in den Judäischen Krieg mündeten. Dies ein Krieg, der nach dreijähriger Belagerung Jerusalems im Jahre 70 endete, wenn auch erst im Jahre 73 (__*oder Anfang 74*__) die Festung Masada als letzte Aufstandsbastion fiel.

Nun gibt es die Argumentation, daß der Beiname des Jüngers Jesu mit Namen Judas (__Iskariot__) sich nicht von „Sikarier" herleiten könne, da die Bezeichnung „Sikarier" erst im Judäischen Krieg (__66-70__) aufgekommen sei. Das ist nicht plausible, sondern es ist möglicherweise sogar ein Hinweis darauf, daß diese Bezeichnung (__Judas „Iskariot"__) in Markus 14, 10 erst später eingefügt worden ist, d.h. als das Markus-Evangelium im Sinne der Paulinischen Jesusbewegung bearbeitet worden war (__*was in der späten zweiten Hälfte des 1. Jahrhunderts u.f.Z. der Fall gewesen sein könnte*__), als die Bezeichnung „Sikarier" geläufig wurde.

Daß das Markusevangelium, das allgemein als das ältestes gilt, überarbeitet worden sein muß, nämlich um Anteile gekürzt worden ist, die im Widerspruch zum Erzählverlauf der Propagandaschriften der Paulinischen Jesus-Bewegung standen, geht aus Morton Smiths Arbeit hervor, die weiter oben schon erwähnt worden ist.[147] Auch hiervon später und an anderer Stelle mehr.

Während die „Sikarier" als eine anarchisch strukturierte, militante Untergrundgruppe gelten können, verstanden sich die „Zeloten" als regelrechte religionspolitische Vertreter der Armen, der kleinen Händler und der Handwerker Jerusalems, die radikal auftraten, im Sinne des mosaischen Glaubens gesetzestreu waren und die römische Herrschaft und die mit ihr zusammenarbeitenden jüdischen Bewohner Judäas bekämpften.

Für die Zeloten war klar, daß der kommende Messias kämpferisch auftreten würde, um sein Weltreich zu errichten. Und so verstanden sie ihre Aufgabe darin, daß sie diesem „messianischen Zeitalter" kämpferisch zuzuarbeiten hätten — gemäß ihrer Wahrnehmung von der Welt, die von ihrer gesellschaftlich bedingten Situation geprägt war, nämlich einerseits einem unbedingten Gehorsam verlangenden Glaubensgesetz folgen zu müssen, andererseits soziale Verlierer auf Grund der gesellschaftlichen Verhältnisse zu sein, die keine persönliche Entfaltung im _*Diesseits*_ ermöglichten. Es könnte einleuchten,

---

[147] Siehe Morton Smith, *The Secret Gospel — The Discovery and Interpretation of the Secret Gospel According to Mark*, The Aquarian Press, Wellingborough, Northamptonshire, UK, 1985 [__Harper and Row, USA, 1973__].

daß solche Umstände zu einer — *übrigens typisch für das Kleinbürgertum seienden* — Charakterausprägung führen müssen, bei der es zu einer verkappten Verankerung der Aggressivität im Individuum kommt, die zu einer latenten Anspannung psychischer Energie führt. Wird jemand in derartige gesellschaftliche Verhältnisse hineingeboren, entsteht der Eindruck, daß sein dann als heranwachsender und erwachsener Mensch gezeigtes — *verkappt aggressives* — Verhalten angeboren sei. Das aber ist falsch, denn schon in der intrauterinen Phase nimmt ein Fötus die in der Gesellschaft vorherrschenden — *über seine Mutter an ihn vermittelten* — Strömungen unbewußt auf, die seinen sich später erst tatsächlich ausbildenden Charakter *vor*_prägen.[148]

Der Verrat Judas Iskariots scheint das exemplarisch zu spiegeln: er hatte sich (__*wie andere seines Charakters auch*__) Jesu angeschlossen, da er glaubte, dieser wolle gegen die römischen Besatzer und die Kollaborateure „losschlagen", wurde dann aber durch die von Jesu gezeigte Verhaltensweise enttäuscht. So berichten die Schreiber der Evangelien des Johannes', des Markus' und des Matthäus' in einer Episode von der Salbung Jesu mit teurem Öl. Während es im Johannesevangelium allein Judas Iskariot ist, der sich darüber empört, da der Erlös davon den Armen hätte zugute kommen können — *wobei daraufhin dem Leser sofort erklärt wird, daß der das gar nicht so gemeint habe, sondern das Geld sowieso für sich behalten hätte* (__vgl. Joh 12, 3-5__) —, sind es bei Markus immerhin einige, die über die Salbung unwillig wurden (__vgl. Mk 14, 4__), und bei Matthäus sind es sogar alle Jünger, die sich über diese, aus ihrer Sicht Verschwendung empörten (__vgl. Mt 26, 7.8__). In allen drei genannten Evangelien schließt sich dieser Episode die Schilderung des Verrats Judas Iskariots unmittelbar an, und während sowohl in Johannes als auch in Markus lediglich diese Episodenfolge gegeben ist, wird in Matthäus der unmittelbare Zusammenhang deutlich: Judas verrät Jesu, da, aus seiner Sicht, dieser, dem er bisher gefolgt war und in den er seine Hoffnung gesetzt hatte, daß dieser sich für die Sache der Armen einsetze,

---

[148] Vgl. in: Die *tri*_logische Sezierung des lobbykratischen Zeitalters, Bd I, Teilband 4, die Seiten 139-47, beginnend mit: „[...] das Wesen des einzelnen Menschen ist [...] plastisch [...]".

mit dieser „verschwenderischen Salbung" Verrat begangen hatte. Das heißt für Judas zeigte diese Art der Salbung eindeutig, daß mit Jesu kein Kampf gegen die da „oben" zu führen sei, ließ der sich derartig „verschwenderisch pflegen". Lediglich die Schreiber des Lukas-Evangeliums erzählen diese Episode der Salbung nicht, bzw. sie berichten zwar auch von einer, aber weiter vorn im Text (__7, 36-50__), während die Episode des Verrats ohne jeden Zusammenhang erzählt wird, und bei Lukas ist es „Satan", der unvermittelt in Judas Iskariot fährt, den Verrat zu begehen (__vgl 22, 3.4__).Das bedeutet, daß Jesus andere Pläne als jene von Johannes sowie dessen Anhängern vertretenen hatte.[149]

Bei scheuklappenfreier Betrachtung des plausible Anzunehmenden entsteht der Eindruck eines intriganten Verhaltens Jesu seinem Widersacher (__Johannes__) gegenüber, das ihm letztlich selbst den Tod brachte.

> *(__Wobei die Ursache für seinen Tod schon eine die römische Staatsraison selbst betreffende Angelegenheit gewesen sein muß, da andernfalls keine Kreuzigung, als qualvollste Tötungsmethode für Staatsfeinde, verhängt worden wäre, denn im Fall eines, das jüdisch-religiöse Gesetz verletzenden Verhaltens Jesu, hätten die Juden Judäas ihn von Rechtswegen selbst verurteilen und steinigen können.__)*

Ende der Freilegung von kriminalfalltypischen Indizien,
deren Spuren zwar nicht mehr frisch sein können.

Völlig anders ist das von Paulus an den Tag gelegte Verhalten, denn dieses ist systematisch angelegt: Vernichtung der tatsächlich als veritable Kirche existiert haben müssenden Bewegung des Täufers, also der Johannitischen Kirche.

Daß es eine Johannitische Kirche gegeben haben muß, scheint sogar in der Apostelgeschichte auf, wenn auch nur schwach:

---

[149] Vgl. die weiter oben schon erwähnte, kurz vor seiner Ermordung von Johannes an Jesum gerichtete Frage.

Der in der Apostelgeschichte 18, 24.25 sowie 19, 1 erwähnte Apollos, ist der Vertreter dieser Johannitischen Kirche und die in 19, 2.3 auftauchenden „Jünger" sind die Anhänger dieser Kirche.[150]

Daß in dieser Propagandaschrift davon überhaupt etwas zu lesen ist, ist vermutlich darauf zurückzuführen, daß die Kirche des Johannes' so bekannt war, daß diese nicht einfach unerwähnt bleiben konnte, sondern propagandistisch entsprechend „gedreht", d.h. *ent*_wertet werden mußte — *was eine bis heute weitgeübte Praxis ist*.

Es ist auch zu vermuten, daß zu dieser Zeit die Paulinische Jesusbewegung schon die Unterstützung der römischen Macht gehabt haben muß. Daß Paulus die Sympathie der römischen Obrigkeit hatte und deren Nähe selbst suchte, scheint bei dem von ihm und bei dem von den Oberen in Ephesos gezeigten Verhalten durch. Denn aus der Art und Weise der in der Apostelgeschichte 19, 23-40 geschilderten Ereignisse wird erkennbar, daß von seiten der Obrigkeit starkes Interesse bestand, die von Paulus initiierte Bewegung zu fördern.[151]

(*__Es sei in Erinnerung gerufen, daß ich von der These ausgehe, daß die Schriften des Neuen Testaments der Propagierung der insbesondere von Paulus geprägten Jesus-Bewegung dienten. Und, wie die Geschichte lehrt, verquickte sie sich mit der weltlichen Macht, d.h. wurde ihr förderlich und diente letztlich ihrer Festigung. Diese Entwicklungsrichtung scheint mir bei Paulus von Anfang an gegeben gewesen zu sein.__*)

Mit anderen Worten, es ist berechtigterweise zu vermuten, daß, wären zu jener Zeit, als Paulus seine Missionsreisen unternahm, die gesellschaftlichen Verhältnisse im Römischen Reich nicht mehr so stark von Kulten wie bspw. dem der Artemis in Ephesos (*__wo später dann allein aus diesem Grund ein Konzil abgehalten wurde, den Gottesmutter-Kult einzuführen, die Gläubigen der Artemis auf diese Weise von ihrem Gottesdienst wegzulocken__*) geprägt gewesen, so daß nicht mehr mit hohem Widerstand von seiten der Masse der Bevölkerung

---

150 Siehe auch den ersten Brief an die Korinther: 1 Kor 1, 12 und 3, 4.

151 Vgl. dort insbesondere die Verse 23, 31, 33 und 40.

im Römischen Reich zu rechnen gewesen wäre, das Paulinische Christentum sich schon damals Rom als Staatskult empfohlen hätte. So aber bedurfte es noch einiger Jahrhunderte bis die römische Herrschaft im _*inneren*_ so prekär geworden war, daß es Konstantin dem Großen opportun erschien, das Christentum — *unter seiner Führung als Pontifex Maximus* — als Staatsreligion zu etablieren und er letztlich weiterhin bestimmte, wie die von den Bischöfen diskutierten Argumente in seine machtpolitischen Entscheidung einfließen mochten.

Die Begriffe „Konzil", „Synode" und „Bischof" kurz erläutert.

Die Begriffe das „Konzil", zu lat. *concillium* „Versammlung", zu *calare* „Zusammenrufen", sowie die „Synode", zu griech. *sýnodos* „Zusammenkunft", zu *syn* „zusammen" und *hodós* „Weg", wurden in der Spätantike synonym für klerikale, also die Gesamtheit der christlichen, insbesondere der katholischen Geistlichen betreffende, übergeordnete Angelegenheiten behandelnde Zusammenkünfte verwendet. Bei diesen „Zusammenkünften" waren die Bischöfe anwesend, die anfangs nur eine untergeordnete Rolle im Presbyterium, dem „Rat der Ältesten" (__dem „Priester-Kollegium"__) als „Aufseher" spielten — leitet sich doch die Bedeutung des Names „Bischof" vom griech. *epískopos* her, was soviel wie „Aufseher" bedeutet.

Zwar wird der Begriff „Bischof" schon im Neuen Testament verwendet, aber ausschließlich in seiner ursprünglichen Bedeutung als „Aufseher" (__der „Seelen"; der „Gemeinde"__), also noch nicht als Bezeichnung für ein der „Gemeinde" übergeordnetes Amt, so in der Apostelgeschichte 20, 28; im Brief an die Philipper 1, 1; im 1. Brief des Paulus' an Timotheus 3, 1.2; im Brief des Paulus' an Titus 1, 7; im 1. Petrusbrief 2, 25. In diesen „Briefen" findet der Begriff „Bischof" für Jesum selbst Verwendung. Die Begriffe „Bischof" (__epískopos__) und „Presbyter" wurden zu jener frühen Zeit der Paulinischen Jesusbewegung synonym verwendet.

„Presbyter" hat sein Herkommen vom griech. presbýteros, was soviel wie „Ältester" bedeutet und woher der Begriff Presbyterium kommt: presbýteríon bedeutet soviel wie „Rat der Ältesten" — bzw., bezogen auf die katholische Geistlichkeit: Klerus. Das Presbyterium ist also das „Priesterkollegium".[152]

Mit der Etablierung der Staatskirche, deren Prozeß mit der Anerkennung der Paulinischen Jesusbewegung durch Konstantin I. (__306-37 römischer Kaiser__) einsetzte und unter Justinian I. (__527-65 oströmischer Kaiser__) zu seinem Abschluß kam, wurden die Rechte der Bischöfe von der weltlichen Staatsgewalt sanktioniert, allerdings unter Einverleibung in den römischen „Staatskörper". Damit wurde dem Klerus zwar das Streiten über die diversen Glaubensvorstellungen überlassen, aber lediglich bis zu dem Punkt, ab dem dieses Streiten für den Erhalt der weltlichen Macht zum Problem werden könnte. Dies wurde noch von Konstantin verfügt und war später dann die Grundlage für die Etablierung des europäischen Feudalismus'.

Diese Einverleibung der „Administration des Geistlichen" erfolgte aber erst als kein anderes Mittel mehr übrigblieb, wenigstens für eine gewisse Zeit noch ein untergehendes Reich zu stabilisieren, war doch selbst Konstantins Empfehlung an die sich im Dauerstreit befindlichen Repräsentanten der „Geistlichkeit" fruchtlos geblieben, nach Art der vorchristlichen Philosophen zu diskutieren, die das von jeher ohne Haß auf den widerredenden Kollegen praktizierten ...

Eine der Konsequenzen daraus war, d.h. u.a. und neben der, immer wieder Schismen auslösenden Dogmatisierung, daß die Bischöfe der großen Städte des römischen Reiches: Rom, Konstantinopel, Alexandreia, Antiocheia (__*Jerusalem folgte erst 451 anläßlich des Konzils von Chalcedon*__), unter Konstantin zu Metropoliten (__*d.h. Erzbischöfen*__) und Patriarchen aufstiegen, und es auf diese Weise zu einer Angleichung der Interessen weltlicher und „geistlicher" Macht kam. Die Gebiete der Patriarchen wurden folgerichtig jenen der Prätoriumspräfekturen angeglichen, die im Jahre 312 aus den Prätorianerpräfekturen hervorgingen, nachdem die Prätorianergarde aufgelöst und damit

[152] Quellen der Eckdaten zu diesen Begriffen: H. Haag, *Biblisches Wörterbuch*, Herder, Freiburg, 1994; *Lexikon der Antike*, hg. von J. Irmscher, VEB Bibliographisches Institut, Leipzig, 1985; „Sach- und Worterklärungen" in: *Die Bibel nach der Übersetzung Martin Luthers mit Apokryphen*, in der revidierten Fassung von 1984, Deutsche Bibelgesellschaft, Stuttgart, 1985.

die Prätorianerpräfekten ihrer militärischen Macht enthoben worden waren, die, nun mit rein zivilen Aufgaben betraut, damit zur Konstatin direkt unterstellten Verwaltungsebene des römischen Reiches gehörten.[153]

Im Katholizismus ist der Bischof der vom Papst ernannte Träger der höchsten geistlichen Amtsgewalt in einem Bistum, d.h. in einem Verwaltungsbereich eines Bischofs. Sein Herkommen hat der Begriff „Bistum" übrigens vom althochdeutschen *biscoftuom*, das seine Bildung gewiß dem Einfluß der im Mittelalter den Feudalherren gleichgestellt gewesenen Bischöfen verdankt. — Für das „Bistum" läßt sich der Begriff die „Diözese" synonym verwenden, der sich vom griech. *dioíkesis* herleitet, folglich soviel wie „Haushaltsführung" oder „Verwaltung" bedeutet.

Ende der Erläuterung der Begriffe
„Konzil", „Synode" und „Bischof".

Man muß aber auch in Rechnung stellen, daß das Eindringen der Paulinischen Jesusbewegung in den römischen Herrschaftsbereich deshalb so einfach war, da diese religionspolitische Bewegung dort auf verträgliche, polytheistische Glaubensvorstellungen stieß, die also weit davon entfernt waren, einen andere „Wahrheiten" ausschließenden Anspruch auf _*die*_ „Wahrheit" zu erheben. Vergleichbares ist von den antiken Philosophen sozusagen traditionellerweise zu sagen, und also auch von den hellenistischen, denen es nicht im Traum einfiel, ihre weltbetreffenden Fragen haßerfüllt auf den „anderen" vorzutragen, geschweige dies im Dialog zu tun — *was sowieso ein Widerspruch in sich wäre*. Diese Vermessenheit sagte man zumindest nicht den Göttern der alten *vor*_christlichen Kulte nach, dementsprechend verfolgten deren Anhänger nicht jene, für die andere Götter im Zentrum ihrer Glaubensvorstellung standen: Je nach Gemütslage befanden sich mitunter auch unterschiedliche Götter im Fokus der Anbetung, das wurde nicht

[153] Vgl. John Mackinnon Robertson, *A Short History of Christianity*, Watts & Co, London, 1902, Seite 147.

als Bedrohung gesehen, galt den *vor*_christlichen Gläubigen also nicht als Widerspruch, sondern eher als Ausdruck farbenreichen, phantasieanregenden „Glaubensreichtums".

Exkursion: Was das Menschengeschlecht wem verdankt

Welche Bedeutung für das Menschengeschlecht die *vor*_christliche, also die *poly*_theistische Tradition hat, drückte schon vor langer Zeit ein, das in jedem Menschen potentiell vorhandene Vermögen in sich entwickelt habender Mensch aus, nämlich der vielseitig gelehrte, vom Jahre 835 bis zum Jahre 900 u.f.Z. gelebt habende sabische Universalgelehrte *Thâbit 'ibn Qurrah*, für den *Hermes Trismegistos* sein Prophet und die *Hermetica* sein heiliges Buch waren. Dies eine Tradition, in welcher er sich als Gelehrter und theoretischer wie praktischer Wissenschaftler stehend verstand, und sich folgerichtig *_jedem_* monotheistischen Glauben widersetzte.

Und welcher Art war das von Thâbit 'ibn Qurrah *_authentisch_* bearbeitete Wissensfeld, von dem wohl auch im *Parzival* Wolfram von Eschenbachs etwas anklingt, ist dort vom „verborgenen Wissen" die Rede, so man die beiden dort genannten Philosophen *Kancor unt Thebit* (__Vers 643, 17__) als — *damals notwendig verschleiernder* — Hinweis auf die Persönlichkeit des Thâbit 'ibn Qurrahs wertet, was nicht nur der renommierte Wolfram-Forscher Joachim Bumke vermutet[154]?

Nun, das von Thâbit 'ibn Qurrah bearbeitete Wissensfeld ist so faszinierend wie atemberaubend. Nicht nur umfaßt es Kommentare zu Werken Platons, Pythagoras', zu den neoplatonischen Arbeiten Proklos', zu jenen des Aristoteles', Arbeiten über Musik, über die Schriften des *Corporis Hermetici*, über diverse Kultpraktiken und Glaubensinhalte, Astrologie, Mathematik, Geometrie, über okkulte Wissenschaften, über die kryptische Bedeutung sowie die magische Wirkkraft des Alphabets, eine Zusammenfassung der ganzen damals bekannten Medizin in klarer und bündiger Sprache, Forschungen über

---

[154] Vgl. Joachim Bumke, *Wolfram von Eschenbach*, 8., völlig neu bearbeitete Auflage, Verlag J.B. Melzer, Stuttgart, 2004, die Seite 242.

die Prinzipien des Gleichgewichts, über spezifische Schwerkraft sowie über das spezifische Gewicht von Legierungen, und längst nicht zuletzt, übersetzte er sieben von den 8 Büchern der *Konika* (__der „Kegelschnittlehre"__) des hervorragenden hellenistischen Geometers und Astronomen *Apollonios von Perge*, der als Schüler Euklids in Alexandreia am dortigen Museion studiert und in der 2. Hälfte des 3. Jahrhunderts v.u.f.Z. gelebt hatte, ins Arabische, und immer noch längst nicht *last but not least* unternahm er sorgfältige astronomische Beobachtungen zur Erfassung des Verhaltens der Sonne und zur Berechnung des Sonnenjahres. Also ließ Thâbit 'ibn Qurrah sozusagen nichts aus, es wissenschaftlicher Untersuchung zu unterziehen! Und _*dies*_ war ihm wiederum ausschließlich _*deshalb*_ möglich, da ihm _*kein*_ religiöses Verbot so _*anmaßender*_ wie _*beschränkter*_ menschlicher Geister den Blick aufs so offensichtliche wie verborgene Ganze verstellte!

Folgende, aus seinem *Liber de confirmatione religionis ethnicorum* (__soviel bedeutend wie: *„Das Buch der polytheistisch-religiösen Überzeugungen"*__) stammende Aussage verdeutlicht exemplarisch, was das Menschengeschlecht _*wem*_ verdankt: „[...] Wir sind die Erben und die Verkünder des Polytheismus'. Glücklich jener, der, um der Sache des Polytheismus' willen, in festem Glauben die Bürden trägt. Wer sonst als die Noblen und die Könige des Polytheismus' haben die Welt zivilisiert? Wer sonst hat die Flüsse schiffbar gemacht und die Häfen begründet? Wer sonst hat das verborgene Wissen gelehrt? Wem sonst hat sich die Gottheit selbst offenbart, wem wurden Orakel gegeben, und mit wem sprach sie über die Zukunft, wenn nicht mit den Hervorragenden unter den Polytheisten? Die Polytheisten wußten all dies. Sie haben die Heilkunst der Seele entwickelt, nicht anders als die Heilkunde des menschlichen Körpers. Sie haben die Erde bereichert mit wohl abgewogener Regierungsgewalt, und mit Weisheit, die das höchste Gut ist. Ohne den Polytheismus wäre die Erde leer und erbärmlich. [...]"[155]

---

155 Zitiert nach Tobias Churton, *The Golden Builders — Alchemists, Rosicrucians, and the First Freemasons*, revidierte Ausgabe, Red Wheel/Weiser, Boston, 2005, die Seite 28.

Was aber ist der „Polytheismus" anderes als die sich dem Menschen offenbarende, doch dann sogleich — *nach altem Reflex* — anthropomorphisiert vorgestellte *Materia* in ihrer so vielgestaltigen wie *seins*_pluralen Wesenheit?

Jedoch: die *Materia* versteht ihr Sein und Agieren nicht anthropozentrisch: sie ist den Menschen nicht näher als dem kleinsten wesenhaft Substantiellen — allerdings auch nicht ferner ... Ob die Menschen noch dazu kommen werden, das zu verstehen —daraus die richtigen Schlüsse zu ziehen?

Ende der Exkursion:
Was das Menschengeschlecht wem verdankt

Die alten, von den Dichtern berichteten Mythen, bspw. über Zeus, Apollon, Athena oder Aphrodite, waren Mythen ohne Ausschließlichkeitsanspruch — sie *_konnten_* geglaubt werden, mußten es aber nicht. Zumal diese, zuerst wohl verschiedentlich mündlich Überliefertes gewesen, von jenen zu kulturschöpfenden Mythen literarisch verarbeitet wurden, die heute noch als *_die_* Dichter gelten wie Hesiodos, Homeros, Aischýlos, Sophokles, Euripides, Apollonios Rhodios, Ovidius, Vergilius — womit allerdings allein der europäische Literatur-Horizont benannt wäre, denn es ist ja nicht die europäische, also die griechische, die als die älteste Literatur unseres Geschlechtes zu bezeichnen wäre ...

Anmerkung zum Begriff „Literatur", einigen Geistesgrößen und was das griechische Drama mit dem zu tun hat, das wir Religion nennen

„Literatur im engeren Sinne" ist der Teil der Literatur, dem nicht der äußere Anlaß Impulsgeber für Niederzuschreibendes ist, sondern der Autor sich den Gegenstand der schriftlichen Bearbeitung aus der „gemüthaften und ästhetischen Gestaltung des Rohstoffs Sprache" selbst schafft und zum Sprachkunstwerk werden läßt, das in der Dichtung seine *ver*_dichtete Form findet. Es ist vor allem dieser Bereich der Literatur, mit der sich die Literaturwissenschaft befaßt und damit zwangsläufig auch mit dem Vorliterarischen, also dem mündlich Überlieferten, wozu alles mögliche gehören kann wie Redewendungen, Sprichwörter, Fragmente von Erzählungen, Versionen von Legenden und Mythen, allbekannte Lieder, so daß diese sich — *letztlich auch als äußerer Anlaß oder* „Gegenstand" — mit dem „Gemüthaften" im Autor auf dialektische Weise zum Bildhaften im Sprachkunstwerk verweben.[156]

Da die Benennung „Literatur" ihr Herkommen vom lateinischen *litteratura* hat, das wiederum auf *littera*, also auf den „Buchstaben" zurückgeht, handelt es sich bei der „Literatur" folglich um die „Buchstabenschrift", wenn dies auch stillschweigend die „Bilderschrift", das in Ton mittels „Keilschrift" Eingedrückte und die altägyptische Schrift (__*die keine* „Bilderschrift" *ist, da das Abgebildete lediglich unter der Bedingung tatsächlich gemeint ist, ist ihm ein determinierender Strich hinzugefügt, ansonsten aber ein konsonantisches Schriftzeichen vertritt — wie dies dann für semitische Sprachen typisch wurde*__), sowie das in Denksteinen mittels der „Lapidarschrift" (__„Steinschrift"__) Gehauene mit umgreift. — Und was ist mit der *ur*_tümlich mündlichen Literatur des Vedischen?[157] Und ist nicht auch jenes mit in Betracht zu ziehen, das wir „Höhlenmalerei" nennen, die für die Prähistorischen aber wohl „*bild*_erzählenden" Charakter hatte?

Also handelt es sich bei der „Literatur" um all jenes, das Ergebnis geistiger Tätigkeit und schriftlich oder „bildschriftlich" Festgehaltenes ist. „[...] In diesem Sinne erstreckt sich der Begriff 'Literatur', nach Bewußtseinsformen, Objektgebundenheit, Zwecksetzung usw. systematisierbar, über alle Gebiete menschlichen Wissens, wie er z.B. in Schriften- und Literaturverzeichnissen ausgewissen ist, er kann Dich-

---

[156] Vgl. Gero von Wilpert, *Sachwörterbuch der Literatur*, 6., erweiterte Auflage, Alfred Kröner Verlag, Stuttgart, 1979, dort unter Eintrag: „Literatur".

[157] Siehe das schon erwähnte Buch von Prodosh Aich, « Das Vedische Erbe » — Nachdenken über systematisch verdeckt gehaltene WAHRHEITEN, September 2019. In Kapitel 7 ist auf den Inhalt dieses Buches zurückzukommen.

tung wie wissenschaftliche Abhandlungen, politische Programme oder Korrespondenzen, Zeitungsmeldungen wie Reiseberichte und anderes meinen und ebenso als formale Sammelbezeichnung (__Fach-Literatur, Zeitschriften-Literatur [...] und anderes__) auftreten.

In seiner spezifischen Bedeutung, in der er auch den Gegenstand der Literaturwissenschaft bezeichnet, sind aus dem Literaturbegriff alle spezialisierten — lediglich auf besondere Tätigkeiten und Vermögen der gesellschaftlichen Individuen gewichtete Texte ausgeschieden. Literatur in diesem Verständnis meint die Gestaltung oder Darstellung der natürlichen und geschichtlichen Wirklichkeit in ihrem Bezug auf den Menschen: Sie schafft als Ganzes — vor allem durch ihren Sprachcharakter — ein universelles Abbild des sich in Widersprüchen austragenden Handelns der von Bedürfnissen, Interessen usw. motivierten, bestimmte 'Zwecke verfolgenden Menschen' [...], die in diesem Prozeß — bewußt oder unbewußt — ihre Geschichte machen; sie bildet dabei die äußeren wie die inneren (__psychisch-geistigen__) Vorgänge, die natürliche wie die gesellschaftliche Seite menschlichen Verhaltens sowie deren Dialektik ab und zeigt den Menschen im Reichtum seiner Beziehungen und der unendlichen Vielfalt seiner Verhältnisse. [...] Das literarische Werk muß 'als eine geschichtliche Kraft begriffen, seine Mitbeteiligung an dem ganzen [__Geschichts-__]-Prozeß verdeutlicht werden', es 'enthält die geschichtliche Bewegung in sich selbst', 'bringt die geschichtliche Konstellation, in die es eintritt, schon mit sich [...]. [...]"[158]

Vor der Entwicklung dessen, was wir „Literatur" nennen, ob nun im engeren oder im weiteren Sinne, muß es eine Entwicklung gegeben haben, die von mündlichen, gebärdenhaften und bildlichen Ausdrucksmöglichkeiten bis zur Ausbildung einer wie auch immer gearteten „Schrift" reichte, die der Abbildung einzelner Laute des vorher ausschließlich mündlich, gebärdenhaft und/oder bildlich ausgedrückt

[158] Quelle dieses Zitats: *Wörterbuch der Literaturwissenschaft*, hg. von Claus Träger, 2. Auflage, VEB Bibliographisches Institut, Leipzig, 1989, dort unter dem Eintrag: „Literatur". Die Zitierung erfolgt mit freundlicher Genehmigung der Bibliographisches Institut GmbH mit Sitz in Berlin.

Benannten, bzw. des zu Bedeutenden diente. Eine weitere Bedingung muß das Bedürfnis gewesen sein, Kenntnis von dem Ergebnis eines die gesellschaftlichen und seinsbedingten Verhältnisse *eigen*_artig reflektierenden — *also dem damit individuell* (__innerlich__) *Umgegangenen* — im Individuum sich brechenden und verwebenden Prozesses (__„Autor"__) zu bekommen, da so erst dieses Ergebnis zu einem mitteilbaren Schriftkunstwerk werden kann (__„Leser"__).

Exkursion:
Ist die Frage: „Was verbindet die Prähistorischen
mit Hesiodos und Homeros" eine Überlegung wert?

Sind Höhlenmalereien der Prähistorischen oder überhaupt von ihnen hinterlassene „'Zeichen' an der Wand" als Ausdruck von „Schrift", gar von „Literatur" zu verstehen? Diese Frage läßt sich selbstverständlich verneinen, da das als abstrus erscheint. Aber was wissen wir von ihnen? Kann es nicht sein, daß die Prähistorischen mittels solcher „Zeichen" und „Malereien" sich untereinander von den sie alle betreffenden Begebenheiten, Wesen und „Auffälligkeiten" Kenntnis geben wollten?

War aber ihre Erlebnisweise eine andere als die „unsere — *immerhin verstehen wir nicht, wie sie fühlten und dachten, möglicherweise eher fühlend dachten und denkend fühlten* — dann ist es auch möglich, daß ihre Art sich untereinander mitzuteilen bedeutete, anders zu „sehen", anders zu „hören", das Wahrgenommene anders zu „lesen". War das „Malen", das „Zeichenmachen", das dieses Wahrnehmen, das „Sehen" der Umstehenden, die zugleich echoenden Höhlengeräusche, das Tropfen des Wassers, _*vermischt*_ mit den Geräuschen des Malens und Zeichenmachens, _*vermischt*_ mit dem Empfinden aller Anwesenden beim Werden des Malvorgangs, das Bildwerden des Holzkohle über die Felswand Streichens, _*vermischt*_ mit den rhythmischen Geräuschen der Umstehenden, eine einsseihende Art des „Schreibenlesens"?

War ihre Seinsweise dadurch geprägt, sich mit den anderen und den anderen Wesen, die sie jagten, anderen, die sie nicht jagten, verbunden zu fühlen, war das Malen des einen so, als malten sie alle und begriffen zugleich alle das sich Abbildende, bzw. das damit Gemeinte, jenes nämlich, das als „Erzählung", als „Geschriebenes" durch es zum Ausdruck gebracht wurde?

Und das in entfernten, kaum zugänglichen Ecken — *wegen der Enge* — nur allein zu erlebende Schaffen? Ausdruck des nach — *so nicht genannten* — künstlerischem Ausdruck Suchenden?

_*So*_ betrachtet könnte der Eindruck entstehen, daß die gängige Definition für „Literatur im weiteren Sinne" zu eng gefaßt sei. Zumal es eher überraschend wäre, daß unsere heutige Auffassung von „Literatur" nicht von dem geprägt wäre, das unserer Vorstellungsmöglichkeit entspricht, wodurch allerdings all jenes ausgeschlossen _*erschiene*_, das, von einer anderen Vorstellungsweise „gesehen" und bestimmt, absolut als „Schreiben" und „Lesen" gelten würde und damit tatsächlich „unserer" Art zu „schreiben" und zu „lesen" analog wäre.

Vielleicht sind wir es ja, die, bedingt durch die Separation der Sinne, die Separation des Fühlens und Denkens, durch „neurotisierende Individuation", den eigentlichen Sinn von „Mitteilung", „Schreiben" und „Lesen", die „direkte Schreib-Lese-Kommunikation" verloren haben und dann, wodurch auch immer unterbrochen, auf der Basis völlig veränderter Lebensverhältnisse — *selbst geschaffener Lebensverhältnisse: und so das sich je separierende Empfinden, Fühlen und Denken voneinander* _künstlich_ *separierter* „Verhältnisse" — „Literarisches", so wie wir es verstehen, erst entstehen konnte — hingegen *un*_separiert betrachtet das Literarische aber mit der „Bilderschrift" der Prähistorischen, also mit dem begann, was wir als „Höhlenmalerei" bezeichnen.

Hesiodos und Homeros

Diese beiden Griechen des wahrscheinlich 8. Jahrhunderts v.u.f.Z. gelten — *nun allerdings auf anderer Eben als die Prähistorischen* — als die „humanistisch-kreativen Impulsgeber" für die europäische Literatur im engeren Sinne, wenn auch nicht am Anfang der Literatur überhaupt stehend (__*und dabei nun ganz vom oben „Überlegten" absehend, da der von den Prähistorischen eingeleitete und in einer völlig* *anderen Richtung sich ereignende* „humanistisch-kreative Prozeß" *aus welchen Gründen auch immer unterbrochen wurde und erst viel später von* „humanistisch-kreativen Impulsgebern" *wieder in Gang gesetzt wurde — allerdings unter völlig veränderten natürlichen wie sozialen Lebensbedingungen, so daß sich dieser* „humanistisch-kreative Prozeß" *nun in völlig veränderter Richtung ereignete*__), denn die auf Tontafeln geschriebenen Texte im als Sumer bezeichneten Land zwischen dem unteren Verlauf der Flüsse Euphrat und Tigris lassen sich auf die Zeit um ca. 2600 v.u.f.Z. datieren, und damit wäre, so die allgemein verbreitete Behauptung, in Sumer die älteste bekannte Literatur im engeren Sinne anzusiedeln.

Vor diesem allgemein behaupteten Hintergrund, kann dann vermutlich korrekt gesagt werden, daß die sumerische Literatur die meisten Literaturen Vorderasiens und auch zumindest die griechische beeinflußt habe.[159]

Ein vergleichbarer Zeithorizont ist für die ägyptische Literatur i.e.S. auszumachen (__*vgl. die sogenannten Pyramidentexte*__).

Mit zeitlichem Abstand von der sumerischen und der ägyptischen wird die chinesische Literatur angesetzt, deren Geschichte mit den Orakelinschriften der Shang-Dynastie im 16.-11. Jahrhundert v.u.f.Z. begonnen haben soll, und die hethitische Literatur (__14./13. Jahrhundert v.u.f.Z.__), die eine in der Tat von der sumerischen profitiert habende Literatur sein dürfte, deren erhaltenen Texte zu etwa drei Vierteln religiös-kultischer Art sind.[160]

Bezogen auf den sogenannten indischen Subkontinent ist allerdings darauf hinzuweisen, daß der tatsächliche Beginn der dort ent-

---

[159] Zu Vorderasien werden i.d.R. folgende Länder gezählt: Armenien, Aserbaidschan, Bahrain, Georgien, Irak, Iran, Israel, Libanon, Jemen, Jordanien, Palästina, Syrien, Türkei, sowie die Länder auf der arabischen Halbinsel: Katar, Kuwait, Oman, Saudi-Arabien und Vereinigte Arabische Emirate.

[160] Vgl. *Lexikon früher Kulturen*, hg. von Joachim Hermann et al., Pahl-Rugenstein Verlag, Köln, 1984, Bd. 1, dort unter den diversen Einträgen; und: *Erklärendes Wörterbuch zur Kultur und Kunst des Alten Orients: Ägypten, Vorderasien, Indien, Ostasien*, hg. v. Helmut Freydank et al., Verlag Werner Dausien, Hanau, o.J.

standenen Literatur durch die „europäische 'Indologie'" eher verschleiert als aufgehellt worden ist. Das hängt damit zusammen, daß die Resultate dieser „Wissenschaft" das Ergebnis eines Denkens sind, das sich im Rahmen von „Interpretations-Schablonen" entwickelte, die selbst Ergebnis christlicher Indoktrination des Wahrnehmens waren, wodurch der freie Blick auf jenes, das man nicht kannte, so verstellt wurde, daß lediglich vor „christlichem Hintergrund" ein „Interpretieren" des nicht Gekannten möglich war, dessen Ergebnis dementsprechend lediglich Phantasieprodukte sein konnten. Deshalb ist nicht einmal zu wissen, ob es sich bei den Vedischen Schriften, die im *Rig Veda* zusammengefaßt sind, um religiöse Schriften oder um philosophische und naturwissenschaftliche, die universellen Zusammenhänge — *einschließlich der Stellung und Aufgabe des Menschen und seiner Gesellschaft darin* — behandelnde Schriften handelt. Zumal es so ist, daß dieses in Schriftform vorliegende Wissen ursprünglich ausschließlich im primären Wissensspeicher abgespeichert wurde, also im menschlichen Gedächtnis, und dieses Wissen allein mündlich vermittelt wurde. Daher kommt es, daß dieses Wissen nach strengen Regeln in Strophen abgefaßt ist, da es dadurch erleichtert zu behalten und zu erlernen ist. Erst später hielt man es für geboten, einen sekundären Wissensspeicher hinzuzunehmen, was zuerst nicht problematisch erschien, da die alte mündliche Wissensvermittlungstradition allen Lehrenden noch bekannt war, so daß sie bei der Vermittlung des Wissens wußten, welche lautlichen und gestischen Ergänzungen sie hinzufügen mußten, damit der volle Gehalt des einstigen Wissens mitgeteilt werden konnte — denn: der sekundäre Vedische Wissensspeicher, also die Vedische Schrift, umfaßte nur noch etwa zwei Drittel des Ausdrucksumfangs des primären Vedischen Wissensspeichers. — Leuchtet es nicht spontan ein, was das bedeutet? Und was es bedeuten muß, wenn man sich „autodidaktisch" — *wie es die noch heute unangefochtenen* „Koryphäen der Indologie" *taten* —daran begibt, eine völlig unbekannte Schrift, die, wie gesagt, nur über deutlich reduzierte Ausdruckselemente zur Reproduktion eines komplexen Wissens verfügt, das ursprünglich in einem Wissensspeicher mit weit mehr Ausdruckselementen abgespeichert wurde, nicht nur glaubt _*mal eben*_ „erlernen" zu können, sondern dann auch noch anfängt, dieses geglaubte „Erlernte" mit der eigenen, weit weniger Ausdruckselemente umfassenden Sprache — *und zudem vor einem so reduzierten wie christlich-ideologisch verblendeten Wissenshintergrund* — zu interpretieren?[161] — Demnach wäre die von den „europäischen Indologen" vorgenommene Datierung: Der *Rig Veda* — *als ältester der Veden* — sei um 1200 v.u.f.Z. entstanden, ohne jede Grundlage. Demnach könnte es nicht überraschen, stellte sich bei scheuklappenfreier Begutachtung heraus, das, neben dem *Rig Veda*, auch die vier weiteren Veden: Sama Veda, Yajur Veda, Atharva Veda _*und*_ Ayur Veda weit älter wären und direkte Verbindung mit der als *Industal-Kultur* oder *Harâppa-Kultur* bezeichneten Gesellschaftsformation hätten oder der literarische Ausdruck dieser wären.

„Veda" bedeutet eigentlich nur soviel wie „Wissen". Daß es sich bei dem in den Veden abgespeicherten Wissen vor allem bloß um „religiöses" Wissens handeln könne, wurde, wie gerade schon erwähnt, von europäischen, und hier insbesondere von deutschen „Indologen", rein willkürlich behauptet. Nicht anders willkürlich war die Zeitzuweisung, da die sich unbedingt an der „biblischen Zeitvorstellung" zu orientieren hatte.

Damit das Absurde solcher „Wissenschaft" deutlich zutage tritt, muß wiederholt werden, daß keine von den bis heute als Autoritäten geltenden „Indologen", eine dieser alten Sprachen und Schriften verstehen konnte, folglich sind ihre „wissenschaftlichen Arbeiten" primär das Produkt ihrer Phantasie, die sich um die von ihnen unverstanden gebliebenen Kerne dieser Sprachen und Schriften gesponnen hatte. Von diesen „Autoritäten" seien an dieser Stelle — *lediglich beispielhaft* — William Jones, Henry Thoma Colebrook, Alexander Hamilton, Antoine Léonard de Chézy, Friedrich und August Wilhelm Schlegel, Franz Bopp, Friedrich Maximilian Müller (__*besser unter dem Namen Max Müller bekannt*__) genannt. Das bedeutet nichts anderes, als daß die „Indologie" eine Schimäre ist, die dem Verständnis der auf dem

---

[161] Siehe zu dieser grundsätzlichen Problematik das schon erwähnte Buch von Prodosh Aich, « Das Vedische Erbe » — *Nachdenken über systematisch zurückgehaltene WAHRHEITEN*, September 2019.

indischen Subkontinent sich entwickelt habenden Kultur und Literatur schweren Schaden zugefügt hat und zufügt.[162]

So könnte es nicht überraschen, stellte sich bei scheuklappenfreier Betrachtung heraus, daß die Literatur des alten Bhâratavarshas, das wir unreflektiert „Indien" nennen, altersmäßig und inhaltlich als erste, also noch vor der sumerischen und der ägyptischen Literatur im engeren Sinne zu nennen wäre. — Wenn zukünftig nicht noch ältere, bisher unbekannte Kulturen auftauchen, so sie Verschriftetes hinterlassen haben, bzw. davon Erhaltenes: Wer weiß schon, was zutage tritt, wird einst die Antarktis eisfrei sein?

Nun, während Hesiodos uns in seinen Werken namentlich entgegentritt, so in seiner *Theogonia* (__was soviel wie: „Abstammung der Götter" bedeutet__), wo er zu Beginn schon von der von den *helikonischen Musen* erfahrenen Weihe spricht, als er, zwar armer, aber freier Bauer und Hirte am Fuße _*ihres*_ Berges seine Schafe weidete, sich fragend: „wie käm es mir zu, vom Fels und der Eiche zu sprechen?"[163], bleibt Homeros als Person nicht erst für uns Heutige unbekannt. Wurde die „homerische Frage", also die Frage nach dem Dichter der Homerischen Epen und ihre Art der Entstehung, doch schon im Altertum gestellt. — Zu diesem Zweck veranlaßte übrigens Peisístratos, der von 600 bis etwa 528 v.u.f.Z. lebte und seit 561 oder 560 Tyrann von Athen war, eine Durchsicht jener Texte, die damals noch Homer zugeschrieben wurden: die „Ílias", die „Odyssee", die Epen „Kýklos", „Kýpria", „Margítes" und die „Homerischen Hymnen". Später galt Homeros allein als der Dichter der „Illias" und der „Odyssee". Aber auch

---

[162] Vgl. dazu Prodosh Aich, *Lügen mit langen Beinen* — Entdeckungen, Gelehrte, Wissenschaft, Aufklärung: Dokumentarische Erzählung, Acharyya Verlag für kritische Wissenschaft, Oldenburg, 2003.

[163] Vgl. „Theogonie", in: *Hesiod — sämtliche Werke*, ins Deutsche übertragen von Thassilo von Scheffer, mit einer Übersetzung der Bruchstücke aus den „Frauenkatalogen", herausgegeben von Ernst Günther Schmidt, Dieterich'sche Verlagsbuchhandlung, Leipzig; Sonderausgabe für den Verlag Schibli-Doppler, Basel, 1984, dort auf den Seiten 53 f. die Zeilen 22-35.

das wurde schon im Hellenismus von den sogenannten *Chorizonten*, den „Trennenden" (__zu griech.'οχωρισμός, das soviel wie „Trennung" bedeutet, zu χωρίς, das soviel wie „abgesondert, getrennt" bedeutet__) bezweifelt, denn diese sprachen ihm lediglich die „Ílias" zu. Nach weiteren Zuschreibungsschwankungen gilt Homeros heute ausschließlich als der Dichter der „Ílias".

Für beide „humanistisch-kreativen Impulsgeber" kann aber angenommen werden, daß ihre Werke auf einer mündlich übertragenen Tradition fußen, deren Lieder, Heroenlegenden und kleineren Epen in den Überlieferungen der sich in der Zeit des 2. Jahrtausends im Mittelmeerraum ansiedelnden —*frühgriechischen*— von Königen geführten Stämme wurzeln. Und wie sollte anzunehmen sein, daß, bspw. Homeros bei seiner „humanistisch-kreativen Impuls-Schöpfung" nicht auf den Mythenkreis selbst des minoischen Kretas zurückgreifen konnte, immerhin war ihm der mykenische Mythenkreis gut bekannt und hatte sich der mykenische aus dem kretisch-minonischen entwikkelt? (__Und selbst _*wäre*_ Homeros der minoisch-kretische Kulturkreis unentdeckt geblieben, so hätte er bei seinem Dichten dennoch von ihm gezehrt, immerhin kann die gewohnt mit Schlangen hantierende kretische Naturgöttin als der „Prototyp der hellenischen Gottesmutter"[164] gelten.__)

Wie dem auch sei, Hesiodos und Homeros wurden die „humanistisch-kreativen Impulsgeber" fürs später aufkommende griechische „Drama" — dessen Schöpfer nämlich auf den Schultern Hesiodos' und Homeros' _*sicher*_ standen. Hierauf, also auf das „Drama" ist weiter unten noch etwas einzugehen, da es, und damit alles andere als der „Unterhaltung" dienendes Sprachkunstwerk zu verstehen, wie kein anderes Medium, ursprünglich kollektiv-kathartischen Zwecken diente, also der „inneren Reinigung" diente: was könnte für den einzelnen Menschen selbst besser als eine _*solche*_ „Reinigung" sein? Etwa eine monotheistische Religion, die dem Gläubigen aufträgt, ihren Glaubenssätzen gehorsam zu folgen?

---

[164] Vgl. Erich Küster, *Die Schlange in der griechischen Kunst und Religion*, Verlag von Alfred Töpelmann (__vormals J. Ricker__), 1913, die Seite 139.

Nun, die in dieser Exkursion gestellte Frage: „Ist die Frage: 'Was verbindet die Prähistorischen mit Hesiodos und Homeros' eine Überlegung wert?", läßt sich wie folgt beantworten: Das die Prähistorischen mit Hesiodos und Homeros Verbindende ist der vom eigenen Wissenshorizont bestimmte „humanistisch-kreative Prozeß", der bei den Prähistorischen allerdings in allen sie bestimmenden Lebensbereichen *erst*_mals erfolgte — *der sich also im weiteren* (__im allgemeinen__) *und* _deshalb_ *niemals im spezialisierten Sinne ereignete* — folglich für ihr „künstlerisches", bzw. „literarisches Tun" nicht anders geltend: da von ihnen selbst solches Tun wohl noch gar nicht vom sonstigen Tun geschieden empfunden wurde — *und wir es erst sind, die etwas als* „künstlerisch" *bezeichnen, das wir gar nicht verstehen.*

Die im „humanistisch-kreativen Prozeß" eingeschlagene Richtung wurde in beiden Fällen (__*Prähistorische — Hesiodos, Homeros*__) für die Entwicklung der „Nachkommenden" bestimmend — aber, vor vielleicht 36.000 Jahren zwar begonnen habend[165], wurde die von den Prähistorischen verfolgte Richtung dieses Prozesses aus bisher nicht bekannten Ursachen unterbrochen und weit später erst durch andere „humanistisch-kreative Impulsgeber" — *für die an dieser Stelle „Hesiodos" und „Homeros" exemplarisch stehen* — wieder aktiviert, sich dann allerdings in einer bereits von ihnen vorlaufenden „Zeitgenossen" in Gang gesetzten, anders *ver*_laufenden gesellschafspolitischen Richtung ereignend, die durch die sich verändert habenden natürlichen wie sozialen Lebens- bzw. Machtverhältnisse — *durch Teilung der Gesellschaft in* „Abteilungen", *so die Keime gesellschaftlicher Klassen legend* — bedingt war.

Tatsächlich dient _*diese*_ im Kontext der Kernfragen dieses Buches gestellte Frage als quasi letzte Aufforderung an Sie, Ihre Scheuklappen für das im weiteren Verlauf zu Erläuternde abzulegen, da sich Ihnen andernfalls der _*potentielle*_ Erkenntnisgewinn dieser Schrift

---

[165] ... soweit bisher allgemein anerkannt; vgl. die Höhlenmalereien in der Grotte Chauvet-Pont d'Arc, Ardèche, Frankreich.

nicht erschließen kann. Ist es doch leider so, daß, in einer Zeit, in der das „Normale“ bloß *Miß*_Tönendes ist, sich das auf der Hand Liegende durchs Vermeiden solcher Fragen erst recht nicht offenbart.

Ende der Exkursion:
Ist die Frage: „Was verbindet die Prähistorischen
mit Hesiodos und Homeros“ eine Überlegung wert?

Wie oben gesagt, kann — *im Kontext mit der in diesem Buch reflektierten Hauptfrage* — der Blick auf das griechische Drama lohnend sein, da das praktische Umsetzen der Behauptung: *diese oder jene monotheistische Religion, die Vorstellungen dieses oder jenes* Ein_*Gottglaubens, führe zu einer „Erlösung“ von Taten, Übeln oder Leiden,* die tatsächlich aber durch das den Menschen mögliche — *gegen sich und andere gerichtete* — Tun oder — *gegen sich und andere gerichtete* — Denken oder — *gegen sich und andere gerichtete* — Fühlen _*sowie*_ durch das im Universum Geltende und auf der Erde die Bedingungen Setzende, so verursacht wie bedingt sind, einen kollektiv sich ereignenden Infantilisierungsprozeß der Masse der Menschen zur Folge hat — wo doch eine sich so individuell wie kollektiv ereignende *Katharsis* (__*ή κάθαρσις*__) dem menschlichen Wesen einzig angemessen ist.

Genau dies wurde von den als klassisch geltenden griechischen Dramatikern geleistet, so daß man sagen kann, daß auch die Dramen, bspw. die uns noch bekannten der drei großen griechischen Dramatiker, die fast Zeitgenossen des oben beispielhaft zitierten chinesischen Philosophen Mo Ti[166] waren — *zwar in anderer Hinsicht im Kontrast zum griechischen Drama stehend* —, ebenso wie dieser und andere Philosophen der Welt — *man denke an den ebenfalls schon erwähnten, späteren, sabischen Universalgelehrten Thâbit 'ibn Qurrah*[167] — nicht

[166] Siehe die Seiten 78 f.

[167] Siehe die Seiten 124 f., beginnend mit: „Exkursion: Was das Menschengeschlecht wem verdankt“.

den Eindruck vermitteln, daß die Welt *über_*haupt Bedarf an monotheistischen Religionen haben konnte. (__*Es war die weltliche Macht, die diesen Bedarf hatte und hat, wobei der sich* [__vermutlich aus gruppendynamischen — also die Macht betreffenden — Gründen[168]__] *monotheisierende jüdische Glaube insofern differenziert zu sehen ist, da dieser überhaupt erst einer Gruppe von Menschen half, sich zu einer Gemeinschaft von Menschen zusammenzufinden, diese sich dann aber damit weitgehend begnügten und deshalb von deren Seite das regelrechte Missionieren ausblieb.*__)

Lassen Sie uns daher zum Abschluß dieser „Anmerkung zum Begriff 'Literatur'" einen Blick auf das griechische Drama werfen.

Das Wort „Drama" (__δράμα__) kommt übrigens von „ich handle" (__δράω__), bedeutet also eigentlich „Handlung"; dann im Sinne von „Schauspiel" verwendet. Wobei diese Art der „Handlung" als „Tragödie" (__τραγοδία__) bezeichnet wird.

Den Gott Diônysos zu ehren, stellte im Jahre 534 v.u.f.Z. der Dichter *Thespis* dem anläßlich solcher Feste traditionell auftretenden Chor einen Sprecher gegenüber, der dessen ernste Gesänge mythischen Inhalts dem Publikum erläuterte. Indem Thespis dies tat, begründete er die Kunstgattung „Tragödie". Da aber τραγοδία eigentlich nichts weiter als „Gesang der Böcke" bedeutet, ist anzunehmen, daß die „Tragödie" ihren Namen von dem bei Festen zu Ehren des Gottes Diônysos auftretenden Chor hat, denn seine Mitglieder waren als Satyrn verkleidet, die traditionell zum Gefolge dieses Gottes gehörten. — Beziehungsweise sie gehören noch immer dazu, nur nehmen wir das nicht mehr wahr, was Ausdruck sensueller Verkümmerung ist, die sich nun durch „digitalisierten Unterricht" nicht nur weiter beschleunigen, sondern auch auf den Intellekt übergreifen und diesen

---

[168] Vgl. Raphael Patai, *The Hebrew Goddess*, 3., erweiterte Auflage, Wayne State University Press, Detroit, 1990. Patai weist schlüssig nach, daß der jüdische Glaube *ur_*sprünglich nicht monotheistisch, bzw. daß Jahve beweibt war.

nachhaltig schädigen wird, und damit das menschliche Wesen.[169]

Im Zusammenhang mit dem Thema des Ihnen vorliegenden Buches bietet es sich nicht allein deshalb an, einen Blick auf das griechische Drama zu werfen, da auf diese Weise die Qualität philosophischer und *poly*_theistischer Vorstellungen vom Sein, *Da*_Sein und von _*in*_ der Welt wirkenden Kräften gut zu verdeutlichen ist, sondern auch aus dem Grunde, daß — *in Anbetracht der sich bereits* (__vermeintlich aus teleologischen Gründen__) *seit mehr als zweitausend Jahren durch die Geschichte ziehenden Blutspur* — heute deutlich genug geworden sein sollte, daß sich das Menschengeschlecht eben nicht in einer teleologischen Entwicklung begriffen befinden kann — *die zudem noch mit einer Höherentwicklung einherginge und sich in monotheistischen Vorstellungen ausdrücke* —, was allerdings nicht bedeutet, daß diese Entwicklung dann umgekehrt eine *dys*_teleologische sein müsse. Denn ist es so, daß das menschliche Wesen plastisch ist, so kann auch seine Entwicklung als Spezies nur eine plastische sein, so daß allein als sicher gelten kann, daß _*uns*_ lediglich eine „gewisse kosmische Zeitspanne" zur Verfügung steht, in der die Bedingungen für unser Geschlecht „günstig" sind.[170]

Das Drama diente ursprünglich nicht der Unterhaltung. Auch wenn, und sich überhaupt aus kleinen Mythendarstellungen entwikkelt wickelt habend, die per se ernsten Charakter aufwiesen, der ur-

---

[169] Quelle der Eckdaten dieser Aussage: *Lexikon der Antike*, hg. von Johannes Irmscher, VEB Bibliographisches Institut, Leipzig, 1985, dort der Eintrag zur „Tragödie". Das Problematische am „digitalisierten Unterricht" ist in: Die *tri*_logische Sezierung [...], Band III, Tb 2, Anhang I, dort auf den Seiten 854 f., beginnend mit: „Das Verbrechen der Digital-Politiker", erläutert.

[170] Was die „menschliche Plastizität" anbelangt, siehe in: Die *tri*_logische Sezierung des lobbykratischen Zeitalters, Band I, Tb 4, die Seiten 139-47, beginnend mit: „[...] das Wesen des einzelnen Menschen ist [...] plastisch [...]". Was die „kosmische Zeitspanne" anbelangt, siehe den Teil 1 des Nachworts.

sprüngliche Stil des Dramas grotesk war, da aus dem Satyrspiel hervorgegangen, und erst dann jenen Charakter gewann, den wir als „tragisch" bezeichnen, wie Aristoteles in seiner *Poetik* erklärt[171], bedeutet das nicht, daß das Drama als solches der bloßen Unterhaltung diente. Ob aber selbst das Satyrspiel vorrangig als der „Unterhaltung" dienend zu verstehen ist? Wäre nicht auch hier eher zu vermuten, daß die groteske Nachahmung einer „mythischen 'Handlung'" — *also ihre* „überspannte" *Inszenierung* — Mittel zum Zweck war? Welchem? Die Auslösung einer Gemütsregung als Mittel zur Entladung psychischer Energie.[172]

So Sie sich für die Entstehung des „Dramas" bzw. der „Tragödie" interessieren, läßt der Hinweis wahrscheinlich nicht lange auf sich warten, daß diese Theaterkunst aus dem Kult des Gottes Diônysos entstanden sei, was auch dadurch deutlich werde, daß die uns bekannten Dramen des Aischylos, des Sophokles und des Euripides im Theater des Diônysos aufgeführt wurden, also im Teil seines Heiligtums am südlichen Fuße der Akropolis in Athen. (__*Dies aber stets nur ein einziges Mal, zumindest zu Lebzeiten ihrer Autoren, was für sich genommen höchst bemerkenswert ist.*[173]__)

---

[171] Vgl. *Aristoteles — Hauptwerke*, ausgewählt, übersetzt und eingeleitet von Wilhelm Nestle, Alfred Körner Verlag, Stuttgart, 1934 / 1942, die Seiten 342 f.

[172] Wilhelm Nestle merkt in seiner Übersetzung der Hauptwerke Aristoteles' an, daß der griechische Begriff „Katharsis", der im medizinischen Sinne eine „Reinigung" von dem Körper schädlichen Stoffen meint, bezüglich der Wirkung des Dramas eher im Sinne einer „Entladung" zu verstehen sei, da es in der dramatischen Wirkung nicht um eine Läuterung von Gemütsregungen gehe, sondern um eine Befreiung von ihnen dadurch, „daß in der Tragödie Anlaß zu höchster Steigerung, zu einem Ausbruch dieser Gefühle gegeben wird". (__Vgl. zu dieser Aussage von Wilhelm Nestle, in: a.a.O., die Fußnote 1 auf der Seite 345.__) — Wobei es allerdings auch möglich wäre, daß die „Entladung" lediglich eine gewisse Zeit vorhielte, insbesondere dann, bliebe die Ursache für „psychische Energieaufladung" bestehen, so daß die Möglichkeit zu ihrer regelmäßigen Entladung im Alltagsleben blockiert bliebe.

[173] Vgl. Siegfried Melchinger, *Das Theater der Tragödie — Aischylos, Sophokles, Euripides auf der Bühne ihrer Zeit*, dtv, München, 1990, die Seite 3.

In der Tat ist es richtig, daß diese Theaterkunst in direkter Beziehung zum Kult des Diônysos' steht, der wohl thrakischen bzw. phrygischen Ursprungs ist, dort allerdings unter anderer Namensbezeichnung.[174] Dies erklärt für sich genommen aber noch nicht, wieso sich das Drama gerade aus diesem Kult herausentwickelte. Dies zu klären lohnt sich jedoch, da dadurch deutlich wird, daß das Drama von seinem Ursprung her nicht der Unterhaltung diente, sondern sein Hauptzweck darin bestand, der „Entladung" bzw. der „Abführung" psychischer Energie ein — als *Katharsis* bezeichnetes und kollektiv wirkendes — „Ventil" zu eröffnen. Hierzu diente das für die dionysische Kultpraxis typische Außersichgeraten, das, im „dramatischen *Schau*_Spiel" sozusagen gemildert, den Bedürfnissen der altgriechischen Stadt (__*der Polis*__) prozeßhaft angepaßt wurde.

Das vermittelnde Element hierbei war der Chor (__zu griechisch *chor<u>o</u>s*, sowohl „Tanzplatz" als auch „Tanzgruppe" bedeutend__), der (__*ursprünglich eine Gruppe, die aus meist kultischen Beweggründen tanzte und sang*__) seinen Platz in der zwischen dem Zuschauerraum (__dem Theatr<u>o</u>n oder K<u>o</u>ilon__) und dem Auftrittsraum für die eigentlichen Schauspieler (__dem Prosk<u>e</u>nion__) des Diônysos-Theaters hatte. Dieses, kultischer Praxis entstammende, *vor*_dramatische Element wurde, zusammen mit dem — wahrscheinlich vom griechischen Dichter *Th<u>e</u>spis* eingeführten — ersten Schauspieler, als Dialogpartner für die Mitglieder des Chores, zur griechischen Tragödie, in der, durch Konvention (__*d.h. wohl von seiten der Dramatiker und der Beamten des attischen Stadtstaates*__) festgelegt, dem Chor die Funktion des Transports _*jener*_ Emotionen oder Reflexionen zum Publikum zukam, die von den im aufgeführten Drama sich ereignenden

[174] Vgl. Erwin Rohde, *PSYCHE* — Seelencult und Unsterblichkeitsglaube der Griechen, 7. und 8. Auflage, Verlag J.C.B. Mohr (__Paul Siebeck__), Tübingen, 1921, Band 2, die Seiten 6-9.

Vorgängen auszulösen beabsichtigt war.[175]

Thespis, von dem der „Thespiskarren" zwar nicht unbekannt, dessen tatsächliche Bedeutung aber weniger, wenn auch die Ansicht berechtigt zu sein scheint, daß dieser „Karren" als Vorläufer der wohl von Aischylos erfundenen Bühne zu gelten hat[176], wird, wie weiter oben schon bemerkt, deshalb als Begründer der griechischen Tragödie angesehen, da er, anläßlich des im Jahre 534 v.u.f.Z. zu feiern gewesenen Festes zu Ehren des Diônysos' erstmals dem Chor einen Sprecher gegenübergestellt habe.[177]

Auf diese Weise wurde das Unbändige des ursprünglichen Außersichgeratens im dionysischen Kult-Akt einer ersten — *dem griechischen Stadtstaat zudem nützlichen* — „lenkenden Zivilisierung" unterzogen.

Der zweite Schritt dieses „Integrationsprozesses des Kultes des Diônysos'" in die griechische Vorstellungswelt (__also seine, von allen anderen Göttern, und damit von den in der griechischen stadtstaatlichen Welt Herrschenden, akzeptierten Aufnahme — *und damit seiner Anpassung* — in den griechischen Pantheon__) war dann die Einführung des 2. Schauspielers durch Aischylos (__525-456 v.u.f.Z.__). Denn nun konnte der Dialog zwischen dem 1. Schauspieler (__dem Pr<u>o</u>tagonisten__) und dem 2. Schauspieler (__dem D<u>eu</u>teragonisten__) erfolgen, wodurch sowohl eine Identifizierung des Publikums mit der Handlung erleichtert wurde und zugleich der *kathartische Prozeß* tatsächlich im Inneren jedes Individuums im Publikum möglich wurde, _*ohne*_ daß ein diesem Prozeß vorangehendes Außersichgeraten durch „Rasen", „wilde Gestikulation" und anderes — *für den ursprünglichen Diônysos-Kult typischerweise* — notwendig gewesen wäre. Wobei es dann Sophokles (__ca. 496-406 v.u.f.Z.__) war, der diese Technik zur Vollendung brachte, indem er u.a. den 3. Schauspie-

---

[175] Vgl. Siegfried Melchinger, *Das Theater der Tragödie — Aischylos, Sophokles, Euripides auf der Bühne ihrer Zeit*, dtv, München, 1990, die Seite 62.

[176] Vgl. Siegfried Melchinger, *Das Theater der Tragödie*, die Seite 27.

[177] Vgl. *Lexikon der Antike*, hg. von Johannes Irmscher, VEB Bibliographisches Institut, Leipzig, 1985, Eintrag: „Thespis".

ler (__den Tri̱tagonisten__) ins griechische Drama einführte.

Die auf diese Weise gegebene, fürs griechische Drama typische „kathartische Möglichkeit", wurde dann vom „alle anderen Dichter an tragischer Wirkung"[178] übertreffenden Euripides (__um 485/480-406 v.u.f.Z.__) zur vollen Reifung gebracht, indem dieser nämlich mit dem Stoff der alten Mythen Dramen schuf, die zugleich die geistigen und die sozialen Probleme der Zeit auf eine Weise fokussierten, daß den Zuschauern über die Mythen sowohl Identifizierung als auch — *durch die Verknüpfung mit dem Geschehen ihrer Zeit* — „Entladung individuell gestauter psychischer Energie" möglich wurde.

Die Integration des Diônysos-Kultes in die griechische Religion bedurfte allerdings noch anderer, grundlegender Maßnahmen. Zu nennen ist hier insbesondere die Art und Weise der Integration Diônysos' in den griechischen Pantheon: überzeugend durch seine Aufnahme in den heiligen apollonischen Bezirk in Delphi zum Ausdruck gebracht und kenntlich an der Errichtung eines aus Theater und Tempel bestehenden Heiligtums für Diônysos, so daß dort nicht nur das öffentliche Zelebrieren, also das „zivilisierte" Außersichgeraten zu kathartischen Zwecken in der Zeit der Anwesenheit dieses Gottes in Delphi sich ereignen konnte — *während Apollon bei den Hyperboreern weilte, nämlich in der Phase des Herbstes, wenn die Bauern noch eine zweite Ernte einbringen, also etwa im November, und des Winters* —, sondern allein in Delphi wurde auch der *ur*_sprüngliche Ritus des Diônysos-Kultes vollzogen. Auf _*diese*_ Weise war dieser ungezügelte Kult dadurch gebändigt, daß er nur dort in seiner Ursprünglichkeit abgehalten wurde. ...Abgesehen aber von entlegenen Gegenden, wie vermutlich hoch oben in Arkadien bei Bassai, wo der Tempel des Apollon Epikurios' steht: denn ist es nicht dort, daß sich uralte Plätze finden, wo einst sich — nach der Arbeit des Trennens von Korn und Spreu — das „ausgelassen chorische Tanzen auf

---

[178] Siehe in: *Aristoteles — Hauptwerke*, ausgewählt, übersetzt und eingeleitet von Wilhelm Nestle, Alfred Körner Verlag, Stuttgart, 1934 / 1942, die Seite 356.

der Tenne“ *er_*eignete — *_so_* Pan und Diônysos herbeirufend? Auf diese Weise erst konnte der Diônysos-Kult — *als Kult einer chthonischen Gottheit* — Aufnahme in die griechische Religion finden.

Wie Sie wissen — *und ich es Ihnen dennoch zur frischenden Erinnerung erzähle* — sind die chthonischen Götter — zu griechisch *chthon* „Erde“ — Gottheiten des Erdbodens und der Erdentiefe. Zu diesen Gottheiten gehören, u.a., Asklepios, Demeter, Diônysos, Gaia, Hades, Hermes, Pan, Persephone und Pluton.

Aber es muß auch eine Art von Wiedergutmachung gewesen sein. Immerhin war es einst Apollon gewesen, der der Erdmutter Gaia ihr Orakel geraubt, das sie wohl tatsächlich *_dort_* hatte, wo die Korykische Höhle *_oberhalb_* von Delphi in Richtung Arachova Teil des Berges *Sarandavli* ist — und *_nicht_* dort, wo sich die der äußeren Reinigung der Orakel-Priesterin Delphis dienende Kastalische Quelle *_unterhalb_* des Heiligtums befindet. Folglich war insbesondere diese Stätte — *wie es stets bei solchen ist* — den Chthonischen geweiht, nämlich dem Pan und den drei Korykischen Nymphen, wie der — *zwischen 145 und 180 u.f.Z. geschrieben habende* — römische Reisende Pausanias zu erzählen weiß.

Eine von diesen nymphischen Schwestern hieß Daphne oder Korykia, der — *so will es eine mythische Erzählung* — Apollon nachstellte und diese sich deshalb in den Lorbeer verwandelte damit sie nicht ihre Jungfräulichkeit verlöre und von nun an den Sieger in edlem Wettstreit kränzte — denn seitdem ist der Lorbeer dem Apollon heilig.

Vor dieser — *uraltem Orakel dienenden* — Korykischen Höhle trafen sich aber die Thyiaden des Diônysos’ zum orgiastischen Tanz. Also war — *nicht anders als Apollon* — der Parnassos dem Diônysos — *zudem selbst chthonisch* — heilig. Zum Parnassos, und nicht anders als die beiden Phaedriaden — *deren Hänge hinter Delphi im Licht* „strahlend“ *aufragen* — gehört unbestreitbar der *Sarandavli* mit seinen „vierzig Sälen“ — und es war eben diese Korykische Höhle, die einst Öffnung und Eingang zu *_diesen_* „Sälen“ im Sarandavli gewesen — bis dieser Teil des Parnassos durchbebt und so dieser Zugang auf immer verschlossen wurde.

Was aber mag der Zweck des völlig besinnungslosen Rasens der am dionysischen Kult-Akt Teilnehmenden gewesen sein?

[...] Der Cult [__des Diônysos'__] dieser thrakischen Gottheit, in allen Punkten heftig abweichend von dem was wir etwa aus Homer als griechischen Götterdienst kennen, dagegen aufs nächste verwandt dem Culte, in dem das, mit den Thrakern fast identische Volk der Phrygier seine Bergmutter Kybêle verehrte, trug völlig orgiastischen Charakter. Die Feier ging auf Berghöhen vor sich in dunkler Nacht, beim unsteten Licht der Fackelbrände. Lärmende Musik erscholl, der schmetternde Schall eherner Becken, der dumpfe Donner großer Handpauken und dazwischen hinein der 'zum Wahnsinn lockende Einklang' der tieftönenden Flöten [...], deren Seele erst phrygische Auleten[179] erweckt hatten. Von dieser wilden Musik erregt, tanzt mit gellendem Jauchzen [...] die Schaar der Feiernden. Wir hören nichts von Gesängen [...]: zu solchen ließ die Gewalt des Tanzes keinen Athem. [...]

Aber welchen Sinn hatte das Alles? Man wird ihm am ehesten nahekommen, wenn man, alle aus fremdartigen Gedankenkreisen hineingetragenen Theorien möglichst fernhaltend, einzig das bei den Theilnehmern an der Feier sich herausstellenden Ergebnisse als ein gewolltes, absichtlich herbeigeführtes und also als den Z w e c k, mindestens als einen der Zwecke dieser auffallenden Bewegungen anerkennt. Die Teilnehmer an diesen Tanzfeiern versetzten sich selbst in eine Art von Manie, eine ungeheure Ueberspannung ihres Wesens; eine Verzückung ergriff sie, in der sie 'rasend, besessen', sich und Anderen erschienen [...]. Die Ueberreizung der Empfindung bis zu visionären Zuständen [...] bewirkten, bei hierfür Empfänglichen, der rasende Tanzwirbel, die Musik, das Dunkel, alle die Veranstaltungen dieses Aufregungskultes [...]. Diese äusserste Erregung war der Zweck, den man erreichen wollte. Einen religiösen Sinn hatte die gewaltsam herbeigeführte Steigerung des Gefühls darin, dass nur durch solche Ueberspannung und Ausweitung seines Wesens der Mensch in Verbindung und Berührung treten zu können schien mit Wesen einer höheren Ordnung, mit dem Gotte und seinen Geisterschaaren. Der Gott ist unsichtbar anwesend unter seinen begeisterten Verehrern, oder er ist doch nahe, und das Getöse des Festes dient, den Nahenden ganz heranzuziehen [...].

---

[179] Zu griechisch ό αύλητής, der „Flötenspieler"; Anm.d.A.

Es gehen eigene Sagen von dem Verschwinden des Gottes in eine andere Welt und seiner Wiederkehr zu den Menschen [...]. Jedes zweite Jahr feiert man seine Wiederkehr; eben diese seine Ankunft, seine 'Epiphanie' ist Grund und Anlass des Festes. Der Stiergott, wie ihn sich rohe Alterthümlichkeit des Glaubens vorstellte, erscheint mitten unter den Tanzenden [...]; oder es liessen versteckte 'Mimen des Schreckens' durch nachgeahmtes Stiergebrüll die Anwesenheit des Unsichtbaren spüren [...]. Und die Feiernden selbst, im wüthenden Ueberschwang der Begeisterung, streben ihm zu, zur Vereinigung mit ihm; sie sprengen die enge Leibeshaft ihrer Seele; Verzauberung packt sie, und sie selbst fühlen sich, ihrem alltäglichen Dasein enthoben, als Geister aus dem Schwarm [__den Thyiaden, den Mänaden__], der den Gott umtost [...]. Ja, sie haben Theil an dem Leben des Gottes selbst: nichts anderes kann es bedeuten, wenn sich die verzückten Diener des Gottes mit dem Namen des Gottes benennen. [...] Um solche Verwandlung ihres Wesens nach aussen kenntlich zu machen, haben sich die Theilnehmer an dem Taumelfeste verkleidet: sie gleichen in ihrem Aufzuge den Genossen des schwärmenden Thiasos des Gottes [...]; die Hörner, die sie aufsetzen, erinnern an den hörnertragenden, stiergestalteten Gott selber[180] u.s.w.

(__*Der Thiasos ist eine Gruppe von Gläubigen, die einen festlichen Aufzug zu Ehren Ihres Gottes veranstalten. Die Diônysos direkt Umschwärmenden waren die Satyrn, Selenen und Mänaden. Diese wurden Thyiaden genannt, wie weiter oben schon erwähnt.* Anm.d.A.__)

Das Ganze könnte man ein religiöses Schauspiel nennen, denn mit Absicht sind die Mittel zur Vergegenwärtigung der fremdartigen Gestalten aus dem Geisterreiche vorbereitet. Zugleich aber ist es mehr als ein Schau-

[180] Fußnote im zitierten Text: „[...] Stiergestaltig, gehörnt wird der griechische Diônysos oft genannt. Auch dies in Nachbildung des thrakischen Glaubens. [...]". Dies ist die Fußnote 3 auf der Seite 15 des zitierten Textes, siehe dazu in: Erwin Rohde, *PSYCHE* — Seelencult und Unsterblichkeitsglaube der Griechen, 7. und 8. Auflage, Band 2, Verlag J.C.B. Mohr (__Paul Siebeck__).

spiel: denn man kann nicht daran zweifeln, dass die Schauspieler selbst von der Illusion des Lebens in einer fremden Person ergriffen waren. [...] Berauschende Getränke [...] mochten die Erregung erhöhen [...], vielleicht auch der Rauch gewisser Samenkörner [...]. Man weiß ja, wie noch jetzt im Orient der Haschischrausch Visionäre macht und religiöse Verzückungen erregt [...].[181] Die ganze Natur ist dem Verzückten verwandelt. [...]

Alles stellt uns eine gewaltsame Erregung des ganzen Wesens vor Augen, bei der die Bedingungen des normalen Lebens aufgehoben schienen. Man erläuterte sich diese aus allen Bahnen des Gewohnten schweifenden Erscheinungen durch die Annahme, dass die Seele dieser 'Besessenen' [...] nicht 'bei sich' [...] sei, sondern 'ausgetreten' aus ihrem Leibe. Wörtlich so verstand es der Grieche ursprünglich, wenn er von der 'E k s t a s i s' der Seele in solchen orgiastischen Reizzuständen sprach [...]. Diese Ekstasis ist 'ein vorübergehender Wahnsinn', wie der Wahnsinn eine dauernde Ekstasis ist [...]. Aber die Ekstasis, die zeitweilige *alienatio mentis* im dionysischen Cult, gilt nicht als ein flatterndes Umirren der Seele, in Gebieten eines leeren Wahnes, sondern als eine Hieromanie [...],ein heiliger Wahnsinn, in dem die Seele, dem Leib entflogen, sich mit der Gottheit vereinigt [...]. Sie ist nun bei und in dem Gotte, im Zustand des 'Enthusiasmos'; die von diesem Ergriffenen sind ένθεοι[182], sie leben und sind in dem Gotte [...]; noch im endlichen Ich fühlen und geniessen sie die Fülle unendlicher Lebenskraft. [...][183]

In diesem Zitat klingt an, was im ursprünglichen Diônysos-Kult das Entscheidende war: das Außersichgeraten der Anhänger des Diônysos' als Notwendigkeit, das im „Inneren Verborgene" zeitweise „freizusetzen", vorgestellt als zeitweise „Befreiung" der „eingekörperten" Seele, so daß schon zu Lebzeiten eine zeitweise Vereinigung

---

[181] Zu der Frage ob und welche Mittel bei Riten dieser Art, oder bei jenen, die in den Mysterienkulten verwendet wurden, siehe: R. Gordon Wasson, Albert Hofmann und Carl A.P. Ruck, *Der Weg nach Eleusis — Das Geheimnis der Mysterien*, aus dem amerikanischen Englisch übertragen von Adrian Linder, Insel Verlag, Frankfurt am Main, 1984.

[182] „*be*_geistert" bzw. „gottbegeisters".

[183] Siehe Erwin Rohde, *PSYCHE* — Seelencult und Unsterblichkeitsglaube der Griechen, 7. und 8. Auflage, Band 2, Verlag J.C.B. Mohr (__Paul Siebeck__), die Seiten 8-20.

mit ihrem Gott möglich werde, es also zu dem käme, das als *Unio mystica* bezeichnet wird — denn gewiß sind Zweck und Ziel der Dionysischen Mysterien als ein „orgiastisch-mystischer Weg“ zu bezeichnen, der den Anhängern dieses Kultes als einzig möglicher erschien. Daß aber genau dies die Basis fürs Drama wurde, könnte aus dem zweiten Zitat des Altphilologen Erwin Rohde und langjährigen intimen Freund Friedrich Nietzsches deutlich werden, der möglicherweise so manche Erkenntnis aus dem „dionysischen Nachspüren“ Rohdes gezogen hat:

[...] Eine den Aerzten und Psychologen ganz geläufige Erscheinung war jener, nach den dämonischen Begleitern der phrygischen Bergmutter benannte, religiös gefärbte [...] Wahnsinnsform des Korybantiasmus, in der ohne äusseren Anlass der Leidende Gestalten seltsamer Art sah, Flötenklang hörte, in heftige Erregung gerieth und von unwiderstehlicher Tanzwuth ergriffen wurde [...]. Solchem enthusiastischen Drange zur Entladung und damit zur Heilung und „Reinigung“ dienten die mit Tanz und Musik, vornehmlich den, in empfänglichen Seelen Begeisterung weckenden Flötenweisen der altphrygischen Meister, begangenen Weihefeste der phrygischen Gottheiten [...].

(__Und aus diesen priesterlich musikalischen, nicht aus den eigentlich medicinischen Erfahrungen und Praktiken hat Aristoteles, der Anregung des Plato [...] folgend, die Vorstellung von der durch vehemente Entladung [__des psychisch „Aufgestauten“__] — und nicht, wie neuerdings wieder erklärt wird, vermittelst Beruhigung der Affecte durch einen 'versöhnlichen Schluss' — bewirkten κάθαρσις τῶν παθημάτων[184] auf die Tragödie übertragen.__) [...] [__Denn das__] Ekstatische soll in diesem Verfahren nicht unterdrückt und ausgerottet werden; es wird nur in die priesterlich-ärztliche Zucht genommen und wie ein belebender Trieb dem Gottesdienst eingefügt. [...][185]

---

184 ... also der „Reinigung der inneren Leiden“ — nicht unbedingt deren Beseitigung bedeutend; Anm.d.A.

185 Vgl. Erwin Rohde, PSYCHE — Seelencult und Unsterblichkeitsglaube der Griechen, 7. und 8. Auflage, Verlag J.C.B. Mohr (__Paul Siebeck__), Tübingen, 1921, Band 2, die Seiten 47-9.

Unter Ausstoßung des Orgiastischen und des Ekstatischen, war der *innere Prozeß der Katharsis* das entscheidende Element im griechischen Drama, der sich, ausgehend vom Szenischen sozusagen als „innere Handlung" in den im vollbesetzten Diônysos-Theater Zugegenseienden ausbreitend, also der „Entladung innerer Stauung", nicht aber primär der Unterhaltung im heutigen Sinne diente — *wobei ja auch* „Unterhaltung" *heilsam sein kann* — dies aber weniger dem Satyrspiel, das — *zur Unterstützung der* „kathartischen Entladung" —dramatischer Aufführung abschließend folgte, sondern eher der Komödie zukam, die diesem Zweck — *gespickt mit sozialer Kritik* — besonders diente ...

Man denke in diesem Zusammenhang auch daran, daß, durchaus dem Beweggrund zur Aufnahme des Diônysos' in den griechischen Pantheon nicht unähnlich, dem heilkundigen und zur Mantik befähigten, ursprünglich ein in der Erde Thessaliens hausender — *also chthonischer* — schlangengestaltiger Geist gewesenen, dann zur Aufnahme in den griechischen Pantheon anthropomorphisierten und von da an mit Schlangenstab ausgestatteten, als Sohn Apollons und (__u.U.__) der Koronís — *der Tochter des Königs Phlegyas von Orchomenos in Boiotien* — geltenden Asklepios bei Epidauros ein großes, der Heilung dienendes Zentrum mit Tempel, Heilschlafplätzen und großem Theater errichtet wurde, so daß sich die Menschen bei Krankheit, Unglück und jeglicher Bedrängnis an ihn und seine Priester wenden konnten — wobei hierbei das Theater nicht anders seine „dionysische Rolle" spielte: nämlich durch das dramatische Aufführen von Mythenstoff ein so gemeinschaftliches, dem Polis-Gedanken förderliches wie individuell wirkendes kathartisches Erleben zu dienen — *unterstützt vom, wie oben schon gesagt, darauf folgenden Satyrspiel* —, also eine dem *Aus*_lösen, dem *Ent*_laden psychischer Energie befördern sollende Gemüts_*Regung* zu *be*_wirken.

Der mit der Anthropomorphisierung des Asklepios' einhergehende, in einen „mythischen Theaterdonner" mündende Skandal — *so er der Sohn der Koronís war und das ursprünglich weiße Gefieder des Raben auf immer schwarz werden ließ* — soll an dieser Stelle nur ein „mythischer Fingerzeig" bleiben, da andernfalls solches weitere Erwähnen die „Anmerkung zum Begriff 'Literatur', einigen Geistesgrößen und was das Drama mit dem zu tun hat, das wir Religion nennen" thematisch abschweifen ließ.

Daß dem Drama, als Teil der ursprünglich griechischen Literatur, einst dieser „heil-religiöse" Charakter eigen war, wird auch daran deutlich, daß sich in der jungen hellenistischen Zeit Schauspieler und Tänzer zu diônysos-kultisch orientierten Vereinigungen zusammenschlossen, die es sich zur Aufgabe machten, die Dramen des 5. Jahrhunderts aufzuführen, also auch jene von Aischylos, Sophokles und Euripides, die schon früh als klassisch kalten. Also waren die griechischen Schauspieler eher „Priester", deren Aufgabe es war, durch ihr *Vor*_spielen den Zuschauern die durch das Drama angestrebte „kathartische Entladung" zu ermöglichen, zumal der Dichter meist selbst als 1. Schauspieler auftrat. Dies wird dann der Grund für die erwähnten diônysos-kultisch orientierten Vereinigung seit dem 3. Jahrhundert gewesen sein. Diese Tätigkeit war in Griechenland geachtet. Im alten Orient waren die Schauspieler sogar ausdrücklich Priester oder zumindest beim Tempel angestellte Sänger. Immerhin ging es im kultischen Schauspiel um Vermittlung oder um Teilhabemachung des Publikums am aufgeführten „kathartisch wirkenden Akt". Dies war in Rom anders, dort waren die Schauspieler meist Freigelassene oder Sklaven und deshalb verachtet.[186] Es muß von dieser wenig anerkannten sozialen Stellung herrühren, daß noch heute bei uns in der Bevölkerung Schauspieler kaum etwas gelten — denn verschüttet sind die Anfänge und Gründe fürs Theaterspiel. ...

Ende der Anmerkung zum Begriff „Literatur", einigen Geistesgrößen und was das Drama mit dem zu tun hat, das wir Religion nennen.

---

[186] Vgl. *Lexikon der Antike*, hg. von Johannes Irmscher, in Zusammenarbeit mit Renate Johne, 6., durchgesehene Auflage, VEB Bibliographisches Institut, Leipzig, 1985, Sonderausgabe für den Gondrom Verlag, Bayreuth, 1985.

Die mythischen Erzählungen, die diese Dichter uns *ver_*dichtet zu berichten wissen, spiegeln ein völlig anderes Religionsverständnis wider: die Götter sind einmal an der Seite der einen Gruppe von Menschen (*__als Gottheit der Heimatgemeinde bleibt sie auf deren Seite__*), dann an der Seite der anderen Gruppe (*__auch hier wechselt in der Regel die Gottheit der Heimatgemeinde der anderen Gruppe nicht__*), sie in ihrem Leben zu unterstützen oder und sie zu belehren, ob im Frieden oder im Krieg, wobei es insbesondere dafür dann u.U. je verschiedene Gottheiten gab — *oder* „ein andres Gesicht" *_eines_ Gottes*. Aber die Menschen führen das Leben selbst und begehren nicht im Namen des gerade — *je nach Situation* — vorherrschenden Gottes (*__oder eines der Aspekte eines Gottes__*) Krieg zu führen, sondern insbesondere dies stets aus rein weltlichen Interessen — wenn sie dafür auch den „Beistand der Götter" erflehen mochten.

Diesen geschaffenen Mythen liegt ein solcher Reichtum an Lebensweisheit, an Verwicklungen und echter Dramatik zugrunde, und auf diese Weise (*__wie in der* „Anmerkung zum Begriff 'Literatur', einigen Geistesgrößen und was das Drama mit dem zu tun hat, das wir Religion nennen" *gerade festgestellt__*) zu echter „Entladung seelischer Stauung" (*__Katharsis__*) beitragen könnend, sozusagen alle das menschliche Wesen in der Zeitlichkeit betreffenden Facetten im wahrsten Sinne des Wortes *ver_*dichtend.

Und wenn es zu wägen gilt, liegt diesen Mythen nicht eher etwas Amüsantes inne als etwas in Ehrfurchtstarre Versetzendes — unbedingten Gehorsam Forderndes? Drückt sich in ihnen nicht die Fülle des im und durch den Menschen wirkenden Lebendigen aus?

Hält man sich bereits einige Zeit in Griechenland auf — *ist also dem geistverarmten, das menschliche Maß nicht kennenden Hegemon Europas entkommen* —, so daß das gewohnt Reflexhafte als „Antwort" auf das Wahrgenommene nicht mehr dominiert, steige man an einem schönen nicht zu touristischen Tag die Gassen der *Plaka* Athens hinauf. ... Nun gut, ein solches Ansinnen mag heute paradox erscheinen, denn welches Land in Europa erleidet seit 2010 eine gesellschaftliche Vernichtung, die von diesem geistverarmten Hegemon initiiert wurde, wenn nicht Griechenland?

[…] *Der Abschluß des Griechenland-Programms ist ein Erfolg. Die düsteren Prophezeiungen der Untergangspropheten sind nicht eingetreten. Das ist gut", sagt* […] *Bundesfinanzminister* [__Olaf Scholz__]. *Was hätte eigentlich noch Schlimmeres passieren können? Ein Land hat dreißig Prozent seiner Produktion, seines Einkommens und seiner Lebensgrundlage verloren. Zehn Jahre nach Beginn der Krise, fünf Jahre nach Beginn der Intensivbehandlung, gibt es kein Anzeichen dafür, daß der Patient sich erholen könnte, aber die behandelnden Ärzte sagen, die Therapie sei erfolgreich gewesen und es sei alles gut.* […][187]

Allerdings geht es an dieser Stelle nicht um _*diese*_ Entwicklung, zumal ich dazu bereits alles Notwendige gesagt habe.[188] Das Thema des Ihnen vorliegenden Buches ist ja eines, bei dem es um die Fassung des gesellschaftspolitischen Problems „Monotheismus" geht, wenn es auch so ist, daß seine säkulare Form, also der Neoliberalismus, der in Europa zur Zeit zum „Neowilhelmoliberalismus" geupdatet wird, jenes fortsetzt, welches dem religiösen Monotheismus eigen ist und das, wie gesagt, bereits Thema in den in der Fußnote 188 genannten Büchern ist. Insofern gibt es selbstverständlich eine Verbindung zwischen dem Ihnen vorliegenden Buch und jenen genannten. Das wird deutlich, betrachtet man die Entwicklung der letzten 500 Jahre, also seit dem 15. Jahrhundert, als „im Namen Gottes" die europäischen Imperien begannen, die Welt systematisch auszurauben und zu diesem Zweck jenen Krieg erklärten, der bis heute währt. Denn dieser Krieg wurde später unter mehr und mehr „'ökonomischen' Gesichtspunkten" — *heute unter „neoliberalen", bzw.* „säkular-monotheistischen", *bzw. lobbykratischen Vorzeichen* — geführt, wobei dieser Prozeß des Ausraubens mehr und mehr von seiten der sich von den europäischen

---

[187] Dieses Zitat findet sich in: Heiner Flassbeck, „Griechenland – Die Untergangspropheten hatten Recht", Makroskop.eu-Ausgabe vom 21. August 2018. Der zugehörige Link wurde am 8. März '20 erneut geprüft:
https://makroskop.eu/2018/08/griechenland-die-untergangspropheten-hatten-recht/?success=1.

[188] Editorische Notiz: Siehe dazu die Bände 1-6, 12 und 14 der Edition !_*scheuklappenfrei*_! des EndemannVerlages. Näheres zu den genannten Büchern finden Sie auf der Internetseite: EndemannVerlag.com, dort unter: « Edition !_scheuklappenfrei_! ».

Imperien unabhängig gemacht habenden Europäern Nordamerikas fortgesetzt wurde und wird — dabei selbstverständlich die europäischen Machteliten und deren Satelliten im Schlepptau habend.

Hält man sich also bereits einige Zeit in Griechenland auf — *und ist dem geistverarmten, das menschliche Maß nicht kennenden Hegemon Europas entkommen* —, so daß das gewohnt Reflexhafte als „Antwort" auf das Wahrgenommene nicht mehr dominiert, steige man an einem schönen nicht zu touristischen Tag die Gassen der *Plaka* Athens hinauf — *und man vorher vielleicht noch im Nationalmuseum in Athen einen Blick auf die dort in Fülle versammelten Skulpturen geworfen hat, einst geschaffen in freier Gestaltung der göttlichen Akteure alter, weit vorchristlicher Mythologie* — und betrete dann — *wie zufällig* — im einsamen Teil der Plaka einen Ausstellungsraum, wo Beispiele orthodox-christlicher Ikonen-Malerei gezeigt werden. ... Was wie ein Schock auf den wirken kann, der sich gerade noch auf den Spuren des sogenannt klassischen Griechenlands befand: ist in ihrem Ausdruck doch _nichts_ Lebendiges, _nichts_ Erbauendes, hingegen alles zum Leiden „Bereitmachendes". — Derartig war jedenfalls im September des Jahres 1984 mein eigener Eindruck von dem, das man „Frohe Botschaft" nennt. ... Frohe Botschaft?

Nein, solche Götter konnten ihre Anhänger nicht dazu auffordern „Wahrheitskommissionen" zu gründen, inquisitorisch berechtigt die entlegenen Winkel des Gemüts erforschen zu wollen, ob nämlich eine von monotheistischer Glaubensbehauptung abweichende, dann mit dem Tode zu ahndende Gesinnung, zu vermuten sei. Folglich zeigt sich an jeder von Menschen geschaffenen Vorstellung von Gott — *in der Regel dann als* „Offenbarung" *geltend* — der Charakter *des*_jenigen Menschen, der diese schafft _und_ der Charakter jener, die das propagieren _sowie_ jener, die das glauben — *vorausgesetzt, sie müssen das nicht*. Abgesehen von *den*_jenigen Menschen allerdings, die sich — *im Anschluß an eine solche* „Offenbarung" — über lange Jahre mit der Ausformulierung der passenden „Lehre" für eine solche von einem mit entsprechender Charakterbildung versehenen Menschen geschaffenen Gottbildung beschäftigen und dann behaupten — bspw. nach einem Vierteljahrhundert, wie es bei der Ausformulierung des Islams geschah: _D i e s_ ist das Wort Gottes! — Wie war das noch mit der Blasphemie?

Hingegen kann das einem einzelnen Menschen „Offenbarte" (__*und dies von diesem zur Mitteilung anderer dann Ausgedrückte*__) das Göttliche selbst nicht sein, da das „Offenbarte" lediglich eine sein könnte, die dem Rezipienten adäquat wäre, folglich an sein Vermögen gebunden, etwas „Offenbartes" auch fassen zu können, andernfalls könnte er davon nichts begreifen. Wie sollte dann aber eine „originale Offenbarung" unbeeinflußt von demjenigen bleiben, der behauptet, ihm sei eine „originale" zuteil geworden?

„[...] Wer den ganzen Inhalt der Schrift ohne Unterschied als allgemeingültig und unbedingte Lehre über Gott nimmt und nicht genau weiß, was der Fassungskraft des Volkes angepaßt ist, wird nicht vermeiden können, daß er populäre Meinungen und göttliche Lehre durcheinanderwirft, menschliche Einfälle und Beliebigkeiten als göttliche Lehren durchgehen läßt und die Autorität der Schrift mißbraucht. [...]"[189]

Im Anfang, also damals, als die Prähistorischen ihre „'Offenbarungen' empfingen", konnten diese „Offenbarungen" nicht auf schon von Interessenkreuzungen in entwickelten menschlichen Gesellschaften treffen (__*je von entsprechenden Interessenvertretern vertreten und je* „beglaubigt" *von entsprechender* „Offenbarung"__), sondern, sozusagen „lediglich", auf direkte Phänomene der *Materia* zurückgehen — *gemeinhin als jene der „Natur" bezeichnet.*

---

[189] Quelle des Zitats: Baruch de Spinoza, *Theologisch-politischer Traktat*, neu übersetzt, herausgegeben, mit Einleitung und Anmerkungen versehen von Wolfgang Bartuschat, Felix Meiner Verlag, Hamburg, 2012, die Seite 216. Die Zitierung erfolgt mit freundlicher Genehmigung des Felix Meiner Verlages.

Wieso sollten solche „Offenbarungen" von einer von der *Materia* abgesonderten Größe herrühren? Ist nicht die Annahme eher glaubhaft, daß die Prähistorischen Überlegungen — und daraufhin zu *un*_verstellten Schlußfolgerungen kommend — zu dem anstellten, welches vom sie Umgebenden und Erlebten herrührte und sich dann auf eine Weise ereignete, das wir heute — *wegen seiner intensiven bewußt-unbewußt in ihnen als Ganzheit erfolgenden „Verarbeitung"* — „intuitives Erfassen" nennen?

Demnach war eine „Offenbarung" (__zu _*jener*_ Zeit der „*un*_geschiedenen Interessen"__) Ausdruck solcher *un*_geschiedenen Verbundenheit, *hin*_gegen nicht Ausdruck „teleologischer Zurichtung" alles sichtbar wie *un*_sichtbar Seienden auf die materiellen wie *im*_materiellen Bedürfnisse der Menschen. Denn eine solche kindische anthropo_*zentrische* Sinngebung des Universums kam — *so ist berechtigt zu vermuten* — erst zur Zeit der Historischen auf — kulminierend in *mono*_theisierten Glaubensvorstellungen als Ausdruck gruppendynamischer Egozentrik von Vertretern jener Machtgruppen, die die Entwicklungsrichtung „ihrer" Gesellschaft (__*in ihrem Sinne — da:* „gottgewollt!"__) bestimmten.

Der Begriff „Schamane"

In diesem Buch wird der Begriff „Schamane" auch für die bei Prähistorischen zwischen der Gemeinschaft von Menschen und dem unbegreiflichen Bereich der *Materia* dienenden _*Mittler*_ verwendet, obwohl der Begriff erst viel später und dann lediglich auf bestimmte Regionen der Welt benutzt wurde und wird. Denn es erscheint mir durchaus berechtigt, zu vermuten, daß die besondere Charakterstruktur der heute noch in natur_*rhythmischen* Völkern wirkenden Schamanen — *die männlich oder weiblich sein können*[190] — als Relikt der den Prähistorischen überhaupt eigentümlichen Charakterstruktur

---

[190] Siehe Hans Findeisen, *Schamanentum — dargestellt am Beispiel der Besessenheitspriester nordeurasischer Völker*, W. Kohlhammer Verlag, Stuttgart, 1957, die Seiten 140-47.

aufzufassen ist.[191]

Zur Zeit der Prähistorischen war noch anzunehmen, daß sich eine „echte Offenbarung" ereignen würde, begab sich der Schamane mit seinem magischen Pfeil auf den ekstatischen Teil seiner Reise, nicht aber mehr, als eine „Offenbarung" lediglich noch Ausdruck gesellschaftlicher Interessenkonflikte sein konnte — oder gar Folge persönlicher Animosität: Hatte sich nicht einst Mohammed den Juden als Prophet empfehlen wollen, diese das aber mit der Begründung ablehnten, daß sie schon genug mit „ihren" bisherigen Propheten zu tun hätten?

Nun, wer anderen aber weismachen kann, daß er eine allmächtige, alles geschaffen habende und absolut abstrakt bleibende Gottheit vertritt und von eigens zu diesem Zweck fein ziselierten Wundererzählungen zu berichten weiß, die einst geschehen wären[192] — *vielleicht selbst noch über etwas Hokuspokus verdeutlicht* —, kann andere erleichtert aus ihrem bisherigen — *gewohnten* — Glaubensgefüge reißen.

Hilfsmittel des Glaubens

Von Leonardo da Vinci (__1452-1519__) gibt es zwei Gemälde, die eine Szene in einer christlichen Legende darstellen, die in den Evangelien der Paulinischen Jesusbewegung nicht vorkommt. Die ältere dieser beiden Versionen war als zentraler Teil des Triptychons für den Altar der Kirche San Francesco Grande in Mailand gedacht. Die

---

[191] So erkennt Findeisen im Schamanen einen „zum Besessenheitspriester gewordenen jungpaläolithischen Magier" (__vgl. a.a.O., die Seite 8.__).

[192] Paulus konnte von Jesu Wundertaten lediglich vom Hörensagen berichten, gekannt hatte er ihn persönlich nicht.

Organisation der *Bruderschaft der Unbefleckten Empfängnis* als Auftraggeberin war mit dieser Version nicht einverstanden, da die Darstellung der Szene dem Betrachter etwas zeigt, das in völligem Widerspruch zur Glaubensdogmatik der Jesusbewegung steht — vorausgesetzt, der Betrachtende verfügt über einen scheuklappenfreien Blick und über etwas Kenntnis von der christlichen Ikonographie.

Der eigentliche Grund für diese Auftragsarbeit — *die eine Szene anläßlich der Flucht nach Ägypten darstellen sollte, die vom Aufenthalt der* „Jungfrau Maria" *mit dem* „Jesuskind" und „Josef" *in einer Grotte erzählt, in der sich bereits der* „Erzengel Uriël" *und das* „Johanneskind" *befinden* — lag darin, daß die Anhänger der Paulinischen Jesusbewegung nicht plausible erklären konnten (__*und das bis heute nicht können*__), wieso Jesus von Johannes dem Täufer getauft werden mußte, wenn es sich bei ihm um den „Gottessohn" handelte. Diese legendenhafte, wahrscheinlich eigens zu diesem Zweck erfundene Szene, sollte die „Begründung" dafür abgeben, daß Jesus — *so die Legende* — Johannes bereits im Säuglingsalter die Befugnis erteilt habe, ihn später zu taufen, womit zwar längst nicht erklärt wäre, wieso das für den „Gottessohn" notwendig gewesen sein könnte, immerhin geht die Rede, daß die Taufe zum „Abwaschen" aller Sünden diene.

Wie dem auch sei, derartig war jedenfalls der Beweggrund fürs Erfinden dieser Legende und die Erteilung dieser Auftragsarbeit an Leonardo.

Der Titel dieser beiden Gemälde ist gleich: „Felsengrottenmadonna". Die erste Fassung der „Felsengrottenmadonna" (__*siehe die folgende Seite*__) könnte 1483 begonnen worden sein, denn der Vertrag zwischen der oben genannten Organisation und Leonardo datiert vom 25. April 1483.

Allgemein wird angenommen, daß Leonardo an dieser, sich heute im Louvre befindenden Fassung, bis 1486 gearbeitet habe, auch wenn es diesbezüglich und bezüglich der Reihenfolge dieser beiden Bilder nicht allein diese Meinung gibt. In unserem Fall spielt das aber keine Rolle, sondern lediglich der Fakt, daß die auf der folgenden Seite abgebildete Fassung von der Auftraggeberin nicht akzeptiert wurde, also der „Bruderschaft der Unbefleckten Empfängnis".

La Vierge aux rochers (__« Felsengrottenmadonna »__)

© 2010 Musée du Louvre / Angèle Dequier. Öl auf Holz.[193]

[193] Wegen des wurmstichigen Holzes wurde das Gemälde 1806 von dem Restaurator François-Toussaint Hacquin (__1756-1832__) auf Leinwand übertragen.

In diesem Gemälde sind keinem der beiden dargestellten Säuglinge die freie Interpretation des Betrachters behindernde Attribute zugegeben worden, so daß lediglich durch die Darstellung der beiden erwachsenen Personen zu sagen ist, welcher der beiden Säuglinge wen darstellt. Vom Betrachter aus gesehen befindet sich die „Jungfrau Maria“ links, rechts der Erzengel Uriël. Der Säugling bei Maria muß also Jesus sein und dementsprechend muß der Säugling beim Erzengel Uriël Johannes sein. Daraus ergibt sich bei scheuklappenfreier Betrachtung des Bildes, daß es Johannes ist, der Jesum segnet, während es Jesus ist, der Johannes anbetet. Damit steht die Aussage der ursprünglichen Version der „Felsengrottenmadonna“ im Widerspruch zur Glaubensdogmatik und den Propagandaschriften der Paulinischen Jesusbewegung — aber im Einklang mit jener der Johannesbewegung. _Dies allein_ kann nur der eigentliche Grund für die Ablehnung der ersten Fassung der „Felsengrottenmadonna“ gewesen sein.

Die wahrscheinlich im Anschluß an die obig abgebildete, und möglicherweise nur zu einem mehr oder weniger großen Teil tatsächlich von Leonardo geschaffene, wenn auch die Idee und die Leitung der Ausführung bei ihm gelegen haben dürfte, heute in der National Gallery in London befindliche Version (__siehe die folgende Seite__), die dann von der auftraggebenden Organisation akzeptiert wurde und, obwohl noch nicht vollendet, 1508 tatsächlich ihren Platz in der oben genannten Kirche fand, erlaubt erst die „Verteilung der 'Rollen'“ der beiden Säuglinge im Sinne der Anhänger der Paulinischen Jesusbewegung. Denn nun ist jenem Kleinkind bei Maria der Stab hinzugemalt worden, der diesen Säugling erst als Johannes ausweist, da dem erwachsenen Johannes einst der Hirtenstab als ikonographisches Attribut zugewiesen wurde.

The Virgin of the Rocks
(__Version 2 der "Felsengrottenmadonna"__)

© 2018 The National Gallery, London, 2018. 189,5 x 120 cm.

Da auf diese Weise der Widerspruch aber nur verlagert wird, ist die Vermutung nicht von der Hand zu weisen, daß dieses „Johannes-Attribut" entweder nachträglich von einem anderen Maler hinzugemalt wurde, so daß durch den ersten Eindruck des Betrachters — *i.d.R. meinungsmäßig sowieso schon vorgefaßt* — dessen weitere Überlegungsrichtung *ge*_lenkt wird, oder von Leonardo, der so sowohl die auftraggebende Organisation beruhigen als auch dem „späteren" Betrachter Stoff zum scheuklappenfreien Nachdenken bieten wollte. Denn wieso sollten die „Jungfrau Maria" und Uriël ihre Rollen vertauscht haben, wenn dies für das „Johannes-Attribut" nicht gilt? Wie also widerspruchsfrei erklären, daß Johannes _*mal eben*_ bei der Jungfrau Maria sitzend und Jesus _*mal eben*_ bei dem Schutzengel Johannes' abgebildet wurden? Etwa einfach nur so? Wäre das nämlich der Fall, entstünde eine „ikonographische Unsicherheit", die das bisher als richtig angenommene Interpretieren künstlerischer Darstellungen von Figuren in mythologischen bzw. monotheistischen Erzählungen überhaupt in Frage stellte ...

Wenn davon zu lesen ist, daß dieses Gemälde nicht oder nicht allein von Leonardo stamme, sondern von einem der Mitarbeiter seiner Werkstatt ausgeführt wurde, oft wird in diesem Zusammenhang der Name Ambrogio de Predis (__1455 bis 1508 oder danach__) genannt, so läßt sich heute sagen, daß dies durchaus anzunehmen ist. Einmal deshalb, da das nicht unüblich war, waren mehrere Auftragsarbeiten zu erledigen, so daß, während die Leitung beim Meister blieb, insbesondere die Ausführung konventioneller Bildelemente von einem künstlerischen Mitarbeiter aus der Werkstatt des Meisters ausgeführt wurde. Anzunehmen ist also, zumal es in diesem Fall ständige Streitereien mit der auftraggebenden Organisation gab, daß dieser Mitarbeiter Leonardos (__*oder ein anderer, späterer Maler?*__), bspw. das „Johannesattribut" und die Glorienscheine hinzufügte — ob eigenmächtig oder in Absprache mit Leonardo, sozusagen als Konzession an die *Bruderschaft der Unbefleckten Empfängnis*, muß zwar offenbleiben, auf jeden Fall aber war es diese Version, die erst von dieser Organisation aus naheliegenden Gründen akzeptiert werden konnte. Eine jüngere, von der National Gallery durchgeführte Untersuchung hat übrigens ergeben, daß sich unter diesem Bild eine Zeichnung verbirgt, die keine Ähnlichkeit mit dem sichtbaren Gemälde aufweist.

Die vollständige Bezeichnung der zweiten Version der „Felsengrottenmadonna" — *also jener mit dem* „Johannes-Attribut" — unterstreicht aus meiner Sicht die Irreführung, oder, wenn Sie es milder wollen: die Notwendigkeit, dem Betrachter den freien Blick zu verstellen: *The Virgin with the Infant Saint John the Baptist adoring the Christ Child accompanied by an Angel*. (__„Die Jungfrau mit Johannes dem Täufer als Säugling, das von einem Engel begleitete Christkind anbetend."__)

Ende der Anmerkung: „Hilfsmittel des Glaubens". [194]

Um an dieser Stelle den Faden wieder aufzunehmen, der wegen der Anmerkung: „Hilfsmittel des Glaubens" auf der Seite 156 abzulegen war, seien im folgenden die letzten Zeilen dieses nun wieder aufzugreifenden Fadens wiederholt: ... wer anderen aber weismachen kann, daß er eine allmächtige, alles geschaffen habende und absolut abstrakt bleibende Gottheit vertritt und von eigens zu diesem Zweck fein ziselierten Wundererzählungen zu berichten weiß, die einst geschehen wären — *vielleicht selbst noch über etwas Hokuspokus* „verdeutlicht" —, kann andere erleichtert aus ihrem bisherigen — *gewohnten* — Glaubensgefüge reißen.

Allerdings muß er ihnen dann glaubensmäßig schon etwas anbieten — immerhin waren diese alten Gottheiten einst nichts anderes als die „Natur in Aktion", die bspw. die Güte einer Ernte tatsächlich bestimmt, so daß den Menschen die Naturprozesse, so sie sie von vorgestellten Gottheiten bestimmt ansahen, gar über als geeignet geltende Mitglieder einer Gemeinschaft als beeinflußbar erschienen, ursprünglich also den Schamanen, später dann erst, als Teil des Establishments einer bereits strukturierten Gesellschaftsordnung, und nun schon eigeninteressengeleitet oder im Dienst der weltlichen Herrschaft stehend, über Priester und vereinzelt über Propheten.

[194] Editorische Notiz: Zu der Anmerkung: „Hilfsmittels des Glaubens" gibt es ein kleines Video auf YouTube: https://youtu.be/O8bwx8BrV2U.

Ab diesem Zeitpunkt lag den „Offenbarungen" nichts Menscheninteressenloses mehr inne, obwohl die Propheten der Völker, und jedes wird seine gehabt haben, denn darin lag keine Spezifik des hebräischen Volkes (__*wie Spinoza feststellt, wenn er sagt, daß die Gabe der Prophetie bestimmten, mit besonderem Charakter ausgestatteten Personen* „allen Völkern" *eigen gewesen*[195]__), weiterhin über ihre, sie auszeichnende Besonderheit verfügt haben mögen. Welche Besonderheit ist das?

War ihr Geist vollkommener als in den meisten anderen Menschen der Gesellschaft entwickelt, in der sie als Propheten galten und es auch möglicherweise waren? War es Weisheit, die sie auszeichnete? Nein. Was einen Propheten auszeichnet ist eine besondere Integrität und _*seine*_ außergewöhnliche Einbildungskraft, die außergewöhnliche Vorstellungen über einen bestimmten, die Gesellschaft betreffenden Prozeß hervorbringt. Wo aber die Einbildungskraft besonders entwickelt ist, mangelt es an Durchsetzungskraft des Verstandes, so daß es einleuchten kann, daß das Prophezeien eines Propheten wohl von seinem Temperament und von seiner Gemütslage abhängig sein mag, nicht aber von seinem Verstand. Es sind aber gerade das Temperament und die Gemütslage eines Menschen, die wesentlich von den über das Milieu erfolgten Prägungen beeinflußt werden. (__Und zwar völlig unbewußt *vor*_prägend beginnend im Uterus, wo die Verwebung mit dem den Fötus umgebenden natürlichen wie gesellschaftlichen Verhältnissen stattfindet[196].__) Folglich ist diese Einbildungskraft, diese besondere Vorstellungsgabe, immer auch abhängig von den vorherrschenden gesellschaftlichen Verhältnissen, in die ein sich auf besondere Weise mit seiner Gesellschaft verwoben ha-

---

[195] Siehe in: Baruch de Spinoza, *Theologisch-politischer Traktat*, neu übersetzt von Wolfgang Bartuschat, Felix Meiner Verlag, 2012, die Seiten 58+60.

[196] Vgl. die Bemerkung auf der Seite 118, die mit: „Wird jemand in derartige gesellschaftliche Verhältnisse hineingeboren ..." beginnt.

bendes Individuum eingebunden ist.[197]

Kein leichtes Unterfangen also, die Gläubigen von den alten Kulten wegzulocken und in den eigenen, monotheistischen zu integrieren. — *Beispielsweise stehen die sogenannten Schwarzen Madonnen für eine gewisse Widerspenstigkeit der Gläubigen alter Glaubensvorstellungen, sich in die relativ junge, monotheistische christliche Glaubensvorstellung integrieren zu lassen.*[198] — So erging es exemplarisch der Göttin Artemis, die ihr großes Heiligtum in Ephesos hatte. Ja, man kann sagen, daß der christliche Muttergotteskult ihretwegen, bzw. zur Bindungs_*Lockerung* ihrer Gläubigen eingeführt wurde — und zwar anläßlich eines in Ephesos abgehaltenen Konzils.

In Ephesos wurde im Jahre 431 das 3. ökumenische Konzil aus verschiedenen folgenreichen Gründen abgehalten. Einer dieser Gründe betraf die Frage, ob die als Mutter Jesu geltende Jungfrau Maria eine „Gottesgebärerin" (__*Theotokos*__) oder „lediglich" eine „Christusgebärerin" (__*Christotokos*__) gewesen sei. Von dieser christologischen Frage, die also eine Jesu Christi als Person betreffende Frage ist, ist weiter unten zwar deshalb noch die Rede, da sie einen Begriff von den dem menschlichen Geist möglichen Spekulationen gibt, die zwar fern jeglichen praktischen Werts für das Leben der Menschen sind, aber tiefgreifend in ihr Leben hineinwirken, da so weltliche Macht- und Interessenfragen „eloquent" bedient werden können — wie der seit nun bereits über 520 Jahre währende, einst im 15. Jahrhundert vom Papst abgesegnete Krieg der europäischen Machteliten und ihrer Satelliten gegen die Welt drastisch belegt.

---

[197] Vgl. zu dieser Aussage auch die auf der Seite 163 oben mit: „Ab diesem Zeitpunkt lag den „Offenbarungen …" beginnende Aussage und auch die Aussagen in: Baruch de Spinoza, *Theologisch-politischer Traktat*, neu übersetzt von Wolfgang Bartuschat, Felix Meiner Verlag, 2012, die Seiten 31 und 32.

[198] In einem späteren Buch ist, u.a., auf die *Schwarzen Madonnen* zurückzukommen.

Und so wurde _*damals*_ von jenen behauptet, die (__„elitenmäßig"__) zu jenen gehörten, die _*damals*_ durch solche Fragen _*sofort*_ zu Spekulationshöchstleistungen angespornt wurden (__*und* _solche_ „Jene" *es heutzutage nicht minder gibt*__), daß nämlich in der von jenen, die jeden Kontakt mit den tatsächlichen Lebensbedingungen der Menschen verloren hatten (__*was für die heutigen* „Jenen" *vergleichbar gilt*__), die durch jene gestellte Frage, ob also die Jungfrau Maria etwa eine „Gottesgebärerin" oder „lediglich" eine „Christusgebärerin" gewesen sei, zu theologischer Spekulationshöchstleistung angespornt wurden, dann gegebene Antwort (__*behaupteterweise*__) die Ursache für den daraufhin einsetzenden Marienkult zu finden sei.— Nun, das anzunehmen ist zwar absurd, wenn man um die „Nähe" der Artemis von Ephesos zu den Menschen weiß, aber vom _*Impuls*_ und den daraus resultierenden Folgen hergesehen, ist das durchaus mit dem vergleichbar, das heutzutage von der Masse der Menschen als „marktkonformierende Notwendigkeit" so „klar" wie richtig „erkannt" wird, daß nämlich jeder Mensch im Sinne der Bedürfnisse des „Marktes", also marktkonform zu funktionieren habe. So jedenfalls die als „frohe Botschaft" verkaufte dogmatische Forderung der „westlichen Glaubensvorstellung vom 'Markt'", da dieser „Markt" mittels seiner „unsichtbaren Hand" und seinen „Marktkräften" erst _*so*_ sein volles Potential und erst _*so*_ die menschliche Gesellschaft „wohlwollend" steuern könne. ... Wie sollte man sich dann den Ratschlüssen seiner Hohepriester, die das „Wollen des 'Marktes'" gar sorgfältig beobachten — die ja allein deshalb _*dann*_ das gesellschaftspolitisch richtig Zutuende zu verkünden wissen —, überhaupt noch widersetzen dürfen? ... Allerdings — *und insbesondere darin liegt ein wichtiger Unterschied zu jenem* „Damals" *schon* — bedarf es heute keiner inquisitorischen Institution mehr, um das Denken von Dissidenten zu erforschen, sind doch die „digital-senso-rezeptiven Anschlüsse" längst gelegt ... so daß es beim Gang durch die präsente Düsternis im Wechsel mehr nach Huxley oder mehr nach Orwell riecht.[199]

[199] Vgl. *Brave new world*, a novel by Aldous Huxley (__1894-1963__), Chatto & Windus, London, 1932, bzw. George Orwell, *Nineteen Eighty-Four: A Novel*, London, Secker & Warburg, 1949.

Nun, daß dies, nämlich die „richtig" gefundene Antwort auf diese höchstspekulative Frage, ob die als Mutter Jesu geltende Jungfrau Maria eine Theotokos oder „lediglich" eine Christotokos gewesen sei, den Marienkult ausgelöst habe, der nach außen gekehrte Grund war, ist zwar anzunehmen. Tatsächlich ging es bei diesem Konzil aber um jenes, worum es — *seit dem Beginn des* „Zeitalters der geschiedenen Interessen" — immer geht, also neben den „handfesten" weltlichen Machtfragen, wie es — im „Zeitalters der geschiedenen Interessen" — seit Tausenden von Jahren üblich ist, und *des*_halb so viele Menschen immer noch meinen, daß das von den Historischen gezeigte Verhalten fürs Menschengeschlecht ein normales Verhalten sei; *ob*_wohl recht plausible belegt werden kann, daß genau das nicht stimmt, wie in einem späteren Buch noch weiter zu verdeutlichen ist: zumal schon klar gesagt werden kann, daß dieses neurotisierte Gebaren mit der Plastizität des menschlichen Wesens ursächlich zusammenhängt.[200] Das bedeutet, daß es bei dieser Frage tatsächlich um die bis dahin im Sinne des Paulinischen Christentums ungelöste Frage der Integration der großen Masse von Menschen ging, die keinen plausiblen Grund darin erkennen konnte, dem Vollzug des ihren alten Muttergottheiten geltenden Gottesdienstes nicht mehr beizuwohnen.

Deshalb kann — *an dieser Stelle* — auf die Beantwortung dieser „Frage" — *ob also die Jungfrau Maria etwa eine* „Gottesgebärerin" *oder* „lediglich" *eine* „Christusgebärerin" *gewesen sei* — ohne weiteres verzichtet werden, zumal sie Spekulationsbereiche betrifft, die uns nur vom eigentlichen Problem wegführen würden, auch wenn auf diese Weise Legionen von Wissenschaftlern weiterhin diskret mit geupdateten Fragestellungen beschäftigt werden können — *daß die sich bloß nicht den eigentlich entscheidenden Fragen widmeten* —, denn es soll — *an dieser Stelle* — lediglich bemerkt werden, daß diese *folgen*_reiche „Frage" — *allerdings schismatisch* — im Sinne der Vorstellung von der Jungfrau Maria als „Gottesgebärerin" entschieden wurde.

---

[200] Vgl. in: Die *tri*_logische Sezierung [...], Bd I, Tb 4, Seiten 139-47, beginnend mit: „[...] das Wesen des einzelnen Menschen ist [...] plastisch [...]".

Es war der Bischof von Konstantinopel, Nestorius (__381-451__), der bereits seit 428 entschieden gegen diese „Gottesgebärerin-Vorstellung" predigte. Daß seine Position bereits auf dem im Jahre 430 in Rom einberufenen Konzil abgewiesen wurde, lag deshalb insbesondere am damaligen Bischof von Rom Coelestin I. (__*der diese Position von 422 bis 432 innehatte*__), da dieser zu jener Zeit noch einer neben den anderen vier gleichberechtigten Haupt-Bischöfen der Christenheit war (__*erst der römische Kaiser Justinian I.* [__527-565__] *sollte die Sitze dieser Bischöfe: Rom, Konstantinopel, Alexandreia, Antiochia und Jerusalem, zu Sitzen von Patriarchen machen, da diese Patriarchen als Pentarchie* [__als „Herrschaft der Fünf {__*Patriarchen*__}"__] *die Einheit der „Universalkirche"* [__allerdings vergeblich__] *sicherstellen sollten*__), und dieser Coelestin die Position Roms gegenüber Konstantinopel verbessern wollte. Aus diesem Grund übernahm er die Position des Bischofs von Alexandreia, der die Vorstellung von Maria als „Gottesgebärerin" vehement gegen Nestorius vertrat, und berief zur Klärung dieser Frage im Jahre 431 eben jenes Konzil von Ephesos ein. Nach Ephesos berief er es aber deshalb ein, da aus seiner Sicht diese Frage am besten dort zu verhandeln war, denn noch immer dienten viele Epheser ihrer Göttin Artemis, da bis zu jenem Zeitpunkt die christliche Kirche, die _*alles*_ der Toleranz der Gläubigen der alten Kulte zu verdanken hatte, keinen Ersatz für diese Muttergottheiten gefunden hatte — *von denen Artemis lediglich eine war, allerding in Ephesos seit tausend Jahren* (__so alt wie jung__) *verehrt wurde*.

Wenn es über die Verwendung des Christentums als Staatsreligion — *die seit Konstantin dem Großen der Staatskult des Römischen Reiches war* — aber nicht gelingen sollte, der Ursache gerecht zu werden, es überhaupt als Staatsreligion eingeführt zu haben — *immerhin war dieser* (__sie als Kirche letztlich korrumpieren müssende__) *Staatskult geschaffen worden, um das an seinen inneren Widersprüchen zu zerbrechen drohende Reich zu stabilisieren* —, wäre das Schicksal des Römischen Reiches besiegelt gewesen. Den traditionell dem Mutterkult verbundenen Menschen — *im Rahmen dieser Staatsreligion* — einen „sterilisierten christianisierten Ersatz" anzubieten, schien dazu das Mittel der Wahl zu sein.

Und so läßt sich sagen, daß mit dem Ausgang dieses Konzils von Ephesos, der Marienkult zwar einsetzte, aber nicht allein, da zugleich ein, wenn auch meist nur untergründig bleiben könnender, die ideelle Tradition der tatsächlichen Muttergottheiten fortführender (__*unbewußt bleibender*__) Prozeß einsetzte. Denn wie sollte die vermeintliche „Gottesmutter" ein vollwertiger Ersatz für jene Tradition sein, die sich in dem symbolisiert, das man „Muttergottheiten" nennt, die alle Lebenslagen der Menschen verstanden und sie — *gerade deshalb* — freudvoll im Leben ließen? (__*Dies offenbar etwas, das weder das Christentum noch der spätere Islam ersatzweise zu bieten in der Lage waren noch es sind.*__)

Allerdings, der ins Untergründige abgedrängte Prozeß einer grundsätzlich lebensbejahenden Tradition schädigte das menschliche Wesen schwer, ausgelöst durch eine, wie man es vielleicht nennen könnte, „monotheistisch induzierte kollektive Neurose", deren Folgenschwere eine bis heute fortwirkende ist, da das, anläßlich jenes Konzils Ausgehandelte, letztlich allein der Wahrung von Machtinteressen diente, und dient, da seine durch die Jahrhunderte erfolgten Updates — *ob mit* „geistlichem Getue" *oder nackt profan geschmückt* — daran nichts geändert haben noch dies je könnten, da sie von prostituierten Intellektuellen ausgeheckte „machtelitäre Ideen" waren und bleiben.

Diese alten Göttinnenkulte sollten später, wenn auch soweit wie möglich christianisiert, bspw. unter dem Deckmantel der *Schwarzen Madonnen*, wiederaufleben — mitunter gepaart mit dem Kult der Magdalena, wie dies im Süden Frankreichs festzustellen ist. Und so ist, beispielsweise, „die Königin der Nacht" nur ein absolut gesetzter Aspekt dieser alten Kulte — *wenn auch, wie üblich, und diese Kulte selbst auch, nur ein die Materia anthropomorphisierender Aspekt* (__wie die ganze „Götterei"__) —, folglich ein „anders falsch" seiendes Ergebnis der aus der grundsätzlichen Problematik der Plastizität des menschlichen Wesens sich ergebenden gruppendynamischen Egozentrik von Vertretern gesellschaftlicher Machtgruppen und ihrer gesellschaftspolitischen Manipulationsversuche.

Die Abbildung auf der folgenden Seite: „Die Königin der Nacht“ zeigt die Bühnendekoration der 6. Szene im 1. Akt der Oper „Die Zauberflöte“ von Wolfgang Amadeus Mozart (__1756-1791__). Allerdings nicht jene der Uraufführung vom 30. September 1791 im „königlich privaten Theater auf der Wieden“ im Stadtteil Wieden Wiens, die Mozart knappe Wochen vor seinem Tod selbst dirigierte, sondern jene, die als Aquatinta-Radierung von Carl Friedrich Thiele (__ca. 1780 bis ca. 1836__) angefertigt wurde, die heute in der Bibliothèque Nationale de France lagert und der Idee und Vorlage Karl Friedrich Schinkels (__1781-1841__) entspricht, die dieser als Bühnendekoration für die Berliner Aufführung der Zauberflöte im Jahre 1815 vorgesehen hatte und die für den Erfolg der tatsächlich am 18. Januar 1816 aufgeführten „Zauberflöte“ in der Hofoper Unter den Linden unbedingt mitverantwortlich gemacht werden kann.

Es ist aber zu sagen, daß diese Figur zwar die „Königin der Nacht“ darstellen soll, tatsächlich aber zeigt das Bühnenbild die vielgestaltige Isis (__*in ihrem ägyptischen Rundtempel*__), wenn auch genau dies das Libretto Johann Emanuel Schikaneders (__1751-1812__) _*bewußt*_ verschweigt und davon in den nachkommenden Interpretationen entweder *be*_wußt oder *un*_bewußt nicht die Rede ist. Denn unbestreitbar _*ist*_ sie es. Ob nun den einen als Artemis erscheinend, denn Artemis _*ist*_ Isis, oder als Hekate, denn Hekate _*ist*_ Isis. Oder gar in jener Maske jenen, die vor lauter einseitigem Kult das Erwachsenwerden vergaßen — *und noch immer vergessen* — und also eine völlig *de*_isisierte „Gottesmutter“ anbeten, der eigentlich alles fehlt, was einer ein offenes Wort mit ihr wechseln wollenden Vertreterin der einen Hälfte des Menschengeschlechtes nützlich sein könnte ... so daß erst ein Vertreter der anderen Hälfte dieses Geschlechts, ein genauso offenes Wort an *Osiris* richten könnte; während Kinder _*ihre*_ Sorgen und Freuden mit der ihnen eigentümlichen Offenheit mit *Harpokrates* teilen wollten. — Gewiß, auch dies *vor*_gestellte Trinität, aber eine, deren Basis menschliches (__*hier ägyptisch gefaßtes*__) Maß ist.

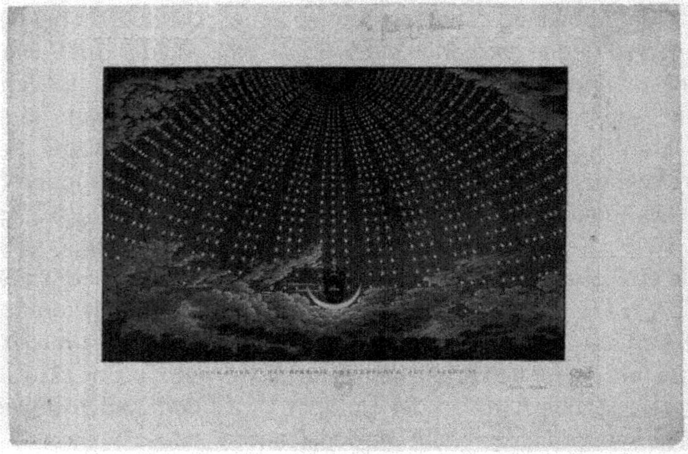

(__Quelle: Bibliothèque national de France[201]__)

Das heißt „wir" waren einst unvergleichlich weiter ...

Hingegen gelang es dem aus Jahve entsprossenen Gott der Christen nicht, im sogenannten Heiligen Land Fuß zu fassen, denn immerhin war der abstrakte „offenbarte" Monotheismus der Juden schon dort, ein zweiter konnte sich schwerlich daneben stellen, ohne monotheistische Konflikte heraufzubeschwören: Ausschließlichkeit *_gegen_* Ausschließlichkeit.

In die Diaspora zerstreut, entsproß dann im Heiligen Land aus den mit dem Glauben der Juden sich verflechtenden Glaubensinhalten des arabischen Volksglaubens und dem arabischen Götter-Pantheon[202] sowie dem (*__aus dem christlichen Kanon ausgestoßenen__*) Arianismus, dessen monophysitische Glaubensvorstellung bestens zu dem entstehenden muslimischen Monotheismus paßte — *wenn nicht*

---

[201] Der Internetpfad ist am 22. Oktober '19 erneut geprüfte worden: https://gallica.bnf.fr/ark:/12148/btv1b8437651f/f1.item.zoom.

[202] Siehe dazu hinweisend die Seite 61, beginnend mit: „Die Bezeichnung 'Allah' bezog sich ursprünglich ...".

sogar ihn mit begründen helfend — der Monotheismus der Muslime: Ausschließlichkeit _*gegen*_ Ausschließlichkeit _*gegen*_ Ausschließlichkeit.

Exkursion: *Die arabische Glaubenstradition und der Islam* und *Der Arianismus und der Islam*

Daß, nicht anders als alle anderen Glaubensvorstellungen auch, der Islam einen Teil seines Ursprungs in den alten Glaubenstraditionen der Araber hat, die in der Antike lediglich die „Steppenbewohner" — die „Bedu" — Arabiens waren, wird bspw. am Dschinn-Glauben deutlich, der sich, auch hierin nicht anders, zum „islamischen Dschinn-Glauben" wandelte.

Auffallend ist die Betonung der „Elemente": die Dschinn seien aus Feuer, die Menschen aus Erde geschaffen. Daß es sich dabei um ein abergläubisches Element im Islam handelt, kann bspw. daran deutlich werden, daß islamische Geistliche sagen, „Dschinn" wären überall an-wesend, besonders aber an verlassenen Stätten. Nun, wenn sie überall anwesend sind, bräuchte nicht gesondert erwähnt zu werden, daß sie an „besonderen" Plätzen anwesend wären. Hier kommt also die „Furcht vor dem Unbekannten" zum Ausdruck, das entsprechend zu beschwören ist. (__*Doch letztlich ist das* „Unbekannte" *das eigene Unbewußte.*__) Auf diese Weise kann es geschehen, daß alles im Leben ritualisiert wird, erst eine bestimmte formelhafte Handlung dem eigentlich zu Tuenden vorausgehen muß. So wird bspw. erzählt, daß man einen WC-Raum mit dem linken Fuß betreten müsse, während gleichzeitig eine bestimmte Gebetsformel aufzusagen sei, da gewisse Dschinn es liebten, solche Örtlichkeiten zu bewohnen und umgekehrt das Verlassen mit dem rechten Fuß erfolgen müsse.[203] Ein anderes Beispiel für diesen Aberglauben, in dem eine positive Eigenschaft der Dschinn zum Ausdruck käme, ereignet

---

[203] Vgl. Kornelius Hentschel, *Geister, Magier und Muslime — Dämonenwelt und Geisteraustreibung im Islam*, Diederichs Gelbe Reihe, N° 134: „Islam", Eugen Diederichs Verlag, München, 1997, die Seite 46.

sich speziell in Kairo. Denn dort sind Frauen mit Kinderwunsch davon überzeugt, daß ihnen ein Besuch im ägyptischen Museum deshalb dabei helfen könne, da es bekannt sei, daß die Dschinn einst engen Kontakt mit den Pharaonen pflegten und deshalb die Nähe der dort ausgestellten Objekte aus jener Zeit suchten.[204] (__*Woraus übrigens deutlich wird, daß altägyptische Ursprünge des Dschinn-Glaubens zu vermuten sind.*__)

Eine weitere abergläubische Vorstellung bei Muslimen ist die, daß bestimmte „Engel" Meteoriten schleuderten, während andere bestimmten Planeten zugeordnet seien. Sterne werden als Geister aufgefaßt, die die Dschinn beherrschten und diesen Aufträge erteilten.[205] (__*Hier scheint u.a. ein Reflex des alten* „Sternenkultes der Leute von Harrân" *durchzuschimmern, worauf in einem anderen Buch zwar zurückzukommen ist, aber auch in Anhang II etwas zu finden ist.*__)

Unter islamischen Geistlichen gibt es sogar die Auffassung, daß es muslimische, christliche und jüdische Dschinn gäbe.[206]

Regiert werden soll das Volk der Dschinn von sieben Fürsten oder Königen, daß sie also, wie üblich, eine Art von Monarchie hätten, die das Volk der Dschinn in sieben Stämme unterteile.[207]

Die Welt der Dschinn wird als Spiegelwelt der materiellen Welt aufgefaßt, also, wie üblich, auf „feinstofflicher" Ebene.[208] (__Was aber ist das „*Fein*_Stoffliche", wenn nicht auch Stoffliches und damit Teil der Materia?__)

Zu diesem im Islam sehr ausdifferenzierten Aberglauben gehört u.a. genauso die Vorstellung, daß die Dschinn auf die materielle Welt einwirkten, was von den Menschen aber nur unter der Bedingung erkannt würde, praktizierten sie gewisse Übungen und Rituale, die sie in einen „feinstofflicheren" Zustand versetzten, der sie sozusagen hellsichtig mache, denn normalerweise seien die menschlichen Sinne für

---

[204] Vgl. Kornelius Hentschel, *Geister, Magier und Muslime*, die Seite 48.

[205] Vgl. a.a.O., die Seite 50.

[206] Vgl. a.a.O., ebenda.

[207] Vgl. a.a.O. die Seite 51.

[208] Vgl. a.a.O., die Seite 51 f.

eine Kontaktaufnahme mit den Dschinn und deren Wirken nicht geeignet. Während also die Dschinn die Menschen in ihrer Welt ohne weiteres wahrnähmen, und, da sie ja Einfluß auf die materielle Welt nähmen, diese beeinflussen und jeder Zeit mit Menschen in Kontakt treten könnten, sei den Menschen, wie schon gesagt, der Kontakt zu Dschinn mittels Beschwörung zwar möglich, normalerweise aber versperrt.[209] Dies deutet auf unverarbeitete, unbewußte Regungen hin, die derartig nach außen projiziert werden, daß *selbst*_verursachte, *verhaltens*_bedingte Ereignisse als von Dschinn ausgegangene „Wirkungen", bzw. „Einwirkungen" interpretiert werden (__*können*__).

Weiter wird behauptet, daß Dschinn sich in tierischer oder in menschlicher Gestalt materialisierten, so daß sie überhaupt erst dem Menschen sichtbar würden.[210]

Auch stellt man sich in der islamischen Glaubenswelt vor, es gäbe männliche und weibliche Dschinn, die zahlreiche Nachkommenschaft hätten, im Nu ausgewachsen wären _*und*_ dann sofort wieder zeugungsfähig würden. Daß es bei gleichzeitig hoher Lebenserwartung, die mehrere hundert Jahre betragen soll, bisher keine Übervölkerung von Dschinn gibt, wird damit erklärt, daß sie „auf die verschiedene Erden ausweichen" könnten.[211]

Übrigens wird von islamischer Seite anerkannt, „daß zwischen Zauberei und Religion eine enge Beziehung" bestehe.[212]

Im Islam wird der Lebensraum in zwei Bereiche geschieden, wobei die Annahme, daß der eine davon den grobstofflichen Bereich der Natur betreffe, in dem die Menschen lebten, ihren Ursprung im vorislamischen, animistischen Glauben der Araber findet.[213]

Nun, in der Aussage des Nağm-al-dīn Kobrās, der in der Zeit _*vor*_ dem Jahre 618 bzw. _*vor*_ dem Jahre 1221 lebte, daß alles Widerstrei-

---

[209] Vgl. Kornelius Hentschel, *Geister, Magier und Muslime — Dämonenwelt und Geisteraustreibung im Islam*, die Seiten 52 und 65 ff.

[210] Vgl. a.a.O., die Seite 60.

[211] Vgl. a.a.O., die Seite 54 f.

[212] Vgl. a.a.O., die Seite 71.

[213] Vgl. a.a.O., die Seite 89.

tende von manchen Menschen zwar als einerseits von „Engeln", andererseits vom „Teufel" herrührend aufgefaßt und diese Menschen damit irgendwo weit jenseits des Sichtbaren liegende Örtlichkeiten wie „Hölle" einerseits und „Paradies" andererseits sowie die sichtbaren Seiten des Seins wie jene des „Todes" einerseits und jene des „Lebens" andererseits verbänden, tatsächlich aber die Ursache für alles Widerstreitende sich nicht außerhalb, sondern in uns selbst finde, liegt zwar unbestreitbare Wahrheit.[214] Diese aber wirkte sich erst unter der Bedingung praktisch aus, begännen wir zwar kollektiv mit jener Reise, die der eigenen Wandlung diente. Denn diese zwar allein zu unternehmende Reise — in der Tat _*allein*_ zu unternehmen — und sich davon sogar spiralige, alle Bereiche des Seins erfassende Wandlung zu erwarten, hieße den anderen Mitwesen ihre Selbstverantwortung zu rauben und auf diese Weise sowohl die eigenen Kräfte falsch einzuschätzen, wenn nicht gar diese zu mißbrauchen, und hieße überdies, zu glauben, im Universum sei alles auf mich zielgerichtet seiend ... da dann ein solches „kollektives Reisen" scheitern müßte.

Das läßt sich gut als _*eigenes*_ Credo nehmen.

Denn welche Heiligkeit einem Buch auch immer zugesprochen wird, was wissen wir wirklich von dem, was und wer tatsächlich seinen Inhalt mit was gefüllt hat: denn lesbar mußte es ja auch für andere Menschen sein. Das ging aber allein durch eine Abfassung, die auch „aufgenommen" werden konnte. Dazu bedurfte es jedoch der Verwendung der eigenen Sprache: die folglich *zwangs*_läufig nicht jene Gottes sein könnte, sondern ausschließlich eine menschliche. Was dann noch aus eigenem Dünkel mit eingeflossen sein mag, wissen wir nicht; was davon dann noch göttliche Offenbarung sein kann, wissen wir auch nicht — folglich, geht es immer um das eigene ethische Tun im Jetzt: _*dies*_ ist die Richtschnur! — Spinoza sagt es im *theologisch-politischen Traktes* deutlich: Wenn ein Prophet jemand ist, der eine Offenbarung von Gott empfangen hat, interpretiert er diese in dem ihm

---

[214] Vgl. Kornelius Hentschel, *Geister, Magier und Muslime*, die Seite 93.

möglichen Sinne, also in Abhängigkeit von seinem sozialen Hintergrund, seinem Blick auf die Welt, seinen Erfahrungen, seiner Gemütslage und, nimmt er Rücksicht auf die Menschen, erzählt er das ihm Offenbarte so, daß sie es fassen _*könnten*_.[215]

Nun, so wird aber deutlich, daß sich ein Gott nur insofern offenbaren könnte, daß dies für einen Propheten selbst „aufnehmbar" wäre. Folglich könnte in einer „Offenbarung" nicht das göttliche Wort, sondern lediglich etwas für den Propheten „Faßbares" liegen, also eine „visionäre Sinn_*Ab*_Schwächung".

Kommt noch die Frage nach der „Qualität" eines Propheten hinzu. Aber unterstellt, er wäre bestrebt, diese „visionäre Sinnabschwächung" tatsächlich so weiterzugeben, wie er sie (__*glaubte*__) empfangen zu haben, bleibt jenes als offenbart Geltende dennoch eine Interpretation, die vor dem individuellen Hintergrund eines jeden Hörers des interpretierten Offenbarten, also jeden Hörer verschieden erreicht — und _*so*_ erzählt jeder „Prophet" von diesem von _*ihm*_ Aufgefaßten anderen. ... Was mögen sie dann „hören"?

Der Arianismus und der Islam

Für den alexandrinischen christlichen Priester Areios (__Arius__), der 335 gestorben und nach dem der „Arianismus" benannt ist, war Christus nicht wesensgleich mit Gott, sondern dessen, wenn auch vornehmste Schöpfung. Wegen dieser von Areios behaupteten Wesensungleichheit — im Gegensatz zur Wesenseinheit bzw. Wesensgleichheit (__*homousios*__) — wurde anläßlich des ersten Konzils von Nicäa im Jahre 325 die — *gegen diese Argumentation des Arianismus' gerichtete* — „Dreifaltigkeitslehre" schließlich zur Grundlage des Dogmas der römisch-katholischen Kirche erhoben, wodurch erst die Behauptung, Christus sei — *neben dem* „heiligen Geist" — „wesenseins" (__*homousios*__) mit Gott, ihre „dogmatische 'Erklärung'"

[215] Vgl. Baruch de Spinoza, *Theologisch-politischer Traktat*, neu übersetzt, herausgegeben, mit Einleitung und Anmerkungen versehen von Wolfgang Bartuschat, Felix Meiner Verlag, Hamburg, 2012, Kapitel 1.

bekam ... wenn auch diese „Trinitätslehre" später insofern abgeschwächt wurde, daß aus „wesenseins" „wesensgleich" wurde.

Dem Arianismus schlossen sich viele der Europa durchwandernden Stämme an, bspw. die Wisigothen in Spanien, oder die Langobarden in Norditalien. Auch in Nordafrika fanden die Wandalen ihn passend. Das hängt durchaus damit zusammen, daß die arianische Christologie Christus im Sinne von „*Logos*" auffaßt, der, als spirituelle Wesenheit, zwischen Gott und die Welt gesetzt sei, sozusagen als Mittler fungiere, und insofern im metaphysischen Sinne als halbgöttlich zu verstehen sei. Diese Annahme kam den kelto-germanischen Glaubensvorstellungen grundsätzlich entgegen.

Wie bemerkt, ist der Arianismus schon 325 auf dem Konzil von Nicäa unter dem Einfluß des damaligen *Pontifex Maximus* verurteilt worden, und der war Konstantin der Große. Dennoch lebte diese Lehre bis ins 6. Jahrhundert fort, so daß es als wahrscheinlich gelten kann, daß die Anhänger des Arianismus' sich der islamischen Glaubensvorstellung öffneten. Wenn nicht sogar die Annahme berechtigt ist, daß arianische Glaubensinhalte überhaupt Einfluß auf die Ausbildung des Islams genommen haben.

Ende der Exkursion: *Die arabische Glaubenstradition und der Islam* und *Der Arianismus und der Islam*.

Von Diphysiten und Miaphysiten

Im Gegensatz zu den *Diphysiten*, die von zwei Naturen ausgehen: einer göttlichen und einer menschlichen, die völlig unvermischt in Christo wären, vertreten die *Miaphysiten* die Auffassung, daß die beiden Naturen in Christo eine Einheit bildeten, nämlich eine *gottmenschliche* und in_*sofern*, da sie als eine Natur wirkten, diese beiden Naturen vermischt in Christo wären, die göttliche Natur aber die überwiegende und leitende wäre. — *Vielleicht sollte man dann besser vom „menschlichen Anteil" und vom „göttlichen Anteil" einer Natur sprechen?* — Insofern hat die miaphysitische Vorstellung durchaus etwas Gnostisches.

Übrigens werden die *Miaphysiten* gemeinhin als „Monophysiten" bezeichnet, wobei der Unterschied zwischen dem griechischen Adverb μονός (__„*monos*"__) und dem griechischen unbestimmten (__*in diesem Fall weiblichen*__) Artikel μία (__„*mía*"__) darin besteht, das in diesem Zusammenhang „*monos*" im Sinne von „*einzig*[e]" Natur verwendet wird, wohingegen in „*mía*" die Betonung auf „*ein und dieselbe*" Natur gelegt ist.

Als Ergebnis des Konzils von Chalzedon (__451__) führte der Streit zwischen den *Diphysiten* und den *Miaphysiten*, also zwischen den Vertreten dieser beiden Glaubensvorstellungen im Rahmen des christlichen Glaubensgebäudes, zu einem tiefgreifenden Schisma. Dieses Konzil machte jenes zur Glaubensgrundlage, das eigentlich schon von Nestorius (__gest. ca. 451__) und seinen Anhängern vertreten worden war, abgesehen von der Aussage Nestorius', daß die „Jungfrau" Maria nicht vergöttlicht und nicht als „Muttergottes" (θεοτόκος = Theotokos) bezeichnet werden könne, sondern lediglich als Gebärerin der menschlichen Natur Christi[216]. In diesem Zusammenhang soll er übrigens wie folgt argumentiert haben: *Ich kann nicht von Gott sagen, er sei zwei oder drei Monate alt gewesen.*[217]

Nun, Nestorius ist in diesem Zusammenhang auch deshalb zu nennen, da er die völlig entgegengesetzte Position der Miaphysiten einnahm, was ihm dennoch die Verdammung einbrachte — eben wegen seiner Aussage, daß die „Jungfrau" Maria nicht zur „Muttergottes" vergöttlicht werden dürfe, was in dem schon erwähnten Konzil von Ephesos (__431__) zur Abtrennung der *Nestorianer* von der christlichen „Urgemeinde" führte, also zwanzig Jahre vor dem Konzil von Chalzedon; anläßlich dessen es wiederum zur Abtrennung der *Miaphysiten* kam, aus denen sich u.a. die koptische Kirche, die Syrisch-Orthodoxe Kirche von Antiochien, die Indisch-Orthodoxe Kirche, die auch als Malankara Orthodox-Syrische Kirche bezeichnet wird

---

[216] Vgl auf den Seiten 164-69 die Anmerkungen unter: „In Ephesos wurde im Jahre 431 das 3. ökumenische Konzil ...".

[217] Quelle des Zitats: Joseph Campbell, *Die Masken Gottes*, Band 3: *Mythologie des Westens*, Sphinx Verlag, Basel, 1992, Seiten 465 f.

und die sich auf den Apostel Thomas zurückführt, und die Armenische Apostolische Kirche ausbildeten, die, neben anderen Kirchen dieser miaphysitischen Richtung, auch unter dem Begriff *orientalisch-orthodoxe Kirchen* zusammengefaßt werden. Allerdings sind diese Kirchen nicht als Einheit zu verstehen, da sie lediglich die miaphysitische Glaubensvorstellung von der gottmenschlichen Natur in Christo verbindet.

Im Gegensatz dazu wurde das „Chalzedonische Glaubensbekenntnis" (__*als Ergebnis des Konzils von Chalzedon im Jahre 451*__) zur Grundlage der Dreifaltigkeitslehre: „*Gott-Sohn-heiliger Geist*" der *Diphysiten*: „... die innigste Verbindung der göttlichen und der menschlichen Natur Christi in einer Person einerseits, das gesonderte, unvermischte Leben beider Naturen anderseits". Das „Chalzedonische Glaubensbekenntnis" prägte dann diverse andere christliche Glaubenssysteme, so das *römisch-katholische*, das *christlich orthodoxe*, das *evangelische*, das *anglikanische*.

Was also eigentlich als Kompromißformel beider Richtungen gedacht war, endete dennoch im Schisma der christologischen Auslegungsweisen der „wahren" Natur Christi.[218]

Ende der Anmerkung: Von Diphysiten und Miaphysiten

Und wieso diese Unfähigkeit zur Toleranz, wobei diese anfangs durchaus noch vorhanden war, aber mit je zunehmender Stärke in *Aus*_Schließlichkeit umschlug?

Ein Beispiel einstiger Toleranz. Es sei daran erinnert, daß es einst, als Fragen des Geistes nicht im Dienste des Weltlichen beantwortet wurden, nicht ungewöhnlich war, daß die verschiedenen Glaubensangehörigen in einem als heilig angesehenen Bezirk je ihrem Gottes-

---

[218] Quellen der Eckdaten: Joseph Campbell, *Die Masken Gottes*, Bd. 3: Sphinx Verlag, Basel, 1992; *Meyers Großes Konversations-Lexikon* (1905), Band 3, die Seite 860.

dienst nachgingen oder an einem dafür besonders geeigneten Ort, bspw. einer *Agora*, philosophische Reflexionen über das Wesen des Menschen anstellten, indem sie über die Bedingungen des menschlichen Zusammenlebens und überhaupt Fragen des Seins scheuklappenfrei diskutierten — wobei „Agora" natürlich für genau jenes steht, welches dieses griechische Wort benennt: „Marktplatz", denn es sollte sich — *ohne Vorbedingung, höchstens jenes betreffend, das aus einem selbst* „spricht": *Verständigkeit* — jeder daran beteiligen können. Ist es den Menschen doch wegen ihrer durch das menschliche Wesen bedingten Plastizität grundsätzlich möglich, das alltägliche Leben gemeinsam zu gestalten und sich dennoch je ihren verschiedenen Glaubens- oder philosophischen Vorstellungen gemäß zu dem zu *ent*_wickeln, welches „Anthropos" meint, also zu einem *eigen*_charakterlich *da*_seienden Individuum.[219]

Die folgende Episode — *sich schon in der Zeit des sich* „monotheisierenden Denkens" *ereignend* — kann von einer richtig verstandenen Toleranz einen Eindruck geben.

Die Große Moschee in Damaskus hat eine besondere Geschichte, an der sich vieles verdeutlichen läßt, an dieser Stelle sei aber lediglich erwähnt, daß sie auf einem Platz steht, der offenbar von alters her als heilig galt. So ist bekannt, daß einst dort ein dem römischen *Jupiter Damascenus* geweihter Tempel stand, der dann im Zuge der Zwangschristianisierung, also im Rahmen der von Konstantin dem Großen eingeführten christlichen Staatsreligion, u.a. zur Stabilisierung der weltlichen römischen Macht, und dem später dann folgenden, von Theodosius d. Gr. verfügten Verbot aller vorchristlichen Religionen, in einen Ort christlich geprägter Anbetung umgewidmet wurde, der im wesentlichen aus einer im Westen des Tempelbezirks erbauten, wohl recht kleinen Kirche bestand, die erst später Johannes dem Täufer geweiht wurde, nachdem nämlich — *vermeintlich* — der

---

[219] Vgl. in: Die *tri*_logische Sezierung [...], Bd I, Tb 4: die Seiten 139-47, beginnend mit: „[...] das Wesen des einzelnen Menschen ist [...] plastisch [...]".

legendenumwobene Kopf des Täufers dorthin überführt worden war.

Als dann im Jahre 635 u.f.Z. die Muslime Damaskus erstmals eroberten, errichteten auch sie in diesem Tempelbezirk eine Moschee. Und so konnte man beobachten, wie die monotheistisch geprägten Gläubigen gemeinsam durch das im Süden gelegene Tor dieses Bezirks schritten, sich dann trennten und je ihrem Gotteshaus zustrebten: die Christen nach Westen, die Muslime nach Osten.

Dies änderte sich, als in der Zeit von 705 bis 715 al-Walid Kalif war, denn dieser ließ die große, bis heute für die islamische Welt größte Bedeutung habende Umayyaden-Moschee in diesem heiligen Bezirk in Damaskus erbauen, da die Zahl der Muslime deutlich zugenommen hatte. Hierzu waren der Abriß der alten kleineren Moschee sowie der Johanneskirche notwendig. In dieser Moschee gibt es aber noch heute einen Schrein, in dem sich das Haupt des Täufers befinden soll[220] — was allerdings genauso zweifelhaft ist, wie die Behauptung, es sei jemals dort gewesen.

Diese Episode dient lediglich der Verdeutlichung, daß Religion unter der Bedingung ihre Sinnhaftigkeit behalten kann, bleibt sie auf den sogenannten spirituellen Bereich beschränkt und maßt sich nicht die Einflußnahme auf die Politik an — *die explizit Antworten auf rein weltliche Fragen geben will und soll* —, da die Religion dann den Bereich verläßt, in dem sie etwas zu suchen hat, wodurch sie so selbstschädigend wie für andere schädlich wird.

Nun, diese drei auf die Spitze getriebenen, je mit absolutem Ausschließlichkeitsanspruch behafteten (__*monotheistischen*__) Gottesvorstellungen fanden aber ihren Ursprung in beweibter, letztlich vermutlich aus Ägypten stammender Göttlichkeit.

[220] Quelle: Jack Finegan, *The Archaeology of World Religions. The Background of Primitivism, Zoroastrianism, Hinduism, Jainism, Buddhism, Confucianism, Taoism, Shinto, Islam, and Sikhism*, Princeton University Press, Princeton, New Jersey, 1952, die Seiten 513 f.

Anmerkung:
Der islamische Gott, dessen Name mit *Allah* angegeben wird

Der islamische Gott, dessen Name mit *Allah* angegeben wird, hat sein ursprüngliches (__*menschlicherseits veranlaßtes*__) Herkommen von einer vom Judaismus und vom Paulinischen Christentum unabhängigen Glaubenstradition, die sich letztlich auf den jahrtausendealten, ursprünglich aus Babylonien stammenden

Sin-Kult

zurückführen läßt, allerdings, ebenso wie im Judaismus und im Paulinischen Christentum, unter Ausstoßung des ihm gleichgestellten weiblichen Prinzips. Das heißt zwar, daß sich das islamische Glaubenskonzept in seiner radikalen Eingott-Konzeption vom Christentum unterscheidet, keineswegs aber darin, daß seine Glaubenselemente von *vor*_islamischen Glaubensinhalten frei seien, denn seine Verwurzelung findet er im arabischen Kulturraum[221], und insbesondere im arabisierten Sin-Kult. Denn schon der Name „Allah" selbst hat darin seinen Ursprung. Folglich findet diese monotheistische Glaubensvorstellung ihre Entstehung in der Auseinandersetzung Mohammeds mit den zahlreichen arabischen Gottheiten, die in der Ka'ba in Mekka verehrt wurden, wobei es der Mondgott Sin war, der diesen Gottheiten vorsaß und der von den Menschen dort unter der Bezeichnung *Hubal* verehrt wurde.

Mohammed, von jüdischen und christlichen Gelehrten angeregt, kam bei seinen religionspolitischen Überlegungen zu dem Schluß, daß dieser Sin (__*Hubal*__), da er bei den Gläubigen sowieso als „größer" als die anderen in Mekka verehrten Gottheiten galt, als der „einzige" Gott anzusehen sei. — Also ganz so wie beim Gott Jahve, insbesondere aber bei dem als „Gott" bezeichneten Gott der Paulinischen Jesus-Bewegung, denn dieser Gott zeigt jene Universalisierungstendenz, die früher oder später zu einem „internationalen gesellschafts-

---

[221] Vgl. weiter oben die Anmerkung: „Die arabische Glaubenstradition und der Islam".

politischen Problem" wird, kommt es zur Verquickung von „geistlicher" und weltlicher Macht. Im Gegensatz zum Gott Jahve, der seine „Gültigkeit" auf sein „auserwähltes" Volk beschränkt, das sich nur bei existentieller Bedrohung wehrt. (__*Übrigens basiert das Verhalten der Verantwortlichen des Staates Israel gegenüber der arabischen Bevölkerung Palästinas auf Machtpolitik, nicht auf Religion.*.[222]__)

Also leitet sich die islamische Glaubensvorstellung *ur*_sprünglich von der arabischen Glaubenstradition her. Wenn auch sozusagen erst auf den zweiten Blick. Denn ursprünglich war die Gebetsrichtung für die Muslime gen Jerusalem, nicht gen Mekka, wo sich das große Kultzentrum der alten arabischen und *arabisierten* Götter befand, zu dem, beispielsweise, der Kult der al-'Uzza gehörte, einer im großen „Würfel", also in der Ka'ba von Mekka, — *und direkt dem Hubal benachbart* — in einem Stein wohnenden Göttin. Das Kultbild des „Hubals" aber wurde dort mit Al-i-la̲h angebetet, was soviel wie „Hubal _*der*_ Gott" bedeutet, denn al-la̲h bedeutet erst einmal nichts anderes als „Gott" (__*so wie der christliche Gott auch*__). Allerdings war „Hubal" kein anderer als Sin. Demnach wurde in der Ka'ba von Mekka — *als Haupt-Gott der dort verehrten Götter* — der Mondgott Sin unter dem Namen Hubal verehrt.

Die weibliche Entsprechung des Gottes Sin ist Sinai̲.

Von der ihr geweihten Halbinsel (__*dann wahrscheinlich vom fast 2.300 Meter hohen Berg Sinai selbst*__) kam einst die Göttin Al-la̲t, die möglichweise eine Variation der alten kanaanitischen Göttin A̲nat ist, die ursprünglich an der Seite Sins bzw. an der Seite Al-la̲hs gewesen war — _*bevor*_ das weibliche Prinzip auch aus diesem, auf der alten arabischen polytheistischen Traditionslinie basierenden Monotheismus ausgestoßen wurde und Alla̲h, nun als „einziger" dieser Traditionslinie übrigbleibend, zum (__*machtelitär veranlaßten*__) „größten" Gott überhaupt wurde. *Ob*_wohl genau das doch gar nicht notwendig

---

[222] Siehe dazu auch in: « Sie fragen noch, wie die ›Verhältnisse‹ liegen? », Aspekt 43: « Schwefelhaltige Mischung: ›Antizionismus‹ und ›Antisemitismus‹ als Amalgam ».

gewesen wäre, _*hätte*_ es von Anfang nur diesen einen gegeben, denn dann würde es ja reichen, ihn als den „großen" Gott, oder einfach nur als „Gott" zu bezeichnen — _*hätte*_ es eben bis zu jener (__*machtelitär veranlaßten*__) Entscheidung keine anderen Götter gegeben, die den Menschen, in dem von gesellschaftlichen Machtgruppen für sie bereiteten „diesseitigen Jammertal" durch Tag und Jahr geholfen hatten, nun aber auch für sie (__*d.h. nun im arabischen Sprachraum*__) dieses durch Tag und Jahr Kommenhelfen ein einziger Gott ermöglichen sollte — _*ohne*_ jedoch die Neigung zu entwickeln (__*also ebensowenig wie beim Gott der Paulinischen Christen und jenem der dem judaischen Glauben anhängenden Juden*__), das „diesseitige Jammertal" in einen „diesseitigen blühenden Garten" zu verwandeln — was allein wegen der Existenz von Machteliten in der Tat utopisch, folglich _*ohne*_ diese absolut realistisch zu verwirklichen ist.[223]

Denn handelt es sich bei „Gottesvorstellungen" um eine Menschenschöpfung, bleibt die große Arbeit und Aufgabe _*unseres*_ Geschlechtes — *durchaus als Humanistische Mission zu bezeichnen* —, den „*dies*_seitigen Garten" — *also die Erde* — zum Blühen zu bringen, *un*_getan, da man diese Arbeit und Aufgabe den eigenen Vorstellungen zuweist. — _*Dies*_ ist die in die _*Tat*_ umzusetzende Humanistische Mission, da allein dann der mißbrauchte Spruch: „Wir müssen mehr Verantwortung in der Welt übernehmen" erst Sinn gewinnt.

Mit anderen Worten, der Name *Al-lah* war den Arabern von alters her als Bezeichnung für eine Variation des Gottes Sin bekannt, kenntlich an der Mondsichel, die praktisch jede Moschee ziert, aber auch am ihr beigesellten Stern, der den Abendstern darstellt, d.h. die Venus, als Kind aus der Vereinigung des Mondes mit der Sonne — *interpretiert man diese Symbolik aus der mondleuchtenden Perspektive des Sin-Kultes.*

Ende der Anmerkung: „Der islamische Gott,
dessen Name mit Allah angegeben wird"

---

[223] Vgl. Die *tri*_logische Sezierung [...], Bd I, Tb 4: „Der Lösungsweg"; aber auch *Le Rayon des Lumières — Quelques remarques sur* « l'Empire de la paix » *orwellien, nommé l'UE.*

Die Götter des griechischen, des römischen Pantheons, oder die vielen Götter der Keltogermanen, oder andere *vor*_monotheistische noch — *je Abbilder menschlichen Tuns und Trachtens* —, mögen alles mögliche gewesen sein: boshaft, schurkisch, lächerlich ... aber fürs meuchelmörderische Tun waren diese „Götter" vollkommen ungeeignet: nicht abstrakt genug.

(__Und ob sich die Vedischen Menschen „Götter" als Ersatz für die Aspekte der Materia vorstellten oder sie diesen Aspekten bloß Namen gaben, ohne sich diese als tatsächlich „spirituelle Wirkgrößen" [__gemeinhin als „Götter" bezeichnet__] vorzustellen, wie es unter Historischen üblich ist, ist durchaus keine Geschmacksfrage.[224]__)

Ganz anders also als jene monotheistischen Abstraktionen des menschlichen Geistes, die den daran Glaubenden folgenreiches Entsetzen einflößen und von ihnen Entsetzliches zu tun verlangen: *je nach* „Lage der Dinge" — bis heute.

Hätten die Griechen sich aber ihre alten Gottheiten schon so abstrakt gedacht, wäre in Europa freies, nach Wissen strebendes Philosophieren _*niemals*_ möglich geworden und die „europäische Welt" wäre bis heute —*von Angst und Fanatismus geprägt* — kulturell wüst geblieben, so daß — *wenigstens zur Warnung* — die großen dystopischen Romane im 20. Jahrhundert erst gar nicht zu schreiben gewesen wären, da „damals" schon längst realisiert und nicht erst zur Zeit des *mono*_theisiert werdenden Europas in großem Stil einsetzend, so daß nicht einmal dies in jener Zeit, die genau deshalb von Späteren „Renaissance" benannt wurde, zumindest ein „perspektivisches Ahnen" von freiem Fühlen und Denken ermöglicht hätte, denn ein Rückgriff auf alte Philosophen wäre nicht denkbar gewesen, da es diese ja gar nicht gegeben hätte. So aber mußte die weltliche Macht — „wenigstens" — erst das Verwenden des „monotheistischen Instruments" zum Beherrschen der Masse der Menschen „einüben". Gewiß, das „klassische monotheistische Instrument" dient ihr in manchen Weltgegenden auch heute noch zu diesem Zweck. Aber da gab es und gibt

---

[224] Siehe hierzu auch Kapitel 7 und Prodosh Aich, « Das Vedische Erbe » — *Nachdenken über systematisch zurückgehaltene WAHRHEITEN*.

es Updates, die dem ungebrochenen machtelitären Streben heute nicht minder, aber weit subtiler dienen.

Selbstverständlich, ich spreche an dieser Stelle nicht ohne Grund von Europa: Denn, was ist das Thema? ... und nicht von Bhârata-varsha, da dort die gesellschaftspolitischen Dinge einst — *in Vedischer Zeit* — offenbar eine ganz andere Entwicklung nehmen konnten, als jene in klassisch-griechischer Zeit.[225]

Hätte es also nicht vorher schon die „polytheistische Zeit der Fülle" gegeben, so daß sich die menschliche Neugierde erst einmal artikulieren und nach dem streben konnte, das im eigentlichen Sinne Philosophie zu bedeuten hat: „Wahrheit" — „Weisheit" — „Ethik" für sich zu „entdecken" ... nun, wie gesagt, die heutige Welt — von „europäischer 'Denkungsart'" *durch_* oder *er_*tränkt? — wäre schon damals — *im heutigen Sinne* — trostlos gewesen. Denn „weiß" — *zwar unbewußt internalisiert und* _deshalb_ *meinen könnend*: *von sich aus* — der „'europäisch' Philosophierende" im Zeitalter der Lobbykratie nicht längst, daß die Resultate seines „Philosophierens" wirtschaftlich verwertbare zu sein haben?

Und wie hätten sich praktische und theoretische Wissenschaft relativ frei entwickeln können? Auch in diesem Bereich gilt diese relative Freiheit längst nicht mehr, sondern Wissenschaft wird vorrangig partikularinteressengeleitet betrieben. ... Ist doch auch normal, oder?

Thales (__ca. 624-546 v.u.f.Z.__), Anaximandros (__ca. 611-546 v.u.f.Z.__), Anaximenes (__ca. 585-525 v.u.f.Z.__), Anaxagoras (__ca. 500-428 v.u.f.Z.__) oder Demokritos (__Demokrit; 460-371 v.u.f.Z.__), um nur einige der Großen zu nennen, sie alle wären auf dem Scheiterhaufen gelandet, bzw. hätten erst gar nicht das freie Durchdenken „wesentlicher Dinge" geübt, sondern schon längst die Schere im Kopf gehabt als sich mit der Erhebung des Christentums „geistige Nacht über Europa" legte!

Damals, in den freien polytheistischen Zeiten der griechischen

---

[225] Siehe dazu das Kapitel 7 und das in der Fußnote 224 erwähnte Buch _*sowie*_ Prodosh Aich, *Lügen mit langen Beinen — Entdeckungen, Gelehrte, Wissenschaft, Aufklärung: Dokumentarische Erzählung*, Acharyya Verlag für kritische Wissenschaft, Oldenburg, 2003.

Polis[226] sowie später in hellenistischer bzw. römischer Zeit, als das Christentum zur Massenbeeinflussung aus weltlichen, also aus machtpolitischen Gründen _noch nicht_ verwendet wurde, hatten die Götter wenig zu melden, entschlossen sich bspw. Platon (__427-347 v.u.f.Z.__), Aristoteles (__384-322 v.u.f.Z.__), Eukleidos (__365-300 v.u.f.Z.__), Epikuros (__342-271 v.u.f.Z.__), oder später in hellenistischer bzw. römischer Zeit, bspw. Lucretius Carus (__um 96 bis um 54 v.u.f.Z.__) oder Galenos (__129-199 u.f.Z.__) über die „wesentlichen Dinge" zu diskutieren.[227]

Nun, wenigstens war auf diese Weise auch in Europa die Freiheit des Denkens längst in der _diesseitigen_ Welt. Denn damit war die Freiheit des Denkens keineswegs erstmals in der und allein auf der Welt: Oder was mögen die Veden sein, wenn nicht selbst Ausdruck umfassenden Denkens, das menschliche Wesen, die menschliche Gesellschaft, die anderen Wesen und das Universum einschließend?[228] In Europa änderte sich das schlagartig mit der Machtübernahme des monotheistischen Dogmas, als die Anhänger dieser Lehre, die ihnen die „feste", mit gehörigen Scheuklappen ausgestattete Glaubensrichtung vorgabt — *blind in ihrem Fanatismus* — gar nicht merkten, welch ein phantastisches Machtinstrument sie mit ihrer Glaubenslehre der weltlichen Macht an die Hand gegeben hatten, es auch gegen _sie_ einzusetzen, und die Gefesselten diese Fesselung auch noch bejahten!

Dabei war es nicht einmal so, daß sie bei der Ausübung ihres Gottesdienstes behindert worden wären, ganz im Gegenteil, konnten doch auch sie im Römischen Reich ihrem Kult in völliger Freiheit nachgehen, nicht anders als bspw. die Anhänger der Isis und des Osiris', des Sarapis' oder anderer noch. Gewiß, es gab zu jener Zeit Verfolgungen, so unter Nero, allerdings waren diese nicht glaubensbedingt, hingegen allein politisch begründet: es ging von diesen Fanatikern eine Gefahr für das römische Gemeinwesen aus.

---

226 Vgl. die Seiten 27 f., beginnend mit: „Die Polis".

227 Siehe auch die Anmerkung auf den Seiten 124 f., beginnend mit: „Was das Menschengeschlecht wem verdankt".

228 Siehe dazu Prodosh Aich, « Das Vedische Erbe ».

Im Jahre 64 u.f.Z. kam es in Rom zu einem verehrenden Brand, dessen Ursache nie geklärt werden konnte. Damals brannte fast die ganze Stadt ab und viele Bewohner kamen um. Im Gegensatz zu der vor noch gar nicht langer Zeit regelmäßig geäußerten Behauptung, die reflexhaft auch in den Sinn der heutigen Zeitgenossen kommt, und hierbei sich lediglich auf unzuverlässige Zeitgenossen wie den römischen, viel Biographisches zur Unterhaltung, nicht jedoch zur Aufklärung der Menschen geschriftstellert habenden Sueton (__um 70 bis nach 120 u.f.Z.__) oder den unzuverlässigen, auch schon einmal Quellen in seinem Sinne manipulierenden Historiker Tacitus (__56 bis um 120 u.f.Z.__) oder sich gar auf den bezüglich Nero von Sueton abgeschrieben habenden Cassius Dio (__um 150 bis um 235__) stützend, die selbst keine Augenzeugen gewesen, sondern erst weit nach diesen Ereignissen geschrieben hatten, nimmt man — *nach eingehender Quellenanalyse* — heute nicht mehr an, daß dieser im Sommer 64 u.f.Z. die Stadt Rom verehrende Band von Nero (__römischer Kaiser von 54-68 u.f.Z.__) selbst gelegt worden wäre.

Nach diesem Brand wurden u.a. auch Juden und Christen beschuldigt: Von den Christen brüsteten sich sogar einige, die Tat begangen zu haben.

Zu jener Zeit war die christliche Gemeinde Roms noch klein, sie soll etwa 3.000 Mitglieder gehabt haben, von denen tatsächlich 200 bis 300 verhaftet und angeklagt, dann entweder freigesprochen, mit geringen Strafen belegt oder auch in der Tat nach den damals üblichen Methoden hingerichtet wurden. Dies aber als 1. Christenverfolgung zu bezeichnen ist schon deshalb falsch, da die Angeklagten *_ausschließlich_* wegen Brandstiftung verurteilt wurden, sich die „Verfolgung" durch die Justiz auf Rom beschränkte und diese nach den Verurteilungen und Hinrichtungen im Jahre 64 eingestellt wurde.

Zur Einschätzung Neros durch die genannten Schriftsteller, und damit der herrschenden Schicht Roms überhaupt — *bei der Nero keinen Rückhalt hatte, hingegen bei der normalen Bevölkerung Roms einen sehr großen* —, sei lediglich angemerkt, daß er, als einer der ganz wenigen römischen Kaiser, die Doppeltüren des Janus-Tempels schließen konnte: neben Nero waren das Augustus (__C. Iulius Caesar Octavianus; 63 v.u.f.Z.-14 u.f.Z.; seit 31 unumschränkter Alleinherrscher__) und Vespasianus (__9-79; seit 69 Kaiser__). Waren aber die Doppeltüren des Janus-Tempels geschlossen, bedeutete das Frieden an allen Grenzen des Reiches, und als Nero sie schloß, währte dieser Zustand für die längste Zeit ... und so „war der Friede niemals so tief gewesen"[229]. Ob nicht gerade darin einer der Gründe für sein Verhaßtsein im Senat begründet lag? Denn Frieden hieß für den Adel wenig Gewinn. Hingegen muß er beim Volk beliebt gewesen sein. Auch ist sein Kunstverständnis — *und die Art und Weise, den Römern ein feineres Verständnis von Kultur näher zu bringen* — hervorzuheben, denn diese galt ihnen nicht viel.

Dieses große Vorhaben ins Lächerliche zu ziehen, wäre allerdings selbst Ausdruck für einen barbarisches Verständnis von Kultur, denn immerhin strebte er auf diese Weise eine Zivilisierung der Sitten an — und das Vorbild dafür waren ihm die klassisch griechische und die hellenistische Kultur. Und das bedeutet, daß Nero ein politisches Programm hatte, das eine Revolution der römischen Kultur auslösen und die Klassengrenzen aufheben sollte. Es leuchtet ein, daß dies zu heftigem Widerstand bei all jenen führen mußte, die von der bestehenden Gesellschaftsordnung profitierten. Anzunehmen also, daß hier einer der Gründe für seine Beliebtheit beim Volk lag, immerhin konnten die normalen Menschen dadurch nur gewinnen — *kein gutes Zeichen für die Mächtigen und ihre Satelliten.*[230]

Fragen Sie die Intellektuellen des lobbykratischen Zeitalters, ob die das substantiell anders sehen. Sie könnten feststellen, daß die ihre Argumentationsführung längst entsprechend den sich aus der „nietzscheesken Grausamkeitsmoral" — die keine andere als die für Machteliten und deren Satelliten typische ist — *ergebenen Schlußfolgerungen entwickeln. Womit übrigens auch klar ist, für wen Herr Nietzsche philosophiert hat und für wen nicht, und wieso der heute in gewissen Kreisen so beliebt ist.*

---

[229] Tacitus, *Annales — Ab excessu divi Augusti*, Buch XV, Passage 46.

[230] Siehe insbesondere Massimo Fini, *Nero — Zweitausend Jahre Verleumdung. Die andere Biographie*, aus dem Italienischen von Petra Kaiser, F.A. Herbig, München, 1994.

Nicht anders als die behauptete 1. Christenverfolgung durch Nero, entpuppt sich die vermeintlich von Anhängern des Christentums herbeigeführte Etablierung des Christentums im Römischen Reich (__*behaupteterweise je unter Lassung des eigenen Lebens, wovon unzählige Heiligenlegenden zu erzählen wissen*__) als jenes, welches wir in unseren Tagen bezüglich der säkularen Glaubensvorstellung vom Markt, seiner „unsichtbaren Hand" und seinen „Kräften" — *gemeinhin als Neoliberalismus bezeichnet und in der EU mählich als Neowilhelmoliberalismus daherkommt* —, zur Genüge kennen, nämlich als Meinungsmache. Denn dieser Schritt — *zur Etablierung des Christentums im Römischen Reich* — ging von der römischen Macht selbst aus, da sie für sich das darin liegende Macht-Potential entdeckte, so es opportun sein mochte — *im Gegensatz zu bisher, daß im polytheistischen System jedem Gott Ehre zuteil werden mußte* —, nachdem von seiten der Fanatiker des Christentums das Glaubensgefüge der alten Kulte ausreichend ausgehebelt war, und der größer werdenden Gefahr der Implosion — *wegen immenser gesellschaftspolitischer Widersprüche* —, das Christentum zur Staatsreligion zu machen.[231]

Ein weiterer Grund für die Etablierung des Christentums könnte der gewesen sein, daß mit der Einführung des Christentums als römische Staatsreligion durch Konstantin d. Gr., dieser die Schätze der vorchristlichen Heiligtümer zum Bau der nach ihm benannten Stadt verwenden konnte, was ihm ohne deren Säkularisierung schwerlich möglich gewesen wäre, so daß die von Heinz-Günther Nesselrath stammende Annahme plausible erscheint, Konstantin habe das Christentum lediglich deshalb als Staatskult akzeptiert, da er erst auf diese Weise in den Besitz der Schätze der vorchristlichen Heiligtümer kommen konnte. Denn genau das läßt Libanios vermuten, wenn dieser in seiner, an Kaiser Theodosios d. Gr. gerichteten Rede *Pro Templi* u.a. davon berichtet, daß Konstantin mit Einführung des Christentums als römische Staatsreligion, die Schätze der vorchristlichen Hei-

---

[231] Bezüglich der Affinität zwischen monotheistischer Glaubensvorstellung und kaiserlicher Macht, siehe auf den Seiten 19-24 auch: „Exkursion: 'Da die volle Ausformulierung einer monotheistischen Glaubensvorstellung ...'".

ligtümer zum Bau der nach ihm benannten Stadt verwendet habe.[232]

Daß es sich durchaus so verhält, geht schließlich aus dem Fakt hervor, daß Konstantin den Titel *Pontifex Maximus* beibehielt, den alle Kaiser seit Augustus innehatten, wodurch er nicht nur alle Kontrolle und Entscheidungsbefugnis in weltlichen Angelegenheiten behielt, sondern auch die Entscheidungsbefugnis bei Konzilien innehatte.[233] (__*Erst der den Westen des Reiches beherrschende Gratianus* [__359-383__] *legte diesen Titel um 379 ab, ebenso im Ostreich Theodosios d. Gr.*__).

Auf dem Weg dahin, und aus alter Taktik heraus, entschied sich zuerst noch Kaiser Decius (__195-251; Kaiser seit 249; verfügte 250/51 die erste systematische Christenverfolgung__) gegen die Religion der Christen und erhob statt dessen die alten Glaubenskulte zur Staatsreligion. Diese, aus der drohenden Implosion des Reiches resultierende Politik, bedeutete für die Christen in der Tat eine glaubensbedingte Verfolgung, so daß sich für sie die Frage stellte: Abschwören oder nicht? Mehrheitlich verneinten diese dies.

Mit der Einführung der aus vorchristlichen Kulten bestehenden polytheistischen Staatsreligion, brach Decius jedoch mit der alten Tradition des polytheistischen Pluralismus', also des friedlichen Nebeneinanders der vielen Glaubensvorstellungen der Bewohner des Römischen Reiches.

Diocletianus (__um 245-316; römischer Kaiser von 284 bis 305; führte den Jupiter-Kult als einheitlichen Staatskult ein; veranlaßte eine allgemeine Christenverfolgung ab 303; dankte 305 ab__) setzt diese Richtung konse-

---

[232] Vgl. Libanios, *Für Religionsfreiheit, Recht und Toleranz*. Libanios' Rede für den Erhalt der heidnischen Tempel, eingeleitet, übersetzt und mit interpretierenden Essays versehen von Heinz-Günther Nesselrath, Okko Behrends, Klaus Stephan Freyberger, Johannes Hahn, Martin Wallraff und Hans-Ulrich Wiemer, Mohr Siebeck, Tübingen, 2013, die Seite 45 unten sowie die Endnote 23 auf der Seite 79, bezüglich der Einschätzung dieser Stelle in der Rede Libanios'.

Theodosius d. Gr. (__347-395; römischer Kaiser seit 379__) gelang es letztmalig das Gesamtreich zu vereinen. Er war jener römische Kaiser, der im Jahr 391 verfügte, daß alle vorchristlichen Heiligtümer zu schließen seien.

[233] Vgl. auch a.a.O., dort die Endnote 24.

quent fort, indem er sich zum lebenden Gott „Iovius“ erklärt. Dieser Prozeß, der mit der Zerstörung des römischen republikanischen Erbes einherging, stellte die Christen in der Tat vor die über Leben und Tod entscheidende Frage: Ihrem abstrakten Herrn dienen oder dem vergöttlichten Kaiser? Für die meisten von ihnen bedeutete ihre Antwort der Tod (__vgl. „Katakomben-Versammlungen“__).

Res publica (__„öffentliche Sache“__)

Ähnlich wie bei der altgriechischen auf Sklavenhaltung beruhenden Polis-Demokratie, basierte auch die republikanisch-demokratische bzw. die politisch-religiöse Gemeinschaft der Römer auf Sklaverei, die es den „Freien“ erlaubte, in Abhängigkeit von ihrem Besitzstand — *also über klassenbestimmte Rechte und Pflichten* — als Ratsherren — *auf Erbbasis* — in Bürgerversammlungen oder — *dann per Los* — als Senatoren zu fungieren oder zeitlich begrenzte Ehrenämter als Magistrate (__„Beamtete“__) auszuüben[234] — auf diese Weise die Geschicke der „Republik“ wesentlich bestimmend.

Die „Republik“ ist aber die *res publica*, die „öffentliche Sache“, die insbesondere _*all jene*_ angeht, die darauf angewiesen sind, daß ein Staat gerecht regiert wird.

Zur politischen Entität „Republik“ — *also zur staatlich verfaßten Gemeinschaft* — gibt es wunderbar idealisierte Gedankengebäude, denen jedoch i.d.R. der Makel des Utopischen anhaftet, denn an der Basis ihrer Überlegungen fehlt die erste, die entscheidende Überlegung und, daraus resultierend, Konsequenzziehung, denn — *wie es oben schon anklingt* —: wen betrifft diese „öffentliche Sache“ existentiell?[235] Oder fehlt diese Überlegung etwa gar nicht, sondern wurde und wird bewußt nicht angestellt?[236]

---

[234] Quelle dieser Anmerkung: *Lexikon der Antike*, hg. v. J. Irmscher“, 1985.

[235] Siehe dazu in: « Sie fragen noch, wie die ›Verhältnisse‹ liegen? », die Seiten 337 ff..

[236] Siehe dazu in: Die *tri*_logische Sezierung [...], Bd I:, Tb 3, Kapitel 15: „Menschenrechte, Völkerrecht und das Konstrukt des Nationalstaates“.

Damit nämlich eine „Sache" eine *res publica* sein kann, muß diese „öffentliche Sache" von allen Bürgern „verfaßt" worden sein _*und*_ in ihrem Sinne dauerhaft funktionieren. Das trifft auf die heutigen, auf Nationalstaaten fußenden Gesellschaften nicht zu. Gewiß, die Prinzipien, denen die Bildung von Nationalstaaten zugrunde liegen, eignen sich prinzipiell dazu, solche Staaten in supranationale Organisationen zu „transformieren", denn solche gesellschaftspolitischen Entitäten sind Projekte von Machteliten, nicht die von Völkern. Eine solche „Transformation" ist das Bestreben der EU-Machtelite und ihrer EU-Funktionselite, die deren im Jahre 1992/93 gestartetes neoliberales Projekt „EU" spätestens im Jahre 2025 in eine „politische Union" umgewandelt sehen wollen. Und dazu bedienen die sich aller möglichen Tricks.[237]

Katakomben

Die „Katakombe", zu lateinisch *coemeterium* „Friedhof, Kirchhof", davon abgeleitet catacumba zu griechisch kata „unter", tief" und lateinisch tomba „Grab", dann verbunden zu catacumba, die „Katakombe".

Katakomben sind unterirdische Begräbnisanlagen für Körperbestattung der Juden und Christen. Solche Anlagen gab es in großen Städten des Römischen Reiches, bspw. in Alexandreia. Die bekannteste Katakomben-Anlage befindet sich in Rom. Benutzt wurden die Katakomben in der Zeit vom 1. Jahrhundert bis zum 5. Jahrhundert. Im 15. Jahrhundert wurden in Rom Katakomben wiederentdeckt, so daß wir heute wissen, daß die Wände oft mit Fresken bemalt wurden, von denen solche mit jüdischen, christlichen, aber auch mit antiken

---

[237] Welche Konsequenzen sich aus Nationalstaatsbildungen ergeben offenbart sich, zeigt ein solcher Nationalstaat seinen imperialen Charakter, erlangt dieser eine hegemoniale Position. Siehe dazu in: Die *tri*_logische Sezierung […], Bd I, Tbb 1-3, Kap. 13: „Die Welt als 'Hinterhof' der Machteliten oder Der Nationalstaat als grundlegendes Problem für Frieden — dokumentiert am Beispiel der 'Sicherheitspolitik' der USA seit dem Ende des Kalten Krieges".

Motiven des Glaubens erhalten sind. Die Katakomben, versehen mit einer ausgeklügelten Luftzirkulation, mochten in Notzeiten auch für Versammlungen genutzt worden.[238]

Mit der Abdankung Diokletians im Jahre 305 und dem Auftreten Konstantins (__*der sich 306 in Eburacum* — dem späteren britischen York — *zum Kaiser ausrufen ließ und, nachdem er bei den an der Via Flaminia auf der anderen Seite des Tibers nördlich von Rom unweit der Mulvischen Brücke gelegenen Saxa* Rubra — den „roten Felsen“ — *im Jahre 312 den Sieg über Maxentius errungen, im gesamten Weströmischen Reich als Kaiser anerkannt galt*__) sieht die weltliche Macht die Zeit gekommen, die Weichen der Geschichte entscheidend zu stellen. Die sich aus dieser Weichenstellung ergebenen politischen Entwicklungen wirken bis heute: Indem Konstantin sich als Gott in der Zeitlichkeit begreift —*insofern Diokletians Vorstellung weiterentwickelnd und sich auf diese Weise allen anderen Göttern vorsetzend* —, legt er den Grundstein für eine neue Staatreligion.[239]

Nun enden die Verfolgungen der Christen: im Jahre 313 gewährt Konstantin den Christen Glaubensfreiheit, was für die weitere Entwicklung des christlichen Monotheismus’ in mehrfacher Hinsicht von entscheidender Bedeutung war und, da mit diesem Herrscher verknüpft, als „Konstantinische Wende“ bezeichnet wird. Aber ihr Monotheismus wird ab dem Zeitpunkt — *wenn auch verschleiert* — zur Staats-Ideologie und damit in den Dienst weltlicher Macht gestellt, auf diese Weise den Interessen der weltlichen wie priesterlichen Herrscher nützend, wie an der „Konstantinischen Schenkung“ gezeigt werden kann.

---

[238] Quelle dieser Anmerkung: a.a.O. sowie *Lexikon früher Kulturen*, hg. v. Joachim Herrmann et al., 1984.

[239] Siehe auch die Seiten 189 f., beginnend mit: „Ein weiterer Grund für die Etablierung des Christentums ...“.

Die „Konstantinische Schenkung"

Es war der für die Renaissance-Bewegung eminent wichtige Lorenzo Valla (__1406-1457__), der 1440 den Taschenspielertrick der „Konstantinischen Schenkung" aufdeckte. So wichtig diese Aufdekkung auch war, kam sie doch erst, als dieser Trick seinen Zweck erfüllt hatte: die Aneignung des ganzen Weströmischen Reiches im Sinne der weltlichen Machtansprüche der katholischen Kirche — und damit hatte sich die von ihr verfochtene „Glaubenslehre" als das offenbart, was sie, zumindest seit Paulus immer gewesen ist: ein Instrument um ihre Glaubenssätze in den Köpfen der Menschen derartig zu verankern, daß auf eine Weise eine beliebig große Masse von Menschen so manipuliert werden kann, als handelte es sich bei ihr um eine einzige Person.

Das heißt dieser Betrug verdeutlich exemplarisch, daß es eine gemeinsame Sache zwischen „geistlicher" besser: zwischen *ver*_schleiert weltlicher und *offen*_sichtlich weltlicher Macht gibt — *die zwar nicht ohne Widersprüche, aber grundsätzlicher Natur ist* — und deren Ergebnis der europäische Feudalismus wurde, von dem noch zu sprechen ist.

Diese Fälschung beruht auf der „beurkundeten" Behauptung, daß Konstantin d. Gr. Papst Silvester I. (__314-335__) das ganze Weströmische Reich aus Dankbarkeit geschenkt und er deshalb seinen neuen Wohnsitz in Byzanz genommen habe — damit die Herrschaft des Papstes über das Weströmische Reich nicht getrübt werde.

Zwar wird angenommen, daß zwischen 750 und 850 die „Urkunde der 'Kostantinischen Schenkung'" gefälscht wurde, aber ich glaube, daß eine engere zeitliche Eingrenzung möglich ist. Denn der Hausmeier — *und damit dem Hofstaat des salischen Königs vorstehend* — Pippin III. (__*auch der Jüngere oder der Kurze genannt*__) und seine beiden Söhne wurden im Jahre 754 zu Epiphanias von diesem Papst „gesalbt". Zwar war Pippin, nachdem er Childerich III. vom merowingischen Thron gestoßen hatte, schon im Jahre 751 von seinen Anhängern des austrasischen (__*östlichen*__) Teils des Merowingerreiches zum König der Franken gewählt worden, aber diese „Salbung" gab Pippin und seinen Nachkommen erst den Nimbus, den Herrschende so sehr mögen und der, nachdem verkündet, dann von allen „Untertanen" sofort „wahrgenommen wird — abgesehen von Kindern. ... Bei dieser Gelegenheit wird der Papst jedenfalls nicht versäumt haben, Pippin III. von dem behaupteten päpstlichen Anspruch auf die Herrschaft über das Weströmische Reich zu „berichten". Warum? Damit dieser „wisse", daß er durch diese vom Papst vollzogene „Salbung" ein König von Papstes Gnaden sei — „begründet" *durch die Anmaßung, auf Erden* „Statthalter Gottes" *zu sein* —, der (__*wegen der* „beurkundeten" *Alleinherrschaft über das Weströmische Reich*__) diesen jederzeit wieder absetzen könne, so er es ablehne, die — *im beiderseitigen Interesse liegende* — päpstliche Herrschaft zu sichern. Zumal durch diese päpstlicherseits vollzogene „Salbung" Pippins und seiner Söhne, die Anmaßung der karolingischen Königswürde bestätigt wurde und die „ältere Legitimität" der Merowinger nicht mehr galt, _*so*_ die Sukzession der auf diese Weise eingeleiteten karolingischen Herrschaft begründend und sicherstellend. — Wird nämlich etwas von seiten der Macht behauptet, erlangt es _*allein*_ dadurch seine „Gültigkeit" und nicht etwa deshalb, da das Behauptete auch korrekt, richtig bzw. stimmig wäre: Verbreitete Lüge ist die Basis der Macht, nicht Legitimität.

Nun, dies dürfte einen ehemaligen Hausmeier durchaus beeindruckt haben, zumindest eher als einen König aus altem vorchristlich geprägten Geschlecht, dem per se „'natürliche' Heiligkeit" zugesprochen wurde. Zumal die Person, die zu jener Zeit von diesem Hausmeier vom merowingischen Thron gestoßen worden, noch ein Kind gewesen war — und (__*rein machtpolitisch betrachtet*__) dies der Sicherung des Aufstiegs eines Emporkömmlings und der erst durch diese Verbindung von verschleierter und offensichtlich weltlicher Macht möglich gewordenen Etablierung der Karolinger-Dynastie diente. Denn es wird Pippin und dessen Anhängern vorher schon, oder spätestens zu diesem Anlaß der „Salbung", die zu diesem Zweck fabrizierte „Urkunde der 'Konstantinischen Schenkung' gezeigt, bzw. vorgelesen worden sein, da es die weltlichen Herrscher damals mit dem Lesen nicht hatten ... zum Vorteil der katholischen Geistlichen und ihren Fälschungsschmieden und Thinktanks: den Klöstern der diversen Orden.

Also vermute ich, daß Papst Stephan II., in Vorbereitung auf seine Reise zu diesem Pippin, den er und seine „geistlichen" Freunde sich als Schutz gegen die aufsässigen Langobarden und als „karolingisches Schwert" gegen die Ungläubigen Europas überhaupt ausgeguckt hatten, diese Fälschung im Jahre 753 anfertigen ließ.

Bessere Machtausübungsmöglichkeiten und ein besseres Medium als eine monotheistische Lehre konnte es bis zur Etablierung der sogenannten bürgerlichen Staaten kaum geben — ist einem ausschließlich an Machtmehrung und Herrschaft über eine möglichst große Masse von Menschen gelegen.

Damit war der Anspruch auf verschleiert weltliche Macht der katholischen Geistlichkeit erklärt, aber noch nicht gesichert. Erst die _*tatsächlichen*_ Schenkungen des einstigen Hausmeiers Pippins III., die zusammengefaßt als „Pippinische Schenkung" der von diesem Pippin den Langobarden in Italien abgenommenen Gebiete bezeichnet werden und die 755 zum Kirchenstaat führten — *auf diese Weise zugleich tatsächlich weltlicher Herrscher werdend und der Papst von Byzanz sich zu lösen in der Lage war, da nun die Karolinger fest an seiner Seite waren,* — konnte nun die Macht über die Masse der Menschen in Europa doppelbödig ausgeübt werden: zuerst von den Karolingern und dem Papst ausgeübt, dann von einem gewissen „Dachverband von Machteliten" _*und*_ dem Papst. (__*Übrigens wurde durch diese* „Pippinische Schenkung" *die Behauptung, Konstantin d. Gr. habe dem Papst das ganze Weströmische Reich geschenkt, ad absurdum geführt, dennoch blieb diese gelogene Behauptung für Jahrhunderte die Grundlage klerikaler Ansprüche.*__)

Das als „Heiliges Römisches Reich" *bezeichnete Herrschaftsgebiet des deutschen Kaisers, allein sprachlich schon eine großspurige Schöpfung, war tatsächlich selten mehr als ein von Fürsten bestimmter* „Dachverband von Machteliten". *Dies Fürsten, die je eins der zahlreichen Territorien dieses „Verbandes der Machteliten" beherrschten und die sich von Zeit zu Zeit einen von ihnen ausguckten, man sagt* „wählten", *ihnen und ihren Territorien als Anführer vorzustehen. Dies dann ein Herrscher, der von diesen Fürsten* — unter zusätzlicher „Pendelwirkung" des römisch-katholischen Klerus, bzw. der deutschen „geistlichen Fürsten" — *und deren Interessen abhängig war, andernfalls hätten diese Fürsten den nicht* „gewählt".

Und diese Ausübung der Macht über die Masse der Menschen in Europa ereignete sich in einem blutigen Prozeß der Okkupation von Land und Geist der Menschen: nach Möglichkeit wurden alle *vor_*christlichen Glaubens- und philosophischen Vorstellungen ausgemerzt. Dieser Prozeß mündete im 9. Jahrhundert in die Etablierung des europäischen Feudalsystems.

Die Vermischung von verschleiert und offensichtlich weltlicher Macht wurde nicht nur grundlegend für die folgenden Jahrhunderte des europäischen Feudalismus', sondern die sich daraus entwickelnden Machtmethoden dienen genauso als Matrize für die imperialen Ambitionen der EU. Diese Ambitionen kommen in dem zum Ausdruck, das ich Neowilhelmoliberalismus nenne.[240] Diese Vermischung von verschleiert und offensichtlich weltlicher Macht bedeutete für lange Jahrhunderte die Fesselung des humanistischen Geistes, der in der alten polytheistisch-philosophischen Zeit so blühend gewesen war.

Daß es sich derartig verhält, daß also die Weichen für die nachfolgenden politischen Entwicklungen so entscheidend wie dauerhaft im Sinne fortgesetzter weltlicher Machtkonzentration gestellt werden sollten, erkennt man daran, daß Konstantin keineswegs seinen Titel *Pontifex Maximus* ablegte, was er eigentlich hätte tun müssen, wollte man der klerikalen Erzählung Glauben schenken, er sei zum Christentum konvertiert, daß also seine Konvertierung — *falls diese denn überhaupt stattgefunden hat: unabhängige Beweise gibt es dafür jedenfalls nicht* — nicht aus reinem Machtkalkül erfolgt sei.[241] Als weiteres Indiz dafür kann gelten, betrachtet man die Behauptung näher, daß Konstantin sich erst dem Christentum tatsächlich zugewandt haben soll, nachdem er seinen Sohn Crispus (__um 305-326__) aus erster Ehe und seine zweite Frau Fausta (__294-326__) getötet hatte, da er

---

[240] Vgl. Die *tri_*logische Sezierung [...], Bd III, Tb 2, Lesungen 18 und 19.

[241] Siehe dazu auch die Seite 19 ff., beginnend mit: „Man denke an Konstantin den Großen ..."

sich von dieser Tat „entsühnen" wollte.[242] Aber was bedeutet: „sich dem Christentum zugewandt", wenn er erst auf dem Sterbebett die Taufe empfangen haben soll, nämlich mehr als 10 Jahre später? Zumal diese „Hinwendung" aus „Sühne" nicht plausible wäre, da er schon im Jahre 310 den Vater seiner Frau Fausta, den bis 305 zusammen mit Diokletian gewesenen Kaiser Maximian, dessen Sohn Maxentius der letzte Kaiser Westroms vor Konstantin war, zum Selbstmord zwang, als dieser 310 wieder die Macht erlangen wollte.[243] Und so ist die Annahme berechtigt, daß es im politischen Leben des Konstantins d. Gr. nichts gab, das von seiner Seite ohne entsprechendes Machtkalkül — und damit nichts, das aus Gründen des Glaubens geschehen wäre. Denn durch die Beibehaltung des Titels *Pontifex Maximus* ist es ihm möglich, in jede theologische Debatte direkt einzugreifen, wie am Beispiel des Konzils von Nicäa unweit von Byzanz deutlich wird: Es war Konstantin, der den Streit zwischen den Vertretern der „Wesenseinheit" (__*Homousie*__) des „Gottessohnes" mit „Gott" und den Arianern, die diese Wesensgleichheit ablehnten und den „Gottessohn" lediglich als eine über alle anderen geschaffenen Wesen gesetzte Größe auffaßten, zugunsten der Vertreter der „Wesensgleichheit" entschied.[244]

Pontifex Maximus

Der Titel und die Funktion des *Pontifex Maximus* (__bzw. *Pontificis Magni*__) — *der dem* „höchsten Priester" *der römischen Priester* (__Pontifices__) *zukam und ein echtes Machtinstrument in allen staatsreligiösen Angelegenheiten war und damit die Staatsmacht direkt betraf* — gingen 12. v.u.f.Z. auf die römischen Kaiser über. Erst 379 — *oder später* — übergab Gratianus Titel und Funktion dem römischen Papst,

[242] Vgl. Libanios, *Für Religionsfreiheit, Recht und Toleranz*, Heinz-Günther Nesselrath et al., Mohr Siebeck, Tübingen, 2013, Endnote 24, Seite 79.

[243] Siehe zu Konstantin auch weiter auf der Seite 602, beginnend mit: „So empfing Konstantin, also laut Legende; 'irgendwann' vor der Schlacht gegen Maxentius ...".

[244] Siehe auf den Seiten 175 f. auch die Hinweise zum „Arianismus".

der dann als *Pontifex Maximus* angesprochen wurde und damit voll in der römischen Machttradition stand.

Die Herkunft des Begriffs „Pontifex" (__Plural *pontifices*__) ist übrigens unklar. Unwahrscheinlich wäre es nicht, käme er von *pons* (__Genitiv *pontis*__) „Brücke" + *facere* (__1. Person Perfekt: *feci*__) „machen", da die „Pontifizes" für die Instandhaltung der den Römern heiligen Brücke *pons Sublicius* zu sorgen hatten.[245] Der *pons Sublicius* galt als älteste Brücke Roms, die vollkommen aus Holz bestanden und ohne jedes Metallteil von Ancus Martius konstruiert worden sein und noch bis ins 5. Jahrhundert existiert haben soll. Sicher ist nicht zu sagen, wo der *pons Sublicius* den Tiber querte, obwohl es nicht unwahrscheinlich ist, daß er dort errichtet worden wäre, wo sich einer der ältesten Marktplätze schon vor Gründung der Stadt befunden hatte, nämlich das *Forum Boarium* (__der „Viehmarkt"__), also direkt unterhalb vom späteren *pons Aemilius*, denn diese Stelle war die einzige, wo diese Brücke vom Stadtwall aus geschützt werden konnte, zumal — *wegen der etwas oberhalb gelegenen Insel* — dort das Wasser des Tibers ruhig floß.[246]

Konsequent wird diese Politisierung der christlichen Glaubensvorstellung fortgesetzt, wenn 391 u.f.Z. Theodosius d. Gr., an den sich Libanios noch in seiner berühmten Rede wendet[247], ihn umzustimmen, per Dekret die Schließung aller vorchristlichen Kultstätten verfügt, wenn dieser Prozeß auch bis zum vollständigen Vollzug noch Jahrzehnte dauern sollte und erst im 6. Jahrhundert unter Kaiser Justinian I.[248] abgeschlossen war.

---

[245] Der Hinweis auf die mögliche Wortherkunft findet sich in: Gerhard Wahrig, *Deutsches Wörterbuch mit einem* „Lexikon der deutschen Sprachlehre", Bertelsmann Lexikonverlag, Gütersloh, 1991.

[246] Quelle: Samuel Ball Platner *A Topographical Dictionary of Ancient Rome*, vervollständigt von Thomas Ashby, Oxford University Press, Oxford, 1929, die Seiten 401 f.

[247] Siehe dazu Libanios, *Für Religionsfreiheit, Recht und Toleranz. Libanios' Rede für den Erhalt der heidnischen Tempel*, eingeleitet, übersetzt und mit interpretierenden Essays versehen von Heinz-Günther Nesselrath et al., Mohr Siebeck, Tübingen, 2013.

[248] Siehe zu Justinian I. auch die Anmerkung auf der Seite 98.

Drittes Kapitel

Vom bequemen Töten im Namen Gottes

Weit entfernt, irgend etwas Demokratisches zu meinen oder im Gepäck zu haben, bot sich also das Paulinische Christentum dem wankenden imperialen Rom als _*das*_ Herrschaftsinstrument nach innen an. — Und nach außen?

Nun, auch dazu eignete es sich ganz vorzüglich, war doch auf diese Weise das Machteliten auszeichnende weltliche Begehren auch weiterhin bestens zu bedienen: über andere zu herrschen und sich übers Kriegführung zu bereichern. Da aber dieses so egozentrische wie impulsive Machtstreben auch weiterhin der Masse der Bevölkerung nicht _*mal eben*_ erzählt werden konnte, sondern dies vor ihr selbstverständlich verborgen bleiben mußte, aber sie zugleich zu animieren war, dieses Machtstreben zu unterstützen, gar zu bejahen, wurde dies — *also beides: Herrschen über andere und Kriegführen zur eigenen Bereicherung* — jetzt weit bequemer als je zuvor möglich, da nun — *ausgestattet mit einer Glaubensvorstellung von einem einzigartigen Gott* — von den aus der Bevölkerung rekrutierten Schlägern und Mördern — *dann meist als Soldaten bezeichnet* — die „frohe Botschaft" dieser Glaubensvorstellung endlich auch anderen Völkern — *als gottgewolltes Vorhaben* — zum „Geschenk" zu machen war, denn: wozu sonst lag der *Missionsbefehl Jesu* vor?

> *Und Jesus trat herzu und sprach zu ihnen: Mir ist gegeben alle Gewalt im Himmel und auf Erden. Darum gehet hin und machet zu Jüngern alle Völker: Taufet sie auf den Na-*

men des Vaters und des Sohnes und des heiligen Geistes und lehret sie halten alles, was ich euch befohlen habe.[249]

Aber ein solches Geschenk konnte selbstverständlich — *wegen der Ungläubigkeit der Völker* — lediglich über handfestes Schänden, Plündern, Schlachten, Versklaven und Völkermorden möglich sein. Zumal, also falls sie zuerst sogar freudig (__*d.h. tatsächlich von sich aus*__) diese „frohe Botschaft" für sich persönlich annehmen, aber alles andere ihrem Land Zugehörige wie die Schätze des Bodens, die Früchte des Feldes, die Tiere des Waldes für sich und die ihren behalten und die Menschen ihres Landes nicht als Sklaven geben wollten, waren sie jedenfalls noch nicht bereit, sich der „frohen Botschaft" tatsächlich zu öffnen, so daß, nachdem also die europäischen Völker selbst beraubt, geschändet und geschlachtet und die ersten Kreuzzugserfahrungen gesammelt worden waren, dann im 15. Jahrhundert mit eigens zu diesem Zweck abgefaßten päpstlichen Dekreten ausgestattet, dieser „christliche Auftrag" auf die ganze Welt ausgedehnt und zum tatsächlichen *Deck*_Mantel fürs weltweite Rauben, Schänden, Schlachten, Versklaven und Völkermorden zur Befriedigung des weltlichen Begehrens der europäischen Machteliten und ihrer *spin*_doktorischen Satelliten in Wissenschaft, Lehre und Kunst — *zur* „Vermittlung des 'Wahren', 'Schönen', 'Guten'" —, so daß der Masse der Menschen — *also den monotheistisch Gläubig*_gemachten — mit der Mine des Gläubigergriffenseins verkündet werden konnte, daß all dies „im Namen Gottes" geschähe. — Denn im Namen des Kaisers, später dann im Namen anderer Herrscher nicht anderes, geschah das von jetzt ab nicht mehr. (__*Später dann erst im Namen des* „Volkes".__)

Indem sich die Herrschenden dieser monotheistischen Abstraktion menschlichen Denkens unterstellten, war dies die sicherste Möglichkeit, zwar den vollen Nutzen aus dem weltweiten Rauben, Schänden, Schlachten, Versklaven und Völkermorden zu ziehen, dafür aber

---

[249] Siehe Mt 28, 18-20, zitiert nach dem revidierten Bibeltext in der Fassung von 1984, Deutsche Bibelgesellschaft, Stuttgart, 1985, beginnend mit: „Der Missionsbefehl".

nicht mehr die Verantwortung zu tragen, geschah schließlich all dies — *gemäß dem Missionsbefehl Jesu* — im Auftrag behauptet existenter monotheistischer Abstraktion.[250]

Insbesondere die nachfolgend aufgeführten päpstlichen Dekrete sind es, die dem vor nun 522 Jahren begonnenen, bis heute (__2020__) währenden Weltkrieg, dessen Ende bisher nicht abzusehen ist, vorausgingen. Aber, denn das sollte unterstreichend vorher noch erwähnt werden: sie waren nicht die ersten und einzigen solchen Zwecken dienenden Dekrete des Papstes. Es sei deshalb beispielhaft auf jene als *Ad ea ex quibus* bezeichnete, auf das Jahr 1319 zurückgehende Bulle hingewiesen, mit der Papst Johannes XXII. (__1245-1334; der übrigens der erste Papst war, der seine klerikalen Amtsgeschäfte von Avignon aus ausübte__) seine Zustimmung dazu gab, daß der portugiesischen Krone der portugiesische „Christusorden" unterstellt werde. Dies jener Orden, dem die Besitzungen des auf Betreiben des französischen Königs Philippe le Bel (__1268-1314__) hin, anläßlich des 2. Konzils von Vienne südlich von Lyon, am 22. März 1312 von Papst Clemens V. (__1264-1314__) aufgelösten Templerordens im Herrschaftsbereich der portugiesischen Krone übertragen worden waren. Diese Bulle bildete dann die Grundlage für jene als „Padroado" bezeichnete Vereinbarung zwischen dem Papst und der portugiesischen Krone. Was war diese Vereinbarung? Wie in den portugiesisch eroberten Gebieten zu missionieren sei und welche Rolle dieser „Christusorden" dabei zu spielen habe. Was das in der Praxis bedeutete, wird, neben anderem, aus dem in Kapitel 7 Behandelten deutlich.

- **1452** — Nikolaus V. (__1397-1455__), *Dum diversas*: Durch diese Bulle wurde „König Afonso V. von Portugal und der Algarve und seinen Nachfolgern das Recht verliehen, die „Reiche, Fürstentümer, Ländereien usw. der Ungläubigen zu erobern und zu unterwerfen".

- **1455** — Nikolaus V., *Romanus Pontifex*: Bei dieser Bulle handelt es sich um eine Ergänzung der Bulle *Dum diversas*, wodurch dem por-

[250] Siehe Mt 28, 18-20: „Der Missionsbefehl".

tugiesischen König Afonso V., seinen Nachfolgern und dem Infanten Heinrich dem Seefahrer das Recht zugesprochen wurde, die Muslime, die Heiden und „andere Feinde des Christentums zu überfallen, sie auf ewig zu Sklaven zu machen" und ihnen ihren Besitz zu rauben. Auf diese Weise wurde den Portugiesen das alleinige Recht auf die bisher erworbenen Gebiete sowie neuen Eroberungen jenseits des Kaps Bojador zugestanden, also jenseits des Vorgebirges an der Nordwestküste Afrikas südlich von den Kanarischen Inseln. Die vom Klerus aufgestellte Bedingung dafür war, daß in den unterworfenen Ländern Kirchen und Klöster gebaut würden und christliche Priester (__*militärisch geschützt*__) dort ihre Riten vollziehen konnten.

- **1493** — Alexander VI. (__1431-1503__), *Piis fidelum*: Übertragung der Macht an die spanischen Könige, die „Neue Welt" in Eigenregie zu missionieren.

Später dann, als der Raub _*des*_ Kontinents zu einem großen Teil schon von europäischen Imperien vollzogen war, übernahmen jene im Rahmen seines Raubs sich dort niedergelassen habenden Europäer selbst die Herrschaft, sich, u.a., dadurch ausdrückend, daß sie einen großen Teil dieses Kontinents „USA" nannten, hatten sie sich doch von den europäischen Machteliten und deren Imperien für „unabhängig" erklärt, was allerdings nicht bedeutete, daß sie ab diesem Zeitpunkt das geraubte Land wenigstens mit den dortigen Uransässigen zu teilen beabsichtigt hätten, setzten diese Europäer, nun „US-Amerikaner" heißend, das Rauben, Schänden, Schlachten, Versklaven und Völkermorden auf eigene Rechnung fort. Später auch weltweit, und das währt bis heute. Zur Verschleierung dieses in der europäischen Tradition stehenden Raubens, Schändens, Schlachtens, Versklavens und Völkermordens, war die monotheistische Glaubenslehre der Paulinischen Jesusbewegung nicht mehr zwingend notwendig, da es jetzt jene „bürgerliche Glaubenslehre" gab, und die es, selbstverständlich, noch heute gilt. Wenn auch heutzutage die alte „monotheistische Lehre" erneut Verwendung zu finden beginnt, damit apokalyptisch nachgeholfen werden könne, so daß es doch noch etwas mit dem christlichen „Reich Gottes auf Erden" werde, welches ein „Reich des

Friedens“ sei, wie gesagt wird. Und diese „bürgerliche Glaubenslehre“ kann ohne weiteres als „säkulare Glaubensvorstellung“ bezeichnet werden. Oder werden etwa nicht von jenen Hohepriestern, im Dienste des von ihnen so bequem mit „unsichtbarer Hand“ und eigenen „Kräften“, meist als „Marktkräfte“ bezeichnet, ausgestatteten Gottes *Freier-Markt-richtet-alles-selbst* stehend, seine — *also ihre* — „Glaubenssätze“ der Welt mit religiöser Inbrunst gepredigt?

Nun, zumindest ist es so, daß der einst päpstlich beglaubigte Impuls für jenes Rauben, Schänden, Schlachten, Versklaven und Völkermorden gleichgeblieben ist, und sich heutzutage sogar über „sublime Vertragswerke“ derartig abgesichert auswirken kann, daß die solche Machwerke unterzeichnenden Staaten und ihre Bewohner in ein veritables *neo*_koloniales Ausbeutungsverhältnis mit den lobbykratischen Staaten des „Westens“ — bspw. mit dem orwellianischen EU-Imperium des Friedens — zwingt, dessen in seinen Mitgliedstaaten einsitzenden Bevölkerungen selbst schon längst dieser vertraglich vereinbarten Ausbeutung unterliegen ... ohne daß denen das überhaupt noch merkbar aufzufallen scheint.[251]

Der Monotheismus, ob nun „religiös“ oder „säkular“ „begründet“, ist folglich ein Allzweckmittel zur Beherrschung der Menschen. Kaum perfider auszudecken, wie dessen Glaubenssätze im Kopf eines jeden derartig Gläubigen verankert ist, so daß die einfach „wissen“, daß es richtig ist, da „im Namen Gottes“ geschehend, Aufstände niederzuschlagen, Kriege zu führen, zu massakrieren, die Schwachen zu schänden und zu versklaven — *alles im Namen eines Gottes der Liebe!* Und so kann es schon einmal geschehen, daß, bspw. in einer Talk-Show ...

---

[251] Siehe dazu in: « Sie fragen noch, wie die ›Verhältnisse‹ liegen? », dort bspw. Aspekt 5: « Der Brexit als Ausdruck ›momenthafter‹ Demokratie » und Aspekt 61: « Für die Glaubensgeschwister des europäischen Projekts ist ›Demokratie‹ nur ein Slogan, der ihrer Pro-EU-Agenda entspricht ». Siehe dazu auch auf der WebSite von *The Full Brexit* den exzellenten Essay von Lee Jones, dessen Titel: « The Folly of ›Remain and Reform‹: Why the EU is Impervious to Change ». Der zugehörige Link ist am 9. März ’20 erneut geprüften worden:
https://www.thefullbrexit.com/remain-and-reform.

Talk-Show? ... Sind das nicht Veranstaltungen, wo ausgesuchte Leute „aufeinandertreffen", die vor ausgewähltem Publikum über ausgewählte Themen den TV-Angeschlossenen deshalb „meinunggebende Orientierungshilfe" — *gut honoriert* — offerieren können, da sie, letztendlich fürs erleichterte an der „sublimen Leine" Führen dieser Angeschlossenen, oder, wenn's nicht anders geht, zur Einschleusung „neuen Narra_*tiefs*", entsprechend „festgelegt 'disputieren'"?

Und so kann es schon einmal geschehen, daß, bspw. in einer Talk-Show, ein „Kirchenvertreter" dem Publikum weismacht, daß die Kirche einst ihre Blutspur ziehen mußte, da ansonsten die Gefahr bestanden hätte, daß die „Botschaft der Liebe" sich nicht hätte durchsetzen können. Derartig — *oder sinngemäß vergleichbar* — gesprochen, wäre „endlich" auch _*das*_ „geklärt", um dann (__*zudem nun ganz anders* er_*leichtert und mit projektionistisch gereinigter Weste*[252]__) zur Tagesordnung der anderen ausgewählten Fragepunkte überzugehen, und — *vor allem* — nach solchen Äußerungen der Selbstläuterung, da ja darüber _*so*_ ein „offenes Wort" gerade erst verloren bzw. gesprochen worden, erneut (__*und nun wieder* selbst_*berechtigt*__) moralisch vom Leder zu ziehen. ... Zur Bereitung eines geupdateten „Narra_*tiefs*"?

Wie sollte sich auch durch die Einführung einer monotheistischen Religion, die sich vorzüglich als Manipulationsinstrument für große Menschenmassen eignet, etwas gravierend ändern, bleiben die tatsächlichen Machtverhältnisse — *und damit machtelitäre Begehrlichkeiten* — unverändert? Also wurden nicht nur weiterhin Kriege geführt, sondern ihre Grausamkeit nahm in dem Maße zu, wie ihre „Ursachen" ideologisch begründet wurden.

Das gilt, zumal dieser Wurzel entsprungen, für den „säkularen Monotheismus" nicht anderes. Folglich sind, so die Behauptung, Kriege heute _*wegen*_ der „Freiheit des Marktes" oder _*wegen*_ der „Menschenrechte" zu führen, die deshalb — *konsequent orwellianisch*

---

[252] Siehe dazu auf den Seiten 17 f.: „Das Ausmaß der Projektion".

— „Menschenrechtskriege" heißen, von denen im Jahre 1999 der Angriffskrieg gegen Serbien der inoffiziell erste war.[253]

Gewiß, wenn weiterhin Macht und Reichtum anzuhäufen sind, da die tatsächlichen Machtverhältnisse — *und damit machtelitäre Begehrlichkeiten* — unverändert bleiben, ist es da etwa nicht — *aus machtelitärer Sicht* — angenehm, daß sogar im Namen Gottes tun zu können, da nun Kriege in seinem Namen geführt werden müßten? — „Heilige Kriege" / „Menschenrechtskriege". — Es erleichtert nun einmal das machtelitäre Geschäft enorm, jenen Menschen, die dann ihre Knochen hinhalten müssen, nicht nur darauf *hin*_weisen zu können, daß Gott „schon die Seinen *er*_kennen" werde[254], sondern — *im Falle des eigenen Todes* — sogar in den „Himmel" zu kommen[255] ... vielleicht dann gar mit dem Nimbus der Heiligkeit versehen, geschähe das als „Märtyrer".

Wohlgemerkt: Auf diese Weise wurde Heuchelei dauerhaft ins Unbewußte abgedrängt, was späterhin offenbar keineswegs über die Psychoanalyse bewußt gemacht wurde, denn selbstverständlich „wissen" auch heute die meisten in den „Elitestaaten" des „Westens" einsitzenden Menschen genauso, daß die Ende 2015 begonnenen und erst im Dezember 2016 beendeten Luftangriffe der russischen Luftstreitkräfte gegen die syrische Stadt Aleppo nicht gegen die von diesen „Elitestaaten" unterstützten und aus dieser Stadt die Hauptstadt ihres zu jener Zeit in Gründung befindlichen 2. Islamischen Staates machen wollenden Islamisten gerichtet sein konnte, sondern ausschließlich gegen die zivile Bevölkerung dort gerichtet gewesen wäre, wie von den mit eindrücklichen Bildern angereicherten Erzählungen der schreibenden Mitarbeiter diesen Insassen (__*von irgendwo, nur nicht aus*

[253] Vgl. Die *tri*_logische Sezierung [...], Band I, Teilband 3, Kapitel 14: „Die Politik der bürgerlichen Nichtversteher".

[254] Sie erinnern sich an die Passage auf den Seiten 38 ff., beginnend mit: „Heutzutage ist Béziers eine belebte Stadt ...".

[255] Vgl. auch in: Die *tri*_logische Sezierung [...], Zwischenruf 15: „Das Weihmacht-Spiel".

*Aleppo selbst, also mit unbewußt bleibender Heuchelei*__) berichtet wurde — wohingegen _*selbstverständlich*_ die im Oktober 2016 begonnene und noch bis Mitte 2017 geführte Offensive gegen die letzte Bastion des 1. Islamischen Staates ausschließlich gegen die Islamisten (__*eigener Geheimdienstzüchtung*__) in der Stadt Mosul gerichtet war; nun aber, wundergleich, die zivile Bevölkerung weder von Bomben und Granaten in Masse getötet noch den Tot in Masse wegen Zerstörung der Wasser- und Stromversorgung zu erleiden hatte, *ob*_wohl der Winter 2016 auf '17 hart war. Denn dazu gab es keine geschossenen Bilder, keine von den Mitarbeitern der Medien_*Konzerne* verfaßten Berichte für die Insassen der „Elitestaaten" dieser Welt, folglich gab es in Mosul _*so*_ verursachten Tod und Leid nicht.[256] ... Warum? ... Ohne Bilder, weder Tod noch Leid ...

So tat es einst schon der von Deutschen wie Franzosen gleicherweise reklamierte Karl der Große bzw. Charlemagne mit den ungläubigen Sachsen in den so langwierigen wie blutigen *Sachsenkriegen* im Rahmen der Etablierung eines auf Homogenisierung der Völker Europas ausgerichteten, die Substanz der untergegangenen römischen imperialen Macht wahrenden Reichssystems, das wir als (__*europäischen*__) „Feudalismus" bezeichnen und das durch die bürgerlichen Nationalstaaten nur bedingt abgelöst wurde, wie sich seit dem Ende des Kalten Krieges in dem Versuch der Herausbildung eines von der deutschen Machtelite hegemonial geführten EU-Imperiums zeigt, dessen „ideologische Basis" ich Neowilhelmoliberalismus nenne.[257] — Auf die Etablierung des europäischen Feudalismus' ist zurückzukommen.[258]

---

[256] Vgl. in: Die *tri*_logische Sezierung [...], Bd I, Tb 1-3, Seiten 384-90, beginnend mit: „Meine folgende Aussage ist am 14. September '14 erstmals ..."; und in: a.a.O., Bd II, Zwischenruf 28; sowie in: a.a.O., Band III, Tb 1, Lesung 14.

[257] Vgl. in: a.a.O., Band III, insbesondere Teilband 2.

[258] Siehe den exkursiven Anhang I: „Von der Etablierung des Feudalismus', der Rolle der christlich-monotheistischen Glaubensvorstellung und den Sachsenkriegen".

Viertes Kapitel

Fanatismus und monotheistischer Gott

Die Texte monotheistischer Religionen zeichnen sich dadurch aus, daß in ihnen alles zu finden ist, das der wie auch immer grundgestimmte monotheistisch Gläubige für _*seine*_ „Glaubensgrundstimmung" benötigt, die von seinem eigenen Charakter bestimmt ist, der aber selbst Ausdruck des durch das von sozialer und natürlicher Umwelt ausgehenden Einflüssen spezifisch ausgeformten plastischen menschlichen Wesens ist. Allerdings muß er dazu — *so als wollte er Perlen sammeln* — die für seine „Grundstimmung" nicht geeigneten Aussagen in solchen Texten ignorieren. Es kommt dann darauf an, wie „grundgestimmt" er ist: alles anders Glaubensvorgestellte als offenbarer Ausdruck des vielfältig möglichen „Suchens nach 'Identifikation' und 'Wahrheit'" wahrnehmend und _*deshalb*_ akzeptierend, also friedenstiftend ist, _*o d e r*_ fanatisch alles anders Glaubensvorgestellte ablehnend und bekämpfend, also kriegstiftend grundgestimmt ist.

Für beide „Glaubensgrundstimmungen" lassen sich auch im Koran die passenden Textstellen finden. Die friedenstiftende „Grundstimmung" zeigt sich dann darin, daß „Dschihad" als ein in einem selbst zu führender Kampf zu verstehen ist, dieser sich folglich mit Respekt vor dem anderen Menschen ereignend, denn es ist ja ein innere Kampf. Die kriegstiftende „Grundstimmung" zeigt sich hingegen darin, daß „Dschihad" als ein nach außen gerichteter, in dieser Welt als unbedingtes Muß zu führender Kampf aufgefaßt wird, gepaart mit daraus resultierender Unerbittlichkeit gegen den „anderen", anders gläubigen oder nicht an einen Gott glaubenden Menschen.

Die zweite (__*kriegstiftende*__) „Glaubensgrundstimmung" verlangt geradezu nach Fanatismus, genannt auch „Fundamentalismus". Daß dies ein monotheismustypisches Phänomen ist, schimmert durch, nimmt man zur Kenntnis, daß der Begriff „Fundamentalismus" ursprünglich nicht für „Islamisten" verwendet wurde, sondern in den 20er Jahren des letzten Jahrhunderts zur Bezeichnung von fanatisiert „glaubensgetriebenen" Christen geprägt wurde, die deshalb auch als „fundamentalistische Christen" bezeichnet werden.

Was ist aber gegen einen islamischen Fanatismus möglich, dessen Anhänger allgemein als Islamisten bezeichnet werden? Nun, der Islam muß aus sich heraus zu seiner Reform drängen — wenn dies auch wegen seiner monolithischen Beschaffenheit extrem schwierig ist. Jedenfalls ist es nicht möglich, wie schon angemerkt, religiösen Fanatismus als islamtypisch zu bezeichnen.

Es war übrigens im ersten Teil des großen Krieges des 20. Jahrhunderts, daß deutsche Militärs und deutsche Geheimdienste die Bevölkerungen im Nahen Osten gegen ihre Feinde, die Franzosen und die Briten, aufbringen wollten, beide ja dort Kolonialmächte, indem sie die „islamische Karte" spielen wollten — also die islamische Religion dazu zu gebrauchen, die Menschen dort gegen die Feinde in diesem Krieg zu fanatisieren. Es gelang ihnen nicht. Das ist zumindest ein deutlicher Hinweis darauf, daß Fanatismus nicht per se islamischen Gesellschaften eigen ist.

Folglich ist anzunehmen, daß der Islamismus (__*oder der* „politische Islam"__), so wie der heutzutage in jede Stube des „Westens" medial wirkkräftig hineingereicht wird, nicht ohne das Zutun — *kommend aus so altem wie eigensüchtigem Streben* — der Verantwortlichen der „westlichen Staaten" zu denken ist.[259]

Demnach wäre es zwar plakativ, aber wohl zu einfach, zitierte ich jetzt Salman Rushdie lediglich wie folgt: „[...] Der Islam ist unnachgiebig gegenüber den Selbstmördern, die dazu verdammt sind, ihren Tod

---

[259] Siehe dazu auf den Seiten 326 f. die „PASSAGE DER VERACHTUNG".

bis in alle Ewigkeit zu wiederholen. Die Muslime müssen sich allerdings gründlich darüber Gedanken machen, warum der Glaube, den sie lieben, so viele gewalttätige Mutanten hervorbringt. [...]". Er drückte das in einem Statement aus, das sich auf die Anschläge vom 11. September 2001 bezieht und am 6. Oktober 2001 im *Guardian* erschienen ist.

Denn man muß schon den in diesem Zusammenhang mitgesagten Satz zitieren, um ein zwar plakatives, aber inhaltlich korrekt bleibendes Bild zeichnen zu können: „[...] Wenn sich der Westen mit seinen Unabombern[260] und McVeighs auseinandersetzen muß, muß der Islam es mit seinen Bin Ladens tun. [...]"[261]

Und fürs *_ganze_* Bild wären wohl die vielen Ungereimtheiten der Anschläge auf das World Trade Center in New York und das Pentagon in Arlington vom 11. September 2001 mit in den Blick zu nehmen, worauf an dieser Stelle nicht eingegangen werden muß — zumal es diesbezüglich so manchen abschüssigen „verschwörungsthetischen Grat" gibt, den zu beschreiten, um das Ursächliche zu erkennen[262], allerdings auch gar nicht notwendig ist, denn aus diesem Ursächlichen resultiert ein Fanatismus, der eher als erzeugter zu begreifen ist, so daß — *jenseits aller plakativen Malerei* — nicht gesagt werden kann, daß „Fanatismus allein dem Islam inhärent wäre — *darauf ist weiter unten zurückzukommen*.

---

[260] Siehe Anhang IV: „The Unabomber".

[261] Das ganze Zitat findet sich im *Guardian* vom 6. Oktober 2001: Salman Rushdie, „Let's get back to life". Eigene Übersetzung. Der zugehörige Link wurde am 9. März '20 erneut geprüft:

https://www.theguardian.com/books/2001/oct/06/fiction.afghanistan.

[262] Zur Verdeutlichung, um was es tatsächlich geht, und der Islamismus in diesem Zusammenhang zu verstehen ist — *nämlich einerseits als Züchtung und andererseits als Resultat alten westlichen Machtstrebens* — siehe in: Die *tri_*logische Sezierung [...], Band I, Kapitel 13: „Die Welt als 'Hinterhof' der Machteliten oder Der Nationalstaat als grundlegendes Problem für Frieden — dokumentiert am Beispiel der 'Sicherheitspolitik' der USA seit dem Ende des Kalten Krieges".

Wer übt Terror aus? Nur „Islamisten"? Sind „Islamisten" Muslime? Oder sind es als Muslime verkleidete Faschisten, die — *da menschlich reduziert* — in gewissen Passagen des Korans und in Mohammed in den Mund gelegten Ahadith — *je Ausdruck machtinteressengeleiteter Bestrebungen* — für sich den „Rahmen" finden, der ihnen ideologische Orientierung und — *da fehlend* — „charakterliche Form" gibt? — Möglich. — Und die westlichen Regierungen und ihre Geheimdienste, geben diese der „Züchtung von Terroristen" etwa keinen Raum — so dies nur ihrem Machtstreben nützlich ist?

Exkursion: Der schlechte Witz an
« deutschen machtelitären Ideen »

Der schlechte Witz an « deutschen machtelitären Ideen » ist nicht allein, daß die mit der Realität nicht kompatible sind, sondern daß man die politisch umgesetzt sehen will ...

ZITAT_ [...] *Auch nach dem vorläufigen Scheitern der deutschen Pläne für den Aufbau einer westlichen Besatzungszone in Nordsyrien haben Außenpolitikexperten in Berlin Optionen für die mögliche Entsendung deutscher Soldaten in das Land im Blick. Es sei denkbar, daß Moskau durch anhaltende Attacken des IS in Syrien unter Druck gerate und um UN-Truppen zur Unterstützung im Kampf gegen die Jihadisten bitte, mutmaßt der Leiter der Münchner Sicherheitskonferenz, Wolfgang Ischinger: Dann könne womöglich der 'Schutzzonen'-Plan der deutschen Verteidigungsministerin zur Anwendung kommen. Ähnliche Überlegungen werden bei der Berliner Stiftung Wissenschaft und Politik* (SWP [__Stiftung Wissenschaft und Politik, Thinktank im Dienste des Kanzleramtes__]) *angestellt: Bleibe Syrien 'auch nach einem Ende der Kampfhandlungen instabil', könne vielleicht ein UN-Beobachtungseinsatz erzwungen werden. Militärplaner entwickeln unterdessen Interventionsszenarien, die einen Einsatz von bis zu drei deutschen Kampfbataillonen vorsehen. Der Vorsitzende der Münchner Sicherheitskonferenz,*

Wolfgang Ischinger, fordert die beschleunigte Aufrüstung Deutschlands und der EU. [...] _ZITATENDE[263]

Wer eine so durchgeknallte (__*machtelitäre*__) Idee des Aufbaus einer „'westlichen' Besatzungszone in Nordsyrien" unter dem völlig durchsichtigen Deckmantel der UNO nicht nur hat, sondern die auch zu seiner offiziellen „Verteidigungspolitik" machen will, ist als potentiell friedensuntauglich einzuschätzen! ... Man will einfach die Finger mit drin haben, das ist alles, und das, obwohl man selbst überhaupt nicht das Potential dazu hat: und zwar weder von den materiellen noch von den intellektuellen Ressourcen her gesehen. Das verdeutlicht beispielhaft das folgende Zitat:

ZITAT_ [...] *Muriel Asseburg, eine Nahost-Expertin der SWP, die 2012 das Projekt* 'The Day After' *betreut hatte, in dem syrische Exil-Oppositionelle* [__gern als „Rebellen" bezeichnet, die tatsächlich aber zumindest enge Beziehungen zu Ahrar al Sham hatten, Ahrar al Sham ist aber, zumindest von der Zielsetzung her, mit IS/Daesh verwandt: IS/Daesh, mit oder ohne Ahrar al Sham, hatte sich Aleppo als Hauptstadt eines zweiten IS-Kalifats vorgestellt, wobei die Kämpfer von Ahrar al Sham_IS/Daesh bis zu ihrem erzwungenen Abzug Ende 2016 keine Probleme damit hatten, die Bevölkerung in Aleppo als Schutzschild zu mißbrauchen; Anm.d.A.__] in Berlin Pläne für den Neuaufbau Syriens nach dem erhofften Sturz von Präsident Al Assad entwikkelten, urteilte, Syrien werde 'auch nach einem Ende der Kampfhandlungen instabil bleiben', und zwar nicht nur im Nordosten.[...] Womöglich werde sich dann früher oder später die Frage stellen, ob man eine 'internationale Stabilisierungsmission' einrichten solle [...]. UN-Beobachter könnten dann 'vor allem an den Punkten im Land' stationiert werden, 'wo sich die Siedlungsgebiete verschiedener Bevölkerungsgruppen überlappen'. [__So reden Experten wie eine Frau Asse-

[263] Quelle: German Foreign Policy, „Krieg um Nordsyrien (IV)". Der zugehörige Link wurde am 9. März '20 erneut geprüft: https://www.german-foreign-policy.com/news/detail/8088/.

burg daher und dahin, dabei könnte die Bemerkung von Frau Asseburg: *„wo sich die Siedlungsgebiete verschiedener Bevölkerungsgruppen" über_*lappen — die Verwendung des Verbs „überlappen" erzählt übrigens einiges über die ideologische Ausrichtung der Politologin Asseburg —, erkennen lassen, daß genau das der Grund dafür ist, wieso Assad soviel Rückhalt in der syrischen Bevölkerung hat. Denn hätten u.a. die Figuren, die solche Experten als „Rebellen" — *oder als* „moderate Islamisten" — bezeichnen, und die von solchen Experten dafür fit gemacht werden sollten, in Syrien die Macht zu übernehmen, die tatsächlich aber — Ahrar al Sham_IS/Daesh — Islamisten sind, wüßten diese „verschiedenen Bevölkerungsgruppen" in Syrien ganz genau, daß sie dann zum „fundamentalistischen Islam", d.h. zu seiner von Muhammad ibn Abd al-Wahhab vorgenommenen Auslegung, die dann — im Pakt mit Muhammad bin Saud — zur Staatsreligion des saudischen Herrschaftsgebiets auf der Arabischen Halbinsel erklärt wurde — *zum Nutzen beider Familien* —, zu konvertieren hätten oder geköpft würden, _*hätten*_ diese „Rebellen" die Hebel der Macht in Syrien in der Hand! Und diese _*hätten*_ diese in der Hand, weil jene als „moderat" geltenden Islamisten sich schnell als „Gespielen" der wahhabitischen bzw. salafistischen Ideologen entpuppten — und wenn nicht, selbst geköpft würden. Oder was glauben die westlichen Intellektuellen, daß „westliches" Militär die Fragilität „'westlichen' Nationmodellings" schon sichern und kompensieren könnten? Es wird doch nicht anzunehmen sein, daß die Machtelitären des „Westens" auf die Idee kommen sollten, dort im Nahen Osten allgemeine Prosperität zu initiieren _*und*_ die zur flächendeckenden Entfaltung bringen wollten, oder? ... Immerhin: wo bliebe dann _*deren*_ Profit? __] Man werde [__*so Frau Asseburg weiter,*__] in diesem Falle darüber nachzudenken haben, 'wie Deutschland und die Europäer zur Stabilisierung der Lage beitragen können'. [...] _ZITATENDE[264]

---

[264] Quelle: „Krieg um Nordsyrien (IV)". Der zugehörige Link ist am 30. Oktober '19 geprüft worden:

https://www.german-foreign-policy.com/news/detail/8088/. Die Zitierung erfolgt mit freundlicher Genehmigung der Redaktion von German Foreign Policy.

Und ist: „Deutschland und die Europäer" nicht eine „hübsche" Aussage? Denn eigentlich müßte es allein: „die Europäer" heißen, so es ernstgemeint wäre! ... Aber um „Europa" geht es immer nur in Sonntagsreden oder bei der Verleihung des „Karlspreises" (__zu Ehren einer schimärischen Figur der ... Geschichts_*Schreibung*, bzw. einer märchenhaft kanonisierten Geschichts_*Erzählung*__) oder ist gerade EU-Wahlkrampfzeit. — „Europäer" als staatsbürgerliche Identität ist eben eine Illusion, und darum geht es auch nicht, sondern es geht allein darum, daß man seine schmutzigen Finger, wie üblich, an anderen abwischen kann — und dann noch behauptend, man habe denen ja schließlich geholfen!

Also sei jetzt gewissen deutschen Intellektuellen — *so, weil's so gut paßt, namentlich einer Frau Asseburg von der Stiftung Wissenschaft und Politik* — mit Datum vom 9. Juli 2015 in Erinnerung gerufen:

[...] Die regierungsnahe 'Stiftung Wissenschaft und Politik' hat [...] im Februar 2012 offen ausgesprochen [...]: 'Unterdessen zeigen die Wirtschaftssanktionen [gegen Syrien] Wirkung [...]. Die Bevölkerung leidet unter der Knappheit von Benzin, Heizöl und Butangas; Stromsperren von bis zu sechs Stunden täglich treffen mittlerweile auch die Hauptstadt. Seit Beginn der Krise ist der Schwarzmarktkurs der syrischen Währung um rund 50 % gefallen. Importgüter wie Weizen werden knapp und damit mangelt es an Brot; die Preise für lokal erzeugte Güter des täglichen Bedarfs, etwa Milchprodukte, steigen spürbar. Nach wie vor sind jedoch keine Anzeigen für die erhofften politischen Wirkungen zu sehen. Weder hat die Regimespitze ihre Haltung verändert noch die Unternehmerelite sich vom Regime abgewandt.' [...] Zynisch empfahlen die beiden Autoren deshalb die "stringente Umsetzung und weitere Verschärfung der bestehenden Sanktionen". [...][265]

---

[265] Quelle: „Gezielt ausgehungert". Der zugehörige Link ist am 30. Oktober '19 geprüft worden:

https://www.german-foreign-policy.com/news/detail/6690/. Die Zitierung erfolgt mit freundlicher Genehmigung der Redaktion von German Foreign Policy.

Wie gesagt, man will einfach die Finger mit drin haben, das ist alles, und das, obwohl man selbst überhaupt nicht das Potential dazu hat: weder von den materiellen noch von den intellektuellen Ressourcen her gesehen! Denn wäre das so, ginge man völlig anders vor!

Wie sollten dann aber Figuren, die entweder solche « machtelitären Ideen » haben oder diese umgesetzt sehen wollen, kein weltpolitischer Unsicherheitsfaktor sein, der mit dem eines Trump _*prinzipiell*_ nicht vergleichbar wäre? (__*Wobei* « machtelitäre Ideen » *niemals von einer Person abhängen, sondern vom System, in dem solche Ideen aufkeimen können.*__) Denn diese können wohl alles durcheinander-, aber nicht zu prosperierender Entwicklung bringen — wie ihr völlig unfähiges « machtelitäres Treiben » Anfang der 90er Jahren ff. auf dem Balkan exemplarisch gezeigt hat!

Randbemerkung:

« Im Jahre 2019 geht der Nobelpreis
für Literatur an Peter Handke »

Der Nobelpreis für Literatur geht an Peter Handke, dazu gratuliere ich ihm herzlich! Gewiß, eine solche Entscheidung läßt sich immer kritisieren — *die ich aber nicht zu kritisieren wüßte*. Wenn es allerdings Kritiker gibt, die das wegen Handkes Äußerungen zur einstigen Republik Jugoslawien oder gar zu Milošević tun, möchte ich diesen Heuchlern den Spiegel vorhalten: sollten diese sich doch mit _*ihrem*_ intellektuellen Versagen auseinandersetzen — ob diese dann noch Zeit finden wollten, solches anderen vorzuwerfen?

Diese Heuchler könnten diesen „Spiegel" in meinen Büchern allgemein entdecken: also keineswegs nur allein in: Die *tri*_logische Sezierung des lobbykratischen Zeitalters, Band I, Teilbände 1-3, Kapitel 14: „Die Politik bürgerlicher Nichtversteher"; oder in Band II, Zwischenruf 16: „Die Bedeutung der Null für das politische Tun und für das gesellschaftliche Leben" und Zwischen 17: „Die politische Null und ihre nerischen Folgen", oder, und nun speziell für die „Kritiker" der Preisverleihung an Handke, in Band III, Teilband 2, Lesung 19: „Die

Zerstörung des europäischen Einigungsprozesses durch Neoliberalismus und *Neo*_Wilhelminismus", dort die Seiten 622 ff., beginnend mit: „Exemplarische Beispiele kontraproduktiver Konsequenzen deutscher Machtpolitik", geht es doch dort um die Folgen des von deutschen Intellektuellen initiierten und fortgesetzten Schadens auf dem Balkan — der für die deutschen Machtelitären lediglich den Charakter eines Hinterhofs haben kann, da diese andernfalls dort eine andere Politik betrieben hätten _*und*_ betreiben würden! — Oder in meinem im Februar 2020 erschienen, keineswegs langatmig geschriebenen, *da mit langem Atem verfaßt und vielleicht sogar den lesenden Menschen atemlos machend*, die intellektuelle Misere auf etwa 674 Seiten ausbreitend, _*insofern*_ auf gewisse Weise durchaus kompakten Buch: « Sie fragen noch, wie die ›Verhältnisse‹ liegen? ». Ja, es sind Bücher, die jene kritisieren, die immer schon wußten, daß _*sie*_ es doch eigentlich sind, die nur mit Recht andere zu kritisieren haben — offenbar nach dem Motto der „aktualisierten" Bundeswehr-Werbung: „Folge deiner Berufung" ...

Und könnte es nicht erhellend sein, den Blick auf die Ambitionen Deutschlands zu richten, anstatt —*wie üblich vereinseitigt* — stets nur den _*eigenen*_ intellektuellen Blick auf die üblichen anderen Verdächtigen gerichtet zu halten, wie bspw. auf die alte und bisherige Weltmacht, die punktgenau jenes tut, das Weltmächte immer tun, ist deren Machtelite der Meinung, daß da etwas gegen „*Empör*_Kömmlinge" getan werden müsse? — Man muß ein solches Tun schon *grund*_sätzlich ablehnen und nicht stiekum nach „Umwegen" suchen, solches Treiben *ver*_heuchelt „mit mehr Verantwortung" in der Welt selbst *be*_treiben zu können, sozusagen im alten Sinne von: „ein Platz an der Sonne" (__*wie gehabt auf Kosten anderer*__), da andernfalls _*jede*_ Kritik lediglich Ausdruck der *weit*_geübten intellektuellen Verkommenheit wäre.

Ende dieser Randbemerkung

Auch könnte man, bei ausreichend distanzierter Betrachtung, und unter Ablegung der eigenen Scheuklappen, das Geschehen also objektiv betrachtend, aus der Aussage Ischingers eine Frage formulieren, in der der IS das Objekt für eine gewisse „strategische Partnerschaft" für gewisse „Interessengruppen" im „Westen" darstellen würde, dürfte es doch fraglich sein, daß der IS aus sich heraus noch _die_ Rolle spielen könnte, die ihm deutsche Expertenkreise unterstellen wollen — vorausgesetzt, man gibt dem keine weitere Möglichkeit mehr sich zu erholen.

Aber die Begehrlichkeiten sind in machtelitären Kreisen eben sehr divers, nicht wahr? Oder nimmt die Unterstützung der saudischen Familie, die ganz Arabien ihr eigen nennt — „Saudi-Arabien", *was für sich genommen bloß ein weiterer schlechter Witz ist!* — etwa ab?

Bei folgendem Zitat beachte man das Datum und erinnere zugleich die Äußerungen von Frau Kramp-Knarrenbauer bezüglich dieser „westlichen Besatzungszone" in Nordsyrien sowie das dazugehörige Gerede der anderen sorgen_*voll Em*_pörten (__wobei das „Sorgenvolle" an _*dieser*_ „Empörung" allein einer *ge*_wissen „Verantwortung" *ge*_schuldet ist__):

23. Oktober 2015. [...] *Saudi-Arabien, das die Bundesregierung mit der Genehmigung umfangreicher Waffenlieferungen seit Jahren systematisch stärkt* [...], *ist darüber hinaus nicht nur einer der repressivsten Staaten weltweit, sondern bis heute der zuverlässigste Förderer jihadistischer Organisationen aller Art — bis hin zum 'Islamischen Staat'* (IS). *Am vergangenen Sonntag hat der Schriftsteller Navid Kermani in seiner Rede zur Verleihung des Friedenspreises des Deutschen Buchhandels öffentlichkeitswirksam darauf hingewiesen: 'Wir fragen nicht, warum unser engster Partner im Nahen Osten ausgerechnet Saudi-Arabien ist', der 'Hauptsponsor des Dschihadismus', klagte Kermani — und erinnerte daran, 'daß die Schulbücher und Lehrpläne im ›Islamischen Staat‹ zu 95 Prozent identisch mit den Schulbüchern und Lehrplänen Saudi-Arabiens sind'.* [...] *'Gesponsert mit Milliardenbeträgen aus dem Öl, hat sich über Jahrzehnte in Moscheen, in Büchern, im Fernsehen ein Denken ausgebreitet, das ausnahmslos alle Andersgläubigen zu Ketzern erklärt, beschimpft, terrorisiert, verächtlich macht und beleidigt', fuhr Kermani im Hinblick auf die saudischen Missionsbestrebungen in aller Welt fort, die*

selbst in entfernten Ländern wie Indonesien den Jihadismus fördern, Berlin allerdings nicht davon abhalten, eng mit Riad zu kooperieren [...]. *Die Nähe des saudisch-wahhabitischen Islam zu demjenigen des IS hat kürzlich auch der Direktor der Stiftung Wissenschaft und Politik* (SWP), *Volker Perthes, beschrieben. 'Die religiös-politische Sprache des selbsternannten Kalifen Baghdadi sowie die dahinterliegende totalitäre Islamauslegung unterscheiden sich an vielen Stellen nur wenig von dem, was man auch von saudischen Religionsgelehrten hören kann', heißt es in Perthes' jüngster Publikation. Zudem seien 'bestimmte Institutionen des saudischen Staates wie die Religionspolizei' vom 'Islamischen Staat' nur 'kopiert worden'.* [...]

Bundeswehr gegen Jihadisten

Sollte die Bundeswehr tatsächlich in Syrien eingesetzt werden, sobald ein internationaler Machtabgleich hergestellt ist, stünden deutsche Soldaten wohl auch jihadistischen Milizionären gegenüber, die von Saudi-Arabien aufgerüstet worden sind. Tatsächlich ist Saudi-Arabien einer der führenden Förderer salafistisch-jihadistischer Milizen in Syrien, darunter der Al-Qaida-Ableger Al Nusra-Front. [...] Daß die Bundeswehr in Syrien eingesetzt werden könnte, hat unlängst der Leiter der Münchner Sicherheitskonferenz, Wolfgang Ischinger, geäußert. [...] Jetzt hat der Vorsitzende des Bundeswehr-Verbands, André Wüstner, eine deutsche Militärintervention in dem Land ebenfalls für durchaus möglich erklärt. Sollte es etwa unter dem Vorwand, 'Schutzzonen' errichten zu wollen, zur Besetzung von Teilen Nordsyriens kommen, 'dann wird Deutschland seiner Verantwortung als Mittelmacht gerecht werden müssen', läßt Wüstner sich zitieren. [...] In den Gebieten, die für die Errichtung einer sogenannten Schutzzone in Frage kommen, operieren verschiedene jihadistische Milizen, unter ihnen die Al Nusra-Front — der Ableger von Al-Qaida.[266]

---

[266] Quelle: „Der Hauptsponsor des Jihadismus". Der zugehörige Link wurde am 30. Oktober '19 erneut geprüft: https://www.german-foreign-policy.com/news/detail/6792/. Die Zitierung erfolgt mit freundlicher Genehmigung der Redaktion von German Foreign Policy.

Der sich daraus ergebene nächste schlechte Witz ist, daß das nichts Neues ist: ein guter Terrorist ist nun einmal derjenige, der der eigenen Züchtung *ent*_springt — oder zumindest aus einer „nahestehenden" kommt ... aber nicht anfängt, sein unbeaufsichtigtes Süppchen zu kochen ... was zwar vorkommt, aber egal: waren dann ja die „anderen". Also offenbar egal, ob solche Terroristen auch schon einmal einen Anschlag auf einen Weihnachtsmarkt verüben, oder?

Was sind eigentlich die „westlichen Demokratien", beurteilt man sie nicht nach Etikettierung, Zelebrierung, Beschwörung, sondern, also jenseits schlagwortlicher Rhetorik, beobachtet man das faktische gesellschaftspolitische Ist scheuklappenfrei? — Glaubt hier etwa jemand, daß, wäre die deutsche Bevölkerung _*nicht*_ zufrieden damit, daß es anderen nur schlechter ginge als ihr, die deutschen „Sicherheitskräfte" — *für wen sind die das?* — anders vorgingen als die französischen „Sicherheitskräfte" gegen die *Gilets Jaunes* oder die spanischen „Sicherheitskräfte" gegen die katalanischen Separatisten, käme ein beträchtlicher Teil der deutschen Bevölkerung tatsächlich zu dem Schluß, daß im „Staate Dänemark" etwas Entscheidendes falschläuft? ... Nun, der Ruf nach Gummigeschossen würde sofort laut — allerdings nicht allein an Stammtischen!

Vielleicht noch ein kleiner Hinweis darauf, wie verlogen die aktuelle Empörung gegen Erdogan ist? — Wobei diese Empörung selbstverständlich berechtigt ist, so sie nicht verlogen ist, was sie aber ist, wird diese von Vertretern der deutschen *spin*_doktorischen Wissenschaft, Politik, oder von schreibenden Mitarbeitern der Medien_*Konzerne* und *vor*_erzählenden Mitarbeitern der öffentlich-rechtlich medialen Anstalten _*und*_ von Kulturbetrieblern, also kurz: von seiten des deutschen Establishments zelebrierenderweise *ge*_zeigt.

22. November 2016. [...] *Zum Barzani-Clan, der heute die Kurdische Regionalregierung* (Kurdistan Regional Government, KRG) *kontrolliert, unterhalten deutsche Politiker schon lange gute Beziehungen. Bereits der bayerische Ministerpräsident Franz Josef Strauß* (CSU, gestorben 1988) *baute Kontakte nach Erbil auf; Masud Barzani, heute*

[__gewesener__] *Präsident der Autonomen Region Kurdistan, soll in der zweiten Hälfte der 1980er Jahre mit dem damaligen Bundeskanzler Helmut Kohl zusammengetroffen sein. 1992 errichteten die nordirakischen Kurden ihre erste Auslandsvertretung überhaupt in Bonn; sie hielt — so berichtet es der heutige 'Botschafter' Erbils in Berlin, Masuds Bruder Dilshad Barzani — direkten Kontakt zur deutschen Regierung. Es war die Zeit, als im Westen Pläne kursierten, den irakischen Staatspräsidenten Saddam Hussein mit Hilfe der kurdischsprachigen Bevölkerung zu stürzen. Angela Merkel kam Anfang November 2005 noch vor ihrem Amtsantritt als Bundeskanzlerin mit Masud Barzani zusammen, um den weiteren Ausbau der Beziehungen einzuleiten.* [...] *Es heißt, sie treffe 'Botschafter' Dilshad Barzani 'regelmäßig'.* [...] *Im März 2013 sprach die Kanzlerin am Rande eines Kongresses der CDU/CSU-Bundestagsfraktion zur deutschen Rohstoffversorgung mit Nechirvan Barzani, Ministerpräsident der Autonomen Region Kurdistan und Neffe des kurdischen Autonomiepräsidenten. Nechirvan Barzani bot Deutschland damals Zugriff auf die reichen Erdöl- und Erdgasvorräte der Autonomen Region Kurdistan an.* [...] *bedeutend sind darüber hinaus umfangreiche Ölvorräte bei Kirkuk.*

[...] *Die KRG unter Präsident Barzani hat den Krieg gegen den IS genutzt, um sich die Region Kirkuk zu großen Teilen einzuverleiben: Sie kontrolliert sämtliche Gebiete, aus denen die Peschmerga den IS vertrieben, und erweckt nicht den Anschein, nach dem erwarteten Sieg über Daesh die Peschmerga aus den eroberten Gebieten wieder abziehen zu wollen.* [...]

Aktuelle Berichte von Human Rights Watch belegen [...], *daß die Peschmerga bei der Einnahme der Gebiete um Kirkuk Maßnahmen zur Vertreibung der arabischsprachigen Bevölkerung getroffen haben. Der Vorgang wiegt für Berlin schwer, da die Peschmerga seit September 2014 umfassend von der Bundeswehr ausgerüstet und trainiert werden.* [...]

Human Rights Watch hat [...] *die Zerstörungen in 21 Dörfern und Städten untersucht, die in der Zeit zwischen September 2014 und Mai 2016 dem IS von den Peschmerga abgenommen wurden, davon 17 im Gebiet um Kirkuk. Dabei ergab sich, daß die Peschmerga zahlreiche Häuser erst zerstörten, nachdem sie die jeweiligen Ortschaften einge-*

nommen hatten. Von Human Rights Watch befragt, wie es teilweise Monate nach dem Ende der Kampfhandlungen zu den Zerstörungen habe kommen können, antwortete die KRG, die betreffenden Häuser seien vom IS vermint worden, man habe sie also niederreißen müssen. [...] *HRW weist darauf hin, daß es ungewöhnlich ist, Minen zu entschärfen, indem man — wie es in den erwähnten Orten geschah — mit der Planierraupe darüberfährt oder verminte Häuser in Brand steckt. Auch sei schwer nachzuvollziehen, daß der IS lediglich Häuser vermine, die arabischsprachigen Sunniten gehörten, die Häuser kurdischsprachiger Dorfbewohner aber verschone; tatsächlich fällt laut Human Rights Watch auf, daß ganz überwiegend die Häuser arabischsprachiger Sunniten zerstört wurden, die nun nicht mehr zurückkehren können, während die Häuser kurdischsprachiger Iraker unversehrt blieben. Derartige Praktiken sind HRW zufolge in mindestens 62 weiteren Ortschaften zu vermuten; darauf deuten Satellitenfotos klar hin.* [...]

Dieselben Praktiken, die einer kalten Vertreibung arabischsprachiger Iraker aus den von der KRG beanspruchten Gebieten gleichkommen, konnte Human Rights Watch noch in der zweiten Oktoberhälfte dokumentieren, also zu einer Zeit, zu der die Schlacht um Mossul bereits begonnen hatte. Innerhalb von nur vier Tagen hätten die Peschmerga mindestens 100 Häuser zerstört und mindestens 375 arabischsprachige Familien aus Kirkuk und Umgebung verjagt, teilt die Organisation mit. Nur die Häuser nicht-arabischsprachiger Iraker seien systematisch verschont worden. [...] *Viele arabischsprachige Sunniten in Kirkuk, Mossul und Umgebung lebten jetzt in der doppelten Furcht, entweder im Krieg gegen Daesh zwischen die Fronten zu geraten oder nach der Schlacht von den Peschmerga vertrieben zu werden. Deren Praktiken drohen den gesamten Nordirak* [...] *in den nächsten Konflikt zu stürzen. Während sie für Berlin in anderen Fällen ein willkommener Anlaß wären, um eine mißliebige Regierung massiv zu attackieren und deren Staat womöglich sogar mit Krieg zu überziehen, werden sie im Falle der KRG ignoriert* [...].[267]

---

[267] Quelle: „Im Windschatten des Krieges". Der zugehörige Link wurde am 9. März '20 erneut geprüft: https://www.german-foreign-policy.com/news/detail/7145/.

Der schlechte Witz an « deutschen machtelitären Ideen » ist also nicht allein, daß die mit der Realität nicht kompatible sind, sondern daß man die trotzdem politisch umgesetzt sehen will, so daß tatsächlich der so schlechte wie gefährliche emotionale Witz diejenigen sind, die solche „Ideen" *spin_*doktorisch aushecken und diejenigen, die diese dann politisch umsetzen wollen. Siehe zu dieser so elenden wie heuchlerischen und anmaßenden Politik auch: „Wie man Jihadisten fördert (II)"[268]; „Terrorunterstützer"[269]; „Die Jahre des Terrors (II)"[270]; ... und wie an anderer Stelle schon bemerkt: « Ich stimme nicht zu! »[271].

Ende der Exkursion:
Der schlechte Witz an « deutschen machtelitären Ideen »

Um nach dieser Exkursion den auf der Seite 211 abgelegten Faden wieder aufzunehmen, seien jetzt die letzten Sätze vor dieser Exkursion wiederholt:

Wer übt Terror aus? Nur „Islamisten"? Sind „Islamisten" Muslime? Oder sind es als Muslime verkleidete Faschisten, die — *da menschlich reduziert* — in gewissen Passagen des Korans und in Mohammed in den Mund gelegten Ahadith — *je Ausdruck machtinteressengeleiteter Bestrebungen* — für sich den „Rahmen" finden, der ihnen ideologische Orientierung und — *da fehlend* — „charakterliche Form"

---

[268] Der zugehörige Link ist am 30. Oktober '19 erneut geprüft worden: https://www.german-foreign-policy.com/news/detail/7082/.

[269] Der zugehörige Link ist am 30. Oktober '19 erneut geprüft worden: https://www.german-foreign-policy.com/news/detail/7147/.

[270] Der zugehörige Link ist am 30. Oktober '19 erneut geprüft worden: https://www.german-foreign-policy.com/news/detail/7313/. Die Zitierungen in dieser Exkursion erfolgten mit freundlicher Genehmigung der Redaktion von German Foreign Policy.

[271] Siehe Band III der *Tri_*logischen Sezierung [...].

gibt? Möglich. ... Und die westlichen Regierungen und ihre Geheimdienste, geben diese der „Züchtung von Terroristen" etwa keinen Raum — so dies nur ihrem Machtstreben nützlich ist?[272] Und gibt es — *objektiv betrachtet* —etwa keinen im 15. Jahrhundert vom Papst „erklärten", „begründeten" und für „notwendig" befundenen, also (__*vom Jahre 2020 an zurückgerechnet*__) seit mindestens 522 Jahren währenden Krieg?[273] Zuerst, wie weiter oben schon bemerkt, allein von den europäischen Reichen gegen den Rest der Welt geführt, und dies, wie gesagt, gutgeheißen vom Papst, denn der Papst spricht für Gott, niemals für eine weltliche Macht. Deshalb ein Krieg, der nicht nur im Namen, sondern auf „Befehl" Gottes hin zu führen war.

> *(__Und tief verborgen „wissend", daß der das eigentlich noch immer ist? Sich mehrende Stimmen aus den Reihen der „europäischen Kulturbringer, lassen das vermuten.__).*[274]

Dann, als die das geraubte Land durch ihre am 4. Juli 1776 in der „Independence Hall" von Philadelphia im neuen Staate Pennsylvania verkündeten „Unabhängigkeitserklärung" vom — *vor allem* — Vereinigten Königreich in Besitz nahmen und dann „United States of America nannten, wollten diese Europäer dort — _*und*_ von dort aus — in der Zukunft nur noch „unabhängig" rauben, das bedeutet hier: auf eigene Rechnung. (__*Daß in solchen Kreisen das sich gegenseitig Berauben üblich blieb, zeigt übrigens der erbittert geführte Sezessionskrieg von 1861-1865.*__)

Ist dies keine günstige Gelegenheit beiläufig folgende Fragen zu stellen: Wer ist ein Terrorist? Wer „erzeugt" Terroristen? Wer benötigt

---

[272] Siehe diesbezüglich auch in: Die *tri*_logische Sezierung [...], Band II, Zwischenruf 28: „Wie das fürchterliche Wort 'Flüchtlingspolitik' erst seine eigentliche Bedeutung bekommt".

[273] Siehe hierzu die Seiten 202 f., beginnend mit: „Insbesondere die nachfolgend aufgeführten päpstlichen Dekrete".

[274] Vgl. im Matthäusevangelium den letzten Abschnitt, der mit: „Missionsbefehl" betitelt ist. Und siehe das Kapitel 7.

Terroristen? Ob „Terroristen" etwa vorzüglich aus dem Boden oder auf den Bäumen jener Länder wachsen, wo geheime Akteure im machtelitären Interesse ... „wirken"?[275] ... Aber beschränken wir uns an dieser Stelle auf den Islam ...

Was lehrt der Koran und wieso? Kann es eine freie Aussprache, einen Dialog, eine Diskussion über den Islam geben, deren Ziel es ist, herauszufinden, wieso der Koran der Begleiter edelster Geister wie eindeutig faschistoider Charaktere sein kann? Nun, zu diesem Zweck müssen wir seine Quellen aufsuchen.

Während es für Christen — *zumindest in den vergangenen Dekaden* — zu einer gewissen Normalität zwischen ihnen als Person und der Kirchenorganisation gekommen zu sein scheint, die persönliche Kritik an der eigenen Lehre aufkeimen ließ, auch von Theologen deutliche Kritik geübt worden ist, wenn auch mehr an der Organisation der Kirche, nicht an den Schriften der Paulinischen Jesusbewegung selbst (__*da hat man sich einfach mehr und mehr auf jene Aussagen zurückgezogen, die als* „Bergpredigt" *bezeichnet werden, was dann ein einseitiges Bild vom Christentum und seiner Geschichte zu zeichnen erlaubt: denn vor so langer Zeit war es noch nicht, daß ohne weiteres* — genau im Namen des [__heute?__] liebenden Jesu — *Menschen abzuschlachten möglich war, ob* „Ketzer" *oder* „Hexen"__) und es ebenso im Judentum einen beide Geschlechter betreffenden, Reformen fordernden „liberalen Flügel" gibt, so daß sich eine Kluft zwischen diesen Vertretern des Judentums und den sich als „orthodox" bezeichnenden — *und dann mitunter dem Fanatismus zuneigenden* — Juden auftut, wird bei den Vertretern des Islams eine solche tendenziell selbstkritische Regung bereits im Ansatz als Angriff auf den Koran gewertet und möglichst sofort unterbunden, so daß — *mehr aus Versehen* — gelegentlich eine

---

[275] Vgl. in: Die *tri*_logische Sezierung [...], Bd I, Tbb 1-3, Kap. 13; Kap. 14, dort u.a. auf der Seite 344 oben der eingekastete Fragesatz; Kap. 15, dort, u.a., die Seiten 388 f., beginnend mit: „Terroristen-Züchtungen"; Kap. 18; sowie in: a.a.O., Band II, Zwischenruf 28.

einzelne kritische Bemerkung dem Mund ins „Reich des Ausgesprochenen“ entfliehen mag.

Der Status des „Heiligen“ scheint es zu sein, der Muslimen nicht erlaubt, den Text des Korans scheuklappenfrei in den Blick zu nehmen, also den Text zu befragen und nicht schon vorher die Antwort zu wissen, sich den Text kritisch zu erschließen, sich zu erlauben ihn „lebendig“ zu lesen: den Text des Korans als Text — *also aus einer gewissen Distanz* — zu lesen und ihm dadurch einer kritischen Befragung zu unterziehen, ist dort, wo das „islamische Ideen-Gebäude“ _*allein*_ gesellschaftsbeherrschend ist, bis heute höchst gefährlich. Und so kommt es, daß wir praktisch nichts darüber wissen, ob es vielleicht tatsächlich schon eine solche kritische Analyse des Korans irgendwo an einer islamischen Hochschule gibt, da dies sofortiges Lehrverbot nach sich ziehen würde und das Leben desjenigen gefährden könnte.

... Wenn dieses noch nachvollziehbar sein mag ...

Eine „Idee“, die zu der die Köpfe der Masse der Menschen beherrschenden geworden ist, und der sie nun „folgen“, kann als Ergebnis des Strebens von Menschen angesehen werden, die sich eine solche „Idee“ zu ihrem ihnen „Identität“ und „Form“ gebenden „Leitstern“ gemacht hatten und die *des*_halb wollen, daß ihre „Idee“ _*nun*_ auch derjenige „Stern“ zu sein habe, dem die Masse der Menschen zu folgen hätte. Denn eine „Idee“ selbst könnte das ja nicht bewirken, da „Ideen“ letztlich bloß der Ausdruck von zusammenhängenden Gedanken — „Gedankengefügen“ — sind, die Menschen mit bestimmtem Charakter unter bestimmten gesellschaftlichen Bedingungen haben, somit eine solche „Idee“ erst wirksam werden kann, wird sie vom sie gedacht Habenden ausgedrückt, sie somit als eine „Rückkopplung“ des „Gedankengefüges“ eines menschlichen Wesens im Denken anderer zu verstehen ist.

Daß „religiöse Ideen“ letztlich auch nichts anderes als von Menschen mit bestimmtem Charakter ausgedrückte „Gedanken“ sind, die unter dem Eindruck des von der gesellschaftlichen wie der natürlichen Umwelt von ihnen eigentümlich Wahrgenommenen zu „rückkopplungsfähigen Gedankengefügen“ verwebt wurden, wird auch im Koran deutlich ... oder gibt es etwa nicht die „mekkanischen“ und die „medinischen Verse“, auf die noch zurückzukommen ist?

... Wenn dieses also noch nachvollziehbar sein mag — *obwohl auch nicht gutzuheißen* —, daß man aber sogar in Ländern, die als laizistisch gelten, die wenigen mutigen Theologen im Regen stehen läßt

(__*was auf der einen Seite nach religiöser Kartellbildung unter den Vertretern der, einer Wurzel entstammenden drei monotheistischen Religionen aussieht, und auf der politischen Seite nach Feigheit, eine notwendige sich im freien Dialog ereignende Auseinandersetzung zu führen, mit dem Bestreben, diesen* eigen_*artigen Text des Korans lebendig zu machen, um auf diese Weise junge Leute anzuregen, ihn zu lesen und nicht formelhaft auswendig zu lernen, ohne Chance einer Sinnerschließung*__),

nun, dies ist so bedenklich wie höchst heuchlerisch. Und ist dies (__*auf der sogenannt religiösen wie der sogenannt weltlichen Seite*__) letztlich nicht Ausdruck dafür, daß eine gesellschaftspolitische Beteiligung der Masse der Menschen gar nicht gewollt ist? Denn je mehr die Menschen an dem, was sie selbst betrifft und von dem sie betroffen sind, nicht „etwas" und bloß „irgendwie" beteiligt werden — *je nach Gutdünken der Machtelite und ihrer Satelliten lediglich in dem deren Position nicht gefährdenden Maße* —, sondern per se richtung_*bestimmend* beteiligt sind, je weniger kann über sie *religions*_bürokratisch wie *säkular*_bürokratisch verfügt werden. — Ein Horror für politische wie religiöse „Glaubensfürsten".

Solange aber das Religions- wie Säkularbürokratische nicht beseitigt ist, muß der Masse der Menschen wohl auch weiterhin der Kopf vernebelt werden, geht es um all die Angelegenheiten, die sie als „Volk" — als „Nation" (__*was dasselbe ist*[276]__) — betreffen. Beispielsweise um jenes, das jeder als seinen „Glauben" betrachten will, oder um jenes, das die materielle Basis einer jeden Gesellschaft setzt. Denn _*beides*_ (__*also das zu* „Glaubende" *und die* „Wirtschaftsweise"__) darf allein derartig zum Ausdruck kommen, daß sich ihr Realisieren bzw. Ausüben nicht auf Kosten anderer ereignet: _*Dies*_ allein hat die _*einzig*_ gültige gesellschaftliche Regel zu sein. Bleibt aber das Religions-

[276] Wie „Volk" allein richtig zu definieren ist, wird auf den Seiten 337 ff. in: « Sie fragen noch, wie die ›Verhältnisse‹ liegen? » erläutert.

wie Säkularbürokratische bestehen, dienen diese Begriffe dem, dem sie keineswegs immer schon, aber seit langem allein dienen: daß die Menschen aus machtpolitischen Gründen _*kollektiv*_ nicht zu sich selbst kommen, sich selbst nicht erkennen — *und damit den anderen Menschen ebenso nicht* — nicht zu dem erst zu werden, das das tatsächlich Entscheidende für jede Nation — also für jedes Volk (__denn das ist dasselbe, vorausgesetzt es ist richtig definiert,[277]__) — ist: echtes gemeinsames Bewußtsein über das individuelle wie kollektive *Da*_Sein zu gewinnen: Und das bedeutet auf der individuellen Ebene was? Nun: Anthropos — voll *ent*_wickelter Mensch — zu werden. ... Was sonst? Denn das fegte jene „Eliten" hinweg, die der Beneblung der Masse der Menschen durch Meinungsmache bedürfen — erzeugt durch behauptete Gemeinsamkeit, die aber aus dem ideologisch Gedachten von prostituierten Intellektuellen kommt, nicht aus scheuklappenfrei gemeinsam Erlebtem. _*Dies*_ ein qualitativer Unterschied, geht es um jene Angelegenheiten, die die Masse der Menschen so direkt wie kollektiv betreffen — und das sind _*alle*_ gesellschaftspolitischen Fragen ... wohl gemerkt: _*alle*_!

Nun, um auf den Koran zurückzukommen. ... Übrigens bedeutet das Wort „*Koran*" buchstäblich „Lesung" oder „Vortrag", denn es ist vom arabischen Wort „qara'a, was „lesen" oder „vortragen" bedeutet, abgeleitet.[278]

Was geht von seinem Text aus? Frieden? Krieg? Unterwerfung unter Gott? Oder die Menschen dem Willen der Ausleger des Korans zu unterwerfen, sie auf diese Weise kollektiv kontrollieren zu können — *wie es für jeden Monotheismus typisch ist*? Was verlangt der Koran, leben seine Anhänger in säkularen Gesellschaften? Akzeptiert er demokratische Entscheidungen, die sich gegen seine Einflußnahme wenden? Kann der Koran den Begriff _*Geschwisterlichkeit*_ jenseits seiner eigenen Formulierungen akzeptieren?

---

[277] Siehe den Hinweis in Fußnote 276.

[278] Quelle: Thomas Patrick Hughes, *Lexikon des Islam*, Lizenzausgabe für den Fourier Verlag, Wiesbaden, 1995, dort der entsprechende Eintrag.

Die eigentliche Bedeutung des Wortes „Islam" ist: „Unterwerfung unter den Willen Gottes". Im Koran wird „Islam" aber im Sinne von „Huldigung" verwendet. Im Arabischen heißt ein „Gläubiger" „Muslim" (__Plural: „Muslimun"__) oder „Mu'min (__Plural: „Mu'minum"__), im Persischen: „Musalman" (__Plural: „Musalmanan"__).[279]

Die zwei Lehren des Korans

Vor dem Beginn seiner prophetischen Karriere verstand sich der um 570 bis 632 gelebt habende Mohammed in der Tradition des jüdischen Monotheismus' stehend. Das war zu jener Zeit, als Mohammed nicht davon überzeugt war, ein von „Gott" inspirierter Prophet zu sein[280], da für ihn klar war, daß sein Wissen von „Gott" von den Vertretern dieses ersten Monotheismus' käme, also den Juden. Und, da in dieser Glaubenstradition stehend, sah er die Araber als von Abraham abstammend an. Auch wurde Abraham, der arabisch Ibrahim heißt, zu jener Zeit von Mohammed noch nicht als Nichtjude bezeichnet. Selbst in den ersten Jahren seiner ideell auf dem jüdischen Monotheismus fußenden Religion, betete er gen Jerusalem — und den *Jom Kippur* beobachtete er.

Der *Jom Kippur* wird gefeiert, da Abraham, so die Legende, sich, wie von „Gott" gefordert, früh am Morgen dort einfand, wo er seinen Sohn „Gott" opfern sollte, also ohne zu zögern seine Bereitschaft zeigte, Unterwürfigkeit und Übergabe seines Schicksals in die „Hand Gottes" zu legen. Da „Gott" aber dieses Opfer dann tatsächlich nicht verlangte, wird immer am 10. Tischri, dem siebten Monat nach dem jüdischen Kalender, der „Tag der Versöhnung" zwischen „Gott" und Abraham gefeiert — denn *Jom* ist der „Tag" und *Kippur* ist die „Versöhnung".

---

[279] Siehe Thomas Patrick Hughes, *Lexikon des Islam*, Lizenzausgabe für den Fourier Verlag, Wiesbaden, 1995, dort der Eintrag: „Islam".

[280] Siehe a.a.O. dort der Eintrag: „Hanif".

Als sich aber Mohammed den jüdischen Gläubigen als neuer Prophet empfehlen wollte und diese sagten, daß sie schon genug mit den ihren zu tun hätten, änderte sich dieses Verhältnis zwischen Mohammed, seinen Anhängern, die er um diese Zeit schon hatte, und den jüdischen Gläubigen. Daraus entwickelten sich dann Mißstimmung und Anfeindung gegen Juden allgemein. Nur von dieser Mißstimmung und Anfeindung berichtet der Koran, nicht von dem, was davor war.[281]

Seitdem beteten Mohammed und seine Anhänger nicht mehr gen Jerusalem, sondern gen Mekka, wo der „große Herr der Götter" verehrt wurde, dessen Name von alters her Allah ist.[282] Auch war ab jetzt Abraham [__*der, wie bemerkt, bei den Muslimen Ibrahim heißt*__] kein Jude mehr, sonder ein *Hanif Muslim*.

Das arabische Wort *Hanif* (__Plural: *Hunafa*__) bedeutet wörtlich soviel wie: „jemand, der geneigt ist"; dann wurde es zur Bezeichnung von jemandem verwendet, der sich dem Islam ernsthaft zuwendet, oder es bezeichnet einen orthodoxen Gläubigen, bzw. jemanden, der der Religion Abrahams anhängt. *Hanif* erscheint zehnmal im Koran: Sechsmal für die Religion Abrahams, bspw. die Sure 3:60: „Abraham war weder Jude noch Christ; vielmehr war er lauteren Glaubens [__also ein *Hanif*__], ein Muslim, und keiner derer, die Gott Gefährten geben.".[283] — „[...] und keiner derer, die Gott Gefährten geben", ist einmal auf die Juden gemünzt, die, so Mohammeds Behauptung, den jüdischen Propheten Ezra als „Sohn Gottes" verehrten. Dies eine Behauptung, die ohne jede Begründung ist, aber so in Sure 9:30 steht: „Und es sprechen die Juden: 'Esra ist Allahs Sohn'.". Im selben Vers

---

[281] Vgl. Joseph Telushkin, *Jewish Literacy — The Most Important Things to Know About the Jewish Religion, Its People, and Its History*, William Morrow New Yok, 1991, die Seite 85.

[282] Vgl. die Seiten 181-83, beginnend mit: „Der islamische Gott, dessen Name mit Allah angegeben wird".

[283] Vgl. in: *Koran*, aus dem Arabischen übersetzt von Max Henning, Einleitung von Ernst Werner und Kurt Rudolph, Textdurchsicht, Anmerkungen, Register von Kurt Rudolph, VMA-Verlag Wiesbaden, o.J., die Sure 3:60, dort die Seite 80.

heißt es dann gegen die Christen gerichtet: „Und es sprechen die Nazarener: 'Der Messias ist Allahs Sohn'." Und: „Solches ist das Wort ihres Mundes [__gemeint sind Juden und Christen__]. Sie führen ähnliche Reden wie die Ungläubigen von zuvor. Allah, schlag sie tot! Wie sind sie verstandeslos!".

Wenn es für die Behauptung, daß die Juden Ezra als Gottes Sohn bezeichnet hätten, keinen Beleg gibt, dies aber so im Koran steht, wäre das ein Beweis dafür, daß, wie jedes Buch, auch der Koran Menschenwerk ist. (*__Bei genauer Untersuchung wird es davon gewiß eine ganze Reihe von Belegen geben.__*) Stände dort wenigstens: „Einige Juden glauben, daß Ezra Gottes Sohn sei", wäre das noch etwas anderes, aber in dieser Pauschalität behauptet, wird daraus nur deutlich, daß ein Mensch, Mohammed, entweder die Lehre der Juden nicht richtig verstanden hatte, oder dies bewußt so sagen wollte, denn die im selben Vers geäußerte Aufforderung kann nicht von „Allah" selbst stammen: „Allah, schlag sie tot!". Allerdings steht da nicht: „Muslime, schlagt sie im Namen Allahs tot!", sondern Mohammed richtet seine Aufforderung an *_seinen_* Gott (__seine „Idee" von Gott__), der dies tun möge. — Vielleicht für Fanatiker nachdenkenswert?

Ob zur Zeit dieser Auseinandersetzungen, als sich also Mohammeds Haltung gegen die Juden ins Gegenteil verkehrte, Mohammed mit seinen Anhängern zu der heute nicht mehr existierenden Oase Jathrib auf der arabischen Halbinsel ging, oder diese oben angerissenen Auseinandersetzungen sich erst dort ereigneten, und diese sich möglicherweise in den erzählten Auseinandersetzungen mit den bereits in Jathrib siedelnden jüdischen Stämmen spiegeln, von denen wir nur sehr wenig Objektivierbares wissen: ob diese Stämme bspw. zu den Juden gehörten, die nach dem, wegen umfassender Unterdrückung ausgebrochenen Aufstand der Juden gegen die Römer (*__beginnend mit dem Jahr 66 u.f.Z., endend mit der Einnahme Jerusalems und der Zerstörung des Tempels im Jahre 70, bzw. endgültig mit der Eroberung Masadas durch die Römer im Jahre 73 oder 74__*) in die Arabische Wüste flohen *_oder_* es sich bei diesen Stämmen um Araber handelte, die ihren alten Kulten entsagt und die jüdische Religionsvorstellung als neuen Glauben angenommen hatten, dann also Proselyten wären, wissen wir nicht. Wir wissen dies deshalb nicht, da diese Informationen allein aus islamischen Quellen stammen, die als nicht gesichert gelten müssen, da die älteste von diesen erst von Muhammad ibn Ishāq stammen soll, der um 704 in Medina geboren und um 767 in Bagdad gestorben ist, dessen Werk *al-Kitāb al-kabīr* (__„das große Buch"__) geheißen und das er im Auftrag des Kalifen und Gründers von Bagdad, Al-Mansur, für dessen Nachfolger geschrieben haben soll — *daß der über alles von der Erschaffung Adams bis zum* (__damalig__) *heutigen Tag wisse* — und dieses Werk im Original nicht mehr erhalten ist, und selbst davon wissen wir lediglich über ebenfalls nicht objektivierbare Bezugnahmen späterer Gelehrter, wie es bspw. auf den dritten Teil „des großen Buches" (__des *Kitāb al-maġāzīs*__) — *die von Medina aus gestarteten Feldzüge Mohammeds behandelnd* — zutrifft, und dies selbst ein Buch ist, das als nicht sichere Quelle gelten muß, da es von einem Schüler Ishāqs, Yunus ibn Bukair, der im Jahre 815 gestorben ist, nach Art einer unvollständigen Rezension geschrieben und zu_*dem* mit dessen eigenen Angaben angereichert worden ist — unter Verwendung anderer Quellen als den von Ishaq verwendeten.

Das heißt erst etwa 150 Jahre nach den mit Mohammed in Verbindung gebrachten Ereignissen sind diese aufgezeichnet worden. Und damit liegt eine ähnliche Situation vor, wie sie realistischerweise für die Propagandaschriften der Paulinischen Jesusbewegung anzunehmen ist: Es gibt nichts Gesichertes zu den in leuchtenden Farben ausgemalten Behauptungen — ihre Glaubwürdigkeit ist allein davon abhängig, ob man das Behauptete glauben will, bzw. solche Behauptungen geglaubt werden müssen, ist von der weltlichen Macht *be*_fohlen worden, daß die Glaubenssätze einer monotheistischen Religion als von allen einzig verbindlich zu Glaubenmüssendem *ge*_worden sind.

Auf diese Weise kommt es aber zu menschlicher Unwürde, denn eigenes, also authentisches „Suchen" wird auf diese Weise deshalb unmöglich, da es die Vertreter eines als einzig richtig *be*_fohlenen, der Masse der Menschen *auf*_gezwungenen Dogmas nicht akzeptieren können, daß dieses Dogma nicht geglaubt wird, denn das stellte die Einzigartigkeit ihres Dogmas *grund*_stürzend in Frage — und damit zugleich jede *un*_verkleidete oder *ver*_kleidete (__dann als „geistlich" oder „spirituell" bezeichnete__) _*weltliche*_ Autorität in Frage.

Dies eine existentielle Gefahr für jede weltliche Macht, die sich auf eine solche Basis stützt, da es für diese schon eine Bedrohung sein könnte, würde _*ein*_ Andersdenkender einen eigenständigen Denkprozeß in den dieser Macht unterliegenden Menschen auslösen. Also muß jeder Andersdenkende verfolgt und getötet werden, falls er nicht aufgibt und sich „bekehren" läßt.[284]

> Im Rahmen dieses Buches interessiert es nicht weiter, daß es im Jahre 623 gewesen sein soll, daß Mohammed mit seinen Anhängern nach Jathrib gekommen sei und daß diese Oase irgendwann nach dem Jahre 627 als *Al-Madina* und als *Al-Madinatu'n-Nabi* (__„die Stadt des Propheten"__) genannt wurde[285], denn Medina heißt „Stadt", wo Mohammed auch im Jahre 632 begraben worden sein soll[286], sondern dies sei jetzt lediglich zur zeitlichen und geographischen Einordnung gesagt.

Nun, wie schon gesagt: der Islam besteht aus zwei Lehren. Zur einen, man könnte sagen, menschenfreundlichen Lehre, gehören die früheren, in Mekka verfaßten Suren, zur anderen, menschenunfreundlichen, die in Medina verfaßten. Interessanterweise korreliert ihr je unterschiedlicher Tenor mit der veränderten Art und Weise, wie Mohammed die gesellschaftspolitischen Ereignisse vor dem Hintergrund seines empfindsamen Wahrnehmens erlebte. Wird der Inhalt

---

[284] Siehe hierzu auch das Nachwort des Ihnen vorliegenden Buches, dort den zweiten Teil: „Anmerkung zum sich selbststeuernd entfaltenden Menschen im Sinne Wilhelm Reichs".

[285] Noch im Jahre 627 wird dieser Ort weiterhin Jathrib genannt; vgl. in: *Koran*, aus dem Arabischen übersetzt von Max Henning, Einleitung von Ernst Werner und Kurt Rudolph, Textdurchsicht, Anmerkungen, Register von Kurt Rudolph, VMA-Verlag Wiesbaden, o.J., auf der Seite 379 die Sure 33:13 und dort dazu die Fußnote 10.

[286] Siehe auch den Eintrag zu „Medina" in: Thomas Patrick Hughes, *Lexikon des Islam*, Lizenzausgabe für den Fourier Verlag, Wiesbaden, 1995.

dieser beiden Lehren zusätzlich noch vermischt, kann es zu dramatischen Kämpfen kommen, die dann entweder im Inneren eines Gläubigen ausgetragen werden (__„innerer Dschihad“__) oder, nach außen getragen, sich gegen andere richten (__„äußerer Dschihad“__). Insbesondere „medinische Suren“ eignen sich dazu, sie für die „Begründung“ eines „äußeren Dschihads“ zu verwenden, also um einen gegen die „anderen“, die „Ungläubigen“, gerichteten „Krieg“ zu führen.

„Dschihad“ bedeutet wörtlich: „Bemühung“; „Kampf“. Wird der bedeutungsmäßige Schwerpunkt auf „Bemühung“ gelegt, dürfte anzunehmen sein, daß „Dschihad“ als persönlicher, im Menschen selbst stattfindender Prozeß zu verstehen ist, mit dem Ziel, zu „Gott“ zu kommen. Könnte das aber nicht ausschließlich bedeuten, zu sich selbst zu kommen, also als Mensch „authentisch“ zu sein bzw. zu werden? Denn dadurch erst könnte er größtmögliche Nähe zu „Gott“ bekommen, da alles andere Fremdbestimmtsein bedeutete.

Wird allerdings der Schwerpunkt auf „Kampf“ gelegt, kann dies zwar auch der innere Kampf eines gerade genannten Prozesses sein, aber genauso ein nach außen gekehrter, gegen andere, die „Ungläubigen“, gerichteter „heiliger Krieg“. In diesem Sinne wird es in einigen medinischen Suren ausgedrückt. Wobei dieser Auftrag allerdings von Mohammed ausgeht, nicht von Gott. Und diesen Auftrag erteilt Mohammed erst, nachdem er über genügend weltliche Macht verfügt, seinen Feinden Bedingungen stellen zu können. Eine höchst „weltliche“, von einem Menschen eingenommene Haltung.

Da das aber von Mohammed gefordert wird und diese Forderung im Koran steht, handelt es sich dabei um einen weiteren Beleg dafür, daß es sich auch beim Koran, so wie es für die jüdische und für die christliche Bibel gilt, nicht um „Gottes Wort“ handeln kann, sondern höchstens um ein „Wort“, das von Menschen verfaßt worden ist und diese dann behaupteten, es handele sich dabei um „Gottes Wort“.[287]

[287] Vgl. die Suren 2:214.215, 4:76-79, 9:29, 9:5.6.

Welche Suren sind es, die als „Rechtfertigung" für einen „äußeren Dschihad", einen gegen andere Menschen gerichteten „heiligen Krieg, genommen werden? Es sind meines Wissens die Verse folgender Suren, alle aus der medinischen Zeit stammend: 2:212-215, 4:73-85, 9:5.6 und 9:29-35.

Sure 2:212-215

In diesen Versen geht es um die Rechtfertigung, während eines „heiligen Monats" einen bewaffneten Angriff gegen seine Feinde zu führen. Diese Verse selbst sollen konkret auf den Überfall einer mekkanischen Karawane geschaffen worden sein, als bei diesem Angriff der Karawanenführer getötet wurde. Die Formulierung dieser Verse belegt, daß es Mohammed ist, der das rechtfertigt, nicht „Gott": „[...] und Allah weiß, ihr wisset nicht. [...] Abwendigmachen von Allahs Weg und Ihn [...] sie mögen hoffen auf Allahs Barmherzigkeit, denn Allah ist verzeihend und barmherzig. [...]"[288]

Aus diesen Versen spricht allerdings kein unerbittliches Kämpfen gegen andere. Diese Verse — *so man im Rahmen des islamischen Glaubens* „glaubt" — eigenen sich also nur eingeschränkt für die Rechtfertigung eines unerbittlich zu führenden Krieges. Und, wie gesagt, es ist Mohammed, der das in einer Situation sagt, wo für ihn klar zu sein scheint, daß er sich das machtpolitisch leisten könne. Da aber ein „allmächtiger Gott" solcher Kämpfe nicht bedürfen würde, eben weil der „allmächtig" wäre, sind es immer Menschen, die meinen bzw. fest glauben, sie müßten im „Auftrag" einer „allmächtigen Größe" handeln — obwohl sie es doch selbst sind, die sich eine solche „allmächtige Größe" geistig erschaffen haben.

Sure 4:73-85

Gemäß der islamischen Überlieferung, d.h. wahrscheinlich der oben schon erwähnten Biographie Mohammeds entnommen, behandeln diese Verse die Situation nach einer erlittenen Niederlage Mohammeds

[288] Vgl. in: *Koran*, die Fußnote 113.

und seiner Mitstreiter. Auch hier ist es Mohammed, der spricht — nicht „Gott" — und sich an seine Anhänger wendet, sie nach ihrer Niederlage wieder aufzurichten, wie es jeder Mensch tut, der andere dazu auffordern will, im Sinne seiner Vorstellung und seiner Interessen zu kämpfen. Nicht „Gott" fordert in seinem Sinne zu kämpfen, denn ein „Gott" ist entweder die Vorstellung eines Menschen von einer „Größe", die er begrifflich nicht fassen kann, dann kämpfte er allerdings nicht für „Gott", sondern „für" eine Vorstellung, die er sich von etwas gemacht hat. Oder es handelte sich um „Gott" als „höchstes Wesen", auch dies allein menschliche Annahme, dann bedürfte ein solches Wesen aber eines solchen „heiligen Krieges" nicht, da es andernfalls nicht „das höchste Wesen" wäre.

Sure 9:5.6

Mohammeds Aussagen in diesen beiden Versen sind zwar vom Kampf gegen „Götzendiener" geprägt, aber von unerbittlichem, bedingungslos ohne Gnade geführtem Kampf ist nicht die Rede.

Sure 9:29-35

In diesen Versen geht es um die Bekämpfung der Juden und Christen, die übrigens mit den Götzendienern auf eine Stufe gestellt werden. Hier findet sich auch die falsche Behauptung Mohammeds, daß _*die*_ Juden, also „alle" Juden behaupten würden: „Ezra ist Allahs Sohn" (__Sure 9:30__). Dies ist aber eindeutig falsch, wie weiter oben schon angemerkt.[289]

So ist es auch in diesem Vers, daß Mohammed eine Aussage macht, die aus _*seiner*_ Wahrnehmung des um ihn herum sich Ereignenden kommt, und die zudem nachweisbar falsch ist, denn es findet sich im jüdischen heiligen Buch keine Stelle, wo behauptet würde, Ezra sei „Gottes" Sohn.

[289] Siehe die Seiten 229, beginnend mit: „Das arabische Wort *Hanif* …".

Aus meiner Sicht muß der Fakt, daß sich in einem Buch nicht nur Aussagen finden, die nachweislich nicht von „Gott", sondern von einem Menschen (__*oder sogar von mehreren Menschen, immerhin wurde dieses Buch über einen Zeitraum von 25 Jahren abgefaßt*__) stammen, sondern auch Aussagen finden, die offensichtlich falsch sind, andererseits aber behauptet wird, daß in diesem Buch „Gottes Wort" offenbart sei, Konsequenzen haben.

Die erste Konsequenz müßte sein, alle Suren auf die oben beispielhaft behandelten Unstimmigkeiten abzuklopfen, und zeigten sie solche Unstimmigkeiten, diese Suren (__*bzw. entsprechende Verse*__) zumindest separat zu setzen. Wobei es so zu sein scheint, daß es die medinischen Suren und nicht die mekkanischen sind, die in ihrer Aussage menschenunfreundliche Unstimmigkeiten zeigen, also die medinischen Suren in Gänze separat zu setzen, wenn nicht gar als eindeutig menschliche Aussagen erkannt, aus dem Koran konsequent zu entfernen wären. Dies wären dann 24 von insgesamt 114 Suren.

Die Idee nach Jathrib zu gehen, kommt Mohammed in Mekka, wo er aus Sicht der reichen mekkanischen Familien als Aufrührer gilt und verfolgt wird, denn er wendet sich gegen ihre Ausbeutung der Menschen, ihre Arroganz und ihre Grausamkeit.

Dort in Mekka, wo schlimmster Reichtum herrscht, weibliche Säuglinge getötet und in der Wüste verscharrt werden, die Niedergedrückten Hungers sterben, werden ihm unter dem Eindruck solcher Erlebnisse die großen moralischen Gesetze, die Empfehlungen praktischer Philosophie, die Großherzigkeit gegen die Menschen offenbart, die er dann prophetisch verkündet. Es sind diese mekkanischen Verse, auf die sich die weltoffenen, am Leben der „anderen" teilnehmenden Muslime berufen.

Der Koran wird unterteilt in 30 Bücher mit 114 Kapiteln, die als „Suren" bezeichnet werden — wobei Sure: „Reihe" oder „Serie" heißt und nur zur Bezeichnung von Kapiteln im Koran verwendet wird. Die Zahl der Koran-Verse beträgt 6.236. Die Suren sind nicht in chronologischer Reihenfolge angeordnet. Es wird gesagt, daß einzelne Verse aus einem anderen Zusammenhang deshalb entnommen und in diese oder jene Sure eingefügt wurden, da sie dorthin gehörten.

Der Koran war zur Zeit Mohammeds schriftlich nicht fixiert, sondern wurde erst nach seinem Tod aus der mündlichen Überlieferung verschriftet, wobei die damaligen persönlichen Träger des Korans vom Inhalt in verschiedenen Dialekten wußten (__*manche sollen ihn ganz gekannt haben, andere lediglich Abschnitte*__). Kam es aber beim Abfassen zu Meinungsverschiedenheiten, wegen der persönlich bedingten unterschiedlichen Memorierung in den Dialekten mit ihren unterschiedlichen Ausdrucksmöglichkeiten, galt der quraischitische Dialekt, der später zum Hocharabisch wurde, als maßgebend, denn dieser war der Dialekt Mohammeds, da er zum Stamm der Quraisch gehörte, wie die islamische Überlieferung zu berichten weiß (__vgl. auch die Sure 106, die „Quraisch" heißt__).

Diese gesammelten Schriften und Abschnitte des Korans wurden dann von 'Uthmān ibn 'Affān (__574-656__), der vom Jahre 644 bis zu seinem Tode zwar der dritte Kalif war, aber lediglich den Sunniten als rechtmäßig galt, hingegen nicht den Schiiten, zum für alle Muslime maßgeblichen Buch zusammengefügt.

Es muß aber bereits zu dieser Zeit gewesen sein, daß es üblich war, daß die Menschen in den verschiedenen Regionen islamischen Rechts verschiedene Versionen des Korans lasen. Das allerdings würde bedeuten, daß es bereits Abschriften des mündlichen Korans gegeben hatte, und das würde bedeuten, daß erst darauf hin, die damaligen weltlichen und religiösen Autoritäten, wie bspw. der erwähnte Kalif 'Uthmān, sich veranlaßt fühlten, eine allein gültige Version des Korans zu schaffen und, nach deren Abfassung, alle anderen, und vor allem älteren, dann vernichtet wurden, um jenes zu vermeiden, was Juden und Christen widerfuhr, die eben verschiedene Versionen ihrer heiligen Bücher kennen.

Es ist aber schade, daß das geschah, da so die Art und Weise des Werdegangs der seitdem unverändert gebliebenen, der unumstößlichen Version, besser zu erkennen wäre und möglicherweise „Verschiebungsschwerpunkte" der Interpretation der behaupteterweise über einen „Engel" (__der Erzengel Gabriel?__) oder einen „Geist" der einmal jener gewesen sein soll, den „Gott" zu Moses gesandt habe, dann jener, den Christen als „heiligen Geist" kennen, oder auch von „Gott" selbst Mohammed gegebenen Offenbarungen möglich würde. Es besteht folglich Unklarheit über die _*tatsächliche*_ Quelle seiner Inspirationen.

Zudem läßt sich bei Mohammed selbst eine Verschiebung in der Art der „Offenbarungen" erkennen — wie uns seit dem 19. Jahrhundert durch muslimische Experten und europäische Orientalisten zur Kenntnis gebracht worden ist, so daß wir heute nicht nur über die Datierung der mekkanischen Verse informiert sind, also in welche chronologische Reihenfolge die Suren gehören, was u.a. erlaubt, die mekkanischen und die medinischen Suren zu entmischen, sondern es ist auch zu erkennen, daß, in seiner Zeit in Mekka, als er sich noch nicht als Prophet _*und*_ Kriegsherr verstand, Mohammed sich zuerst als wahrer Menschenfreund und politischer Reformer zeigt, wenn er, sich selbst zurücknehmend, in poetischer Sprache jenes leidenschaftlich formuliert, was ihm in Träumen „offenbart" worden sei, und worin sich tiefe Zuneigung zu allem Natürlichen, allem Lebendigen ausdrückt. So daß sich der Koran in frühe, mittlere und späte Suren einteilen läßt. Denn erst weit später, also in medinischer Zeit, gewinnen seine Aussagen mehr und mehr den Charakter gewisser Unerbittlichkeit, als Mohammed für sich das Amt des „öffentlichen Warners" beansprucht und seine Sprache mehr prosaisch wird, mehr lehrhaften Charakter bekommt und inhaltlich geschichtliche Ereignisse in den Vordergrund treten, so daß der Koran in Medina erst seinen politischen Charakter gewinnt. Nun versteht sich dieser Mohammed als Verteidiger einer neuen Lehre — aus dem Mahner ist ein Gesetzgeber geworden, dies mit den Worten unterstreichend: „Wer dem Propheten gehorcht, gehorcht Gott.", so daß die Menschenfreundlichkeit nur noch eine bedingte ist.

Also drückt sich im Koran auch die mähliche Wandlung der Sichtweise Mohammeds aus, abhängig von seinem eigenen Lebensgefühl, einhergehend mit seiner Stellung als weltlicher Machthaber — und so werden seine vermeintlich von „Gott" oder einem anderen „Wesen" empfangenen Aussagen, zu sich gewandelt habenden „Offenbarungen".

Es heißt aber, daß ihm Fehlinterpretationen des ihm „Offenbarten" unterlaufen seien sollen, die dann über neue „Offenbarungen" sofort korrigiert worden wären, so daß gewisse Aussagen im Koran durch andere aufgehoben würden. Es könnte sich allerdings auch darum handeln, daß gewisse Stellen bei der „monolithischen Abfassung" des Korans geändert wurden, auch u.U. Meinungsverschiedenheiten unter den Abfassern bestanden, so verschiedene „Sichtweisen" der Abfasser Eingang in den verschrifteten Koran gefunden haben und dies dann verschleiert bzw. dadurch „erklärt" wurde, daß, wie gesagt, Mohammed eine erfahrene „Offenbarung" nicht richtig verstanden hätte, so daß eine „verbesserte" notwendig geworden sei.[290] ... Dann aber von demselben „Wesen" veranlaßt?

Es sind die mekkanischen Verse, die in schönster Tradition arabischer Dichtung den prophetischen Atem jüdischer Religiosität mit jener Großzügigkeit mischen, die an verschiedenen Stellen christlicher Schriften durchklingt. Doch dann wechselt der Ton und das in den bisherigen Versen vorherrschend gewesene Humanistische zieht sich in dem Maße zurück, wie das ursprünglich als innerer Kampf (__„innerer Dschihad"__) aufzufassen gewesene „Streben nach 'Gott'" in den Vordergrund tritt und, nach außen gekehrt, in einen gegen die „anderen" zu führenden Kampf umschlägt (__„äußerer Dschihad"__).

Es ist anzunehmen, daß diese völlige Umkehrung der Werte durch die Weigerung der Juden, Mohammed als ihren neuen Propheten zu akzeptieren, ausgelöst oder mit ausgelöst worden ist und sich dies, entweder verschleiert oder gemischt, über die in medinischen Versen ausgedrückten, tiefgreifenden Meinungsverschiedenheiten mit den jüdischen Stämmen in der Oase Jathrib spiegelt.[291] Man vergleiche hierzu die Sure 33:26.27, die, wie es heißt, zur Rechtfertigung

---

[290] Vgl. Thomas Patrick Hughes, *Lexikon des Islam*, Lizenzausgabe für den Fourier Verlag, Wiesbaden, 1995, dort der Eintrag: „Koran".

[291] Siehe vielleicht noch einmal die Seiten 228 ff., beginnend mit: „Die zwei Lehren des Korans"? Der ganze Abschnitt reicht bis zur Seite 258, Sie kämen also so wieder bequem bis zur Seite 239 zurück ...

der blutig geendet habenden Auseinandersetzung mit einem der jüdischen Stämme in Jathrib Mohammed „offenbart" worden sei. Das kann aber nur als nachträgliche Rationalisierung verstanden werden, denn welcher „Gott" kann es notwendig haben, Menschen aufzufordern, andere Menschen „seinetwegen" abzuschlachten? Nun, nur eine Vorstellung von Gott kann das verlangen, d.h. nur jemand, der diese Vorstellung hat bzw. vertritt, und von anderen verlangt, diese als allgemeingültig anzunehmen — zur Sicherung eigener Interessen. Und das ist übliche Praxis in _*dieser*_ Welt der weltlichen Dinge.

Ein Vers einer anderen Sure weist aus meiner Sicht darauf hin, daß Mohammed insbesondere gegen jene Glaubensvorstellungen Härte zeigen wollte, von denen er am meisten an Inhaltlichem genommen hatte: einmal, wie schon gesagt von der jüdischen, zum anderen von den alten arabischen Glaubensvorstellungen: denn ist nicht Allah der große Gott des alten arabischen Glaubenspantheons, der in der Ka'aba verehrt wurde? Und so drückt sich in Sure 5:82 eine pauschale Behauptung in dem Maße aus, wie Mohammed seinen Glauben mit Elementen bereichert und nach der Vorgabe anderer ausgeformt und diese Elemente und Vorgaben mit „islamischen Bezeichnungen" versehen oder/und mit „islamischem Sinn" „umgeben" hatte: „Wahrlich, du wirst finden, daß unter allen Menschen, die Juden und die, welche Allah Götter zur Seite stellen, den Gläubigen am meisten feind sind [...]".

Nun, in der Ka'aba waren dem großen alten Wüstengott Al-lah — *dem auch sein weibliches Gegenstück* Al-lat *beigesellt war* — die anderen Götter des alten arabischen Götterpantheons zur Seite gestellt.[292] Der Einbruch dieser Abweisung der alten Glaubensvorstellungen hätte bedeutet, daß sich die Masse der Menschen bewußt geworden wäre, daß einst eine Harmonie zwischen weiblichem und männlichem Prinzip geherrscht hatte — wie sie einst auch unter den

[292] Vgl. weiter oben die Seiten 181-83, beginnend mit: „Der islamische Gott, dessen Name mit Allah angegeben wird".

Juden herrschte, als Jahve noch beweibt war.[293] Und nichts anderes ist gemeint, wenn es im Johannesevangelium gleich zu Beginn heißt: „Im Anfang war das Wort". Denn was bedeutet das, oder besser: was verbirgt es? Nun, folgendes verbirgt es:

„Im Anfang war das WORT"[294].Das WORT wurde aber einst als _*unabhängig*_ von (__*gemäß den gesellschaftlichen Machtverhältnissen, männlich vorgestellten*__) Gott verstanden — d.h. weiblich: „und das WORT war bei Gott"[295], also das „Weibliche" war bei Gott, und: „Dasselbe (__nämlich das WORT__) war im Anfang bei Gott"[296]. Folglich waren (__*so man in diesem Sinne spekulieren wollte*__) „im Anfang" das Männlich-Göttliche _*und*_ das Weiblich-Göttliche.[297]

Dies übrigens ein schönes Beispiel dafür, was es mit den drei monotheistischen Religionen zumindest auch auf sich hat: die pathologische Negierung des weiblichen Prinzips durch ihre Hohepriester ... Wilhelm Reich würde wohl ergänzen: *als Ausdruck von Charakterpanzerung* mit nachfolgender „emotionaler Pest".[298]

---

[293] Vgl. Raphael Patai, *The Hebrew Goddess*, 3., erweiterte Auflage, Wayne State University Press, Detroit, 1990. Patai weist schlüssig nach, daß der jüdische Glaube *ur*_sprünglich nicht monotheistisch, bzw. daß Jahve beweibt war.

[294] Vgl. Joh 1, 1.

[295] Vgl. a.a.O., ebenda.

[296] Vgl. a.a.O., 1, 2.

[297] Siehe in: Die *tri*_logische Sezierung [...], Band III, Teilband 2, Anhang I: „Exkursion zu dem in der markt_*konformen* Gesellschaft bedeutungslos gewordenen, _*begrifflichen*_ Inhalt des 'Humanismus'", dort die Seite 803.

[298] Vgl. Wilhelm Reich, *Charakteranalyse — Technik und Grundlagen für studierende und praktizierende Analytiker*, Selbstverlag des Verfassers, Berlin, 1933 — kurz vor seiner Flucht nach Dänemark noch in Deutschland veröffentlicht. Gegen Ende dieses Buches komme ich kurz auf Wilhelm Reich zu sprechen.

Es ist seitdem, daß Muslime meinen können, sie hätten einen äußeren Kampf gegen die „Ungläubigen", die „Verschwörer", die „Heuchler" im Namen Allahs zu führen, ihn „Dschihad" nennend, obwohl dies ursprünglich _*ausschließlich*_ den eigenen, „inneren Kampf der Selbstüberwindung" meinen konnte: Denn seit wann kann ein Mensch, so er an einen einzigen Gott glaubt — *den höchsten sogar* —, dessen Aufgabe erfüllen? Wäre das nicht Blasphemie?

Es gibt im Koran einen Vers, den sich alle Fanatiker im eigenen Interesse hinter die Ohren schreiben müssen, so sie ihren Glauben ernstnehmen: „Sie, die Gläubigen [__*gemeint sind die Muslime*__] und die Juden und die Sabier[299] und die Christen und die Magier[300] und die Polytheisten[301] — Allah wird zwischen ihnen entscheiden am Tag der Auferstehung [...]."[302]

Bei scheuklappenfreier Betrachtung läßt sich erkennen, daß es in Medina zu einem Bruch in der Argumentation gekommen sein muß. Dieser Bruch konnte nicht von „Gott" herrühren (__*es sei denn, „Gott" wäre nicht* „allwissend", *was aber von allen Vertretern der drei großen monotheistischen Religionen verneint wird*__), sondern muß

---

[299] Damit sind wahrscheinlich die Mandäer gemeint, auf die im exkursiven Anhang II zurückzukommen ist. Der Begriff „Sabier" wurde auch für die „Leute von Harrân" verwendet, die wahrscheinlich mehr _*ursprüngliche*_ Gemeinsamkeit mit den Mandäern hatten, als allgemein angenommen wird, auch darauf ist im exkursiven Anhang II zurückzukommen.

[300] Mit „Magier" sind die zoroastrischen Priester gemeint. Der Zoroastrismus war Staatsreligion des persischen Sasanidenreichs, das zur Zeit Mohammeds schon Jahrhunderte bestand. Die Zoroastrier bezogen sich auf diesen Vers, wollten sie begründen, daß sie zu den geduldeten Glaubensbekenntnissen im islamischen Reich gehörten. Vgl. dazu in: *Koran*, auf der Seite 307 die Fußnote 10.

[301] Eigentlich: „diejenigen, die (__Allah andere Götter_) beigesellen". Der Vers ist offensichtlich medinischer Herkunft. Zitiert nach: *Koran*, die Seite 307, dort die Fußnote 11.

[302] Siehe Sure 22:17.

Ausdruck der Art und Weise des Erlebens Mohammeds selbst gewesen sein.

Die Art und Weise des Erlebens ist Ausdruck des eigenen Fühlens und Denkens und des daraus wiederum resultierenden Meinens und Argumentierens, die, je nach Intensität des *interaktiven Prozesses von Fühlen und Denken*, auch zu einer Änderung der Art und Weise der Wahrnehmung und der Interpretation von Erlebtem führen kann. Fühlen und Denken beeinflussen sich wechselseitig. Natürlich, es kann sein, daß ein Gefühl, bspw. Hunger, Denken auslöst: „wie komme ich an Essen?", aber umgekehrt ist es nicht anders. Das ist deshalb anzunehmen, da nicht anzunehmen ist, daß zur Zeit der Prähistorischen Fühlen und Denken geschieden gewesen wären, sondern daß sie „gefühlt-gedacht" wahrnahmen.[303] Erst mit dem Auftreten der Historischen wird eine relative Separierung zwischen Fühlen und Denken erfolgt sein, und zwar deshalb, da sich — *im Rahmen des Prozesses der Seßhaftwerdung* — Machtgruppen bildeten, die, zur Sicherung ihrer Position, um sich herum gesellschaftliche Strukturen schufen, die möglichst dauerhaft zu ihrem primären Vorteil existent bleiben sollten. Zu diesem Zweck sind primär Denkprozesse, nicht Gefühlsprozesse notwendig.

Daß genauso das Denken Gefühle erzeugt, die wiederum aufs Denken zurückwirken usw., macht bspw. das Absingen einer Nationalhymne deutlich: die damit einhergehenden Gefühle müssen vorher erzeugt worden sein, da anders nicht jenes auslösbar wäre, das eine solche Hymne auslösen soll: „nationale Gefühle", die dem *vor_*her ausgedachten Zweck dienen, im Sinne „nationalstaatlicher Bedürfnisse" — die eigentlich die Bedürfnisse der entsprechenden Machtelite und ihrer Satelliten sind[304] — zu wirken, sozusagen als Ausdruck einer „weitergeführten Überlegung" der ersten Machtgruppen der Historischen. Eine solche Hymne kann allein deshalb spezifische

---

[303] Im Teil 2 des Ihnen vorliegenden Buches ist darauf zurückzukommen.

[304] Vgl. in: Die *tri_*logische Sezierung [...], Bd I, Tbb 1-3, Kapitel 15; und in: « Sie fragen noch, wie die ›Verhältnisse‹ liegen? », dort auf den Seiten 337 ff.

— tatsächlich *ent_*fremdete — Gefühle in einem Menschen erzeugen, wenn dieser vorher — *am besten als Kind* — schon über das Denken im entsprechenden Sinne „emotionalisiert" wurde.

Es könnte einleuchten, daß, ist bspw. ein Nationalstaat erst etabliert, es aus Sicht einer nationalstaatlichen Machtelite noch besser ist, erfolgt die gefühlserzeugende Wirkung „nationalstaatlicher Bedürfnisse" schon im Uterus, nämlich im Sinn einer „unbewußten *Vor_*Verwebung" solcher Bedürfnisse während der intrauterinen Reifungsphase des Menschen. Denn ein werdender Mensch nimmt all das unbewußt wahr, das ihm in der Zeit seiner intrauterinen Reifungsphase über seine Mutter — *in Abhängigkeit von deren eigenem Reagieren auf die gefühlserzeugende Wirkung* „nationalstaatlicher Bedürfnisse" *und ihrer Milieueinbettung* — via Gefühlsregung und Hormonausschüttung vermittelt wird. Auf diese Weise werden im werdenden Menschen die ersten „Anknüpfungspunkte" für spätere Charakterausbildung geschaffen. Also, aus Sicht der entsprechenden Machtelite und ihrer Satelliten, insbesondere solche „Anknüpfungspunkte", die „nationalstaatlichen Bedürfnissen" nützlich sind.

Das heißt wurde ein Gefühl von nationaler Identität geschaffen, bspw. durch entsprechenden „Geschichtsunterricht" und „gesellschaftliche Normsetzungen", die sich aber eine Gruppe von *Spin_*Doktoren *vor_*her ausgedacht haben mußte, so daß ich anfange etwas zu einem in einem territorialen Gebilde sich ereignet Habenden zu fühlen, das sich tatsächlich außerhalb meines direkten Erlebnishorizontes befindet, also in einem Gebiet, das weit größer ist als meine tatsächlich erleb-, erdenk- und erfühlbare Heimat, wo ich aufgewachsen bin — *ob in einem Dorf oder einer kleinen Stadt* —, wo ich also als Kind *_meine_* Entdeckungen gemacht habe und *_deshalb_* eigentlich nur sagen könnte: *_das_* ist meine Heimat, nicht aber alles andere, das ich nur vom Erzählen anderer her „kenne", die wiederum selbst nur Erzähltes anderer usw. weitertragen, so daß *zu_*erst ein *Nach_*Denken über das gerade Gehörte einsetzen muß, bevor ich *_dann_* Entsprechendes fühlen könnte — und dieses, oder ähnlich erfahrenes anderes, bspw. mit den Klängen der Nationalhymne des Staates verbinde, indem ich dann ein „selbstentfremdeter Bürger" wäre. ...

Ist erst eine solche nicht authentische Identität erfolgt, mag es sein, daß allein aus einem gerade von „nationalstaatlichem Interesse" seienden Gehörten, dieses, also das die nicht authentische Identität Betreffende, sofort gefühlt wird. Aber der Bahnungsprozeß dahin war übers „pädagogisch eingeflüstert" ausgelöste Denken erfolgt.

Folglich liegt hierin der Grund, wieso sich die medinischen Suren von den mekkanischen unterscheiden: sie wurden je vor einem anderen Erlebnishorizont „gefühlt-gedacht". Damit ist aber klar, daß es von Mohammed „gefühlt-gedachte" Suren waren — woher seine Inspiration auch immer gekommen sein mag. Und gewinnt man nicht den Eindruck, daß sich in ihnen Formulierungen finden, die eigentlich älteren Datums sind, bspw. bereits im gläubigen Judentum zu lesen sind (__*die wohl wiederum selbst auch anderen Ursprungs sein mögen*__), und bloß mit „islamischen" Bezeichnungen versehen wurden, wie es bspw. mit „Abraham" geschah?[305]

Und so verlieren die mekkanischen Verse der Toleranz, gar der Freundschaft mit den „Leuten des Buches", an Bedeutung — wenn sie nicht sogar durch die medinischen aufgehoben werden. Das muß Verwirrung auslösen, denn kann diese Verwirrung von einem „allwissenden 'Gott'" ausgehen? Kann ein als „allwissend" geltender „Gott" es wollen, daß unter den von ihm geschaffenen Menschen Verwirrung, und daraus resultierend, Mord und Todschlag herrschen? Das kann nicht angenommen werden. Hingegen ist ohne weiteres anzunehmen, daß genau das ein Mensch wollen kann: zur Durchsetzung eigener, also weltlicher Interessen — verfügt er erst über entsprechende Macht, dies auch durchsetzen zu wollen.

Als „Leute des Buches" gelten den Muslimen übrigens nicht allein die Juden und Christen, sondern auch die Mandäer, die im Koran als „Sabier" oder „Subbas" bezeichnet werden und übrigens mit den

---

[305] Auf den Seiten 229-31 ist erläutert was gemeint ist, beginnend mit: „Auch war ab jetzt Abraham [__*der bei den Muslimen Ibrahim heißt*__] ...".

„Sabiern von Harrân" weit mehr als nur den Namen teilen. — Da gerade das nicht etabliertes Wissen ist, ist darauf zurückzukommen.[306]

Denn während sich in den mekkanischen Suren „ökumenische Verse" finden (__*so darin die ursprüngliche Bedeutung von oikuméne aufscheint:* „das bewohnte Land, die bewohnte Erde" *meinend*__), die sich also an die gesamte Gemeinde der Anhänger der großen monotheistischen Religionen sowie an die gnostischen Mandäer richten, die dazu zwar je ihr eigenes, den jeweiligen Anhängern als heilig geltendes Buch haben (__*den Juden ist dies der Tânach, den Christen die Bibel, den Muslimen der Koran, den Mandäern der Ginzā*__), findet sich in den medinischen Suren davon quasi nichts mehr — wenn es auch nicht völlig ausgeschlossen ist, dort auf Verse wie den folgenden zu stoßen, der, mit seinem „mekkanischen Tenor", unter den medinischen geradezu wie ein erratischer Stein wirkt: „Siehe sie, die da glauben, und die Juden und die Nazarener und die Sabier — wer immer an Allah glaubt und an den Jüngsten Tag und das Rechte tut, der hat seinen Lohn bei seinem Herrn, und Furcht kommt nicht über ihn, und nicht wird er traurig sein."[307] Oder in derselben Sure eine Bemerkung wie folgende: „Es sei kein Zwang im Glauben [...]".[308]

Das ist allerdings nicht verwunderlich, denn in den „medinischen Suren" spiegelt sich das vom militärischen Kampf geprägte Geschehen in der Phase der Ausbreitung des Islams zur Zeit Mohammeds: „O ihr, die ihr glaubt, nehmt nicht die Juden und Christen zu Freunden; einander nehmen sie zu Freunden, und wer von euch sie zu Freunden nimmt, siehe, der ist von ihnen. Siehe, Allah leitet nicht ungerechte Leute."[309]

Wie es unter Heerführern so üblich ist, müssen die eigenen Soldaten auch bei der Stange gehalten, muß ihnen geschmeichelt und

---

[306] Siehe den exkursiven Anhang II: „Die Mandäer und die 'Sabier von Harrân'".

[307] Siehe die Sure 2:59.

[308] Siehe die Sure 2:257.

[309] Siehe Sure 5:56.

müssen Aktionen mit blutigem Ausgang gerechtfertigt werden, und so kommt es zur Schaffung von Suren zur Rechtfertigung des bewaffneten Kampfes: bis zum totalen Fall Mekkas im Januar des Jahres 630: „So rüstet wider sie, was ihr vermögt an Kräften und Rossehaufen, damit in Schrecken zu setzen Allahs Feind und euern Feind [...]".[310]

Alles sozusagen „normal", geht es letztlich um weltliche Macht — nur göttlichen Ursprungs kann daran nichts sein: Wie sollte es „glaubwürdig" sein, daß es für einen „allmächtigen Gott" notwendig wäre, daß seine Anhänger in *_seinem_* Namen Menschen abzuschlachten hätten? Ist nicht von einem „allmächtigen Gott" zu erwarten, daß er über „eigene Mittel" verfügt, die Masse der Menschen fürs Lebendige zu begeistern? Oder steht dieser Gott etwa gar nicht fürs Lebendige? Immerhin kann „lebendig" nur bedeuten, daß „selbstregulierte Menschen" (__*also entwickelte Menschen*__) kollektiv zusammenzuwirken, ohne einer Machtelite (__*mit eigenen Interessen*__) zu bedürfen? Aber wofür mag dieser Gott dann stehen? Oder besser gefragt: Was ist daraus zu schließen? Etwa, daß wir uns in einer jenseits einer tatsächlich dem menschlichen Wesen gerecht werdenden gesellschaftspolitischen Richtung bewegen, die als „Entwicklung" zu bezeichnen selbst Ausdruck für diese jenseitige Richtung wäre, denn „Entwicklung" will sagen: „Ent_wick(e)lung"? Und wäre das deshalb so, da wir erst am Anfang einer uns gerecht werdenden Entwicklung befänden, in deren prozeßhaften Verlauf sich das menschliche Potential *ent*_wickelte? Oder bewegen wir uns herumirrend, da die Machteliten und ihre Satelliten ihr eigenes Fortkommen konsequent mit gesellschaftlichem Fortschritt — als Ausdruck der *Ent*_wickelung des Menschengeschlechts — verwechseln, wir also *des*_halb herumirrten?

Nun, deutlich wird jedenfalls, daß die Entwicklung unseres Geschlechtes nicht auf ein „Ziel" hin gerichtet ist, daß wir uns nicht in einem teleologischen Prozeß befinden. Und so ist es berechtigt zu vermuten, daß das Menschengeschlecht es verpaßt haben wird, sein ihm inhärentes Potential zur Enthaltung gebracht zu haben, *be*_vor

---

[310] Siehe Sure 8:62.

sich das „kosmische Zeitfenster" schließt. Ich glaubte nicht einmal, daß das tragisch ist ... da es bedeutungslos ist.[311]

Wie bereits bemerkt, es handelt sich beim Koran um zwei Lehren. Das bedeutet, u.a., daß ihre Verse aus zwei unterschiedlichen historischen Situationen geschöpft sind. „Historische Situationen" sind aber menschliche Situationen, keine eines „allmächtigen Gottes". Und typisch für historische Situationen ist auch, daß sich das in einer historischen Situation bezogen auf ein Thema Ausgedrückte, von dem unterscheidet, das in einer anderen historischen Situation bezogen auf ein vergleichbares Thema ausgedrückt wird, das _*dann*_ als „zeitgemäß" ausgedrückt gilt, gibt es _*dem*_ „ideelle Gestalt", das — *aus machtpolitischer Sicht* — der bestehenden oder einer sich ändernden Situation gemäß ist, bzw. — *aus machtpolitischer Sicht* — entsprechendes politisches Handeln fordert _*und*_ das daraus resultierende Tun— *aus machtpolitischer Sicht* — rechtfertigt. Hingegen müßte ein „allmächtiger Gott" allein das „'Überhistorische' im Auge behalten", sich nicht vom „politischen Wind" von Situation zu Situation tragen lassen — wie es einem Blatt oder einem Gedanken, der einem „durch den Kopf schießt", eigen ist.

Aber diese beiden Lehren sind paradox vermischt, finden Gläubige in ihnen das zu größter Hoffnung Anregende und zu höchster moralischer Sozialität Auffordernde, so ihnen dann eigen seiend, da auf diese Weise „in 'Gott' seiend". (__*Dies allerdings lediglich eine Vorstellung des* „Glaubens" *sein kann.*__) Und direkt daneben, die Aufforderung zu unerbittlich weltlichem Tun: „Werdet daher nicht matt und ladet (sie) nicht ein zum Frieden, während ihr die Oberhand habt; denn Allah ist mit euch, und nimmer betrügt er euch um eure Werke."[312]

Wie es für monotheistische Texte üblich ist, ist also auch der Koran ein Buch des Andersseins — bei gleichzeitiger Ablehnung des *Anders*_Seins.

---

[311] Siehe diesbezüglich Nachwort, Teil 1.

[312] Siehe Sure 47:37.

Ist es — *unter den Bedingungen der* „inhaltlichen Unantastbarkeit eines Buches" — innerhalb der islamischen Glaubensgemeinschaft überhaupt möglich, die Neugierde auf sich, auf andere, auf das _*vorgeschrieben*_ zu Glaubende, auf das selbst Geglaubte zu wecken _*und*_ zu praktizieren — also dieses als inhaltlich unantastbar geltende Buche scheuklappenfrei zu befragen? Schwierig, wenn die Masse der Theologen den leisesten fragenden Gedankenhauch verabscheuen und diese sich dabei auf „ihr" Buch verlassen können: „Und auch zu dir sandten wir deutliche Zeichen hernieder, und nur die Frevler glauben sie nicht."[313] Auf diese Weise aber wird jede Reform, das Appellieren an die Vernunft der Muslime, und erst recht der Versuch eines Nicht-Muslimen, sich mit dem Koran inhaltlich zu beschäftigen, zu Frevel.

Also sind _*diese*_ Zeilen Frevel ...

Anstatt von muslimischer Seite eine Auseinandersetzung über Elemente des Korans zu fordern, die das friedliche Nebeneinander, und erst recht ein tatsächliches Miteinander, nicht behindern, sondern unmöglich machen, läßt man lieber reaktionäre Vertreter des „unerbittlichen Korans" gewähren und lehren. Wie es bis vor wenigen Jahren noch in Deutschland ungehindert der Fall war, als man Salafisten, die behaupten sich an „salaf as-salih" zu orientieren: an den „Frommen der ersten Zeit", um es sinngemäß auszudrücken, womit sie aber die „medinischen Frommen" meinen, also jene, für welche die Welt in ein Gebiet des Islams und eines, das für den Islam zu erobern sei, aufgeteilt ist.

Unter solchen politisch zugelassenen Bedingungen ist es nicht möglich, das eigene, so man das glauben will: das von „Gott" in jeden Menschen Gelegte zu entfalten, _*seinen*_ Weg, so man das glauben will: zu „Gott" zu „gehen", verlangen solche Projektionisten doch, dem Inhalt eines von Menschen geschriebenen Buches nicht in seinen hochherzigen Aussagen, dem anderen _*menschlich*_ zuge-

---

[313] Siehe Sure 2:93.

wandt, zu folgen. Und damit verlangen sie vom „anderen“, nicht seinen authentischen Weg, so man das glauben will: zu „Gott“ zu gehen, dies nicht in seinem Sosein authentisch zu tun, da er dann ihren kindischen Schwarzweiß-Aussagen nicht folgen könnte, wodurch er solchen zum „Frevler“ wird, so daß das dem „anderen“ dann nach dem Leben Trachten für solche Ausdruck von Gerechtigkeit wird, denn solches Trachten — *in ihrer Anmaßung, die wohl Projektionisten eigen ist* — geschieht dann allein wegen der anderen Sicht auf die Welt und der anderen ideologischen Vorstellungen als jene, die solche Projektionen, bspw. religiöse wie Salafisten haben.

Mit anderen Worten: während man den *koranischen Synkretismus* der drei großen monotheistischen Religionen preist, debattiert man nicht jenes, welches seine praktische Umsetzung behindert. Aber nicht nur das, denn jene jungen Muslime, die die Auseinandersetzung wagen, sowieso schon von muslimischer Seite stark unter Druck gesetzt, läßt man im Regen stehen und setzt sie auf diese Weise schlimmer Anfeindung selbst in den Ländern aus, die nicht islamisch geprägt sind — anstatt ihre Anregungen und Klarstellungen aufzugreifen, um überhaupt die notwendige, belebende Auseinandersetzung mit jenen Elementen des Korans zu ermöglichen, die das friedliche Nebeneinander — *und so erst zu einem tatsächlichen Miteinander zu kommen* — nicht allein behindern, sondern unmöglich machen.

Aber dies hat bei den Vertretern dieser drei großen monotheistischen Religionen durchaus Tradition, denn Vergleichbares, also Reformverhinderndes, findet sich im Christentum wie im religiösen Judentum immer dann, geht es um substantiell zu Änderndes — *insbesondere die Rolle der Frau Betreffendes* —, patriarchalisch wie diese dogmatischen Glaubensvorstellungen und deren Vertreter nun einmal sind.

> Es ist nun einmal so, daß der Koran Frauen
> _*nicht*_ explizit vorschreibt, Schleier zu tragen.

Anstatt das aber aufzugreifen, bildet sich dann schnell eine Front aus, objektiv gesehen, *anti*_demokratischen Politikern und verschiedenen reaktionären Vertretern monotheistischer Geistlichkeit. Aber was können _solche_ Vertreter den Menschen tatsächlich Lebensbejahendes sagen? Was können diese mit den edlen mekkanischen Versen zu tun haben, halten sich diese reaktionären Vertreter monotheistischer Geistlichkeit an Floskeln und an Mohammed — *wenn nicht gar* „Gott"? — in den Mund Gelegtes, das den Aussagen dieser Verse völlig widerspricht?

Und es ist der Koran nicht allein, sondern es sind noch jene zu tausenden zählenden, als *Ahadith*[314] bezeichneten und in der „Überlieferung" — der *Sunna* — aufbewahrten Aussprüche Mohammeds, die (__genannt *Idschtihad*, also die „intellektuelle Reflexion" über einen Sachverhalt meinend, der seine Rechtmäßigkeit nicht im Koran, sondern in der für Muslime mindestens genauso verbindlichen *Sunna* findet, die jene zu tausenden zählenden *Ahadith* enthält__), den bestrebten Muslim noch zusätzlich in Verwirrung bringen.

(__Die „Sunna" ist der aus der „Gewohnheit", dem „Brauch" kommende und deshalb das „Verhalten" bzw. die „Lebensweise" bestimmen sollende „Weg", als Ausdruck der, auf den weisunggebenden Aussprüchen, den Handlungen und dem in Gegenwart Mohammeds Gesprochenen und von ihm nicht Verbotenen beruhenden islamischen Tradition, die arabisch als *Hadith*, bzw. im Plural als *Ahadith* bezeichnet werden und den Inhalt der *Sunna* bilden.[315]__)

Denn diese sich zu Tausenden zählenden *Ahadith* sind es, die die Heiligenlegende des Propheten Mohammeds weben. Und geleugnet soll nicht werden, daß der folgende Hadith ein unbedingt befolgenswerter ist: „Die Tinte des Gelehrten ist heiliger als das Blut des Märtyrers". Aber schon folgt der Wechsel: „Jenen, der die Religion wechselt, den tötet".

Das Problem an den *Ahadith* ist, daß sie das Einfallstor für die Manipulatoren des Korans sind, kam es doch im Laufe der Jahrhunderte

[314] Siehe auch die Seiten 100 f., beginnend mit: „Bei den *Ahadith* ...".

[315] Vgl. *Lexikon des Islam*, dort die Einträge: „Sunna" und „Tradition".

zu einer wundersamen Vermehrung von Mohammed in den Mund gelegten Aussprüchen, und zwar immer dann, ging es darum, politischen Entscheidungen das „Gewicht der Tradition" zu geben.

Es war der Ägypter Hussein Amin, der in seinem Buch *Le livre du musulman désemparé*, das man mit: „Das Buch vom ratlosen Muslim" übersetzen könnte, dieses Lügensystem angeklagt hat: „Der Name des Propheten diente als Bürgschaft für Lügen, die man mit noch größeren Lügen bekämpfte. Jede Sekte, jede Doktrin hatte eine imposante Anzahl Ahadith zu ihrer Verfügung, um konkurrierende Sekten und Doktrinen zu disqualifizieren. Das Ziel rechtfertigte die Mittel, jeder Notbehelf war gut, einschließlich Erfindung und Diffamierung ..."[316] Als Ergebnis eines offenbaren „gelehrten Mummenschanzes" ist es hier, in den Ahadith, daß sich die Bezugnahmen für die Fanatiker finden. Und so ist es so weit gekommen, daß der *Sunna* mindestens die gleiche Heiligkeit wie dem Koran beigelegt wird. Das ist geradezu unerhört, denn spricht nicht Mohammed selbst: „Ich bin nur ein Mensch wie ihr"?[317]

Es mag sein, daß es solche als Mohammeds geltende Aussagen sind, die islamischen Rechtsgelehrten Skrupel eingeflößt haben und sie mit lockerer Hand die Ahadith in „falsche" und „wahre" einteilen ließ. Aber was ist das gegen die berühmte *Meisterschaft des Auslegens* des islamischen Gesetzes durch einen Ulema (__*was eigentlich soviel wie* „Wissender, Gelehrter" *bedeutet*__)? Nun, diese Meisterschaft kennt keine Grenzen. Und so beherrschen die gesellschaftlich Rückständigsten und charakterlich in der Gedankenwelt einer nicht belegbaren Tradition Erstarrten wie Taliban und Salafisten (__*die die außerarabischen Wahhabiten sind*__) jene „Kunstfertigkeit", durch Entstellung

---

[316] Siehe Hussein Amin, *Le livre du musulman désemparé — pour entrer dans le troisième millénaire,* aus dem Arabischen von Richard Jacquemond, Verlag La Découverte, Paris, 1992 (__Original: 1983__), die Seite 53. Ins Deutsche übertragen vom Autor. Die Zitierung erfolgt mit freundlicher Genehmigung des Verlages La Découverte.

[317] Siehe, in: *Koran*, aus dem Arabischen übersetzt von Max Henning, Einleitung von Ernst Werner und Kurt Rudolph, Textdurchsicht, Anmerkungen, Register von Kurt Rudolph, VMA-Verlag Wiesbaden, o.J., Sure 41:5.

der koranischen Texte, das Unverzeihliche zu rechtfertigen.

Deshalb war es, daß der große, am 14. September 2010 in Paris gestorbene, im Februar des Jahres 1928 im Dorf Taourirt Mimoum in der *Kabylei* genannten Region Algeriens geborene Philosoph Mohammed Arkoun, die anklagenden Worte sprach: „Die Religion ist total den Manipulatoren, den Geschäftsführern des Heiligen ausgeliefert". Obwohl sich doch: „Das Ganze [...] nur innerhalb einer radikalen Bedeutungspluralität und Vielschichtigkeit entfalten läßt", wie es die Islamwissenschaftlerin und Pädagogin Ursula Günther in ihrer „Hommage an Mohammed Arkoun" so richtig sagt und damit wohl das Denken Arkouns treffend benennt.[318] Man könnte hinzufügen: wenn es überhaupt eine Chance geben soll, das „Ganze" zu erkennen.

Kann es verwundern, daß auf diese Weise das eigene Nachdenken ohne Nahrung bleibt, während das fundamentalistische, letztlich nur auf „vorstellungsgesichert Gemeintem" basierend, automatisierte „Denken" bzw. das *Reflex*_Denken genährt wird, ist erst das *un*_bedingte Folgeleistenmüssen von weit entfernt vom Jetzt abgefaßten Texten kulturell, d.h. in den Köpfen der Masse der Menschen verankert — auf diese Weise verhindernd, den lebensbejahenden Versen in den mekkanischen Suren den Vorrang vor den medinischen Suren zu geben und sich von deren lebensverneinenden Versen *grund*_sätzlich zu distanzieren? — Denn: „Ich bin nur ein Mensch wie ihr"[319]

Als die islamischen Juristen in ihrer auf Unzulänglichkeit und Neid beruhenden geistigen Unbeweglichkeit den „medinischen Weg" beschritten, so die „Fragen des 'Erlaubten' und 'Unerlaubten'" für ihre eigenen Zwecke — *also aus unedlen Motiven* — befeuernd, zerstörten sie jenes, das einst islamischen Gesellschaften eigen gewesen sein muß.

---

[318] Eine angemessene „Hommage an Mohammed Arkoun" findet sich unter folgendem, am 10. März 2020 erneut geprüften Internetpfad: https://ursulaguenther.wordpress.com/home-3/in-memoriam-mohammed-arkoun/.

[319] Siehe, in: *Koran*, aus dem Arabischen übersetzt von Max Henning, Einleitung von Ernst Werner und Kurt Rudolph, Textdurchsicht, Anmerkungen, Register von Kurt Rudolph, VMA-Verlag Wiesbaden, o.J., die Sure 41:5.

Oder gibt es etwa nicht die Namen *al-Kindi* (__801-873__), *al-Farabi* (__872-950__), ibn Sina (__980-1037, im „Westen" besser unter dem Namen *Avicenna* bekannt__), ibn Rushd (__1126-1198, im „Westen" besser unter dem Namen *Averroës* bekannt__)? — Und alle weitgelehrt! Wurden einst etwa nicht Fragen reflektiert wie: *Was hat es mit dem Jüngsten Gericht auf sich?* Oder: *Was soll Unsterblichkeit der Seele bedeuten?* Und es war nicht erst zur Zeit der vier beispielhaft genannten Großen islamischer Kultur, von denen Fragen wie _*diese*_ diskutiert wurden und bei denen _*nicht*_ das Beantworten von auswendig gelernten Fragen nach *multiple-choice-artiger* Methode gefragt war — denn die kritischen Geister gab es vorher schon, bspw. die *Mutaziliten.*

Es ist übrigens anzunehmen, daß von ihnen die Anregungen kamen, die die beispielhaft genannten Gelehrten des islamischen Kulturkreises ins Nachdenken brachte, d.h. neben den Sabiern von Harrân.[320]

Am Beispiel des *Mutazilismus'* kann deutlich werden, welcher Art das Problem an _*jedem*_ Monotheismus ist und was daraus resultiert, ist ein solcher erst zur Staatsideologie geworden: er verträgt keine allein vom menschlichen Verstand bestimmte Untersuchung seiner Glaubenssätze!

Anmerkung zum *Mutazilismus*

Als Standardquelle über den Ursprung des Mutazilismus', gilt der vom persischen Religionsgeschichtler *Al-Shahrastani* (__1086-1153__) abgefaßte Bericht. Das ist auch deshalb so, da dieser islamische Gelehrte, Philosophe und Theologe — *auf der Basis seiner kulturell und zeitbedingten Kenntnisse* — befähigt war, sich _*ohne*_ herabsetzende Polemik wissenschaftlich mit den verschiedenen Glaubensvorstellungen auseinanderzusetzen. Man kann annehmen, daß es sich bei diesem Bericht um die erste systematische Forschungsarbeit

---

320 Siehe dazu auch den exkursiven Anhang II: „Die Mandäer und die 'Sabier von Harrân'".

über die verschiedenen Religionsgemeinschaften und philosophischen Anschauungen seiner Zeit handelt, d.h. insbesondere diejenigen Anschauungen, die in _*seinem*_ Kulturkreis existierten bzw. reflektiert wurden.[321]

Was nun den *Mutazilismus* betrifft gibt Shahrastani an, daß Hasan Basri (__642-728__), der als einer der frühesten Sufis gilt, einst seinen Schülern Unterricht in einer Moschee gab. Bevor die Belehrung beendet war, erschien jemand und fragte, ob sie den schlimmen Sünder für einen Gläubigen oder für einen Ungläubigen halten sollten. Hasan Basri war dabei, eine Antwort auf diese Frage zu geben, als ein ihm nahestehender Schüler namens Wasil ibn 'Ata (__700-748__) zuvorkam und antwortete, daß ein schlimmer Sünder weder ein vollständiger Ungläubiger noch ein völlig Gläubiger sei, denn er stehe _*zwischen*_ Ungläubigkeit und Gläubigkeit. So gesprochen, schritt er zu einer entfernteren Säule der Moschee und eine Anzahl von Schülern aus dem Kreis um Hasan Basri folgte ihm. Hasan Basri richtete seinen Blick auf ihn und rief aus: *i'tazala anna wasil ibn ata* „Wasil ibn 'Ata hat sich von uns entfernt". Andere Versionen dieser Geschichte haben ähnlichen Inhalt, aber der Name des Mannes, der „sich entfernt", ist dann nicht Wasil ibn Ata, sondern Amr ibn Ubayd (__gest. 761__). Folgt man dieser Legende, rührt von diesem Ausspruch der Name *Mu'tazila* oder *Mutaziliten* her.

Nun, wer auch immer der Urheber des „Mutazilismus'" gewesen sein mag, an dieser Erzählung wird jedenfalls deutlich, daß die Mutaziliten eine Gruppe von Rationalisten waren, die alle islamischen Glaubensinhalte mit dem theoretisierenden Verstand beurteilten, und dann auf _*jene*_ Inhalte verzichteten, die _*jenseits*_ der Verstandeskraft liegen. Auf diese Weise warfen sie das Problem des freien Willens und des Determinismus' auf und diskutierten die Attribute Gottes: Kann man ihm Ewigkeitsattribute beilegen? Wie könnte man das,

---

[321] Vgl. die französische Übersetzung seines Buches *Kitāb al–Milal wa al-Nihal* (__*Livre des religions et des sectes*, deux tombes, traduction avec introduction et notes par Jean Jolivet et Guy Monnot, avec avant-propos par M.A. Sinaceur, Peeters/UNESCO, Leuven, 1993.__).

ist Gott alles und somit auch ewig? ... Die Natur der Seele: Ist sie „Geist“ und „Psyche“ zugleich oder nicht? Wo geht sie hin? Gibt es eine Wanderung der Seele? ... Die Entstehung des Korans: Kann Gottes Wort, das von einem Menschen vernommen worden ist und von diesem einem anderen berichtet und schließlich niedergeschrieben wird, noch als das originale Wort Gottes angesehen werden? Oder ist es auf diese Weise nicht vielmehr subjektiviert, d.h. vermenschlicht worden, und kann allein deshalb nicht mehr das originale Wort Gottes sein? ... und so weiter.

So waren die Mutaziliten also eine Bewegung, deren Ziel es war, den islamischen Glauben auf ein menschlich *er*_faßbares Maß zu bringen. Zu diesem Zweck stellten sie all jene Elemente seiner Glaubenssätze auf den Prüfstand, die dem menschlichen Verstand zugänglich sind. Auf diese Weise setzte das Nachdenken über „nur-so-kann-es-sein-Angelegenheiten“ ein. Es war dieses von den Mutaziliten in die muslimische Gesellschaft getragene, eine endlose Kette von Fragen aufwerfende Nachdenken, das zu einer Erschütterung des festgefügten Islams führte und in der Folge Gegenreaktionen auslöste. Das heißt der bis dahin als klar erschienene Glaubenskanon des Islams wurde als gar nicht mehr so eindeutig verstanden, wesentliche Inhalte seiner Aussagen wurden in Frage gestellt. Das festgefügte islamische Glaubensgebäude wurde auf diese Weise in seinem Inneren erschüttert und so wandten sich die herrschende weltliche Gewalt und die orthodoxe Gemeinschaft gegen die Rationalisten. Denn aus Sicht der Vertreter der „Glaubensruhe“ und des Gehorsams gegenüber der weltlichen Macht, konnten die Mutaziliten nur „Glaubens-Separatisten“ oder „Glaubens-Sezessionisten“ sein, die die „Glaubensruhe“ und den Gehorsam gegenüber der weltlichen Macht in Frage stellten bzw. bedrohten. (__*Man denke in diesem Zusammenhang an die verschiedenen Bewegungen im Christentum sowie Schismen, Reformation, Gegenreformation usw.*__)

Diesen Rationalisten war aber durchaus bekannt, daß die eigentlichen „Dinge“, also jene, „die man nicht mit dem Auge sieht“, die, wenn überhaupt, allein mit dem Herzen zu erfassen sind, nicht mit dem Verstand zu begreifen sind: solange dieser nicht im Herzen wohnt. Aber sie waren der Ansicht, daß auch der Verstand eingesetzt werden müsse, um mit seiner Hilfe _*ausleuchtbare*_ Bereiche von Glaubensinhalten zu „begutachten", und daß der freie Wille des Menschen letztlich keine Blasphemie erzeugen kann, hingegen den Menschen befähigt, sich zu *ent*_scheiden. Und ist nicht anzunehmen, daß man sich ausschließlich auf diese Weise demjenigen wirklich nähern kann, das viele Menschen als „spirituelle Größe" bezeichnen, nicht jedoch durch blinden Glauben nach dem alten opportunistischen Motto: *credo quia absurdum* (__„ich glaube es, weil es absurd ist"__)?

Daß der Mutazilismus alles andere als eine Randerscheinung war, hingegen zumindest als eine der Ursachen für die islamische Blühphase anzusehen ist, wird vielleicht aus folgendem Zitat deutlich: „Anfang des 2. Jahrhunderts H.[322] / 8. Jahrhundert entstand unter der Bezeichnung *'ilm al-kalâm* die muslimische Theologie. Sie wurde bald von der Mutazilitischen Schule dominiert, die, unter der Schirmherrschaft des von 813 bis zu seinem Tod im Jahre 833 regiert habenden Kalifen al-Ma'mun [__Abu'l 'Abbas 'Abdallah al-Ma'mun bin Hārūn ar-Rashīd__] stehend, offizielle und tatkräftige Unterstützung erfuhr."[323]

Ende der Anmerkung zum *Mutazilismus*[324]

---

[322] Das „H" steht für „Hidschra", das soviel wie „Auswanderung" bedeutet und sich auf die Auswanderung des Propheten Mohammeds von Mekka nach Medina bezieht, die am 16. Juli 622 erfolgt sein soll. Nach diesem Datum berechnet sich die *Hidschrī*-Zeitrechnung des Islams.

[323] Siehe Guy Monnot, « Abu Qurra et la pluralité des religions », *Revue de l'histoire des religions*, tome 208, n° 1, 1991, die Seiten 49-71; die zitierte Stelle findet sich dort auf der Seite 50. Der zugehörige Link wurde am 10. März '20 erneut geprüft:
https://www.persee.fr/doc/rhr_0035-1423_1991_num_208_1_1684.

[324] Die Eckdaten zum *Mutazilismus* finden sich in: Thomas Patrick Hughes, *Lexikon des Islam*, Lizenzausgabe für Fourier Verlag, 1995, dort der Eintrag: „Mu'tazila"; und in: „Origin of the Mutazalism", dessen zugehöriger Link am 10. März '20 erneut geprüft wurde:
http://www.ismaili.net/histoire/history04/history427.html.

Alles freie ideelle Fragen und Herangehen an alle Menschen betreffenden Angelegenheiten des Lebens sind vom Diskutieren ausgeschlossen, sind *_selbst_* die Texte *grund*_legender Schriften einer Gesellschaft ideell eingemauert worden, da in einer solchen Gesellschaft dann — *so überhaupt noch möglich* — das *un*_vorgefertigte Fragenstellen als Bedrohung des Bestehenden empfunden werden muß.

Allerdings, und bei aller notwendigen Kritik am monolithischen Islam, läßt sich nicht leugnen, daß der im 20. Jahrhundert einsetzende *islamistische Prozeß*, und so sehr dieser auch seine Wurzeln in den Auslegungskünsten islamischer Geistlicher und Juristen haben mag, man denke an den Wahhabismus, der seinen Ursprung auf der Arabischen Halbinsel hat, dessen Export als Salafismus bezeichnet wird und bspw. von den Taliban in Afghanistan, dem Al-Quaida-Netzwerk im Nahen Osten, dem „Islamischen Staat" im Irak, Syrien und Libyen (__*und wo unter welchen Namen die* „islamistischen Pflanzungen" *noch erscheinen werden — zumal nie auszuschließen ist, daß davon welche Züchtungen von Geheimdiensten sind*__) praktiziert ... daß nämlich der *islamistische Prozeß* nicht ohne die Bedrohung islamischer Gesellschaften durch den „Westen" und seinem mit „unsichtbarer Hand" und „spezifischen Kräften" ausgestatteten Gott *freier-Markt-richtet alles-selbst*, vertreten durch dessen Hohepriester, die ihren *Ideal*_Gläubigen namens *Homo oeconomicus novus* stets zur Hand haben — *den bisher noch nicht marktkonform getrimmten Menschen in der Welt als Normgröße dienend* — sowie den zugehörigen Glaubenssätzen und dem berühmten (__*obwohl künstlich gesetzten*__) Prinzip des „universellen Wettbewerbs", so — *alles in allem* — selbst den Charakter eines „säkularen Monotheismus'" habend, nicht denkbar wäre — mit der Folge weltweiter Versehrung der Menschen in Masse.

Und damit ist auch gesagt, daß das gesellschaftspolitische Problem des Monotheismus' kein islamspezifisches ist. Jeder möge also erst in seiner eigenen Gesellschaft schauen, wie es denn dort um die

Möglichkeiten der Entfaltung des Individuums _*nicht*_ auf Kosten anderer steht, folglich vor der eigenen Haustüre kehren (__*oder erwähnte ich nicht schon, wer für den mindestens seit 1498 anhaltenden Weltkrieg die Verantwortung trägt?*[325]__) ... aber so, daß dabei der eigene Dreck nicht vor der Haustüre des Nachbarn landet. Nun, für den islamisch geprägten Kulturkreis leistet das ohne Scheuklappen bspw. Hamed Abdel-Samad.[326]

---

[325] Siehe dazu auf den Seiten 211-22: „Exkursion: Der schlechte Witz an 'deutschen machtelitären Ideen'", aber auch weiter unten Teil 3, dort u.a. auf den Seiten 326 f. die „PASSAGE DER VERACHTUNG", und in: Die *tri*_logische Sezierung [...], Bd I, Tbb 1-3, Kap. 13: „Die Welt als 'Hinterhof' der Machteliten oder Der Nationalstaat als grundlegendes Problem für Frieden [...]".

[326] Siehe dazu Hamed Abdel-Samad, *Der Untergang der islamischen Welt — Eine Prognose*, Droemer Verlag, München, 2010.

_ Teil 2 _

Von *gefühlt-gedachter* Wahrnehmungsweise, dem Ursprung der Prophetie und von der gesellschaftlichen Gebundenheit des Religiösen

Fünftes Kapitel

Der „Schamanismus" als Hinweis auf die völlig andere Art und Weise des Wahrnehmens der Prähistorischen

Die Art und Weise, die „Welt" wahrzunehmen, war bei den Prähistorischen vermutlich eine synthetische, also ein als Zusammenhang erlebtes Wahrnehmen des sie Umgebenden: ob Menschen, ob andere *Mit*_Wesen, die wir heute „Tiere" oder „Pflanzen" nennen, ob „Steine" (__*Mineralien*__), ob nicht ohne weiteres mit dem bloßen Auge sichtbar „Feinstoffliches" — das dennoch „Stoffliches" wäre, da „bloß" ein Ausdruck der Materia. Im Gegensatz zu heute, wo das Wahrnehmen etwas „Ausschnitthaftes" (__„Photographisches"__) hat: Von den heutigen Historischen wird das sie Umgebende von ihnen lediglich noch unverbunden, *ausschnitts*_weise wahrgenommen, zumindest betonen sie — wegen ihrer zwar detailhaft erweiterten, aber gesamthaft fragmentierten „Bewußtseinslage" — bloß gewisse Aspekte des Wahrzunehmenden. Das hängt, u.a., mit ihren in der heutigen Gesellschaft zu spielenden „Rollen" zusammen, von denen jetzt vielleicht folgende beispielhaft zu nennen wären: Elternrolle, Lohnabhängigenrolle, Konsumentenrolle, Unternehmerrolle, Touristenrolle, Fußgängerrolle, Autofahrerrolle, Fahrradfahrerrolle, Rentnerrolle, Patientenrolle und, last but not least, die *Und-so-weiter-Rolle*. Die „Kinderrolle" sei an dieser Stelle ausgenommen, denn, vorausgesetzt, es wird ihnen nicht aufgezwungen, auch schon als Kinder marktkonform, also menschlich reduziert zu funktionieren, mögen zwar auch Kinder unter sich schon Rollen à la „Doktorspiele" spielen, aber sie spielen solche „Rollen" vor einem noch nicht fragmentierten

Erlebenshintergrund. Anders ist es, wollen Erwachsene wieder „Kinder" sein, spielten sie dann doch tatsächlich nur die berüchtigte „Kindischrolle" — da (__*da verpönt*__) es ihnen gesellschaftlich nicht ermöglicht wurde, Kindliches in sich zu bewahren.

Eine „synthetische Wahrnehmung" der Prähistorischen ist deshalb anzunehmen, da die Prähistorischen sich noch nicht spezialisiert hatten, noch keiner „geregelten (__*aus Abhängigkeit erfolgten*__) Tätigkeit" im Auftrag anderer — *schichtenmäßig sich abgehoben habender Menschen* — nachgingen. Folglich ihr sich selbst Wahrnehmen noch nicht „neurotisiert differenziert" war, wie es für die Heutigen spezifisch ist. Dennoch darf angenommen werden, daß sie das Umgebende, bspw. die sie umgebenen „Wesen", als von sich *ver*_schieden, wenn auch nicht *ge*_schieden, also als verhaltensmäßig differenziert wahrnahmen: es waren die für sie von Bedeutung seienden „Wesen", die sie malten oder schnitzten, von denen sie also die je spezifische Verhaltensweise kannten — andernfalls hätten sie auch nicht erfolgreich jagen, oder, so es „Wesen" waren, die wir als Pflanzen bezeichnen, „*an*_pflanzen" können. Eine ihnen mangelnde Beobachtungsgabe kann als Ursache für ihr anzunehmenderweise „einheitlich bewußtes Erleben" also nicht verantwortlich sein.

Wenn auch schon vom *ur*_sprünglichen *Wahr*_Nehmen der frühen Menschen weiter wegentwickelt, kann nicht ohne Grund angenommen werden, daß im Laufe des menschlichen Entwicklungsprozesses, bspw. einige der miterlebten „Wesen" „*ab*_zumalen", indem sie diese auf Höhlenwände *auf*_malten, es dazu gekommen ist, daß einige von den im Bereich solcher Höhlen lebenden Menschen, und möglicherweise genau die, die diese Mitwesen aus „magischen" Gründen „*ab*_malten", sich in der Folge zu dem entwickelten, welches wir als „Schamanen" bezeichnen. Ist die Vorstellung doch nicht abwegig, daß es sich beim „Malen" um einen Bewußtwerdungsakt handelte, der mit _*der*_ Annahme einherging, ein Mitwesen durch das es „*Ab*_malen" gebannt zu haben — wegen seiner „auf der „Jagd" bereits erfolgten Tötung ... oder zur Vorbereitung auf seine beabsichtigte Tötung. Also in dem Sinne „gebannt", der Gruppe keinen Schaden mehr oder überhaupt zufügen zu können, da durchs *Ab*- und *Aufmalen* des getöteten

*Mit*_Wesens, dieses, in der *Ab*_Bildung weiterlebte. — Ob vielleicht die abgemalten Mitwesen sogar jene waren, die sie schon vor der Tötung über einen gewissen Zeitraum beobachtet und auf diese Weise sich zwischen diesen *Mit*_Wesen und den meist ja in Gruppe Jagenden erst ein besonderes Verhältnis entspann?

Schon die offenbare Tatsache, daß es von Menschen bewohnte und von Menschen nicht bewohnte Höhlen gab, die u.U. sogar benachbart waren, wie es im Tal von Vicdessos der Fall ist, in deren Inneren Menschen an den Wänden „Spuren" hinterließen — *allerdings lediglich in offenbar für diese als* „bestimmte" *geltenden Bereichen* —, wozu sie mitunter sogar verschiedene Farbpigmente verwendeten, läßt auf die Bedeutung des *Ab*_Gemalten für die Prähistorischen schließen, denn der bloßen Dekoration scheinen diese nicht gedient zu haben — zumindest ist das dann nicht anzunehmen, geschah das *Auf*_Malen in entlegenen, schlecht zugänglichen Höhlenbereichen.

Verstehen wir Heutigen, als Vertreter der Historischen, die „Hinterlassenschaft" der Prähistorischen nicht, muß das zwar nicht allein, aber doch wesentlich mit einer fundamental anderen Bewußtseinslage der Historischen zu tun haben, begleitet von fundamental anderer Wahrnehmungsweise. Denn zu behaupten, wir verstünden sie „nicht mehr", hieße, sie jemals verstanden zu haben. Was zwar gesagt werden kann, aber ein solches Verstehen ist nicht möglich, da es keinen, sie mit uns verbindenden „Faden" mehr gibt, der — *ihn aufgreifend* — uns erst erlaubte, relativ gesichert rückzuinterpretieren. Und so steht nicht nur die uns von ihnen trennende Kluft, sondern auch das trotzdem einsetzende, von jahrhundertelang eingeübter „Kosten-Nutzen-Ideologie" geprägte, also ein auf dieser „Basis" phantasiertes Interpretieren, einer zulässigen Begriffs_*Bildung* von ihrer Wahrnehmungsweise im Wege: immerhin muß die Sache mit dem Kapitalismus als eine „genuin europäisch seiende Klamotte" angenommen werden.[327]

[327] Vgl. Max Weber, *Gesammelte Aufsätze zur Religionssoziologie*, II: „Hinduismus und Buddhismus", 5., photomechanisch gedruckte Auflage, J.C.B. Mohr (Paul Siebeck), Tübingen, 1972 (__Originalschrift: 1920__), die Seite 4.

Wobei beides (__*also die fundamental andere Bewußtseinslage und Wahrnehmungsweise der Historischen*__), deshalb anzunehmen ist, da es an gewissen „Entwicklungspunkten" unseres Geschlechtes zu einer, die weitere Entwicklungsrichtung entscheidend verändert habenden „Weichenstellungen" gekommen sein muß — einhergehend mit sich fundamental ändernder *Da*_Seinsweise, von der wiederum weder eine entsprechende Wahrnehmungsweise noch Bewußtseinslage zu trennen sind. Denn wäre das nicht so, verständen wir die Art und Weise des Wahrnehmens und Tuns der Prähistorischen unbedingt — lediglich verlangte die spärliche „Hinterlassenschaft" zwar nach Interpretation, dieses folgerichtig zu tun dann jedoch ohne weiteres mögliche wäre. Da es aber zu einer fundamental geänderten *Da*_Seinsweise gekommen sein muß, und deshalb einerseits von Prähistorischen und andererseits von Historischen zu sprechen geboten ist, ist ein aus Sicht der Historischen erfolgendes Interpretieren der spärlich aussagekräftigen „Hinterlassenschaft" der *Prä*_Historischen zumindest heikel.

> Am Rande sei's gefragt: Ist schon einmal der Versuch unternommen worden, Schamanen zu bitten, Hinterlassenschaft der Prähistorischen zu interpretieren — bspw. Höhlenmalereien?

Was eine solche — *u.a. fundamental andere Wahrnehmungsweise und Bewußtseinslage nach sich ziehende* — „Weichenstellung" bedeutet (__*und wovon ein Ausdruck die gerade benannte Interpretationsschwierigkeit wäre*__), ist vielleicht über folgende — *aus anderer Perspektive vorgenommene* — Erläuterung etwas aufzuhellen?

Das Unverständnis der meisten Menschen dem gegenüber, welches heutiger Ausdruck von Kunst ist, hängt keineswegs allein damit zusammen, daß sowohl dem Künstler als auch den meisten Menschen, das sie Umgebende fremd geworden ist, sondern zu diesem ihnen fremd gewordenen Umgebenden, da einerseits komplex, was es aber tatsächlich schon immer war, nur erlebten die Prähistorischen das sie Umgebende im Zusammenhang, da sie sich als Teil davon empfanden, denn sie erlebten und betätigten sich als Ganzheit, sie also

Ganzheit und zugleich Teil der gesellschaftlichen wie natürlich umweltlichen Ganzheit waren, während heute das Erleben und Arbeiten fragmentiert und dementsprechend das Bewußtwerden des von Menschen Wahrnehmbaren ebenso fragmentiert ist, sondern das hängt auch damit zusammen, daß ein Künstler heute oftmals nicht mehr im Auftrag tätig ist, und das ja an sich ein Fortschritt ist, denn er schafft primär _*aus sich*_ heraus etwas, das dennoch Ausdruck des auf ihn einwirkenden, ihm fremd gewordenen Umgebenden ist. Dieses aus *Sich-heraus-Schaffen* mag wohl ein heutiger Künstler mit den Prähistorischen gemeinsam haben.

> (__Allerdings: wer sagt, daß sie meinten, „Künstler" oder etwas anderes zu sein? — Zumal sie schon im Einklang mit ihrer Gemeinschaft tätig gewesen sein müssen, da andernfalls ihr *eigen*_artiges Tun nicht akzeptiert worden wäre. Und es mag schon sein, daß sich in diesem Prozeß etwas später dann ihre gesellschaftliche Stellung Heraushebendes abzeichnete — ob das aber berechtigt, heutige Künstler als ihre „Nachfahren" zu verstehen?__)

Ein Künstler unserer Tage malt also nicht mehr, bspw. deshalb „Flußlandschaften", da es dafür einen Markt gibt (__*vielleicht zwar schon, aber dann nicht im direkten Auftrag, hingegen aus Kalkül*__), sondern er gibt dem ihn und in ihm sich brechenden Entfremdeten _*seinen*_ kunstwerkschaffenden Ausdruck — dann, so der Künstler Glück hat, von einem Liebhaber der Kunst gekauft. Das vom Künstler selbst Ausgedrückte mag dem Betrachter dann, dem sozialen — *allerdings nicht vom Himmel fallenden* — Prozeß entsprechend, nicht verständlich erscheinen — denn zwar — *wie der Künstler auch* — unterliegt er *un*_merklich diesem — *ihn von sich selbst und dem ihn Umgebenden* — entfremdenden Prozeß, so daß ihm das vom Künstler Gezeigte als „unverständlich" erscheint — obwohl es doch das im Künstler sich Gebrochenhabende, durch diesen sozialen (__„modernen"__) Prozeß Entfremdete ist, das dem Betrachter entgegentritt, also „etwas" von _*dem*_ entgegentritt, dem er selbst unterliegt, ihm aber nicht auffällt — wegen des in ihm *un*_merklich wirkenden Entfremdungsprozesses: da er kein Künstler ist? Nicht unbedingt, denn auch im Künstler erfolgt dieser Prozeß i.d.R. *un*_merklich — ein Künstler ist ja kein Wesen von einem anderen Stern.

Der heutige Künstler ist sogar auf besondere Weise entfremdet: zwar nicht anders fragmentiert wie die anderen Menschen seiner Gesellschaft auch, aber, da ein Künstler, muß er mit dem ihn Entfremdenden schöpferisch arbeiten, bzw. mit den Ergebnissen, also dem Entfremdeten — und das bezieht sich auf alle gesellschaftlichen und auf fast alle natürlichen Bereiche. Denn was anderes könnte er zum Objekt seiner Kunst noch nehmen? Vielleicht seine Phantasiegebilde selbst? Gewiß, aber sie wären andere, gäbe es diesen sozialen Entfremdungsprozeß nicht, auch der Künstler selbst wäre in die Gesellschaft selbst integriert: da diese Gesellschaft keine fragmentierte wäre — *wie sie es ist*.

Übrigens wird von manchen Psychoanalytikern der real ablaufende soziale Entfremdungs-„Prozeß", der sich in der „modernen" Gesellschaft zudem noch *ver_*statisiert hat, als Ausdruck der „Forderungen der Zivilisation" „verstanden". Das ist eigentlich ungeheuerlich, denn auf diese Weise outen diese sich, „Helfer" des etablierten gesellschaftlichen, die Masse der Menschen von sich und voneinander sowie von der natürlichen Umwelt entfremdet habenden, *ver_*statisierten sozialen Entfremdungs-„Prozesses" zu sein, der demzufolge, aus Sicht seiner Vertreter, bspw. der EU-Funktionselite angehörend, ein immerwährender *Ist_*Zustand bleiben soll — wie es Handelsabkommen à la TTIP deutlich machen.[328]

Also haben selbst die „Phantasiegebilde" des Künstlers nicht anders ihre Ursache im Entfremdenden des sozialen Prozesses der heutigen menschlichen Gesellschaft: seine „Phantasiegebilde" sind nur die in ihm spezifisch erfolgenden Brechungen des Entfremdenden, bzw. des zum Objekt seiner Kunst genommenen Entfremdeten. Von dem, was einen Künstler von einem Nichtkünstler unterscheidet, braucht an dieser Stelle lediglich zu interessieren, daß der künstlerische Mensch dem ihn Umgebenden schöpferischen Ausdruck gibt. Also auch dem ihn selbst Entfremdenden. ... Das ist ja das „Problem

---

[328] Siehe dazu in: Die *tri_*logische Sezierung [...], Band III, Teilband 2, Anhang II: „Beleg für die Behauptung, daß die EU ein antidemokratisches Gebilde ist".

des Künstlers", das sich heute so darstellt: Die „BWL-Geprägten" geben den gesellschaftlichen Abläufen einen weit entscheidenderen „Drall" und „Ausdruck" als Künstler es je könnten. Und das dieser „gesellschaftliche BWL-Ausdruck" dem ganzheitlichen, dem künstlerischen Denken nicht förderlich sein kann, mag den BWL-Geprägten möglicherweise sogar selbst auffallen, oder dann auffallen, machte man sie darauf aufmerksam. Da sie aber zu wissen meinen, daß auch auf der großen, der eigentlichen, der *gesamt_*haften Gesellschaftsebene, die von ihrem *„ein_*studierten" Mikro-Blick bestimmte Wahrnehmungsweise die richtige sei, kommt es schließlich zu potenzierter Fragmentierung des Denkens: Oder wer kann in dieser „Gesellschaft der Weltelite" Karriere machen, der *_nicht_* bewiesen hätte, *_praktisch_* bloß *un_*genügend Brauchbares studiert zu haben? ... So aber geht das Wahrnehmen des Künstlers unter ...

Vor einer ähnlichen, wenn auch anders gelagerten Situation, stehen die Heutigen, geht es um die „Hinterlassenschaft" der Prähistorischen. Nimmt man also bspw. an, daß sie einst nicht ein einfaches „Malbedürfnis" hatten, sondern einem den Heutigen nicht mehr verständlichen „Etwas" Ausdruck geben wollten. Gewiß, es läßt sich dieses und jenes *ver_*muten. Das einzige, was aber aus meiner Sicht berechtigterweise zu vermuten ist, wurde oben schon gesagt: „die Prähistorischen erlebten das sie Umgebende im Zusammenhang" — und gaben diesem entsprechenden Ausdruck. Das von ihnen Ausgedrückte aber — *bzw. jenes, das davon vielleicht nur ein sichtbar übriggebliebener Teil ist* — vor einem von den Heutigen als normal geltenden — *zudem noch religiös- oder säkular-monotheistisch geprägten* — Hintergrund zu „interpretieren", führte wohl auf eine falsche — *ihre Art des Wahrnehmens bloß vermeintlich verstehen helfende* — Spur.

Gewiß, für das letztlich Ausdruck eines tiefsitzenden egozentrischen Wahrnehmens seienden anthropozentrisch getränkten „teleologischen Sinngebungsbemühen" der als „groß" geltenden monotheistischen Religionen mit „Missionsbefehl", wäre es zwar bequem, das Hinterlassene der Prähistorischen vor dem von ihren Hohepriestern in die Köpfe der Masse der Menschen veranlaßt Verankerte zu interpretieren. Aber sprechen eine zweitausendjährige Blutspur nicht geradezu gegen eine Höherentwicklung der Historischen? Ist es diesen doch heute bspw. kaum noch möglich, einem eigenen abgegebenen Kommentar auf einer SocialMedia-Plattform, einen — *also im selben Zusammenhang abgegebenen* — weiteren eigenen Kommentar folgen zu lassen, der dem ersten abgegebenen nicht widerspräche, geschweige auf eine _*darauf*_ Bezug nehmende Antwort eines anderen SocialMedia-Users zu antworten — _ohne_ *der Aussage im ersten eigenen Kommentar zu widersprechen*.

Nun, dies, daß also die Prähistorischen einst kein einfaches „Malbedürfnis" hatten, ist allein deshalb gerechtfertigt anzunehmen, da es nicht selten versteckte Bereiche einer Grotte waren, wo sie ihre Spuren hinterließen, und so müssen diese, mitunter ja wunderschönen „Spuren" — *von denen wir manche* „Höhlenmalereien" *nennen* — für sie etwas sich uns nicht mehr Erschließendes bedeutet haben — das — *vor unserem heutigen Kenntnishintergrund, der nicht unbedingt ein größerer, sondern ein anderer ist* — hastig zu interpretieren nicht gerechtfertigt wäre.[329] Zumal dies dann lediglich „angesichts" des völlig anders seienden Erfahrungs-, bzw. Wissenshorizont der Historischen erfolgte, denn dieser ist keiner, der zusammenhangerschließende Schlußfolgerungen zu ziehen erlaubte, da diese bloß aus einer Aneinanderreihung von unverbundenen Details — *von Fragment-Erfahrungen* — bestehen könnten, denn ihr Denken ist — *entsprechend der von ihnen zur Norm erhobenen Lebensweise* — unverbunden aufgefächert, folglich fragmentiert — *und demzufolge die Gefühle nicht im Einklang mit dem Denken, so daß die Historischen widersprüchlich, bzw. lediglich reduziert* da_*seiend sind.*

*Ist* aber die Verwendung der Sprache ein „stratagem to cover nakedness" (__Harold Pinter__), und damit mißbräuchlich verwendete Sprache, gilt dies fürs Interpretieren von an sich unbekannten, bzw. nur zu ahnenden (__*wieso überhaupt zu* „ahnen"? ... *weil man doch glaubt, der eigene, besonders hoch eingeschätzte Kulturhintergrund erlaubte*

---

[329] Vgl. A. Darpeix, *A l'occasion d'un trentenaire : Sur l'interprétation des figurations anthropomorphes du paléolithique supérieur*, extrait du Bulletin de la Société historique et archéologique du Périgord, Périgueux, 1939 ; Etienne Patte, *Les hommes préhistoriques et la religion*, A. et J. Picard, Paris, 1960 ; André Leroi-Gourhan, *Les religions de la préhistoire*, Quadrige/PUF, Paris, 1964.

„solches Ahnen“ *schon?*__) Sachverhalten _*dann*_ nicht anders, werden davon nur bestimmte Informationen vor einem mit den „vertrauten Requisiten“ der eigenen Kultur bestückten Hintergrund in Beziehung gesetzt, anstatt vorher alle verfügbare Information über solche Sachverhalte heranzuziehen und diese vor einem „neutralen“ — *nämlich nicht mit den* „vertrauten Requisiten“ *der eigenen Kultur bestückten* — Hintergrund in Beziehung zu setzen. Ein solcher Mißbrauch muß erst recht möglich werden — *und ist deshalb als wahrscheinlich anzunehmen* —, fehlt dem „Interpretieren“ per se die belegende Basis ... bspw. in Glaubensfragen.

Deshalb ist anzunehmen, daß die mißbräuchliche Verwendung der Sprache und des Interpretierens von „Information“ ohne belegbare Basis einst mit der Klassenbildung menschlicher Gesellschaften — *also mit dem Auftreten der Historischen* — einherging, bzw. aus Sicht der Machtgruppen notwendig wurde, um die tatsächlichen Interessen solcher Gruppen vor der Masse der Menschen der von ihnen „gesteuerten“ Gesellschaft zu verschleiern.

Und so ist die Annahme berechtigt, daß die mißbräuchliche Verwendung der Sprache ein spezifisches Phänomen der historischen Gesellschaft ist. Denn es ist nicht einzusehen, wieso die Prähistorischen die Sprache entwickelt haben sollten, nur um dann jenes nicht zu sagen, welches sie mitzuteilen hatten. Zumal, so die Prähistorischen im Zusammenhang wahrnahmen, was zu vermuten ist, jenes, das sie sagten, nicht einmal „lediglich“ aus ihrer Sicht gesagt war — im Gegensatz zu heute, wo man in seine Rede rhetorische Floskeln wie: „aus meiner Sicht“, einfließen läßt, da das: „ich bin aufgeklärt, d.h. tolerant“ signalisiert, und das, obwohl es doch klar sein sollte, daß das, was von einem Menschen *aus*_gesprochen wird, vor allem nichts Nachgekautes, aber seine eigene Aussage zu sein hat — die aber dennoch eine objektiviert zusammenhängende sein darf, oder?

Ist es jedoch so, daß der Mißbrauch der Sprache sozusagen ein „Ergebnis“ der Bewußtseinslage der Historischen ist, ist davon auszugehen, daß, als es darum ging, die „großen Erzählungen“ einer Gesellschaft zu schaffen — *die Masse der Menschen im Sinne weltlicher Macht* „einzubinden“ —, die mißbräuchliche Verwendung der Sprache noch durch die Verschriftung solcher „Erzählungen“ potenziert wurden. Allein aus diesem Grund können die als „heilig“ geltenden Bücher eben keine Gewähr für „Wahrheit" sein, da die Schriftstücke solcher Bücher im Interesse von gesellschaftlichen Machtgruppen abgefaßt wurden, die sich selbstverständlich gegenseitig bekämpfen konnten: auch über solche Bücher.[330]

Aber es sind offenbar immer zwischen Machtgruppen ausgetragene, nicht von der Masse der Menschen selbst ausgehende Kämpfe. Hingegen wird die Masse der Menschen nicht nur in solche Kämpfe hineingezogen, sondern _*ohne*_ diese Masse fehlte Machtgruppen die Substanz für ihre Kämpfe, die für diese Gruppen aber „weihmächtliche Spiele" sind.[331] — Was könnte daraus geschlossen werden? Etwa, daß die Gesellschaft eines tatsächlich demokratisch verfaßten Staates friedlich ist und daß deshalb ein unfriedlicher Staat kein demokratischer sein kann?

Ein demokratisch verfaßter Staat strebt nicht nach Hegemonie

Die Geschichte belegt, daß kein demokratisch verfaßter Staat jemals nach Hegemonie gestrebt hat. Das ist deshalb so, da das Machtstreben kein die normalen Menschen bestimmendes Ziel ist. Die für ein solches Streben erforderlichen Bedingungen, wie wirtschaftliches Gürtelengerschnallen und Menschenopfer, sind mit demokratischem Streben nicht in Einklang zu bringen.[332] Das heißt Demokratie ist imperialistischem Streben *ab*_träglich. Daher kommt es, daß die Machtelite eines Staates über ihre Satelliten — in *spin*_doktorischer Wissenschaft, Politik, Massenmedien und Kulturbetrieb — bestrebt ist, die demokratischen Einflußmöglichkeiten auf die Politik zu minimieren.

---

[330] Das Problem der schriftlichen Überlieferung, im Gegensatz zu mündlichen, kommt in folgender Schrift gut zum Ausdruck: Prodosh Aich, « Das Vedische Erbe » — *Nachdenken über systematisch zurückgehaltene WAHRHEITEN*, EndemannVerlag, September 2019.

[331] Vgl. in: Die *tri*_logische Sezierung [...], Zwischenruf 15: „Das Weihmacht-Spiel".

[332] Vgl. dazu auch die Aussage von Zbigniew Brzezinski in seinem: *The Grand Chessboard – American Primacy and Its Geostrategic Imperatives*, Basic Books, New York, 1997, dort die Seiten 35 f.

Daran wird deutlich, daß die von einem Staat praktizierte Politik früher oder später in Widerspruch zu den Interessen der Masse der Menschen eines Staates geraten muß, wird die Politik dieses Staates nicht von ihr, sondern von einer Machtelite und deren Satelliten bestimmt, da die Interessen der Machtelite eines Staates in grundsätzlichem Widerspruch zu den Interessen der Masse der Menschen des entsprechenden Staates stehen.

Da aber auch ein Nationalstaat nicht der Staat der ihn bevölkernden Menschen, sondern die „Spielwiese" seiner Machtelite und deren Satelliten ist, wird die von den verantwortlichen Politikern eines Nationalstaates praktizierte Politik nicht von dem bestimmt, das Volk heißt.[333] — Und da die EU-Politik von den Interessen der nationalstaatlichen Machteliten der EU-Mitgliedstaaten und nicht vom EU-Parlament bestimmt wird[334], ergibt sich aus dem Gesagten, daß die EU-Politik *anti_*demokratisch sein muß — das wird durch ihre vertragliche (__als „rechtsstaatlich" bezeichnete__) Struktur bestätigt.[335]

Es leuchtet folglich ein, daß „externe Öffentlichkeitsarbeit" immer dann entscheidend ist, geraten die „harten Interessen" einer Machtelite in zunehmenden Widerspruch zu den Interessen der normalen Menschen — ob auf kommunaler, regionaler, staatlicher, staatenverbundlicher (__*bspw. EU, zukünftig als* „Bundesstaat" *„gedacht"*__) oder auf weltweit *inter_*staatlicher Ebene.[336]

---

[333] Wie „Volk" richtig zu definieren ist, also jenseits „mythisierendem Nebel", ist in: *Sie fragen noch, wie die* « Verhältnisse » *liegen?* auf den Seiten 337 ff., beginnend mit: „Denn folgendes ist keine politische Geschmacksfrage", nachzulesen.

[334] Siehe dazu in: a.a.O., die Seiten 194-96, beginnend mit: „Wozu dient das EU-Parlament?".

[335] Siehe diesbezüglich bspw. in: Die *tri_*logische Sezierung [...], Band III, Teilband 2, Lesung 20, dort die Seiten 683-91, beginnend mit: „Von den 'Freiheiten' der EU".

[336] Das Zitat findet sich in: « Sie fragen noch, wie die ›Verhältnisse‹ liegen? », dort die Seiten 640-42, beginnend mit: „Zum anderen belegt die Geschichte ...".

„Prähistorisch" bedeutet im übrigen nicht, „sprachlose" oder gar kulturlose Menschen vermuten zu müssen — zumal es eine Frage ist, wann man „prähistorisch" ansetzt, immerhin ist all jenes prähistorisch, das ohne Schriftdokumente ist, von dem es aber andere von Menschen geschaffene Zeugnisse gibt.

Wer übrigens die Frage stellen wollte, was wichtiger sei, das gesprochene Wort oder das geschriebene, stellte eine falsche Frage, da sie aus der Sicht der Historischen gestellt ist — und womöglich noch aus der Sicht von Juristen und Bürokraten? Denn zur Zeit der Prähistorischen konnte es nur das gesprochene Wort geben, erst später, als gesellschaftliche Schichtung einsetzte: Herrschende (__*mit ihren Satelliten*__) hie und Beherrschte dort (__*denen es noch heute an genügenden Informationen über das Treiben der Herrschenden fehlt*__), genügte es nicht mehr, Informationen mündlich weiterzugeben, bspw. weil sie zeitlich verzögert angewendet werden sollten, oder es um eine „vertragliche Vereinbarung" *— bspw. über Besitz und Nichtbesitz —* ging, Erteilung eines Arbeitsauftrags oder anderes betreffend, oder weil Informationen „verdeckt" bleiben sollten, dann mit dem Vermerk versehen: „nur zum 'internen' Gebrauch bestimmt", wurde es notwendig, ein Medium zu schaffen, das Auszudrückende schriftlich zu fixieren. Daß erst auf diese Weise das Ausgedrückte eindeutig geworden wäre, also im Gegensatz zu einer mündlichen „Informationsweitergabe", ist aber falsch: nicht allein die Interpretationsmöglichkeiten nehmen durch schriftliche Fixierung der Sprache zu, denn die vielen Ausdrucksmöglichkeiten des Mündlichen sind in der schriftlichen Sprache auf das reduziert, das allein mittels „Buchstaben" faßbar ist — alles andere muß interpretiert: „zwischen den Zeilen" gelesen werden. Das bedeutet, daß sich ganz besondere Manipulationsmöglichkeiten ergeben, wenn dem „schriftlichen Wort" der Vorrang eingeräumt wird. Ebenso lassen sich „Inhalte" leichter erfinden, dann schriftlich fixieren und allein dadurch mit „Autorität" versehend, daß eine Machtgruppe einem Schriftstück eine solche „Autorität" zuweist. Man denke an die „Konstantinische Schenkung" (__*siehe die Seiten 194-99*__). ... Und die monotheistischen Schriften selbst, sind sie nicht erst möglich geworden, daß man dem geschriebenen Wort den Vorrang einräumte, um dann zu sagen:

„Es steht geschrieben!"? ... Gewiß, aber von wem und mit welcher Absicht, sollte als erstes gefragt werden.

Was während einer mündlichen Abmachung durch weiteres Nachfragen völliger Klärung zugeführt werden kann, ob unter „vier Augen" oder unter Zeugen erfolgend, bleibt in der schriftlichen Fixierung unklar, obwohl der Schreiber sich aus seiner Sicht „klar" ausdrückte, da der Empfänger — *von seinem* „Horizont" *ausgehend* — keine Möglichkeit hat, an den Stellen, die er *_glaubt_* richtig verstanden zu haben, durch *_direkte_* Wiedergabe des Gelesenen, von seiten des Absenders ein *_direkt_* korrigierendes Feedback zu dem vermeintlich richtig Verstandenen zu bekommen. So bleibt das *Falsch*_Verstandene als „Rückzufragendes" übrig, das aber durch ein Schreiben an den Absender adressiert werden muß, wodurch möglicherweise zusätzliche Unklarheit entsteht, da nicht ausgeschlossen ist, daß von seiten des ursprünglichen Absenders die Aussage des ursprünglichen Empfängers ebenfalls fehlinterpretiert wird, wodurch erst recht „gedankliche Verknäulung" einsetzte. Und schließlich erst ein persönliches Gespräch nicht nur darüber Aufklärung brächte, was offensichtlich fehlinterpretiert wurde, sondern, vielleicht, daß — *was dann zu hoffen wäre* — selbst die vermeintlich richtig verstandenen Inhalte einer „Information" sich als fehlinterpretiert herausstellten.

Man stelle sich eine „große Erzählung" vor, der einst ein nachdenklicher Mensch Form und Ausdruck gab, dieser, lange Jahrhunderte nach seinem Tode, *re*_inkarnativ wiederkäme, aber in der Rede eines spätgeborenen Anhängers *_seiner_* „Erzählung", nichts von *_dem_* erkannte, welches dieser einst ihren Charakter gab, und deshalb — *im Vorübergehen* — kopfschüttelnd ausrief: „wer soll *_das_* denn glauben?". ...

Bei einer mündlichen Informationsübermittlung ist das anders, vorausgesetzt, der Prozeß des Informationsaustauschs findet wie folgt statt: Aussage des Informanten → Nachfrage durch den Empfänger der Information → Präzisierung bzw. Klarstellung des Inhalts der Information durch den Informanten → Wiederholung des Gehörten durch den Empfänger. Und daß dieser „Prozeß des Informationsaustauschs" solange anhält, bis die „Information" als „sicher" übermittelt gelten kann, und das Ganze dann mittels allen Mitgliedern einer Gesellschaft so bekannten wie strengen Memorierungsregeln im Gedächtnis abgespeichert wird — insbesondere dann, handelt es sich dabei um eine „große Erzählung".

Folglich könnte eine „Information" dann als mündlich „sicher" übermittelt gelten, weiß eine möglichst große Zahl von Menschen vom exakten Inhalt einer derartig übermittelten „Information", bzw. erfährt sie von einer mündlich übermittelten „Information" exakt das, was ihr Inhalt ist. Das bedeutet, ist es für eine Gesellschaft entscheidend wichtig, daß der Inhalt einer „Information" — *bspw. ihre kulturelle Grundlage betreffend und deshalb als* „große Erzählung" *bezeichnet* — „rein" erhalten bleibt, ist es offenbar ausschlaggebend, daß diese „große Erzählung" nach strengen Regeln *ge*_reimt gefaßt wird, da auf diese Weise etwas Entfallenes gedanklich leichter herbeigeholt und dem kollektiven Gedächtnis wieder zugeführt werden kann, oder andere, die besonders die entfallene Passage der mündlichen „großen Erzählung" gut kennen, das gerade fehlerhaft mündlich Erzählte *recht*_zeitig korrekt zu korrigieren befähigt sind — wodurch sich das Wissen dem kollektiven Gedächtnis zudem vertieft einprägt. ... Wieso ist das: „offenbar ausschlaggebend"? Da genau dies die Methode der Vedischen Menschen war. (__*Darauf ist in Kapitel 7 zurückzukommen.*__)

Läßt sich etwa vermuten, daß, also anlagemäßig, eine Gesellschaft, die ihre Strukturen über eine mündliche Tradition schafft und absichert, prinzipiell demokratischem Prinzip verbunden ist — und eine mit schriftlicher Tradition nicht? ... Zumindest wird man sagen müssen, daß eine Gesellschaft mit schriftlicher Tradition, „gesellschaftliche Sicherungselemente" benötigt, die einen Entscheidungsprozeß an der Masse der Menschen vorbei verhindert.

> Im Anfang war das gesprochene, nicht das geschriebene Wort. Die Sprache war anfänglich gesprochene, nicht geschriebene Sprache.

Wieso nicht denken, daß erste schriftlich gegebene Informationen der gesprochenen Sprache lediglich dem Ergänzen des Gesprochenen dienten, die für sich genommen aber ohne Bedeutung blieben, und es dann jemand für opportun hielt, mit einem anderen eine

„schriftliche Zeichenfolge" zu vereinbaren, die ihnen erlaubte, miteinander zu kommunizieren, ohne daß andere um den Inhalt wußten? Wobei dann ergänzend anzunehmen wäre, daß sich in zeitlich vorhergehender Nähe zu einer solchen „Innovation", bereits gruppenmäßige Separierungstendenzen abzuzeichnen begannen, sozusagen als Vorläufer gesellschaftlicher Schichtung.

Erst später wurde eine volle Verschriftung der Sprache aus verschiedenen Gründen notwendig, zu denen aber komplexer gewordenes Denken nicht an sich gehört haben dürfte, sondern, u.a., bspw. — *also neben der Notwendigkeit, sich Lügengeschichten zur Täuschung der Beherrschten* „auszudenken" — auch das Pochen auf: „Es steht geschrieben!". Von wem, wäre aber zu fragen, wenn es immer Menschen sind, die jenes geschrieben haben, das als: „Es steht geschrieben!" gilt. Insofern geht mit Klassenherrschaft das den Menschen ins *Gesicht-lügen-müssen* einher — da das dann keine Frage des Wollens oder des Nichtwollens mehr ist, denn derartiges Lügenmüssen einer Machtelite ist Ausdruck der inneren Logik einer jeden Klassenherrschaft.

Aus diesem Sachverhalt folgt allerdings zwingend, daß in den Köpfen der Masse der Menschen ein „Moralsystem" zu verankern ist, um vom einzelnen Menschen: „lüge nicht!" überhaupt erst verlangen zu können. Denn wird das im Individuum sich plastisch ausdrückende menschliche Wesen[337] nicht im Sinne des im Interesse eines anderen Menschen Funktionierens konditioniert, zeigt der Mensch von sich aus zum Lügen keine Neigung, zumindest keine, die von vornherein ein Zwangssystem forderte ... Daraus ergibt sich nicht nur ein (*__konstruktiv__*) *un*_auflösbarer Widerspruch, sondern diese Zwangsmoral macht die Menschen kollektiv zu Neurotikern, die die *Spin*_Doktoren solcher Herrschaft immer wieder eine neue „große Lügengeschichte" erfinden und erzählen läßt — deshalb ja auch „Erzählung" genannt und ab und an „eingestreut" verlauten lassend: „Wir brauchen eine

---

337 Was die „Plastizität" des Menschen anbelangt, siehe in: Die *tri*_logische Sezierung [...], Band I, Teilband 4, die Seiten 139-47, beginnend mit: „[...] das Wesen des einzelnen Menschen ist [...] plastisch [...]".

neue Erzählung!", oder, da manche *Spin*_Doktoren meinen, daß das wichtig sei: „Wir brauchen ein neues Narra_*tiv*!".

Wessen Geist mag es sein, der durch die Zeiten menschlicher Geschichte west und sich so gern als „Zeitgeist" ausgibt?

> [...] *Was ihr den Geist der Zeiten heißt,*
> *Das ist im Grund der Herren eigner Geist,*
> *In dem die Zeiten sich bespiegeln*. [...][338]

... Allerdings:
daran ist nichts naturgegeben.

Wenn es aber so ist, daß zur Abbildung der Wirklichkeit die Sprache sowieso ein ungeeignetes Mittel ist, wäre es dann nicht besser zu schweigen? — Okay, geht in einer durchneurotisierten Gesellschaft nicht ... hieße ja, die eigene „nakedness" zu „sehen".

Wie dem auch sei, persönlich hielte ich es für angemessen, wären alle Historischen blind und schwiegen, denn erst so hätte wohl jenes tatsächlich Chance auf Rückgewinnung, das ihnen verlorengegangen ist: Ohne Ansehung der Person, das menschliche Wesen zu „sehen". Ich halte es für *un*_wahrscheinlich, daß dies eine naive Forderung der Prähistorischen gewesen sein könnte — denn es wäre eine *un*_notwendige gewesen.

Verhält es sich aber so, daß die Historischen nichts „Eigentliches" von den Prähistorischen wissen können, begnügen sie sich mit dem von ihnen zu wissen Geglaubten, das sich erst aus einem (__kontakt_*los*__) Interpretierten dessen ergibt, das Ausdruck ihres — *vor dem heutigen gesellschaftspolitisch bestimmenden Hintergrund sich ereignenden* — Denkens, Wahrnehmens und Erlebens ist, könnte es möglicher-

---

[338] Das Zitat findet sich in: J.W. Goethe, *Faust. Ein Fragment*, 1. Szene: „Nacht", die Zeilen 224-26.

weise hilfreich sein, beantworteten sie sich die Frage:

Wie sieht es mit jenen Kulturen aus, die sogar noch in den ersten Jahrzehnten des zwanzigsten Jahrhunderts von manchem Forscher besucht wurden, über die es also Berichte gibt, und deren heutige wissenden Vertreter mitunter noch von ihrer (__*wenn auch von der Zivilisation der Historischen längst gebrochenen*__) Tradition, so bspw. der „schamanischen Kultur" — *zumindest relativ* — berichten könnten ... und das auch wollten? Erlaubten deren Berichte, wenn auch nicht pauschalierend, so doch vielleicht etwas sicherer auf die „Erlebnisweise" der Prähistorischen rückzuschließen, bzw. auf diese Weise wenigstens einen „Eindruck" von „prähistorischer Erlebnisweise" — *bspw. zur Zeit des Magdaléniens* — zu gewinnen? Immerhin ist es auch für die Heutigen nicht uninteressant, diese Frage passabel zu beantworten, da — *nicht unberechtigt zu vermuten* — die „schamanische Tradition" der „prähistorischen Erlebnis- und Wahrnehmungsweise" — *zumindest zeitlich* — näher ist, oder deren Vertreter vielleicht sogar hie und da auf der Welt — *von den Historischen noch nicht völlig beeinträchtigt* — näher „dran" sein mögen. Das erlaubte u.U. prähistorische Funde — *wenn auch gewiß nur* „bis zu einem gewissen Punkt" — besser abgesichert zu interpretieren. *Ob*_wohl — *ebenso nicht unberechtigt* — zu vermuten ist, daß darüber weniger ihre Lebenspraxis Aufschluß geben könnte, da sich darin vom „prähistorischen Wahrnehmen" lediglich „Abgefiltertes" ausdrückte — *wenn nicht gar* „Degeneratives" *zeigte?*[339] —, als — *wenn* — es eher ihre Art sich die Welt vorzustellen ist (__*die natürlich untrennbar mit der Art der Vorstellung von*

---

[339] Vgl. bspw. in A. Darpeix, *A l'occasion d'un trentenaire: Sur l'interprétation des figurations anthropomorphes su paléolithique supérieur*, Bulletin de la Société historique et archéologique du Périgord, 1939, die Seite 15 : « On doit [...] observer que, souvent, les primitifs actuels se content de croquis médiocres, d'effigies grossières, comparés aux belles œuvres d'art magdaléniennes ». (__„Wir müssen [...] feststellen, daß sich die heutigen Primitiven oft mit mittelmäßigen Zeichnungen und groben Bildnissen zufrieden geben, verglichen mit den schönen Kunstwerken des Magdaléniens." Übersetzung des Autors.__)

*sich selbst, ihrer Beziehung zur Welt, zu den anderen Wesen verbunden ist*__), die darüber Aufschluß geben könnte.

Gewiß, auch das bliebe zwar nicht ohne Tücke, da die heutige Perspektive dennoch nicht zu eliminieren, aber so vielleicht zu minimieren wäre. ... Wie? ... Erfolgte das „Blicken" wechselseitig: Aus — *gewiß bedingter* — „schamanischer Perspektive" in Richtung auf die Prähistorischen und — *mittelbar* (__über die Funde__) — von den Prähistorischen aus in Richtung auf die „schamanische Kultur". ... Wäre das ein Weg, von dem aus bessere Einblicknahme in die Welt der Prähistorischen möglich würde?

Aus einer solchen „wechselseitigen Perspektive" — *und im Zusammenhang mit der Fragestellung dieses Buches* — ließe das Aufsuchen von Gemeinschaften mit schamanischer Kultur von nicht minder großem Interesse seiende Fragen gleich mit beantworten:

- Was unterscheidet ihre „Geistlichen" und deren Praktiken von den heutigen „Geistlichen" und deren Praktiken?
- Was trennt ihre Glaubensvorstellungen von den heutigen monotheistisch geprägten?
- Lassen sich ihre „Geistlichen" überhaupt mit den von gesellschaftlichen Interessengruppen eingesetzten „Geistlichen" der heutige Zeit vergleichen — und mit _*deren*_ (__letztlich als „weltlich" zu bezeichnenden__) Zielsetzung, wie im ersten Teil dieses Buches deutlich geworden sein könnte?
- Kann das „Schamanische" als Grundlage einer jeden „Religionsbildung" aufgefaßt werden?

Exkursion: Objektivierte Subjektivität

Unser Bild von der Wissenschaft verlangt, daß ein Wissenschaftler die Natur nüchtern erforsche und sie uns dann, losgelöst von ihm selbst, exakt beschreibe. Diese Forderung kann so weit gehen, daß jedes persönliche Sicheinlassen als Ausdruck von unzulässig „subjektivem", also „*un*_wissenschaftlichem" Wahrnehmen „gewertet" wird. Im Grunde ist das aber kein unbedingter Ausweis von Wissenschaft, da dies lediglich einer *Vor*_Stellung von Wissenschaft entspricht. Selbstverständlich gilt Exaktheit fürs Beobachten, für eine mathematische Berechnung, für das einen erkannten Sachverhalt in eine adäquate Formel Fassen — es soll ja weder das Beobachtete noch das mathematisch Berechnete noch das in Formel Gefaßte nach Gutdünken, sondern, selbstverständlich, je objektiviert erfolgen. Wie objektiv kann aber „Wissenschaft" sein, wird partikularinteressenbedienend „Gewisses" erforscht und entwickelt, hingegen weder Gesamtzusammenhängendes *er*_forscht noch gesamtzusammenhängend *ge*_forscht und dann entsprechend *ent*_wickelt?

Es ist menschlich unmöglich, beim Beobachten und Interpretieren von Zusammenhängen, völlig von sich selbst abzusehen — sozusagen pure Objektivität zu sein. Hingegen bedeutet scheuklappenfreies, engagiert-wissenschaftliches Wahrnehmen, dies erst gar nicht zu versuchen.

Also geht es in der wissenschaftlichen Arbeit um eine *_objektivierte_* Subjektivität. Eine *_objektivierte_* Subjektivität bringt zudem den Vorteil mit sich, das zu untersuchende Objekt in Beziehung zu sich selbst — *als Spezies Mensch* — zu setzen, im Sinne *inter*_subjektiven Wahrnehmens. Dies aber bedeutet, eine Wissenschaft zu betreiben, die eine „*be*_zogene" und keine — *wie sie seit Jahrhunderten betrieben wird* — „losgelöste" — *bzw. partikularinteressengebundene* — ist, der zudem, also weiterhin, regelrecht anthropo_*zentrische* Blickförderung eigen ist ... wenn auch nicht mehr *mono*_theistisch, dafür aber *_re_*duziert_ materialistisch geprägt (*__und so die aspektreiche Materia in ihrem sich vielfältig fein- wie grobstofflichen Wandeln nicht erkennend__*), oder/und — *und das keineswegs dann besser seiend* — sich — *als Spezies Mensch* — als „nichtswürdig" wahrzunehmen — *dementsprechend die Masse der Menschen als „Problem" zu* „erkennen" — *ob*_wohl doch (*__sozusagen im eigenen, die Spezies Mensch betreffenden Sinne__*) der „wissenschaftliche Blick" ein gänzlich anderer, ein die Komplexität der Materia nicht nur erst wahrzunehmen ermöglichender „Blick" zu sein hätte, sondern das auch sein könnte.

(__Unter anderem ist davon, also von der Materia, in der letzten „Staffel" der Edition !_*scheuklappenfrei_*! an einer Stelle zu reden — bevor es zum „thematischen Showdown" kommt.[340] __)

Zumal „losgelöst" eben nicht manipulationsfrei bedeutet (__*schon gar nicht bei partikularinteressenmäßig gebundener Forschung*__), wie die Wissenschaftsgeschichte zu berichten weiß: daß also mit hoher Reputation ausgestattete „Wissenschaftler" ihre „Untersuchungsergebnisse" mitunter „manipulatorisch subjektivierten" (__*und dieses wohl weiterhin tun*__), damit die „Aussage" in den „objektiven", sprich, herrschenden „Theorie-Kanon" paßt, was der eigenen „Reputation" förderlich sein und der eigenen Karriere auf die Sprünge helfen mag — aber wer wollte dann noch von Wissenschaftlichkeit sprechen?

Interessant ist nun aber, daß die Menschen von Dichtern — *soweit diese allerdings überhaupt noch eine Rolle spielen* — das genaue Gegenteil erwarten ...

... *nun gut, heute* — also im Zeitalter der ökonomischen Reduktion des Menschlichen — *nicht mehr erwarten,*

daß diese — *falls doch noch von jemandem erwartet* — ihnen, vermittelt über ihr Inneres, von „dem da draußen" künden. Und tatsächlich mag es Dichtern dann gelingen, obwohl ohne sogenannte wissenschaftliche Exaktheit, uns ein tieferes Verständnis von dem zu vermitteln, das uns umgibt und mit dem wir auf *un*_geklärte Weise doch verbunden sind, als es jene behauptet objektive Wissenschaft je könnte.

---

[340] Materiabezügliches findet sich aber schon in: Die *tri*_logische Sezierung [...], Bd III, Tb 2, die Seiten 834 f.

Ob also das Wahrnehmen des Künstlers — *denn natürlich ist ein Dichter Künstler* — gar ein „Relikt" des einstigen für Prähistorische typischen Wahrnehmens ist, und in dieser Hinsicht: ob der Künstler ein aus der Zeit Gefallener ist? Könnte es nicht sein, daß die heutige künstlerische Erlebnisweise der zu vermutenden prähistorischen nicht unähnlich ist? Wohingegen die über die systemischen *Spin*_Doktoren vermittelte Erlebnisweise des marktkonditionierten Menschen des lobbykratischen Zeitalters, die somit auch jene der sogenannt „wissenschaftlichen Menschen" dieses Zeitalters sein muß, der prähistorischen Erlebnisweise _*nicht*_ ähnlich sein kann, da dies eine fragmentiert detailhafte, also zusammenhanglose, wenn nicht gar atomisierte, zumindest aber reduzierte „Erlebnisweise" ist:

> „[...] Dem Dichter sehr ähnlich ist der vorwissenschaftliche Mensch, [__mit seiner__] auf das Tier bezogene[__n__] Geistes- und Bilderwelt [...]. Dieser das Tier als etwas Erstaunliches und ihm selbst seltsam Verwandtes betrachtende Frühmensch ist so alt wie die Kultur selbst. [__Und dieser prähistorische Mensch__] ist [...] bereits im Altpaläolithikum da [... — ...] sein Dasein ist auf das engste mit dem Tier verbunden. [__Und er__] macht sich schon ernsthafte Gedanken über die ihn umgebenden Tiere; er erlebt sie so, wie er sich selbst erlebt. [...]"[341]

Dies ist eine bedeutsame Aussage: Die Prähistorischen erlebten die anderen — *heute als Tiere bezeichneten Wesen* — noch als *Mit*_Wesen. Diese Erlebnisweise ist übrigens ein perspektiveröffnender Hinweis darauf, daß „wir" uns in der Tat evolutionär aus anderen Arten heraus_*ent*_wickelt — *eigentlich separiert* — hätten — wenn auch „anders und umfassender" als allgemein geglaubt —, woraus dann, u.a., ein nicht mehr die *langue des oiseaux* Verstehen resultierte. Und eben dies: das wie selbstverständliche Verstehen der *langue des oiseaux*, war wohl zur Zeit der auf der nächsten Seite abgebildeten *diablotins* genau noch so ...

---

[341] Siehe Hans Findeisen, *Das Tier als Gott, Dämon und Ahne — Eine Untersuchung über das Erleben des Tieres in der Altmenschheit*, Franckh'sche Verlagshandlung, Stuttgart, 1956, die Seite 3. Die Zitierung erfolgt mit freundlicher Genehmigung der Franckh-Kosmos Verlags-GmbH & Co. KG, Stuttgart.

Les trois « diablotins » ou « les génies fécondateurs » (__d'après Abbé Henri Breuil__) du bâton de commandement de l'abri Mège à Teyjat (__Dordogne__). Ce bâton de commandement fût créé il y a environ 12 000 ans par des préhistoriques.[342]

Nimmt man diese drei sogenannten „Diablotins", die auf einem als „Kommandostab" bezeichneten Teil eines Hirschgeweihes so eingeritzt worden sind, daß je einer von ihnen wie eines der in diesen Stab eingeritzten *Mit_*Wesen der Prähistorischen umschwebend wirkt (__*siehe die folgende Abbildung*__), als Maßstab, wäre es zur Zeit des

[342] Diese Abbildung ist folgender Quelle entnommen: *Bulletin de la Société préhistorique de l'Ariège*, Band XXIII, Tarascon-sur-Ariège, 1968, Seite 38. Das Copyright konnte vom Autor nicht eruiert werden.

Jungpaläolithikums (__ca. 40.000-8.000 Jahre von heute zurückgerechnet__) gewesen, daß bewußtseinsmäßig _*noch keine*_ Separierung der Erlebnisweise — *also von Vertretern der Spezies Mensch noch keine* „intellektuell bestimmte 'Positionszuweisung'" — erfolgt wäre: hier „Mensch" dort „Tier". Diese „Positionszuweisung" wird man folglich den späteren Historischen anlasten müssen, als diese anfingen, bestimmte *Mit*_Wesen zu unterjochen ... um sie dann bspw. „Haustiere" zu nennen.

La photo montre un photomontage des ateliers du *Musée d'Archéologie national — Domaine national de Saint-Germain-en-Laye*, afin que le spectateur puisse voir en un coup d'œil toutes les gravures d'une part de 31 cm de long d'une ramure de cerf.[343]

„[...] Als handelte es sich bei den Diablotins um Darstellungen von mythischen Wesen', die, da normalerweise nicht darstellbar, von den Prähistorischen als klein, schemenhaft und 'luftig' erscheinend dargestellt worden sind.[344] Wobei diese „mythischen Wesen" dann als die _*Adressaten*_ aufgefaßt werden könnten, mit denen die Prähistorischen sich in stetiger 'Verbindung' wähnten, oder anläßlich ihrer — *wie auch immer gearteten* — 'getanzten Handlungen' vor den von ihnen angefertigten Malereien oder Zeichnungen in der Tiefe bestimmter, ausschließlich oder vorwiegend zu solchen Zwecken verwendeter

---

343 Diese Abbildung ist folgender Quelle entnommen: *Bulletin de la Société préhistorique de l'Ariège*, Band XXIII, Tarascon-sur-Ariège, 1968, Seite 38. Das Copyright konnte vom Autor nicht eruiert werden.

344 Vgl. Étienne Patte, *Les hommes préhistoriques et la religion*, A. et J. Picard, Paris, 1960, die Seiten 79 f.

Grotten, traten, _*oder*_, im Moment des Anfertigens solcher Malereien, andere von ihnen _*dieses*_ Tun 'betanzten' — wobei dies nicht einmal in unmittelbarer Nähe der je malerischen oder zeichnerischen Ausführung stattgefunden haben _*müßte*_, nämlich durchaus an einem anderen Ort in derselben Gotte, so daß _*alles*_: Die Gotte selbst, das Tanzen (__*und wahrscheinlich das gleichzeitige Maskiertsein*__), die durch diese Höhle dringenden Laute und Geräusche — *ob von tropfenden Steinen* oder/und *von Menschen erzeugt* — und die malerische oder zeichnerische Ausführung als 'Einheit' erlebt wurden: mochte es ja sein, daß wegen des Anstehenden *Er*_Jagens eines *Mit*_Wesens, dieses — _*so*_ — in besondere Beziehung gesetzt wurde (__*obwohl nicht Tabu*__), und auf diese Weise sogar der eigentliche Jagdvorgang Teil zusammenhängenden Erlebens wurde — oder geschah es zur Beruhigung einer gefühlten, *un*_bewußt (__*weil verdrängt*__) bleibenden Angst: Der _*Urangst*_ unseres Geschlechts?"[345]

> „[...] *unsere Ahnen haben den Entschuldungstanz um das getötete Wild getanzt und Gesänge angestimmt, die sie innerlich befreien sollten von der Last des Tötenmüssens. Unsere heutigen Schlachthäuser allerdings sind nicht mehr Stätten der Beichte und des sühnenden Kultes, wie es die Höhlen der Altpaläolithiker waren oder die Zeit der Nordsibirier zumindest noch vor zwei Jahrzehnten* [__zurückgerechnet von 1956__]. *Vielleicht haben wir etwas vergessen* [...]*?* [...]"[346]

An dieser Stelle erscheint mir
eine Anmerkung notwendig.

---

[345] Sie werden dieses Zitat von mir in einem meiner letzten Bücher wiederentdecken, die im Anschluß an das Ihnen vorliegende Buch zu schreiben sind.

[346] Siehe Hans Findeisen, *Das Tier als Gott, Dämon und Ahne — Eine Untersuchung über das Erleben des Tieres in der Altmenschheit*, Franckh'sche Verlagshandlung, Stuttgart, 1956, die Seite 4. Die Zitierung erfolgt mit freundlicher Genehmigung der Franckh-Kosmos Verlags-GmbH & Co. KG, Stuttgart.

So richtig die Aussage des letzten Zitats auch ist, überzeugen kann sie mich nicht, kommt diese von Hans Findeisen, denn:

> Man sagt, die „Lämmer“ schwiegen. Wie sollten sie nicht schweigen, kriegen die Leithammel nicht *bei*_zeiten ihr Maul auf?

Mit dieser Bemerkung spiele ich übrigens auf ein Buch von Rainer Mausfeld an, in dem er unter anderem von „Elitedemokratie“ spricht, was ich an sich nicht *merk*_würdig, sondern seltsam finde.[347] Denn die Wortschöpfung „Elitendemokratie“ ist widersinnig, kann es in einer Demokratie genau nicht darum gehen, daß eine „Elite“ bestimmt, was fürs „Volk“ gut sei. Umgekehrt wird ein Schuh daraus: daß ein „Volk“ sich seine Vertreter per politischem Losverfahren bestimmt, da erst _*so*_ sicherzustellen ist, daß diese in ihrem Sinne politisch aktiv sind, also die Interessen der Masse der Mitglieder einer Gesellschaft bedienen.[348] Alles andere ist Augenwischerei!

Daß aber das *Schweigen der Leithammel* kein neues Phänomen ist, belegt eben — *und lediglich bspw.* — der von mir zitierte Hans Findeisen (__1903-1968__). Denn hätte dieser die gerade zitierten Zeilen früher geschrieben, wäre er für mich charakterlich überzeugend — so aber kann ich seine, das Schamanische erforschenden Studien zwar ausgesprochen aufschlußreich finden und daraus schöpfen, jedoch ist es mehr als bleibende Irritation über seinen widersprüchlichen Charakter, fand er „danach“ nicht eine Silbe der Nachdenklichkeit. Oder war es bspw. nicht Herr Findeisen, der seit 1934 ein „förderndes Mitglied der SS“ war, was bedeutete, selbst zwar nicht aktiver SSler zu sein, aber die Zielsetzung dieser Truppe gutzuheißen. Und wurde Herr Findeisen

---

[347] Siehe Rainer Mausfeld, *Warum schweigen die Lämmer? Wie Elitendemokratie und Neoliberalismus unsere Gesellschaft und unsere Lebensgrundlagen zerstören*, Westend Verlag, 2018.

[348] Wie „Volk“ richtig zu definieren ist und wie deshalb eine tatsächlich demokratische Gesellschaft im 21. Jahrhundert zu verwirklichen ist? Siehe dazu in: « Sie fragen noch, wie die ›Verhältnisse‹ liegen? », die Seiten 337 ff.

1937 etwa nicht Mitglied der NSDAP? Sollte etwa anzunehmen sein, daß es „nur" seine eigenen Karrieregründe gewesen wären, die ihm die Mitgliedschaft in diesen Organisationen nahelegten? Mir jedenfalls erschiene es eher wahrscheinlich, daß er sich insbesondere in der SS, die für ihn wohl etwas „Elitäres" hatte, und schließlich auch in der NSDAP, welcher der Pseudo-Ruch von „Sozialistischem" anhaftete, „zuhause" fühlte.

> Wieso aber gab es denn einen „Förderverein SS"? Nun, die SS, anfangs sich nur aus NSDAP-Mitgliedsbeiträgen finanzierend, hatte in der Folge mehrere Einnahmequellen, wozu staatliche Gelder, von Juden geraubtes Geld, Wirtschafsunternehmen, wozu solche in Konzentrationslagern und eben auch Spenden- und Förderbeiträge gehörten, wobei „fördernde Mitglieder" mitunter reiche Bürger waren. Der alle „fördernden Mitglieder" verbindende Grund wird aber „weltanschaulicher" Art gewesen sein — denn zwingend war diese Mitgliedschaft nicht. Und dieser „Grund" lag natürlich in der Ausrichtung der SS begründet: „Die SS verstand sich als 'blutmäßig definierte' Elite und verfolgte als Ziel die Reinhaltung der 'nordischen Rasse'."[349] Mit welcher Zielsetzung mag aber, bspw. ein Ethnologe, dann gearbeitet haben?

Und schrieb Herr Findeisen im Jahre 1942 etwa nicht eine Denkschrift, die dem Zwecke diente, die Bedeutung der Schaffung eines „Instituts für Kulturforschung" hervorzuheben, dem er dann vorstehen sollte und deren Titel folgender war: „Über die Begründung und den wissenschaftlichen Kriegseinsatz eines 'Institutes für Eurasische Kulturforschung'"?[350] — Es waren die „Umstände" des Kriegsverlaufs, die das Realisieren dieses Instituts nicht zuließen. In einem von Herrn Findeisen vermutlich im September 1942 verfaßten „Bericht" findet

---

[349] Quelle: „Schutzstaffel (SS), 1925-1945", Historisches Lexikon Bayerns, Bayerische Staatsbibliothek. Der folgende Link ist am 15. März 2020 erneut geprüft worden:

https://www.historisches-lexikon-bayerns.de/Lexikon/Schutzstaffel_(SS),_1925-1945#Die_Finanzierung_der_SS.

[350] Diese Denkschrift ist zwar nicht komplett, aber in ihren wesentlichen Teilen online abrufbar, versehen mit kommentierenden Anmerkungen:

https://homepages.uni-tuebingen.de/gerd.simon/EuroFindeisen.pdf. Der Link wurde ebenfalls am 15. März 2020 erneut geprüft.

sich bspw. folgender Satz: „[...] Hauptsächlich arbeitete ich bei den sehr sympathischen Tartaren der Krim, in denen noch deutlich das *_nordische Blut_* fortwirkt, das die als Volk allerdings seit einigen Jahrhunderten untergegangenen Krimgoten dort hinterlassen haben! [...]".[351]

Viel *ver_*ideologisiertes Meinen spiegelt sich in diesem kleinen Satz, was wohl eine „Folgewirkung" der „deutschen 'Indologie'" ist, die selbst primär auf Meinen beruht, angestellt vor dem eigenen Erlebnishorizont, ohne tatsächliches Wissen von der Kultur, die ihre „Indologen" sich nicht nur erlaubten zu beurteilen, sondern auch das Herkommen dieser Kultur zu bestimmen — letztlich mehr Ausdruck eigner „Gedankensprühung" im Rahmen des von alten, offenbar unmerklich geistig verwachsenen, monotheistisch durchtränkten Scheuklappen beschränkten Wahrnehmungsfeldes — wie es wohl so geht, holt man sein Wissen über andere von anderen, die es auch nicht wissen, aber wenigstens aus dem „eignen" Kultur-Dunst stammen. Wobei, und das muß betont werden, dies, also Aussagen über einen Kulturzusammenhang zu machen, den man selbst gar nicht kennt, auf Herrn Findeisen nicht zutrifft, war der doch zu jenen gereist, und dabei sich ihr Vertrauen erwerbend, die er *_in_* deren kulturellen Kreis „erkennen" wollte. Dies eben ganz im Gegensatz zu den „Indologen" der „ersten Stunde" wie die bis heute hoch verehrten August Wilhelm und Friedrich von Schlegel, Wilhelm von Humboldt sowie die immer noch als *_die_* Koryphäen geltenden Franz Bopp und Friedrich Maximilian Müller. — Nichts ist „arier-"bezüglich aufgearbeitet, lediglich wurde das „korrespondierende" Denken „aryanisch" neu „eingekleidet". (__Es ist dringend das Werk Prodosh *Aichs, Lügen mit langen Beinen — Entdeckungen, Gelehrte, Aufklärung: Dokumentarische Erzählung*, zur Lektüre zu empfehlen. Es ist ein Buch, daß ich,

---

[351] Zitiert nach der kommentierten Denkschrift von Hand Findeisen: Diese Denkschrift ist zwar nicht komplett, aber in ihren wesentlichen Teilen online abrufbar:

https://homepages.uni-tuebingen.de/gerd.simon/EuroFindeisen.pdf. Der Link wurde am 15. März 2020 erneut geprüft. Die Hervorhebung erfolgte durch den Autor.

wie weiter oben schon erwähnt, uneingeschränkt empfehlen kann, was, für mein Verständnis, für spätere Veröffentlichungen Prodosh Aichs leider nur noch eingeschränkt gilt, abgesehen von dem Buch « Das Vedische Erbe » — *Nachdenken über systematisch zurückgehaltene WAHRHEITEN*[352].

Nur, was wäre geschehen, wenn es
„damals" anders „ausgegangen" wäre?

Nein, ich bin nicht jemand, der andere denunziert oder das will. Hingegen, wenn ich mich noch einmal zitieren darf: „Man sagt, die 'Lämmer' schwiegen. Wie sollten sie nicht schweigen, kriegen die Leithammel nicht *bei*_zeiten ihr Maul auf?". Denn es geht mir darum, jene darauf aufmerksam zu machen, die, wegen *_ihres_* Privilegs, in den Genuß besonderer Bildungs- und Ausbildungsmöglichkeiten gekommen zu sein und deshalb Zusammenhänge besser erkennen *_müßten_*, diese folglich auch frühzeitig „Ton abzugeben" hätten, diese also in erster Linie *bei*_zeiten nachzudenken *_hätten_*, anstatt es vorzuziehen, anderen zu erzählen, daß *_deren_* Verhalten nicht richtig gewesen oder heute nicht richtig sei. — Ein Verhalten von den normalen Leuten zu verlangen, das Mitglieder der Elite selbst aber nicht zeigten oder nicht zeigen, ist nicht nur nicht fair, sondern auch Beleg dafür, daß es primär die Eliten sind, die stets im entscheidenden Moment versagen. Das muß etwas mit dem zu tun haben, weshalb jemand überhaupt zur „Elite gehören" kann: die entsprechende Person muß charakterlich „machtgebrauchsfähig" sein. Solche Leute gab es damals wie es diese genauso heute gibt. Dies Leute,

[352] Siehe Band 13 der Edition !_scheuklappenfrei_! _ EndemannVerlag, Mülheim an der Ruhr, September 2019. In diesem Buch wird schon ausreichend deutlich, was das Ungeheuerliche am „indologischen Treiben" war und mitunter noch immer ist. Gegen Ende des siebten Kapitels findet sich eine Passage aus diesem Buch.

die vorzüglich dann die „politische Richtung", die „Zustände" kritisieren, oder sich gar darüber empören, haben diese entweder ihre Karriere längst hinter sich, leben also recht gut von ihren „Bezügen", oder haben diese nichts mehr zu befürchten, sind die Zeitumstände „andere" geworden sind, wie es bspw. auf Herrn Findeisen zutrifft: aber auch er, wie so viele andere aus jenem „Damals", kritisiert eben _*dieses*_ „Damals" nicht.

Selbstverständlich entbindet das nicht den einzelnen von seiner Verantwortung für sein persönliches Tun. Was sollte mich also an der oben zitierten, tatsächlich ja richtigen Aussage, die gleich noch einmal zu wiederholen ist, überzeugen, kommt diese von jemandem, der exemplarisch für eine Elite steht, die im entscheidenden Moment schweigt, aber im Ratschlägegeben und im die Masse der Menschen Verurteilen groß ist, schweigt diese Masse im entscheidenden Moment — schweigt, weil diese Elite selbst schweigt?

Denn es gibt nun einmal mehr als nur ein Quentchen mehr an Verantwortung der Elite fürs gesellschaftliche Geschehen. Gewiß, man wird zwischen einer „Funktionselite", einer „geistigen Elite" und einer „geerdeten Elite" unterscheiden können, dann aber muß man es klar sagen, wozu die Funktionselite dient: den Machtinteressen, nicht den Interessen der Masse der Menschen eines Staates. Bei einzelnen Vertretern einer „geistigen Elite" _*kann*_ das anders sein, meist werden diese aber von den Satelliten der Machtelite ebenso bezahlt, ihr bspw. dann als „philosophische *Spin*_Doktoren" oder Kultur_*Betriebler* dienend. Folglich bekommt auch die „geistige Elite", zumindest unzureichend ihr Maul auf — tut's not. Eine „geerdete Elite" ist jene, die mit dem Volk[353] selbst verbunden ist. Deshalb verstehen sich ihre Vertreter auch nicht als „geistige Elite" oder als „Intellektuelle", sondern als „geistige Arbeiter".

[353] Die Frage, wie „Volk" zu definieren ist, also jenseits der „mythischen Nebelberge", wird in: *Sie fragen noch, wie die* « Verhältnisse » *liegen?* beantwortet, d.h. dort in Aspekt 32: „Die erste Demonstration der unbewußten Real-Satiriker ereignete sich am 19. Mai 2019", dort die Seiten 337 ff., beginnend mit: „Denn folgendes ist keine politische Geschmacksfrage".

„[…] unsere Ahnen haben den Entschuldigungstanz um das getötete Wild getanzt und Gesänge angestimmt, die sie innerlich befreien sollten von der Last des Tötenmüssens. … […]"

Unterbrechung dieses Zitats:

Ist dies etwa kein tiefer Ausdruck von weltverbundener Kultur? Oder _*ist*_ ohne dem keine Kultur … vielleicht? Haben wir Kultur? Ja, wenn „Kultur" die „zweite Natur" des Menschen ist, die er benötigt, sich in der Welt so „verhalten" zu können, daß es im Sinne der eigenen Kultur als „richtig" gilt. (__*Dann allerdings ist auch noch barbarische Kultur* „Kultur".__) Hingegen nein, soll Kultur besagen, sich „weltmäßig" zu verhalten — und so die Balance der „Wesenssphären" im Auge behaltend.

Wiederholung des bereits Zitierten und
Beendigung dieses Findeisenschen Zitats:

> „[…] unsere Ahnen haben den Entschuldigungstanz um das getötete Wild getanzt und Gesänge angestimmt, die sie innerlich befreien sollten von der Last des Tötenmüssens. Unsere heutigen Schlachthäuser allerdings sind nicht mehr Stätten […] des sühnenden Kultes. […] Vielleicht haben wir etwas vergessen, was wir […] nicht vergessen sollten? […]"[354]

Und heute, im März 2020 gefragt? — Nun,
die Sache geht weiter — *anders verkleidet*.

Ende der Exkursion: Objektivierte Subjektivität

[354] Siehe Findeisen, *Das Tier als Gott, Dämon und Ahne — Eine Untersuchung über das Erleben des Tieres in der Altmenschheit*, Franckh'sche Verlagshandlung, Stuttgart, 1956, die Seite 4.

Laut Hans Findeisen, ist es übrigens berechtigt davon zu sprechen, daß der Schamanismus eine frühe Religionsform sei.[355] — Persönlich bin ich geneigt zu vermuten, daß Schamanen wohl die Ursache für dann sich ausbildende Religionssysteme abgegeben haben, sind den Schamanen doch zwei Elemente eigentümlich — *das Prophetische und das Ekstatische* — die als notwendig angesehen werden können, will eine Menschengruppe sich überzeugen lassen, daß ein Gott sich über einen Menschen offenbart habe. Daß aber _*schamanische Kulturen*_ schon eine Religion im heute verstandenen Sinne besaßen, bezweifle ich. Das wird weiter unten erläutert.

Die zentrale Figur einer „schamanischen Kultur"

An dieser Stelle interessiert es mich nicht, daß der Begriff „Schamane" lediglich für die im nordostasiatischen Raum noch heute mitunter zu findenden „Spirituellen" spät-prähistorischer Kultur gebräuchlich ist, denn, wegen der aus meiner Sicht passenden Benennung, kann dieser Begriff überhaupt für alle „Spirituellen" spät-prähistorischer Kultur dieser Welt verwendet werden. Dementsprechend verstehe ich unter „Schamane" eine Person, die — *als ihre zentrale Figur* — die Geschicke einer „naturwüchsigen Kultur" im Einklang mit der Natur zu bewältigen hilft, so daß ich es für korrekt halte, diese Kultur als „schamanische" zu bezeichnen.

Da sich aber, wie mir scheint, die „schamanische Kultur" in der Übergangszeit zwischen vergehender „prähistorischer Kultur" und beginnender der Historischen vielleicht gar nicht einmal in dem Sinne bildete, aber als eine „Abschnürung" prähistorischer Vergangenheit zu „verstehen" wäre, erscheint es mir folgerichtig, einen sozusagen „perspektivischen Aufschluß" über die Wahrnehmungsweise der Prähistorischen dadurch zu gewinnen, den prinzipiellen Charakter der

---

355 Siehe Hans Findeisen, *Schamanentum — dargestellt am Beispiel der Besessenheitspriester nordeurasischer Völker*, W. Kohlhammer Verlag, Stuttgart, 1957, die Seiten 14 f.

„Schamanen" ins Auge zu fassen. Wobei ich annehme, wie angedeutet, daß es sich bei der „schamanischen Kultur" nicht um eine Fortentwicklung der „prähistorischen Kultur" handelt, sondern um einen so „relikthaften wie verzerrten Nachklang" unserer prähistorischen Vergangenheit. ... Vielleicht sogar nur um ein „mimikryhaftes Rezipieren" nicht mehr Verstandenen vergangenen Tuns, also ohne eigentliches Wissen um die Ursprünge des eigenen (__*gemeinten*__) „Wissens"; was vielleicht als Ausdruck eines zu einer kollektiven _*partiellen*_ Amnesie geführt habenden, _*partiell*_ verdrängten katastrophischen Ereignisses zu „verstehen" ist.[356] ... Dann könnte es übrigens auch möglich sein, daß andere Überlebende eines angenommenen katastrophischen Ereignisses, bspw. jene, die dann zu den Historischen wurden, bedingt durch günstige klimatische Veränderungen ihre Seßhaftwerdung und neue Kulturausbildung zwar ermöglichend, sich bei ihnen aber, wegen der in ihrem einstigen Aufenthaltsraum vielleicht höheren Intensität des katastrophischen Ereignisses, dem deshalb eine _*totale*_ Verdrängung folgte und sich so eine _*totale*_ Amnesie ausbilden konnte, nichts mehr von der eigenen prähistorischen Vergangenheit ins Bewußtsein dringen konnte. Die Historischen sich demnach nicht einmal als von der eigenen prähistorischen Vergangenheit „abgeschnürt" empfinden könnten, da meinend, ihr Kulturbeginn sei der Beginn aller Kultur des Menschengeschlechts überhaupt, _*ihre*_ Kultur dementsprechend von einem voraussetzungslosen „kulturellen Null-Punkt" ausgegangen sei, was sie dann die „Macher" des kulturellen Aufstiegs des Menschengeschlechts schlechthin sein ließe. Folglich, wie ihre „Offenbarungsideologen" meinen, das Menschengeschlecht, dank der ihren Ideologen zuteil gewordenen „Offenbarungen", nun darum wisse, einem „teleologischen Ziel" zuzustreben. Nun, heute, also aus dem Vorteil des Rückbetrachtenkönnens heraus, ist aber eher berechtigt davon auszugehen, daß zwar (__*unbewußt bleibende*__) „Bewußtseinsfetzen" des Vergangenen die

---

[356] Vgl. Immanuel Velikovsky, *Das kollektive Vergessen*: *Verdrängte Katastrophen der Menschheit*, aus dem amerikanischen Englisch von Friedrich W. Gutbrod, Umschau Verlag, Frankfurt am Main, 1985.

Ausbildung des „Bewußtseins der Historischen“ mit bestimmten; will sagen, die „Basis“ für Rationalisierungen des einst katstrophisch über sie Hereingebrochenen bildeten, und so die Kräfte des einstigen katastrophischen Ereignisses, denen sie ohnmächtig ausgesetzt gewesen waren, von ihnen mit Namen versehen und zu „anbetungswürdigen Größen“, also zu ihren „Göttern“ wurden. Was auch bedeuten würde, daß alles (__*heutig*__) „Religiöse“ nichts als Ausdruck neurotischen Tuns und Denkens wäre, bedingt durch jene _*totale*_ Amnesie und jene „basisbildenden“ (__*unbewußt bleibenden*__) „Bewußtseinsfetzen“ des (__*prähistorischen*__) Vergangenen, das sich vor dem von ihnen rationalisierten Hintergrund ereignete — und damit _*zumindest*_ nichts weiter als verzerrendes Repetieren einstig (__*prähistorisch*__) Gewesenen wäre; woraus dann auch entsprechendes „Interpretieren“ von kulturell gar nicht Gekanntem, bspw. jener „Wissenschaftler“ resultierte, die trotzdem — *oder gerade deshalb?* — zu „koryphäenhaften“ Vertretern speziell „westlicher Wissenschaft“ wurden, bspw. der „europäischen Indologie“.[357]

Also ist anzunehmen, daß sich, im Kontext mit dem Ihnen vorliegenden Buch, ein Blick auf gewisse Elemente bei noch in der ersten Hälfte des letzten Jahrhunderts zu beobachtenden Völkern mit *schamanischer Kulturprägung* lohnen wird. Schon allein deshalb, da ich vermute, daß wir in den Schamanen jene Vertreter unseres Geschlechtes finden, die uns einen — gewiß nur *mittel*_baren — Eindruck von dem geben können, was „vor“ ihnen, also bei den (__*aus meiner Sicht*__) eigentlichen Prähistorischen, das Weltbild bzw. die Art des Wahrnehmens bedingte — bzw. was uns von diesem Wahrnehmen entfernt hat, so daß wir einen — über die „schamanische Wahrnehmungsweise“ *ver*_mittelt — besser „abgesicherten“ Eindruck von dem bekommen können, was von den Prähistorischen — über uns *un*_bekannt bleibende Mittler (__*vielleicht über das kollektive Unbewußte selbst?*__) — an die Schamanen — also „mittelbar“ — weitergegeben

---

[357] Auf die „Indologen“ und ihr „Interpretieren“ ist in Kapitel 7 zurückzukommen.

wurde und sogar — *auf bedeutsame Weise* — bis in die monotheistischen Religionen hineinreichend. Wobei „auf bedeutsame Weise" meint: Einer _*jeden*_ monotheistischen Religion jenes gegeben zu haben, welches als das „Authentische" an ihr gilt: das von einem Propheten den Menschen „offenbarte Wort Gottes". Und um dieses „prophetisch Offenbarte" wob sich später jenes, das den damaligen Machtgruppen als genehm gelten konnte. Damit aber wurde der religiöse Impuls durch einen dogmatischen — *jene Herrschaftsverhältnisse sichernden* — „Glaubenskatalog" ersetzt, und spätestens dies löste einen tiefgreifenden Entfremdungsprozeß aus, der allein wegen des „plastisch angelegten" menschlichen Wesens überhaupt möglich ist.[358]

> ... Zumal zu vermuten ist, daß dieser
> katastrophische Prozeß ein wesen_*übergreifender* war:

> Die wesenhafte Scheidung setzte unvermittelt katastrophisch ein, einst, als _*wir*_ traditionellerweise bald menschliches bald andres Wesen waren, denn ab diesem Zeitpunkt blieb jedes Wesen in dem es gerade hauste, auf diese Weise auf ewig geschieden — vom „Tier" als „Mensch", vom „Mensch" als „Tier" ...

Die Kultur der Prähistorischen wird mitunter als „Jägerkultur" bezeichnet. Ob das berechtigt ist, ist jedoch fraglich, wenn anzunehmen ist, daß zur täglichen Ernährung das *Er*_Jagen von *Mit*_Wesen nicht ausgereicht hätte. Immerhin kann davon ausgegangen werden, daß i.d.R. einst das Jagen eine so kollektive wie anstrengende Angelegenheit war und dies viele Kalorien verbrauchte, also hungrig machte, aber diese Jäger und ihre ganze Sippe von dem Erjagten zu sättigen waren. Zum alltäglichen Ernähren gehörte deshalb primär eher das Sammeln pflanzlicher Nahrung wie Busch- und Baumfrüchte — aber vielleicht auch schon Honig und andere, dem bewußtseinserweiternden Rausche dienende Köstlichkeiten. Aber selbst wenn jagdbare *Mit*_Wesen genügend vorhanden waren, scheint mir die Kultur

---

[358] Bezüglich der Plastizität des menschlichen Wesens siehe in: Die *tri*_logische Sezierung [...], Band I, Teilband 4, die Seiten 138-47, beginnend mit: „Aus meiner Sicht ist aber die _*eigentliche*_ Frage folgende [...]".

der Prähistorischen mit „Jägerkultur" nicht richtig benannt, denn die Bezeichnung „Jägerkultur" bekäme erst bei _*der*_ Annahme ihre Berechtigung, hatte das „Jagen" für die Prähistorischen eine ganz andere Bedeutung als die einer reinen Nahrungsbeschaffung. Dann aber wäre die Bezeichnung „Jägerkultur" erst recht irreführend. Und diese Bezeichnung stammt ja sowieso von Historischen, die aber keinen Bezug, kein Verständnis mehr von dem haben konnten bzw. haben könnten, das für die Prähistorischen wesentlich war. Auch setzt das Jagen viel erworbenes Wissen voraus, damit dann erst erlernbare Fähigkeiten im Kollektiv überhaupt erfolgreich angewendet werden konnten. Denn _*nicht*_ das „einzelkämpferische Tun" war entscheidend, da erst das *ko*_operative Tun für die Gemeinschaft nutzbringend sein konnte.

Ist hierbei aber von einer wirklichen Kultur der Prähistorischen auszugehen, würde ich diese nicht mehr als „Jägerkultur", sondern als „schamanische Kultur" bezeichnen, obwohl dieser Begriff selbstverständlich auch nicht von den Prähistorischen stammt. Wäre es aber möglich, den Prähistorischen die Frage zu stellen, ob sie ihre Kultur als „Jägerkultur" — *so wie heute die Historischen diesen Begriff verstehen* — oder als „schamanische Kultur" bezeichnen würden, bin ich davon überzeugt, daß sie eher damit einverstanden wären, daß wir ihre Kultur — *ihre Art gewohnheitsmäßig zu leben* — als „schamanische Kultur" bezeichneten. Denn für sie war das Wissen um die _*Zusammenhänge*_ ihrer Lebensumstände lebensentscheidend, so daß das „Gefühl", Teil des großen Zusammenhangs der Materia (__*ohne dies so zu nennen, selbstverständlich*__) zu sein, bei den Prähistorischen anzunehmen ist. Dieses *große Zusammenhängende der Materia* zu erforschen wird kollektives Interesse gewesen sein, schon allein deshalb, da, wie gesagt, das Wissen um die Zusammenhänge ihrer Lebensumstände lebenswichtig war. So werden wahrscheinlich jene, die bspw. die Höhlenmalereien schufen, als herausragend wissend gegolten haben. Allerdings ist auch hierbei anzunehmen, daß dieses „Schaffen", zumindest in Teilen, ein kollektiver Akt war. Das „Malen" allein wird es nicht gewesen sein. Denn dieses „Schaffen" ist nicht als ein vom Kollektiv losgelöstes Tun anzunehmen: Es ist als „Vergegenständlichung" des mit *Mit*_Wesen Erlebten — *aus der Sicht des kontextuell beteiligten*

Beobachters — zu verstehen. Mitunter vielleicht auch als Entschuldung für ein bereits stattgefunden habendes oder noch zu erfolgendes Tötenmüssen von *Mit*_Wesen zu verstehen, die, da *ab*_gemalt worden, so bannte wie „verewigte" wurden. Zugleich dürfte dieses „Schaffen" der „kollektiven Verständnisbildung" gedient haben, u.a. dann die Kinder betreffend, also zur kollektiv verbindlichen *Be*_Nennung von *Mit*_Wesen, die den Prähistorischen wichtig waren.[359]

Nun, wenn die Schamanen der noch in der ersten Hälfte des letzten Jahrhunderts natur_*rhythmisch* lebenden Völker Sibiriens die Wissenden der dortigen Gemeinschaften waren, und dies deshalb sein konnten, da sie besonderen Zugang zu den „Geistern" (__*zu* „feinstofflichen" *Kräften der Materia*__) hatten, wodurch das Gleichgewicht der Sippe und ihr Verhältnis zur Natur sichergestellt blieb, läßt sich rückschließend vermuten, daß auch in tatsächlich prähistorischer Zeit die von einem „Schamanen" zu erfüllende Forderung darin bestand, das Gleichgewicht der Sippe und ihr Verhältnis zur Natur sicherzustellen, bspw. dadurch, daß er oder sie sich von einem oder von mehreren „Geistern" (__*tatsächlich feinstofflichen Kräften der Materia*__) „besitzen" ließ. Das würde bedeuten, daß eine solche Person auch als zentral für die Kultur der Prähistorischen anzusehen wäre.

Vielleicht läßt sich die Behauptung aufstellen, daß ein geschlechtsunspezifischer Schamane der personifizierte — *also der für eine menschliche Gemeinschaft* (__Mikrokosmos__) *sichtbare* — Achspunkt einer jeden natur_*rhythmischen* Kultur darstellt, über den das Gleichgewicht zwischen Mikro- und Makrokosmos (__„Natur"__) gewährleistet wird. Das würde auch erklären, wieso die Historischen für die Forderungen und Belange einer natur_*rhythmischen* Praxis keinen Sinn mehr hätten und somit für diese — da Vertreter einer natur_*arrhythmischen* Kultur — auch der Zugang zur Wahrnehmung der Prähistorischen — als erste Vertreter natur_*rhythmischer* Kultur — blockiert wäre: letztlich über die oben angesprochene „totale Amnesie" verursacht.

[359] Siehe auch die Seiten 283-86 beginnend mit: „Dies ist eine bedeutsame Aussage: Die Prähistorischen erlebten die anderen ..."

Es läßt sich schlußfolgern, daß es tatsächlich eine „ideelle Linie" zwischen „zeitgenössischen" (__*noch originären*__) Schamanen (__*wenn man unter* „zeitgenössisch" *Anfang des 20. Jahrhunderts verstehen will, da danach eine tiefgreifende Einflußnahme der Historischen auf die noch lebenden Prähistorischen nicht mehr auszuschließen ist*__) und _*den*_ „Schamanischen" gibt, die bis zu _*jenen*_ Prähistorischen zurückreicht, die — *jetzt unterstellt* — vor etwa 40.000 Jahren anfingen, sich eine komplexe (__also „ideelle"__) Vorstellung vom *Da*_Seienden zu verschaffen, in das sie sich so *ein*_gebunden wie selbst (__*magisch*__) *wirk*_kräftig fühlten, so daß mir diese seit prähistorischen Zeiten natur_*rhythmischen* Kulturen oberbegrifflich als „schamanische Kultur" zu bezeichnen adäquat erscheint. (__Ob diese komplexe [__also „ideelle"__] Vorstellung vom *Da*_Seienden die erste war, die sich überhaupt Vertreter des Menschengeschlechtes verschafften? Könnte es sein, daß es einst, weit früher noch, schon entwickelte menschliche Kultur gab? Es ist dann nicht absurd, dies anzunehmen, wenn man es *ab*_surd findet, anzunehmen, daß es _*keine*_ katatrophischen erdgeschichtlichen Entwicklungen gegeben hat, seit es unser Geschlecht gibt.__)

Vergleichen Sie dies mit der Aussage Hans Findeisens in seinem *Das Tier als Gott, Dämon und Ahne*[360], wo er auf der Seite 28 von „Elementen des alten Jägerglaubens", aus denen die „schamanische Kultur" geschöpft habe, spricht. Findeisen selbst verwendet in diesem Zusammenhang die Bezeichnung „schamanische Kultur", ohne das aber weiter auszuführen. Findeisen schlägt auch nicht vor, die Bezeichnung „Jägerkultur" durch die treffendere Bezeichnung „schamanische Kultur" zu ersetzen. In diesem Zusammenhang ist jedenfalls die Findeisensche Aussage interessant, daß er eine Verbindung zwischen den Schamanen Sibiriens und denen der Prähistorischen „sieht", dies allerdings nur zu vermuten sei, da dazu die Untersuchungsergebnisse noch zu dünn wären.[361] — Siehe in diesem Zusam-

[360] Hans Findeisens in seinem *Das Tier als Gott, Dämon und Ahne — Eine Untersuchung über das Erleben des Tieres in der Altmenschheit*, Franckh'sche Verlagshandlung, Stuttgart, 1956, die Seite 28.

[361] Siehe Hans Findeisen, *Schamanentum*, W. Kohlhammer Verlag, Stuttgart, 1957, die Seiten 156-61.

menhang die dieser Bemerkung vorgehenden Anmerkungen auf den Seiten 293 ff., beginnend mit: „Die zentrale Figur einer 'schamanischen Kultur'".

Daß es berechtigt ist, von einer „schamanischen Kultur" zu sprechen, die bei den Prähistorischen ihren Anfang nahm und bis in rezente Zeit reicht, legen auch die Autoren Jean Clottes und David Lewis-Williams in ihrem Buch: *Les chamanes de la préhistoire* nahe.[362] Denn erst durch diese Benennung wird sowohl der „ideellen Linie" natur_*rhythmischer* Kulturen als auch der Bedeutung der „schamanischen Persönlichkeit" für diese Kultur angemessen Rechnung getragen. Einfach deshalb, da, wie schon angedeutet, es die Aufgabe der „schamanischen Persönlichkeit" gewesen sein muß, die Balance zwischen der Gemeinschaft und den „Wirkkräften der Materia" aufrechtzuerhalten: anders ergäbe das „schamanische Dasein" keinen Sinn.

Damit ist nicht gesagt (__*denn das könnte nicht gesagt werden, da das niemand wissen kann*__), daß das Tun der heutigen (__*originären*__) Schamanen (__*bspw. jener, die bis Anfang des 20. Jahrhunderts in Sibirien wirkten*__) noch _*der*_ Kulturpraxis entsprechen muß, die für die Prähistorischen von vor 40.000 bis etwa 10.000 Jahren anzunehmen ist, als diese also (__*wieder?*__) bewußt Wissen akkumulierten und sich Vorstellungen von der Welt machten, wovon die beiden obigen „schamanisches Wirken" nahelegenden Abbildungen auf den Seiten 284 f. und der auf der Seite 302 — künden. (__*Diese Abbildungen sollen frühes* [__*anzunehmendes*__] „schamanisches Wirken" *der Prähistorischen illustrieren, ohne also zu behaupten, daß diese abgebildeten, in Frankreich beheimateten Objekte, die ersten seien, die* „schamanisches Wirken" *der Prähistorischen nahelegten. Sie eignen sich allerdings dazu bestens, da in ihnen ein tiefer Sinn zum Ausdruck kommt.*__)

Gemeint ist insbesondere die Zeit, aus der jene wunderbaren Höhlenmalereien stammen, die sich bspw. in Rouffignac (__*Malereien entstanden dort vielleicht vor 13.000 Jahre*__), Niaux (__*vor ca. 17.000-11.000*__), Trois-Frères (__*ca. 13.000*__), Altamira (__*Malereien entstanden dort zwischen 15.000-12.000*__),

[362] Siehe Jean Clottes und David Lewis-Williams, *Les chamanes de la préhistoire*, Verlag Seuil, Paris, 1996 / 2015 éditions Points, Paris.

Lascaux (__*ca. 17.000*__), Chauvet-Pont d'Arc (__*Malereien entstanden dort zwischen 32.000-30.000 Jahren*__) oder schon in El Castillo (__*vor ca. 40.000 Jahren*__) finden.

Anzunehmen ist demnach nicht, daß sich das Wissen und die Vorstellungen von der Welt der heutigen (__*originären*__) Schamanen nicht von _*ihren*_ Ursprüngen entfernt hätten, aber es ist anzunehmen, daß sich beides: das einstige (__*möglicherweise sich erneut gebildet habende*__) Wissen des Menschengeschlechts und die damit einhergehenden (__*möglicherweise sich erneut gebildet habenden*__) komplexen (__*also* „ideellen"__) Vorstellungen von der Welt, bei den Prähistorischen findet (__*wo auch immer auf der Welt sich ihre tatsächlichen Ursprünge selbst finden und wann diese sich gebildet haben mögen*__), und diese sich dann lediglich kulturell „differenzierten: _*ohne*_ Brechung der (__*möglicherweise sich erneut gebildet habenden*__) „natur_*rhythmische* Kulturlinie" — und *da*_mit im Gegensatz zur Kultur_*Brechung* durch die Historischen stehend.

Also behaupte ich, daß durch die dann von den Historischen verursachte Kulturbrechung, möglicherweise erst durch die oben erwähnte totale Amnesie der eigenen ursprünglichen Vergangenheit ausgelöst, _*in*_ den Historischen ein so gravierender wie kollektiver Entfremdungsprozeß ausgelöst worden sein _*muß*_ — möglicherweise als Ausdruck des durch die kollektive Verdrängung eines katastrophischen Ereignisses hoher Intensität ausgelösten Blockierung des die eigene prähistorische Vergangenheit betreffenden Erinnerungsvermögens (__*anders hätten sie gar nicht als Historische* „funktionieren" *können*__). Dies dann ein Entfremdungsprozeß, der sich immer dort beschleunigt hatte, wo die Spuren aus der Zeit vor der „Kulturbrechung" gänzlich verlorengegangen waren. In Europa wurde diese Kulturbrechung durch die gewaltmäßig erfolgte Monotheisierung auf christlicher Basis zum Abschluß gebracht. Und diese Entfremdungsprozeß ereignet sich bis heute. ... Übrigens hätten die großen Entdeckungen der franko-kantabrischen Höhlenmalereien[363] im

[363] „Franko-kantabrisch" bezieht sich zwar auf die nordspanischen und südwestfranzösischen Regionen, es handelt sich dabei aber nicht um eine geographisch genaue Bezeichnung.

19. Jahrhundert wie ein heilsamer Schock wirken können, da durch sie von dem Verdrängten der eigenen Vergangenheit etwas ins Bewußtsein der Historischen hätte dann aufsteigen können, wäre diese Amnesie nicht so total, sondern nur partiell geblieben, wie bei den Mitgliedern „schamanischer Kulturen". Also konnte es im sogenannten „Westen", u.a., lediglich zu Karikaturen des amnestisch Bleibenden kommen. Nämlich, wie es dann so üblich ist, zu selbst erzeugten Phantasie-Vorstellungen von etwas, dessen kultureller Zusammenhang verschlossen ist, die von Gruppen „gepflegt" werden, die unter dem Oberbegriff „New Age" firmieren, wozu u.a. sogenannte „neoschamanistische Bewegungen" gehören.

« Petit Sorcier à l'arc musical » de Trois Frères _ d'après H. Breuil[364]

[364] Abbildung ist folgender Quelle entnommen: *Bulletin de la Société préhistorique de l'Ariège*, Band XXIII, Tarascon-sur-Ariège, 1968, die Seite 50. Das Copyright konnte nicht eruiert werden.

Also dürften zwar die Prähistorischen ihr Leben über das Erjagen von *Mit*_Wesen und das Sammeln pflanzlicher Nahrung, bspw. Busch- und Baumfrüchte, aber vielleicht auch schon Honig und andere, dem bewußtseinserweiternden Rausche dienende Köstlichkeiten, bestritten haben.

(__Gehe ich jetzt allein davon aus, daß es lediglich _*eine*_ Entwicklung des Menschengeschlechts gegeben hat und nicht mehrere, die je durch katastrophische Naturereignisse unterbrochen wurden, und — *in diesem Zurückgeworfensein* — dann, u.U., die je Überlebenden untergehender höherer Kultur noch „Wissens-“ und „Kulturkerne“ an die „ersten“ Vertreter nachkommender Kulturen übertragen konnten — was jetzt erst einmal nur als „spekulativer Merkposten“ zu verstehen ist und deshalb an dieser Stelle auch nicht weiter ausgeführt werden muß.__)

Aber allein die Befriedung von Nahrungsbedürfnissen zur Grundlage der Bezeichnung einer Kultur zu verwenden, erscheint mir mehr als ungeeignet, da die zwar erlaubt, den sowieso schon geschärften scheuklappenbewaffneten Blick weiter zu beüben, aber nicht aus einer ungewohnten scheuklappenfreien Perspektive zu blicken. Der Begriff „schamanische Kultur“ erscheint mir weit besser geeignet zu sein — *auch zum Beüben des entsprechenden Blicks* —, sich der „Kultur der 'Jäger' und 'Sammler'“ scheuklappenfrei zu nähern.

Ob Höhlenmalereien und die während ihres Herstellens aufscheinenden Gedanken — *wie es mir beim Schreiben auch geschieht* — als „Kerne“ von „Märchenbildungen“, „Mythenbildungen“, „Weltbildvorstellungen“ oder „Totambildungen“ gelten können? Wobei es bspw. bezüglich des „Totams“ unter heutigen Historischen die Vorstellung gibt, daß das „Totam“ als „religiös-soziale Bindung“ zu verstehen wäre, obwohl es sich dabei um eine Interpretation von etwas handelt, das die Historischen selbst nicht kennen.

Es ist nicht ungewöhnlich, daß westliche Wissenschaftler Dinge, Angelegenheiten und Zusammenhänge interpretieren, die sie gar nicht kennen können, da ihnen dazu die grundsätzlichen Informationen fehlen. Als exemplarisch dafür können die „Indologen“ der ersten Stunde gelten, die sich bei völlig fehlendem Wissen von der Vedischen Kultur, der Vedischen Gesellschaft, der Vedischen Sprache — _*und*_ vor dem eigenen beschränkten Horizont — bedenkenlos ein phantasiertes Bild von der bharatavarsischen Gesellschaft erschufen, das schlimme, bis heute nachwirkende Folgen hat. Das darf nicht einfach mit seltsamer Geste verniedlicht werden, da es symptomatisch für eine gewisse Mentalität ist.[365]

Mir gefällt es, nicht den Begriff „Totem", sondern „Totam" zu verwenden, denn „Totam" konnte deshalb erstmals von John Long (__*siehe weiter unten im Text*__) verwendet werden, da „Totam" von einem der Vertreter der Algonkin-Stämme Nordamerikas in einem entsprechenden Zusammenhang erwähnt wurde, so daß sich Long Gedanken darüber machen konnte, was die Algonkin damit meinen _*könnten*_. Seitdem bilden sich westliche Wissenschaftler Vorstellungen von ihrer Beschäftigung mit dem, das wir mit dem Begriff „Totem" verbinden — ob allerdings berechtigt, kann in Frage gestellt werden, ist dann von „religiös-sozialer Bindung" die Rede, da das damit einhergehende Denken und Interpretieren der westlichen Wissenschaftler auf der Basis einer Mentalität erfolgt, die einst vom christlichen Monotheismus geprägt wurde und dessen auf diese Weise in der Mentalität der Europäer verankertes „Sendungsbewußtsein" (__vgl. Mt 28, 18-20: „Der Missionsbefehl"__) _*bleibend*_ nachwirkt — heute sich lediglich im Sinne des säkularen Monotheismus' namens „Neoliberalismus" modifiziert ausdrückend. Eher handelt es sich bei dieser „Interpretation" von Totam wohl um ein vorgefaßtes, aus dem „Heute" kommendes *M e i n e n*.

Vor dem Hintergrund dessen, was wir als gesichert wissend annehmen können, ist die Behauptung *un*_zulässig, die Prähistorischen hätten den Eindruck gehabt, sie unterlägen der „Bindung an eine 'äußere Größe'" (__*vom Ursprünglichen her gesehen bedeutet* „religiös" *genau das*__), da es dafür keine Begründung gibt. Daß es diese „Bindungsvorstellung" bei rezenten — *aber prähistorisch geprägten* — Völkern geben mag, soll hingegen nicht bestritten werden. ... Nur: geht diese

[365] Auf das damit verbundene Thema ist in Kapitel 7 zurückzukommen.

„religiöse *An*_Bindung“ nicht auf Einflüsse (__gar missionarische *Ein*_Flüsterungen: „eure Glaubensvorstellungen künden von dem Glauben, den _*wir*_ euch jetzt bringen“__) von Kulturen mit monotheistischer Glaubensvorstellung zurück? Eine Beeinflussung, die selbst auf die sibirischen Keten (__*Ostjaken*__) zutreffen könnte, wenn diese vom Christentum auch nur „oberflächlich“ beeinflußt worden sein sollen.

Wird doch zum „Oberflächlichen“ des von Missionaren an die Keten Gegebenen gewiß der Hinweis gehört haben, daß es nur einen Gott gäbe, der überdies Mensch geworden sei, was dann — *wegen ihres eigenen* „personengebundenen Bären-Kultes“ — die Keten als sofort nachvollziehbar angesehen haben dürften, gehörte doch zu ihrem Vorstellungskanon die — auf _*ihre*_ Weise halluzinierte — „Idee“, vom Bären abzustammen — *so von ihm auch Wohltaten erwartend* —, zumal es sich in ihrer — auf _*ihre*_ Weise halluzinierten — Vorstellungswelt dabei um einen Menschen in Bärengestalt handelte. Daß eine solche „religiöse Bindung“ an einen Gott aber schon bei den veritablen Prähistorischen — *insbesondere bei jenen, die die weiter oben schon bemerkten herrlichen Höhlenmalereien schufen* — existiert haben könnte, kann nicht belegt werden, sondern unterliegt allein „glaubensmäßigem Geschmack“.

Exkursion:
Halluzination, weltliche Machtinteressen und Religion

Die Kombination aus Halluzinierenkönnen, als zumindest jedem Säuger eigenseiendes Phänomen[366], und — ab einem bestimmten *Fehl*_Entwicklungsgrad — allein menschlichen Gesellschaften eigenseienden weltlichen Machtinteressen, ergibt erst die Grundlage für „Religion“ im heute verstandenen Sinne. Das bedeutet: ohne die Fähigkeit zum Halluzinieren (__*dies zudem bewußt drogenunterstützt tun zu können*__) und ohne weltliche Machtinteressen, keine Religion im _*heute*_ verstandenen Sinne.

[366] Siehe Jean Clottes und David Lewis-Williams: *Les chamanes de la préhistoire*, Verlag Seuil, Paris, 1996 / 2015, éditions Points, Paris, die Seite 93.

Jeder Religion liegt als _*unterste*_ Schicht ihrer ideellen Basis der Sinngehalt des lateinischen Verbs *religare* zugrunde. *Religare* bedeutet, u.a., soviel wie „anbinden" oder „festbinden".

> Im Aktiv des indikativen Präsens der 1. Person Singular wird daraus: *religo* „ich binde an" bzw. „ich binde fest". Im Passiv des indikativen Präsens der 1. Person Singular wird daraus: *religor* „ich werde angebunden" bzw. „ich werde festgebunden". Das jetzt nur als Hinweis.

Um was handelt es sich beim „*An*_Binden" bzw. „*Fest*_Binden" letztlich, bezieht sich „*an*_binden" bzw. „*fest*_binden" auf eine Masse von Menschen? Es ist berechtigt anzunehmen, daß Menschen von Natur aus miteinander auskommen wollen: denn die Spezies Mensch ist schon deshalb gesellig, da sie in „einzelkämpferischer Seinsweise" als Spezies nicht überlebensfähig wäre, und ihre Mitglieder in der Lage sind, sich allgemeinverbindliche Verhaltensregeln aufzuerlegen (__*die vor der besagten* „Kulturbrechung" *durch die Historischen für alle gegolten haben dürften*[367]__), und solche Regeln besonders dann akzeptiert werden, ist für alle klar erkennbar, daß sie fürs Zusammenleben unerläßlich sind. Deshalb ist davon auszugehen, daß die Mitglieder einer Masse von Menschen sich entschließen werden, ein „Ensemble von Verhaltensweisen" zu entwickeln, um die Art des Zusammenlebens für alle Beteiligten „*ver*_bindlich" zu machen. Wobei das verwendete „Ensemble von Verhaltensweisen" von der gesellschaftlichen Seinsweise: „nomadisch" oder „seßhaft" und von den natürlichen Umweltbedingungen abhängig ist. Das „Ensemble dieser Verhaltensweisen" nennen wir „Bräuche" und „Sitten". Das „Ensemble von Verhaltensweisen" ist aber das „ideelle Band" einer Masse von Menschen, die zu-

---

[367] Siehe dazu oben die Anmerkung auf der Seite 301, beginnend mit: „Also behaupte ich, daß durch die von den Historischen verursachte Kulturbrechung ...". Siehe auch in Kapitel 7 die Anmerkungen, die sich auf die Vedische Gesellschaft beziehen. Daß die Vedische Gesellschaft als veritable egalitäre Gesellschaft bezeichnet werden kann, wird in Prodosh Aich, « Das Vedische Erbe » — *Nachdenken über systematisch zurückgehaltene WAHRHEITEN*, EndemannVerlag, September 2019, deutlich.

sammenlebt und die deshalb als Gesellschaft bezeichnet wird, denn „Gesellschaft" kommt von „gesellig sein"; wobei „gesellig sein" bedeutet, die „Gesellschaft" anderer zu suchen, was sich nicht nur bei Menschen, sondern ebenso bei vielen anderen Mitwesen findet — wenn auch die Gründe fürs „Geselligsein" verschieden sein mögen. Viele Faktoren, die mit den natürlichen Umweltbedingungen zu tun haben, auch damit, wie schon gesagt, daß der Mensch als Spezies keine Chance gehabt hätte, wäre der einzelne Mensch vor allem ein „Einzelkämpfer", bestimmen, wie dieses Band geknüpft ist. Das „ideelle Band" ist es also, das eine Masse von Menschen zu einer Gesellschaft werden läßt, demnach könnte ein solches Band Auskunft darüber geben, wieso eine bestimmte Masse von Menschen sich genau dieses „Ensemble von Verhaltensweisen" zugelegt hat. Denn dieses Ensemble von Verhaltensweisen ergibt sich in Abhängigkeit von den natürlichen Umweltbedingungen, der Art und Weise der Sicherung des Lebensunterhalts und des Zusammenlebens dieser Masse. Es ist dieses „ideelle Band", das eine Masse von Menschen „zusammenbindet", und existiert dieses „Ensemble" bereits, bleiben die Menschen durch es an diese Gesellschaft „gebunden", bzw. wachsen die Nachkommen in diese Gesellschaft so „gebunden" ein.

Die Art eines solchen Bandes differenziert sich je nach gesellschaftlicher Formation aus: für eine „Sippe" oder einen „Stamm" kann das „ideelle Band" noch wenig ausdifferenziert, bzw. gering „abstrakt geladen" sein, da sich deren Mitglieder alle *un*_mittelbar oder — *bei einem großen* „Stamm" *zumindest potentiell* — *mittel*_bar kennen. Erst wenn sich „Staaten" bilden, bedarf es insbesondere dann eines ausdifferenzierten _*und*_ „abstrakt geladenen" ideellen Bandes, handelt es sich bei einem Staat um ein Werkzeug, das von einer „Führungsschicht" (__„Machtelite" und „Satelliten"__) in ihrem Sinne verwendet wird und zu diesem Zweck die Masse der Menschen _*ihres*_ Staates im Sinne _*ihres*_ Strebens zu funktionieren zwingt. Ein „staatliches ideelles Band" bedeutet aber eine „*Los*_Lösung" (__dies eine weitere Bedeutung von *religare*__) und _*dann*_ die „*An*_Bindung" an eine von Vertretern weltlicher Machtinteressen vorgestellte, bzw. diesen Interessen nützlich seiende und deshalb ent_*sprechend vor*_gestellte und über ent_*sprechende* Gedankenakrobatik separat gesetzte — behaupteterweise als *außer_*halb des einzelnen Menschen befindliche, dann als „Gott" oder „Göttin" bezeichnete — „Größe". Und von was erfolgte diese „*Los*_Lösung"? Sie erfolgte von der _*tatsächlich*_ alles umfassenden Materia ... _*Dies*_ ist die „Kultur_*Brechung*" von der weiter oben die Rede ist: die machtinteressengeleitete Anbindung der Menschen an ein künstlich gesetztes Prinzip (__„Gesetz"__) unter Zerstörung der originären Bindung an die Materia, wodurch erst ein Widerspruch zwischen natürlicher Umwelt und gesellschaftlicher Umwelt möglich wurde. — Dies wurde aber überhaupt erst dadurch möglich, daß unser Geschlecht von seinem Wesen her plastisch ist (__siehe dazu auf der nächsten Seite den Hinweis in der Fußnote 368__).

Daraus ergibt sich, daß in „materia_*ent*_fremdeten Gesellschaften" Religiöses zum Zwecke der Bildung und der Aufrechterhaltung einer Gesellschaft mit Klassencharakter verwendet wird, wobei „religiös" dann von einer „institutionalisierten Priesterschaft" definiert wird (__wie gesagt, *religio* geht _*letztlich*_ auf *religare* zurück__).

Obwohl dies bedeutet, daß es in derselben Gesellschaft Herrschende und Beherrschte gibt, es also Menschen gibt, die über andere Menschen herrschen (__dies bedeutet ja „Klassengesellschaft"__), empfinden die von der typischen Charakterbildung einer Klassengesellschaft betroffenen und geprägten Menschen das als normal. Und zwar gilt das für die Beherrschten in dem Sinne, daß sie es richtig finden, daß es Menschen gibt, die sie beherrschen, und für die Herrschenden in dem Sinne, daß diese es richtig finden, andere Menschen zu beherrschen. Dadurch werden aber beide unfrei: die Beherrschten, weil ihre Freiheit reduziert ist, da sie den sie Beherrschenden Substanz von ihrer Freiheit geben, und die Herrschenden, weil ihre „Freiheit" nicht auf eigener Substanz beruht, sondern von der Unfreiheit der von ihnen Beherrschten abhängt. Auf diese Weise entsteht ein Spannungsverhältnis, daß sich früher oder später gewalttätig entlädt — es ist dann „nur" die Frage: gegen wen? Gegen „Sündenböcke" oder gegen die Herrschenden? Der unnormale Zustand einer Klassengesellschaft, der heute noch dadurch verschleiert wird, daß man nicht von „gesellschaftlichen Klassen", sondern „gesellschaftlichen Schichten" spricht (__*womit nicht bestritten wird, daß es innerhalb einer Klasse eine* „soziale Schichtung" *gibt*__), wird sowohl von den Beherrschten als auch von den sie Beherrschenden deshalb als normal und richtig angesehen, da das über ein entsprechendes „emotionales (__*religiöses bzw. ideologisches*__) *Fest*_Binden" so kollektiv wie individuell in Kopf und Gefühl verankernd erfolgt — und völlig *un*_bewußt *vor*_verwebend schon in der *intra*_uterinen Phase beginnend.[368]

In neoliberalen Gesellschaften erfolgt das „emotionale 'Festbinden'" allerdings nicht mehr im klassischen Sinne über „spirituelle Glaubenssätze", sondern über „säkulare Glaubenssätze". Dieses für unsere heutigen Gesellschaften typische emotionale 'Festbinden'" läßt sich in einem Satz ausdrücken: „Das Regierungshandeln nimmt keinen Einfluß auf den 'Markt', sondern ausschließlich auf die gesellschaftlichen Bedingungen, wodurch in der Bevölkerung ein 'marktkonformes' Verhalten dauerhaft erzeugt wird".[369]

_D a s *a b e r*_ — *also, ein derartiges* „emotionales Festbinden" — muß den Prähistorischen noch fremd gewesen sein, da sie sich, wie das von ihnen uns Hinterlassenhabende zu vermuten erlaubt, mit allem gleich, also *un*_vermittelt *wahr*_nehmend, verbunden gefühlt haben dürften. Zumindest hätten sie nicht jene *Mit*_Wesen, die sie fürs eigene Lebenkönnen töten mußten, um „ritualisiertes *Ver*_Zeihen" gebeten — wie wir dies von an verschiedenen Plätzen auf diesem Planeten noch wesenden schamanischen Kulturen wissen: zumindest mit Recht _*vermutenkönnend*_ wissen.

Schlußfolgernd kann man sagen, daß sich die mit der oben angesprochenen Kultur_*Brechung* einhergegangene Scheidung zwischen der Wahrnehmungsweise der Prähistorischen und jener der Historischen (__*einschließlich der Heutigen*__), u.a., in den sogenannten drei „großen" monotheistischen Religionen, bzw. bei deren Glaubensbegründern und -vertretern darin zeigt, daß diesen _*jene*_ Wesen,

---

[368] Siehe dazu, daß der Mensch „plastisch angelegt" ist, in: Die *tri*_logische Sezierung [...], Band I, Teilband 4, die Seiten 138-47, beginnend mit: „Aus meiner Sicht ist aber die _*eigentliche*_ Frage folgende [...]".

[369] Siehe Die *tri*_logische Sezierung [...], Bd I, Tbb 1-3, die Seite 59.

die den Prähistorischen *Mit*_Wesen waren, nicht nur als dem Menschen untergeordnet, sondern auch als von diesen im nachrangigen Sinne separiert gelten.

Und was ging damit noch einher? Unter anderem das zunehmend kollektive Egozentrischwerden der Historischen im *fort*_schreitenden Prozeß sich „materia_*ent*_fremdender Gesellschaften“[370], wovon bspw. anthropo_*zentrische* Weltbilder bzw. anthropo_*zentrische* Religionen ein Ausdruck sind[371].

Auch dies, also das Ego_*Zentrische*, kann es bei den Prähistorischen _*so*_ nicht gegeben haben. Denn wer sich mit allem verbunden weiß, _*ohne*_ sich (__*durch das sich davon* Fort_*entwickelthaben*__) darauf „*rück*_besinnen“ zu müssen, da dies eher Ausdruck eines *Eins*_Sein_*Glaubens* als eines *aus*_gefüllten *Eins*_Seins wäre, kann nicht zur Ego_*Zentrik* neigen. Denn — *wie oben schon bemerkt* — das Halluzinierenkönnen — *mindestens allen Säugern eigen* — allein genügt für eine Religionsbildung im heutigen Sinne nicht, wie uns die Prähistorischen lehren, finden sich bei ihnen doch keine Spuren *ein*_göttischen Glaubens. Das ist kein Wunder, da sie weder „Tiere“ noch „Pflanzen“ kannten, hingegen — *da alles mit allem im Sinne der Materia verbunden ist* — ausschließlich *Mit*_Wesen, *Mit*_Belebtes. Deshalb konnten sie sich auf magische Weise die Energie der *Mit*_Wesen und des *Mit*_Belebten für ihre Gemeinschaft verschiedentlich nutzbar machen, denn sie wußten, daß es sich dabei „lediglich“ um einen „Austausch“ zwischen *Mit*_Wesen und *Mit*_Belebtem handeln konnte — da alles Ausdruck *fein*_ wie *grob*_stoffwechselnder Materia ist.

Ende der Exkursion:
Halluzination, weltliche Machtinteressen und Religion

---

[370] Zwei Beispiele für die Auswirkungen des zunehmend kollektiven Egozentrischwerdens der Historischen finden sich in: « Sie fragen noch, wie die ›Verhältnisse‹ liegen », siehe dort die Aspekte 28 und 29.

[371] Das ganze Universum wäre demzufolge nur _*wegen*_ und _*für*_ die Historischen existent. Eine extrem anthropozentrische Weltsicht war der Glaube, die Sonne drehe sich um die Erde.

Betrachtet man die Herkunft des Begriffes „Totam", kann es viel eher sein, daß das „Totam" als Ausdruck der Verbundenheit mit dem zu verstehen ist, dem man — *herbei*_gewünschte — „Kraft" zuspricht, die von jenem „anderen *Mit*_Wesen" kommt, mit dem sich ein einzelner Prähistorischer oder ein Klan oder Stamm — *über das bei Prähistorischen normale Maß hinaus* — besonders verbunden fühlt — *also zwar schon so, wie mit allen um ihn bzw. ihnen herum auch verbunden* —, aber mit dem „Totam-Mitwesen" eben deshalb auf besondere — „*be*_sonders vorgestellte" — Weise, da das „symbolische Totam" seinem Besitzer machtvoll magisch wirksam zu sein erlaubt.

Von Hans Findeisen erfahre ich[372], daß das Wort „Totem" aus der Sprache des Stammes der Odschibwä stammt, der am „Oberen See und den Landschaften zwischen diesem und dem Michigan-See" lebe, bzw. dort gelebt habe und daß dieser Begriff erstmals vom britischen Reisenden John Long unter der Bezeichnung „Totam" verwendet worden sei.[373]

Long berichtet in: *Voyages and Travels of an Indian Interpreter and Trader*[374], daß die Odschibwä glauben, über _*jeden*_ von ihnen wache ein Schutzgeist, ihr persönliches Totam, das, so stellten sie sich vor, die Gestalt eines Mitwesens angenommen habe. Dies sei der Grund wieso sie niemals ein Mitwesen töteten, jagten oder äßen, von dem sie annähmen, es sei _*Träger*_ „ihres" über sie wachenden Totams.

---

[372] Vgl. Hans Findeisen, *Das Tier als Gott, Dämon und Ahne — Eine Untersuchung über das Erleben des Tieres in der Altmenschheit*, Franckh'sche Verlagshandlung, Stuttgart, 1956, die Seite 42.

[373] Der volle, zwar lange, wie es einst üblich war, aber erst so wirklich aussagekräfte Titel dieses Werks von Long lautet: *Voyages and Travels of an Indian Interpreter and Trader, describing The Manners and Customs of the North American Indians; with an Account of the Posts situated on the river Saint Laurence, Lake Ontario, & to which is added, a Vocabulary of the Chippeway Language, Names of Furs and Skins, in English and French. A List of Words in the Iroquois, Mohegan, Shawanee, and Esquimeaux Tongues, and a Table, shewing The Analogy between Algonkin and Chippeway Languages*. Erschienen bei Robson, et al., London, 1791.

[374] Siehe a.a.O. die Seiten 86 f.

Bei den Odschibwä findet sich also der Glaube an ein persönliches Totam. Zumindest trifft diese Aussage auf die Gewohnheit dieses Stammes für die Zeit zu als dieser von Long bewußt aufgesucht worden war. Ob sich an dieser Gewohnheit etwas geändert hat, weiß ich nicht, wäre in diesem Zusammenhang allerdings auch nicht wichtig zu wissen, da die Odschibwä und ihre Kultur weder das Thema dieses Kapitels noch des Ihnen vorliegenden Buches überhaupt sind. Es geht an dieser Stelle also lediglich darum, den Begriff „Totem" nicht reflexhaft zu verwenden, wie es i.d.R. geschieht, ist ein Begriff zu einem „Schlagwort" geworden: deshalb hier ja auch die Verwendung von „Totam" anstatt „Totem".

> Es sollte an dieser Stelle aber erwähnt werden, daß der Glaube an ein persönliches Totam nicht üblich zu sein scheint. Das geht zumindest aus den Aussagen der meisten Vertreter „totamistischer Kulturen" von in den ersten Jahrzehnten des 20. Jahrhunderts noch relativ ursprünglich gelebt habenden schamanischen Kulturvölkern hervor, die dem Stammes-, Klan- oder auch geschlechtsbezogenen, nicht aber personenbezogenen Totam weit größere Bedeutung beilegen.

„Totamistische Idee" soll besagen, daß ein Mensch oder eine Gruppe von Menschen eine besondere Beziehung zu einem bestimmten Mitwesen als gegeben auffaßt (__möglicherweise _*wegen*_ der von den Prähistorischen allgemein wahrgenommenen Beziehung zwischen allen Wesen überhaupt, die ihnen als selbstverständlich gegeben galt: als Ausdruck eines *aus*_gefüllten *Eins*_Seins[375]__), das ein bestimmtes, auch mit magischen und rituellen Elementen versehenes Verhalten und Tun von den Prähistorischen verlangt. Diese „totamistische Idee" kommt schon bei Long zum Ausdruck, wenn er davon berichtet, daß bei einem Vertragsabschluß zwischen Briten und den zwischen Toronto und dem Huronsee siedelnden Prähistorischen, bei

---

[375] Siehe oben auf der Seite 310, beginnend mit: „Denn wer sich mit allem verbunden weiß ...".

dem es um die Inbesitznahme von Land von Toronto bis zum Huronsee ging, das jeweilige Zeichen des Totams (__*das ja aus Sicht der dortigen* [__späten__] *Prähistorischen das menschliche Schicksal bestimmt*__), als verbindliche „Unterschrift" diente.[376] Darauf ist in unserem Zusammenhang jedoch nicht weiter einzugehen, denn in diesem Kontext genügt der Hinweis: „Das [__Totam__] gilt vor allem als Helfer und Beschützer, niemals jedoch als 'Gott'. Auch finden keine Opfer für das [__Totam__] statt."[377]

Im übrigen weist Sir James George Frazer u.a. darauf hin, daß von Jean-Baptiste Thavenet (__1763-1844__) der Hinweis komme, daß sich *Totam* von einem Wort der Odschibwä herleite, das korrekt *ote* laute und das im Sinne von „Familie oder Stamm" zu verstehen sei, besitzanzeigend aber zu *otem* würde und zusammen mit dem persönlichen Pronomen „nind": *nind otem* soviel wie „mein Stamm", oder mit „kit": *kit otem* soviel wie „dein Stamm" bedeuten würde.[378] Zwar anerkenne Thavenet, so Frazer weiter, daß für die Odschibwä das Wort *ote* allein den Sinne von „Kennzeichen" habe, das sie „allem Anschein nach" aber lediglich im Sinne von „Familienkennzeichen" verwendeten und er möglicherweise deshalb behaupte, daß das Wort *ote* „Familie" oder „Stamm" bedeute.[379] — Frazer ergänzt, daß „sich im Englischen die Schreibweise *Totem* [....] durch Gewohnheit etabliert" habe.[380] Das würde aber bedeuten, daß die Zuweisung eines Totams primär keinen religiösen, sondern einen gesellschaftsregelnden Charakter hätte. Daß es sich so verhalten dürfte, geht auch aus der Aus-

---

[376] Siehe John Long, *Voyages and Travels of an Indian Interpreter and Trader*, die Seite 178.

[377] Siehe Hans Findeisen, *Das Tier als Gott, Dämon und Ahne — Eine Untersuchung über das Erleben des Tieres in der Altmenschheit*, Franckh'sche Verlagshandlung, Stuttgart, 1956, die Seite 47.

[378] Siehe James George Frazer, *Totemism and Exogamy — A Treatise on Certain Early Forms of Superstition and Society*, Band 1, 1910, die Seite 3.

[379] Siehe ebenda, die Fußnote 6.

[380] Siehe a.a.O., die Seite 3.

sage Frazers hervor, daß die beiden von westlichen Wissenschaftlern dem „Totemismus" (_*der eine ihrer Begriffsbildungen ist*_) zu gesprochenen Aspekte, nämlich der „religiöse" und der „soziale", „ursprünglich untrennbar waren. Denn, so Frazer weiter, je weiter man zurückgehe, um so deutlicher trete hervor, daß das einzelne Mitglied eines Klans oder eines Stammes sich zusammen mit dem Totam als einer Spezies zugehörig fühle und es für dieses Mitglied keine Rolle spiele, ob sich sein Totam oder er sich selbst anderen Mitgliedern seines Klans gegenüber verhalte. Diese grundsätzliche Einheit sollte immer bedacht werden, so Frazer weiter, und lediglich zum Zwecke der besseren Untersuchung des „religiösen" und des „sozialen" Aspektes des „Totemismus'", müsse man sie getrennt betrachten.[381]

Allerdings vergessen die „westlichen" Wissenschaftler in der Regel nicht nur jenes wieder zusammenzufügen, das von ihnen zu Untersuchungszwecken analysiert, also „zerlegt" worden ist, sondern beim „westlich" geprägten Wissenschaftler bleibt meist der Eindruck hängen, das jenes, das von ihnen als „Totemismus" bezeichnet wird, aber vor dem Hintergrund der eigenen Denkgewohnheiten interpretiert wird, „tatsächlich" aus zwei Elementen — dem „religiösen" und dem „sozialen" — bestehe. Vermutlich geschieht dies auch deshalb, da es typisch für das traditionell vom monotheistischen Glauben geprägte „westliche Denken" ist, und sich so leicht behaupten läßt, daß bereits bei den „Naturvölkern" ein „religiös geprägter Dualismus" bestanden habe.

Tatsächlich ist diese „Denkmethode" aber so falsch wie gefährlich, geht es um die Beurteilung eines lebendigen Zusammenhangs. Denn die Untersuchungsweise dieser „Denkmethode" besteht darin, einen lebendigen Zusammenhang in seine Einzelteile zerlegen zu müssen, um sie — *also die Einzelteile, nicht den Zusammenhang, denn den gibt es auf diese Weise nicht mehr* — erst analysieren zu können. Vom Theoretischen her gesehen, führt das zu einem Denken, daß keinen Bezug mehr zu lebendigen Prozessen hat. Statt dessen wird die wahre

---

[381] James George Frazer, *Totemism and Exogamy — A Treatise on Certain Early Forms of Superstition and Society*, Band 1, 1910, die Seiten 4f.

Einheit alles Lebendigen verleugnet, um dann von einer, bspw. monotheistisch geprägten Sicht ausgehend, oder einer „dualistisch-philosophischen" Sicht, diesen natürlichen Zusammenhang durch einen künstlichen „Zusammenhang" zu ersetzen, der seine „Begründung" in einem Gedankenkonstrukt findet, das entweder als „Gott" oder als „Idee" bezeichnet wird, letztlich jedoch Ausdruck des Denkens der selbstentfremdeten Historischen ist. Es sind dann die als „Eliten" der selbstentfremdeten Historischen geltenden Intellektuellen, die, im Dienste der Machteliten der Historischen stehend, mittels von zu solchen Selbstentfremdeten passenden Glaubenssätzen sowie über selbstentfremdende Erziehungsmethoden und zugehörige Propaganda alles zur Perpetuierung des selbstentfremdenden Prozesses Notwenige in den Köpfen der Masse der Menschen dauerhaft verankern.

In diesem fortschreitend selbstentfremdenden Prozeß liegt die Ursache für die Zerstörung des *synthetischen Gefühlt-Gedachten* (__oder des „denkenden Fühlens" bzw. „fühlenden Denkens"__) der Prähistorischen und dessen Ersetzung durch ein säuberlich getrenntes Denken hie und Fühlen da, herbeigeführt durch die Art der Lebensweise der Historischen, deren zwangsläufiges Ergebnis eine reduzierte Wahrnehmungsweise ist, da ihnen das ausbalancierte *Gefühlt-Gedachte* der synthetischen Wahrnehmungsweise der Prähistorischen fehlt.

Vergleichbares, also das vermeintlich Religiöse betreffend, ist für den Begriff „Tabu" anzunehmen.

Das vom polynesischen Wort *tapu* bzw. *tabun*[382], das soviel wie „intensiv gemerkt": *bu* „intensiv" + *ta* „gemerkt"[383], oder das „stark Gezeichnete", im Gegensatz zum „gewöhnlich Gezeichneten", das von den

---

[382] Siehe Findeisen, *Das Tier als Gott, Dämon und Ahne*, Franckh'sche Verlagshandlung, Stuttgart, 1956, die Seite 42.

[383] Siehe dazu in: Meyers kleines Lexikon: *Religion*, bearbeitet und eingeleitet von G. Lanczkowski, Bibliographisches Institut, Mannheim, 1987, den Eintrag: „Tabu".

Polynesiern dann mit *noa* benannt wird[384], bedeuten soll, herkommende Wort „Tabu", das ursprünglich an der einer Person besonders zugesprochenen Macht hing, nämlich etwas mit einem „Tabu" belegen zu können, bspw., zur Verhinderung einer drohenden Hungersnot, das Verzehren bestimmter Lebensmittel zu verbieten.[385] Diese Macht, die beispielsweise einem Häuptling zugesprochen wird, soll darauf zurückzuführen sein, daß die Geister seiner Vorfahren mächtiger sind als die anderer Clan- oder Stammesmitglieder, wobei diese mit besonderer Macht ausgestattete Person mitunter selbst als Geist (__*Atua*__) angesehen wird.[386]

Hieran, also an der Zusprechung von Macht, die von nicht mehr lebenden Menschen, den Ahnen kommt, wie an der Annahme, daß eine leibliche Person eigentlich geistig sei, läßt sich übrigens erkennen, daß es für die Prähistorischen keinen Unterschied gemacht haben dürfte, ob „Wesen" optisch *sicht*_bar oder lediglich *vor*_gestellt sichtbar, bzw. optisch *an*_wesend oder lediglich *vor*_gestellt anwesend wären.

In diesem Zusammenhang sind die folgenden Findeisenschen Hinweise erwähnenswert, da sie ebenso rückzuschließen erlauben, daß es nämlich zum einen für die Prähistorischen in der Tat keinen Unterschied zwischen Menschen und anderen *Mit*_Wesen gab: während die einen etwas hatten, bspw. Pfeil und Bogen, hatten die anderen diese eben nicht … *notwendig*. Zum anderen, daß ihnen die Menschen und die anderen *Mit*_Wesen als gleich_*würdig* galten. Diese Vorstellung spiegle sich noch in den Mythen der Aborigines wider, in denen einmal davon die Rede wäre, daß es die Menschen waren, die zuerst auf der Erde gelebt und die sich später in die anderen *Mit*_Wesen verwandelt hätten; es jedoch genauso Mythen gäbe, die davon zu

[384] Vgl. Alfred Bertholet, *Wörterbuch der Religionen*, Alfred Kröner Verlag, Stuttgart, 1952, dort der Eintrag: „Tabu".

[385] Vgl. Heinrich Schurtz, *Urgeschichte der Kultur*, Bibliographisches Institut, Leipzig+Wien, 1900, die Seite 226.

[386] Vgl. derselbe a.a.O., die Seite 227.

erzählen wüßten, daß zuerst die anderen *Mit*_Wesen auf der Erde waren, und später erst seien aus manchen von ihnen die Menschen hervorgegangen. Es seien aber _*diese*_ *Mit*_Wesen gewesen, die jene, für die Menschen — *die an diese Mythen glaubten* — so bedeutsam werdenden Totamgruppen gebildet hätten.[387]

Vielleicht sollte die eingeschobene Bemerkung: „die an diese Mythen glaubten", hervorgehoben werden? Immerhin bedeutet das: Ein Glaubenssystem hat lediglich für denjenigen Gültigkeit, der daran glaubt. Für ein Wissenssystem gilt das zwar bis zu einem gewissen Punkt auch, aber es _*muß*_ nicht mit „Räuberpistolen" arbeiten, zumindest solange es diesen Namen verdient. Das bedeutet, es verlangt nicht, daß eine Aussage geglaubt werden muß. Denn die Vertreter eines Wissenssystems legen alles offen auf den Tisch, was als schlüssig gewußt gelten kann, was deshalb schlüssig miteinander verbunden werden kann, wo Klärungsbedarf besteht, wie die zur Klärung zu formulierenden Fragen zu lauten haben, ab wann spekulatives Fragen erlaubt ist und daraus sogar Schlußfolgerungen gezogen werden können, auch was nicht gewußt werden kann, und das alles als gewußt Geltende und für weitere Überlegungen hypothetisch verwendet werden Könnende sowie zu Theorien zusammengefaßt werden Könnende stets zu überprüfen ist _*und*_ an seinen Auswirkungen zu messen ist, bzw. lediglich als „vorläufig richtig" zu gelten hat. Allerding: es ist nicht ausgeschlossen, daß die Vertreter auch eines „Wissensgebietes", insbesondere eines, das für die bestehenden Machtverhältnisse die „Begründungen" dafür liefert, daß die gesellschaftspolitischen Verhältnisse so sein müßten, wie die sind, auch anfangen _*müssen*_ „Räuberpistolen" zu erzählen. Da, stellte sich eine Theorie als zumindest „stark fragwürdig" heraus, ihre Widerlegung ihren persönlichen Sturz bedeutete, würden sie „ihre" Theorie nicht selbst auch in Frage stellen, um dann _*selbst*_ scheuklappenfrei ein die Wirklichkeit besser abbildendes Theorie-Gebäude zu entwickelten. Was anzunehmen nicht

[387] Vgl. Findeisen, *Das Tier als Gott, Dämon und Ahne — Eine Untersuchung über das Erleben des Tieres in der Altmenschheit*, Franckh'sche Verlagshandlung, Stuttgart, 1956, die Seiten 46 f.

glaubwürdig ist, solange sie im Dienste einer Machtelite stehen. Allerdings verliert genau dann ein „Wissenssystem" seinen Charakter und wird zu einem Glaubenssystem: jede neue Erkenntnis könnte das Verändern seines Gefüges potentiell fordern oder sogar seinen kompletten Ersatz verlangen. Es ist aber genau das scheuklappenfreie Betrachten und Untersuchen von Sachverhalten und Zusammenhängen, wodurch neue Erkenntnisse möglich werden, ein Wissenssystem lebendig bleibt und nicht zum Glasperlenspiel wird.

(__Das bedeutet, daß es für eine Gesellschaft entscheidend ist, daß jenes System, über das sie ihr Wissen über „sich selbst" akkumuliert, nicht in die Hände von Ideologen gerät, mögen die nun „Priester", „Philosophen", „Wissenschaftler" — bspw. „Wirtschaftswissenschaftler" — oder wie auch immer heißen. Damit das aber erst gar nicht geschehen kann, dürfen die Geschicke einer Gesellschaft nicht von einer Machtelite und ihren Satelliten bestimmt werden.__)

Es scheint an solchen Mythen jedenfalls mehr Wahres zu sein, als man auf den ersten Blick vermuten mag. Zugegeben, diese Mythen sollen erklären, warum es nicht nur Menschen und nicht nur andere oder gar unterschiedliche Wesen gibt, sondern warum Menschen auch mit ihnen verwandt sind. Aber es ist nüchtern betrachtet festzustellen, daß der genetische Code bei Säugern nur in Nuancen differiert: so beträgt zwischen Mensch und Schimpanse der genetische Unterschied 0,6 Prozent. Sind solche Mythen dann abwegig oder vielleicht nahe an der wirklichen Vergangenheit des Menschen als Spezies? Könnte es nicht sein, wie es schon ausgedrückt worden ist[388]; daß, bspw. durch ein katastrophisches Ereignis, eine genetische Veränderung bewirkt worden wäre, die zu einem veränderten „Arrangement der Nukleinsäuren" führte, und diese Veränderung eine ausreichend große Population von, bspw. *vor*_menschlichen Wesen betraf? — Auch könnte gefragt werden: Geschah dies einmalig?

---

[388] Vgl. bspw. Immanuel Velikovsky, *Das kollektive Vergessen — Verdrängte Katastrophen der Menschheit*, Umschau Verlag, Frankfurt am Main, 1985.

Um auf *Totam* und *Tabu* zurückzukommen. Ein Tabu galt ebenso für bestimmte Menschen, *Mit*_Wesen oder bestimmte Örtlichkeiten, und somit für ein Totam. Das aber erlaubt die Annahme, daß deshalb etwas als Totam-Träger bezeichnet wurde, um ein bestimmtes gesellschaftliches Verhalten oder Tun bei Mitgliedern einer Gruppe zu *be*_wirken oder zu *ver*_hindern, oder einem einzelnen Menschen, so er über *_sein_* Totam verfügte, zwar *_seine_ — aber gesellschaftlich verträglich bleibende* — Charakter-Struktur zu *_geben_*. Denn tatsächlich frei wird auch bei den Odschibwä die Wahl des persönlichen Totams nicht gewesen sein, und falls doch: selbst dann ließ sich auf diese Weise das Verhalten der entsprechenden Person vom gewählten Totam herleiten und für den Klan, den Stamm erträglich halten: „es ist sein Totam, das ihn so handeln läßt".

Wie dem auch sei, es wird deutlich, daß keineswegs die Annahme zwingend ist, bei der „totamistischen Idee" würde es sich um eine „Methode" zur „religiös-sozialen Bindung" von Menschen an einen bestimmten Klan oder Stamm handeln, denn bei scheuklappenfreiem Überlegen ist es ohne weiteres möglich, aus der Faktenlage plausible zu schließen, daß die „totamistische Idee" ein wirkungsvoller „gesellschaftlicher Funktionsmechanismus" darstellt.

Der scheuklappen_*behaftete* Blick — *aus heutiger Perspektive* — auf das Damals der Prähistorischen, unter Streifung der schamanischen Kultur, ist aber nicht nur bezüglich der Vorstellung von Religionsbildung in der schamanischen Kultur in die Irre führend. Denn vergleichbar Irreführendes geschieht, setzt man den Begriff „Arbeit" in Beziehung zum einstigen (*__zu vermutenden__*) „Tun" der Prähistorischen.

Hans Findeisen merkt in seinem schon zitierten: *Das Tier als Gott, Dämon und Ahne* an, daß die Ackerbauern zu einer „anderen Einschätzung" der *Mit*_Wesen gekommen waren, diese nämlich deshalb nur noch als „Tiere" wahrzunehmen, da die seßhaft gewordenen Menschen sich einige von diesen ihrem Willen unterworfen hatten. Wie bspw. jenes *Mit*_Wesen, aus dem sich dann das herausbildete, das wir heute als „Rind" bezeichnen, oder jenes, das vor etwa 6.500

Jahren für die Bedürfnisse der Historischen abgerichtet und zum „kriegswichtigen Pferd" wurde. Also auf diese Weise die den Prähistorischen noch tatsächliche *Mit_*Wesen gewesenen *Mit_*Lebenden zu Arbeitssklaven herabwürdigend. Aus dieser Faktenlage schließt Findeisen nun, daß „die Arbeit bei den Menschen wohl schon immer als ein leider notwendiges Übel angesehen wurde", was sich bspw. in der Sklavenhaltung von Menschen in den griechischen Sklavenhalterdemokratien, im Römischen Reich oder noch im 19. Jahrhundert in den Südstaaten der USA zeige. Man könnte hier zwar ergänzen, daß dies für den europäischen Feudalismus und für viele andere menschliche Reiche nach der Seßhaftwerdung in etwa vergleichbar festzustellen wäre. Wobei die ausdrückliche Sklavenhaltung nicht aus moralischen Überlegungen, sondern lediglich deshalb abgeschafft wurde, da sie eine grundsätzlich problematische Produktivkraft darstellt: Fehlt den Menschen der Eindruck, über ein gewisses Maß an persönlicher Freiheit zu verfügen, sinkt die Bereitschaft zu arbeiten, so daß Arbeitsausübung nur unter Zwang erfolgt und dadurch das volle „Arbeitspotential" eines Menschen nicht zu aktivieren ist. Auch steigt die Gefahr von Aufständen, sind viele Sklaven in Arbeitsbetrieben konzentriert tätig.[389] Interessanterweise kann aber der zu Seleukos' Zeiten gelebt habende Grieche Megasthênes, der zwischen 302 und 291 v.u.f.Z. (*__das uns nur als „Indien" bekannte, also unbekannte__*) Bhâratavarsha bereiste, berichten, daß es dort eine Zeit gegeben habe, in der die Menschen die Sklaverei nicht gekannt hätten — zumindest in Teilen des Landes.[390] Ebenso sei es dort üblich, daß, gäbe es Krieg, die Bauern

---

[389] Man denke an die Sklavenaufstände im Römischen Reich, von denen der Spartacus-Aufstand wohl der bestorganisierte und von beispielhafter Zielsetzung war. Allerdings gab es noch andere, sogar revolutionäre Prozesse; siehe diesbezüglich in Anhang I, dort auf den Seiten 609 f., die mit: „Wie aber die Geschichte zeigt ..." beginnende Anmerkung.

[390] Vgl. hierzu die digitalisierte Kopie des Originals, die im Internet als PDF-Datei über „ books.google.com" abrufbar ist: J.W. McCrindle, *Ancient India as described by Megasthenês and Arrian; being a translation of the fragments of the Indika of Megasthenês collected by Dr. Schwanbeck, and of the first part of the Indika od Arrian*, Calcutta, Bombay, London, 1877, die Seite 71.

davon verschont würden, selbst wenn Kämpfe in unmittelbarer Nähe stattfänden, beschränkten sich die Kämpfenden darauf, sich gegenseitig nach dem Leben zu trachten, die Bauern aber in aller Ruhe weiter pflügten und pflanzten, da sie wüßten, daß ihnen nichts geschehen würde.[391] Was eine gesellschaftlich kluge Gewohnheit ist. Auch sei Diebstahl sehr selten[392], und Ihre Gesetze und Verträge seien unkompliziert, so daß sie selten zum Gericht gingen. Und für gewöhnlich ließen sie ihr Haus und ihren Besitz unbeaufsichtigt.[393] (__*Ob es berechtigt ist, die diesbezüglichen Aussagen Megasthenes' in Frage zu stellen, nur weil das die gewohnte Geschichtserzählung irritiert — und, ganz schlimm, nicht allein gewisse Fragen aufwerfen könnte, sondern ...?*__)

Daß die Sklavenhaltung von Menschen selbst von seiten jener Staaten nie wirklich aufgehoben wurde, die soviel von „Demokratie" und „Menschenrechten" reden, da sich für die „Elitestaaten" der Welt haltend, geht es tatsächlich darum, Länder immer dann zu überfallen, ist dort etwas zur eigenen Reichtumsmehrung zu rauben[394], sondern dies eher von den gesellschaftlichen Verhältnissen und der Produktionsweise abhängig war und ist, wird übrigens an den heutigen Sklavenmärkten alter und neuer Prägung deutlich: so steht der Sklavenmarkt in Libyen (__*den es ohne den Krieg des* „Westens" *gegen Libyen nicht geben würde*__) für den Sklavenmarkt alter Prägung, während der neuer — sozusagen „moderner" — Prägung, über „Modelle à la Agenda 2010" geräuscharm per Gesetz gesellschaftlicher Alltag selbst in den Lobbykratien ist.

Findeisen ist nun der Ansicht, daß, da die Arbeit von den Menschen schon immer als Übel empfunden worden sei (__*so daß jene,*

---

[391] Siehe a.a.O., die Seite 84.

[392] Siehe a.a.O., die Seite 69.

[393] Vgl. hierzu die digitalisierte Kopie des Originals, die im Internet als PDF-Datei über „ books.google.com" abrufbar ist: J.W. McCrindle, *Ancient India as described by Megasthenês and Arrian; being a translation of the fragments of the Indika of Megasthenês collected by Dr. Schwanbeck, and of the first part of the Indika od Arrian*, Calcutta, Bombay, London, 1877, die Seiten 69 f.

[394] Vgl. dazu in: « Sie fragen noch, wie die ›Verhältnisse‹ liegen? », Aspekt 28.

das Verpönte Ausübenden, zu Sklaven herabgewürdigt, also zu miß_achteten Menschen wurden__), dieses Herabwürdigen ebenso gegenüber den nun als „Haustiere" angesehenen *Mit*_Wesen der Prähistorischen — nun „Arbeitsvieh" genannt — geübt worden sei, und die *Mit*_Wesen auf diese Weise mählich ihre gleichberechtigte, ja, für die Prähistorischen noch als identisch mit ihnen geltende Stellung als „Partner" bei den Seßhaftgewordenen (*__den Historischen__*) einbüßten und auf diese Weise an Achtung verloren.[395]

Nun, hier scheint mir ein Denkfehler vorzuliegen, da die Vorstellung von „Arbeit als Übel" auf die seßhaft gewordenen Menschen, also die Historischen, eingeschränkt werden muß. Schon allein deshalb, da die Kultur der Prähistorischen den Heutigen geläufigen, zur Zeit der Seßhaftwerdung sich entwickelt habenden Begriff der „Arbeit" nicht gekannt haben können. Denn in den von den Historischen völlig unbeleckten prähistorischen Zeiten waren sowohl das Jagen als auch das Sammeln im Sinne von: „mit der Natur leben"

(__dies allerdings nicht als Slogan aus heutiger Sicht zu verstehen, befanden sich die Prähistorischen doch „fast noch" ungebrochen in diesem Prozeß — obwohl es auch schon damals so etwas wie eine „Zurück-zur-Natur-Bewegung" gegeben haben könnte, von der Findeisen zu berichten weiß[396], zumindest bei jenen, aus der prähistorischen in die historische Zeit hineinragenden Völkern schamanischer Kultur, wovon in einem anderen Zusammenhang durchaus noch die Rede sein kann__),

zu verstehende Fertigkeiten, die ein zusammenhängendes Denken und Fühlen bedingten — und woraus eher ein sich selbst Beherrschenlernen — *bspw. geübt über den Prozeß des Jagens* — als ein andere *Mit*_Wesen Beherrschenwollen resultierte (*__dafür waren die Prähistorischen noch viel zu sehr* gefühlt-gedacht *mit ihnen eins__*), und nicht als jenes zu verstehen, was wir mit „Arbeit" assoziieren; insbesondere dann, ziehen wir noch das schöpferische Tätigsein in Be-

---

[395] Vgl. Findeisen, *Das Tier als Gott, Dämon und Ahne — Eine Untersuchung über das Erleben des Tieres in der Altmenschheit*, Franckh'sche Verlagshandlung, Stuttgart, 1956, die Seite 59.

[396] Vgl. a.a.O., die Seite 17.

tracht, dessen Ergebnis wir bspw. als „Höhlenmalerei" bezeichnen

(__als jenes dieses schöpferischen Tätigseins, von dem wir heutigen Historischen lediglich nur Manches noch sehen — denn wie könnten wir von all dem anderen wissen, das während solchen Tuns geschah?__),

oder das feine Bearbeiten von Gegenständen, von dem die heutigen — *aus der prähistorischen in die historische Zeit hineinragenden* — Völker schamanischer Kultur nur noch schattenhaftes Können zeigen.[397]

* * *

Vor diesem Hintergrund kann das 5. Kapitel mit der Aussage abgeschlossen werden, daß sicher anzunehmen ist, daß die Prähistorischen eine Art der Wahrnehmung hatten, die sie die Welt ihrer Zeit _*nicht*_ aus einer Perspektive der Abgeschiedenheit wahrnehmen ließ, ja nicht einmal aus einer, die sich dann entwickeln mag, fühlt man sich als Teil einer Einheit, sondern es ist berechtigt anzunehmen, daß sie — ungeschieden im Denken und Fühlen (__*sozusagen als „Einheitswesen"*__) — die Welt *un*_separiert wahrnahmen. Wer aber keine Scheidung zwischen Denken und Fühlen kennt, kann weder ein vom Denken geschiedenes Fühlen noch umgekehrt ein vom Fühlen geschiedenes Denken noch ein vom *Da*_Sein entfremdetes Denken und Fühlen entwickeln.

Das sollte sich mit der Seßhaftwerdung, dem Ausbilden von Siedlungen, dem Ausbilden von separierten Interessen, dem Ausbilden unterschiedlicher Wahrnehmung, dem Ausbilden unterschiedlicher Perspektive, dem Ausbilden unterschiedlicher *Wert*_Ab_*Schätzung* — der *Ver*_Wertbarkeit — von „Dingen", dem Ausbilden unterschiedlicher Interessenbildung, dem Ausbilden von Interessenkonflikten, dem Ausbilden von Machtkonzentration, dem Infragestellen von

[397] Vgl. A. Darpeix, *Sur l'interprétation des figurations anthropomorphes du paléolithique supérieur*, Imprimerie Ribes, Périgueux, 1939, die Seite 15 (__zu dieser Schrift siehe auch auf der Seite 279 die Fußnote 339__).

Macht, dem Ausbilden von Sicherungsmethoden existierender Macht, dem Ausbilden von Staatlichkeit als Instrument der Macht, dem Ausbilden schriftlich fixierbarer Sprache, dem Ausbilden schriftlichem Fixieren von Machtanspruch usw. ändern: und auf diese Weise den Manipulationsmethoden des Denkens — *um die Masse der Menschen im Sinne einer Machtelite* ab_*zurichten* — Tür und Tor öffnend. Als eine der effizientesten Manipulationsmethoden kann staatlicherseits Anwenden von entsprechend formulierten Glaubenssätzen gelten, zusammengefaßt in sogenannten monotheistischen Glaubenssystemen — *wozu ohne weiteres der* „säkulare Monotheismus“ *des Neoliberalismus' zählt*.

Sechstes Kapitel

Ein im Zusammenhang mit der in diesem Buch gestellten Frage als abseitig erscheinen könnender Blick auf einige Elemente der tibetischen Tradition

„Bön" scheint mir das zu bezeichnen, was die schamanische Methode der alten Tibeter ist, mit dem Feinstofflichen der Materia zu kommunizieren. Diese schamanische Methode wird von westlichen Wissenschaftlern als „Religion", d.h. als „Bön-Religion" bezeichnet. Damit wurde dem „Bön" von europäischen Reisenden etwas zugesprochen, das ihrer westlich vorgefaßten Sicht entsprach. Wenn aber schon allein der Begriff „Bön" nicht mit „westlichen" Denkschablonen zu fassen ist, könnte es nicht überraschen, daß damit erst recht nicht jenes zu begreifen ist, welches die „Bön-Methode" beinhalten und bewirken soll und wieso sie verwendet wird.

> Helmut Hoffmann, obwohl selbst von „Bön-Region" sprechend, glaubt sagen zu können, daß den alten Tibetern „Bön" als Bezeichnung für die Anrufung der Götter durch _*magische*_ Mittel diente.[398] Das könnte stimmen, bedeutete dann aber etwas Magisches, bzw. Schamanisches und nicht etwas Religiöses im westlichen Sinne.

---

[398] Helmut Hoffmann, *Die Religion Tibets — Bon und Lamaismus in ihrer geschichtlichen Entwicklung*, Verlag Karl Alber, Freiburg/München, 1956, die Seite 2.

Wenn aber die von Helmut Hoffmann gewählte Definition für „Bön" stimmt: daß das „Bön" als Bezeichnung für die Anrufung der Götter durch magische Mittel diene, dann wäre die mit einer aus westlicher Perspektive kommende Bezeichnung „Religion" für etwas, das ich nicht verstehe, der Aufklärung nicht dienlich — immerhin haben (__*wie es für alle monotheistischen Religionen nun einmal typisch ist*__) die vom Christentum geprägten europäischen Vorstellungen schon immer den freien Blick behindert — *und Unheil angestiftet*.

PASSAGE DER VERACHTUNG

Über was reden wir? Es gibt einen schon
seit mehr als 520 Jahren währenden Weltkrieg

Gewiß, heute sind vor allem die USA für die geführten Kriege verantwortlich. Allerding galt das in der Vergangenheit für die europäischen Imperien selbst, denn der Prozeß des quasi unentwegt irgendwo auf der Welt Kriegführens, dem im 15. Jahrhundert drei päpstliche Dekrete vorausgegangen waren, hat vor langer Zeit begonnen, nämlich mit der (__*aus europäischer Sicht*__) Entdeckung des reichen Subkontinents, den wir Indien nennen. Wird für dieses Kriegführen also die sogenannte Entdeckung dieses Subkontinents angesetzt, denn dieser war stets das Ziel der „europäischen Raubzugsreisen", setzte dies vor über 520 Jahren ein. Das heißt zu jener Zeit haben die Eliten Europas der Welt den Krieg erklärt, später fortgesetzt von jenen Räubern, die sich von den Königreichen Europas in einem großen Teil des sogenannten Amerikas — *der vorher von den Ureinheimischen geraubt worden war* — für „unabhängig" erklärt hatten.

Also ist es im Jahre 2020 sogar längst über 520 Jahre her, daß dieser Krieg begonnen wurde ... und fortdauert. Während der „Impuls" unverändert geblieben ist, hat die Entschuldigung für diesen regelrechten Weltkrieg stets variiert und variiert weiter. Zuerst im Namen Gottes: *Und Jesus trat herzu und sprach zu ihnen: Mir ist gegeben alle Gewalt im Himmel und auf Erden. Darum gehet hin und machet zu*

Jüngern alle Völker: Taufet sie auf den Namen des Vaters und des Sohnes und des heiligen Geistes und lehret sie halten alles, was ich euch befohlen habe. Und siehe, ich bin bei euch alle Tage bis an der Welt Ende.[399]

Dann im „Namen der Freiheit" eines personalisierten Marktes, folglich, u.a., ausgestattet mit einer „unsichtbaren Hand", während diese „Freiheit" und die „unsichtbare Hand" _*heute*_ zusätzlich noch von den „Menschenrechten" begleitet wird. Auf diese Weise lassen sich Kriege ganz bequem im „Namen der Menschenrechte" führen: „Menschenrechte" in Verbindung mit Krieg ist entscheidend, denn so können auch Pazifisten Kriege gutheißen. Die Vorteile dieser Methode liegen auf der Hand: bspw. das Seelenheil oder gar die „Ewigkeit" zu erlangen ...

Also sei die rhetorische Frage gestellt: Die Eliten des « Westens », sind sie befähigt, Konzepte zu entwickeln, die wirklichen Probleme des Menschengeschlechts zu lösen, oder sind diese „Eliten" — *und all jene, die in deren Dunstkreis sind* — eher das tatsächliche Hindernis dafür? ... Immerhin ist zitierend festzustellen: « [...] die Intellektuellen sind zu einem sehr großen Teil für jenes verantwortlich, welches sie anklagen [...] »[400].

Ende der PASSAGE DER VERACHTUNG

Fahren wird mit dem in diesem Kapitel zu Entwickelnden fort, denn was man vielleicht sagen kann ist, daß es sich bei dem Begriff „Bön" um ein altes tibetisches Schlüsselwort handelt, das alle Handlungen bezeichnet, die aus alt-tibetischer Sicht notwendig sind, um den Kontakt mit dem Feinstofflichen der Materia aufrechtzuerhalten — also durch magische, d.h. durch _*aktive*_ Einflußnahme von dafür geeigneten Menschen.

---

[399] Siehe Mt 28, 18-20.

[400] Siehe in: « Sie fragen noch, wie die ›Verhältnisse‹ liegen? », Aspekt 29.

Es könnte der Hinweis hilfreich sein, daß in einem im 8. oder 9. Jahrhundert in der chinesischen Oasenstadt Tun-huang, als dem bedeutendsten Knotenpunkt der alten Seidenstraße, verfaßten tibetisch-chinesischen Wörterbuch, der tibetische Begriff „Bönpo" im Chinesischen mit *shih-kung* wiedergegeben ist. Das chinesische Wort *shih-kung* bedeutet soviel wie „Zauberer". Diese Bezeichnung wird von aus dieser Zeit stammenden anderen Handschriften bestätigt.[401] Erst die späteren Schriften, so die Chroniken, die aus dem zwölften Jahrhundert und danach abgefaßt wurden, sprechen von „Bönpos" im Sinne _*einer*_ der „Priestergattungen" im frühen Tibet. Ähnlich ist darin von der „Bön-Religion" die Rede, daß nämlich auch sie lediglich _*ein*_ „Bestandteil des religiösen Lebens" Tibets sei.[402]

Es ist hinzuzufügen, daß diese Texte aus einer Zeit stammen, als der buddhistische Einfluß schon deutlich merkbar war, demnach nicht auszuschließen ist, daß bereits eine entsprechende „Selektion" der vorhandenen mündlichen oder verschrifteten Berichte von Glaubensvorstellungen, bzw. eine Interpretation dieser Vorstellungen im Sinne des Buddhismus', erfolgt war, die dann mittels solcher Schriften kodifiziert wurden. Vergleichbares ereignete sich ja mit jenen Schriften, die von den Propagandisten der Paulinischen Jesusbewegung als „rechtmäßig" angesehen wurden: sie wählten lediglich jene Schriften aus, die aus ihrer Sicht zum richtigen Glaubenskanon gehörten, und eventuell bearbeiteten sie diese, wie es fürs Markusevangelium begründet anzunehmen ist[403], alle anderen wurden verworfen und nach Möglichkeit vernichtet, obwohl diese Schriften nicht weniger „heilig" waren, nur hätten sie dann nicht erlaubt, das „machtpolitische Bild" des christlichen Monotheismus' zu zeichnen.

---

[401] Siehe Rolf A. Stein, *Die Kultur Tibets*, aus dem Französischen von Dr. Helga Uebach, illustriert von Lobsang Tendsin, Edition Weber, Berlin, 1993, die Seiten 274 f.

[402] Siehe a.a.O., die Seite 273.

[403] Vgl. Morton Smith, *The secret Gospel — The Discovery and Interpretation of the Secret Gospel According to Mark*, The Aquarian Press, Wellingborough, Northamptonshire, UK, 1985 (__1973__).

Das bedeutet aber, daß „Bön" eine magische Methode ist, die auf schamanischer — *bzw. auf animistischer Basis* — angewendet wird und deshalb keine „Religion" sein kann, denn Magie dient immer dazu, Feinstoffliches im Sinne des Magiers (__*des Schamanen*__) zu beeinflussen, wohingegen eine Religion sich dadurch auszeichnet, daß der Gläubige sich an eine Glaubens_*Vorstellung* „bindet", wodurch er _*passiv*_ bleibt. Denn auf diese Weise legt er etwas von seiner eigenen Geisteskraft in seine von ihm selbst geschaffene Glaubens_*Vorstellung* — wodurch diese (__*seine eigene*__) Vorstellung Macht über ihn gewinnt. Darin liegt übrigens der Grund dafür, daß ein Glaubenssystem, eine Religion, immer nur solange „funktioniert", solange es Gläubige des entsprechenden Systems gibt.

Erst in den oben erwähnten späteren, aus dem 12. Jahrhundert stammenden Chroniken, werden die „Bönpos" zu Beamten des Königs, die bspw. als Ärzte wirkten, dann zwar als *shen* (__*des heiligen Körpers*__) bezeichnet werden, aber es laut Rolf A. Stein anzunehmen ist, daß, ist von *shen* die Rede, damit Bönpos gemeint sind.[404] Und deren Tun, neben dem der Erzähler (__*der* „weltlich-geistigen" *Tradition*__) und der Sänger (__*der* „weltlich-geistigen" *Tradition*__), galt als jenes, das den König beschützte.

Es gibt wohl die Annahme, daß die Bönpos als die Würdenträger der Einheimischen galten, die den König — *in den mythischen Zeiten noch vom* „Himmel" *kommend* — bewillkommneten.[405] Es soll in dieser Zeit gewesen sein, daß die Götter ihre „Religion" (__*lha-chos*__) gesandt und _*diese*_ als „Bön-Religion" bezeichnet hätten — wie es die Chroniken aus dem 12. Jahrhundert berichten.[406] Da aber zu dieser Zeit in Tibet die eigentümliche Verbindung verschiedener alter Glaubensvorstellungen mit dem indischen Buddhismus bereits erfolgt war, kann man davon ausgehen, daß es sich bei der „Bön-Religion"

[404] Siehe Rolf A. Stein, *Die Kultur Tibets*, aus dem Französischen von Dr. Helga Uebach, illustriert von Lobsang Tendsin, Edition Weber, Berlin, 1993, die Seite 275.

[405] Siehe a.a.O., die Seite 274.

[406] Siehe a.a.O., die Seite 275.

tatsächlich um eine nachgeschobene Bezeichnung einer Kanonisierung „alter Methoden“ handelt, die ursprünglich vermutlich schamanischer bzw. magischer Art waren.

Andererseits scheint es auch so zu sein, daß die ersten Bönpos nicht als einheimisch angesehen wurden (__*war es doch zur Zeit des 8. mythischen Königs namens Digum, der durch einen Unfall die Fähigkeit dieser Könige verloren hatte, wieder in den Himmel zurückzusteigen, von wo sie je gekommen waren*[407]__), sondern daß die Bönpos „aus dem Westen" kamen, möglicherweise aus dem Iran. Oder aber aus jenem Subkontinent kamen, den wir „Indien“ nennen, obwohl dafür die Bezeichnung Bhâratavarsha die richtige zu sein scheint.[408]

Aus solchen Erzählungen läßt sich jedenfalls schließen, daß die Bönpos und ihre „Methoden“ vorwiegend aus dem Iran und aus jenem alten Bhâratavarsha kamen. Wobei der Einfluß Bhâratavarshas wahrscheinlich noch besonderen Charakter hatte.[409] Es wird berichtet, daß diese aus dem „Südwesten“ (__Iran oder/und Bhâratavarsha__) gekommenen Bönpos die Fähigkeit besaßen, „für die Lebenden die Götter (__*lha*__) zu verehren und für die Toten die Dämonen zu bezwingen“[410] — *was zweifellos nach magischem Tun riecht*.

Insbesondere soll es ein „häretischer“ (__*mu-stegs*__) Bönpo gewesen sein, den der König zu seinem „Hofpriester“ ernannte.[411] Da aber nicht nur dieser Bönpo das typische Verhalten eines Magiers oder Schamanen zeigt (__*denn, bspw. tanzend offenbarten sie die verschiedensten, das Land betreffenden Dinge oder flogen bisweilen, nach Schamanenart auf ihren Trommeln reitend, am Himmel hin, führten Aderlasse durch, wahrsagten usw.*__), erscheint die Bezeichnung „Hof-Magier“ eher zutreffend zu sein. Und wenn es sich laut Rolf A. Stein

---

[407] Siehe Rolf A. Stein, *Die Kultur Tibets*, aus dem Französischen von Dr. Helga Uebach, illustriert von Lobsang Tendsin, Edition Weber, Berlin, 1993, die Seite 276.

[408] Siehe dazu das nächste Kapitel.

[409] Siehe Rolf A. Stein, *Die Kultur Tibets*, die Seite 276.

[410] Siehe a.a.O., die Seite 275.

[411] Siehe a.a.O., die Seite 276.

bei diesem „häretischen" Bönpo, auch um einen Fakir oder Yogin gehandelt haben könnte[412], weist selbst dieser Hinweis auf „Magier", nicht aber auf Priester hin. Auch ist der Hinweis von der Beschwörung der Toten durch die Bönpos nicht anders als im Sinne magischer Praktiken zu interpretieren. Ebenso ist es schamanen- wie magiertypisch, wenn von männlichen und weiblichen Bönpos zu lesen ist.[413]

Wird aber davon erzählt, daß zur Zeit des mythischen tibetischen Königs Digum Bönpos aus anderen Ländern eingeladen worden seien, um „für die Lebenden die Götter zu verehren" (*_daß diese im Sinne der Menschen funktionierten, also* „Kräfte" *der Materia nutzbar würden_*) und „für die Toten die Dämonen zu bezwingen"[414], läßt sich hieraus schließen, daß „Bön" und „Bönpo" für etwas stehen, das nicht ausschließlich tibetisch wäre, sondern vielmehr, zumindest im Fernen Osten, etwas benennen will, das besonderen Charakteren des Menschengeschlechtes Eigenseiendes wäre, nämlich um den Zugang zum Feinstofflichen der Materia zu wissen. Wobei das „Herkommen" ihres Tuns, ihres Denkens und Fühlens in dem gewurzelt zu haben scheint, das wir heute „schamanisch" oder „magisch" nennen, so daß auf diese Weise erkennbar wird, daß auch sie noch eine zusammenhängende Wahrnehmung von dem sie Umgebenden — *also das Grob- wie Feinstoffliche der Materia umfassend* — hatten, und damit so, wie es — *berechtigterweise zu vermuten ist* — den Prähistorischen noch *_ungebrochen_* eigentümlich war, wovon weiter oben schon gesprochen worden ist.

Aber, selbst nähme man an, daß das „Bön" eigentümlich tibetisch sei, wäre es zu jener frühen Zeit der „acht mythischen Könige" gewesen, daß das „Bön" — *vermutlich, wie oben schon bemerkt, als der achte von diesen mythischen Königen dort weste* — von einer tiefgreifenden Veränderung erfaßt wurde, die auch als Beginn des „zweiten

---

[412] Siehe Rolf A. Stein, *Die Kultur Tibets*, aus dem Französischen von Dr. Helga Uebach, illustriert von Lobsang Tendsin, Edition Weber, Berlin, 1993, ebenda.

[413] Siehe ebenda.

[414] Siehe a.a.O., die Seite 275.

Stadiums des Böns", das als „häretisches Bön" (__'khyar-bon__) bezeichnet wird.[415] Es ist der Theologe des 12. Jahrhunderts Digungpa, der von dieser Entwicklung zu berichten weiß, und, auch er schon, nur vermuten konnte, daß es diese Entwicklungsphase gewesen sei, die den Anfang der „Bön-Religion als „philosophisches System" (__lta-ba__) markiere — wobei diese Entwicklung letztlich auf den „Einfluß der Lehre der häretischen Shivaiten zurückzuführen" sei.[416] Das bedeutete aber, daß sowohl der Buddhismus als auch der Hinduismus prägend für die Glaubensvorstellungen Tibets wurden. Wobei diese sich in der Mischung noch wechselseitig beeinflußten.

Das diesem zweiten Stadium vorausgehende erste Stadium, das Digungpa bis in die Zeit des Vorgängers des Königs Lha Thothori Nyentsen (__*der im 5. Jahrhundert über Tibet herrschte*__) währen läßt, ist für ihn die Zeit des „entwickelten Böns" (__*brdol-bon*__).[417]

Ein — *weiter nach Aussage Rolf A. Steins* — „wohlinformierter Historiker des 16. Jahrhunderts" weiß zu präzisieren, daß dieser „entwickelte Bön", der sich durch die „Verehrung der Dämonen" ausgezeichnet habe, sich erst nach dem Ableben des oben schon erwähnten Königs Digum ausgebildet habe, als nämlich Bönpos aufgetaucht seien, die *shen* des „Böns des Himmels" hießen.[418]

Auch der „entwickelte Bön" soll
ursprünglich aus dem Westen gekommen sein.

Möglicherweise aus dem heutigen mittleren Kleinasien, das damals von Thrakern besiedelt war und Phrygien hieß. Das anzunehmen ist deshalb erlaubt, da im „entwickelten Bön" eine Variante des *Midas-Motivs* die glaubensbegründende Rolle spielt. Diese Variante des My-

---

[415] Siehe Rolf A. Stein, *Die Kultur Tibets*, aus dem Französischen von Dr. Helga Uebach, illustriert von Lobsang Tendsin, Edition Weber, Berlin, 1993, die Seite 277.

[416] Siehe ebenda.

[417] Siehe ebenda.

[418] Siehe ebenda.

thos berichtet, daß König Midas, der der Sohn des Königs Gordios (__*an dessen Streitwagen sich der Gordische Knoten befand*__) und der Göttin Kybêle

> (__*die in Kleinasien wohl schon verehrt wurde bevor die Thraker in diese Gegend einwanderten, so daß es berechtigt anzunehmen ist, daß die Verbindung zwischen Midas' Vater und Kybêle, auch die Übernahme des Kultes der Kybêle durch die Thraker bedeutete, zumindest war Kybêle die Große Göttin der Thraker/Phryger*__),

Eselsohren gewaschen waren, da dem das Flötenspiel des Pans besser als das Lauten der von Apollon gezupften Leier gefiel. Diese Opposition des Midas', die ja bedeutet, daß sich jemand gegen eine Autorität auflehnt, die nicht wegen ihrer Qualität, sondern lediglich wegen ihrer formalen Stellung als Autorität gilt, empörte den Gott Apollon und ließ dem Midas Eselsohren wachsen, obwohl dieser Widerspruch des Midas folgenlos blieb, denn dem musikalischen Wettstreit zwischen dem „lichten" Apollon und dem Waldgott Pan saß der weise Gebirgsgott Tmolos als Richter vor, und der wußte genau, wem er den Sieg zuzusprechen hatte, so daß die Strafe Apollons den Midas allein _*wegen*_ seines Widerspruches traf. Das veranlaßte Midas sich eine Mütze aus dem gegerbten Hodensack eines Stieres anzufertigen, die ihm — *wegen ihrer dafür vorzüglich geschaffenen Form* — erfolgreich half, seine „Midasohren" zu verbergen. Diese — *ursprünglich nur dem Midas eigene* — Mütze, der diese niemals abnahm, so daß allein sein Friseur von seinem Geheimnis wußte, der — *als es Herbst war* — dieses Geheimnis auch bloß einem Erdloch verriet, das er gegraben hatte, um es hineinzusprechen und dann mit Erde zu bedecken, so daß es bis zum Frühjahr schwieg, als daraus nämlich Gras erwuchs, das dem Wind davon erzählte, der durchs Land der Phryger diese Botschaft mit sich trug: „Midas hat Eselsohren".

Daraus ergaben sich weitreichende Konsequenzen. Einmal, daß die Phryger stolz auf Midas waren, da aus ihrer Sicht nicht auszuschließen war, daß Midas' Ohren ein Merkmal seiner Königswürde war — *da Sohn des Gordios und der Kybêle*, und sie sich deshalb symbolisch genau eine solche Mütze auch aufsetzten, was diese zur „phrygischen Mütze" werden ließ. Wobei dann auch zu vermuten berechtigt wäre, daß sie das sowohl aus Solidarität taten (__*daß des Midas' Mißgeschick nicht auffiele*__) als auch deshalb, da das Verhältnis zwischen Apollon und Kybêle gespannt und ihnen der Waldgott Pan und dessen Flötenspiel — *das ihnen, als den Aulos blasenden Auleten, nicht fremd*[419] — sowieso näher als Apollon war.

Der zweite Punkt ist, daß diese phrygische Mütze später zum Symbol des Widerstands wurde, den die Jakobiner in der Französischen Revolution durchs Tragen der phrygischen Mütze ausdrückten, da diese ihnen das Symbol der Freiheit war (__*im Gegensatz zum Hut, lüftet man übrigens eine Mütze nicht, seinen Respekt vor einer anderen Person zu zeigen*__). Aus der phrygischen Mütze entwickelten sich sogar Varianten, wie die „Baskenmütze", die dann bspw. von Künstlern getragen wurde und mitunter noch wird — *aber nicht allein die tragen die vielleicht, denn es ist gewiß, daß die 100 originalen Schlümpfe unserer Tage niemals ohne gehen*. Also reicht die Karriere der phrygischen Mütze bis ins Heute ... allerdings ohne daß ein Ende des bspw. _so_ zur Schau getragenen — *also leider nur* — symbolischen — *und leider nicht kollektiven* — „Widerstandes" gegen obrigkeitlichen Charakter annehmende Regime — *je ausgestattet mit dem* „ideologischen Reichtum" *des säkularen Monotheismus'* — abzusehen wäre.

Diese aus Leder oder Stoff gefertigte — *typischerweise den Hinterkopf umschließende* — Mütze, die nach oben vorn kegelförmig in einen ausgestopften Zipfel ausläuft, hat also eine symbolträchtige Geschichte. Wobei übrigens den Griechen gerade diese Mütze die Perser als „Barbaren" kenntlich machend galt: aber was für die einen „Barbaren" waren oder sind, galten _und_ gelten diesen die anderen als solche.

Allerdings, und wie schon gesagt, schmückte die phrygische Mütze einst diejenigen, die im „Auftrag" der Göttin Kybêle auf Erden unterwegs waren, also die Korybânten, die auch Galli heißen. Denn —

---

[419] Sie erinnern die Zitat-Passage auf den Seiten 145-47, beginnend mit: „[...] Der Cult [__des Diônysos'__] dieser thrakischen Gottheit ...", d.h. auf der Seite 145 den Hinweis auf die „Auleten" sowie dort dazu die Fußnote 179.

und auch das wurde schon erwähnt — Kybêle war die Große Göttin der Phryger und die Korybânten ihre Diener, die sie an kultisch ausstaffierten Plätzen — *aber keinen Tempeln!* — unter freiem Himmel verehrten.

Unter _der_ berechtigten Annahme, daß das so stimmt, würde das aber bedeuten, daß es vor allem phrygische Würdenträger waren, die diese Mütze trugen und nicht die Phryger überhaupt. Auch müssen es gewisse „Magier des Orients" gewesen sein, die diese Mütze als ihr Zeichen verwendeten. Und jene drei Weisen, die extra aus dem Morgenland nach Jerusalem gekommen sein sollen, jener Frau zu huldigen, die — *gemäß der christlichen Glaubensvorstellung* — als „Jungfrau" Maria die Mutter Jesu war, tragen keineswegs eine Krone, hingegen die phrygische Mütze, wie das aus dem frühen sechsten Jahrhundert stammende, gut restaurierte Mosaik in der — *ursprünglich arianischen Palastkirche des ostgotischen Königs Theoderich des Großen* — in dieser Zeit errichteten Basilika Sant'Apollinare Nuovo in Ravenna zeigt (__siehe dazu das Bild auf der Seite 340.__). Aber aus der „phrygischen Mütze" entwickelte sich auch die Mitra, die einst — *da Zeichen ihrer Würde* — den altpersischen Königen als Kopfbedeckung diente. Und die lamaistischen „Rot-" und „Gelbmützen"? Sie sind als Varianten der phrygischen Mütze anzusehen: besonders die „Gelbmütze" weist formmäßig sogar eine große Ähnlichkeit mit der phrygischen Mütze auf.

Wie dem auch sei, es waren jene sich auf einen eselsohrigen Ahnen berufenden Bönpos, die diese Verbundenheit durch das Tragen einer Mütze nach Art des Midas' zum Ausdruck brachten.

Da aber Kybêle, die Korybânten und Diônysos — *nicht allein wegen ihres kleinasiatischen Herkommens* —, wie auch der arkadische Pan, viel miteinander gemein haben: der wilde orgiastische Tanz war den Korybânten so eigen wie dem Gefolge des Diônysos' — nicht anders dem Pan —, so daß nicht auszuschließen ist, daß sich der Gott Diônysos selbst an der *Fluchtbewegung* der Würdenträger der Kybêle beteiligte, die sich Richtung Tibet abzusetzen suchten, als um das Jahre 695 v.u.f.Z. der phrygische Staat von den Kimmeriern bezwungen wurde. — Immerhin weiß Megasthênes zu berichten, daß Diônysos nach Bhâratavarsha gezogen sei. ... Könnte es dann nicht tatsächlich, wenn nicht gar auch, Tibet gewesen sein?

Möglicherweise ist Diônysos sowieso erst später zu einem Gott geworden: „Die homerischen Gedichte kennen Diônysos nicht als zu den Göttern des Olymps gehörig. Aber sie wissen von ihm."[420] Was so ungewöhnlich für „Götter" ja nicht ist ... denn sind nicht alle Glaubensvorstellungen dem menschlichen Geist „entsprungen", es sich demnach bei Gottheiten um sich verselbständigt habende „Gebilde" des menschlichen Geistes handelt — und „Dämonen" dann „vagabundierende Gebilde" des menschlichen Geistes wären?

Dort — im „Lande des Schnees" (__*also in Tibet*__) — angekommen, könnte es jedenfalls gut gewesen sein, daß die Würdenträger der Kybêle die schamanischen Glaubensvorstellungen der ureinwohnenden Bevölkerung Tibets, die zu jener Zeit vielleicht auch schon mit andren auswärtigen „Impulsen" sozusagen in loser Verknotung waren, sowohl zuerst weiter bereicherten, um dann das glaubensgestützte Denken der tibetischen Bevölkerung wesentlich mitzubestimmen. Wobei sich ihre ursprüngliche Vorstellungswelt, vom Wege aus dem Westen bis nach Tibet — *und teilweise über Bhâratavarsha* —, selbst sehr verändert haben dürfte, zumal anzunehmen ist, daß, wie gesagt, dort in Tibet auch andere Einflüsse, so aus China, damals schon ihren bleibenden Eindruck hinterlassen haben dürften.

So diese begründete Annahme stimmt, wäre es im Rahmen dieser *Fluchtbewegung* gewesen, daß es einem Teil der phrygischen Würdenträger der Kybêle gelungen wäre, das abgelegene „Schneeland" zu erreichen, während ein anderer Teil dieser Würdenträger, u.U. zusammen mit Diônysos, Richtung Bhâratavarsha zog, und von dort einige — *später dann* — gen Tibet aufbrachen — *nun selbst bereichert mit Wissen der Bharater* —, um das alte schamanische Wissen der Menschen des „Schneelandes" — schon vermischt mit vielen Elementen (__*wie u.a. dem Taoismus*__) der umliegenden Länder und Reiche, und

---

[420] Siehe Erwin Rohde, PSYCHE — Seelencult und Unsterblichkeitsglaube der Griechen, 7. und 8. Auflage, Verlag J.C.B. Mohr (__Paul Siebeck__), Tübingen, 1921, Band 2, die Seite 5.

dem der direkt nach Tibet gezogenen „phrygischen Bönpos" — mit zusätzlichem Wissens zu bereichern.

Wegen der abgelegenen Lage erfolgte dieser Prozeß wahrscheinlich aber nur mählich und deshalb ohne eigentlichen Kulturschock. Es wird auf diese Weise gewesen sein, daß es mählich zu einer unauflöslichen Verknotung von prähistorischen (__„schamanischen"__) Wissenstraditionen der das Schneeland Urbewohnenden mit von auswärts kommenden klein-dosierten Impulsen kam.

In diesem Prozeß der „Zusammenführung" der uralten einheimischen Traditionsstränge mit „auswärtigen klein-dosierten Impulsen", kam es dann zur Ausbildung priesterlicher Hierarchie, deren Vertreter alle miteinander amalgamierbaren Wissenselemente schließlich zur lamaistischen Lehre verbanden: zuerst nur in „loser Verknotung", dann schon systematischer — *aber noch aus erkennbar unterschiedlichen Strängen bestehend und so sich in der Phase des Zusammenwucherns befindend* — zum „Rotmützen-Lamaismus" führend. Und hier mag es sein, daß sich dieser Prozeß noch unter größerem Einfluß der „phrygischen Bönpos" entwickelte — um schließlich im „Gelbmützen-Lamaismus" zum unauflösbaren „Glaubens-Knoten" zu werden, zu dem allerdings auch weiterhin wichtige Glaubenselemente des „Rotmützen-Lamaismus'" gehörten: denn es ist wohl der „physische" Einfluß der Rotmützen — *also deren Priesterschaft* —, der mit der von Tsong-kha-pa veranlaßten „Reform" wesentlich verdrängt wurde, nicht aber das Wissen des „unreformierten Lamaismus'".

Das bedeutet aber, daß die tibetische Machtelite die Methode zur Manipulation der Masse der Bevölkerung in ihrem Sinne modifizierte, als sie den Lamaismus zur Staatsreligion erhob. Man kann sogar zu dem Schluß kommen, daß allein dies Zweck der ganzen Übung war: stets die neuen Glaubensstränge in die alten — *bzw. in die bisherigen* — Glaubenstraditionen zu integrieren und die alten — *bzw. die bisherigen* — Glaubenstraditionen mit den neuen Glaubenssträngen zu verbinden, damit die Manipulation der Masse der Bevölkerung durch eine kleine Minderheit gewährleistet bleibt — was für jede Elite entscheidend ist, die weiterhin und möglichst dauerhaft „oben schwimmen" will.

Das Spezialgebiet der „phrygischen Bönpos" war es jedenfalls, wie schon gesagt: „Unten die Dämonen zu zähmen, oben die Götter der Früheren (__der Ahnen, *rgan-lha*__) zu verehren und in der „Mitte" — *also bei den in dieser Welt Seienden* — den „Herd im Falle einer Befleckung zu reinigen".[421]

Wenn aber berichtet wird, daß die tibetischen Bönpos seit _*dieser*_ Zeit „Trommeln und Becken gehabt und sich gut auf verschiedene Zauberkunststücke verstanden", wohl auch auf ihrer Trommel am Himmel zu reiten vermochten[422], ist darin zwar weiterhin typisch Schamanisches bzw. Magierhaftes zu erkennen, aber dieses rituelle Treiben, d.h. der Hinweis auf Trommel und Becken, erinnert auch an die Riten der Kybêle — *an das damit einhergehende Gebaren und den Tanz der Korybânten, die auch Galli heißen, was soviel wie die „Verschnittenen" bedeutet, da sie sich im orgiastischen Tanz mitunter selbst entmannten, um es ihrem sterbenden und wiederauferstehenden Gott Attis gleichzutun, der der Geliebte der Kybêle ist, —*, sowie an das orgiastische Treiben des Gefolges des Diônysos'. — Und das es zu jener Zeit auch gewesen sein soll, daß sich das philosophische System verfeinerte, steht damit im Einklang: einmal über den eigenen Wissensschatz der phrygischen Bönpos, zum anderen über die aus Bharatavarsha stammenden Kenntnisse — so die Grundlage der Lehren des „Nying-ma-Lamaismus' bildend.[423]

Nun, an der Erklärung, daß diese „phrygischen Bönpos" die Götter der Ahnen der Lebenden verehrten, läßt sich beispielhaft erkennen, wovon „Götterglaube" sowie „religiös Bindendes" ihren Ursprung nahmen: von den eigenen Verwandten, die nach ihrem Ableben nicht einfach tot seien durften, da dies ein Gefühl der kollektiven Schutzlosigkeit nach sich gezogen hätte. Insbesondere dann, handelte es sich dabei um eine *da*_gewesene Persönlichkeit, die einen die

---

[421] Siehe Rolf A. Stein, *Die Kultur Tibets*, aus dem Französischen von Dr. Helga Uebach, illustriert von Lobsang Tendsin, Edition Weber, Berlin, 1993, die Seite 277.

[422] Siehe a.a.O., die Seite 278.

[423] Auf den „Nying-ma-Lamaismus" ist noch kurz zurückzukommen.

Gemeinschaft prägenden — *womöglich ersten* — „*Ein*_Druck" im kollektiven Gedächtnis der Lebenden hinterlassen hatte, und später – *also im Rahmen der Ausprägung hierarchischer Gesellschaftsstrukturen* — von machtrelevanter Bedeutung wurde. Denn bei machtpolitischen Entscheidungen sich auf diese zu berufen, wenn diese anerkannte — *eigentlich zwar tote* — Persönlichkeit — *da als* jen_*seitig weiterhin* da_*seiend von allen akzeptiert* — über der ganzen Gemeinschaft „schwebend" und mit zwar unsichtbarer, aber sicherer Hand die Gemeinschaft weiterhin führend — *dies allerdings vorzüglich mittels selbsternannter, oder bestimmt von einer sich gebildet habenden* „Interessengruppe", „Auserwählter" *praktiziert* —, zeigte der Gemeinschaft „klar und deutlich" die „Seriosität" _*und*_ „Legitimität" solcher machtinteressengeleiteten Machenschaften an. Derartig — *sozusagen* „im Auftrag" *einer toten Persönlichkeit machtrelevante Politik* „zum Wohle der Gemeinschaft" *zu betreiben* — _*ist*_ jedenfalls nicht ungern die Behauptung derjenigen, die ihre eigenen gesellschaftspolitischen Vorstellungen des einst für die Gemeinschaft bedeutend gewesenen Ahnen in den Mund legen — was auch heute weltweit nicht seltene Praxis ist.[424]

Nun, aus dieser „Verwebung von Personen", zu ihren Lebzeiten mit als gemeinschaftlich bedeutsam angesehenen Qualitäten ausgestattet, und den nach ihrem Ableben „fortlebenden" (__*oder interessengeleitet geschürten*__) Vorstellungen von diesen und ihren Qualitäten, bei gleichzeitig erfolgendem sie mehr und mehr legendenhaft Umspinnen, entwickelten sich mählich Vorstellungen, deren „Gegenstand" als „Gott", „Göttin", „Götter" bezeichnet wurde und sich mit verselbständigender Glaubensdynamik entwickelnd: wegen der — *Sie erinnern sich* — zumindest den Säugern eigenseienden Halluzinationsfähigkeit überhaupt erst möglich werdend[425]; sich so mit anderen vergöttlichten Ahnen anderer Gemeinschaften zu Göttersystemen fügend, um _*schließlich*_ (__*lief es für diese Gemeinschaften des Menschengeschlechtes, objektiv gesehen, schlecht, denn auf diese Weise ei-*

---

[424] Dazu in Kapitel 8 ein Beispiel aus heutiger Zeit.

[425] Vgl. die Seiten 305-10, beginnend mit: „Exkursion: Halluzination, weltliche Machtinteressen und Religion".

*genständiges Denken, eigenes sich die Welt Vorstellen völlig verhindernd*__) in „monolithischen Glaubensvorstellungssystemen" zu münden, die als Monotheismen bezeichnet werden.

Teil des Mosaikfeldes auf der Nordwand des Mittelschiffs der Basilika Sant'Apollinare Nuovo in Ravenna: „Magi aus dem Orient mit phrygischer Mütze". © Joachim Endemann.

Anmerkung zum Bild:
„Magi aus dem Orient mit phrygischer Mütze"

Wie weiter oben schon erwähnt, stammt dieses Mosaik aus dem sechsten Jahrhundert. Das möglicherweise im 19. Jahrhundert im Rahmen der großen Restauration der Basilika Sant'Apollinare Nuovo ebenfalls restaurierte Mosaik zeigt über den abgebildeten Personen jene drei Namen, die im „Westen" meist den „drei Königen aus dem Morgenland" zugewiesen werden: „+SCS Balthassar +SCS Melchior +SCS Gaspar".

(__„SCS" ist die Abkürzung von *sacratissimus*, was der Superlativ von *sacer, sacra, sacrum* [__„allerheiligster/e/es"__] wäre, den es aber nicht geben kann, da es für *sacer, sacra, sacrum* [__„heilig"__] keine

Komparation [__Komparativ oder Superlativ__] gibt, da zwar etwas als „heilig" oder „nicht 'heilig'", nicht aber als „mehr oder weniger 'heilig'" bzw. sogar als „heiliger" oder gar „am heiligsten" gelten kann. Da, gemäß christlicher Tradition, diese abgebildeten Magi als „Heilige", also dem „Gekreuzigten" [__deshalb möglicherweise das „+" vor „SCS"__] als „geheiligt" gelten, wäre „SCS Balthassar/Melchior/Gaspar" mit: „der heilige Balthassar" bzw. „Melchior" bzw. „Gaspar" zu übersetzen.__)

Tatsächlich ist es jedoch so, daß diese drei Namen, die die abgebildeten Personen bezeichnen sollen, original nicht zu diesem Mosaik in Sant'Apollinare Nuovo gehören, sondern erst später hinzugefügt wurden. Die Ursache dafür kann nur darin liegen, daß bis zum Zeitpunkt der Fertigstellung des Mosaiks, weder diese Namen — noch andere — für die Personen in der christlichen Legende bekannt waren, oder diese Namensgebungen Widerspruch hätten auslösen können. Irgendwer oder irgendwelche „Autoritäten" mögen sich dann irgendwann gedacht haben, daß man diese extra aus der „weiten Welt" herbeigekommenen Persönlichkeiten „personalisieren" müsse. Also vermute ich, daß der Grund dafür in einer späteren „Überlegung" zu suchen ist, um die „gelenkten Aussagen" der Propagandaschriften der Paulinischen Jesusbewegung „abzurunden". Etwas in dieser Richtung anzunehmen ist allein deshalb erlaubt, da genau das übliche Praxis (__*nicht nur*__) in „religionsbestimmten Aussagen" war (__*und ist!*__).

Nach Aussage des Bibelwissenschaftlers Bruce Manning Metzger (__1914-2007__) leitet sich „Melchior" vom Hebräischen her und bedeutet soviel wie „König des Lichts" oder „mein König ist Licht", während, weiter nach Metzger, „Balthassar" mit _*dem*_ aramäischen Namen in Beziehung zu stehen scheint, der dem Propheten Daniel gegeben wurde, als dieser während der Verbannung am babylonischen Hof weilte: „Beltschazar" (__vgl. Dan. 1.7; 2.26; 4.5-6__). Zum Namen „Gaspar" (__auch „Kaspar" oder „Jasper"__) merkt Bruce Manning Metzger aber u.a. an, daß es sich dabei um die Verfälschung des indischen Namens „Godaphar" oder „Gundaphorus" handeln könne. Metzger weist dann auch darauf hin, daß es Dokumente gebe, die nicht nur von drei, sondern von sieben oder 12 Personen zu erzählen wüßten (__*in diesem Zusammenhang wird auch die Zahl vier genannt*__). Überdies gäbe es Aufzählungen, in denen die Namen (__*ob nun drei, vier, sieben oder zwölf*__) ganz anders lauteten.[426]

Da also das Originalmosaik weder die im „Westen" üblicherweise genannten Namen trägt noch es nur diese Namen gibt, was ebenso für die Anzahl der „heiligen Könige aus dem Morgenland" gilt, habe ich diese Verfälschung des originalen Mosaiks weggeschnitten. Zumal es in dem thematischen Zusammenhang des Ihnen vorliegenden Buches an sich nur um die Darstellung dieser „Magi" mit phrygischer Mütze _*und*_ den daraus in der Tat möglich zu ziehenden Schlußfolgerungen geht. Deshalb sei noch angemerkt, daß (__*vom Betrachter aus gesehen*__) rechts von dieser Abbildung auf dieser Wand des Mittelschiffs zwei Engel abgebildet sind, neben denen eine weibliche Person auf einem Thron sitzend zu sehen ist, die ein etwa acht bis zehnjähriges Kind — *als hockte es selbst* — vor sich hält. Rechts neben dieser Person auf dem Thron sind wiederum zwei Engel dargestellt. Gewiß, nach christlicher Ikonographie ist das die „Jungfrau" Maria mit dem Jesuskind, aber ihre Position, nämlich auf einem Thron sitzend und ein Kind (__*kein Kleinkind mehr*__) vor sich auf dem Schoß haltend, ist typisch für — *weit ältere als christliche* — Darstellungen der Isis mit Harpokrates, dem Gott Horos als Kind.[427]

Was ist aus dem Ganzen zu schließen? Nun, es muß spekuliert werden. Es ist üblich, daß, wird ein „neuer" Glaube eingeführt, die Gläubigen der „alten Glaubensvorstellungen" animiert werden müssen, den „neuen Glauben" zu bejahen. Dafür gibt es verschiedene Methoden, die vor allem davon abhängen, in welcher Machtposition die Vertreter des „neuen Glaubens" sind. Erleichtert wird der Übertritt zum „neuen Glauben" jedenfalls dadurch, können die Vertreter des „neuen Glaubens" „Ähnlichkeiten" mit dem jeweiligen „alten Glauben" aufzeigen — wobei es sich dabei auch um konstruierte Ähnlich-

---

[426] Siehe dazu in: Bruce M. Metzger, *New Testament Studies: Philological, Versional, and Patristic*, E.J. Brill, Leiden, 1980, die Seiten 25-29.

[427] Siehe dazu auch die Seite 170, beginnend mit: „Die Abbildung auf der folgenden Seite: 'Die Königin der Nacht' ...".

keiten handeln kann, für die es recht raffinierte Methoden gibt, die übrigens weit besser als die „Hilfsmittel des Glaubens“ sind, von denen auf den Seiten 156-62 die Rede ist. ... Sind aber die abgebildeten „Magi“ mit der phrygischen Mütze ausgestattet, wird das all diejenigen ansprechen, die um die Bedeutung der phrygischen Mütze für Kulte des Orients wissen: bspw. für den Kult der Muttergottheit Kybêle in Kleinasien, und selbst für diejenigen, welche in Tibet oder Bhâratavarsha eine Rolle spielten und noch spielen. Bedenkt man nämlich, daß Metzger berichtet, daß „Gaspar“ eine Verfälschung des „indischen“ Namens „Godaphar“ sei, dieser „Godaphar“ aber ebenfalls eine phrygische Mütze trägt, dann — *bedenkt man das weitergehend* — könnte das sogar die oben gemachte Bemerkung zu den „phrygischen Bönpos“ absichern helfen. — Bei der „Jungfrau“ Maria, wenn auch in diesem Zusammenhang nicht direkt von Interesse, verhält es sich ähnlich. Das heißt, wie oben schon angedeutet, ist sie eine „*ver*_christianisierte Isis“ oder Artemis — *was kaum ein Unterschied ist* —, insbesondere, da sie in der für die Göttin Isis typischen Position abgebildet ist, hält diese den jungen Gott Horos auf ihrem Schoß.[428]

> Übrigens sind bei den Versuchen, Gläubige für sich zu gewinnen, die Methoden nicht jenen unähnlich — *selbstverständlich dann für die zu „Gläubisierenden“ nimbisiert* —, die fürs Bewerben irgendwelcher „politischer Produkte“ auch verwendet werden.

Die Bönpos lassen sich in Gattungen einteilen:

Die Bönpos (__*shen*__) der „sichtbaren Welt“, deren Aufgabe der Vollzug der „Riten des Herbeirufens des Glücks und der Vermehrung des Reichtums“ ist.

Die Bönpos (__*shen*__) der Magie, deren Aufgabe das „Fangen“ der Dämonen und das „Zerstreuen der Ursache des Irrtums“ ist.

---

[428] In einem späteren Buch ist darauf zurückzukommen, u.a. im Zusammenhang mit den *Schwarzen Madonnen.*

Die Bönpos (__*shen*__) des Wahrsagens, deren Aufgabe folglich „die gute oder die schlechte Zukunft" zu weissagen ist.

Die Bönpos (__*shen*__) der Gräber, deren Aufgabe der Vollzug des aus drei unabhängigen Elementen bestehenden Totenrituals ist, das dem im Toten eingekörperten Wesen die Möglichkeit des Übergangs in die von ihm bestimmte Zukunft sichern soll, also bspw. unbeeinflußt von „Dämonen" und ihrem ihn daran hindern wollenden Tun.[429]

Das Thema dieser Bönpo-Gruppen ist das „Bön der Ursache" (__*rgyu'i bon*__).[430] In ihm werden die mehr „schamanischen Traditionsstränge" bearbeitet.

Rolf A. Stein weist darauf hin, daß es noch ein anderes Bön, das „Bön der Wirkungen" (__*'bras-bu'i bon*__), gegeben habe, das zur gleichen Zeit wie das „Bön der Ursache" entstanden sein soll. Das Thema dieses Böns wäre ausgefeilt abstrakt gewesen und sein „transzendierendes Ziel" habe aus „Heil und Paradies" bestanden. Das deute darauf hin, daß das System des „Böns der Wirkungen" in weitgehender Abhängigkeit von den bekannten großen Religionen entstanden sei, so Stein.[431]

Deshalb mag es dann wohl stimmen, daß sich hieraus eine raffinierte Herrschaftsmethode ergeben konnte, die sich mit jener der großen monotheistischen Religionen messen kann, wird gesagt, daß das glaubensmäßig vorgestellte Ziel des „Böns der Wirkungen" mit „Heil" und „Paradies" verknüpft sei. Denn dieses Bön muß dann von abstrakter Art sein, da weder das eine (__das „Heil"__) noch das andere (__das „Paradies"__) in _*dieser*_ Welt zu finden sind, geschweige zu schaffen wären, solange es gesellschaftliche Verhältnisse gibt, die

---

429 Siehe Rolf A. Stein, *Die Kultur Tibets*, aus dem Französischen von Dr. Helga Uebach, illustriert von Lobsang Tendsin, Edition Weber, Berlin, 1993, die Seite 278.

430 Siehe ebenda.

431 Siehe ebenda.

machtelitär bestimmt sind. Wenn auch zur weiteren Vernebelung extra Phantasiegebilde wie „Olmolungring" oder „Shambhala" in _*diese*_ Welt versetzt wurden, die aber ausschließlich dem erreichbar seien, der über (__*gleicherweise phantasierte*__) X-fach einen überragend entwickelten Menschen übertreffende Charaktereigenschaften verfügte und deshalb (__*gleicherweise phantasiert lösbare*__) Aufgaben zu bewältigen befähigt wäre, um über einen auf solche Gebilde gerichteten „Strahl der Täuschung" das eigene Denken der Menschen erleichtert *be*_hindern, wenn nicht gar *ver*_hindern zu können: Das Reflektieren von Fragen, deren Gegenstand das *tat*_sächliche Ermöglichen von gesellschaftlichen Bedingungen zum Realisieren eines „Paradieses auf Erden" und die das Schaffen solcher Bedingungen verhindernden Machtverhältnisse ist.

Denn solche Abstraktionen sind dann eine Notwendigkeit, bspw. aus Sicht der Vertreter des „Böns der Wirkungen", ist _*diese*_ Welt zwar eine „Illusion", es aber im Rahmen dieser Illusion „real" wirkende „Gesetze" gäbe, die „Heil" und „Paradies" auf Erden verhinderten, und deshalb die gesellschaftlichen Machtverhältnisse die bestmöglichen in einer Welt der Illusionen seien.

(__*Genau dies ist der* „Trick" *aller Religionen von staatstragender Bedeutung.*__)

Daran zeigt sich aber tatsächlich eines: der reaktionäre Charakter aller monotheistischen Religion. Denn mit einer solchen Ideologie ausgestattet, lassen sich alle Ungerechtigkeiten dieser Welt bequem rechtfertigen — _*und*_ jedes Kämpfen dagegen wäre zwecklos, da einmal gegen „Illusion" gerichtet und, da Teil der „Illusion", das dagegen Kämpfen selbst, so daß allein die „Gesetze dieser Illusion" ihr „Wirksamsein" behielten. Und so kommt erst gar nicht in den Sinn, daß es die realen weltlichen Machtverhältnisse sind, die „Heil" und „Paradies" in der wirklichen Welt unmöglich machen. Denn sie ist Illusion, allerdings, wie bereits gesagt, mit so eigenen wie wirkungsvollen „Gesetzen", gegen die zu kämpfen — *da Illusion* — auch „Sünde" mit unübersehbaren Folgen fürs eigene „karmische Fortkommen" wäre.

Die Legende vom „Bön der Wirkungen“ sagt aber, daß dieses „Bön“ von einem indischen Weisen gebracht worden sei, der zuerst häretische buddhistische Vorstellungen mit Bön-Vorstellungen vermischt habe, diese dann schriftlich abgefaßt und schließlich versteckt habe. Warum? ... Um sie den Tibetern erst nach Art von „Offenbarungen“ eindrucksvoll zu „enthüllen“.[432] ... Ist aber nicht genau _*dies*_ das prinzipielle Muster nach dem _*alle*_ monotheistische Religion „enthüllt“ wird, so sie weltlichen Machtinteressen genügen soll? Denn ginge es tatsächlich ums „Heil“ der Menschen, könnte das nur jedem individuell *da*_seienden, jedem konkreten Menschen — allein _*seinem*_ daseienden menschlichen Wesen —, d.h. ihm selbst _*unvermittelt*_ „offenbart“ werden: damit kein Mißverständnis entstehe. Demnach kann es ausschließlich darum gehen, gesellschaftliche Bedingungen zu schaffen, die es jedem menschlichen Wesen ermöglichen, _*so*_ *da*_sein zu können, daß sich für es potentiell „persönliches Heil“ ergeben kann, wobei es dann nicht einmal wichtig ist, _*was*_ als solches „Heil“ angesehen wird, hingegen, daß sich eigenes „persönliches Heil“ nicht auf Kosten anderer eröffnet, was andernfalls ein Eingriff ins potentielle „persönliche Heil“ anderer in _*ihrem*_ *Da*_Sein bedeutete.

Allerdings ist zu sagen, daß wir auch vom „Bön der Ursache“ erst aus einer Zeit wissen, in der längst eine Vermischung zwischen vorbuddhistischen und buddhistischen Glaubensvorstellungen erfolgt war. So unterscheiden sich insbesondere die ausgeübten Rituale der „Bönpos der Gräber“, grundsätzlich nicht von jenen der im Lamaismus praktizierten Riten. Wichtiger ist hier aber die Feststellung, daß die oben skizzierten Gattungen und Aufgabenstellungen der Bönpos ihren schamanischen Ursprung klar erkennen lassen.

In der Folge wurde zur Zeit des Königs Thisong Detsen die Terminologie der schon tendenziell buddhisierten „Bön-Religion“[433] dem

---

[432] Siehe Rolf A. Stein, *Die Kultur Tibets*, aus dem Französischen von Dr. Helga Uebach, illustriert von Lobsang Tendsin, Edition Weber, Berlin, 1993, die Seite 278.

[433] Zur Erinnerung siehe die Seiten 331 f., beginnend mit: „Aber selbst nähme man an, daß das „Bön“ eigentümlich tibetisch sei ...“.

buddhistischen Vorstellungsgebäudes schließlich systematisch angeglichen, damit ging die Verfolgung ihrer Anhänger einher. Diese synkretistische Form der „Bön-Region“ hat sich bis heute erhalten und die, wie Rolf A. Stein sagt: „mit ihrer enormen Literatur und ihren Klöstern wie eine aus der Art geschlagene, den Nying-ma-pas sehr verwandte Schule des Lamaismus‘“ anmutet.[434] — Die synkretistische „Bön-Religion“ wird übrigens auch als „umgewandeltes Bön“ (__*bsgyur-bon*__) bezeichnet.[435]

Anmerkung zur Nyingma-Schule

Der tibetische Buddhismus kennt einen früheren „unreformierten Lamaismus“ und einen „reformierten Lamaismus“. Der „unreformierte Lamaismus“ kennt mehrere Schulen oder Richtungen. Die Nyingma-Schule ist davon die älteste.[436] Tatsächlich ist sie die erste Amalgamierung von Elementen der aus dem ursprünglichen Bön hervorgegangenen — *die mit dem Bön verbundenen Glaubensvorstellungen systematisierenden* — „Bön-Religion“ mit (__*keineswegs allen*__) Glaubensvorstellungen des Buddhismus’ — nämlich vor allem jenen des „esoterischen Buddhismus‘“, der auch als „Tantra-Buddhismus“ oder als „Vajrayâna“ bezeichnet wird, dessen Anhänger mit dem schnellen „Diamant-Fahrzeug“ unterwegs sind. Diese Amalgamierung soll schon eingesetzt haben, als im 8. und 9. Jahrhundert in Tibet die Verbreitung des Buddhismus’ aus Bharatavarsha[437] — und gewiß auch aus China einsetzte. Ein wesentlicher Teil der Riten dieser bön-

---

[434] Siehe Rolf A. Stein, *Die Kultur Tibets*, aus dem Französischen von Dr. Helga Uebach, illustriert von Lobsang Tendsin, Edition Weber, Berlin, 1993, die Seite 278.

[435] Siehe ebenda.

[436] Siehe Andreas Gruschke, *Die heiligen Stätten der Tibeter — Mythen und Legenden von Kailash bis Shambhala*, Eugen Diederichs Verlag, München, 1997, die Seite 267, Endnote 61.

[437] Vgl. Michael Albrecht Nicolazzi, *Geheimnis Tibet — Die Ur-Religion des « Bön »*, die Seiten 15-17.

buddhistischen Schule besteht aus magischen Praktiken. Der Grund dafür soll darin liegen, daß seine Begründer, von denen meist nur der bharatavarsische Guru Padmasambhava genannt wird, von dem aber historisch kaum mehr faßbar bekannt ist, als daß er im 8. Jahrhundert gelebt habe, ihre „Meditationsübungen an den Hängen des Gaurishankars", der den nepalesischen und tibetischen Völkern der heiligste Berg ist — *immerhin bewohnt ihn die Urmutter Tseringma* —, „durchführten und dabei magische Kräfte" erlangten.[438]

Auf Abbildungen trägt der immer sitzend dargestellte Padmasambhava übrigens eine Mitra bzw. Spitzmütze, die nur den „höchsten Würdenträgern der Nying-ma-pas" (__was auch die „Alten" bedeutet__) zu tragen erlaubt ist.[439] (__*Es sei in diesem Zusammenhang daran erinnert, daß der Vorläufer der* „Mitra" *die phrygische Mütze ist.*[440]__) Für die Vertreter des „unreformierten Lamaismus'", wozu, wie gesagt, die Nying-ma-pas gehören, ist es normal, verheiratet zu leben.

Es wird gesagt, daß Tsong-kha-pa (__1357-1419__), der den Gelug-Orden (__der „Gelbmützen"; *es sei daran erinnert, daß die Form der tibetischen* „Gelbmütze" *der phrygischen Mütze höchst ähnlich ist*__) — *und damit den* „reformierten Lamaismus" — begründete, „die von Magie erfüllten Lehren der alten Nyingma-Schule" bekämpfte.[441]

Nun, ob das allerdings der einzige Grund für diesen Kampf war, darf bezweifelt werden. Denn hat sich erst eine Machtelite etabliert, die es — *in Tibet nicht anders als anderswo* — für ihr Recht hält, die ge-

---

[438] Siehe Andreas Gruschke, *Die heiligen Stätten der Tibeter — Mythen und Legenden von Kailash bis Shambhala*, Eugen Diederichs Verlag, München, 1997, die Seite 75.

[439] Siehe a.a.O., die Seite 251.

[440] Siehe weiter oben den Abschnitt auf der Seite 335, beginnend mit: „Aber aus der 'phrygischen Mütze' ...".

[441] Siehe Andreas Gruschke, *Mythen und Legenden der Tibeter — von Kriegern, Mönchen, Dämonen und dem Ursprung der Welt*, Eugen Diederichs Verlag, München, 1996, die Seite 198.

sellschaftspolitische Richtung in ihrem Sinne bestimmen zu können, und träte dann — *wegen dieser Machtanmaßung* — tatsächlich eine mit dem Volk verankerte Elite hervor ... nun, was das bedeuten würde, soll an dieser Stelle nicht behandelt werden ..., oder bildete sich eine neue, selbst auch nicht mit der Masse der Menschen verankerte Machtelite — *da sich mitunter aus der alten entwickelt habend* —, die glaubt, es sei Zeit für einen gesellschaftspolitischen Richtungswechsel, da sie den Eindruck gewinnt, daß das bisherige von den Satelliten der alten Machtelite bediente Machtinstrument — *bspw. eine Religion* — genüge nicht mehr, die Masse der Bevölkerung auch weiterhin im machtelitären Sinne an der Leine führen zu können, kommt es zu gesellschaftspolitischen Kämpfen auf Kosten des Volkes: was, an dieser Stelle sei es nur am Rande gesagt, bei einer mit der Masse der Menschen verankerten Elite nicht der Fall wäre, da dieses Kämpfen dann auf Kosten der Machtelite ginge. ... Das heißt der Gruppe um Tsong-kha-pa ging es schon darum, welche der Machteliten im Lande Tibet die gesellschaftspolitische Richtung vorgeben würde, hatte sich doch eine Dreiteilung der tibetischen Elite ergeben: die alte „Bön-Elite"; die im Verhältnis zur „Bön-Elite" jüngere „Rotmützen-Elite" (__*von der die Nying-ma-pas der älteste Teil sind*__); die im Verhältnis zur „Rotmützen-Elite" jüngere „Gelbmützen-Elite", also die Gelug-pas. Deshalb hatten die Gelbmützen zwar nichts gegen das Wissen der Rotmützen als solches, aber nicht, wenn deren Priesterschaft das physisch dominant vertreten konnte — zumal die „Rotmützen-Elite" damals eine gewisse Nähe zur „Bön-Elite" aufgewiesen haben dürfte, die dadurch bedingt war, daß die Nying-ma-pas ja Teile ihrer Lehre mit Elementen der Bön-Glaubensvorstellung (__*von der die* „Bön-Religion" *selbst nur ein Ausdruck ist*__) amalgamiert hatten. Und in der potentiellen Möglichkeit, daß diese beiden Eliten sich gegen die Gruppe um Tsong-kha-pa zusammenschließen könnten, dürfte zumindest ein gewichtiger Grund zu finden sein, daß der „Gelbmützen-Lamaismus", der, im Gegensatz zum „Rotmützen-Lamaismus", und damit auch im Gegensatz zur Nyingma-Schule, damals vor allem dem Mahâyâna-Buddhismus zuneigte und dessen Mitglieder, im Unterschied zu den Rotmützen, zölibatär leben, nicht nur „alles getan hat, um die Magie und den Gebrauch der Tantras einzuschränken, bzw. auf ihr kanonisches Maß zurückzuführen"[442], sondern daß anzunehmenderweise die Gruppe um Tsong-kha-pa auch mit der „Rotmützen-Elite" eine Vereinbarung getroffen haben dürfte, um ein potentiell mögliches Zusammengegen der „Bön-Elite" und der „Rotmützen", insbesondere der Elite der Nyingma-Schule, die die größte Gruppe des „Rotmützen-Lamaismus" darstellt, zu verhindern — um so eine dadurch potentiell möglich werdende Macht_*mit*_Ausübung durch die Masse des tibetischen Volkes selbst zu verhindern: immerhin speist sich alle Legitimität der „Bön-Elite" aus den Urelementen der einst von der tibetischen Bevölkerung selbst ausgegangenen Ideensetzungen, die zu dem wurden, das als „Bön" bezeichnet wird, und noch nichts mit dem zu tun hatten, das später dann als „Bön-Religion" bezeichnet wurde.

Wie stark die mit dem ursprünglichen „Bön" verbundenen rituellen Praktiken und Glaubensvorstellungen waren, und möglicherweise noch sind, wird an folgender Aussage deutlich, die in direktem Zusammenhang mit dem wenige Zeilen weiter oben Zitierten steht: Tsong-kha-pa „gelang [...] dies [...] nicht ohne Kompromisse. [...] Man darf es [__*sogar*__] so formulieren, daß das System der neuen Staatskirche [__der 'Gelben Kirche'__] auf einem Kompromiß zwischen der roten und der gelben Sekte basiert."[443]

Bei der Etablierung des Gelug-Ordens, dessen Mitglieder zölibatär leben, und allein dahalb wissen diese aus der eigenen Anschauung nicht, was das alltägliche Leben für die Menschen an Bedürfnissen und Befürchtungen bereithält, ging es letztlich wohl darum, den in der Masse der Bevölkerung fest verankerten Bön-Schamanismus zu brechen, und damit die Kraft der Bevölkerung. Denn, wie in jedem Schamanismus, spiegelt sich darin die im menschlichen Wesen selbst vorhandene Erlösungsmöglichkeit, von der die Prähistorischen noch gewußt haben werden. — Wieso? Nun, die schamanistischen Praktiken

---

[442] Siehe Helmut Hoffmann, *Die Religionen Tibets — Bon und Lamaismus in ihrer geschichtlichen Entwicklung*, Karl Alber, Freiburg i.Br., 1956, Seite 165.

[443] Siehe a.a.O., die Seite 166.

der Prähistorischen dienten nicht dazu, Kontakt mit „der anderen Seite“ aufzunehmen, also mit dem (__*behauptet separiert*__) „Geistigen“ ... oder wie man es auch immer nennen will, und dies in den Religionen ja tut: die Welt also in einen Dualismus scheidet. Denn für die Prähistorischen war alles „*da*_seiend“: das „Sichtbare“ wie das für das physische Auge „Unsichtbare“: alles Anteile — *Aspekte* — eines großen monistischen Zusammenhangs. Es wäre für sie unsinniges „gedankliches Treiben“ gewesen, zwischen „Grobstofflichem“ und „Feinstofflichem“ zu scheiden. Diese Scheidung kam erst später, als den in staatlichen Gesellschaften organisierten „Völkern“ von je einer kleinen Gruppe, eben einer Machtelite, „erklärt“ wurde, daß es das „Spirituelle“ sei, welches das „Weltliche“ bestimme, da das „Weltliche“ aus diesem „hervorgegangen“ sei — und es daher notwendig sei, daß „ihre“ Satelliten (__„Priester“__) ihm, d.h. dem Volk, die „Richtung“ vorgäben, damit es wisse, was „richtig“ und was „falsch“ sei. — Und es seitdem stets Zufall sein muß, daß das „Richtige“ allein aus Sicht der Machtelite „richtig“ ist, oder?

Ist das Bön urtibetisch? Folgt man der Legende, ist diese Frage zu verneinen. Denn das „Bön-Reich“, dessen Name *Olmolungring* ist, liegt nicht allein vom „Schneeland“ unerreichbar entfernt. Und das keineswegs deshalb, da es „nördlich“ davon gelegen ist — *was ja in vielen Legenden üblich ist* — und auch nicht allein deshalb, daß es hinter gewaltigen Bergen aus Schnee liegt, sondern daß es vor allem — *zusätzlich gesichert* — von einem Ring aus mächtigen Schneebergen umschlossen ist.

In *Olmolungring* ist es üblich, daß der König auf einem Thron sitzt, der sich auf dem Gipfel des im Zentrum *Olmolungrings* gelegenen neunstufigen Berges steht. Das leuchtet deshalb ein, da es zum einen neun Wege — *neun Lehren des Böns* — gibt, sich dem „Bön“ zu nähern, und da es sich zum anderen so verhält, daß dieser Gipfel symbolisch das „Bön“ ist: die Materia.

Es war aber „vor 18.000 Jahren“, daß „im Morgengrauen des 15. Tages des Feuer-Tiger-Sommermonats im Jahr der Holz-Sonnen-Ratte, als es hell genug geworden war, um die Glückslinien in den Handflächen zu erkennen", der erste vom Himmel herabgestiegene Herrscher *Olmolungrings*, Shen-rab Mi-boche, der „große Mensch und unbesiegbare Shen", aus der rechten Hüfte seiner Mutter erschien. Dieser Shen-rab war es, der sein Königreich verließ um die „Lehre des Böns" im Schneeland zu verbreiten.

Für diejenigen, die eine so schöne Geschichte für bare Münze nehmen, ist es nicht verwunderlich, dass in „12.000 Jahren", wenn „die Religion in der Welt völlig ausgestorben sein wird, aus *Olmolungring*", denn allein dort wird sie nicht aussterben, „ein großer König und Bön-Lehrer der Menschheit eine neue und wiederbelebte Form der alten spirituellen Lehre vermitteln" wird.[444]

Tatsächlich ist anzunehmen, daß die „magisch-schamanischen Elemente" des Böns von den ursprünglichen Bewohnern Tibets stammen, wohingegen die „magisch-philosophischen Elemente" des Böns aus jener Gegend kommen, wo Manichäismus, Zoroastrismus, Parsismus, Zervanismus, die Lehren der Sabier von Harrân, die der Großen Muttergottheit Kybêle usw. ihren Ursprung haben, also im alten Iran, Medien, Phrygien. Alles andere ist „mythisierendes Gesuche" zur Bedienung mehr oder weniger aufrichtiger Motive, bspw. zur Rettung des „Arier-Mythos", der seine Geburtsstunde zur Zeit der Etablierung der alles andere als wissenschaftlichen „Indologie" findet, d.h. im 19. Jahrhundert — denn vorher kannte niemand „Arier" im ideologischen Sinne der „westlichen 'Wissenschaft'".[445]

---

[444] Legende erzählt nach Andreas Gruschke, *Die heiligen Stätten der Tibeter — Mythen und Legenden von Kailash bis Shambhala*, Eugen Diederichs Verlag, München, 1997, die Seiten 65 und 199 f.; und derselbe, *Mythen und Legenden der Tibeter — von Kriegern, Mönchen, Dämonen und dem Ursprung der Welt*, Eugen Diederichs Verlag, München, 1996, die Seite 113.

[445] In Kapitel 7 ist zwar darauf zurückzukommen, aber siehe, u.a., zur „Schöpfung" dieses „Mythos" insbesondere Prodosh Aich, *Lügen mit langen Beinen — Entdeckungen, Gelehrte, Aufklärung: Dokumentarische Erzählung*, Acharayya Verlag, Oldenburg, 2003.

Es ist also davon auszugehen, daß es sich bei der „Bön-Religion“ um eine systematische Verschränkung von außertibetischen Glaubenselementen mit zumindest schon lange vorher bestanden habenden einheimischen Glaubensvorstellungen handelt. Dann aber könnte die später geschaffene „Bön-Religion“ als eine zu Herrschaftszwecken geschaffene „Religion“ verstanden werden, die sich zu diesem Zweck den „reformierten schamanischen Strang“ im Sinne einer „Absicherung“ des damals noch jungen „Rotmützen-Lamaismus'“ nutzbar machte, um gegen ein — *potentiell immer mögliches* — Aufbegehren alt-traditionsgebundener Machtgruppen Tibets und deren Satelliten, _*deren*_ Macht also auf den zu Manipulationszwecken der Masse der tibetischen Bevölkerung _*ebenso*_ zu Machtzwecken mißbrauchten, aber noch relativ ursprünglichen (__„unreformierten“__) — *aus prähistorischer Zeit stammenden* — „schamanistischen Stranges“ beruhte.

Wie oben schon deutlich geworden sein könnte, dürfte es sich — *vom Prinzip hergesehen* — mit der Ausbildung des „Gelbmützen-Lamaismus'“

> (__der bis zur „Reform“ Tsong-kha-pas, dem Begründer des „Gelbmützen-Lamaismus' ein „Rotmützen-Lamaismus“ war__)

nicht anders verhalten haben, denn in ihm finden sich weiterhin vorbuddhistische — *bönische* — Vorstellungselemente, die sich dann — *da weiter* „gereinigt“, *d.h. angepaßt und als* „Bön-Religion“ *bezeichnet* — erleichtert mit buddhistischen mischen ließen. Ja, man kann sagen, daß der tibetische Buddhismus, der selbst eine Vermischung von Vajrayâna[446] und Mahâyâna[447] ist, ohne schamanistische, bzw. Bön-Elemente nicht denkbar wäre. Wobei es wohl der Vajrayâna-Buddhismus

---

[446] Unter anderem als „Diamant-Fahrzeug“, „Tantra-Fahrzeug“ oder „esoterischer Buddhismus“ bezeichnet. Dieser Buddhismus, der aus dem Mahâyâna hervorgegangen ist, ist dem Lamaismus spezifisch eigen.

[447] Ist die Hauptströmung des Buddhismus'; wird auch als „Großes Fahrzeug“ oder „Großer Weg“ bezeichnet.

ist, der diese Verbindung erleichterte, da dieser selbst mit tantrisch-magischen Praktiken arbeitet.

Das sanskritische Wort „Tantra"
bedeutet „Faden" oder „Gewebe"

Der „Tantrismus" ist die systematische Anordnung von „Fäden" in einem „Gewebe", wobei jeder „Faden" dieses „tantrischen Gewebes" einem bestimmten Ritus entspricht. Die tantrischen Riten dieses „Gewebes" sind aber von esoterischer Art, da diese Riten von Tantrikern mittels magisch-mystischer Methodik _*deshalb*_ praktiziert werden, da sie sich „ohne umschweifende Wegführung" von allen irdischen Bindungen befreien wollen. Das ist der Grund, wieso die „tantrische Methode" nicht dazu dienen kann, auf _*diesem*_ Weg andere „mitzunehmen", da dazu die entsprechende Bereitschaft gehört, die zu diesem Zweck jeder Mensch nicht nur _*selbst*_ mitbringen muß, sondern jeder Mensch muß diesen „Weg" von dort aus beginnen, wo er sich entwicklungsmäßig selbst befindet, denn diese „irdische *Ent*_Bindung" geschieht durch die mystische Vereinigung mit dem „Absoluten", die aber kollektiv, wenn überhaupt, nur unzureichend möglich ist, da meditativer Akt.

Diese mystische Vereinigung mit dem „Absoluten" war auch den Alchimisten des europäischen Mittelalters bekannt, die diese Vereinigung *unio mystica* nannten. Im Gegensatz zum bharatavarsischen Kulturraum war es den Alchimisten aber nicht möglich, sich zu diesem Streben _*offen*_ zu bekennen, da weder die monotheistisch bedingte Bornierung des Denkens es allgemein ermöglichen noch die monotheistisch dominierte weltliche Macht einen persönlichen — *also* _stets_ *individuellen* — Erlösungsweg zulassen konnte, der mit _*keiner*_ der anmaßenden „Heilslehren" monotheistischer Glaubensvorstellung etwas gemein hat.

Das bedeutet auch, daß es in _*keinem*_ monotheistisch geprägten Kulturraum möglich ist, tatsächliche, nämlich *eigen*_ständige individuelle Entwicklung anzustreben. Denn eine solche kann tatsächlich nur insoweit erfolgen, geschieht diese unter Ausschluß der Öffentlichkeit.

> Also in der Tat im *ge*_heimen, nämlich dort, wo das *da*_zu bestimmte Tun dem *ge*_meinen Blick *ver*_borgen bleibt, also dort, wo das *Ver*_traute seine Bleibe hat und das *An*_Vertraute Wohnung nehmen kann: im Heim ... *da*_her ja: „*ge*_heim".

Und das aus zwei Gründen: Eine individuelle Entwicklung ist allein mit der _*eigenen*_ — *in jedem zwar potentiell liegenden* — Substanz möglich, die aber, geschähe diese Entwicklung von unverständiger Perspektive aus beobachtet und beeinflußt, alteriert würde, was diese Entwicklung — *diesen Individuationsprozeß* —, wenn nicht blockierte, so doch wesentlich störte, _*oder*_ sich eventuell auf Kosten anderer vollziehen würde.

> (__*Der Grund dafür ist kein anderer als der, der bestimmt, ob sich eine eigene Meinung tatsächlich bilden kann oder ob es sich dabei lediglich um die Übernahme von* „Meinung" *handelt, die von anderen zur Manipulation dessen* „fabriziert" *wurde, das man* „öffentliche Meinung" *nennt.*[448]__)

Deshalb bedienten sich die Alchimisten der *Langue des oiseaux*, die sich dadurch auszeichnet, daß ihr Vokabular eine exoterische (__*profan anmutende*__) Seite und eine esoterische (__*kontextuell bedingt sinnreiche*__) Seite aufweist, so daß der zu transportierende Inhalt von Informationen lediglich für den selbst Eingeweihten verständlich ist. So kommt es, daß bspw. die Phrase: „Blei in Gold verwandeln" von den bornierten Europäern wörtlich genommen wurde.[449]

Im mystischen Vereinigungsprozeß wurde das Absolute von den Tantrikern als Energie verstanden, aber — *zur besseren begrifflichen*

---

[448] Vgl. dazu in: Die *tri*_logische Sezierung [...], Band II, die Seiten 218-20, beginnend mit: „Alle Fakten liegen auf dem Tisch, sie sind lediglich zur Kenntnis zu nehmen. ...".

[449] Darauf ist u.U. in einem anderen Buch noch einmal zurückzukommen.

Fassung — als personifizierte „weiblich-göttliche Kraft" Shakti vorgestellt. Shakti, so sagen die Anhänger des *Sanâtana Dharmas*, geht mit der ebenfalls personifiziert vorgestellten Lebensenergie einher, d.h. ihnen — *wie den Tantrikern* — gilt sie — *dann insbesondere unter der Bezeichnung Durgâ oder Kâlî* — als „Begleiterin" der „männlich-göttlichen Kraft" Shiva. (__*Auch dies* — also das Personifizieren von Aspekten der Materia, und hier als „Shakti" — *hat übrigens seine Entsprechung bei den Alchimisten und den Gnostikern, wo diese* „Shakti" genannte „göttliche Kraft" *als* „Sophia" *bezeichnet wird.*__)

Für die Menschen scheint es üblich zu sein, die vielen — *und in sich vielfältigen* — Aspekte der Materia zu personifizieren, bzw. sich diese als „göttlich", „Gottheit" und dergleichen vorzustellen. Das wäre völlig in Ordnung, hätte sie das einst — *d.h. die Historischen* — nicht zu dem folgenreichen — *und fortgesetzt nachwirkenden* — Kurzschluß geführt, sich diese Aspekte als absolute — *frei durch ihre Gebilde der Phantasie floatende* — Größen vorzustellen, um die sich die Menschen nicht nur in Masse zu scharen, sondern denen sie sich auch gehorsam in Masse zu unterwerfen hätten, _*so*_ jedenfalls die aus diesem Kurzschluß resultierende Behauptung der entsprechenden „spirituellen Machtgruppe", gewohnterweise als „Priesterschaft" der „Gottheit Soundso" — *eigentlich also des* „Aspektes Soundso" *der Materia* — bezeichnet. Hinzu kommt, daß es einst durch diese Personifizierung geschah, daß diesen Aspekten der Materia zusätzlich noch gesellschaftspolitisch machtrelevante Attribute beigesellt wurden, die folglich nichts als Ausfluß eigener — nämlich *eigen*_nütziger — Phantasie-Produkte der im Dienste machtelitärer Gruppen stehenden Intellektuellen waren. Es kommt ferner hinzu, daß die als „göttlich" angesehenen Aspekte der Materia kein Bewußtsein haben, da sie „nur" ihre Wirkkräfte sind, demnach zwar magisch zu beeinflussen sind, aber bloß bis zu einem gewissen Punkt, sollen diese Wirkkräfte nicht in ihr — *potentiell in ihnen vorhandenes* — Gegenteil umschlagen.

„Bewußtsein" findet sich übrigens nur in *da*_seienden Wesen, da „Bewußtsein" allein in direkter Relation zu dem grobstofflichen Aspekt der Materia möglich ist: denn wie anders sollte es möglich sein, sich einen Begriff von etwas zu verschaffen, wenn man es nicht zu sich in „Opposition“ setzen könnte? Wenn auch der „Bewußtseinsgrad“ so wesenstypisch wie verschieden ist, und, bspw., das (*__gebundene__*) „Bewußtsein“ einer Bakterie ein anderes ist als das (*__wegen seiner wesenhaften Plastizität*[450] *ungebundene__*) des Menschen. ... Ob es allerdings stimmt, daß sich die Materia im Menschen selbst bewußt wird, was man wohl behaupten kann, da dies zu denken möglich ist, und wenn, vielleicht nur potentiell, oder ob dies doch bloß ein weiterer Ausdruck der Egozentrik der selbstentfremdeten Historischen wäre, soll jetzt nicht weiter untersucht werden.

Wie schon bemerkt, erscheint dem Tantriker die Energie der Materia in der Gestalt der — „weiblich-göttliche Kraft“ — „Durgâ“, die auch „Kâlî“, „Pârvatî“ oder „Devî“ heißt, und die allein oder in Begleitung „Shivas“ auftritt (*__dann, wie gesagt, insbesondere in der vorgestellten Gestalt der Durgâ oder Kâlî__*), da diese „Shiva“ genannte Kraft der Materia in dieser vorgestellten Paar-Anordnung als „männlich-göttliche Kraft“ gilt.

Übrigens ist die Ähnlichkeit mit jener Kraft der Materia, die als „Kybêle“ bezeichnet wird — *auch was die Sexualriten und die Tier- und Menschenopfer anbelangt* —, insbesondere dann auffällig, hat die als „Durgâ“ bezeichnete Kraft der Materia den Charakter der „Kâlî“. Wie Sie sich erinnern: Kybêle ist die Hauptgöttin der Phryger, deren Priester die Korybânten oder Galli (__die „Verschnittenen“__) waren.[451]

Also nähert man sich der Wahrheit, stellt man sich nicht nur vor, daß die diversen „Gott-“, „Götter-“ und „Dämonen-Vorstellungen“ lediglich verschiedene Kräfte der Materia bezeichnen, sondern daß zu-

---

[450] Zur „menschlichen Plastizität“ siehe in: Die *tri*_logische Sezierung des lobbykratischen Zeitalters, Band I, Teilband 4, dort die Seiten 138-47, beginnend mit: „Aus meiner Sicht ist aber die *_eigentliche_* Frage folgende [...]“.

[451] Siehe die Anmerkung zu den „Galli“ auf der Seite 338, beginnend mit wie folgt beginnenden Abschnitt: „Wenn aber berichtet wird, daß die tibetischen Bönpos...“.

dem diese Kräfte von Menschen bloß namentlich verschieden personifiziert wurden — *wobei die Stärke ihrer attributiven* „Färbung" *vom für Menschen* „wirtlichen Grad" *der sie umgebenen natürlichen Umwelt abhing* — _und_ tatsächlich identische Kräfte — *oder Aspekte* — der Materia sind: bspw. Kybêle—Kâlî. Wobei das je als „dämonisch" oder als „göttlich" Bezeichnete zusätzlich noch Ausdruck der unterschiedlichen Interessen gesellschaftlicher Machtgruppen waren — und ist.

Während die monotheistischen Ideologen vom grundsätzlichen Gegensatz zwischen „Materie" und „Geist" ausgehen und dieser von ihnen als „Zweiheit" bzw. „Dualität" vorgestellt und in ihren Lehren ausgedrückt wird, wobei, so sagen sie, die „Materie", d.h. *_jener_* Teil der Materia, der allein ihr mit dem bloßen menschlichen Auge sichtbar seiender „grobstofflicher" Aspekt ist, vom „Geistigen" abhängig sei — obwohl doch das „Geistige", so es das tatsächlich ist und nicht selbst schon wieder *ver*_ideologisiert gemeint, selbst der „informationelle" Aspekt der Materia ist. ... Während also die monotheistischen Ideologen das organisch Miteinanderverbundene in eine „Dualität" scheiden — *es auf diese Weise zerreißend* —, ist es tatsächlich so, daß in der Vereinigung der gegensätzlich auftretenden Kräfte der Materia (__*von den Tantrikern als* [__nach Vereinigung strebendes__] „Gegensatz-Paar" *Shiva—Durgâ vorgestellt*__) alles in Opposition Stehende aufgehoben wird, bzw. durch die „zusammenfallende Einheit" des Oppositionellen in die ursprüngliche Einheit alles real und potentiell Seienden zurückkehrt — *eben durch das* „Zusammenfallen der Gegensätze" (__bzw. alles Oppositionellen__) *zu ihrer Vereinigung führt* —, dessen Ergebnis der Tantriker als höchstes Glückserleben bezeichnet. Und es ist dieses „höchste Glück", das der Tantriker mittels der Riten des Tantrismus' auf „kurzem Wege" erreichen will. Da aber dieses nach Vereinigung strebende „Gegensatz-Paar" von den Tantrikern als „männlich—weiblich" vorgestellt wird und das sich in der Sexualität ausgedrückt findet, spielt diese im Tantrismus sowohl in den sexual-magischen Praktiken als auch in der Meditation selbst eine bedeutende Rolle.

Dies Gesagte, also das letztlich die Vereinigung der Gegensätze Betreffende, spielt ebenso im Bön eine große Rolle, da das Bön den Ursprung aller Gegensätze _*und*_ ihr Aufgehen in es bezeichnet. Folglich hat das Bön tatsächlich monistischen Charakter: die uranfängliche Einheit aller Gegensätze; die sich zum Zwecke einer jeden Entwicklung trennenden Aspekte (__„Kräfte"__) der Materia; das Zurückkehren der schließlich zusammenfallenden Gegensätze in die nie aufgegebene Einheit.

Alle zum Zwecke der Realisierung eines jeden Entwicklungsprozesses in Opposition gesetzten „Kräfte" sind tatsächlich Teil der Materia, sind also ihre Aspekte. Das darin sich ausdrückende dialektische Wirkprinzip der Materia wurde schon von den Alchimisten als *coincidentia oppositorum* (__als das „Zusammenfallen der Gegensätze__) bzw. als die *coniunctio oppositorum* (__als die „Union" oder die „Verbindung" oder das „Zusammentreffen" der „Gegensätze" bezeichnet__). — Beides, die *coincidentia oppositorum* und die *coniunctio oppositorum*, gehören aber eigentlich zur „Denklinie" der östlichen Philosophie — und so kennen auch die alten Ägypter dieses dialektische Wirkprinzip der Materia, bspw. als „Gegensatzpaar" Nun und Naunet, also das „uranfängliche Wasser" betreffend, aus dem alles „weitere" entstanden ist.

Der erste buddhistische König Tibets, der um 650 gestorbene Songtsen Gampo, der übrigens Lhasa erst zum politischen Zentrum machte, denn dieses Zentrum hatte sich zur Zeit der mythischen Könige noch im etwa 200 Kilometer weiter östlich am Oberlauf des dort Yarlung Zangbo genannten Brahmaputras gelegenen Kongpo befunden, scheint die „Bön-Religion" aus politischen Gründen gepflegt zu haben, als er damit beschäftigt war, die von ihm und seinen Mitstreitern verbreitete buddhistische Lehre in den Köpfen der Bevölkerung Tibets zu verankern, und aus diesem Grund bemüht sein mußte, diese mit den schon etablierten tibetischen Sitten und Vorstellungen in Einklang zu bringen.[452]

---

[452] Siehe Rolf A. Stein, *Die Kultur Tibets*, die Seiten 34 und 279.

Zu jener Zeit könnte dieser, dann als „Bön-Religion" bezeichnete Synkretismus bereits abgeschlossenen gewesen sein, und muß jedenfalls zu dieser Zeit im tibetischen gesellschaftlichen Leben noch eine große, nicht zu ignorierende Rolle gespielt haben. Daß diese synkretistische Religion, neben dem sich zum Lamaismus ausbildenden Buddhismus, zu jener Zeit noch in ganz Tibet verbreitet wurde[453], könnte seinen Grund darin finden, und dann davon auch auszugehen wäre, daß das _*ursprüngliche*_ Bön ebenfalls noch im ganzen Land verbreitet war. Immerhin wird in der tibetischen Tradition das Land Tibet selbst als eine „auf dem Rücken liegende Dämonin" vorgestellt[454] — deren „ideeller *Ur*_Ausdruck" das Bön wäre —, in deren „Herzen" dieser erste buddhistische König seinen Tempel erbauen ließ — als ersten der „zwölf Unbeweglichkeitsnägel", die in ihren Körper getrieben wurden und wo je ein Tempel errichtet wurde, so daß das Land überhaupt erst im Sinne der neuen herrschaftlichen Ordnung in Besitz genommen werden konnte.[455] Denn der Umgang mit jenen Kräften der Materia, die gemeinhin als „Dämonen" bezeichnet werden, war insbesondere unter den (__*ob ursprünglich oder nicht ursprünglich, jedenfalls früher als die buddhistischen Strömungen in Tibet wirkenden*__) „Zauberern", „Magiern" und „Schamanen" — *die auch als Bönpos bezeichnet wurden* — eine weitgeübte Praxis. Und so scheint es aus machtpolitischer Sicht nur folgerichtig, das die neuen Herrscher, beginnend mit Songtsen Gampo — *als dem ersten buddhistischen König Tibets* — sich des Wissens der Bönpos beim Errichten einer neuen Herrschaft über Tibet bedienten: auf diese Weise die alten Traditionen soweit notwendig berücksichtigend und möglichst wenig Widerstand dagegen mobilisierend. Und in diesem Prozeß dürfte es dann zugleich zur „Kanonisierung" alter Bön-Vorstellungen — *unter Ausstoßung anderer alter Bön-Vorstellungen* — und zur ersten Verflechtung mit buddhistischen Inhalten gekommen sein, also zu eben dem, das von westlichen Tibetologen als „Bön-Religion" bezeichnet wird. Dieser

---

[453] Siehe Rolf A. Stein, *Die Kultur Tibets*, die Seite 279.

[454] Siehe a.a.O., die Seite 34.

[455] Siehe a.a.O., die Seiten 34 f.

Synkretismus geriet selbst mehr und mehr unter Druck, nämlich mit zunehmender Etablierung des tibetischen Lamaismus', und wurde schließlich 785 von Thisong Detsen, dem ersten von 755 bis etwa 797 regiert habenden „Religionskönig"[456] Tibets, offiziell verboten[457] — wenn diese auch weiterhin in anderen Landesteilen gewisse Rechte behielten, insbesondere dann, ging es darum, den „Körper des Herrschers von bestimmten 'Hindernissen' zu befreien", also den Umgang mit gewissen Dämonen und die zu ihrer Bannung notwendigen Riten betreffend.[458]

Das kann als klassisches Beispiel für jene Methode gelten, eine „Staatsreligion" als politisches Machtinstrument zu schaffen, um den Herrschaftsanspruch einer Machtelite über ein Volk zu legitimieren. Bezogen auf Tibet entwickelte sich das so:

Auf der einen Seite, die bisher herrschende Machtelite mit ihrer „Bön-Religion", selbst aus der Kanonisierung alter Traditionselemente des Böns — *untermischt mit philosophischen Elementen des Buddhismus'* — entstanden, auf der anderen Seite die neue Machtelite, für die ein besser geeignetes Machtinstrument der auf den bharatavarsischen Guru Padmasambhava zurückgehenden, von ihm zur Zeit der Herrschaft des Thisong Detsens nach Tibet gebrachten Buddhismus war, aus dem sich dann die vier geistigen Hauptströmungen (__die „unreformierten" Traditionen *Nying-ma*, *Sakya* und *Kagyü* — selbst mit Elementen der „Bön-Religion" versetzt — _*und*_ die „reformierte" Gelug-Tradition__) des sich ausbildenden Lamaismus' entwickelten, von denen eine, jene der Nying-ma-pas, sich sogar ausdrücklich auf diesen Padmasambhava als Begründer beruft und deren

---

[456] Rolf A. Stein verwendet diesen Begriff in: *Die Kultur Tibets*, aus dem Französischen von Dr. Helga Uebach, illustriert von Lobsang Tendsin, Edition Weber, Berlin, 1993, Seite 279.

[457] Siehe Michael Albrecht Nicolazzi, *Geheimnis Tibet — Die Ur-Religion des* « Bön », Patmos Verlag, Düsseldorf, 2003, die Seite 25.

[458] Siehe Rolf A. Stein, die Seite 279.

Lehre deshalb gelegentlich als „Padmaismus" bezeichnet wird.

(__Meines Wissens hat Helmut Hoffmann den Begriff „Padmaismus" eingeführt.[459] — Ansonsten ist mein Eindruck von diesem Autor, daß er viel „Blech" über Tibet, die Tibeter und ihre Glaubensvorstellungen geschrieben hat. Denn durch seine Art des „Interpretierens" und des es „begründen" sollenden „Suchens", wird offensichtlich, woher die Ursache solchen „Blechredens" kommt: er „begutachtet" die Relikte und das von ihm beobachtete Geschehen dort mit jenen ideologischen Scheuklappen, die von den „Indologen" der ersten Stunde und deren Nachfahren angefertigt wurden. Das bedeutet, daß Hoffmann aus der „Sicht" jener „interpretiert", die bspw. die Erfinder der „Arier" waren. Dies aber eine Erfindung, die insbesondere zu jener Zeit viel Unheil angerichtet hat, als Herr Hoffmann seine „Forschungen" in Tibet anstellte. — Auf den „Arier-Mythos" ist im nächsten Kapitel zurückzukommen.__)

Daß den Bönpos vor allem das Recht eingeräumt blieb, Riten für die Toten zu vollziehen, was aus Sicht der Tibeter bedeutete, stetigen Umgang mit Dämonen zu haben, führte schließlich dazu, daß die Bönpos selbst zu Dämonen wurden, da, so die Vorstellung, die Dämonen den Übergang vom (__*grobstofflich*__) gebundenen Leben in die „Freiheit" behindern, nämlich von der Wiedergeburt befreit zu sein.[460]

Nun, auch dies ist typisch machtpolitische Methode, eine unliebsam gewordene Gruppe, oder eine machtpolitisch rivalisierende Gruppe, bzw. deren Glaubenssystem, so bspw. deren Gottheiten, zu diskreditieren und schließlich, so möglich, zu verbannen oder wenigstens zu „Dämonen" zu machen, wogegen selbstverständlich ständig irgend etwas unternommen werden muß. Dies wird bis auf den heutigen Tag von _*jeder*_ Machtelite praktiziert — mit oder ohne Religion.

---

[459] Siehe Helmut Hoffmann, *Die Religionen Tibets — Bon und Lamaismus in ihrer geschichtlichen Entwicklung*, Karl Alber, Freiburg/München, 1956, die Seiten 46 f.

[460] Vgl. Rolf A. Stein, *Die Kultur Tibets*, aus dem Französischen von Dr. Helga Uebach, illustriert von Lobsang Tendsin, Edition Weber, Berlin, 1993, die Seite 279.

Geht es doch immer darum, als Machtelite über das eigene Volk so zu herrschen, daß alles aus Sicht der entsprechenden Machtelite, also zur Sicherung ihrer Macht, notwendig zu Tuende mittels entsprechender Meinungsmanipulation der Masse der Menschen „ihres" Volkes, vom diesem Volk — *als in seinem Interesse wahrgenommen, aber* _primär_ *im Interesse der Machtelite und ihrer Satelliten seiend* — unterstützt wird.

* * *

Die ist eine gute Gelegenheit,
ein Fazit dieses Buches zu ziehen:

Eine „monolithische Ideologie" erleichtert das machtpolitische Geschäft enorm, ob in Form eines religiös-monotheistischen, religiös-monotheismusartigen oder eines säkular-monotheismusartigen Glaubenssystems zur Anwendung kommend, ist dabei nicht entscheidend, da die Frage, welches System „ausgewählt" wird, allein von der Einschätzung der gesellschaftspolitischen Entwicklungssituation abhängig ist.

Beispielsweise ist im Neoliberalismus ein monotheismusartiges Glaubenssystem perfekt verkörpert. Denn die Vertreter dieser „Lehre" sind ohne weiteres als Hohepriester des „allwissenden Marktes" zu verstehen; ist es doch ihre Aufgabe, den in den Staaten des lobbykratischen Zeitalters einsitzenden Menschen mit so wissender wie mahnender Mine zu verdeutlichen, was notwendig ist, damit der „Markt" mittels seiner „unsichtbaren Hand" und seiner „Kräfte" überhaupt geneigt sein könnte, sich segensreich auf ihr *Da*_Sein „auszuwirken". Und so ist es nicht überspitzt, sage ich: Da der Neoliberalismus so viele Gemeinsamkeiten mit einem monotheistischen Glaubenssystem hat, kann seine „Leere" als „säkularer Monotheismus" bezeichnet werden.[461]

* * *

---

[461] Zur Funktionsweise siehe in: Die *tri*_logische Sezierung [...], Bd I, Tb 1.

Aus dem bisher Erläuterten könnte geschlossen werden, daß es sich bei der „Bön-Religion" um eine bewußte Konstruktion handelt, die verschiedene alte Glaubensvorstellungen der Tibeter mit auswärtigen, bspw. aus Bhâratavarsha kommend, zu einem Glaubenssystem zusammenfaßte, um sie dann „machttechnisch" einzubinden, also gesellschaftspolitisch weiterhin verwendbar zu halten. Rolf A. Stein drückt es so aus: „die Bön-Region mag, mehr als bisher angenommen, die Übernahme des Buddhismus' in Tibet vorbereitet haben, indem sie [__bhâratavarsische und iranische__] Elemente assimilierte, bevor der Lamaismus das gleiche tat".[462]

Zwar kann dieser Assimilierungsprozeß, der sich dann in synkretistischer Glaubensvorstellung ausdrückte, als wichtige Phase in der Herausbildung der tibetischen Staatsreligion des Lamaismus' gelten, allerdings ist damit zugleich berechtigterweise zu vermuten, daß dies mit der Herausbildung einer Machtelite und in deren Sinne funktionierenden Satelliten einherging, deren „ideelles" Machtmedium die „Bön-Religion" war, sich hierbei auf die ursprüngliche „schamanistische Idee 'Bön'" stützend, sowie es anzunehmen ist, daß es noch mindestens eine andere rivalisierende Gruppe gegeben haben muß, die dann im Lamaismus _*ihr*_ Machtmedium fand.

Das Besondere an der „schamanistischen Idee 'Bön'", also an dem, was vor der Schaffung der „Bön-Religion" existierte und diese dann erst substantiell möglich machte, ist also nicht, daß es sich dabei um irgendeine magische Praxis handelt, sondern daß es sich dabei um eine sich auf besondere Weise in Tibet ausgeprägt habende magische Praxis auf schamanischer Basis handelt. Wobei „auf schamanischer Basis" nicht heißen soll, daß diese Praxis allein von „tibetischen 'Elementen'" bestimmt worden wäre. Es scheinen zumindest außertibetische Einflüssen mitbestimmend gewesen zu sein, bspw. solche von

---

[462] Vgl. Rolf A. Stein, *Die Kultur Tibets*, aus dem Französischen von Dr. Helga Uebach, illustriert von Lobsang Tendsin, Edition Weber, Berlin, 1993, die Seite 281.

indischen Tantrikern[463], und u.a. auch jene, von denen weiter oben schon die Rede war. Was nicht überraschend ist, denn das Bestreben mittels „aktiver Methoden“ mit dem Feinstofflichen der Materia in Kontakt zu treten. ... Man sollte wohl besser sagen: in Kontakt zu bleiben, um ein „Absinken“ des menschlichen Wesens ins nur Grobstoffliche zu vermeiden, wodurch erst eine Scheidung zwischen Grobstofflichem und Feinstofflichem möglich wird, was zu einer „Entfremdung“ vom Feinstofflichen führt, wodurch es (__*das menschliche Wesen*__) von (__*später dann, im Zuge der Seßhaftwerdung, auftretenden*__) „Priestern“ in deren, d.h. im Sinne weltlicher Machtinteressen manipuliert werden kann, und die Träger des menschlichen Wesens zu „Gläubigen“ degradiert werden, die dem zu folgen haben, was diese „Priester“ (__*in deren Sinne*__) für richtig halten, ist weltweite Praxis gewesen, und ist es selbst bei „modernen“ Magiern noch, da, wie gesagt, Magie keine Frage des Glaubens, sondern eine der Technik ist, und deshalb allein die Frage ist: wie setze ich diese ein?

Durch die Säkularisierung des Monotheismus’, wie diese exemplarisch im Neoliberalismus zum Ausdruck kommt, hat sich methodisch an der Manipulation der von den „Priestern“ an den zu „Gläubigen“ degradierten Trägern des menschlichen Wesens nichts geändert: Oder glauben Sie, daß die Hohepriester des Neoliberalismus’ im Sinne ihrer Glaubenssätze grundsätzlich anders „argumentieren“ würden als die „Priester“, die im Sinne eines wie auch immer gearteten Monotheismus funktionieren — insbesondere dann, ist ein solcher „Theismus“ Basis der „Staatsraison“ geworden?

Aber vielleicht läßt sich die Bezeichnung „Bön-Religion“ doch sinnvoll verwenden? Nun, es wird gesagt werden können, daß „Bön“ für etwas „Frühes“ steht, das Schamanisches meint und in Tibet seine besondere Ausprägung gefunden hat. Wenn man also den Begriff „Bön-Religion“ akzeptieren will, dann könnte „Bön-Religion“ im Sinne eines bewußten Synkretismus aufgefaßt werden, der viele Elemente

[463] Vgl. Rolf A. Stein, *Die Kultur Tibets*, die Seite 280.

enthält, die nicht ursprünglich tibetisch sind, und drei „Vorstellungs-stellungssträngen" angehören. Einmal die ursprünglich tibetisch-schamanischen Wissenselemente. Diese mischten sich einst mit von „anderswoher" gekommenen Wissenselementen (__*die schon mehr* „Glaubenscharakter" *hatten*__). Aus der Mischung dieser beiden „Vorstellungsstränge" wäre das ursprüngliche _*und*_ lokal wirkende Bön entstanden. Der dritte „Vorstellungsstrang" speiste sich vor allem aus „abstrakten Erklärungsmustern" für das „Dasein" der Wesen, einschließlich der Menschen, die in kosmogonischen Vorstellungen der großen Religionen zum Ausdruck kamen, die ursprünglich in den umliegenden Ländern wie Iran, Bhâratavarsha oder China beheimatet waren. Diese drei „Stränge" wurden zu einer Zeit amalgamiert, als der Buddhismus bereits Bestandteil des tibetischen Lebens war. Das heißt die synkretistische „Bön-Religion" wurde unter buddhistischen Gesichtspunkten geschaffen.

Wie es immer mit ursprünglichen Vorstellungen von der Welt ist, bildet das _*selbst*_ Erfahrbare (__*also dort erlebbar, wo man sich selbst aufhält*__) den Keim jeder Überlegung über etwas, das dem menschlichen Auge nicht sichtbar erscheint, dem menschlichen Wesen aber als wirkkräftig gilt und deshalb typischerweise lokal wahrnehmbar bleibend. Demnach ist dieses „Wirkkräftige" für ein menschliches Wesen nur in der direkten „Begegnung" wahrnehmbar. Somit ist solches, als wirksam Geltendes, aber dem menschlichen Auge normalerweise nicht als sichtbar erscheinend, nur _*konkret*_ personengebunden erfahrbar, sich also lediglich direkt Beteiligten erschließt — und davon deshalb Unbeteiligten nichts mitteilbar ist.

Zum Zwecke der „Wahrnehmbarmachung" des typischerweise lokal erlebbaren Feinstofflichen (__*der Materia*__) und des entsprechend daraus resultierenden, nur _*konkret*_ personengebunden Erfahrbaren, entwickelten besondere menschliche (__also „schamanische"__) Charaktere „konkrete Erklärungsmuster", die zum einen das *So*_sein des Feinstofflichen (__*der Materia*__) im allgemeinen und das mit dem lokal wahrnehmbar Feinstofflichen unauflösliche *Verbunden*_sein einer konkreten menschlichen Gemeinschaft erklärten sowie „ritual-magische Methoden" entwickelten, mittels derer die verschiedenen Wirkkräfte des Feinstofflichen (__*der Materia*__) zur Entwicklungsförderung einer konkreten menschlichen Gemeinschaft verwendet werden konnte.

Später, als sich verschiedene Interessengruppen innerhalb einer Gesellschaft gebildet hatten, wofür wohl die Zeit der Seßhaftwerdung der Menschen anzunehmen ist, wurden „abstrakte Erklärungsmuster" notwendig, über die das *Hie* der Masse der Nichtbegüterten und das *Da* der kleinen Gruppe der Begüterten gerechtfertigt werden konnte. Die „abstrakten Erklärungsmuster" wurden von Ideologen des jeweiligen „abstrakten Musters" ausgearbeitet, das man als „Religion" oder „Ideologie" bezeichnen mag, weshalb diese Ideologen einst „Priester", dann auch „Philosophen" oder gar „Weise" hießen.

Die „konkreten (__„schamanischen"__) Erklärungsmuster" unterscheiden sich von den „abstrakten Erklärungsmustern" insbesondere dadurch, daß sie, wie oben deutlich geworden ist, immer lokale Bezugsgrößen als „Muster" nehmen, denn eine konkrete Gruppe von Menschen (__*und damit jedes Individuum!*__) lebt _*immer*_ in konkreten Verhältnissen, und diese sind immer lokal begrenzt — allerdings werden lokale Verhältnisse selbstverständlich von Faktoren beeinflußt, die außerhalb des konkret Lokalen liegen, ihre Auswirkungen sind aber für eine konkrete Gruppe von Menschen nur in „ihrem" konkret Lokalen erlebbar. Spekulationen anzustellen, die von diesem konkret lokal Erlebbaren ausgehen, ist dann völlig in Ordnung, bleibt stets der lokale Bezug erhalten. Dies mag der Grund dafür sein, daß „schamanische Erklärungsmuster" über weniger fein ausgearbeitete Kosmogonien verfügen: ihr Tun und Streben ist auf die Gruppe von Menschen gerichtet, für die sie Verantwortung tragen.

Vor diesem Hintergrund läßt sich vielleicht sagen, daß es sich beim „Bön" um eine — *zwar mit den verschiedensten auswärtigen Glaubenselementen angereichert* — auf lokale Besonderheiten ausgerichtete Methode der Auseinandersetzung mit an konkreten Personen oder Plätzen gebundene, feinstoffliche Wirkkräfte der Materia handelt. Während es sich bei der „Bön-Religion" um ein Medium zur Regelung weltlicher Gruppen-Interessen und der dazu notwendigen Ausübung von Macht handelt, bestehend aus „selektierten Elementen" des „Böns", angereichert mit „abstrakten Erklärungsmustern" für das Sosein der Welt, also mit kosmogonischen Ideen ausgestattet, als Ausfluß ideologischer Überlegungen, die insbesondere der Rechtfertigung der Existenz einer kleinen machtelitären Gruppe, ihrer Herrschaft über eine größere Gruppe von Menschen (__*die sich aus verschiedenen Sippen und Stämmen zusammensetzt*__) und der dazu notwendigen Manipulationsmethoden dienen. Ohne solche „abstrakten Erklärungsmuster" wäre es nicht möglich, die Masse der Menschen zu beherrschen und im Interesse einer Machtgruppe auszubeuten.

> Daß sich daran bis heute nichts geändert hat, bedeutet übrigens nicht, daß die Ursachen dafür naturgesetzlich bedingt wären.

Das heißt das eigentlich „Bönische" ereignet sich lokal und ist auf solches Feinstoffliches (__*der Materia*__) gerichtet, das die Menschen konkret betrifft, während die „Bön-Religion" als kodifizierende Normierung der bestehenden, mit dem Buddhismus bis zu einem gewissen Punkt in Einklang zu bringenden, vorbuddhistischen Vorstellungselementen, unter Hinzufügung schon mehr abstrakter Glaubenselemente, die nicht mehr an eine bestimmte Lokalität gebunden und der weltlichen Machtausübung über Tibet dienend, zu einer Zeit entwickelt wurde, als der Buddhismus dort schon etabliert und, als wesentliches Element des Lamaismus', bereits zur prägenden religiösen Kraft geworden war.

Folglich ist anzunehmen, daß die Normierung bestimmter (__*im Sinne einer bewußten Auswahl*__) alter tibetisch-schamanischer Glaubenselemente mit von „anderswoher" gekommenen Glaubenselementen zur „Bön-Religion" aus der Sichtweise der damals sich in Tibet etabliert habenden verschiedenen Richtungen des Rotmützen-Buddhismus' und den damals herrschenden „weltlichen" Machtverhältnissen heraus erfolgte.

Kann dies alles ohne Einfluß auf die tibetische Gesellschaft geblieben sein? Wohl kaum. Ja, man muß sagen, daß auf diese Weise ein Herrschaftssystem geschaffen wurde, das keine gesellschaftliche Entwicklung mehr ermöglichte, da es die Menschen als gesellschaftliches

Ganzes — *und damit jedes Individuum* — wie in einem Spinnennetz gefangenhielt.

Gewiß, es gibt große Schätze in der traditionellen tibetischen Gesellschaft, von denen sogar eine Ausstellung kündete, die in der Villa Hügel gezeigt wurde — *und die ausgestellten Exponate haben mich höchst beeindruckt.*[464] Und gewiß ist es richtig, daß die tibetische Kultur ein Recht auf Bestand hat. Bedeutet das aber, daß keine Entwicklung möglich gemacht werden darf? Wäre nicht eher dafür Sorge zu tragen, daß in der tibetischen Gesellschaft und den Bildungseinrichtungen, das traditionelle Gut unbedingt präsent bzw. gelehrt würde, aber es zugleich in jeder Bildungseinrichtung eine „gesellschaftliche Spielwiese" bewußt etabliert gäbe, wo die Kinder und Jugendlichen frei ausprobieren würden, was sie für notwendig hielten, damit eine Gesellschaft sich als Ganzes — *und das einzelne Individuum nicht anders* — nicht auf Kosten anderer entfalten kann? Und wenn das dann bedeutete, daß die, einst ihre Berechtigung gehabt habenden gesellschaftlichen Strukturen und Traditionen, dazu nicht geeignet wären, da sie alles Lebendige überkrusten (__*letztlich als Ausdruck erstarrter Machtstrukturen*__), wären diese dann dennoch beizubehalten?

Zu entscheiden, welcher Weg (__*um die bestehenden Verhältnisse beizubehalten oder sie, und auf welche Weise, zu ändern*__) einzuschlagen wäre, muß allerdings nicht nur der tibetischen, sondern, selbstverständlich jeder Gesellschaft selbst überlassen bleiben. — Aber was ist schon selbstverständlich, gibt es Machteliten, oder?

Nun, der Lamaismus, auch er sich mit den alten tibetischen Ahnenkulten verflochten habend, ist vom Machttechnischen hergesehen mit den „mediterranen" monotheistischen Lehren deshalb vergleichbar, da sich in ihm zwar nicht der eine Gott findet, aber eine Lehre,

---

[464] Dazu gibt es einen Ausstellungskatalog: TIBET — *Klöster öffnen ihre Schatzkammern*, hg. von der Kulturstiftung Ruhr, Villa Hügel, Essen, und dem Hirmer Verlag, München, 2006. Wenn Sie sich irgendwo davon ein Exemplar besorgen können, so zögern Sie nicht!

mittels derer Tibet zum größten Mönchs- und Kirchenstaat werden konnte, so daß das Leben aller Laien-Gläubigen Tibets von der Geburt bis zum Tod durch Regeln festgelegt wurde, die jeden einzelnen Menschen sowohl diesseitig (*__politisch__*) als auch „jenseitig" (*__religiös__*) einbindet. Erst die Besetzung Tibets durch das maoistische China änderte daran etwas: es wurden die alten Machtstrukturen aufgebrochen, was positive wie negative Folgen hatte. Dies ist lediglich eine feststellende Randbemerkung, keine Rechtfertigung dieser Besetzung Tibets durch das maoistische China.[465]

Ein Unterschied zwischen der „Bön-Religion" und dem Lamaismus auf der einen und vor allem dem christlichen und islamischen Monotheismus auf der anderen Seite scheint aber darin zu liegen, daß weder die „Bön-Religion" noch der Lamaismus dazu verwendet wurden, andere Länder aus Glaubensgründen zu erobern, sondern um das eigene Land sowie aus weltlichen Machtinteressen heraus erobertes Gebiet nachträglich machttechnisch — *also im Interesse der jeweiligen Machtelite* — zu sichern, wie es stets eigentliche Machtpraxis war. Genau dies ist aber bei christlichen und islamischen Eroberungen nur verschleiert erfolgt — also behaupteterweise „im Namen des Glaubens", bzw. „im Namen Gottes". ... Davon ist ja weiter vorne in dem Ihnen vorliegenden Buch zu lesen.

Da dieses Buch aber keines ist, das die vielfältigen Ausprägungen dessen zum Thema hat, welches wir „Religion" nennen, hingegen: „Was bedeutet es, verquickt sich ein Bedürfnis des menschlichen Wesens — *sein Alleinsein zu bemänteln* — mit dem Bestreben, die Herrschaft über eine Masse von Menschen im Sinne einer kleinen Machtelite auf Dauer zu sichern?", sei dieses Kapitel mit dem Hinweis abgeschlossen, daß es neben dem, das Gegenstand des Böns ist und von dem ein Teil zur Basis der aus machtpolitischen Gründen geschaffenen „Bön-Religion" wurde, es noch ein weiteres, nicht kodifiziertes

---

[465] Vgl. diesbezüglich Colin Goldner, *Dalai-Lama — Fall eines Gottkönigs*, erweiterte Neuauflage, Alibri Verlag, Aschaffenburg, 2008.

Glaubenssystem in Tibet gegeben haben muß, das der „Bön-Religion" meist fälschlicherweise zugeordnet wird. Daß es dieses, von Rolf A. Stein als „namenlose Religion" bezeichnete, sozusagen amorphe Glaubenssystem gegeben haben muß, leuchtet auch dann ein, nimmt man an, daß die „Bön-Religion" selbst nur eine Auswahl von als geeignet angesehenen Elementen des Böns zur ersten Assimilierung mit buddhistischen Elementen darstellt, denn die anderen Elemente des Böns, aus buddhistischer Sicht als machttechnisch nicht nützlich geltend, waren von den das ursprüngliche Bön praktizierenden tibetischen Schamanen, die, wie jene, die die „Bön-Religion" praktizierten, auch als Bönpos bezeichnet wurden, selbst „amorph-systemisch" zusammengefaßt, allerdings von diesen Bönpos, wie schon angedeutet, nie schriftlich ausformuliert worden, also auf mündlicher Überlieferung basierend, folglich als autochthon gelten könnend, denn andernfalls wären viele Inhalte des Böns, nachdem sich die „Bön-Religion" und der Lamaismus daraus bedient hatten, nichts als vagabundierende Glaubensfragmente geblieben — reiche Nahrung für Dämonen.[466]

[466] Vgl. hierzu in: Rolf A. Stein, *Die Kultur Tibets*, Kapitel IV: „Die Religion und das Brauchtum", dort: „Die namenlose Religion oder die Tradition".

_ Teil 3 _

Ist also der klassische Monotheismus von seiner Anlage her ein elementarer Faktor der Gewalt?
Zwei vom „Westen“ verursachte religionsnationalistische Bewegungen differenzieren und erleichtern die Beantwortung dieser Frage

Siebtes Kapitel

Der lange Schatten des Kolonialismus' oder Einige Fakten zur Geschichte der Menschen in Bhâratavarsha

In Bhâratavarsha, das den Menschen in „westlichen" Staaten unter dem Namen „Indien" bekannt ist, ist eine andersgeartete Einflußnahme auf die staatliche Verfaßtheit zu beobachten als in Tibet, wo sich ein veritabler Kirchenstaat etabliert hat. In Bhâratavarsha kam es irgendwann zu „Monotheisierungstendenzen", deren Wissenskerne (__*also philosophische und mythologische Elemente*__) wohl aus der Vedischen Kultur Bhâratavarshas stammten, aber einerseits vor dem Hintergrund der sich damals hierarchisierenden Gesellschaft interpretiert wurden und andererseits von den Intellektuellen dieser Zeit um diese Wissenskerne herum philosophische Systeme (__*Mîmâṃsâs*__) und Mythologisierungen (__*Mahâbhârata*; *Râmâyana*__) geschaffen wurden, die den Bedürfnissen einer sich hierarchisiert habenden Gesellschaft entsprachen, d.h. den Bedürfnissen der Machtelite und deren Satelliten (__*Funktionselite in Kultur, Bildung und Politik*__), die ein Interesse an einer hierarchisierten Gesellschaft hatten. (__Diese Hierarchisierung bedeutete, daß sich die einst egalitär gewesene Vedische Gesellschaftsformation mit ihren vier miteinander verbundenen und voneinander abhängig gewesenen gesellschaftlichen Abteilungen derartig in eine hierarchische Gesellschaftsformation transformierte, daß sich in diesem Prozeß diese vier einst egalitären gesellschaftlichen Abteilungen schließlich in streng voneinander geschiedene Klassen umwandelten.__)

Es sei jetzt nur am Rande erwähnt, daß zwar allgemein die Auffassung vorherrscht, daß dieser Hierarchisierungsprozeß um 800 v.u.f.Z. einsetzte, eine scheuklappenfreie Untersuchung könnte aber ergeben, daß der ganze „Zeitrahmen" der Geschichte Bhâratavarshas (__*und damit auch der vorlaufenden Vedischen Gesellschaftsformation*__) zu korrigieren, d.h. weiter zurück in die Vergangenheit zu legen wäre.[467]

Wie dem auch sei, ein Ergebnis dieser prozeßhaften Entwicklung war jedenfalls, daß von der Elite dieser hierarchischen Gesellschaft, den Brahmanen, diese gesellschaftliche Entwicklung mittels ihrer Ideologie, die meist als Brahmanismus bezeichnet wird, „gesteuert" wurde: den sogenannten Brahmanismus (__*dessen Grundlage die* Brâhman-Âtman-Lehre *ist*__) kann man als eine „pantheistisch-religiös-philosophische 'Monotheisierung'" von (__*diesseitsbezogenen!*__) Vedischen Wissenselementen (__einst abgespeichert im rein mündlich tradierten — *noch nicht in vier Teile zerlegten* — Veda__) bezeichnen. Diese „pantheistisch-religiös-philosophische 'Monotheisierung'" bedeutete aber nichts anderes als eine „ideologische Wegführung der Gesellschaft" von der diesseitsbetonten Interpretation der im (__*noch ungeteilten*__) Veda aufgehobenen Wissenselemente hin zu einer (__„karmisch" bestimmten__) „jenseitsbezogenen" (__*später von dem Brahmanen Yâjñavalkya zur* „Seelenwanderungslehre" *dogmatisierten*__) Interpretation des Vedischen Wissens. Auf dieser „bahmanistischen" Grundlage entwickelte sich die weitere philosophische Auseinandersetzung unter den Brahmanen, und dies führte zur Ausbildung verschiedener philosophischer bzw. religiös-philosophischer Schulen, von denen die einen idealistisch/religiös, die anderen monistisch-materialistisch orientiert waren. In diesem Entwicklungsprozeß auf dem Weg in eine hierarchisch strukturierte Gesellschaft kam es in Bhâratavarsha zu dem, das im „Westen" als „Hinduismus" bezeichnet wird, bei dem es sich aber tatsächlich um einen jahrhunder-

---

[467] Vgl. diesbezüglich bspw. Vedveer Arya, *The Chronology of Ancient India — Victim of concoctions and distortions*, Aryabhata Publications, Hyderabad, 2015, dort bspw. die Seiten 370 ff., beginnend mit: „Astronomical References in Vedic literature".

telangen Prozeß der Verschmelzung und Assimilierung verschiedener in Bhâratavarsha beheimateter Kulte, „Gottheiten", religiöser und philosophischer Vorstellungen handelt, die u.a. auch mit der Ausbildung orthodox-hinduistischen Philosophie-Schulen einherging.

Die *eine*, sich aus diesem vielfältigen gesellschaftlichen Entwicklungsprozeß ergebende (__*und durchaus überraschend erscheinen könnende*__) Konsequenz, zeigt sich darin, daß, sozusagen im krassen Gegensatz zum hierarchischen gesellschaftlichen Aufbau stehend, der Hinduismus kein einheitliches theologisches System kennt (__*dies eine Bedingung für ein lebendiges Geistesleben*__), sondern eine Vielzahl von philosophischen und religiösen Richtungen, Sekten und Kulten, die nur durch die Anerkennung bestimmter Dogmen miteinander verbunden sind.

Das Wort „Sekte" wird heute nur noch als „schnelles stigmatisierendes Schlagwort" gebraucht, deshalb macht es Sinn, an seine Herkunft und ursprüngliche Bedeutung zu erinnern.

„Sekte" kommt aus dem Lateinischen, wo es *secta* (__f.; -ae__) heißt und soviel wie „befolgter Grundsatz" oder „Denkweise" bedeutet. Eigentlich aber heißt *secta* nur „die Folge", und _*daher*_ kommt seine Verwendung: „eine Denk- und Handlungsweise, der jemand folgt" Deshalb wurde *secta* dazu verwendet, auf die politischen Grundsätze zu verweisen, denen man folgt, und damit auf die Partei, der man anhängt. Demnach liegt es nahe, den Begriff *secta* auch zur Bezeichnung eines philosophischen Systems, Lehre, oder Schule zu verwenden, denn das Politische ist letztlich nichts anderes als die praktische Anwendung philosophischer Vorstellung zur Organisierung einer Gesellschaft. Aber *sectae* kann es nur dann geben, gibt es eine dogmatische Vorgabe, von deren Grund- und Glaubenssätzen sich eine bestimmte *secta* bloß einen oder mehrere zu eigen macht. — Insofern ist jede „Sekte" eine Bedrohung für ein dogmatisches Denksystem, ob religiös, philosophisch oder politisch.

Die nachfolgend aufgeführten, von allen Anhängern der hinduistischen Glaubensvorstellungen akzeptierten Ansichten könnte man als die „hinduistische Orthodoxie in dogmatischer Vielfalt" bezeichnen:

1. Die Anerkennung des gesellschaftlichen „Vier-Stände-Systems (__Varṇa[468]; m.__).
2. Die bevorrechtigte Stellung der Brahmanen.
3. Die Trimûrti Brahmâ-Vishnu-Shiva.

An der „Lehre von der „Dreigestalt", *der Trimûrti, die als* „Ursubtanz" *vorzustellen ist, läßt sich erkennen, daß es sich bei den ganzen* „Gottheiten", „Dämonen" *usw. tatsächlich um* „Zustände", „Wirkkräfte", „Energien" *der Materia handelt. Insofern ist anzunehmen, daß die Vedischen Menschen diese* „Zustände", „Wirkkräfte", „Energien" *der Materia zwar mit Namen versehen haben, die damit aber keine* „göttlichen Größen" benennen wollten, sondern „Zustände", „Wirkkräfte", „Energien" der Materia.

4. Die unbedingte Bedeutung des Vedas (__*allerdings des* „viergeteilten Vedas", *der aus hinduistischer Perspektive interpretiert wird und dazu mit kommentierenden und philosophischen Texten versehen ist*__).
5. Die unbedingte Bedeutung der Epen *Mahâbhârata* und *Râmâyana*, die die Itihâsa der hinduistischen Gesellschaftsformation bilden.
6. Die unbedingte Bedeutung der Purânas, die mitunter mit zur Itihâsa gezählt werden.
7. Die Lehre von der Seelenwanderung (__Saṃsâra__) und der Tatvergeltung (__Karman: „Aktion", „Wirken", „Tat"__).
8. Der Dharma (__*sowohl das „Prinzip des universellen Gleichgewichts im Mikro- und Makrokosmos als auch das* „richtige Verhalten", *um dieses Gleichgewicht aufrechtzuerhalten bzw. wieder herzustellen, meinend*__).

---

[468] *Varṇa* bedeutet u.a. „Farbe", „Charakter" „Wesen". „Kaste" ist erst durch Europäer, d.h. durch die Portugiesen, als Übersetzung für „Varṇa" verwendet worden: im Portugiesischen bzw. Spanischen bedeutet „casta" soviel wie „Rasse".

Die Vorstellung vom Dharma ist originär Vedisch und wurde in der egalitären Vedischen Gesellschaft sowohl als gesamtgesellschaftliche als auch als individuelle Aufgabe verstanden, die, da eine immerwährende Aufgabe, weder einer „Seelenwanderung" noch einer „karmischen Abtragung" bedarf.

Das zur Bewältigung dieser sowohl gesamtgesellschaftlichen wie individuellen Aufgabe, also die persönliche Entwicklung nicht auf Kosten anderer, sondern zusammen mit anderen, d.h. der ganzen Gesellschaft, zu vollziehen, notwendige Wissen zu sammeln, zu speichern und an alle Gesellschaftsmitglieder (__*und eben nicht bloß an eine privilegierte Gruppe*__) zu vermitteln, war die Aufgabe der Rishis, der „grenzsehenden Wissenschaftler", die, im Gegensatz zu den Gelehrten, den Brahmanen der Nachvedischen Zeit, vollständig integrierter Teil der egalitären Vedischen Gesellschaft waren. (__*Dazu weiter unten einige Anmerkungen.*__)

Die _*andere*_ sich auch diesem jahrhundertelangen Prozeß der Verschmelzung und Assimilierung verschiedener in Bhâratavarsha beheimateter Kulte, Gottheiten, religiöser und philosophischer Vorstellungen ergebende Konsequenz ist die, daß Intoleranz ein dem Hinduismus fremder Begriff ist.

Innerhalb des Hinduismus' prägten sich dann in den Jahrhunderten um den Beginn unserer fraglichen Zeitrechnung die Richtungen des Vishnuismus' und des Shivaismus' aus, die sich im Pantheon und der damit einhergehenden unterschiedlichen Bevorzugung von Kulten (__*so im Shivaismus der* Shakti-Kult, *wo u.a. der* Kâlî/Durgâ *besondere Bedeutung zukommt*__) unterscheiden und diverse religiös-philosophische Schulen mit ihrem eigenen Schriftgut hervorbrachten.

Man kann also sagen, daß der Hinduismus die philosophisch-religiöse Grundlage des Denkens im ganzen zeitgenössischen Bhâratavarsha darstellt.

(__Die „Brahmanismus" und „Hinduismus" betreffenden Eckdaten sind dem *Erklärenden Wörterbuch zur Kultur und Kunst des Alten Orients: Ägypten, Vorderasien, Indien, Ostasien*, hg. v. Helmut Freydank et al., Verlag Werner Dausien, Hanau, o.J., entnommen worden.__)

Darüber hinaus war der Hinduismus auch in anderen Ländern Südost-Asiens verbreitet. Das eindrücklichste Symbol dafür ist Angkor Wat in Kambodscha, das erst später zu einer buddhistische n Tempelanlage wurde.

Die ursprünglich hinduistische Tempelanlage in *Angkor*, der Hauptstadt des einstigen Khmer-Reiches, war dem Vishnu geweiht.[469] „Angkor" ist das Khmer-Wort für „Stadt" und leitet sich über das khmerische *nokor* vom sanskritischen *nagara* her. Das khmerische Wort „Wat", das soviel wie „Tempelanlage" bedeutet, hat seine Herleitung ebenfalls vom Sanskrit, d.h. vom sanskritischen Wort für „Anlage" „vâta". „Angkor Wat" ist also eigentlich „nur" der Tempel des Vishnu in der Hauptstadt Angkor des Khmer-Reiches. Da aber um diesen Tempelkomplex herum viele weitere (__*man schätzt, daß es über tausend sind*__) Tempelanlagen auf einem Areal vom über 200 km² verstreut existieren, wird die Bezeichnung „Angkor Wat" auch für dieses ganze Tempel-Areal verwendet, das als weltgrößtes gilt. (__Quelle der Eckdaten zu „Angkor Wat": Wikipedia.org.__)

Die Entwicklung des Hinduismus' weist eindrücklich daraufhin, daß dieses philosophisch-religiöse Gedankengebäude auf Toleranz gegenüber der individuellen Bevorzugung einer bestimmten philosophischen oder religiösen Richtung angelegt ist, und damit ist ihm die Fähigkeit eigen, nicht allein die verschiedenen religiösen wie philosophischen Glaubensvorstellungen synkretistisch zu verarbeiten, sondern für dieses philosophisch-religiöse Gedankengebäude ist es auch typisch, mit anderen Glaubensvorstellungen ein friedliches Nebeneinander zu praktizieren. Und so kam es erst in der Auseinandersetzung mit dem nach Bhâratavarsha expandierenden — *von seiner ganzen Anlage her gesehen monolithisch monotheistisch, folglich anlagebedingt intoleranten* — Islam zu gesellschaftspolitischen reaktiven Tendenzen. (__Die islamische Expansion begann sporadisch im 10. Jahrhundert

[469] Das hinduistisch-buddhistische Khmer-Reich, das damals offiziell Angkor-Reich hieß, existierte vom 9. bis ins 15. Jahrhundert.

und erfolgte ab dem 13. Jahrhundert systematisch: Sultanat von Delhi [__1206-1526__]; Mogul-Herrschaft 1526-1858.__)

Diese reaktiven Tendenzen, die mehr die Folge von gewaltsamer physischer Eroberung als von gewaltsam geistigem Eroberungsversuch durch islamische Missionierung geprägt waren, wurden dann durch den europäischen Kolonialismus und dem damit einhergehenden gewaltsamen Missionierungsversuch durch die Vertreter des monotheistischen Christentums zu einer weit stärkeren reaktiven Tendenz. Dies insbesondere seit dem unverständigen Treiben der europäischen „Indologen" und der europäischen (__*von seiten der Briten praktizierten*__) „Elitenbildungspolitik" im Sinne der Schaffung einer „nationalstaatlichen (__d.h. 'westlich' geprägten__) Elite" im 19. Jahrhundert, einhergehend mit einer Umschreibung der bharatavarsischen Geschichte, bzw. der Verwischung, wenn nicht gar der Zerstörung der Spuren dieser Geschichte durch europäische Intellektuelle à la Franz Bopp und Friedrich Maximilian Müller.

Warum geschah eine solche Zerstörung der bharatavarsischen Kulturgeschichte, deren sichtbarer Ausdruck sich am radikalsten in der portugiesischen Kolonie Goa zeigt, wo nicht ein steinernes Element dieser Vergangenheit übriggeblieben ist, sondern alle vorchristlichen Gebäude als Steinbruch für den Bau „christlicher Gebäude verwendet wurden, und Goa deshalb heute als die „europäischste Stadt" Indiens gilt? Einerseits deshalb, da die Angehörigen einer alten Hochkultur nicht einsehen wollten, daß sie sich von Vertretern einer eher barbarischen Kulturtradition die „Welt erklären" lassen sollten und zum anderen, da die europäischen Kolonialherren beständig auf der Suche nach ihrer „identitären Vergangenheit" waren (__*und sind*__) und deshalb, eben wegen ihres „Bewußtseins von der 'christlichen Kulturüberlegenheit'", einfach nicht akzeptieren konnten, es in Bhâratavarsha mit einer Bevölkerung zu tun zu haben, die in weit zurückliegender Vergangenheit längst schon Kulturleistungen vollbracht hatte, die die europäischen Intellektuellen sich erst mühsam aneignen mußten: mitunter auch einfach nur klauten, „bornierend" bearbeiteten, um sie dann als eigene Leistung ausgeben zu können.

Es ist wohl immer ein Problem, glaubt man selbst, daß die eigenen Aussagen Ausgeburten der tiefsten Weisheit sind, so daß auf das Wort anderer per se kein Wert zu legen ist, und dann anfängt Gedankengebäude zu „entwerfen", die tatsächliche „Luftschlösser" und für die Praxis einer lebendigen Gesellschaft völlig untauglich sind, wie sich dies insbesondere seit dem 19. Jahrhundert bei deutschen Intellektuellen abgesättigt findet: nicht ohne Grund sind sie die Erfinder der „Indologie", der „Vergleichenden Sprachwissenschaft" und des daraus resultierenden „Arier-Mythos": dies gilt als ihre „Domäne der Wissenschaft".

Dieses Problem „kollektiver Identitätssuche" hat übrigens direkt mit der gewaltsamen Christianisierung der in Europa siedelnden Völker in der zweiten Hälfte des ersten Jahrtausends u.f.Z. zu tun, denn damals wurden (__*soweit möglich*__) alle mentalen Spuren der Vergangenheit aus dem kollektiven Gedächtnis dieser Völker „gelöscht", so bspw. auch alle architekturalen Spuren zerstört (__*was ja erst die Ursache für die spätere* „Archäologie" *wurde*__).

Diese reaktive Tendenz der hinduistischen Gesellschaft nahm dann jene Züge an, die heute als „hinduistischer Nationalismus" von insbesondere denen beklagt werden, die mentalitätsmäßig in der Tradition jener stehen, die diese gesellschaftspolitische Entwicklung in „Indien" erst verursacht hatten, d.h. insbesondere jene europäischen Intellektuellen, die einst, zur Rechtfertigung für das Rauben und Ausbeuten der europäischen Machteliten, die verschleiernden „ideologischen Systeme" geliefert hatten und seit jüngerer Zeit von nachgewachsenen Intellektuellen mit Begriffen wie „Wirtschaftsliberalismus", „Freihandel", „Demokratie", „Menschenrechte", „Menschenrechtskriege" das europäisch/US-amerikanische Dominanzstreben in der Welt weiterhin rechtfertigen helfen.[470] — Um es chronologisch aufzuführen: Zuerst hatte dazu diesen Intellektuellen der „Missionsbefehl" des Pau-

[470] Vgl. « Sie fragen noch, wie die ›Verhältnisse‹ liegen? », Aspekt 28:

linischen Christentums als „Argumentationsgrundlage" gedient.[471] Dann im 18. Jahrhundert — *da selbst auf* „Identitätssuche", *zumal dieser* „Missionsbefehl" *seine* „Wirkkraft" *verlor* — durch die Schaffung eines „Arier-Mythos", der den „europäischen Nachfahren" der „Indogermanen" — *als ein wesentlicher Teil dieser Erfindung* — half, sich eine „Kulturbringer-Mentalität" — *als weiterer und ebenso wesentlicher Teil dieser Erfindung* — zuzusprechen, d.h. sich diese „Mentalität" anzudichten und damit anderen eine eigene Kulturmentalität abzusprechen, die das Erobern anderer Völker zur Bedingung ihrer „kulturellen Hebung" macht, oder etwa nicht?

Exkursion:
Brahmâ / Brâhman—Âtman / Rishi / Veda / Mîmâṃsâ / Vedânta

Schon die Vedischen Rishis (__die „grenzsehenden Wissenschaftler"[472]__) kannten das „Prinzip der Schöpfung" (__oder des „Schaffens"__) der Materia, das als „Brahmâ" vorgestellt wurde. In derjenigen Phase der Nachvedischen Zeit, in der die Upânishaden entstehen, steht Brahmâ — *von den Brahmanen als Teil der Trimûrti* (__der „Dreigestalt"__) *gedacht* — am Anfang eines jeden Weltalter-Zyklus. Nachdem Brahmâ ein Weltalter geschaffen hat, wird es vom „Prinzip des Erhaltens" bestimmt. _*Dieses*_ Prinzip der Materia wird als *Vishnu* vorgestellt, da „Vishnu" das Geschaffene bewahrt: Brahmâ schafft allein, Vishnu erhält allein, denn weder kann das eine dieser beiden Prinzipen der Materia das Geschaffene erhalten noch das andere dieser beiden Prinzipien das zu Schaffende schaffen. Damit ist Vishnu, so die hinduistische Vorstellung, der zweite Teil der Trimûrti. Jedes Weltalter endet damit, daß das „Prinzip des Vergehens" aktiviert wird. Dieses Prinzip wird in der bharatischen Mythologie als „Shiva" vorgestellt. Shiva ist damit der dritte Teil der Trimûrti. Gemäß

---

[471] Vgl. Mt 28, 18-20.

[472] Auf die Rishis ist weiter unten zurückzukommen.

dieser Nachvedischen Vorstellung, wird der vollständige Untergang des existierenden Weltalters (__*und damit des gesamten Universums*__) dadurch eingeleitet, daß (__*der multi-aspektische*__) Shiva (__*der genauso schaffen wie zerstören kann, aber dem im* „Trimûrtischen Reigen" allein *das* „alles auflösende Bewirken" *zugewiesen ist*__) mit seinem „kosmischen Tanz", dem *Natarâdsha*, beginnt. ... Das leuchtet ein, denn — *bleibt man gedanklich in dieser Nachvedischen Vorstellung* — wie anders sollte Brahmâ — *zur Schaffung eines neuen Zyklus* — alles vom Untergegangenen des alten Zyklus zurückerhalten (__*und damit das* „Wissen", *das er dazu benötigt*__), um das von ihm Geschaffene dann an Vishnu — *es zu erhalten* — vollständig zu übergeben?

Das „Prinzip des Erhaltens" ist eines der Prinzipien der Materia, also neben den Prinzipien des „Schaffens" und des „Vergehens". Diese Prinzipen waren den Rishis bereits bekannt und deshalb im Veda *ge*_borgen. Da aber für eine *diesseits*_orientierte und egalitäre Gesellschaftsformation das ausbalancierte Zusammenwirken von „Schaffen", „Erhalten" und „Vergehen" entscheidend ist, da nur so der stetige „Energiefluß" in jedem Individuum wie in der ganzen Gesellschaft — *und speziell aus Sicht der Vedischen Gesellschaft der stetige* „Energieaustausch" *zwischen Mikrokosmos und Makrokosmos* (__*und umgekehrt*__) — als „fließender Strom", also ohne Obstruktion, erhalten und so erst die Gesellschaft — „harmonisch" — lebendig bleibt, legte man in der Vedischen Gesellschaft keinen Schwerpunkt auf eines dieser Prinzipien. Erst in Nachvedischer Zeit erlangte das „Prinzip des Erhaltens" unter der Bezeichnung „Vishnu" überragende Bedeutung, d.h. im Rahmen der Entwicklung zum Hinduismus hin. — Dies ist aber typisch für eine sich hierarchisierende Gesellschaft, da diese die einmal geschaffenen Strukturen als „statische Größen" interpretiert, diese also „erhalten" will, d.h. die einmal festgelegten gesellschaftlichen Machtverhältnisse „verstatisiert" erhalten will.

Etwas Vergleichbares ereignet sich in der heutigen lobbykratischen Gesellschaft, wo Strukturen geschaffen worden sind, die lediglich noch eine „Verstatisierung" der gesellschaftlichen Verhältnisse zulassen, wodurch das menschliche Entwicklungspotential blockiert wird. Die sogenannten „Freihandelsabkommen" à la TTIP mit ihrer „Sondergerichtsbarkeit" oder die Schaffung eines europäischen Währungsraums, der nach ideologischen Kriterien geschaffen wurde, sind heutige Beispiele für diese „Verstatisierung" des ideologisch Geschaffenen.

Der von den Brahmanen philosophierte „drei-aspektisch-monistische Zyklus" — *denn alles ist aus einem Ersten* (__der Materia__) *entstanden* — wird also als Brahmâ (__„Schaffen"__), Vishnu (__„Erhalten"__) und Shiva (__„Vergehen"__) vorgestellt.

Die Unterschiede in den verschiedenen Richtungen der bharatischen Philosophie (__*und damit insbesondere der hinduistischen philosophischen Systeme*__) liegen vor allem darin, daß das Monistische einmal mehr idealistisch/religiös oder mehr materialistisch vorgestellt wird.[473]

> Was die anzunehmende Manipulation des Vedas durch die Nachvedischen Philosophen von der Geschichtsklitterung des 21. Jahrhunderts trennt.

Insbesondere im Epos *Mahâbhârata* gilt Brahmâ als Quelle des *Vedas*, bzw. der vier *Veden*. Denn, so wird gesagt, *Brahmâ* habe die Welt erschaffen, aber auch den *Veda*. Ja, er habe _*zuerst*_ den *Veda* geschaffen und danach alles andere. Damit würde am Beginn eines jeden Weltalter-Zyklus die Schaffung des *Vedas* und seine „kosmische Ausrufung" stehen. Eine vernünftig gedachte Vorstellung, denn, soll es sinnig zugehen, kommt zuerst das „planende Wissen" über das, was „werden" und dann „sein" soll.

Wenn mir Bruce M. Sullivan mitteilt, daß Brahmâ zu Beginn jedes Weltzyklus vier Veden schaffe[474], wovon bspw. in den Purânas die

[473] Die Eckdaten dieser ersten Passage des Abschnitts: „Brahmâ / Brâhman — Âtman / Rishi / Veda / Mîmâmsâ / Vedânta" basiert auf mehreren allgemein zugänglichen Quellen.

[474] Siehe Bruce M. Sullivan, *Seer of the Fifth Veda — Kṛṣṇa Dvaipâyana Vyâsa in the Mahâbhârata*, Motilal Banarsidass Publishers, Delhi, 1999, die Seite 86.

Rede ist, die für die „hinduistische" Dogmatik große Bedeutung haben, ist dies aus Nachvedischer, nicht aus Vedischer Perspektive gesprochen. Brahmâ wird dann mitunter als viergesichtig oder mit vier Mündern — *die entsprechend den Himmelsrichtungen orientiert sind* — ausgestattet vorgestellt, wobei dann jeder „Mund Brahmâs" einen Teil des *Vedas* — so sein östlich orientierter Mund den *Rig Veda*[475] — „kosmisch ausruft".

Die Vorstellung, daß Brahmâ vier Veden erschaffen habe, scheint aber vor allem darauf zurückzugehen, daß der mythische Verfasser des ursprünglichen *Mahâbhâratas*, das zu Beginn seiner Entstehung, die auf die Zeit nach der Großen Schlacht zurückgeht, weit weniger umfangreich war und noch *Jaya-Kâvya* bzw. *Bhârata* hieß, Krishna Dvaipâyana Vjâsa, der den „hinduistischen" Bhâratern als „größter Rishi" gilt, den Veda in vier Teile geteilt haben soll. Darauf deutet in der Tat dieser Name hin, denn „Vjâsa" bedeutet: „Aufteiler des Vedas": „der gelehrte Dvaipâyana [...] ordnete die Veden an. Und deswegen wurde er Vyâsa (__*der Ordnende oder Kompilierende*__) genannt."[476] Das wird mitunter durch die Bezeichnung: „Vedavyâsa" unterstrichen. — Mehr noch, es wird sogar behauptet, daß der „größte Gelehrte des Vedas", also dieser mythische Vjâsa, als „Rishi den fünf-

---

[475] Siehe Bruce M. Sullivan, *Seer of the Fifth Veda — Kṛṣṇa Dvaipâyana Vyâsa in the Mahâbhârata*, Motilal Banarsidass Publishers, Delhi, 1999, die Seite 86.

[476] Siehe *The Mahâbhârata of Krishna-Dvaipâyana Vyâsa*, aus dem originalen Sanskrit-Text in englische Prosa von Kisari Mohan Ganguli übersetzt, Bhârata Press, Calcutta, 1883-1896, Âdi Parva (__„Buch 1"__), Abschnitt LXIII, die Seite 127. Vom Autor wurde jene PDF-Datei dieser Übersetzung ins Englische verwendet, die von *sacred-texts.com* im Jahre 2003 eingescannt und unter der Leitung von Juliet Sutherland von der Redaktion von *Distributed Proofing* [__Distributed Proofreading__] aufbereitet wurde. Für die Zitiererlaubnis aus dieser PDF-Datei sei den Verantwortlichen der Redaktion von *Distributed Proofing* [__Distributed Proofreading__] herzlich gedankt. Der Link zu dieser PDF-Datei wurde am 13. März 2020 erneut geprüft:

https://www.academia.edu/9483215/Mahabharata_Of_Vyasa-English_Translation_By_KMGanguli.

ten Veda" schuf.[477] Mit dem „fünften Veda" ist aber das *Mahâbhârata* gemeint: „Die Brahmanas sprechen [...] von vielen Dingen, die auf den Veden gegründet sind. Aber Vyâsa erzählt die wunderbare und große Geschichte, die *Bhârata* genannt wird."[478]

Das *Jaya-Kâvya*, d.h. die „Dichtung vom Sieg", bzw. das „Epos vom Sieg", ist nach der Großen Schlacht entstanden, aus der die Pândavas als Sieger über ihre Verwandten, die Kauravas, hervorgingen. Damit bildet das *Jaya* die Urerzählung des *Mahâbhâratas*. Im *Mahâbhârata* wird diese Urerzählung meist als *Bhârata* bezeichnet, da der Vorfahre der Kauravas und der Pândavas, der mythische Weltherrscher aus der Mond-Dynastie, Bhârata hieß.

Der Kern der Urerzählung des *Mahâbhâratas*, also des *Bhâratas*, dreht sich demnach um eine Auseinandersetzung zwischen miteinander verwandten Machtgruppen, die in der Nachvedischen Zeit um die Herrschaft in Bhâratavarsha rangen.

Im Laufe von Jahrhunderten wurden immer mehr Elemente der bharatischen Geschichtsschreibung hinzugefügt und philosophisch-religiöse Reflexionen eingeflochten, so daß seine Komplexität wuchs. Zu Beginn umfaßte das *Bhârata* „nur" 24.000 Shlokas.[479] In der Folge wurde diese bharatische Geschichtsschreibung erweitert, so daß sie zeitweise sogar 100.000 Shlokas umfaßte: „Dieses *Bhârata* besteht aus hunderttausend heiligen Shlokas, das vom Sohn von Satyavatî mit unermeßlicher geistiger Kraft geschaffen wurde"[480], berichtete einst ein Schüler des mythischen Vyâsas. In seiner heute gültigen Form umfaßt diese bharatischen Geschichtsschreibung noch 82.136 Shlokas, die in 1.948 Abschnitte aufgeteilt und auf 18 Bücher verteilt

---

[477] Siehe Bruce M. Sullivan, *Seer of the Fifth Veda*, die Seiten 29 f.

[478] *Mahâbhârata*, Âdi Parva, Abschnitt LIX, die Seite 116. (__Zitiert nach der in Fußnote 476 genannten Quelle.__)

[479] Das Shloka (__Śloka__) ist ein Sanskrit-Wort, das soviel wie „Klang", „Lobgesang", „Lobpreis" oder „Strophe" bedeutet. Das Shloka ist die wichtigste Versform der Sanskrit-Epen. Das Shloka ist ein bewegliches Versmaß, das sich gut zur Improvisation eignet und aus zwei Verszeilen (__einem Distichon__) von je 16 Silben oder aus vier Halbzeilen (__Hemistichien: das Hemistichion ist ein „halber Vers", zu griech. hemisys „halb" + kyklos „Kreis"__) von je 8 Silben besteht. Quelle: https://www.britannica.com/art/sloka.

[480] Siehe *Mahâbhârata*, Âdi Parva, Abschnitt LXII, die Seite 121; vgl. die Hinweise zur Quelle in der in Fußnote 476.

sind, so daß die in der Fußnote 476 angegebene Übersetzung 5.818 Seiten füllt. Damit ist dieses Epos, das seit seiner Vollendung nur noch *Mahâbhârata* gerufen wird, auch von seiner Länge her gesehen einmalig in der Literarturgeschichte der Welt. Schon allein wegen seiner umfangreichen Längenänderungen ist aber davon auszugehen, daß diese bharatische Geschichtsschreibung nicht von nur einer Person, sondern von den herausragendsten Geistesschöpfern der Nachvedischen Gesellschaft Bhâratavarshas über einen langen Zeitraum geschaffen wurde.[481]

Und damit wird verständlich, daß das *Mahâbhârata* nicht nur das Nationalepos Bhâratavarshas werden konnte, sondern mitunter als den Veden gleichgestellt bezeichnet wird: „[...] Das Purâna, das zuerst vom großen Rishi Dvaipâyana verkündet wurde, ist ein heiliges Werk, das, nachdem es sowohl von den Göttern als auch von den Brahmarshis gehört worden war, hohes Ansehen genoß, da es — *sowohl in der Diktion als auch in der Gliederung abwechslungsreich und aus den Veden entnommene logisch subtile Bedeutungen kombinierend* — die bedeutendste existierende Erzählung ist. In eleganter Sprache verfaßt, schließt es die Themen anderer Bücher ein. Es wird von Shastras erläutert und versteht den Sinn der vier Veden [...], diese Geschichte [...], die auch *Bhârata* genannt wird, die heilige Komposition des wunderbaren Vyâsas, die die Angst vor dem Bösen zerstreut, [...] vom Rishi Vaishampâyana unter der Leitung von Dvaipâyana selbst [...] frohen Sinnes rezitiert [...].' [...]"[482] [...] „Ein Mensch, wie grausam und sündig er auch sein mag, entkommt durch das Hören dieser Geschichte all seinen Sünden wie die Sonne von Râhu (nachdem die Son-

---

[481] Vgl. Brajdeo Prasad Roy, *Political Ideas and Institutions in the Mahâbhârata* (*Based on Poona critical edition*), Punthi Pustak, Calcutta, 1975, die Seiten 1 f.

[482] Quelle *The Mahâbhârata of Krishna-Dvaipâyana Vyâsa*, aus dem originalen Sanskrit-Text in englische Prosa von Kisari Mohan Ganguli übersetzt, Bhârata Press, Calcutta, 1883-1896, Âdi Parva (__„Buch 1"__), Abschnitt I, die Seite 2. Hervorhebungen vom Autor. (__Die kompletten Angaben zur Quelle dieser Übersetzung finden sich auf der Seite 386 in Fußnote 476.__)

nenfinsternis vorbei ist). Diese Geschichte wird *Jaya* [__das „Epos vom Sieg"__] genannt. Sie sollte von denen gehört werden, die den Sieg davontragen wollen. Ein König, der es hört, kann die ganze Welt erobern und alle seine Feinde bezwingen. Diese Geschichte an sich ist ein mächtiger Akt der Versöhnung, ein mächtiges Opfer, das gesegnete Früchte hervorbringt. Es sollte immer von einem jungen Monarchen mit seiner Königin gehört werden, denn dann bekommen sie einen heldenhaften Sohn oder eine Tochter, um einen Thron zu besetzen. Diese Geschichte, die von Vyâsa, selbst über einen unfaßbaren Geist verfügend, so erzählt wurde, ist die hohe und heilige Wissenschaft des Dharma, Artha, und auch des Moksha. [...] Alle Sünden, die durch Leib, Wort oder Geist begangen wurden, verlassen sofort diejenigen, die diese Geschichte hören. [...] Wer das *Bhârata* gelesen hat, kann als jemand angesehen werden, der mit den Veden vertraut ist. [...] Der Weise Krishna-Dvaipâyana hat sein Werk in drei Jahren vollendet. Täglich sich erhebend und reinigend und mit asketischer Hingabe, schuf er dieses *Mahâbhârata* [,..] was auch immer über Tugend, Reichtum, Vergnügen und Errettung zu sagen ist, kann [__im *Mahâbhârata*__] an vielen Stellen entdeckt werden; aber was nicht darin enthalten ist, ist auch sonst nirgendwo zu finden. [...]"[483]

Purâna: Sanskrit, soviel wie: „Erzählung aus der Vergangenheit" bedeutend.

Brahmarshis: Ein „Brahmarshi" ist ein Rishi, der Brâhman in seiner vollen Bedeutung erkannt hat, was zu dem führt, das man als „Erleuchtung" bezeichnet und Kaivalya (__„Zustand des Einsseins mit dem Brahman"__) oder Moksha (__„Befreiung der Seele von wiederkehrenden Geburten"__) genannt wird, so daß ein „Brahma-Rishi" zu einem Jîvanmukta (__zu einer „lebendigen, weil befreiten Seele"__) wird, dem gleicherweise unendliches und Selbst-Wissen (__Mikrokosmos-Makrokosmos__) eigen wird, das Brahmajñâna genannt wird. Wenn ein Brahma-

[483] Quelle: *The Mahâbhârata of Krishna-Dvaipâyana Vyâsa*, aus dem originalen Sanskrit-Text in englische Prosa von Kisari Mohan Ganguli übersetzt, Bhârata Press, Calcutta, 1883-1896, Abschnitt LXII, die Seiten 122 f. Hervorhebungen vom Autor. (__Die kompletten Angaben zur Quelle dieser Übersetzung finden sich auf der Seite 386 in der Fußnote 476.__)

Rishi stirbt, befreit er sich vom Saṃsâra, dem Zyklus von Geburt und Tod, d.h. er erlangt Paramukti (__*para-mukti*__), denn er ist dann „in höchstem Maße frei".[484]

Shastra: Ein Shâstra ist eine „umfassende Definition über ein Thema", d.h. es ist ein „Handbuch des Wissens", bspw. über Medizin, Astronomie, Baukunst usw. oder auch über den Veda, dann „Vedâṅga" (__„Hilfswissenschaft" zum Veda, von denen es insgesamt sechs gibt__) heißend. „Kumârila Bhaṭṭa, der große Mîmâṃsaka [__d.h. ein Philosoph der orthodox-hinduistischen Schule der Mîmâṃsâ__] des achten Jahrhunderts u.f.Z., definiert das Wesen des Shâstras folgendermaßen: „Shâstra ist das, was die Menschen lehrt, was sie tun sollen und was nicht. Es tut dies mit Hilfe von ewigen oder von Menschen gemachten Worten. Beschreibungen der Natur der Dinge/Zustände können mit Hilfe des im Shâstra umfassend Erfaßten verständlich gemacht werden, soweit es sich um Elemente von Handlungsaufforderungen handelt".[485]

Vaishampâyana: Vaishampâyana gilt als einer der fünf Schüler des mythischen Vyâsas. Wenn im *Mahâbhârata* davon gesprochen wird, daß Vaishampâyana dieses *Bhârata* rezitiert habe, dann ist eher anzunehmen, daß es sich dabei um seine Version dieser Urerzählung handelt, denn diese wurde die Grundlage für die heutige Version des *Mahâbhâratas*.

Râhu, auch Svarbhânu, ein Asura, ist der älteste der 14 Söhne von Vipracitti und Simhikâ. Râhu erlangte den Status eines Planeten und Unsterblichkeit, indem er *amṛta* in der Verkleidung eines Devas trank, und als er von der Sonne und dem Mond entdeckt und angezeigt wurde, warf der Herr sein Cakra, das ihm den Kopf abschlug; daher wurde er der Feind der Sonne und des Mondes.[486]

---

[484] Quelle dieser Aussage: https://www.wisdomlib.org/index.php.

[485] Quelle dieser Aussage: https://www.wisdomlib.org/definition/shastra.

[486] Bhâgavata-Purâṇa VI. 6. 37; 18. 13-14; VIII. 9. 24-26; Brahmâṇḍa-Purâṇa III. 5. 13; 6. 20; Matsya-Purâṇa 251. 12; Vâyu-Purâṇa 52. 81; 67. 60; 68. 20; 111. 5; Vishṇu-Purâna I. 19. 52; II. 12. 22. Quelle dieser Aussage: https://www.wisdomlib.org/definition/rahu.

Das *Mahâbhârata* kann nicht von einer
einzigen Person geschrieben worden sei.

Schon früh im Text des wohl längsten Epos der Literaturgeschichte der Welt wird der Leser darüber informiert, von wem das *Mahâbhârata* stammt: „[...] diese Geschichte, auch *Bhârata* genannt, die heilige Dichtung des wunderbaren Vyâsas [...]"[487]. ... Im weiteren Verlauf wird dann behauptet, daß [__das *Mahâbhârata*__] von Vyâsa innerhalb eines Zeitraums von drei Jahren komponiert wurde: „[...] Der Weise Krishna-Dvaipâyana hat sein Werk in drei Jahren vollendet. Täglich sich erhebend und reinigend und mit asketischer Hingabe, schuf er dieses *Mahâbhârata* [...]"[488] ... Die kritische Durchsicht, wie sie bspw. von Brajdeo Prasad Roy unternommen wurde, zeigt aber, „daß es sich nicht um die Komposition einer einzigen Person handelt und daß sie nicht innerhalb eines Zeitraums von drei Jahren entstanden" sein kann, sondern, daß eine „große Anzahl von Dichtern verschiedener Epochen ihren Anteil am Aufstieg des *Mahâbhâratas* aus dem *Bhârata*" haben.

Das Epos [__*Mahâbhârata*__] selbst informiert, daß es nach der Großen Schlacht von Vyâsa mit dem Ziel verfaßt wurde, den Ruhm der großen Pândavas und anderer Kshatriyas in der Welt zu verbreiten: „[...] die Handlungen der Kurus und der Pandavas. Was war der Grund für die Zwietracht zwischen ihnen? Warum mußte diese große Schlacht stattfinden? [...] Krishna-Dvaipâyana leitete seinen Schüler Vaishampâyana an [...], [...] von der seit langem bestehenden Zwietracht zwischen den Kauravas und den Pândavas zu erzählen [...]. Der gesegnete Brâhmana rezitierte [...] auf das Geheiß seines Lehrers die ganze Geschichte [...] über die Feindseligkeit zwischen den Kauravas

---

[487] Siehe *The Mahâbhârata of Krishna-Dvaipâyana Vyâsa*, aus dem originalen Sanskrit-Text in englische Prosa von Kisari Mohan Ganguli übersetzt, Bhârata Press, Calcutta, 1883-1896, Âdi Parva, Abschnitt I, die Seite 2. (__Die kompletten Angaben zur Quelle finden sich auf der Seite 386 in der Fußnote 476.__)

[488] Siehe a.a.O., Abschnitt LXII, die Seiten 122 f.

und den Pândavas und die völlige Auslöschung der Kauravas […]"[489], die als *Jaya-Kâvya* bekannt war, da es die Ereignisse des Sieges der Pândavas über die Kauravas erzählte: „Diese Geschichte wird *Jaya* genannt".[490]

Man kann also sagen, daß es sich beim heutigen *Mahâbhârata* ursprünglich um ein Epos handelte, das aus Liedern bestand, die die Heldentaten der zwischen zwei verwandten bharatischen Familien geführten Großen Schlacht besangen, und daß dieses erste Epos nicht abgelesen, sondern lebendig vorgetragen wurde, wie es Barden tun. Dieses Epos bestand nur aus 24.000 Shlokas, was sich für ein lebendiges Vortragen wohl noch eignete. Später umfaßte es hunderttausend Shlokas und wurde als Shatashâhasri Samhitâ bezeichnet. Die heute übliche Version ist eine, die offenbar redigiert wurde und deshalb „nur" noch 82.136 Shlokas umfaßt, die in 1.948 Kapitel und insgesamt 18 Parvas (__Bücher__) unterteilt sind. Dieser Entwicklungsgang verdeutlicht, daß das *Mahâbhârata* über einen langen Zeitraum immer wieder verändert und vergrößert wurde. Selbst in der ursprünglichen Fassung von 24.000 Shlokas kann es kaum von einer einzigen Person in einem Zeitraum von wenigen Jahren abgefaßt worden sein.[491]

Nimmt man diese abrißhaft gefaßte Entstehungsgeschichte des *Mahâbhâratas*, das in diesem Epos selbst an einer Stelle als den Veden weit überlegen bezeichnet wird: „[…] Früher wurden die vier Veden auf der einen Seite und das *Bhârata* auf der anderen Seite plaziert; diese wurden dann von den Göttlichen in der Waage gewogen. Und da das letztere schwerer wog als die vier Veden mit ihren Mysterien,

---

[489] Siehe *The Mahâbhârata of Krishna-Dvaipâyana Vyâsa*, aus dem originalen Sanskrit-Text in englische Prosa von Kisari Mohan Ganguli übersetzt, Bhârata Press, Calcutta, 1883-1896, Âdi Parva, Abschnitt LX, die Seiten 117 f. (__Die kompletten Angaben zur Quelle finden sich auf der Seite 386 in der Fußnote 476.__)

[490] „Jaya" heißt soviel wie „Sieg", siehe a.a.O., Abschnitt LXII, Seite 122.

[491] Brajdeo Prasad Roy, *Political Ideas and Institutions in the Mahâbhârata* (*Based on Poona critical edition*), Punthi Pustak, Calcutta, 1975, die Seiten 1 f.

wird es seit dieser Zeit in der Welt *Mahâbhârata* (__das große *Bhârata*__) genannt, da es sowohl in der Substanz als auch in der Bedeutung als überlegen angesehen wird [...]. Wer seine Bedeutung kennt, ist von all seinen Sünden erlöst. [...]"[492] ...

Nun, liest man das nachdenklich und erinnert den Fakt, daß es in Vedischer Zeit *un*_üblich, wenn nicht gar unbekannt war, daß der Schöpfer eines Werkes dafür die Autorenschaft beanspruchte, also völlig im Gegensatz zur vielmaligen Nennung des mythischen Vyâsas im *Mahâbhârata* stehend, und bedenkt zudem, daß es dieser mythische Vyâsa gewesen sein soll, der den Veda in vier Teile zerlegte (__*weswegen er auch* „Vedavyâsa" *heißt*: *der* „Zerleger des Vedas"__), wird es offensichtlich, daß das *Mahâbhârata* zumindest als Ausdruck einer „Neuinterpretation" der Vedischen Vergangenheit aus Nachvedischer Sicht — *wahrscheinlich aus der Etablierung der hinduistischen Gesellschaftsformation hervorgehend* — zu verstehen ist. Das bedeutet: das *Mahâbhârata* ist mit einer gewissen Vorsicht zu betrachten. Denn wenn ein und dieselbe (__*mythische*__) Persönlichkeit sowohl als „Teiler des Vedas" und als Schöpfer des *Mahâbhâratas*, und zwar nicht nur in seiner komplexen Version, sondern sogar von absoluter Bedeutung für die verschiedenen Welten seiend behauptet wird: „[...] Vyâsa führte die Zusammenstellung des *Bhâratas* aus, allein die ursprünglich in vierundzwanzigtausend Versen enthaltenen Episoden, und nur dies wird von den Gelehrten als *Bhârata* bezeichnet. Danach zog er daraus einen Auszug von einhundertfünfzig Versen, bestehend aus der Einleitung und dem Inhaltsverzeichnis. Dieses [__*Bhârata*__] lehrte er zuerst seinem Sohn Shuka; und danach gab er es an andere seiner Schüler weiter [__Vyâsa hatte fünf Schüler__], die die gleichen Qualifikationen besaßen. Danach schuf er eine weitere Zusammenstellung, die aus sechshunderttausend Versen bestand. Von diesen sind dreihunderttausend in der Welt der Devas [__„Gottheiten"__] be-

---

[492] Siehe *The Mahâbhârata of Krishna-Dvaipâyana Vyâsa*, aus dem originalen Sanskrit-Text in englische Prosa von Kisari Mohan Ganguli übersetzt, Bhârata Press, Calcutta, 1883-1896, Âdi Parva (__„Buch 1"__), Abschnitt I, die Seite 15.

kannt, fünfzehnhunderttausend in der Welt der Pitris [__„Halbgötter"__], vierzehnhunderttausend in der Welt der Gandharvas und hunderttausend in der Welt der Menschen. Nârada trug sie den Devas vor, Devala den Pitris, und Shuka veröffentlichte sie den Gandharvas, Yâkshas und Râkshasas, und in dieser Welt [__der Menschen__] wurden sie von Vaishampâyana, einem der Schüler von Vyâsa, einem Mann mit gerechten Prinzipien und dem ersten unter allen, die mit den Veden vertraut sind, rezitiert. Wisse, daß auch ich, Sauti, hunderttausend Verse wiederholt habe. [...]"[493]

Shuka ist der mythische Sohn des mythischen Vyâsas. Die Legende geht so: Der Weise Vyâsa wünschte sich einst einen Sohn. Zu diesem Zweck begann er Shiva zu verehren. Sein Wunsch war aber, daß sich in seinem Sohn die wesentlichen Eigenschaften von Feuer, Erde, Wasser, Luft und Äther vereint seien. Um an sein Ziel zu gelangen, praktizierte er „religiöse Strenge" , was man im Hinduismus „tapas" nennt, und „kasteite" sich. Diese Übungen bewirkten, daß seine Haarlocken wie Feuerflammen zu brennen begannen. Endlich erschien Shiva und teilte ihm mit, daß er einen Sohn haben werde, der seinem Wunsch entsprechen würde.[494]

Gaṇdharvas: Gaṇdharvas sind Söhne des berühmten Kashyapaprajâpati von seiner Frau Ariṣṭhâ (__vgl. Agni Purâṇa, Kapitel 19__). Beide gehörten zum Volk der Devas.[495]

Yâkshas gelten als eine Klasse von Halbgöttern. Es gibt hauptsächlich drei Klassen von Bewohnern im Himmel: Devas, Gaṇadevas und Upadevas. Es gibt verschiedene Ansichten über die Herkunft der Yâkshas.[496]

---

[493] Siehe *The Mahâbhârata of Krishna-Dvaipâyana Vyâsa*, aus dem originalen Sanskrit-Text in englische Prosa von Kisari Mohan Ganguli übersetzt, Bhârata Press, Calcutta, 1883-1896, Âdi Parva (__„Buch 1"__), Abschnitt I, die Seite 6. Hervorhebung vom Autor.

[494] Quelle: https://www.wisdomlib.org/definition/shuka.

[495] Quelle: https://www.wisdomlib.org/definition/gandharva.

[496] Quelle: https://www.wisdomlib.org/definition/yaksha.

Wenn aber ein und dieselbe (__*mythische*__) Persönlichkeit sowohl als „Teiler des Vedas" und als Schöpfer des *Mahâbhâratas*, und zwar nicht nur in seiner komplexen Version, sondern sogar von absoluter Bedeutung für die verschiedenen Welten seiend behauptet wird, dann weist all das auf eine grundlegende Bearbeitung des Vedischen Wissensschatzes selbst hin, die als solche durch die Behauptung verschleiert wird, die Rechtfertigung für diese Bearbeitung (__*sich bspw. in der Teilung des Vedas ausdrückende*__) läge darin, daß die „geistige Fassungskraft" der Menschen zu jener Zeit abgenommen habe, was „weltzeitalterbedingt" erklärt wurde: denn, so die Vorstellung seit der hinduistischen Zeit, der Eintritt ins präsente *Kali-Yugâ* (__*das als das letzte der vier Weltalter bezeichnet wird*__) stand bevor.[497]

Die schon weit vom Vedischen Denken entfernte hinduistische „Lehre von den Weltaltern", bildete sich in den Jahrhunderten um den Beginn unserer fraglichen Zeitrechnung herum aus. Die Weltalterlehre teilt den Pulsationsprozeß des Universums in viele Zyklen ein. Nach dieser Lehre besteht jeder dieser Zyklen aus vier Teilen, die als „Yugâ" bezeichnet werden: Kritâ-, Dvâpara-, Tretâ- und Kâli-Yugâ.

Wieso die gesellschaftlichen Verhältnisse für die Masse der Menschen so abträglich sind und nur für eine sehr kleine Gruppe von Menschen zuträglich, „erklärt" diese Lehre damit, daß wir im Kâli-Yugâ lebten, in dem der Dharma nur noch sehr eingeschränkt wirksam sei. Denn allein im ersten, dem Kritâ-Yugâ, regiere der Dharma alles. Deshalb sei das Kritâ-Yugâ auch das Zeitalter der Vollkommenheit, so daß das „Paradies auf Erden" existieren könne, was als Ausdruck dafür gelten würde, daß „universelles Gleichgewicht zwischen Makro- und Mikrokosmos" bestehe. Diese Vollkommenheit würde aber im Laufe des Auftretens der drei folgenden Teile eines „Weltalters" nach und nach gestört, so daß der Dharma immer mehr an Kraft verlöre, von der im Kâli-Yugâ (__*in dem wir leben würden*__) dann nur noch ein Viertel wirksam wäre, und das wäre es, das in den Menschen schlechte

---

[497] Siehe diesbezüglich auch in: Bruce M. Sullivan, *Seer of the Fifth Veda — Kṛṣṇa Dvaipâyana Vyâsa in the Mahâbhârata*, Motilal Banarsidass Publishers, Delhi, 1999,die Seite 30.

Regungen wie Habsucht, Gier, Neid, Mißgunst „erwachen" ließe; bis schließlich das Kâli-Yugâ dadurch enden würde, daß Shiva mit seinem „kosmischen Tanz" beginne, wodurch die Rückkehr des Kâli-Yugâs zu Brahmâ eingeleitet würde[498]

Es muß dann „einleuchten", daß die gesellschaftlichen Verhältnisse immer schlechter werden, oder? Das ist deshalb so raffiniert gedacht, da diese „Ideensetzung" für die _*bestehenden*_ gesellschaftlichen Machtverhältnisse entscheidend ist: dagegen läßt sich nichts tun, da nicht bloß „naturgegeben", sondern — *falls das noch jemand bezweifeln wollte* — ein kollektives Aufbegehren schlecht fürs (__*individuelle und kollektive*__) „Karma" wäre.

Nun, tatsächlich kann man sagen, daß die von den Satelliten der hinduistischen Machtelite entwickelte „Lehre von den Weltaltern" gesellschaftliche Verhältnisse methodisch rechtfertigt, um solche von (__*anderen*__) Satelliten der hinduistischen Machtelite geschaffenen Verhältnisse gleich mehrfach zu begründen, bzw. durch die Behauptung zu verschleiern, es handele sich dabei um einen so ewigen wie „naturbedingten" Kreislauf. Das heißt die Manipulation des Vedas wurde als „Wohltat" für die Menschheit verschleiert und dies wird weiterhin als solche bezeichnet.[499]

Ausdruck für weitere Manipulationen ist die in späteren Texten vertretene Behauptung, daß *Brahmâ Prajâpati* lediglich drei Veden geschaffen habe, so daß der *Atharva Veda*, der seit dem mythischen Vjâsa als vierter Veda gilt, nicht zu den Veden gehöre.[500]

---

[498] Die Eckdaten zu dieser Anmerkung finden sich im *Erklärendem Wörterbuch zur Kultur und Kunst des Alten Orients: Ägypten, Vorderasien, Indien, Ostasien*, hg. v. Helmut Freydank et al., Verlag Werner Dausien, Hanau, o.J. Dieses Buch ist erstmals 1978 unter dem Titel: „Der Alte Orient in Stichworten" bei Koehler & Amelang (__VOB__) in Leipzig erschienen.

[499] Vgl. Bruce M. Sullivan, *Seer of the Fifth Veda — Kṛṣṇa Dvaipâyana Vyâsa in the Mahâbhârata*, Motilal Banarsidass Publishers, Delhi, 1999, die Seite 86.

[500] Vgl. Bruce M. Sullivan, *Seer of the Fifth Veda*, die Seite 86.

Prajâpati ist eine andere Form von Brahmâ und bedeutet soviel wie „Schöpfer der Welt“. Mit dem Ziel, das Erschaffen zu vereinfachen, schuf Brahmâ zunächst einundzwanzig Prajâpatis (__„Schöpfer“__). Diese sind Brahmâ selbst, dann Rudra, Manu, Dakṣa, Bhṛgu, Dharma, Tapa, Yama Marîci, Aṅgiras, Atri, Pulastya, Pulaha, Kratu, Vâsishṭha, Parameshṭhî, Sûrya, Candra, Kardama, Krodha und Vikrîta. (__Shânti Parva, Kapitel 384.__)[501]

Berechtigt scheint hingegen die Annahme zu sein, daß es sich beim Inhalt des *Atharva Vedas* um die ältesten Anteile des allein mündlich übertragenen Vedischen Wissens überhaupt handelt, die dann, da aus Nachvedischer Perspektive betrachtet, nicht mehr als „zeitgemäß“ gegolten hätten. Der Ausstoß dieses Anteils des Vedas war zwar nicht erfolgreich, aber es ist genauso anzunehmen, daß sein Inhalt, so wie der der anderen Anteile des originalen Vedas auch, im Sinne der Nachvedischen Gesellschaft, möglicherweise zur Zeit als sich die hinduistischen Gesellschaft etabliert hatte, „redigiert“ worden ist.

(__Dies ist auch heute eine weitgeübte Praxis, man nennt das dann: „wir brauchen eine neue Erzählung“.__)

Diese Manipulationen müssen im Sinne von Machtinteressen erfolgt sein, die Ausdruck von sich grundlegend verändernden gesellschaftlichen Verhältnissen waren und dann entsprechende gesellschaftspolitische Folgen nach sich zogen. Diese gesellschaftspolitischen Entwicklungen in Bhâratavarsha wurden in einem sich offenbar über Jahrhunderte hinziehenden kulturpolitischen Prozeß verarbeitet, der schließlich insbesondere im *Mahâbhârata* seinen epischen Ausdruck fand.

---

501 Quelle: archive.org: „Purânische Enzyklopädie“; Hauptquelle: https://www.wisdomlib.org/definition/prajapati.

„Mahâ" ist übrigens eine Vorsilbe, die ihr Herkommen vom sanskritischen Adjektiv *mahat* hat und allgemein mit „groß", „wichtig" oder „mächtig" übersetzt wird, so daß es sich, wie weiter oben bereits bemerkt, beim „Mahâ-Bhârata" zwar ursprünglich um den episch erzählten Zwist in der „großmächtigen Familie (__Dynastie__) des Bhâratas" handelte, dieses Epos später aber mit vielen anderen für die sich hierarchisiert habende bharatische Gesellschaft wichtigen Reflexionen angereichert wurde, so daß der Kampf zwischen diesen Familien nur noch als Rahmenhandlung diente, wenn auch mit offenbar großem „nationalem Identifikationspotential" für die Mitglieder der hinduistischen Gesellschaft selbst.

Dieser kulturpolitische Prozeß wird beispielhaft an folgendem Sachverhalt erkennbar: Die allgemein anerkannte Überlieferung berichtet, daß Vjâsa, der „Aufteiler des Vedas" und Schöpfer des *Mahâbhâratas*, der, so die hinduistische Behauptung, auf diese Weise zum „Schöpfer des fünften Vedas" geworden wäre, den Inhalt des Epos an seine fünf Schüler separat weitergegeben habe, nämlich an Sumantu, Jaimini, Paila, Shuka, der der Sohn von Vjâsa ist, und Vaishampâyana: „[...] Und so wurde Vyâsa von Satyavatî durch Parâshara geboren. Und weil er auf einer Insel [__im Fluß Yamunâ__] geboren wurde, wurde er Dvaipâyana (__Dvaipa oder der „Inselgeborener"__) genannt. Und der gelehrte Dvaipâyana, der sah, daß es der Tugend bestimmt ist, in jedem Yugâ um ein Bein mehr lahm zu werden (__sie [__ein Yugâ[502]__] hat insgesamt vier „Beine"__), da die Lebensperiode und die Kraft der Menschen den Yugâs folgen, und bewegt von dem Wunsch, das Wohlgefallen von Brâhman und den Brâhmanas zu erlangen, ordnete er die Veden an. Und dafür wurde er Vyâsa (__der Ordnende oder der Kompilierende__) genannt. Dieser große Segensspender unterrichtete dann Sumanta [__sic! {Dieser Schüler heißt Sumantu}__], Jaimini, Paila, seinen Sohn Shuka und Vaishampâyana, wodurch die vier Veden das *Mahâbhârata* als fünften

---

502 Siehe weiter oben auf den Seiten 395 f., den Hinweis zu den „Weltaltern", beginnend mit: „Die schon weit vom Vedischen Denken entfernte hinduistische 'Lehre von den Weltaltern'".

[__Veda__] haben. [...]"[503] „[...] Unser Lehrer pflegte uns die Veden zu lehren, wobei das *Mahâbhârata* der fünfte ist. [...]"[504] „[...] Und die Erstellung des *Bhâratas* wurde von ihm separat mit ihnen [__d.h. fünfmal, also mit jedem dieser Schüler; Anm.d.A.__] veröffentlicht. [...]"[505].

Im *Mahâbhârata* selbst wird also die Behauptung aufgestellt, daß dieses Epos der fünfte Veda sei. Das kann durchaus als weiterer Beleg für eine Manipulation des Vedischen Wissens aus Nachvedischer Perspektive genommen werden.

Nimmt man hinzu, daß dem letzten zitierten Satz: „Und die Erstellung des *Bhâratas* wurde von ihm separat mit ihnen [__d.h. fünfmal, mit jedem seiner Schüler__] veröffentlicht", in der Tat die Annahme zu entnehmen ist, daß diese fünf Schüler je verschiedene Versionen des *Bhâratas* nicht nur gehört, sondern diese auch verfaßt hätten[506], dann weißt das bisher Gesagte darauf hin, daß es tatsächlich eine ganze Reihe von Schreibern dieses Epos gegeben hat, die, als die eigentlichen Schöpfer dieses Epos, (*__und mit ihnen ihre Intentionen__*) im Dunkeln bleiben konnten, wird von den „Vertretern der Nachvedischen Perspektive" durchaus zugegeben, daß es „genau" fünf mythische Schüler des mythischen Vyâsas gegeben habe: „[...] Vaishampâyana sagte: '[...] Vyâsa, [...] der die Veden klassifiziert hat, hatte bei einer früheren Gelegenheit zu uns gesagt, als von uns befragt [__daß__] Sumanta [__sic!__], Jaimini, Paila [...], ich als vierter, und Shuka, welcher den fünften bildet, Jünger des berühmten Vyâsas wären. Wir sind insgesamt fünf [...]"[507], die alle nicht nur von ihrem

---

[503] Siehe *The Mahâbhârata of Krishna-Dvaipâyana Vyâsa*, aus dem originalen Sanskrit-Text in englische Prosa von Kisari Mohan Ganguli übersetzt, Bhârata Press, Calcutta, 1883-1896, Âdi Parva (__Buch 1__), Abschnitt LXIII, die Seiten 127 f.

[504] Siehe a.a.O., Santi Parva (__Buch 12__), Abschnitt CCCXLI, Seite 144.

[505] Siehe a.a.O., Âdi Parva (__Buch 1__), Abschnitt LXIII, die Seite 128.

[506] Vgl. auch Bruce M. Sullivan, *Seer of the Fifth Veda*, Seite 7.

[507] Siehe *The Mahâbhârata of Krishna-Dvaipâyana Vyâsa*, Santi Parva (__Buch 12__), Abschnitt CCCXLI, die Seite 144.

mythischen Meister über die Veden und das *Mahâbhârata* unterrichtet wurden, sondern um je eine ihnen von ihm separat erzählte Fassung des „fünften Vedas" wußten, und die vielleicht sogar ihre eigene Version des *Mahâbhâratas* verfaßt hätten.

Und wenn mir Bruce M. Sullivan erzählt, daß überliefert sei, daß die anderen vier Abfassungen, also neben der Abfassung des *Mahâbhâratas* durch Vaishampâyana — *die diejenige ist, die als die maßgebende gilt, bzw. diejenige ist, die von diesen fünf verschiedenen Versionen als Ganze* „überlebt" *hat* —, deshalb nicht veröffentlicht worden seien, da diese Versionen „ein ungünstiges Licht" auf die Pândavas werfen würden[508], weisen dies und das nachfolgende Zitat aus dem *Mahâbhârata* indirekt zumindest auf „Unstimmigkeiten" unter den _*tatsächlichen*_ Schreibern bei der Abfassung dieses großartigen Epos hin. Denn aus diesem nun folgenden Zitat wird einsichtig, wieso die Pândavas als so „gut" dargestellt werden, im Gegensatz zu den Kauravas: „[...] Auf den Sitzen in diesem Palast saßen neben den Pândavas, Rishis und Königen [...] [__auch__] die Schüler von Vyâsa [...]."[509]. Das heißt das *Mahâbhârata* ist aus Sicht der Freunde der Pândavas geschrieben worden. ... Es wäre aber falsch, es deshalb als „Auftragswerk" der Pândavas zu verstehen, denn diese sind so mythisch wie Vyâsa und seine Schüler auch. Aber es könnte richtig sein, es als „Auftragswerk" für die Etablierung der hinduistischen Gesellschaftsformation zu verstehen: als eine wunderbare, der nationalen Identifikation dienende große Erzählung, da die damals in Bhâratavarsha an die Macht gelangte Elite, die Brahmanen, eine solche zur Etablierung und Festigung ihrer Macht benötigten.

Dieser „Bearbeitungsprozeß" wird weiter durch die Zurücknahme, bzw. durch die teilweise Infragestellung dieser Behauptung verschleiert, daß also von den genannten Schülern des Vyâsas eigene

---

[508] Siehe Bruce M. Sullivan, *Seer of the Fifth Veda — Kṛṣṇa Dvaipâyana Vyâsa in the Mahâbhârata*, Motilal Banarsidass Publishers, Delhi, 1999, die Seite 7.

[509] Siehe *The Mahâbhârata of Krishna-Dvaipâyana Vyâsa*, Sabha Parva (__Buch 2__), Abschnitt IV, die Seite 6.

Versionen dieses Epos verfaßt worden wären, wenn man jetzt die weiter oben bereits zitierte Stelle im *Mahâbhârata* erinnert: „[...] Vyâsa führte die Zusammenstellung des *Bhâratas* aus, allein die ursprünglich in vierundzwanzigtausend Versen enthaltenen Episoden, und nur dies wird von den Gelehrten als *Bhârata* bezeichnet. Danach zog er daraus einen Auszug von einhundertfünfzig Versen, bestehend aus der Einleitung und dem Inhaltsverzeichnis. Dieses [__*Bhârata*__] lehrte er zuerst seinem Sohn Shuka; und danach gab er es an andere seiner Schüler weiter [__Vyâsa hatte fünf Schüler[510]__], die die gleichen Qualifikationen besaßen. Danach schuf er eine weitere Zusammenstellung, die aus sechshunderttausend Versen bestand. Von diesen sind dreihunderttausend in der Welt der Devas bekannt, fünfzehnhunderttausend in der Welt der Pitris, vierzehnhunderttausend in der Welt der Gaṇdharvas und hunderttausend in der Welt der Menschen. Nârada trug sie den Devas vor, Devala den Pitris, und Shuka veröffentlichte sie den Gaṇdharvas, Yâkshas und Râkṣasa, und in dieser Welt wurden sie von Vaishampâyana, einem der Schüler von Vyâsa, einem Mann mit gerechten Prinzipien und dem ersten unter allen, die mit den Veden vertraut sind, rezitiert. Wisse, daß auch ich, Sauti, hunderttausend Verse wiederholt habe. [...]"[511] ... Und gewinnt das *Mahâbhârata* nicht durch diese gerade wiederholt zitierte Behauptung, nicht noch weit höheren Wert als der Veda? Ja, ist dieses Epos nicht mindestens als „fünfter Veda" zu bezeichnen: „Dieser große Segensspender lehrte dann Sumantu [__sic!__], Jaimini, Paila, seinen Sohn Shuka und Vaishampâyana, wodurch die vier Veden das das *Mahâbhârata* als fünften" haben[512]? — Im *Mahâbhârata* selbst wird

---

[510] Siehe Bruce M. Sullivan, *Seer of the Fifth Veda — Kṛṣṇa Dvaipâyana Vyâsa in the Mahâbhârata*, Motilal Banarsidass Publishers, Delhi, 1999, die Seite 7.

[511] Siehe *The Mahâbhârata of Krishna-Dvaipâyana Vyâsa*, aus dem originalen Sanskrit-Text in englische Prosa von Kisari Mohan Ganguli übersetzt, Bhârata Press, Calcutta, 1883-1896, Âdi Parva (__„Buch 1"__), Abschnitt I, die Seite 6. Hervorhebung vom Autor.

[512] Siehe a.a.O., Âdi Parva (__Buch 1__), Abschnitt LXIII, die Seiten 127 f.

also die Behauptung aufgestellt, daß dieses Epos der fünfte Veda sei: das kann als weiterer Beleg für eine Manipulation des Vedischen Wissens aus Nachvedischer Perspektive angesehen werden.

Nun, ist das nicht alles als Ausdruck für eine veritable Manipulation, bzw. *Um*_Schreibung der geschichtlichen Vergangenheit, also der *Um*_Wertung der Bedeutung eines großen Wissens aus der Vergangenheit zu werten? ... Aus meiner Sicht ist das so.

Dennoch erscheint mir diese Manipulation nicht so gravierend wie die heute sich ereignende. Denn die hier berichtete Manipulation ereignete sich wohl primär deswegen, da die alte, die Vedische Gesellschaft, aus welchen Gründen auch immer, nicht mehr den sich ändernden Bedingungen genügte, es demnach notwendig geworden wäre, eine neue, eben die Nachvedische Gesellschaftsformation zu etablieren. Und immerhin schufen diese Manipulatoren wenigstens wunderbare Epen und philosophische Gedankengebäude. Ganz im Gegensatz zu den heutigen lobbykratischen Manipulatoren. Diese zerstören ganze Gesellschaften, bieten nichts Schöpferisches, bringen das Denken zum Verdunsten und setzen den Fokus allein auf Profitmaximierendes. — Keineswegs nur rhetorisch gefragt: welche Manipulation könnte dann eher als „schöpferisch" und „gesellschaftlich förderlich" zu bezeichnen sein?

Reflexion:

Die Ursachen fürs Mythisieren dieser Art können als typisch für alle sich hierarchisierenden bzw. hierarchisiert habenden Gesellschaften angesehen werden, bzw. für Gesellschaften mit Machteliten und den in ihrem Sinne funktionierenden Intellektuellen (__„Satelliten"__): die Lebendigkeit einer egalitären Gesellschaft wird auf diese Weise aufgehoben, da in ein hierarchisches Korsett gepreßt, und so das Egalitäre — *sich individuell im Denken und Fühlen ausdrückend* — vernichtet. Das heißt diese Art des Mythisierens, gezeigt am Beispiel des mythischen Vyâsas und seiner mythischen Schüler, die als „Verschleierungsgrößen" der Manipulation des Vedischen Wissens und der als *Mahâbhârata* bezeichneten Nachvedischen „Gegenschöpfung" zur Interpretation der „Welt" aus Nachvedischer Perspektive angesehen werden können, ist keineswegs allein für die hinduistische Gesellschaft als typische Manipulation des aus früherer Zeit stammenden Wissens sowie der Neuinterpretation der Vergangenheit anzunehmen, sondern muß — *modifiziert* — genauso heute als in den sich zu marktkonform getrimmten kollektiven Funktionseinheiten (__*meist als* „Nationalstaaten" *bezeichnet*__) transformiert habenden (__*oder doch besser: transformiert wordenen?*__) menschlichen Gesellschaften des lobbykratischen Zeitalters als geltend angesehen werden. So daß mir viele der Intellektuellen (__*in diesem Fall Nachvedische Intellektuelle, wahrscheinlich schon jene der sich etabliert habenden* „hinduistischen" *Gesellschaft angehörenden Literaten und Philosophen: alle zur Klasse der Brahmanen gehörend: im krassen Gegensatz zu den Rishis, die als voll integrierte geistige Arbeiter der Vedischen Gesellschaftsformation zu verstehen sind, die also eben nicht klassenmäßig von den in anderen Abteilungen der Vedischen Gesellschaft Tätigen getrennt waren*__), die als Autoritäten für machtelitär förderliche ideologische Richtungen herangezogen wurden, im „mythischen Nebel verschwinden" und auf diese Weise die tatsächlichen Auftraggeber der „Macher", bspw. eines „gesellschaftspolitischen Narrativs", ungenannt bleiben können, fast wie Prototypen der heutigen Intellektuellen erscheinen, die in Thinktanks ihre „narrativen Schöpfungen" aushecken — allerdings, u.a. (__!__), ohne jede poetische Kraft!

Die Folgen dieses Tuns zeigen sich dann u.a. insbesondere in Politik, Literatur (__*inklusive Sprachentwicklung*__) und Philosophie. Diese _*Folgen*_ zeigen sich zwar je nach „Hierarchisierungs-" und gesellschaftlichem „Entwicklungsgrad" unterschiedlich, die Ursachen sind aber gleich: Zerstörung der Lebendigkeit egalitärer Gesellschaften, Auslöschung der Erinnerung an diese, Etablierung und Stützung der Machtelite: in der Nachvedischen Gesellschaftsformation schließlich aus hinduistischer Sicht; in der lobbykratischen Gesellschaftsformation aus neoliberaler Sicht, wobei _*hier*_ die „Sicht auf die Welt" ihre gesellschaftspolitische Färbung durch bis zu einem gewissen Punkt nachwirkende nationale Traditionen gewinnt, was bspw. bezogen auf Deutschland bedeutet, die „Welt" aus neowilhelministischer Sicht „wahrzunehmen" (__Vgl. Die *tri*_logische Sezierung des lobbykratischen Zeitalters, Band III, Teilbände 1+2__).

Es sei in diesem Zusammenhang auch daran erinnert, daß, wenn von Vjâsa und seinen Schülern im *Mahâbhârata* namentlich die Rede ist, dies ein klarer Hinweis darauf ist, daß es schon zur Zeit der ersten Abfassung dieses Epos zu gravierenden gesellschaftspolitischen Änderungen gekommen sein muß, die die Vedische Ordnung selbst betrafen, denn zur Zeit der alten Vedischen Gesellschaftsordnung war der Hinweis auf eine persönliche Autorenschaft untypisch.

Wie schon angemerkt, berichtet die Nachvedische Überlieferung (__d.h. die „hinduistische Überlieferung"__), daß diese Schüler den Inhalt des *Mahâbhâratas* unabhängig voneinander niedergeschrieben hätten. Demnach gab es einst (__*mindestens*__) fünf Versionen des *Mahâbhâratas*. Daß davon nur eine Version übriggeblieben ist, sieht man von einem kleinen Teil ab, der die Bezeichnung: *Jaimini-Ashvamedha* trägt, hängt gemäß der Nachvedischen Überlieferung, wie schon angemerkt, damit zusammen, daß die Pândavas, die aus dem im *Mahâbhârata* geschildeten Kampf gegen die Kauravas siegreich hervorgehen, in den anderen Versionen in ein „ungünstiges Licht" gesetzt sind.[513] Wenn aber vier Versionen dieses Epos die Pândavas „ungünstig" schildern und bloß eine „günstig", kann das nur auf grundlegende gesellschaftspolitische Änderungen hin deuten, die sich in der Zeit der Abfassung des *Mahâbhâratas* ereignet haben müssen. Es ist demnach berechtigt zu vermuten, daß sich die damalige bharatische Gesellschaft schon so weit von der alten Vedischen Gesellschaftsordnung entfernt hatte, daß von seiten der Machtelite und ihrer Satelliten ein „Update" des „gesellschaftlichen Narrativs" für notwendig erachtet wurde.

Nun, das ist vom Prinzip her mit dem vergleichbar, was sich heute ereignet und sich bspw. darin ausdrückt, daß davon geredet wird, wir bräuchten ein „neues Narrativ", was man jetzt aber nicht mehr

---

[513] Siehe *The Mahâbhârata of Krishna-Dvaipâyana Vyâsa*, die Seite 86.

sagt, sondern statt dessen: „wir brauchen eine neue Erzählung", denn man hat in den machtelitären Kreisen „gemerkt", daß man sich wieder „bodenständig" geben muß. Aber, ob nun „Narrativ" oder (__*eingedeutscht*__) „Erzählung" heißend, zu solchem „Erzählen" gehört offenbar auch, daß z.Z. die deutsche Geschichte des 20. Jahrhunderts geklittert wird. Denn wer benötigt eine „neue Erzählung"? Die Masse der Menschen oder jene, die die Richtung weiterhin im eigenen Sinne und für sie „friktionsfrei", d.h. auf Kosten dieser Masse, bestimmen wollen? Nun, abgefaßt wird diese „Geschichte" von *spin*_doktorischen Satelliten und „erzählt" wird dieses Konstrukt von „Journalisten" und als „Wissenschaftler" verkleideten „Geschichtenerzählern".

Dazu gehören Figuren wie bspw. ein Hochschulprofessor an der Humboldt Universität in Berlin namens Jörg Baberowski, den man laut einem Gerichtsurteil des Kölner Landgerichts vom 15. März 2017 als rechtsradikal bezeichnen darf. Dieser rechtsradikale Professor ist in den deutschen herrschenden Kreisen sehr angesehen. Da es aber, u.a., dieser rechtsradikale Professor ist, der frisch fröhlich die deutsche Geschichte des 20. Jahrhunderts klittert, ist anzunehmen, daß er das nicht aus einer Laune heraus tut, sondern dazu „inoffiziell" beauftragt wurde. Immerhin ist es so, daß er hierbei von der staatlichen und der publizistischen Seite unterstützt wird, und deren Vertreter diesen Professor dann wiederum als ihre „Belegstelle" nennen, „erzählen" diese das „neue Narrativ" in Talk-Shows, in „Beiträgen" von als renommiert geltenden Medien und in verkaufsträchtigen Büchern. Im Rahmen dieser Geschichtsklitterung wird aber bei den Aussagen des Historikers Ernst Nolte angesetzt, der in den 80er Jahren u.a. behauptete, daß der Holocaust eigentlich eine verständliche Reaktion auf die stalinistischen Vernichtungsprozesse in der UdSSR in den dreißiger Jahren gewesen sei. Damals zog das noch eine heftig geführte wissenschaftliche Auseinandersetzung nach sich, die als „Historikerstreit" bekannt wurde. — Heute ist das nicht mehr der Fall. Im Gegenteil, äußern sich „Wissenschaftler" im geschichtsklitternden Sinne, werden ihre Äußerungen als Ausdruck der „Freiheit der Wissenschaft" von staatlicher, „wissenschaftlicher", publizistischer und „andersmedialer" Seite verteidigt.

Daß diese Art des Vorgehens Tradition hat, wird an zwei Beispielen deutlich: einmal am „Antisemitismusstreit", der in den Jahren 1879 und 1880 geführt wurde: dieser ist bis zu einem gewissen Punkt mit dem genannten „Historikerstreit" der 1980er vergleichbar. Vergleichbar ist auch, daß danach keine nennenswerte widerständige Aussage mehr von „wissenschaftlicher" Seite gekommen ist.[514] — Auf das zweite Beispiel wird weiter unten eingegangen, wenn es u.a. um die Feststellung der Ursache dieser „Tradition" geht.

Und so können von diesem rechtsradikalen Professor der „Holocaust und die Erschießungen im russischen Bürgerkrieg" als „im Grunde gleich" bezeichnet werden, ohne daß solche absurden Aussagen auf Widerrede stießen. Wieso? Nun, ist es nicht Ausdruck von „Freiheit der Wissenschaft", absurdes Zeug zu reden?

Tatsächlich ist es aber so: Wer anderen weismachen will, daß es keine grundsätzlichen Unterschiede zwischen der planmäßigen Errichtung einer industriellen Maschinerie (__*die der bewußten Vernichtung insbesondere einer bestimmten Masse von Menschen dient*__) und den Ursachen für einen Bürgerkrieg (__*der, ist ein solcher erst einmal ausgelöst, immer chaotischen Charakter hat*__) gäbe, der ist entweder bösartig oder ein Scharlatan! Wer aber solch ein intellektuelles Schwätzen als Ausdruck von „Freiheit der Wissenschaft" mißversteht, kann sich aussuchen, ob er sich als politisch bösartig, politisch unzurechnungsfähig oder als im Dienste von machtelitären Kräften stehender Intellektueller bezeichnen lassen will!

Mit diesem Mißbrauch der „Freiheit der Wissenschaft" korreliert jener der Meinungsfreiheit[515], wenn bspw. der einstige stellvertretende Chefredakteur und seit Januar 2019 „Hauptstadtbüroleiter" des Wochenblatts *Der Spiegel*, Herr Kurbjuweit, meint, daß die deutsche Geschichte des 20. Jahrhunderts „anders bewertet" werden müsse und sich dabei auf diesen rechtsradikalen Professor beruft. Als wenn

---

[514] Zum „Antisemitismusstreit" und zur besonderen Ausprägung dieser Tradition in Deutschland, siehe auch in: Die *tri*_logische Sezierung […], Bd III, Tb. 2, Lesung 16: „Die Ursprünge des Wilhelminismus'".

[515] Vgl. in: a.a.O., Band II, die Seiten 219 f., beginnend mit: „Es ist viel von Freiheit der Meinung die Rede …".

sich die Faktenlage geändert hätte und diese deshalb einer „Neubewertung" bedürfte. ... Wobei es in der Tat stimmt — *auch wegen solcher* „Geschichtsumschreibungsversuche" —, daß die Faktenlage eine Präzisierung verlangt, aber nicht im Sinne einer Klitterung (*__und damit Verfälschung__*) der deutschen Geschichte des 20. Jahrhunderts, sondern im Sinne einer Vertiefung des Problems der „bürgerlichen Gesellschaft" als solcher, und hier insbesondere der deutschen bürgerlichen Gesellschaft, wie gerade deren Entwicklung seit dem Ende des Kalten Krieges anschaulich belegt.

Das heißt das bürgerliche System, der Nationalsozialismus und der Stalinismus sind im Kontext zu sehen, will man einen tatsächlichen Begriff von dem bekommen, was sich im 20. Jahrhundert ereignete.[516] Denn, ganz im Gegensatz zu den geschichtsfälschenden Behauptungen eines Herrn Noltes und den darauf aufbauenden „Aussagen" rechtsradikaler Professoren, der Nazismus habe gegen den Stalinismus sozusagen den „Todeskampf" des bürgerlichen Systems geführt, läßt sich sagen, daß der Stalinismus nie eine Bedrohung für das „westliche System" war.[517]

Wem grundsätzliche Aggressivität innewohnt, nämlich dem bürgerlichen System (*__insbesondere in seiner Variante, die als* „Faschismus" *bezeichnet wird__*), wird zudem am sogenannten Hitler-Stalin-Pakt deutlich.[518] Es wird übrigens vermehrt so getan, als sei der Faschismus etwas, das wie eine Heimsuchung war. Richtig ist hingegen, daß das bürgerliche System selbst den „faschisierenden Keim" in sich trägt, ist doch dem bürgerlichen System u.a. eigen, eine natürlich gewachsene Identität zu zerstören und diese durch eine so fremdbestimmt wie re-

---

[516] Siehe dazu in: Die *tri*_logische Sezierung [...], Band I, Teilband 4: dort findet sich auf den Seiten 80-82 eine „Definition des Stalinismus'".

[517] ... das wird auf den Seiten 652-57 von: „Sie fragen noch, wie die 'Verhältnisse' liegen" dargelegt.

[518] Zum Hitler-Stalin-Pakt siehe Jacques Sapir, « Le 80ème anniversaire du Pacte Germano-Soviétique ». Der zugehörige Link ist folgender: https://www.les-crises.fr/russeurope-en-exil-le-80eme-anniversaire-du-pacte-germano-sovietique-par-jacques-sapir/.

duzierte „Identität" zu ersetzen. (*__Das wird weiter unten etwas verdeutlicht.__*)

Daß der Stalinismus sogar das bürgerliche System stützte, wird übrigens dadurch unterstrichen, daß dieser es nach dem Ende des zweiten Teils des großen Krieges stabilisierte. Mit dem Untergang des Stalinismus', d.h. mit dem Ende des Kalten Krieges, begann dann erneut die Destabilisierung des bürgerlichen Herrschaftssystems.

Die dem bürgerlichen Herrschaftssystem inhärente Destabilität war zu Beginn der 1990er Jahre noch kaum merklich, beschleunigt sich aber seit den 2000er Jahren zusehends, und ist Ausdruck davon, daß die bis heute ungelösten Fragen, die letztlich Ursache für die beiden Teile des Großen Krieges des 20. Jahrhunderts wurden, nach dem Ende des Kalten Krieges mählich wieder „auftauten". Diese Fragen betreffen die Machtverteilung in den bürgerlichen Gesellschaften selbst, d.h. ihre Oligarchisierung, die heute dazu geführt hat, daß quasi alle gesellschaftlichen Bereiche „lobbykratisiert" sind, was sich exemplarisch darin ausdrückt, daß selbst rudimentäre Elemente direkter Demokratie wie Referenden dann blockiert werden, haben die etwas zum Ergebnis, das den machtelitären Interessen zuwiderläuft. Und diese innergesellschaftlichen Konflikte gehen mit den „alten Konfliktlinien" zwischen den imperialistischen Mächten Europas und den USA einher.[519]

Dieser mählich sich beschleunigende Destabilisierungsprozeß läßt sich besonders gut erkennen, wenn man die Entwicklung seit dem Ende des Kalten Krieges in den Fokus nimmt. Insbesondere dann, wenn man dabei das mählich wieder offensichtlich werdende Streben der deutschen Machtelite und ihrer Satelliten in den Blick nimmt. Denn dieser Elite wurde es erstmals nach dem Ende des Kalten Krieges wieder möglich, ein gewisses Maß an Souveränität durch das Praktizieren eigener Politik auszudrücken.[520]

---

519 Siehe dazu auch die *Tri*_logische Sezierung [...], Band III, Tbb 1+2.

520 Da exemplarisch, wird darauf in Teilband 2 von Band III der *Tri*_logischen Sezierung [...] eingegangen, siehe dazu dort insbesondere die Seiten 622 ff.

Nun, zu den Satelliten dieser Machtelite gehören aber auch dieser rechtsradikale Professor und dieser stellvertretende Chefredakteurs des Wochenblatts *Der Spiegel*. Unter anderem bedeutet das, daß es tatsächlich nicht um die „Freiheit der Wissenschaft" oder die „Meinungsfreiheit" an sich geht, denn diese „Freiheiten" gelten allein für machtelitäre Kreise, das wird dann offenkundig, sind deren Machtinteressen zu wahren. Gewiß, nicht allein in Deutschland, sondern in _*jedem*_ Nationalstaat. ... Dennoch folgen solche gesellschaftspolitischen Entwicklungen keinem Naturgesetz.

Ende dieser Reflexion

Wenn aber gesagt wird, daß der Veda von Vyâsa in vier Teile zerlegt wurde und ebenso gesagt wird, daß das von Vyâsa geschaffene Epos *Mahâbhârata* seitdem auch als „fünfter Veda" bezeichnet wird, dann ist es berechtigt anzunehmen, daß mit der Aufteilung des Vedas ein „Redigieren" seines Inhalts mit der Zielsetzung erfolgte, den Veda diesem Epos, das wohl zuerst interessierte Kreise der damaligen indischen Gesellschaft als „fünften Veda" bezeichnet sehen wollten, inhaltlich anzupassen. Wobei die mythische Figur des brahmanischen Gelehrten Vyâsa wahrscheinlich nur exemplarisch steht, denn eine solche „Teilung" wird nicht von einer Person allein vollzogen worden sein, da eine solche Manipulation als eine komplizierte Operation betrachtet werden muß, und das allein schon wegen des vorgegebenen Versmaßes des Vedas. Denn Versmaße, insbesondere wenn sie streng sind, erlauben den Austausch von Phrasen weit weniger leicht ... im Gegensatz zu den Passagen eines Prosatextes.

Die Vedischen Versmaße (__*chandas*__) legen sehr genau den Verlauf eines Gesanges fest, im Gegensatz zu dem Nachvedischen Versmaß (__*shloka*__), und zwar deshalb, da die Vedische Sprache rein mündlich verwendet wurde: einmal wegen des hohen Lautumfangs, da die Vielzahl der Vedischen Laute nicht zu verschriften war, folglich der volle Umfang des Vedischen Wissens nicht anders weiterzugeben ist: in Bhâratavarsha gibt es noch Wissende, die den Veda rein mündlich beherrschen; zum anderen deshalb, da das von den Rishis gesammelte Wissen nicht verfälscht werden durfte. Und eine durch ein strenges Versmaß einmal festgelegte Folge von Wörtern kann nicht _*mal eben*_ durch die Verwendung anderer Wörter sinnmäßig verändert werden. ...

Wenn es also eine Manipulation des Inhalts des Vedas gegeben haben sollte, dann wäre das allein aus diesem Grund nicht von einer Person allein zu bewältigen gewesen. Ja, man muß sagen, daß dieser Umstand diese Manipulation als unwahrscheinlich erscheinen lassen könnte. Es sei denn, es wären ganze Passagen ersetzt worden. Und _*dies*_ könnte sogar die eigentliche Ursache für die Teilung des Vedas darstellen: mit einer dem mythischen Vyâsa zugeschriebenen Teilung des Vedas wäre es zu einer Neuordnung des Inhalts gekommen, die zugleich eine „andere Formulierweise" erforderlich gemacht hätte: zur Verschleierung einer erfolgten Manipulation.

Ein solches „Redigieren", oder ein passendes Zusammenstellen, ereignete sich übrigens im Paulinischen Christentum auch: die vier Evangelien und die Apostelgeschichte sind erst _*nach*_ den Paulusbriefen entstanden. Das heißt die kanonischen Evangelien wurden *nach*_träglich abgefaßt, um sie auf den Inhalt dieser vor ihnen von Paulus geschriebenen Briefe abzustimmen.[521]

Ein Wort zu den „Rishis"

Von Bruce M. Sullivan habe ich auch erfahren, daß einer der Einträge eines altindischen etymologischen Wörterbuches, das im 4. Jahrhundert von dem Vorgänger des großen Grammatikers Pânini, Yâskas, geschrieben worden ist und den Namen *Nirukta* trägt, Auskunft über das Wort „Rishi" gibt. Demnach wäre ein Rishi ein „Seherwissenschaftler" gewesen, der „Entsprechungen, Übereinstimmungen und Zusammenhänge 'sehen'" konnte, was ihm ermöglicht hätte, das im individuellen wie im gesellschaftlichen menschlichen Leben

[521] Davon war schon im ersten Teil dieses Buches die Rede, worauf in einem späteren Buch zurückzukommen ist.

(__*dem Mikrokosmos*__) und im Universum (__*dem Makrokosmos*__) Wirkende zu erkennen _*und*_ zu begreifen. Das wurde deshalb möglich, da das Wissen Brahmâs, als Brâhman „ausgesprochen", zum Veda wurde, denn das erlaubte es den Rishis darauf zuzugreifen.

Persönlich ziehe ich es vor, einen Rishi als „grenzsehenden Wissenschaftler" zu bezeichnen. Denn, folgt man den allgemein anerkannten Aussagen, mußte ein Rishi Dinge „sehen" können, die an der „Grenze" des Wahrnehmbaren zu „sehen" sind. Aber er muß dann auch in der Lage gewesen sein, die Grenze des _*bisher*_ Wahrnehmbaren dadurch immer weiter auszudehnen. Denn sein „Grenzsehen" bedeutete, „Dinge" in dem Bereich zu „sehen", der jenseits von der Grenze des bisher Wahrnehmbaren liegt. Allein dadurch wird früher oder später (__*wahrscheinlich*__) erkannt, um welche „Dinge" es sich dabei handelt, so daß das Wissen schließlich über die bisherige Wissensgrenze hinausgeht und diese Grenze bis zum „neuen Horizont" ausgedehnt werden kann. Das würde bedeuten, daß die „grenzsehenden Wissenschaftler" sich mählich immer weiter der „Wahrheit" angenähert hätten. Dieses Wissen wurde dann von ihnen im Veda zur „allgemeinen Wissensweitergabe" an die Gesellschaft gespeichert.

In dieser Phase der Entwicklung der Vedischen Gesellschaft ging es den Rishis nicht um individuelle Hervorhebung, da sie integraler Bestandteil der Vedischen Gesellschaft waren. Eine Autorenschaft ihrer Erkenntnisse war deshalb ohne jede Bedeutung: sie stellten ihr Wissen der Gesellschaft uneingeschränkt zur Verfügung, so wie es ebenso diejenigen taten, die in anderen Bereichen tätig waren.[522] Zu den weiteren Eigenschaften eines Rishis gehörte zwingend, daß er in der Lage war, das Wahrgenommene in poetische Laute umzusetzen, so daß das von ihm gesammelte Wissen leichter mitteilbar bzw. erlernbar wurde.

In diesem Zusammenhang gibt es die Vorstellung, daß Brahmâ vier Münder habe und es deshalb sei, daß aus jedem Mund das Wissen eines der vier Veden käme. Da aber jeder Mund entsprechend einer

---

[522] Siehe dazu weiter unten noch ein paar zusätzliche Anmerkungen.

Himmelsrichtung orientiert sei, es jenes im *Rig Veda* gespeicherte Wissen gewesen sei, das zuerst ausgerufen wurde, da es aus jenem seiner Münder gekommen sei, der gen Osten weist. Dieses Wissen hätten die Rishis deshalb empfangen können, da sie befähigt gewesen wären *Brâhman* nicht nur zu „sehen", sondern, wie schon bemerkt, auf das an ihm — als *Veda* — Haftende zuzugreifen. Wenn auch offenbleiben muß, ob den Rishis seitdem der Zugriff darauf stetig möglich war oder ob sie dieses Wissen in ihrem Gedächtnis abspeichern mußten, verhält es sich jedenfalls so, daß sie es poetisiert auszusprechen in der Lage waren, so daß es _*so*_ erst einprägsam mitteilbar bzw. erleichtert erlernbar wurde.[523] — Eine beeindruckende Leistung!

Ende der Bemerkung: „Ein Wort zu den 'Rishis'"

Der Beginn des Philosophierens in Bhâratavarsha kann also mit der Entstehung der Veden angesetzt werden. Denn, abgesehen davon, daß, wie gerade mitgeteilt, es Brahmâ gewesen sein soll, der im Veda alles Wissen mündlich bannte[524], werden es wohl vor allem die Rishis (__die „Seherwissenschaftler" bzw. die „grenzsehenden Wissenschaftler"__) gewesen sein, die dieses Wissen im Veda, ob nun als Einheit oder in den gemeinhin als *Rig Veda*, *Sâma Veda*, *Yadshur Veda* und *Atharva Veda* bezeichneten Wissenskomplexen, auf eine Weise abspeicherten, daß dieses dann mündlich zu vermitteln war. Denn schriftlich wäre es nicht zureichend gewesen, da, wird das in den Veden aufbewahrte Wissen im sekundären Wissensspeicher mittels Schrift gespeichert, was seit der Zeit der Upanishaden dann tatsächlich geschah (__*womit die Zeit der Rishis endete*__), fehlt etwa ein Drittel des in den Veden (__*verbalisiert*__) gespeicherten Wissens, das — *während des Lernens* — vom Lehrenden verbal ergänzt werden muß. Verfügt ein Lehrer aber nicht mehr über das ganze in den Veden gespeicherte Wissen, kann er nur von dem noch etwas vermitteln, das verschriftet worden ist.

---

523 Siehe Bruce M. Sullivan, *Seer of the Fifth Veda*, Seiten 23, 29 und 85 f.

524 Vgl. a.a.O., die Seiten 85 f.

Wenn das aber so ist, wie könnte es dann jemandem ergehen, der nicht einmal weiß, daß es sich _so_ verhält, daß das Vedische Wissen allein mündlich korrekt und in seiner vollen Komplexität vermittelt werden kann? Wovon wird er bei seinem Interpretieren ausgehen, wenn nicht — *da aus einer anderen Kulturprägung kommend* — von dem, welches ihm sein eigner „Kultur-Horizont" vorgibt? Mehr noch: Wenn er — *geht es um alles mit der Vedischen Gesellschaftsformation Zusammenhängende, in diesem Fall um ihre Methode, Wissen zu speichern und weiterzugeben* — nicht wissen kann, daß er etwas Schriftliches interpretiert, das bloß etwa zwei Drittel von dem ausmacht, daß er nicht nur glaubt in _*Gänze*_ zu interpretieren, da ihm das dritte — *allein verbal mitteilbare* — Drittel unbekannt ist, sondern er selbst von diesen zwei Dritteln des Verschriftbaren Vedischen Wissens kaum etwas weiß? ... Nun, dies aber trifft genau auf die „europäischen 'Indologen'" (__*nicht allein*__) der ersten Stunde zu! Und so fingen sie, obwohl nichts von dem Ganzen verstehen könnend, zu interpretieren an: denn wie sollte das ein Problem sein, wenn — *so ihr ideologisch festgefügter Glaube* — das Sanskrit die ursprüngliche Sprache der „indogermanischen Sprachfamilie" wäre, oder? Aber selbst wenn es so wäre, wofür nichts spricht — *so man nicht den Blick auf die menschlichen Sprachen bewußt ideologisch fokussiert* —, wäre es allein durch die Kenntnis dieser Schrift _*nicht*_ möglich, die volle Komplexität — *eines völlig fremden Wissens* — des Vedischen Wissens zu erfassen. Denn die Schrift des gewöhnlichen — *des klassischen* — Sanskrits, die Devanagari, kann nur etwa zwei Drittel von dem abspeichern, was die — *mündliche* — Vedische Sprache auszudrücken vermag, und diese Schrift ist zudem nicht diejenige gewesen, die einst, d.h. mit Beginn der Nachvedischen Zeit, dazu verwendet wurde, das — *nur zu etwa zwei Dritteln* — schriftlich Abfaßbare der Veden zu verschriften.

Im weiteren Verlauf des Ihnen vorliegenden Buches wird deutlich werden, daß die „Indologen" der ersten Stunde alles mögliche interpretiert haben mögen, nur nicht den vollumfänglichen Gehalt dessen, was sie zu „interpretieren" meinten, bzw. dazu das Entsprechende phantasierten, nämlich die schriftlich abgefaßten Veden. Denn weder verstanden sie das dazu verwendete Vedische Sanskrit noch wußten sie, daß das im Sanskrit Abgefaßte nur etwa zwei Drittel von dem sein konnte, das tatsächlicher Inhalt des (__*mündlich!*__) übermittelten Vedischen Wissens ist. Hinzu kommt, daß alle „Indologen" der ersten Stunde Autodidakten waren, die wiederum ihre „Kenntnisse" von Autodidakten hatten! ... Man muß sich das vorstellen!

Lustig ist daran allerdings nichts mehr, wenn man bedenkt, was sich aus deren Treiben einfach so _*mal eben*_ ergeben hat: ein „Arier-Mythos", von dem bis ins neunzehnte Jahrhundert hinein niemand etwas wußte, da der erst seitdem in entsprechend „geeigneten" Köpfen existiert, und _*deshalb*_ für die Nationalsozialisten bestimmend werden konnte. Oder eine „indogermanische" bzw. „indoeuropäische Sprachfamilie", die es „selbstverständlich" nur unter Ausschluß des Semitischen geben konnte.

Aus dieser Ideologie resultierend, war es dann nur noch ein kleiner Schritt zu einem „indogermanischen Bewußtsein" (__also, eigentlich „europäischen Klassenbewußtsein", oder?[525]__), das sich ja für einen „Kulturbringer" versteht: denn die „Arier" waren, so die weiterhin verkopfte Meinung, einst _*die*_ Kulturbringer der Menschheit — *also auch für die Menschen in Bhâratavarsha* — gewesen.[526] ...

Da versteht es sich doch quasi von selbst — *da ja* „Indogermanen" *oder* „Indoeuropäer": *das ist unerheblich, da beide ideologischen Begriffe allein aus kollektiver Identitätslosigkeit kommender* „Arier-Besessenheit" *resultierend* —, eine Sprache, die man gar nicht kennt, von

---

[525] Zum „europäischen Klassenbewußtsein" siehe in: „Sie fragen noch, wie die 'Verhältnisse' liegen?", den Aspekt 53.

[526] Siehe in diesem Zusammenhang Arnold Wadler, *Der Turm von Babel — Urgemeinschaft der Sprachen*, 2. Auflage, Fourier Verlag, Wiesbaden, 1988, erstmals 1935 im Rudolf Geering Verlag, Basel, erschienen; derselbe, *Germanische Urzeit — Quellen zur Vorgeschichte der deutschen Sprache*, Fourier Verlag, Wiesbaden, o.J., erstmals 1936 im Rudolf Geering Verlag, Basel, erschienen; derselbe, *Das Rätsel der Indogermanen*, Rudolf Geering Verlag, Basel, 1937.

deren Geschichte — *wie den Menschen, die diese sprachen* — man nichts weiß, sich autodidaktisch „erschließen" kann, oder? ...

Als hätte es nie jenes gegeben, das man bspw. als „Harâppa-Kultur" bezeichnet, das wohl eher als ein Beispiel für eine Vedische Gesellschaft zu gelten hätte, als daß diese so völlig aus der Luft gegriffene Bezeichnung „Harâppa-Kultur", die offenbar Leute mit tiefsitzendem Minderwertigkeitskomplex am liebsten mit ihrem „Arier-Mythos" in Verbindung bringen oder — *solange das noch nicht mittels* „ideologischer Kunststückchen" *möglich ist* — ganz separat und „unverständlich" betrachtet sehen wollen, etwas mit diesem Mythos zu tun haben könnte, hingegen, wie gesagt, tatsächlich eher (__*alles?*__) mit der einstiegen Vedischen Gesellschaft.[527]

Auf Grund der Herangehensweise der „europäischen Indologen" und der Vergleichenden Sprachwissenschaftler" kann der tatsächliche Beginn des in Vedischer Zeit begonnen habenden Philosophierens zeitlich leider nicht bestimmt werden, da von diesen „westlichen Wissenschaften" das schriftlich abgefaßte Vedische Wissen korrumpiert und willkürlich datiert wurde. Dafür ist insbesondere einer der Söldner der British East India Company verantwortlich, der noch heute als absolute Autorität der „westlichen Wissenschaft", genannt „Indologie", gilt und dessen Name Friedrich Maximilian Müller (__*der insbesondere in* „Indien" *hochangesehen und dort besser als Max Müller bekannt*__) ist.

Aber nicht nur dafür ist diese „Autorität" verantwortlich, denn die „Arier", sogar die ganze „arische Rasse," samt ihrem „arischen Mythos", gehen ebenso auf seine Kappe! Denn im Jahre 1859 „wußte" Max Müller soviel vom Sanskrit, daß er diese „Rasse" wie den „Mythos" ohne weitere Umstände erfinden konnte.[528] Kritische Stimmen blieben ungehört, denn offenbar war in gewissen europäischen Krei-

---

[527] Siehe auch Prodosh Aich, « Das Vedische Erbe » — *Nachdenken über systematisch verdeckt gehaltene WAHRHEITEN* (__der korrigierte Originaltitel lautet: « The Vedic Heritage » — *Reflections on systematically concealed TRUTHS*__), die Seiten 44-47, beginnend mit: „Während des Lesens der durchdachten Beschreibung ...".

[528] Vgl. dazu Prodosh Aich, *Lügen mit langen Beinen — Entdeckungen, Gelehrte, Aufklärung: Dokumentarische Erzählung*, Acharayya Verlag, Oldenburg, 2003, die Seite 408.

sen das Interesse an einem „Mythos" groß, der das „europäische Sendungsbewußtsein" neu „beleben" konnte: oder mußten das Rauben und Ausbeuten — *gut verpackt* — auch in „Indien" etwa nicht irgendwie weitergehen? Also, entweder in Kombination mit dem „christlichen Mythos" — *wobei das Missionieren dort nie sonderlich erfolgreich war* — oder, sollte dieser nicht mehr so überzeugend „greifen" helfen, dann mit einem sogar noch „älteren" allein ... oder?

Ende von:
Was die anzunehmende Manipulation des Vedas durch die Nachvedischen Philosophen von der Geschichtsklitterung des 21. Jahrhunderts trennt.

Die bharatavarsische Philosophie

Da zwar, wie gesagt, der tatsächliche Beginn dieses in Vedischer Zeit begonnen habenden Philosophierens zeitlich leider nicht bestimmt werden kann, soll an dieser Stelle lediglich auf die berechtigte Annahme aufmerksam gemacht werden, daß die Art und Weise des „ersten" Philosophierens der Rishis eine monistisch-materialistisch geprägte gewesen sein muß, denn von deren Denken ging in Nachvedischer Zeit der Brahmane Uddâlaka Âruni aus, bzw. nahm deren Überlegungen, die sie im mündlichen Veda gespeichert hatten, als Grundlage für sein eigenes Denken, so bspw. für seine Spekulationen über das „Seiende". Nach allgemeiner Auffassung stellte Uddâlaka Âruni seine Überlegungen im 8. Jahrhundert v.u.f.Z. an, was nach allgemeiner Auffassung die Zeit des Niederschreibens der Upânishaden gewesen wäre. Uddâlaka Âruni war es jedenfalls der die bharatavarsische Philosophie im monistisch-materialistischen Sinne begründete.

Das bedeutet, daß der Brahmane Uddâlaka Âruni die Grundlage für eine „brahmanisch-materialistische Philosophie" geschaffen hat, die — *einige aus der Stammes- bzw. Urgesellschaft kommende Überreste des Animismus' bewahrend* — als Hylozoismus bezeichnet werden kann. Damit wäre Uddâlaka Âruni einer der ganz frühen, wenn nicht gar der erste der historisch faßbaren Materialisten gewesen. Denn die ersten griechischen bzw. ionischen Hylozoisten Thales, Anaximandros und Anaximenes lebten später.

Der Begriff *Hylozoismus* (__zu griech.ή ὑλη „der Stoff" oder „das Holz" und ή ζωή „das Leben"__) will sagen, daß der „Stoff" belebt ist und nicht erst durch ein „externes Prinzip" belebt bzw. beseelt werden muß. Das heißt der Hylozoismus steht für frühe materialistische Weltanschauungen, die davon ausgehen, daß die Materia in der einen oder der anderen Form belebt oder beseelt ist. Deshalb kann man den Hylozoismus auch als *materialistisch-pantheistische Philosophie* bezeichnen.

Soweit man also weiß, war Uddâlaka Âruni der erste Hylozoist. Mit einigem zeitlichen Abstand folgen die griechischen bzw. ionischen Naturphilosophen Thâles (__ca. 624-546__), Anaxîmandros (__ca. 611-546__) und Anaxîmenes (__ca. 585-525__). Von Thales, Anaximandros und Anaximenes ist bekannt, daß sie alles Geschehen auf einen _*belebten*_ Urstoff zurückführten.

Kann aber bewiesen werden, und zwar vom philosophischen (__*im dialektisch-historisch-materialistischen Sinne*__) und ebenso vom naturwissenschaftlichen Erkennen her gesehen, daß Psychisches, Unbewußtes (__*das man auch als potentiell Bewußtes bezeichnen kann*__) und Bewußtes als Ausdruck einer besonderen Bewegungsform der Materia zu verstehen sind, daß sich nämlich über „psychische Vorgänge" ideelle Setzung des vom Individuum Wahrgenommenen zu dem hin ereignet, das wir „Bewußtsein" nennen, verliert die hylozoistische Anschauung von der Allbelebtheit bzw. der Allbeseeltheit, also dem „Pantheistischen" der Natur ihren progressiven Charakter. Und zwar deshalb, da so deutlich wird, daß auch der Hylozoismus lediglich als eine weitere Form des Anthropomorphismus' zu verstehen ist, also menschliche Eigenschaften dem zuzusprechen, das vom Individuum in der Natur wahrgenommen wird. Das bedeutet, daß hylozoistische Gedankengänge früher oder später mit idealistischen Vorstellungen verschränkt.

Uddâlaka Âruni argumentierte, das „Seiende" sei materiell und da es lebe würde es sich ständig verändern. Um dieser Vorstellung besonderen Charakter zu geben, stellte er sich das materiell „Seiende" als eine „Gottheit" vor. Denn das materiell „Seiende", so es das „wolle", verwandele sich in „Zustände" oder „Elemente": die „Glut", das „Wasser", das „Feste". Und je nach Mischung der genannten Elemente ergäbe sich im Mikro- und im Makrokosmos das als wahrnehmbar Erscheinende des Grob- wie Feinstofflichen (__*der Materia*__).

Uddâlaka Âruni scheint aber eine letzte Unteilbarkeit der Materia angenommen zu haben, also vertrat er einen materialistischen Monismus. Denn das „Seiende" sei nur über seine Erscheinungen wahrnehmbar, nicht aber selbst. Dennoch, wenn auch unsichtbar, wäre die Anwesenheit des „Seienden" erkennbar: vergleichbar dem Salz, das, in Wasser aufgelöst, erst nach dem Verdunsten des Wassers sichtbar werde.

> Diesem von Uddâlaka Âruni weiter verfolgten, aus dem monistisch-materialistischen Denken der Rishis resultierenden Philosophieren stehen die brahmanisch-idealistisch-religiös-philosophischen Lehren des Schülers Uddâlakas Ârunis, Yâjnavalkya, entgegen.

Das heißt der Brahmane Yâjnavalkya ist der erste Vertreter des neuen Glaubens von der Seelenwanderung, der Vergeltung der Taten und der Erlösung. Damit begründete er eine reaktionäre Lehre, denn sie erlaubt, die bestehenden Klassenverhältnisse, die Ausbeutung der Mehrheit durch eine kleine Minderheit zu begründen, zu rechtfertigen und aufrechtzuerhalten. Damit ist der hochangesehene Yâjnavalkya nichts anderes als ein Intellektueller, der sich zum Nutzen der Macht prostituiert. Denn was kommt in dieser Lehre zum Ausdruck? Nun jenes, das einst Könige zu _*ihren*_ Priestern im feudalen Europa sagten: „haltet ihr sie nur dumm, den Rest besorgen wir: halten sie arm".

Die besonderen Charakteristika der brahmanisch-idealistisch-religiösen Philosophie sind folgende: einmal das Bestreben nach Synthese, dann das Bejahen, daß es gesellschaftlichen Fortschritt geben müsse, der aber am besten über eine „besondere Gruppe" zu verwirklichen sei ... die man heute bspw. als „EU-Funktionselite" der EU-Machtelite bezeichnen hat. Denn zwar wird das dazu notwendige Bestreben anerkannt, die Masse der Menschen in diesen Prozeß mit einzubeziehen, aber dazu steht — *im typisch idealistisch-philosophisch-religiösen Widerspruch*: *wegen der engen Klassenbezogenheit der Aussagen dieser* „idealistischen Philosophen" — die Furcht davor — *wie es ebenso heute für alle bürgerlichen Philosophen typisch ist* —, daß durch die direkte Beteiligung der Masse der Menschen am Prozeß gesellschaftlichen Fortschritts, diese in diesem sich ereignenden Prozeß zu einer Revolutionierung der gesellschaftlichen Verhältnisse drängen könnten, da sie durch diese direkte Beteiligung etwas von _*dem*_ erkennen würden, das die bisherige Ursache ihrer Misere ist.

Und so werden zwar i.d.R. von diesen „brahmanisch-idealistisch-religiösen Philosophen" revolutionäre Entwicklungen der Gesellschaft bejaht, die die Beseitigung der kolonialen und feudalen Fesseln anstreben, nicht aber die soziale Revolution _*innerhalb*_ der indischen Gesellschaft selbst. Denn dieser Prozeß soll durch sittliche Vervollkommnung des Individuums erreicht werden, so die idealistische Vorstellung insbesondere von Intellektuellen wie Vivekânanda, Gandhi und Iqbâl, also durch charakterliche Erziehung, Vermittlung wissenschaftlicher Erkenntnisse (__*vgl. diesbezüglich insbesondere Vivekânanda*__).

Sir Muhammad Iqbâl (__1877-1938__), weithin bekannt als Allâma Iqbâl (__*Iqbâl der Hochgelehrte*__). Iqbâl war Dichter, Philosoph, Akademiker, Rechtsanwalt und Politiker in Indien. Er gilt als Vordenker der pakistanischen Nationalbewegung und wird als „geistiger Vater Pakistans" bezeichnet. Iqbâl hat die urdische Literatur (__*Urdu ist die Nationalsprache Pakistans*__) sehr bereichert, aber auch die persische Literatur, denn die meisten seiner Schriften schrieb er auf Persisch, da ihm das Denken in dieser Sprache leichter fiel. Von 1905-1908 studierte er in Europa, so in England Rechtswissenschaft und Philosophie (__wo er auch Mitglied der Londoner Niederlassung der *All-India Muslim League* wurde__), aber auch in Deutschland, dort vor allem Sprachwissenschaft und Philosophie (__bspw. das nietzscheeske Gedankengebäude__). 1922 wurde er von König George V. zum Sir ernannt. Später setzte er sich für die Schaffung eines muslimischen Staates im Nordwesten Indiens ein.

Gegen eine sittliche Vervollkommnung des Individuums, seine volle charakterliche Ausformung und die Vermittlung wissenschaftlicher Erkenntnisse ist natürlich nichts einzuwenden, aber auf diese Weise können existierende gesellschaftspolitische Verhältnisse nicht verändert werden. Im Gegenteil, da eine Machtelite ihre „Leitmotive" hat, stimmt sie das Ausbildungssystem auf ihre Bedürfnisse ab. Die „charakterlich" und „geistig" Gebildeten, funktionieren dann sogar leichter in ihrem Sinne. Gewiß, es gibt Ausnahmen, aber i.d.R. ist das so. Es wundert dann auch nicht, daß von den brahmanisch-idealistisch-religiösen Philosophen und Intellektuellen in der Zeit der europäischen Herrschaft über „Indien" die materielle Produktion als Triebkraft der gesellschaftlichen Entwicklung kaum erkannt wurde (__*wobei in diesem Zusammenhang Nehru eine Ausnahme darstellt, denn dieser hatte das durchaus erkannt*__). Auf diese Weise wird aber die Erkenntnis der sich aus den Produktionsverhältnissen ergebenden Klassenstruktur der Gesellschaft verhindert. Statt dessen besteht der Erklärungsversuch der brahmanisch-idealistisch-religiösen Philosophen darin, die beobachtete soziale Differenzierung im kolonial unterdrückten „Indien" sowie in den imperialistischen Staaten Europas und Amerikas vor allem auf Gruppenbildung, unterschiedliche Einkommensverhältnisse, Geburt, Charaktereigenschaften, „karmische Bedingtheiten" usw. zurückzuführen.

Auf dieser brahmanisch-idealistisch-religiös-philosophischen Basis, die mindestens genauso von westlichen Kulturtraditionen geprägte ist wie von hinduistischen Vorstellungen, abgesehen von den wenigen Ausnahmen islamischer Prägung, kommt es besonders in der Zeit vor der Erringung der nationalen Unabhängigkeit zu nationalistischem Denken, das sich nach der Erringung der nationalen Unabhängigkeit zu einer veritablen nationalistischen Ideologie entwickelt. Denn nun betonen diese Intellektuellen, daß gerade die logische Vereinbarkeit moderner wissenschaftlicher Erkenntnisse mit der traditionellen indischen Philosophie, eigentlich ihrer „brahmanisch-idealistisch-religiösen Philosophie-Richtung", deren Überlegenheit gegenüber philosophischen bzw. religiösen Lehren (__bspw. dem Christentum__) des „Westens" ausmache. In diesem Sinne argumentierten insbesondere Vivekânanda und Tilak.

Bal Gangadhar Tilak (__1856-1920__), Lehrer, indischer Nationalist und Unabhängigkeitsaktivist. Tilak war der erste Führer der indischen Unabhängigkeitsbewegung. Die britischen Kolonialbehörden nannten ihn „Den Vater der indischen Unruhen". Er wurde auch mit dem Titel „Lokmanya" ausgezeichnet, was soviel wie: „vom Volk akzeptierter Führer" bedeutet.[529]

Anmerkung: Bis zu dieser Stelle im Text finden sich die Eckdaten zur bharatavarsischen Philosophie in: *Philosophisches Wörterbuch*, hg. v. Georg Klaus und Manfred Buhr, 14. Auflade des photomechanischen Nachdrucks der 12., durchgesehenen Auflage, Verlag des europäischen Buches, Westberlin, 1987.

Der oben gegebene Hinweis darauf, daß sich aus der idealistisch-religiös-philosophischen Richtung der bharatavarsischen Philosophie das nationalistische Denken der beispielhaft genannten Intellektuellen „Indiens" entwickelt hat, soll hier nicht ohne die Bemerkung bleiben, daß ohne die Einflußnahme des „Westens" und seines von diesen „indischen" Intellektuellen übernommenen juristischen und philosophischen Denkens, aber auch ohne das europäische (__*in Gestalt der Briten eingeführte*__) Ausbildungssystem „Indiens", worauf noch zurückzukommen ist, nicht zu denken ist.

Mîmâmsâ und Vedânta

Kommen wir nun zur bharatavarsische Philosophie im besonderen, die jetzt als „hinduistische Philosophie" bezeichnet werden soll.

---

529 Quelle des Zitats: D. V. Tahmankar, *Lokamany Tilak: Father of Indian Unrest and Maker of Modern India*, 1. Auflage, John Murray, London, 1956; zitiert nach Wikipedia.org, dort der Eintrag: „Bal Gangadhar Tilak". Der zugehörige Link ist am 14. März '20 erneut geprüft worden:
https://en.wikipedia.org/wiki/Bal_Gangadhar_Tilak#cite_note-Lokamany_Tilak:_Father_of_Indian_Unrest_and_Maker_of_Modern_India-6.

Die hinduistische Philosophie ist Ausdruck für die sich gravierend verändert habenden gesellschaftspolitischen Verhältnisse, die zur Umwandlung der Vedischen Gesellschaft geführt hatten. Die hinduistische Philosophie ist demnach eine Nachvedische Philosophie. Das bedeutet, daß ihre Philosophen die mündliche Überlieferung des Vedischen Wissens aus einer — *eben wegen einst sich verändert habender gesellschaftlicher Verhältnisse* — veränderten Perspektive nicht nur interpretierten, sondern auch dem von Vedavyâsa in vier Anteile geteilten Veda schriftliche Texte hinzufügten. Die ältesten von diesen Texten wurden zu Samhitâs (__„Sammlungen"_) zusammengefaßt und dann den *mündlichen Vedas* hinzugefügt. Vom mündlichen Veda und den in Nachvedischer Zeit hinzugefügten Texten wurden auch Kommentare zu diesen „vedischen Texten" geschrieben, die sich mit unterschiedlichen Aussagen dieser „vedischen Texte" befassen und die als Brâhmanas, Âranyakas und Upânishaden bezeichnet werden.

Kann man sagen, daß seit der Teilung des Vedas und seiner schriftlichen Abfassung (__*die nur eine unzureichende sein konnte, da nur etwa zwei Drittel von dem im mündlich gespeicherten Vedischen Wissen verschriftet werden konnte und immer nur als ausschließlich im mündlichen Kontext zu verstehende Ergänzungen der Anteile des Vedas gedacht waren, aber niemals als Ersatz*__), daß das Vedische Wissen _*heute*_ in seiner Originalität rezitiert und gelehrt wird? Immerhin gibt es noch heute Brahmanen, die genau aus dem Grund, daß das eben _*nicht*_ möglich sei, die Verschriftung des originalen, also des mündlichen Vedas ablehnen. Natürlich lassen sich Kommentierungen hinzufügen, aber sie müssen als bloße Kommentierungen, bzw. als bloße „Interpretationen" des Eigentlichen deklariert bleiben, da sich das nur mündlich erschließt. Aber ist nicht durch diese Kommentierungen die Gefahr gegeben, daß, je weiter zeitlich weg, das allein mündlich sich voll erschließende Vedische Wissen einer „Verstehens_*Lenkung*" unterzogen wird? Insbesondere, geschieht dies durch „westliche Indologen"? — Und das ist tatsächlich geschehen, worauf zurückzukommen ist.

Um auf die zu vermutende Komplexität des Vedischen Denkens, von dem man im christlich-monotheistisch geprägten Westen jedenfalls nie etwas gewußt hat (__*hingegen in vorchristlicher Zeit durchaus, wie aus dem, was wir von Megasthênes und Arrian wissen, hervorgeht*[530]__), und im heutigen „Indien", wegen des von den europäischen Intellektuellen zerstörten geschichtlichen Gedächtnisses Bhâratavarshas, die meisten Inder selbst nichts mehr wissen, aufmerksam zu machen, sei an dieser Stelle auf die Komplexität des nachvedischen Denkens, aus dem sich dann das „hinduistische Denken" (__*um der Einfachheit halber den Begriff „Hinduismus" zu verwenden*__) entwickelte, das bspw. in den verschiedenen „hinduistischen" philosophischen Schulen Indiens zum Ausdruck kommt, hingewiesen und etwas eingegangen.

Aus diesen folgenden Hinweisen wird auch deutlich werden, daß weder den Vedischen noch den Nachvedischen Gesellschaftsformationen etwas originär Nationalistisches anzuhaften scheint, es sich beim heutigen „indischen Nationalismus" folglich um einen „induzierten Nationalismus" handelt, der insbesondere durch das spezifisch auf europäische Bedürfnisse zugeschnittene indische Unterrichtssystem sowie die Übertragung des europäischen Nationalstaatssystems auf die indische Gesellschaft (__*beides vom europäischen Denken bestimmt*__) bedingt ist — dann verschärft durch die nationalstaatliche Teilung in zwei staatliche Entitäten: Indien und Pakistan.

> Diese folgenden Hinweise auf die Komplexität des nachvedischen Denkens, in Verbindung mit einigen Bemerkungen zu dem, was die europäischen Intellektuellen, also insbesondere jene, die sich als „Indologen" der ersten Stunde verstanden, tatsächlich interpretierten, nämlich ihre eigenen Phantasiegebilde, dient auch dazu, Ihnen, lieber Leser, gegen Ende dieses Kapitels eine Frage zu stellen ...

---

530 Vgl. *Ancient India as described by Megasthenês and Arrian* being a translation of the fragments of the *Indika* of Megasthenês collected by Dr. Schwanbeck, and of the first part of the *Indika of Arrian* by J.W. McCrindle, MA, principal of the Government College, Patna, member of the General Council of the University of Edinburgh, fellow of the University of Calcutta. With introduction, notes, and map of ancient India. Reprinted (__with additions__) from the "Indian Antiquary", 1876-77. Calcutta: Thacker, Spink & Co; Bombay: Thacker & Co; London: Trübner & Co. 1877.

Wie ich erfahren habe, bedeutet im Sanskrit „Mîmâṃsâ" soviel wie „Reflexion", deshalb lassen sich alle orthodoxen hinduistischen philosophischen Lehrsysteme als Teil der „Mîmâṃsâ" verstehen, bzw. je selbst als „Mîmâṃsâ" bezeichnen, denn die einzelnen orthodoxen hinduistischen Lehrsysteme unterscheiden sich „nur" durch ihre Perspektive auf ihren Untersuchungsgegenstand. Dieser Untersuchungsgegenstand ist der *mündliche Veda* und die ihm nachträglich zugewiesenen Texte sowie die Nachvedischen Schriften, d.h. vor allem die Brâhmanas, die Âranyakas und die Upânishads. Da diese philosophische Reflexion aber mit einer „kritischen Untersuchung" (__*dies eine weitere Übersetzungsmöglichkeit für* „Mîmâṃsâ"__) der Nachvedischen Schriften, bzw. jener Schriften einhergeht, die dem *mündlichen Veda* nach seiner Zerlegung durch die mythische Figur des Vedavyâsas hinzugefügt wurden (__*was übrigens die weiter oben schon bemerkte Manipulation des Vedas stützt*[531]__), sind die thematischen Unterschiede zwischen diesen „Mîmâṃsâs" mitunter groß. Zur Unterscheidung werden die verschiedenen orthodoxen hinduistischen Philosophieschulen entweder mit einem Eigennahmen bezeichnet oder dem Sanskrit-Wort „Mîmâṃsâ" wird ein Begriff vorgesetzt, so daß die thematische Ausrichtung der entsprechenden Schule klar ist, bspw. „Yoga-Mîmâṃsâ", Nyâya-Mîmâṃsâ", „Vedânta-Mîmâṃsâ" usw.; oft wird dann aber „Mîmâṃsâ" weggelassen.

Die vermutlich älteste der orthodoxen „hinduistischen" Philosophieschulen ist jene, die den Namen „Mîmâṃsâ" selbst trägt. (__*Aus der Bezeichnung* „Mîmâṃsâ" *für eine bestimmte der orthodoxen* „hinduistischen" Philosophien kann geschlossen werden, daß es sich dabei in der Tat um die zeitlich erste „orthodox-'hinduistische' Reflexion" handelt. — Laut A. Berriedale Keith ist die Annahme plausible, daß das Mîmâṃsâ-Sûtra zwar nicht nach 200 u.f.Z. datiert, aber ver-

---

[531] Siehe die Seiten 385-416, beginnend mit: „Was die anzunehmende Manipulation des Vedas durch die Nachvedischen Philosophen von der Geschichtsklitterung des 20. Jahrhunderts durch die Intellektuellen des 21. Jahrhunderts trennt".

mutlich auch nicht viel früher verfaßt wurde, da andernfalls anzunehmen wäre, im *Mahâbhârata* einen [__sicheren__] Hinweis auf sie und ihren Autor zu finden.[532]

Wer der Begründer dieser ersten orthodox-„hinduistischen" Philosophie ist, scheint keineswegs klar zu sein, auch wenn meist ein gewisser „Jaimini" genannt wird. Denn A. Berriedale Keith läßt mich wissen, daß als Hauptautorität zwar immer ein gewisser Jaimini zitiert würde, *aber es werden auch andere Namen erwähnt, wie die von Bâdari, Âtreya und Bâdarâyaṇa, die auch in der* Vedânta-Sûtra *vorkommen, und von Lâbukâyana, Aitashâyana, usw. Wer Jaimini war, können wir nicht sagen.* Zwar werde *einem Jaimini die Urheberschaft einer* Shrauta[533] *und einer* Gṛhya-Sûtra[534] *zugeschrieben, und der Name* komme *in Listen zweifelhafter Authentizität in den* Ashvalâyana *und* Shânkhâyana Gṛhya-Sûtras *vor;* auch sei *eine* Jaiminîya Samhitâ *und eine* Jaiminîya Brâhmana *des* Sâma Vedas *erhalten*, tatsächlich erscheine *Jaimini im* Vedânta-Sutra [__das aber später als das Mîmâṃsâ-Sûtra sein soll__] *und oft in späteren Werken.* [__Hierzu merkt Keith in einer Fußnote zusätzlich an, daß [__Jaiminis__] *Tod, verursacht durch einen Elefanten, im* Pañcatantra II, 34 erwähnte werde, *aber nicht im* Tantrâkhyâyika. Und obwohl *der Name ungewöhnlich* sei, würden ihn weder der Grammatiker *Pânini* noch das *Ma-*

[532] Siehe A. Berriedale Keith, *The Heritage of India Series — The Karma-Mîmâṃsâ*, Association Press, London: Oxford University Press, 1921, Seite 7.

[533] *Shrauta* von Sanskrit *shravaṇa* „gehört" oder „vernommen". Eine Shrauta handelt hauptsächlich über das Opfern und den Veda. Hier im Sinne einer Shastra, also einer „Abhandlung", in der bestimmte, in den Veden vorgeschriebene Beobachtungen näher beschrieben und erklärt werden. (__Quelle: https://www.wisdomlib.org/definition/shrauta.__)

[534] Eine *Gṛhya-Sûtra* gibt Anweisungen fürs persönliche Leben. Demnach ist eine *Gṛhya-Sûtra* eine Art Handbuch, das genaue Hinweise auf die häusliche (__„gṛhya" bezieht sich auf den eigenen Haushalt__) bzw. individuelle Lebensführung gibt, die vom Moment der Empfängnis bis zum Tod reichen. (__Quelle: https://www.britannica.com/topic/Grihya-sutra.__)

hâbhâshya[535] erwähnen, *beide würden aber Mîmâṃsakas* {__also Philosophen der Mîmâṃsâ__} *kennen.*[536] [...] Aber es sei bezeichnend, fährt Keith fort, *daß das* Mahâbhârata *zwar möglicherweise um die Existenz der Mîmâṃsâ weiß, sich aber nicht auf Jaimini als einen ihrer Philosophen, sondern lediglich als einen Weisen* beziehe[__Hopkins, *Großes Epos von Indien*, S. 97.__].[537] Zudem würden *weder buddhistische noch Jain-Literatur* Licht auf *seine Persönlichkeit oder seine Lebenszeit* werfen, deshalb könne die Entstehungsperiode *der Sûtra* [__gemeint ist die *Mîmâmsâ-Sûtra*; Anm. des Autors.__] *nur aufgrund eines Vergleichs ihres Inhalts mit denen anderer Werke bestimmt werden.*[538]__)

---

[535] Das *Mahâbhâṣya* (Sanskrit: „großer Kommentar"), das Patañjali zugeschrieben wird, ist ein Kommentar zu ausgewählten Regeln der Sanskrit-Grammatik aus der Abhandlung von Pâṇini, dem *Ashtadhyayi*, sowie Kâtyâyana's *Varttika*, das eine Ausarbeitung der Grammatik von Pâṇini ist. Das *Mahâbhâṣya* wird auf das 2. Jahrhundert v.u.f.Z. datiert. (__Quelle: https://en.wikipedia.org/wiki/Mahābhāṣya.

[536] Was dann aber bedeuten würde, daß die Mîmâṃsâ zeitlich früher anzusetzen wäre als es Keith selbst tut, denn die ungenauen Angaben zur Lebenszeit Pâṇinis variieren immerhin zwischen dem 6. und 4. Jahrhundert v.u.f.Z., denn nach A. Berriedale Keith wäre ja die Annahme plausibel, daß das *Mîmâṃsâ-Sûtra* nicht nach 200 n. Chr. datiere, aber vermutlich auch nicht viel früher geschrieben wurde, da andernfalls ein gesicherter Hinweis auf sie und ihren Autor im *Mahâbhârata* zu finden wäre. (__Vgl. A. Berriedale Keith, *The Heritage of India Series — The Karma-Mîmâṃsâ*, Association Press, London: Oxford University Press, 1921, die Seite 7.__)

[537] Es wird im *Mahâbhârata* berichtet, daß der erwähnte Jaimini einer der fünf Schüler des mythischen Vedavyâsas gewesen sei. (__Siehe *The Mahâbhârata of Krishna-Dvaipâyana Vyâsa*, aus dem originalen Sanskrit-Text in englische Prosa von Kisari Mohan Ganguli übersetzt, Bhârata Press, Calcutta, 1883-1896, Santi Parva [__Buch 12__], Abschnitt CCCXLI, die Seite 144. Von diesem Jaimini ist u.a. auch auf den Seiten 385-416 die Rede, beginnend mit: „Was die anzunehmende Manipulation des Vedas durch die Nachvedischen Philosophen von der Geschichtsklitterung des 20. Jahrhunderts durch die Intellektuellen des 21. Jahrhunderts trennt".

[538] Zitiert nach A. Berriedale Keith, *The Heritage of India Series — The Karma-Mîmâṃsâ*, Association Press, London: Oxford University Press, 1921, die Seiten 4 f.

Zur besseren Unterscheidung von den sich nach und nach oder vielleicht auch teilweise zeitgleich entwickelnden verschiedenen hinduistischen Denkrichtungen, wurde die „Mîmâṃsâ“ dann als „Pûrva-Mîmâṃsâ“ bezeichnet. Da aber, wie ich höre, „pûrva“ soviel wie „früh“ bedeutet, könnte sich „Pûrva-Mîmâṃsâ“ eben darauf beziehen, daß sie die erste „Mîmâmsâ“ ist. Allgemein ist jedoch nur zu hören, daß _*diese*_ Mîmâṃsâ deshalb „Pûrva“ als Namenszusatz trage, da sich deren hinduistische Philosophen vorwiegend mit den frühen Nachvedischen Texten beschäftigten, um die Ursachen für die Schaffung der alten Vedischen Riten zwar philosophisch (__*aber aus hierarchischer Perspektive*__) zu begründen, bzw. diesbezüglich (__*aus hierarchischer Perspektive*__) „offene“ oder „strittige“ Fragen einer „Klärung“ (__*im Sinne der Betrachtung der Welt aus Nachvedischer, bzw. hinduistischer Perspektive*__) zuzuführen.[539]

Es ist aber zu bedenken, daß keineswegs anzunehmen ist, daß die Vedische Gesellschaft auf das Praktizieren von „Riten“ zentriert war. Was hingegen anzunehmen ist, ist, daß die Rishis jenes entdeckt hatten (__*und ihnen nicht* „offenbart“ *wurde*__), das als notwendig dafür erkannt wurde, eine Gesellschaft in mikrokosmisch wie makrokosmisch harmonischer Balance zu halten: das aber aus materialistisch-monistischer Sicht taten (__*Immerhin läßt sich aus den Überresten jener Kultur, die als* „Harâppa-Kultur“ *bezeichnet wird, aber tatsächlich wohl als Relikte der Vedischen Gesellschaftsformation anzusprechen sind, nicht schließen, daß Vedische Gesellschaften* „religiös“, *sondern egalitär strukturiert waren*__), das als „Riten“ Bezeichnete demnach diese „Formeln“ sind, die das ermöglichen sollten. Das Rezitieren dieser „Formeln“ also nicht bedeutete, dies im „gottanrufenden Sinne“ zu vollziehen, so daß das ganze Götter-Brimborium entweder „nachvedischer Spekulation“ entsprungen wäre oder es sich dabei, nicht weniger wahrscheinlich, um ein „europäisches Exportprodukt“ handelte (__*worauf, wie versprochen, weiter unten noch erklärend einzugehen ist*__).

---

[539] Nach allgemeiner Auffassung wären die frühen Nachvedischen Texte die Brâhmanas und die Âranyakas.

Wenn allerdings gesagt wird, daß sich das Arbeitsfeld der Philosophen der „Mîmâṃsâ", die ja als „Mîmâṃsakas" bezeichnet werden, nicht allein auf den *mündlichen Veda*, sondern auch auf diejenigen Schriften erstreckte, die mitunter als „Vedische Schriften" bezeichnet werden, die also als Teil der „Vedischen Literatur" den „Textkörper" eines jeden (__*mündlichen*__) Vedas bilden würden, dessen älteste Schicht Saṃhitâs genannt werden, kann es sich auch dabei nicht um originale Vedische Schriften handeln, denn im originalen Veda ist allein mündlich übertragbares Wissen gespeichert. Das heißt dieser „Vedische Textkörper", ist ein in Nachvedischer (__*oder post-Vedischer*__) Zeit geschaffenes Schriftgut, das folglich aus Nachvedischer (__*oder post-Vedischer*__) Perspektive verfaßt wurde, nämlich aus der Perspektive einer sich hierarchisierenden bzw. hierarchisiert habenden Gesellschaft, an deren prozeßhaften Ende das stand, welches als „Brahmanismus" bzw. „Hinduismus" bezeichnet wird.

Es ist anzunehmen, daß die Abfassung dieses „Vedischen Textkörpers", der Samhitâ (__*wobei jedem Teil des Vedas eine Saṃhitâ zugeordnet wurde*[540]__), zu jener Zeit begann, als die Brâhmanas abgefaßt wurden, denn es sind ja insbesondere diese Schriften, die sich mit den Aussagen des *mündlichen Vedas* beschäftigen.

Wie schon bemerkt, wird (__*insbesondere von* „westlichen Indologen", *bzw. von* „westlich" *geprägten Indern*__) behauptet, daß die mündlichen Aussagen des Vedas in der Nachvedischen Zeit vor allem im „religiösen Sinne" interpretiert wurden: alles soll sich in der Vedischen Gesellschaft um „Rituelles" gedreht haben. Ist das so oder ist das eine nachträglich untergeschobene Behauptung? ... Nicht das an dieser Stelle in Abrede gestellt werden soll, daß in der Vedischen Gesellschaft dem Wort und seiner richtigen Aussprache besondere, ja herausragende Bedeutung beigemessen wurde, da dies schon allein wegen der rein mündlichen Wissensvermittlung anzunehmen ist, denn für eine solche Wissensvermittlung sind eine sauber Aussprache und genaue Betonung entscheidend. Das wird also nicht in Abrede gestellt. Aber es ist die Frage, ob dieses ganze religiöse Brimborium, das

---

[540] Vom *Yajur Veda* gibt es zwei Fassungen.

u.a. in den Brâhmanas und den Âranyakas Thema ist, in der Vedischen Gesellschaft überhaupt eine Rolle gespielt haben kann, wenn es sich um eine egalitäre Gesellschaft handelte und (__*gerade deshalb*__) dem individuellen wie gesellschaftlichen Dharma höchste Bedeutung zugekommen sein muß, da man damals der Ansicht war, daß nur so die Balance zwischen Mikro- und Makrokosmos aufrechtzuerhalten sei.

Bei den Brâhmaṇas und Âraṇyakas, als Teil der sogenannten Vedischen Literatur, handelt es sich um Texte, die philosophische Überlegungen über die praktische Anwendung und den Nutzung der Saṃhitâs widerspiegeln, also über jene Textsammlungen, die als „erster Textkörper" des mündlichen Vedas angesehen werden. Es ist aber zu betonen, daß die so genannte Vedische Literatur post-Vedisch, also alles andere als ursprünglich Vedisch ist.

Die „Vedische Literatur" besteht aus mehreren Textsammlungen, die man als „Interpretationsringe" verstehen kann, die um jeden der vier Teile des Vedas gelegt worden sind. Als „1. Interpretationsring" sind jene Texte zu verstehen, die als Saṃhitâs bezeichnet werden. Zu jedem Teil des Vedas gehört eine Saṃhitâ. Da es vom Yajur Veda zwei Fassungen gibt, gibt es dazu auch zwei entsprechende Saṃhitâs. Die „Brâhmanas", „Âraṇyakas" und die Upânishads sind als weitere „Interpretationsringe" der vier Teile des Vedas zu verstehen.

Tatsächlich verhält es sich aber so, daß alle „Interpretationsringe" erst in Nachvedischer Zeit konstruiert worden sind. Das bedeutet, die Texte dieser „Interpretationsringe" bestimmen, wie der mündliche Veda zu interpretieren ist. Deshalb ist die Bezeichnung „Vedische Literatur" irreführend. Die Bezeichnung _*dieser*_ Literatur müßte also eigentlich: „Literatur zu den vier Teilen des mündlichen Vedas aus Nachvedischer Perspektive" lauten. Denn allein eine Literatur, die aus Vedischer Perspektive verfaßt worden wäre, könnte die Bezeichnung „Vedische Literatur" verdienen. Immerhin ist es so, daß das in Vedischer Zeit von den Rishis gesammelte Wissen selbst als „Interpretation" des damals Wahrgenommenen und für die Aufrechterhaltung der Balance zwischen Mikrokosmos und Makrokosmos als notwendig Erkannten zu verstehen ist. Diese „Interpretation" (__*dieses gewonnene Wissen*__) speicherten sie dann in einem „mündlichen Corpus", den sie als „Veda" bezeichneten. (__*Die Rishis, die* „grenzsehenden Wissenschaftler", *sind übrigens typisch für die Vedische Zeit, weshalb auch die Verwendung des Begriffs*

„Rishi" *für* einen „Weisen" *der Nachvedischen Zeit unzulässig ist.*__)

Also könnte dieser „mündliche Corpus" seine Erklärung lediglich in Schriften finden, die selbst aus Vedischer Perspektive verfaßt worden wären. Schriftliche Abfassungen, das von den Rishis gesammelte mündliche Wissen zu erklären, hat man aber in Vedischer Zeit bewußt vermieden. Das bedeutet, daß es sich bei den wie „Ringe" um jeden Teil des Vedas gelegt wordenen Text-Sammlungen nicht um Erklärungen des Vedischen Wissens handeln kann, sondern allein um Interpretationen dieses Wissens. Diese „Interpretationsringe" haben dann aber normierenden Charakter gewonnen, nämlich den originalen Veda lediglich im Sinne ihrer Textsammlungen (__Saṃhitâs, Brâhmanas, Âraṇyakas, Upânishads__) zu verstehen, obwohl sie doch nur das Ergebnis eines aus Nachvedischer Zeit erfolgten Interpretierens sind.

Daher stellt sich die Frage: Wenn sich die Vedische Literatur mit der mündlichen Tradition des Vedas aus der Perspektive einer hierarchischen Gesellschaftsformation (__*der „hinduistischen" Gesellschaft mit ihrer brahmanischen Elite*__) befaßt, wie könnte sie dann die Vedische Gesellschaftsformation (__*die eine egalitäre Gesellschaftsformation war, worauf noch zurückzukommen ist*__) und ihre mündliche Wissensvermittlung richtig interpretieren, beziehungsweise überhaupt richtig interpretieren wollen? Oder anders gefragt: Diente die in der post-Vedischen Gesellschaft geführte Diskussion — *und die daraus resultierende Vedische Literatur* — der Stabilisierung der sich gerade etabliert habenden post-Vedischen Gesellschaft und der — *daraus resultierenden* — Zielsetzung, das Vedische Wissen zu korrumpieren? Immerhin könnte die Elite einer sich hierarchisiert habenden Gesellschaft nichts mit der Funktionsweise einer egalitären Gesellschaft anfangen — und die Masse der Bevölkerung sollte darum erst gar nichts wissen. Denn was bedeutete es, wenn die Menschen kollektiv erkennen würden, daß es einst eine blühende egalitäre Gesellschaft gegeben hatte, sie selbst aber Insassen einer hierarchisiert strukturierten Gesellschaft wären? Und ist auch hier der Einfluß der „westlichen Indologen" erkennbar? Immerhin gelten diese als diejenigen, die den heutigen Indern die Geschichte Bhâratavarshas (__*aus ausschließlich christlich-monotheistischer bzw. phantasierter Perspektive!*__) wiederentdeckt haben sollen …

Bezogen auf die Vedische Gesellschaft sollte unterstrichen werden, daß bisher keine städtischen Anlagen oder Gebäude gefunden wurden, die darauf schließen lassen, daß es in der Vedischen Gesellschaft „exklusive" Gebäudekomplexe gab, ob nun Paläste oder Tempel betreffend. Man erklärt das damit, daß, neben dem im Veda gespeicherten (__*der mündlichen Vermittlung dienenden*__) Wissen (__*um das auch heute noch einige wenige Brahmanen wissen*__), bisher überhaupt keine Überreste der Vedischen Gesellschaft gefunden worden seien. Nun, werden die Scheuklappen abgelegt, könnte sich herausstellen, daß die Bauweise jener Kultur, die man einfach _*mal eben*_ als „Harâppa-Kultur" bezeichnet, da die Fundstätte sich in der Nähe einer heutigen Stadt befindet, die Harâppa heißt, und die auszuweisen scheint, daß die „Industal-Kultur", die nach „westlicher Auffassung" zwischen 2600 und 1900 v.u.f.Z. blühte, d.h. auch weit früher schon geblüht haben kann, eigentlich nur sinnvoll mit der Vedischen Gesellschaft in Verbindung zu bringen ist. Das würde dann, u.a., bedeuten, daß die Vedische Gesellschaftsformationen weit älter wäre als von den europäischen „Indologen" behauptet. (__*Auf deren Behauptungen ist weiter unten zurückzukommen.*__)

Die „Pûrva-Mîmâṃsâ" wird auch als „Karma-Mîmâṃsâ" bezeichnet, da die Reflexionen über diese alten Schriften aus einer Perspektive angestellt werden, die den Dharma (__das „richtige Verhalten"__), in den Fokus nehmen. Da die Mîmâṃsakas der Ansicht waren, daß dazu das Verständnis von der richtigen Ausführung ritueller Handlungen gehört, so bspw. die Erzeugung bestimmter artikulierter Töne (__*das richtige Aussprechen bestimmter Worte*__), interessierten sie sich vor allem für jene Schriften, die Vedische Riten (__*die anzunehmenderweise aber keine* „religiösen Riten" *waren*__) Betreffendes beinhalten.

Mit der Inblicknahme des Dharmas dürften die hinduistischen Mîmâṃsakas dem „Vedischen Denken" allerdings noch am nächsten kommen, denn es ging in der egalitären Vedischen Gesellschaftsformation in der Tat darum, auf das eigene Verhalten zu achten: individuell wie gesamtgesellschaftlich, also dem Dharma (__der „mikrokosmischen wie makrokosmischen Ordnung"__) gemäß zu handeln, da

— *wird dies zur Grundlage des Denkens gemacht* — „falsches Handeln" Auswirkungen auf den Mikro- und den Makrokosmos hat. Die Suche nach diesem Wissen (__das „Wissen um den „Dharma"__) war ja einst in der Vedischen Gesellschaft die Begründung dafür gewesen, daß die Rishis dieses Wissen erforschen sollten. Aber, und das muß unterstrichen werden: auch die Mîmâṃsakas stellten ihre Reflexionen aus einer sich hierarchisiert habenden Gesellschaft an, d.h. sie taten es aus brahmanischer Perspektive, nicht mehr aus der egalitären Perspektive der Vedischen Gesellschaft. (__*Wenn es so ist, daß, wie gesagt, das Vedische über eine Wissenstradition verfügt, die nur mündlich vermittelt werden konnte, können die Textabfassungen lediglich einen Teil dieses mündlich vermittelten Wissens enthalten, da etwa ein Drittel der mündlichen Ausdrucksfähigkeit nicht in Schriftzeichen zu fassen ist.*[541] *Hinzu kommt, daß diese den Veda interpretierenden Texte erst nachträglich abgefaßt wurden. Inwiefern das dann* _nicht_ *mit bewußten oder unbewußten Manipulationen einhergegangen ist, ist keine müßige Spekulation, sondern jedem anempfohlen zu bedenken, der als* „Vedisch" *bezeichnete Texte sowie Nachvedische Schriften wie die Brâhmanas und Upânishaden oder das Mahâbhârata, das die Geschichte „Bhâratavarshas" aus Nachvedischer Sicht erzählt, untersuchen oder gar* „vergleichen" *will.*[542]__)

Nun, ich nehme schon an, daß die Philosophen der *Pûrva-Mîmâmsâ*, bzw. der *Karma-Mîmâmsâ* nicht nur über die volle mündliche Tradition des Vedischen Wissens verfügten und sie ihre Aufgabe darin sahen, die sogenannt frühen Nachvedischen Texte ihres Forschungsgegenstandes (__bspw. die Brâhmanas und die Âranyakas__), nämlich die sogenannten Vedischen Riten betreffend, auf die Korrektheit des schriftlich Abfaßbaren der diese „Riten" betreffenden

---

[541] Siehe Prodosh Aich, « Das Vedische Erbe » — *Nachdenken über systematisch verdeckt gehaltene WAHRHEITEN*. Unter anderem ist aus diesem Buch noch zu zitieren, bevor Ihnen die weiter oben schon versprochene Frage zu stellen ist (__vgl. die diesbezügliche Bemerkung auf der Seite 423__).

[542] Vgl. weiter oben die Bemerkung auf der Seite 409, beginnend mit: „Wenn aber gesagt wird, daß der Veda von Vyâsa in vier Teile zerlegt wurde".

(__*mündlichen*__) Vedischen Tradition hin untersuchten. Allerdings, es ist zu wiederholen: sie stellten ihre Untersuchungen nicht mehr aus der „Vedischen Perspektive" an, sondern aus einer, die später dann zur „hinduistischen Perspektive" wurde: sie waren die Intellektuellen der sich etablierenden oder etabliert habenden hierarchischen Nachvedischen Gesellschaft. Also kann ihr Interpretieren nur ein „prähinduistisches" bzw. „hinduistisches" gewesen sein. Schon allein durch diese Perspektivveränderung kann es zu einer (__*gar nicht gewollten*__) Verfälschung des ursprünglichen Vedischen Wissens gekommen sein. Aber es ist auch nicht auszuschließen, daß eine Manipulation oder ein eigenes nicht zureichendes Verstehen des mündlich Tradierten — *später des ersten davon tatsächlich schriftlich Abgefaßten* — erfolgte, und zwar mit der Zielsetzung, gewisse „Ungereimtheiten" zu „glätten", die durch das „Redigieren" des ursprünglichen Vedas entstanden waren, bzw. die diesen ursprünglich mündlichen Teil durch Verschriftung „einzuhegen" und — bspw. mit Aussagen im *Mahâbhârata* — „abzustimmen" gedachten.

Das heißt, selbst wenn sie ihre Hauptaufgabe darin gesehen haben sollten, bzw. heute weiterhin sehen, sozusagen die lebenden „Ergänzer" des einst schriftlich Abgefaßten der mündlichen Tradition des Vedischen Wissens zu sein und diese einst zum mündlichen Veda abgefaßten Schriften auf ihre „Güte" hin zu kontrollieren, bzw. ob diese alten Schriften den mündlichen Veda richtig und wie, also aus welchen philosophischen Überlegungen heraus, interpretierten, können sie es doch nur aus ihrer veränderten (__*prähinduistischen bzw. hinduistischen*__) Perspektive getan haben, nicht mehr aus der ursprünglichen „Vedischen Perspektive", die sich aus den Verhältnissen der Vedischen Gesellschaft ergab und die es war, die die Rishis einst veranlaßte, das Vedische Wissen poetisiert in der Vedischen Sprache, die, wie gesagt, eine rein mündliche war, auszudrücken.

Daß die mündliche Überlieferung weit besser ist als eine schriftliche, auch was die Manipulationsmöglichkeiten anbelangt, vorausgesetzt, es gibt nicht nur „einen" mündlichen Überlieferer, sondern daß (__*möglichst*__) die ganze Gesellschaft um das mündlich überlieferte Wissen weiß (__*wie es zur Zeit der Vedischen Gesellschaft wohl noch* *der Fall war: die Rishis waren keine Priesterkaste, sondern integrierter Teil der Vedischen Gesellschaft, worauf weiter unten zurückzukommen ist*__), dürfte einleuchten, denn so wird eine Korrektur eines nicht korrekt Mitgeteilten solchen Wissens unmittelbar möglich: dies wird dadurch erleichtert, daß man das ganze Wissen in Verse mit genau festgelegten Versmaßen (__*chandas*__) abfaßt.

In Vedischer Zeit scheint es so gewesen zu sein, daß es zwar „vier Hauptabteilungen" der Gesellschaft gab, allerdings nicht im Sinne von „Kasten", und dies deshalb auch nicht bedeutete, daß Wissen zurückzuhalten wurde. Im Gegenteil: das von den Rishis „wahrgenommene" Wissen wurde der ganzen Gesellschaft zur Verfügung gestellt. Und das war schon allein deshalb notwendig, da jedes Individuum mit der Verfolgung seines Dharmas dazu betrug, das die Balance zwischen Mikrokosmos und Makrokosmos aufrechtzuerhalten war. Deshalb konnte die Vedische Gesellschaft nur eine egalitäre sein. Das ist auch daran erkennbar, daß in Vedischer Zeit die Nennung der Autorenschaft keine Rolle spielte: die Rishis, die als geistige Arbeiter der Vedischen Gesellschaft verstanden werden können, waren voll integrierter Teil der Gesellschaft. Im Gegensatz dazu waren die Wissenden der Nachvedischen Zeit keine Rishis mehr, sondern Gelehrte. _*Diese*_ Gelehrten (__die Brahmanen__) vertraten eine bestimmte Richtung: und damit auch eine bestimmte gesellschaftspolitische Strömung, und eigene Interessen. Die dominante gesellschaftliche Strömung bestimmte aber, ob sie als Autorität galten. — Das ist nichts Besonderes, und deshalb gilt das für die heutigen lobbykratischen Gesellschaften nicht anders. Und so stellt sich die (__*rhetorische*__) Frage: auf welcher Seite mag die Masse der Intellektuellen einer nicht mehr egalitären Gesellschaft stehen … bspw. der heutigen lobbykratischen Gesellschaft?

Wie schon gesagt, die Mîmâmsâ wird auch als *Pûrva-Mîmâmsâ* bezeichnet. Aber eben wegen der besonderen Beschäftigung ihrer Philosophen mit solchen Vedischen Texten, deren Thema vor allem „Rituelles", bzw. „Riten" Betreffendes ist, wird diese Richtung der hinduistischen Philosophie auch als *Karma-Mîmâmsâ* bezeichnet. Denn das menschliche Tun sollte dem *Dharma* entsprechen, damit das Unvollkommene aus der Welt zu schaffen ist, das durch menschliches Fehlverhalten verursacht ist und „karmisch" nachwirkt, bis sich alle

Menschen ihrem *Dharma* entsprechend „richtig" verhalten. Und ist auch davon auszugehen, daß die Philosophen der *Karma-Mîmâmsâ* schon hierarchisch strukturiert dachten, wird an ihrem Aufgreifen des in der Vedischen Gesellschaft als entscheidend erkannten Wissens: des Dharmas, erkennbar, daß sie, so wie die Vedischen Menschen, nicht meinten, daß die Menschen von einem Gott erlöst würden, sondern davon überzeugt waren, daß es von ihnen selbst abhinge, ob „Erlösung" möglich würde oder nicht. Denn die zentrale Idee der Mîmâmsâ-Philosophie, die sich wahrscheinlich erst nach der endgültigen Schaffung des *Mahâbhâratas*[543] entwickelte, und um 200 u.f.Z. mit der Abfassung des Mîmâmsâ-Sûtras tatsächlich etabliert war[544], ist es, den Dharma des Mikrokosmos zu kennen (__*also den eigenen Dharma und den der ganzen Gesellschaft*__), da anders das Gleichgewicht zwischen Makrokosmos (__*Universum*__) und Mikrokosmos (__*Gesellschaft bzw. Individuum*__) nicht wieder herzustellen ist. — Zu diesem Zweck wurden Dharma-Sûtras und Dharma-Shâstras geschaffen. ... [545]

Der Begriff „Mîmâṃsaka" (__„Mimamsaka" oder „Mîmâṃsaka", auch „Mîmâṃsakaḥ"__) wird allgemein auf jemanden angewendet, der etwas „untersucht" oder nach etwas „fragt", bzw. der etwas „ermittelt" oder „prüft"; bspw. ob Texte einen Sachverhalt korrekt wiedergeben, der in einem anderen Text bereits abgefaßt wurde oder zu dem es bisher allein eine mündliche Überlieferung gibt, deren Aussage als einzig gültig angesehen wird, wie es beim *mündlichen Veda* der Fall ist. Aber der Begriff „Mîmâṃsaka" wird insbesondere zur Bezeichnung eines Anhängers des, es sei wiederholt, wahrscheinlich äl-

---

[543] Siehe die Seiten 424-27, beginnend mit „Die vermutlich älteste der orthodoxen 'hinduistischen' Philosophieschulen"; aber auch auf der Seite 426 die Anmerkung in der Fußnote 536.

[544] Vgl. A. Berriedale Keith, *The Heritage of India Series — The Karma-Mîmâmsâ*; Association Press, London: Oxford University Press, London, 1921, die Seite 7.

[545] Zum Begriff „Shâstras", siehe die Seite 390.

testen philosophischen Systems des „Hinduismus'": der *Pûrva-Mîmâṃsâ* bzw. die *Karma-Mîmâṃsâ* verwendet.[546]

Vedânta oder Uttara Mîmâmsâ

Nach allgemeiner Auffassung bedeutet „Uttara Mîmâṃsâ" „Studium der späten Schriften". Damit sind diejenigen Nachvedischen Schriften gemeint, die zur Gattung der Upânishaden gehören, denn „uttara" soll soviel wie „spät" bedeuten. Demnach würde die „Uttara Mîmâṃsâ" (__*oder* „Vedânta-Mîmâṃsâ", „Brahmâ-Mîmâṃsâ"__) am anderen Ende der hinduistischen Schulen stehen, was auch vielfach so angenommen wird. Genau dies wird jedoch bestritten, bzw. man kann lesen, daß die Pûrva-Mîmâmsâ und die Uttara-Mîmâṃsâ zwei Seiten derselben Medaille wären, was für mich persönlich Sinn macht: „[...] der Kommentator (Vṛttikâra) [die erste Sûtra des Brahmâ-Sûtras kommentierend], sagt: 'Sobald die Rituale meisterlich beherrscht werden, ist das Brâhman zu erforschen'. Er wird später erklären, daß die Karma-Mîmâṃsâ und die Brahmâ-Mîmâṃsâ [__also die Vedânta-Mîmâṃsâ; Anm.d.A.__] zusammen einen Lehrkörper (Shâstra) bilden: 'Diese Shârîraka (d.h. das Brahmâ-Sûtra) ist mit sechzehn Kapiteln der Jaimini-Schule [__der Mîmâṃsâ; Anm.d.A.__] verknüpft. Es steht also fest, daß [die beiden] einen einzigen Lehrkörper bilden. [...]"[547]

Vedânta bedeutet: „den Veden angehängte Schriften".

Wenn von „Upânishad" die Rede ist, handelt es sich philosophiesystemisch um die „Vedânta", wobei damit ursprünglich allein jene Schriften

---

[546] Quelle: *The practical Sanskrit-English dictionary* [__https://dsalsrv04.uchicago.edu/dictionaries/apte/__], dort muß der Begriff wie folgt in die Suchmaske eingegeben werden: „mīmāṃsakḥ".

[547] Siehe Hajime Nakamura, *A History of Early Vedânta Philosophy*, Part 2, Motilal Banarsidass, Delhi, 1999, die Seite 62. Übersetzung des Autors.

gemeint waren, die als „frühe upânishadische Schriften" gelten: genannt werden dann oft schon allein deshalb die *Chândogya Upânishad* und *die Bṛhadâraṇyaka Upânishad*, da sich europäische Philosophen insbesondere mit diesen beiden beschäftigt haben sollen, so bspw. Arthur Schopenhauer.

Ob europäische Philosophen das überhaupt konnten, interessiert offenbar niemanden, da sie ja „Indogermanen" sind, die bekannterweise zu den „Kulturbringern" gehören. Oder handelt es sich bei diesen Intellektuellen doch bloß um jene, die den Schleier vor die auf Raub und Indoktrination ausseienden „westlichen Kolonisationsbestrebungen" halten? Diese Frage ist deshalb berechtigt, da das von diesen üblicherweise praktiziert wurde *_und_* wird.

Von einer Übersetzung eines Sanskrit-Textes ins Persische ausgehend, von der er nicht wissen konnte, ob diese gut oder schlecht war, da er das Sanskrit nicht beherrschte, fragte sich Arthur Schopenhauer (__1788-1860__) nicht, ob es nicht fragwürdig sei, einen davon ins Lateinische übersetzten Text als Grundlage für seine Reflexionen über ein Wissen zu nehmen, das ursprünglich aus der Perspektive der egalitären Vedischen Gesellschaft durch Reflexion und Überlegung „gefunden" und gesammelt worden war und das dann — *nun aus der Perspektive einer hierarchischen Gesellschaft* — von hinduistischen Philosophen reflektiert und interpretiert wurde und *_dann_* erst die Grundlage für die in der Vedânta zusammengefaßten Schriften bildete. Ganz im Gegenteil, denn es „beflügelte" seine „upânishadischen Studien", einen ins Lateinische übersetzten Text, der ein ins Persische übersetzter Sanskrit-Text war, von dem der Übersetzer ins Lateinische nicht wissen konnte, ob seine persische Übersetzung, die seine einzige Übersetzungsgrundlage war, gut oder schlecht war, zu lesen. Vielleicht fand Schopenhauer seine „Methode", sich philosophisch mit einem ihm an sich unbekannten Thema zu beschäftigen, deshalb nicht fragwürdig, oder kam ihm erst gar nicht in den Sinn, da diese „Methode" allgemein üblich war? Was wäre aber zu schließen, wenn man zu dem Schluß käme, daß eine solche „Methode“, als nicht geeignet bezeichnet werden müßte, wissenschaftlich bzw. philosophisch zu arbeiten, wenn diese „Methode“ in Europa weitgeübt, also — *wenn auch nur inoffiziell, denn davon ließ man nichts verlauten* — anerkannt, gewesen wäre?

Von wem wurden die „upânishadischen Studien“ Schopenhauers inspiriert?

Von Julius von Klaproth (__1783–1835__) jedenfalls nicht, da der das Sanskrit nicht konnte. Klaproth hat sich zwar andere Sprachen autodidaktisch angeeignet, aber wie gut, läßt sich nicht sagen, da das, was man heute dazu lesen kann, zumindest ähnlich fragwürdig ist, wie jenes, das einem zu Pseudowissenschaftlern wie Friedrich Maximilian Müller erzählt wird. Von diesem Max Müller ist noch zu sprechen.

Klaproth ist übrigens derjenige, der mit 19 Jahren das „Asiatische Magazin“ herausgegeben hat. Darin konnte Schopenhauer aber auch nichts gefunden haben, was ihm echten Aufschluß über das Sanskrit hätte verschaffen können. Das wäre aber eine Vorbedingung dafür gewesen, etwas über jenes wissenschaftlich, bzw. philosophisch auszusagen, über das dann Schopenhauer „Reflexionen“ anstellte und _*so*_ eigene Aussagen „stützte“: den Veda.

Was Schopenhauer von Klaproth hingegen gelernt haben kann, ist das, was mit dessen gebasteltem Begriff „Indogermanen“ zusammenhängt. Immerhin diente diese Phantasieschöpfung dazu, „aus der angeblichen Sprachverwandtschaft“ zwischen den sich aus vielen verschiedenen Elementen zusammensetzenden Bevölkerungen Indiens und den sich aus vielen verschiedenen Elementen zusammensetzenden Bevölkerungen Europas eine „Stammesverwandtschaft“ stricken zu können: selbstverständlich nach „wissenschaftlichem Strickmuster“, und deshalb waren die „Semiten“ von dieser „Verwandtschaft“ grundsätzlich ausgeschlossen.[548] — _*Das*_ ist jenes, welches Schopenhauer

[548] Vgl. Prodosh Aich, *Lügen mit langen Beinen*, die Seite 339.

von „Indologen“ wie Klaproth und William Jones hat „lernen“ können.

Es war Karl Friedrich Christian Krause (__1781-1832__) der Schopenhauer auf das „Oupnek'hat“ Anquetil-Duperrons (__1731-1805__) aufmerksam machte. Wenn aber Anquetil-Duperron zwar Parsisch, das Persisch der Parsen in Indien, aber kein Sanskrit konnte, das er zwar unbedingt erlernen wollte, sich dazu aber keine Gelegenheit während seines Aufenthalts in Indien von 1750-1761 fand? Das heißt wenn Anquetil-Duperron zwar eine persische Version eines upânishadischen Textes ins Lateinische übersetzt hat, die den Namen *Oupnek'hat* trägt, konnte er nicht wissen, ob es sich dabei um eine gute oder schlechte Übersetzung eines Sanskrit-Textes ins Persische gehandelt hat, da, wie gesagt, Anquetil-Duperron selbst kein Sanskrit beherrschte. Und ob er so gut Persisch konnte, daß durch seine Übersetzung ins Lateinische einer persischen Übersetzung eines Sanskrit-Textes sich der ursprüngliche Text im Sinne eigener Denkgewohnheiten veränderte, sozusagen „europäisierte“, kann man zwar nicht wissen, ist aber eher wahrscheinlich als daß das auszuschließen wäre. Und das Lesen dieser Lateinischen Übersetzung eines persischen Textes der eine Übersetzung aus dem Sanskrit ist, soll dann nicht nur Schopenhauers „upânishadische Studien' 'beflügelt'“ haben, sondern dieses Buch, das „Oupnek'hat“ Anquetil-Duperrons, begleitete ihn sein ganzen Leben lang, und in seinem Hauptwerk: „Die Welt als Wille und Vorstellung“ bezieht sich Schopenhauer mehrmals auf dieses Buch: u.a. auf den Veda, wobei er dafür Gewährsleute wie einen William Jones zu seiner „freien Verfügung“ hat: zur Bildung seiner eigenen Phantasieprodukte? Was aber könnte ihn dabei beflügelt haben? Denn auszuschließen ist nicht, daß Schopenhauer alles mögliche gelesen haben mag, nur keinen originalen upânishadischen Text! — Ja, das ist Spekulation, aber weit weniger Spekulation als bspw. jene, daß Anquetil-Duperron einen Text korrekt ins Lateinische übersetzt hat, von dem alle annehmen, daß es sich dabei um einen upânishadischen handelte, wenn, es sei wiederholt, Anquetil-Duperron selbst kein Sanskrit konnte, also nicht beurteilen konnte, ob die persische Übersetzung eines Sanskrit-Textes adäquat war oder nicht!

Die Absurdität dessen, welches man als „Kolonialismus-Wissenschaft" bezeichnen kann und das dann zur „westlichen Wissenschaft" wurde, die sogenannten „Geisteswissenschaften" und „Ökonomik" betreffend, wird vielleicht in folgender Passage auf besondere Weise deutlich?

Der Zweck dieses Magazins: *Asiatisches Magazin — Verfaßt von einer Gesellschaft Gelehrten* und herausgegeben von Julius Klaproth[549]? Nun, durch Übersetzungen poetischer, mythologischer, archäologischer, philosophischer, geschichtlicher, geographischer und naturgeschichtlicher Schriften, dem Leser dieses Magazins „Nachrichten und Beobachtungen über den Charakter, die Sitten und Gebräuche der asiatischen Völkerschaften" mitzuteilen. Dazu dienten als Quellen teils „schriftliche Denkmäler der Asiaten, theils, und vornehmlich wo diese fehlen, in Reisebeschreibungen". Auf welchem „Niveau" damals „geforscht" wurde, wird schnell deutlich, wenn man in der Einleitung zu diesem „Magazin" u.a. folgendes liest: „[...] erst in unserer Zeit führten die Verbindungen der Europäer mit Indien eine neue und glänzende Epoche für die persische Sprache herbei. [__Randbemerkung: Kein Wort zum europäischen Kolonialismus; das ist typisch für intellektuelle Prostituierte; Anm.d.A.__] Und gewiß wird die Ausbreitung ihres Studiums nicht ohne wichtige Bereicherungen unserer Kenntnisse sein. Wieviel bereits durch *W. Jones* geleistet worden, ist niemanden [__sic!__] unbekannt, der die Wissenschaften liebt. Er war nicht nur der erste, der uns mit der schönen Literatur der Perser genau [__sic!__] bekannt machte, sondern er erwarb sich noch viel größere Verdienste [__sic!__] um das Studium des gesamten Orients, durch die Stiftung der asiatischen Gesellschaft in Calcutta [__*Asiatick Society of Bengal*; genauso einst geschrieben; Prodosh Aich nennt sie treffend: die „erste Fabrik für Fälschung und Gehirnwäsche"; Anm.d.A.__] [...] Die Indischen Sprachen haben [...] mehrere Liebhaber gefunden, deren Arbeiten uns hinlänglich [__sic!__] in den Stand versetzen, die Wichtigkeit ihrer Litteratur einzusehen [__sic!__].

---

549 Verlag des Industrie-Comptoirs, Weimar, 1802.

Wer kennt die Sakontala nicht?" Auf der Seite 8 dieser Einleitung gibt Klaproth u.a. an, was in diesem „Magazin" aus welchen Sprachen zum besten gegeben wird: „Die zu liefernden Aufsätze zerfallen [...] in zwei Haupttheile, in *Auszüge und Uebersetzungen* Arabischer, Persischer, Türkischer und Chinesischer Schriftsteller, und in *eigene Ausarbeitungen* der Herren Mitarbeiter, verbunden mit Uebersetzungen und Auszügen der wichtigsten und kostbarsten Werke des Auslandes."[550]

Nun, das ist eigentlich alles zum Lachen, denn es handelt sich dabei um die Aussagen eines offenbar unbewußten Realsatirikers, wie es die heute im lobbykratischen Zeitalters auch zu Hauf gibt, was darauf schließen läßt, daß es eine ungebrochene Kontinuität zwischen den heutigen Ideologen des lobbykratischen Zeitalters und den europäischen intellektuellen Prostituierten des 18. bzw. 19. Jahrhunderts gibt. Denn wenn Klaproth mit völliger Selbstverständlichkeit, und so, als sei er auf vertrautem wissenschaftlichen Pfad, von einem „W. Jones" spricht, meint er damit William Jones, der, sieht man jetzt von Roberto di Nobili ab, derjenige Scharlatan ist, der der Vorläufer des anderen großen Scharlatans auf dem Gebiet der „Schwindelwissenschaft 'Indologie'" ist: Friedrich Maximilian Müller. Weder Jones noch Müller, und u.a. auch nicht Klaproth, konnten tatsächlich das Sanskrit! Vor diesem Hintergrund wird auch die Bemerkung Klaproths zur Farce: „Wer kennt die Sakontala nicht?" Die „Sakontala"? Klaproth meint vielleicht die „Sakontalâ" oder besser: die „Shakuntalâ", die einem Kâlidâsa zugeschrieben wird? Die „Shakuntalâ" kann er aber nicht gekannt haben, so wie all die anderen, die, hörten sie: „Wer kennt die Sakontala nicht?", gewiß heftigst nickten: schon allein, sich nicht zu blamieren: „Arier" sind ja, da die „Kulturbringer" der Welt, von Natur aus „kultiviert", oder etwa nicht? ... sondern eben bloß, das, was daraus in Europa gemacht wurde: ein „romantisches Stück". Und insofern ist es wohl richtig, die unbekannte „Shakuntalâ" als „Sakontala" zu bezeichnen, obwohl in England wenigstens ein Ak-

---

550 Die hier zitierten Stellen finden sich in Band 1 des oben genannten „Magazins", dort die Seiten 3-8.

zent auf das letzte „a" gesetzt wurde: das ist aber schon alles. Wie dem auch sei, dieses in Europa ungekannte „indische Schauspiel", das in Deutschland 1802 (__*unbekannt*__) gekannt sein konnte, war eine Prosaübertragung aus dem Englischen von George Forster, die 1791 veröffentlicht wurde. Später, 1820, kam noch eine von Christoph Wilhelm Leonhard Gerhard (__1780-1858__) geschaffene Versform der englischen Übersetzung ins Deutsche hinzu. Das von Franz Schubert 1820 geschaffene Opernfragment „Sakuntala" fußt gewiß auf der Forsterschen Prosaübertragung und vielleicht auch auf der Gerhardschen Versmaßbearbeitung, die ihn möglicherweise sogar veranlaßte, seine Oper bloß Fragment bleiben zu lassen.

Zu der „europäischen Schöpfung 'Sako/u/ntala/â'"
ist Aufschlußreiches anzumerken

Franz Schuberts (__1797-1828__) Opernfragment „Sakuntala", das als Oper in 3 Akten geplant war, wozu er aber nur Entwürfe zum ersten und zweiten Akt schuf, und dessen Libretto von Johann Philipp Neumann (__1774-1849__) stammt, geht auf die Übersetzung eines Werkes zurück, das einem Kâlidâsa zugesprochen wird. Das heißt es wird erzählt, daß dieser Kâlidâsa (__*was soviel wie* „Diener der Kali" *bedeuten soll*__) ein angesehener klassischer Sanskrit-Schriftsteller gewesen sei, und obwohl er historisch nicht faßbar ist, weiß heute die ganze Welt, daß er der größte Dichter und Dramatiker des klassischen Sanskrits war. Und obwohl historisch nicht faßbar, wird Kâlidâsas Schaffensperiode meist mit dem 4. Jahrhundert u.f.Z. angegeben. Allein „lebendig" wird Kâlidâsa durch Legenden. Und lebt er deshalb durch seine ihm zugesprochenen Werke, wie eben die „Shakuntalâ"[551], fort, um den Märchen der „indogermanischen Erzähler" das so geliebte „romantische Kolorit" zu geben?

[551] Meines Wissens kann „Shakuntalâ" latinisiert auch „Śakuntalâ" oder „Śâkuntala" geschrieben werden; zu sprechen ist dieser Name jedenfalls entweder: „schakuntalâ" oder: „schâkuntala".

Dieses Schubertsche Opernfragment ist auf Oktober 1820 datiert (__*erstmals aufgeführt wurde es aber anläßlich der Wiener Festwochen 1971*[552]__).

Aber was war die Vorlage, die Schubert und Neumann verwendeten, wenn ich davon ausgehe, daß Schubert nicht allein das Libretto von Neumann als Vorlage genügte? Oder genügte ihm das doch? Nun, diese zweite Frage ist zwar nicht entscheidend, und ist wahrscheinlich auch nicht mehr zu klären, ist aber berechtigterweise dennoch zu stellen. Warum? Nun, da alles aus dieser Zeit der „direkten Vorphase der Entstehung der 'Indogermanen' und ihres 'arischen Mythos'" zu hinterfragen ist! Immerhin ist daran _*alles*_ phantasiertes Zeug mit ekelhaften Konsequenzen!

Also, was könnte die Vorlage gewesen sein, die zumindest Neumann verwendete? Im „Thematischen Verzeichnis" der Schubertschen Werke „in chronologischer Folge" von Otto Erich Deutsch, das 1978 im Bärenreiter-Verlag, Kassel, erschienen ist, kann man zu diesem Opernfragment auf der Seite 413 u.a. folgendes lesen: „[...] Der Stoff [...] geht auf ein Drama des Inders Kalidasa [...] zurück, welches Sir William Jones aus dem Sanskrit ins Englische übersetzt hat (erschienen 1789). Frühe deutsche Übertragungen aus dieser englischen Fassung, die Neumann als Vorlage gedient haben mögen, sind diejenige von Georg Forster [__erschienen in mehreren Ausgaben: 1791, 1800, 1803, 1820; Anm.d.A.__] und eine andere in Versen von W. Gerhard[553] (erschienen 1820 in Leipzig)."[554]

---

552 Siehe *Franz Schubert Thematisches Verzeichnis seiner Werke in chronologischer Folge* von Otto Erich Deutsch, Neuausgabe in deutscher Sprache, bearbeitet und herausgegeben von der Editionsleitung der Neuen Schubert-Ausgabe und Werner Aderhold, Bärenreiter-Verlag, Kassel, 1978, die Seiten 411+413.

553 *Sakontala, oder: der verhängnisvolle Ring*; indisches Drama des Kalidas in sechs Aufzügen, Metrisch für die Bühne bearbeitet von Wilhelm Gerhard, Leipzig: F.A. Brockhaus, 1820.

554 Siehe a.a.O., dort die Seite 413.

Was ist daran aufschlußreich?

Gehen wir zuerst auf Wilhelm Gerhard ein. Gerhard erzählt in seinem Vorwort, daß er die „wörtliche Übersetzung der Sakontala" von Georg Forster [__auch wenn er „J. R. Forster" schreibt, so kann er nur Georg Forster meinen[555]__] gelesen habe, dann aber, daß er, „als ihm [...] die Sakontala des Kalidas durch Forster's [__sic!__] Uebersetzung bekannt wurde, ergriff das Gedicht [__sic!__] durch die Lieblichkeit seiner Metaphern, so wie durch die Wahrheit darinnen [...], sein Gemüth [__sic!__] so lebendig, daß der Gedanke in ihm erwachte, es metrisch und möglichst bühnengerecht zu bearbeiten. [...]" Nach dieser an sich schon genügend widersprüchlichen Aussage, denn wie will das poetische Stück des Kâlidâsas sein „Gemüth ergriffen" haben, wenn er sich bei seinen ersten Überlegungen lediglich auf die Prosabearbeitung Forsters beziehen kann, die das ja eben nicht verursacht haben könnte. Denn wäre es anders, warum dann noch Gedichte schreiben? Aber Gerhard fährt fort: „Ein Freund, welcher meinte, das Sujet eigne sich besser zu einer Oper, wußte er durch den Grund zu begegnen, daß es Schade sey, die zarte Blumensprache zu einer Freskoarbeit, wie es eine Oper ist, zu verbrauchen [__hat Schubert diese Stelle gelesen und lies deshalb seine „Sakuntala" Fragment bleiben? Anm.d.A.__], in welcher der Tonsetzer selten Selbstverläugnung [__sic!__] genug besitze, den Worten des Dichters Gerechtigkeit widerfahren zu lassen." [__Wird das Wilhelm Gerhard tun, wenn seine Vorlage nicht das Original ist? Anm.d.A.__] „Wie nun aber gleichwohl jene Einwendung ihn einigermaaßen [__sic!__] muthlos [__sic!__] machte, blieb die Ausführung seines Planes eine Zeitlang [__sic!__] liegen, und wurde durch andere Arbeiten um so leichter verdrängt, je

---

[555] Eigentlich Johann Georg Adam Forster, 1754-1794. Es gibt auch einen George Forster, 1750-1792, der bei der East India Company angestellt war und der als erster Brite von Indien über Zentralasien nach Rußland gereist ist. Dieser George Forster ist es, der *Sketches of the Mythology and Customs of the Hindoos* verfaßt hat, die von deutschen „Indologen" irrtümlich (__?__) Georg Forster zugesprochen wurden. Darauf ist weiter unten zurückzukommen.

schwerer es ihm fiel, der englischen Originalübersetzung von W. Jones [__eine „Originalübersetzung" von William Jones?__] habhaft zu werden, was ihm erst im Sommer 1818 in England gelang, wohin ihn damals andere Angelegenheiten riefen [__typisch: genaue Zeitangabe, aber nichts über die „Angelegenheiten"[556]__]. Er berührte auf dieser Reise seine Vaterstadt Weimar, und da der Meister, dessen Distichon über der Sakontala jetzt dem Werke als schmückendes Motto voransteht [...]

[...]
Willst du die Blüthe des frühen, die Früchte des späteren Jahres,
Willst du was reizt und erquickt, willst du was sättigt und nährt,
Willst du den Himmel, die Erde, mit einem Worte begreifen:
Nenn' ich Sakontala dich, und so ist alles gesagt.

Göthe

[...] sein Vorhaben billigte [__reiner Schwulst; Anm.d.A.__], fühlte er sich auf's [__sic!__] Neue [__sic!__] dazu begeistert; so daß es ihm, nach einem unter mancherlei Geräusch und Störung verlebten Winter, die süßeste Erholung verschaffte, im Schooße [__sic!__] ländlicher Natur zu tändeln mit den lieblichen Blumen des indischen Himmels, die er [__also Wilhelm Gerhard; Anm.d.A.__] nun schüchtern [__Pseudo-Demut in Rein-„Kultur"! Anm.d.A.__] um den Altar deutscher Musen pflanzte [...]"[557] — Es ist zu ahnen, was der treibende Antrieb für Christoph Wilhelm Leonhard Gerhard war, die „Sakontalá" William Jones' zu romantisieren.

---

[556] Christoph Wilhelm Leonard Gerhard war u.a. auch Kaufmann. Es kann aber sein, daß er sich zu jener Zeit schon vorwiegend der Schriftstellerei widmete und nicht mehr als Kaufmann aktiv war.

[557] Siehe in: *Sakontala, oder: der verhängnisvolle Ring*; indisches Drama des Kalidas in sechs Aufzügen, Metrisch für die Bühne bearbeitet von Wilhelm Gerhard, Leipzig: F.A. Brockhaus, 1820, die Seiten 10-15. Im Internet über folgenden, am 15. März 2020 geprüften Link abrufbar: https://babel.hathitrust.org/cgi/pt?id=nnc1.cu58935967&view=1up&seq=1.

Kleine Bemerkung, den Namen „Goethe" betreffend:

Entweder der Großvater von Johann Wolfgang von Goethe (__1749-1832__), Friedrich Georg Göthe (__1657-1730__), ließ den Namen Göthe in „Goethe" umschreiben, als er von Thüringen nach Frankfurt am Main zog. Oder Goethes Vater, Johann Caspar Goethe (__1710-1782__) vollzog diesen Schritt. Johann Wolfgang von Goethe selbst schrieb sich immer mit „oe". Erst nach seinem Tod wurde es aber üblich, daß jeder „Goethe" schrieb, war Johann Wolfgang von Goethe gemeint.

Kleine Bemerkung zur Phrase: „'auf's' Neue":

Zur Zeit Gerhards war es üblich „aufs" oder vielleicht auch „'auf's' „Neue" zu schreiben, wobei „auf's" eigentlich auch schon damals falsch gewesen sein könnte, da ein Artikel mit einer Präposition verschmolzen werden kann: „auf das" → „aufs neue", bzw. „auf ein neues". „Aufs neue" meint aber: etwas erneut versuchen oder tun. Das heißt es ist eine Redewendung, die für etwas steht, das man wiederholt tun bzw. versuchen will. In diesem Fall wird das Adjektiv „neu" durch den Artikel „das" nicht substantiviert. Diese Regelung mag heute zwar nicht mehr gelten, interessiert mich aber nicht weiter, da es so richtig ist, wie ich es gerade geschrieben habe. Interessanter ist sowieso, daß einst, bspw. zu Gerhards Zeiten, die Sprachregeln andere waren. Das heißt Sprachregeln sind Vereinbarungen, die sich ändern können und niemals unumstößlich gelten. ... *Wenn sie aber richtig sind, bspw*. „aufs [__ein__] neue[s]"?

Kleine Bemerkung zu:

„Englische Originalübersetzung [der Shakuntalâ] von W. Jones", die Christoph Wilhelm Leonard Gerhard „im Schooße ländlicher Natur [...] mit den lieblichen Blumen des indischen Himmels tändeln" ließ.

Christoph Wilhelm Leonard Gerhard hat den „indischen Himmel", zumindest zu jener Zeit, nicht gekannt. Er glaubte bloß durch einen William Jones um ihn zu wissen, der aber selbst die „lieblichen Blumen des indischen Himmels" nie *an*_gesehen hat, *ob*_wohl der dort war, aber allein mit „europäisch verengtem Blick" eine ihm verschlossen bleibende

Kultur „wahrnahm", wie dieser Jones selbst geschrieben hat[558]. Was anderes als seine eigenen Phantasiegebilde hätten es dann sein können, die William Jones zu Papier brachte, wenn er in „Indien" weder (__*un*_europäisiert__) „himmelwärts" sehen noch von Sanskrit-Originalen etwas hätte abschreiben können? Und so ist es dann mit Christoph Wilhelm Leonard Gerhard selbst: er hat mit etwas ihm deshalb Vertrautem „tändeln" können, da seine Phantasie von etwas angeregt wurde, das der Phantasievorstellung eines anderen über etwas entsprungen war, das diesem vom Tatsächlichen her gesehen völlig verschlossen bleiben mußte. Und das gilt für die schriftlichen Aussagen eines Friedrich Maximilian Müllers, auch eines Thomas Babington Macaulays, nicht anders. Das ist es ja, was erst erlaubt, ein vernichtendes Urteil über diese „Autoritäten" zu fällen: es waren nicht einmal Schreiberlinge, sondern *Ab*_Schreiberlinge von etwas, das sie nachweislich nicht verstehen konnten und dennoch eine „Wissenschaft" begründeten und verfolgten, die lediglich eine „Märchenschaft" sein konnte, da sie alles Nichtverstandene in das ihnen Vertraute „wechselten". Und so gilt dieses Urteil für deren Nachbeter und -fahren nicht anders, denn diese bauten schließlich inbrünstig auf das ins ihnen ebenso Vertraute gewechselte Nichtverstandene auf, das jene in das ihnen Vertraute „gewechselt" hatten und das den Nachbetern und -fahren dieser „Märchenschaftler" wiederum erlaubte, „neue" Nahrung fürs ihnen wohlvertraut Bekannte zu gewinnen — nun präpariert mit dem „Wissen" um „exklusives Wissen". ... Und so könnte derjenige, der sich auf Schwindler wie William Jones, Franz Bopp, Friedrich Maximilian Müller u.a. auch _*heute*_ noch berufen wollte, nicht mehr allein ein Nachbeter und -fahre dieser sein — da, anstatt, alles von diesen beispielhaft Genannten in aufklärende Frage zu stellen —, sondern _*heute*_ selbst nichts weiter mehr als ein gefährlicher „Neo-Märchenschaftler" sein: Es ist bei den „Entdeckungen" der „europäischen Indologen", wo der Nazismus seine „ideellen Wurzeln" findet! ... Und Friedrich Nietzsche zieht selbst aus diesen!

558 Siehe den von Prodosh Aich untersuchten Briefwechsel William Jones' in: *Lügen mit langen Beinen*, Acharyya Verlag, Oldenburg, 2003.

Georg Forster, der, wie schon mitgeteilt, die englische „Übersetzung" der *Shakuntalâ* (__die die erste Übersetzung eines „Sanskrit-Textes" in eine europäische Sprache sein soll: und gerade diese befeuerte in Deutschland den „romantischen Hype", bzw. erlaubte so vom revolutionären Versagen abzulenken__) in Prosa ins Deutsche übersetzte, stellt seiner „Sakontala" das Wort William Jones' voran. Das ist durchaus folgerichtig, da die ganze „Sakontala" gewiß vom „Geist" William Jones', d.h. vom „Geist der Entwurzelten" Europas „durchweht" ist, also von dem „durchweht", das sich offenbar auswächst, wird nicht dasjenige aktiv aufgegriffen, welches sich durch die „westliche Kulturentwicklung" seit dem 18. Jahrhundert — *sichtbar geworden durch die Französische Revolution* — als unser Geschlecht existentiell betreffende Frage stellt, und *des*_halb in „kollektive Exzentrik" umschlägt, die zwar gemeinhin als „Romantik" bezeichnet wird, tatsächlich aber immer dann auftritt, lehnen die Menschen es kollektiv ab, zu Akteuren ihrer eigenen Geschichte zu werden.

Nun, das kann jetzt als sicher gelten: die „Indologie" wie die „Vergleichende Sprachwissenschaft" sind Ausdruck einer tiefen Identitätskrise, die keiner Lösung zugeführt wurde: durch aktive Beteiligung am revolutionären gesellschaftspolitischen Prozeß, d.h. im Sinne eines Adolph Freiherr Knigge (__1752-1796__), sondern — *schwelend bleibend* — durch das „im bodenlosen Reich des Geistes Zufluchtnehmen" bloß verdeckt wurde, und so den kulturellen *Selbst*_Zerstörungsprozeß erst befördernd.

Während dieses „Geisteswehen" also plausibel zu vermuten ist, muß hingegen unsicher bleibe, ob die „Sakontala" auch vom „Geist" Kâlidâsas durchweht ist ... immerhin ist der historisch nicht, hingegen lediglich durch Legenden „greifbar". Wer sie auch schrieb, anzunehmen ist wohl, daß die *Shakuntalâ* mithalf, nachvedische Identität zu prägen. Aber ist das der Zweck der „Sakontala"? Wie sollte es darin um etwas gehen können, das aus ferner Vergangenheit unbekannter Kultur kommt? Müßte nicht vorher ein allgemeines Verständnis vom zusammenhängenden *Heute* und *Gestern* eines kulturell Unbekannten gewonnen werden? Hat es dann nicht etwas Realsatirisches, interpretieren jene, die im „bodenlosen Reich des Geistes" ihre Zuflucht genommen haben — im Prozeß der Suche nach „seltsamer Identität" ... und doch im „Bewußtsein" vorzüglichen Seins, sogar ausgestattet mit „Missionsbefehl"[559] — etwas, das sie gar nicht verstehen können? Wie sollte die eigene Phantasie dann solchen keine Streiche spielen?

Wie dem auch sei, in der zweiten Auflage dieser Forsterschen Übersetzung, die 1803 erschienen ist, setzt der Begründer der deutschen Geschichtsphilosophie, Johann Gottfried Herder (__1744-1803__) — *also kurz vor seinem Tode* —, dieser William Jones'schen Schöpfung, seine „geflügelten Worte der Klugheit" voran, woher sein darin behauptetes Wissen auch immer kommen mag: „[...] Längst wußte man, daß die gelehrte Caste der Indier alte dramatische Gedichte besäße [__woher weiß das Herder: aus der Vorrede Jones' zu der Forsterschen „Sakontala"? Anm.d.A.__]; aus dem großen Reichthum ihrer Mythologie und epischen Märchen war solches auch leicht zu vermuthen; eine Blume aber, wie die Sakontala erwartete, und zwar beim ersten Funde, wohl niemand. Dem reich- und vielverdienten W. Jones war dieser glückliche Fund beschieden; [...] auch darinn [__sic!__] waltete über dies indische Drama ein gutes Schicksal, daß W. Jones es nicht, wie er es mit anderen Erzählungen und Poesien gemacht, anglisieren, sondern treu darstellen wollte. [__Woher will Herder das wissen, wenn er weder Sanskrit kann noch das Original kennt? Anm.d.A.__] Wörtlich übersetzte er es zuerst in Latein [__das weiß Herder aus der Vorrede Jones'; Anm.d.A.__] [...] dann ins Englische treu und einfach. [__Woher weiß Herder das: kann er Englisch? Nun, er kann kein Englisch, d.h. er behauptet etwas, daß er nicht wissen kann. Anm.d.A.__]

Ein zweites gutes Schicksal waltete über die Sakontala, da sie zur deutschen Übersetzung dem gleichfalls vielverdienten und auch wie Jones zu früh dahingegangenen G. Forster in die Hand kam. Er, beider Sprachen und der Naturgeschichte Indiens kundig, dabei ein Mann von Geschmack und zartem Gefühl, bereicherte seine Übersetzung

---

[559] Vgl. Mt 28, 18-20.

mit Erläuterungen, deren das englische Original entbehret; treffende Erläuterungen auch für andre Poesien der Indier, die ohne Kenntnis der Naturgeschichte dortiger Gegend einen großen Theil ihrer Anmuth verlieren. Uns Deutschen wird G. Forsters Name eben auch mit der Sakontala in lieblichem Andenken leben. [...]"[560]

Das hat realsatirischen Charakter: Johann Gottlieb Herder stellt mit einer Selbstverständlichkeit Behauptungen über Angelegenheiten und Zusammenhänge auf, von denen er vom Hörensagen zwar etwas meinen, aber _*nichts*_ wissen kann, da ihm dazu die Kenntnisse fehlen!

Das ist eine auch heute gängige Praxis! Zu dieser „Methode des Meinens" gehört, also neben dem schon in dieser Zitatstelle Angemerkten, daß Johann Gottlieb Herder Georg Forster etwas zuspricht, um das _*dieser*_ Georg Forster nichts wissen kann: „[...] G. Forster [...], beider Sprachen und der Naturgeschichte Indiens kundig, [...] bereicherte seine Übersetzung mit Erläuterungen, deren das englische Original entbehret; treffende Erläuterungen auch für andre Poesien der Indier, die ohne Kenntnis der Naturgeschichte dortiger Gegend einen großen Theil ihrer Anmuth verlieren. [...]" Tatsächlich kann Georg Forster kein Sanskrit. Er kann Deutsch, Englisch und Französisch, aber kein Sanskrit. Auch kennt Georg Forster die „Naturgeschichte Indiens" aus eigener Anschauung nicht. Und hier stellt sich die Frage, ob Johann Gottlieb Herder das nicht weiß oder, was ich ihm und seinesgleichen _*jetzt*_ auch zutraue: er lügt! Denn es war der Engländer George Forster, von dem schon in der Fußnote 555 auf der Seite 444 die Rede war, der „durch die kühne Reise, die er 1782 aus Indien, wo er im Dienste der ostindischen Compagnie stand, durch Nordindien und Persien [__nach Rußland__] machte [__, bekannt wurde__]. [...]

[560] Siehe *Sakontala oder der entscheidende Ring, ein indisches Schauspiel* von Kalidas, aus den Ursprachen Sanskrit und Prakrit ins Englische und aus diesem ins Deutsche übersetzt [__und__] mit Erläuterungen von Georg Forster, zweite rechtmäßige, von J.G. Herder besorgte Ausgabe, Frankfurt am Main, 1803 [...], die Seiten XIX-XXX.

Nach zwei Jahren erst kam er nach England zurück und gab 1885 ein Werk über Mythologie und Sitten des Hindustammes heraus[561], worin er das Ergebnis seiner Beobachtungen geschickt mittheilte; aber seine Darstellungen würden noch belehrender geworden sein, wenn er umfassendere allgemeine Kenntnisse gehabt hätte. [...]" Das steht so in dem Eintrag zu diesem (__englischen__) George Forster auf der Seite 308 des *Conversations-Lexicons. Neue Folge. In zwei Bänden. Zweite Abtheilung des ersten Bandes oder des Hauptwerks elften Bandes zweite Hälfte / D—J, und im Anhange Artikel über die katholischen Glaubenslehren von J—K.* Leipzig: F.A. Brockhaus, 1824.

Woher der Autor dieser Mitteilung im *Conversations-Lexicons* weiß, daß der (__englische__) George Forster nur oberflächliche Kenntnisse von der Mythologie des „Hindustammes" hat, verrät er dem Leser nicht. Tatsächlich kann er es nur von George Forster selbst wissen, denn der berichtet in seinem *Sketches of the Mythology and Customs of the Hindoos* (__„Aufzeichnungen zur Mythologie und zu den Bräuchen der Hindus"__) offen davon, daß ihm die eigenen Kenntnisse fehlen würden, um Aussagen zu machen, von denen er selbst nichts genaues weiß.[562] Das ist eine klare Aussage, die dem lesenden Menschen ohne zur Schau getragene „Bescheidenheit" mitgeteilt wird. Und darin unterscheidet sich ein George Forster offenbar von Charakteren wie Johann Gottlieb Herder oder des Schreibers die-

---

[561] *Sketches of the Mythology and Customs of the Hindoos*, London, Juli 1785. Darin spricht George Forster lediglich von „Hindoos", nicht vom „Hindustamm", was wohl schon zu jener Zeit eine deutsche Spezialität gewesen zu sein scheint, die von Leuten wie Johann Gottlieb Herder — allerdings nicht vom deutschen Georg Forster! — begründet wurde. Aus einer Identitätssicherheit heraus ... „guter Stamm ... „böser Stamm"? Friedrich Maximilian Müller wird später in diesem „Sinne" — also genauso „wissend" wie ein Johann Gottlieb Herder und all die anderen Meiner meinen — phantasierend schreiben: *In ständigem Kampf* [...] *mit den semitischen* [...] *Rassen* ... [__standen die von ihm und seinesgleichen phantasierten „Arier"__]. Darauf ist weiter unten zurückzukommen.

[562] George Forster, *Sketches of the Mythology and Customs of the Hindoos*, London, Juli 1785, die Seiten 1 und 2.

ses Eintrags im *Conversations-Lexicons* von 1824 (__*in dem es offenbar um nur bedingte Aufklärung geht*__). Charaktere auch, die anderen Zulänglichkeit sofort ab- und sich diese selbst sofort zuschreiben. Denn woher sonst könnte der Autor dieser Mitteilung in der *Neuen Folge des Conversations-Lexicons* seine Kenntnisse haben? Offenbar von niemandem, wenn nicht von George Forster selbst, der, wie gerade festgestellt, daraus aber keine Geheimnis macht. Das heißt der Autor dieser Mitteilung plappert genauso das nur nach, das damals alle nachplapperten, ohne daß der Vorplapperer selbst, in diesem Fall William Jones, es aus der eigenen Anschauung, bzw. dem eigenen Verständnis heraus hätte wissen können.

Kommt einem das nicht bekannt vor? Wo ist der Unterschied zu heute? Wird heute nicht genauso jenes nachgeplappert, das eigentlich nur von ein oder zwei „Vorbetern" kommt, die bspw. neoliberale Behauptungen aufstellen, ohne sie beweisen zu müssen, da sie als reputierlich gelten?

Bezogen aufs Damals: Auch Goethe ist zumindest in diesem Zusammenhang nicht auszuschließen. Denn Johann Wolfgang Goethe merkt zu William Jones u.a. an: „[…] Die Verdienste dieses Mannes sind so weltbekannt […], daß mir nichts übrig bleibt [__sic!__], als nur im allgemeinen anzuerkennen, daß ich aus seinen Bemühungen von jeher möglichsten Vorteil zu ziehen gesucht habe […]. Er [__ist__] in den orientalischen [__Literaturen__] bewandert […]. […] Hier stellt er uns […] vor Augen […], was auch wir so oft wiederholen, daß man jeden Dichter in seiner Sprache und im eigentümlichen Bezirk seiner Zeit und Sitten aufsuchen, kennen und schätzen müsse. […][563] — Hat sich Johann Wolfgang Goethe daran selbst gehalten? Nun, zumindest in einem Fall „weiß" Goethe genau, wie ein Dichter etwas gemeint hat, obwohl er dessen Arbeit nur von einer Zweit-Übersetzung her kennt:

---

563 Siehe Johann Wolfgang von Goethe, *West-östlicher Divan*, unter Mitwirkung von Hans Heinrich Schaeder, herausgegeben und erläutert von Ernst Beutler, Dieterich'sche Verlagsbuchhandlung, Leipzig, 1943, die Seiten 297 f.

die „Sakontala" von Georg Forster. Und Forster mußte sich bei seiner Übersetzung aus dem Englischen ins Deutsche, des ursprünglich auf Sanskrit verfaßten Textes, da er selbst nicht des Sanskrits mächtig, völlig auf die Richtigkeit der von William Jones besorgten „Erstübersetzung" verlassen: „[...] Sir William Jones hat zwar in seiner Vorrede angemerkt, daß die Frauenzimmer in dem Stücke Prakrit, die Vornehmen und Gelehrten Sanskrit und die geringeren Personen Provinzialmundarten sprechen; daß Prosa und Verse nach Maßgabe des Schwungs, den die Unterredung nimmt, mit einander [sic!] wechseln, allein in seiner Uebersetzung ist von dem allen keine Spur zu merken und man durfte es nicht wagen, von ihr abzugehen. [...]"[564] Daß Forster Sanskrit kann, legt aber Johann Gottlieb Herder dem an sich neugierigen lesenden Menschen _*mal eben*_ nahe, wenn er es ihm nicht gar vorlügt: und keiner widerspricht.

Auch Johann Wolfgang Goethe kann den originalen Autor, bzw. das Werk nicht kennen, das der mythischen Figur Kâlidâsa zugesprochen wird, da auch er das Sanskrit nicht kann, sondern eigentlich nur die deutsche Übersetzung von Georg Forster kennt, dennoch weiß er das oft zitierte Epigramm „Sakontala" zu dichten: im übrigen, schreibt auch Goethe: „Sakontala", also so wie Georg Forster es geschrieben hat, obwohl William Jones diesen Namen wenigstens mit Akzent auf dem letzten „a" schreibt. Das läßt darauf schließen, daß Johann Wolfgang Goethe selbst die Übersetzung von William Jones nicht gekannt hat, sondern ausschließlich die von Georg Forster besorgte.

Wie dem auch sei, Johann Wolfgang Goethe dichtet 1792 offiziell das Epigramm „Sakontala", das sich ja auch Wilhelm Gerhard für seine für seine Versdichtung „Sakontala" als passendes „Emblem" gewählt hatte:

---

[564] *Georg Forster's sämmtliche Schriften* [sic!], herausgegeben von dessen Tochter, und begleitet mit einer Charakteristik Forster's [sic!] von G.G. Gervinus, in neun Bänden, neunter Band, Leipzig: F.A. Brockhaus, 1843, die Seite 316.

Willst *du* die Blüthen des frühen, die Früchte des späteren Jahres,
Willst *du*, was reizt und entzückt, willst *du*, was sättigt und nährt,
Willst *du* den Himmel, die Erde mit einem Namen begreifen,
Nenn' *ich* Sakontala *dich*, und so ist alles gesagt.[565]

Und in allen Augen leuchtet es … bis heute …

Nun macht mich aber ausgerechnet Heinrich Viehoff darauf aufmerksam, daß dies zwar die „offizielle" Version sei, aber es gebe eine frühere, die Goethe am 1. Juni 1791 einem Brief an Fritz Jacobi beigelegt habe. Diese Version weicht von der ersten entscheidend ab. Die von Viehoff geübte Kritik an der „offiziellen Version" ist übrigens einleuchtend und zeigt auch, daß Goethe keineswegs perfekt im Dichten war, denn die ursprüngliche Version lautet:

Will *ich* die Blumen des frühen, die Früchte des späteren Jahres,
Will *ich*, was reizt und entzückt, will *ich*, was sättigt und nährt,
Will *ich* den Himmel, die Erde mit einem Namen begreifen,
Nenn' *ich* S a k o n t a l a *dich*, und so ist alles gesagt.[566]

Viehoff verdeutlicht seine Kritik folgendermaßen: „[…] Ich kann dieser Änderung [__also anstatt „will ich", „willst du"; Anm.d.A.__] nicht Bei fall geben, da der Wechsel der Anrede, die jetzt in den drei ersten Versen

---

[565] So steht es in Goethe-Ausgaben, die seine „Sakontala" enthalten. — Die Hervorhebung stammt vom Autor des Ihnen vorliegenden Buches.

[566] Siehe *Goethe's Gedichte*, erläutert und auf ihre Veranlassungen, Quellen und Vorbilder zurückgeführt, nebst Variantensammlung nach Nachlese von Heinrich Viehoff, zweiter Theil. Periode der classischen Kunstpoesie. 1783-1805, Düsseldorf, Verlag der Bötticher'schen Buchhandlung, 1847, Seite 150. — Die Hervorhebung stammt vom Autor des Ihnen vorliegenden Buches.

an den Leser, in dem letzten an „Sakontala" gerichtet ist, störend wirkt. Gehoben ist dieser Fehler, sobald man im letzten Verse „dir" statt „dich" liest. [...]"[567]

Natürlich, man kann dazu sagen, daß Johann Wolfgang Goethe eben „Fingerspitzengefühl" und „dichterische Potenz" besaß. Darum geht es hier aber nicht, da Johann Wolfgang Goethe behauptet: „[...] was auch wir so oft wiederholen, daß man jeden Dichter in seiner Sprache und im eigentümlichen Bezirk seiner Zeit und Sitten aufsuchen, kennen und schätzen müsse. [...]"[568] Johann Wolfgang Goethe kann aber sein Epigramm „Sakontala" bloß auf der Basis einer Zweit-Übersetzung gedichtet haben, wobei weder der Übersetzer der Erst-Übersetzung, die über das Lateinische erfolgt sein soll, noch der Übersetzer der Zweit-Übersetzung, wissen konnten, wie es sich mit dem ursprünglichen Text und seinem Dichter verhält.

Und es wird geradezu seltsam, wenn nämlich beim erwähnten Heinrich Viehoff diesbezüglich zu lesen ist: „[...] Kalidas gehört zu den Dichtern, die auf Goethe eine bedeutende und nachhaltige Wirkung geübt haben. Er muß schon geraume Zeit vor der Entstehung des Epigramms [__„Sakontala"; Anm.d.A.__] mit der Dichtung bekannt gewesen sein; denn in einem Briefe vom 1. März 1787 heißt es: 'Wer hat es nicht erfahren, daß die flüchtige Lesung eines Buches, das ihn unwiderstehlich fortriß, auf sein ganzes Leben den größten Eindruck hatte und schon die Wirkung entschied, zu der Wiederlesen und ernstliches Betrachten kaum in der Folge mehr hinzuthun konnte. So ging es mir einst mit 'Sakontala'."[569]

— Das paßt überhaupt nicht!

---

567 Siehe *Goethe's Gedichte*, erläutert und auf ihre Veranlassungen, Quellen und Vorbilder zurückgeführt, nebst Variantensammlung nach Nachlese von Heinrich Viehoff, zweiter Theil. Periode der classischen Kunstpoesie. 1783-1805, Düsseldorf, Verlag der Bötticher'schen Buchhandlung, 1847, die Seite 151.

568 Siehe Johann Wolfgang von Goethe, *West-östlicher Divan*, unter Mitwirkung von Hans Heinrich Schaeder, herausgegeben und erläutert von Ernst Beutler, Dieterich'sche Verlagsbuchhandlung, Leipzig, 1943, die Seiten 297 f.

569 Siehe a.a.O., ebenda.

Goethe konnte kein Sanskrit. Aber in diesem Brief vom 1. März 1787, also zwei Jahre vor der in Kalkutta aufgelegten, behaupteten „Übersetzung" der *Shakuntalâ*, will er genau davon längst gewußt haben: „So ging es mir _*e i n s t*_ mit 'Sakontala'". Wie oben schon bemerkt: „im übrigen, schreibt auch Goethe: 'Sakontala', also so wie Georg Forster es geschrieben hat". Hätte er es nicht anders schreiben müssen, hätte er tatsächlich *Shakuntalâ* gekannt? Oder hatte er von einer persischen Übersetzung der *Shakuntalâ* erfahren? Wenn ja, wieso hat er dann erst nach 1791 bzw. 1792, also nach der Veröffentlichung der Forsterschen „Sakontala", sein Epigramm geschrieben?[570]

Oder betreibt Heinrich Viehoff im Jahre 1847, also nach der „Geburt" der „Indogermanen", die Julius Klaproth (__Wer kennt die 'Sakontala' nicht?"__) 1823 ins „Leben gerufen hatte", als sich ihr „Arier-Mythos" bereits in den Köpfen der deutschen „Indologen" „abzeichnete", eine „biographische Klitterung", um Johann Wolfgang Goethe als den „Spürenden" zu „zeichnen"? Von was? ... Daß sich bald „zeigen" sollte, wo „heute" die „Arier" leben würden, vielleicht? — Natürlich, daß erscheint krumm gedacht, aber bei der Nachwirkung und bei dem ganzen phantasierten Zeug, von dem schon die Rede war und es weiter unten noch eine kleine Kostprobe geben wird, wäre _*selbst*_ das nicht mehr absurd gedacht.

Ein gewisser Zusammenhang scheint jedenfalls zu existieren, kommend aus dem Streben, eine „internationale Rolle" so zu spielen, wie die neuen weltkolonialen Mächte Spanien, Frankreich, vor allem England. Wenn man da eine Wissenschaft kreieren könnte, die erlaubte, die „Welt" nicht nur aus der eigenen Brille zu „sehen", sondern sogar die Völker entsprechend zu „modellieren"? Nun, der Hebel dazu erschien manchen dann die sogenannte „Vergleichende Sprachwissenschaft" mit dem „identitätsstiftenden 'Wissenschaftsarm Indologie'", die sozusagen die Privatwissenschaft der Arier ist: so „identitätsstiftend" wie „Kulturbringer-Rechte" kodifizierend, und zwar bis heute — wenn auch dies heute unbewußt bleiben mag, aber der Neowilhelminismus hat, wie der Wilhelminismus seine Wurzeln _*dort*_ in dieser „Privatwissenschaft", bzw. in der

[570] Manche „wissen" sogar, daß „Gretchen" in *Faust I* auch „Sakontala"-Züge tragen soll ...

Mentalität, die, u.a., eine solche geschaffen hat.

Nun, letztlich ist die sogenannte „Vergleichende Sprachwissenschaft" mit dem „identitätsstiftenden 'Wissenschaftsarm Indologie'" als Reaktion auf die soziale Frage zu verstehen, die sich — zwar nicht erstmals — im 18. Jahrhundert akut stellte: die Französische Revolution ist dafür sichtbarer Ausdruck.

Diese Reaktion richtete sich gegen die Aufklärung, die, das muß gesagt werden, selbst nicht ausreichend das menschliche Wesen berücksichtigte und so das menschliche Fühlen, als Ausdruck eines Teils des menschlichen Wesens, mehr und mehr „ausfilterte", bzw. zum „anarchischen Element" werden ließ. Dieses „anarchische Element" machte sich die Reaktion zunutze: ein Fehler der Aufklärung, den zu korrigieren, jeder zukünftigen „Aufklärungsbewegung" zur Erfüllung der *Humanistischen Mission*, ohne weiteres möglich ist: *fühlend denken, denkend fühlen* ...

Nun, diese Reaktion bedurfte einer neuen Ideologie, die sie in der Verdeckung ihres Strebens: Weltherrschaft, auf eine selbstgestrickte „arische Vergangenheit", von der letzte Reste sich in „sanskritischer Literatur" — „romantisch verklärt" und sich zugleich im „romantischen Nebel" auflösend — fänden, projiziert. Und Goethe scheint da durchaus initialzündend gewesen zu sein, aber nicht vom tatsächlichen Wissen um diese alte Kultur her gesehen, wie gesagt, das Sanskrit konnte Goethe nicht. Nebenbei: auch weder Persisch noch Arabisch. — Nein, Goethe scheint als Impulsgeber fungiert zu haben, worauf gleich zurückzukommen ist.

Unabhängig davon: es ist durchaus möglich, daß, da William Jones selbst kein Sanskrit konnte, das Persische wohl auch nicht so, daß es genügt hätte, tatsächlich Literarisches zu verstehen: er benötigte selbst für persische Literatur andere, die es ihm in eine Fassung übersetzten, daß er daraus etwas „Schleifen" konnte, um es dann als eigene Leistung zu verkaufen: von ihm selbst allein „weiß" die Welt, daß er 32 Sprachen konnte. (__Eine aufschlußreiche Anekdote wird von Prodosh Aich in: *Lügen mit langen Beinen* auf der Seite 177 berichtet, dort läßt er diese vom William Jones-Biograph Garland Cannon erzählen: so amüsant wie aufschlußreich — was übrigens auch die heutigen Methoden des Verschleierns anbelangt!__) Was William Jones dabei selbst verkauft wurde, konnte

konnte er also nicht wissen. Dennoch wäre es möglich, daß er eine persische Übersetzung eines Textes hatte, der ihm als „Sacontalá" verkauft wurde, und daran könnte er sich versucht haben, ihn ins Lateinische zu übersetzen. Es wäre für einen William Jones leicht gewesen, dies entsprechend zu „verfeinern", denn _er_ als erfahrener Betrüger hätte alle möglichen Ideen aus der griechischen, römischen, christlichen und Shakespeare-Dichtung zu verwenden gewußt: Ist Jones nicht auch der Erfinder des „indischen Liebesgottes 'Camdeo'"? Und kann er nicht am 2. Februar 1786 über seinen „3. Diskurs", gehalten vor der „Gelehrtengesellschaft" ohne Gelehrte[571], der „Asiatick Society" in Calcutta, wunderbar verdreht, also „wissenschaftlich", der Nachwelt offenbar dauerhaft klarmachen, welche „Verwandtschaft" zwischen dem von „Eroberern" (*__mal eben über das Himalaya-Hindukusch-Massiv gekommen__*) nach Indien gebrachten Sanskrit und dem Griechischen, Lateinischen, ja irgendwie auch dem Gotischen und Keltischen, wenn dies auch nicht „so zwingend" sei, aber auch das Persische gehöre mit zu dieser „Familie" — also eigentlich schon eine Stammesverwandtschaft aus mythischer Zeit, oder? — besteht, weismachen, obwohl er am 2. Februar 1786 nachweislich *_nichts_* Authentisches von „Indien", seiner Kultur, Geschichte, Sprachen (*__einschließlich des Sanskrits__*) usw. gewußt haben kann: daß also mit dem Sanskrit auch *_mal eben_* der Veda nach „Indien" gebracht worden wäre?[572]

---

571 Siehe Prodosh Aich, *Lügen mit langen Beinen*, die Seite 213.

572 Siehe „The third Anniversary Discourse, delivered 2 February 1786", in: *The Works of Sir William Jones*, Band 3, London, 1807, die Seite 34.

Siehe in diesem Zusammenhang auch in: Prodosh Aich, *Lügen mit langen Beinen*, die Seiten 213-18. Denn diese Seiten sind insbesondere auch deshalb interessant, da Prodosh Aich das fragwürdige Tun heutiger oder mehr oder weniger zeitgenössischer Nachfahren eines William Jones', allesamt gerühmte Wissenschaftler und als „kundig" geltend, anklagt. Nämlich das Nachbeten oder das Kaschieren dessen, das Ergebnis krankhaften Ehrgeizes, wahnhafter Phantasie, persönlichen Versagens im Bemeistern des eigenen Lebens, unentwickelten Charakters mit kompensatorischer Selbstüberschätzung — *gemischt mit christlichem Missionseifer* — eines William Jones' ist, und worin sich Parallelen später bei Friedrich Maximilian Müller finden werden.

Und diese Abhängigkeit William Jones' von anderen gilt mehr noch für sanskritische Literatur: „[...] Wie sehr beklage ich meine Unfähigkeit, die [...] Purânas [...] zu lesen! [...]", gesteht William Jones in einer brieflichen Notiz an Charles Wilkins, die vom 14. April 1785 datiert.[573] Das heißt es ist Charles Wilkins, der, über ein wenig Sanskrit-Kenntnisse verfügt, die aber nicht ausreichen gewesen sein können, literarische sanskritische Werke zu lesen geschweige zu verstehen: schon das „einfache Sanskrit" bedarf gründlicher Kenntnisse, die sich erst in langen Jahren intensiven Studiums eröffnen, wie der Kaufmann aus Florenz Filippo Sassetti (__1540-1588__) offenbar aus eigener Beobachtung während seines Aufenthalts in Indien von 1583 bis zu seinem Tode wußte. Sassetti erkennt das wohl deshalb, da er sich ohne jede Wertung einen Begriff von dem zu machen in der Lage ist, was die Vielfalt des Sanskrits ausmachen muß: ein komplexes Spiel von Lauten und Gesten, dem man nicht beikommt, kopiert man Sanskrit-Buchstaben und blättert in Grammatik- und Wörterbüchern, die zudem noch von schlechter Qualität gewesen sein müssen als die europäischen „Indologen" die „indische Welt auch im Geist eroberten". Die deutschen „Indologen" taten das offenbar mit besonderen Eifer: waren ja „zu spät" gekommen, es physisch zu erobern.

Nun, Charles Wilkins (__1749-1936__), auch Mitglied der „Asiatick Society", betreibt „Wissenschaft" mit indischen Brahmanen, die für das bezahlt werden, was sie liefern. (__*Was sie liefern, kann Charles Wilkins nicht wissen, höchsten vermuten, aber eigentlich muß er es „seinen" bezahlten Pandits glauben: lassen sich Brahmanen dafür bezahlen, daß sie jenes Wissen an einen Besatzer weitergeben, das den Status ihrer gesellschaftlichen Stellung bedingt?*__) Charles Wilkins, von William Jones zwar zum „ersten und einzigen Shanscrit-Gelehrten"[574] Indiens ernannt, wird von William Jones beauftragt, Pandits ausfindig zu machen, die Information über das liefern, was Grundlage von Übersetzungen werden soll. (__*Charles Wilkins soll so die erste*

---

573 Vgl in: Prodosh Aich, *Lügen mit langen Beinen*, die Seite 212. William Jones behauptet damit, daß Charles Wilkins Sanskrit lesen konnte, was nicht stimmt, und selbst wenn es stimmte, es wäre bloß das „einfache" Sanskrit gewesen, das aber nicht genügen könnte, Kenntnis von dem im Veda aufgehobenen Vedischen Wissen zu bekommen.

574 Siehe a.a.O., die Seite 211.

Übersetzung der Bhagavad-Gita zustande gebracht haben. Seine eigentliche Leistung ist aber wohl, daß er bengalische Druckbuchstaben erfunden hat: er leitete die beiden Druckereien der East India Company.__) Aber mit seinen Kenntnissen, die über ein paar grundlegende Kenntnisse nicht hinaus gegangen sein können, einfach deshalb, da er dazu viel zu wenig Zeit gehabt hätte[575], konnte Wilkins nicht beurteilen, was ihm diejenigen Pandits liefern, die er im Auftrag der East India Company bezahlt. Und William Jones kann nicht beurteilen, was die von Charles Wilkins bekommene „Rohfassung" als tatsächliche Basis hat.[576]

Daß diese bezahlten Pandits entweder keine waren oder zwar schon, aber nichts von ihrem tatsächlichen Wissen mitteilten, wird auch daran deutlich, daß Charles Wilkins 1785 beauftragt wird, ein „Sanskrit-Englisch-Wörterbuch" aufzulegen. Diese Arbeit beginnt er mit seinen „Pandits" ... aber sie sagen ihm nicht, daß es schon seit langem Nachschlagewerke für in Schrift verfaßtes Vedisches Wissen gibt.[577]

Um die Aussage Heinrich Viehoffs in Erinnerung zu rufen: Es ist seltsam, daß beim erwähnten Heinrich Viehoff zu lesen ist: „[...] Kalidas gehört zu den Dichtern, die auf Goethe eine bedeutende und nachhaltige Wirkung geübt haben. Er muß schon geraume Zeit vor der Entstehung des Epigramms [__„Sakontala"; Anm.d.A.__] mit der Dichtung bekannt gewesen sein; denn in einem Briefe vom 1. März 1787 [__näher bezeichnet ist dieser Brief nicht, was aber Viehoff tun müßte; Anm.d.A.__] heißt es: 'Wer hat es nicht erfahren, daß die flüchtige Lesung eines Buches, das ihn unwiderstehlich fortriß, auf sein ganzes Leben den größten Eindruck hatte und schon die Wirkung entschied, zu der Wiederlesen und ernstliches Betrachten kaum in der Folge mehr hinzuthun konnte. So ging es

---

[575] Sechs Jahre intensiven Studiums mit umfassendem Hörverständnis, Kenntnis von der Vielzahl der Laute, und wie diese melodiös zu artikulieren wären, und Gesten, sollten _*mal eben*_ möglich gewesen sein? Und dann noch ein Verständnis von der alten in Sanskrit abgefaßten Literatur und Philosophie zu gewinnen: alles in einem Jahr, wenn überhaupt? Wer will das glauben? (__*Darauf ist noch zurückzukommen.*__)

[576] Siehe Prodosh Aich, *Lügen mit langen Beinen*, die Seiten 297-99.

[577] Siehe a.a.O., die Seite 298.

mir einst mit 'Sakontala'. [...]"[578] — Diese Aussage Goethes, von Viehoff so leicht dahin geworfen, ist jedenfalls ein Rätsel, das sich logisch nicht lösen läßt ... vielleicht wie üblich durch ein Wunder? ...

Und diese zitierte Goethesche Aussage wird durch folgendes Zitat in ihrer Widersprüchlichkeit erst richtig deutlich (__oder unterstreicht sie etwa doch die weiter oben angestellte Spekulation?__): „[...] Man erinnere sich des entschiedensten Beifalls, den wir Deutschen einer solchen Übersetzung der Sakontala gezollt [__gemeint ist die von William Jones[579], die Goethe aber wahrscheinlich nur über die Forstersche Übersetzung kannte__], und wir können das Glück, was sie gemacht, gar wohl jener allgemeinen Prosa zuschreiben, in welche das Gedicht aufgelöst worden. Nun aber wär' es an der Zeit, uns davon eine Übersetzung der dritten Art zu geben, die den verschiedenen Dialekten, rhythmischen, metrischen und prosaischen Sprachweisen des Originals entspräche und uns dieses Gedicht in seiner ganzen Eigentümlichkeit aufs neue erfreulich und einheimisch machte. Da sich nun in Paris eine Handschrift dieses ewigen Werkes befindlich, so könnte ein dort hausender Deutscher sich um uns ein unsterblich Verdienst durch solche Arbeit erwerben. [...]"[580]

Diese Aufforderung Goethes könnte in der Tat der Initialgrund dafür gewesen sein, daß die angehenden deutschen „Indologen" (__Franz Bopp, die Schlegel-Brüder August Wilhelm und Friedrich, Max Müller usw.__) alle nach Paris gegangen waren, um sich dort das „europäische Sanskrit" autodidaktisch beizubringen, oder es von denen zu „erlernen",

---

[578] Siehe *Goethe's Gedichte*, erläutert und auf ihre Veranlassungen, Quellen und Vorbilder zurückgeführt, nebst Variantensammlung nach Nachlese von Heinrich Viehoff, zweiter Theil. Periode der classischen Kunstpoesie. 1783-1805, Düsseldorf, Verlag der Bötticher'schen Buchhandlung, 1847, die Seite 151.

[579] *Sacontalá; or, The fatal Ring*: an Indian drama. By Cálidás. Translated from the original Sanscrit and Pracrit. By Sir William Jones, Calcutta, 1789 [__London: 1790, 1793; Edinburgh: 1796__].

[580] Siehe Johann Wolfgang von Goethe, *West-östlicher Divan*, unter Mitwirkung von Hans Heinrich Schaeder, herausgegeben und erläutert von Ernst Beutler, Dieterich'sche Verlagsbuchhandlung, Leipzig, 1943, die Seiten 297 f.

die davon auch keine Ahnung hatten, anstatt das in Italien zu tun, wo es in Rom wenigstens ein passables Wörterbuch vom Jesuiten Heinrich Roth (__1620-1668__) — *immer noch* — gibt, das auf der Grammatik Pâninis basieren soll, wie erzählt wird, und aufschlußreiche Briefe und Aufzeichnungen von Filippo Sassetti in Florenz, und dann nach England, wo zu jener Zeit in Europa die meisten Sanskrit-Manuskripte lagerten.

Während also der britische George Forster offen zugibt, daß es da „Schwierigkeiten" gibt, eine genügende Aussage über Sitten, Gebräuche und Mythologisches der Inder jener Zeit zu machen

> (__*wobei noch die Frage ist, ob die indischen Pandits es tatsächlich nicht wußten, oder ob sie nicht sagen wollten, wie es sich mit den* „hinduistischen Riten" *verhielt: immerhin spielten sie, da Brahmanen, eine entscheidende Rolle in der indischen Gesellschaft: warum einem Okkupator dann mit* „Wissen" *aushelfen? … und wären sie andernfalls nicht sogar von ihren Kollegen ausgestoßen worden — immerhin hing von diesem Wissen ihre gesellschaftliche Stellung als Brahmanen unmittelbar ab?*__),

erzählt ein William Jones, der selbst kein Sanskrit konnte, von solchen grundsätzlichen Schwierigkeiten nichts … d.h. offiziell nichts: in seinem Briefwechsel mit Charles Wilkins hört sich das anders an.

> Siehe dazu Prodosh Aich, *Lügen mit langen Beinen*, die Seite 177. Aus den dortigen Aussagen, die belegt sind und von mir geprüft wurden, wird deutlich, daß William Jones weder das Sanskrit noch das Persisch konnte, und Arabisch wohl auch nicht. Der Biograph von William Jones, Garland Cannon, der ein hochgelobter „Wissenschaftler" des heutigen „westlichen 'Wissenschaftsbetriebs'" ist, erzählt selbst davon, daß William Jones von diesen Sprachen nichts gewußt haben kann, behauptet dann aber, ohne es belegen zu können, daß er diese später in Indien erlernt habe: _*mal eben*_ so! Übrigens könnte Goethe in seinem *West-östlichen Divan* auf eine von William Jones fabrizierte Übersetzung arabischer Poeme zurückgegriffen haben.[581]

---

[581] Siehe in der „Zeittafel" zu: Johann Wolfgang von Goethe, *West-östlicher Divan*, unter Mitwirkung von Hans Heinrich Schaeder, herausgegeben und erläutert von Ernst Beutler, Dieterich'sche Verlagsbuchhandlung, Leipzig, 1943, insbesondere den Eintrag unter der Jahreszahl „1783" auf Seite 777 und den Eintrag unter der Jahreszahl „1815": „4. März", auf Seite 780.

Und indem Johann Gottlieb Herder, dem deutschen Georg Forster etwas zuspricht, eben Kenntnisse von den „Naturverhältnissen“ in Indien, die der britische George Forster tatsächlich hatte, wenn auch „unzureichend“, wie dieser aber selbst zugibt, spricht er diese „Kenntnisse“ William Jones ab. Gewiß, diese können William Jones von anderen abgesprochen werden. Herder könnte sie ihm Hingegen nicht absprechen, denn er plappert lediglich nach, was andere selbst nur meinen. Da es aber Herder sagt, muß es stimmen ... da es Herder sagt ... und es Goethe im Zusammenhang mit der „Sakontala“ sagt, es die Klaproths, Bopps, Müllers, die Schlegels und all die Rückerts sagen ... Es ist ein Abgrund, der sich da auftut.

Georg Forster, den ich an sich sehr schätze, jetzt mit ihm vom britischen George Forster zugesprochenen Kenntnissen ausgestattet, die er selbst nicht haben kann, da er weder das Sanskrit beherrschte noch Indien bereiste, wird mit dieser zufälligen Prosa-Übersetzung der *Shakuntalâ* zum Impulsgeber der deutschen Pseudowissenschaft „Indologie“, und mittelbar, zusammen mit Herder, der anderen Pseudowissenschaft, der man den Namen „Vergleichende Sprachwissenschaft“ gegeben hat. Wie gesagt, Georg Forster schätze ich sehr, aber darüber aufgeklärt, woher er denn sein Wissen hat, das er in seinen Anmerkungen seiner „Sakontala“ zum besten gibt, hat auch er nicht.

In der Fußnote zur Vorrede William Jones': „Vorbericht des englischen Übersetzers“, weist Forster den lesenden Menschen darauf hin, mit wem er es zu tun hat: „Dieser Uebersetzer ist der gelehrte Sir William Jones, Oberrichter in Bengalen, dessen vertraute Bekanntschaft mit classischer und orientalischer Literatur allen Philologen, und dessen Dichtergabe allen englischen Belletristen bekannt ist. Er hat auch die Asiatick Society in Indien gestiftet, deren Bemühungen ein großen Licht über die Geschichte und Kenntnisse der Indier verbreiten.“[582] William Jones schreibt u.a.: „[...] Ich war [...] äußerst be-

[582] Siehe *Georg Forster's sämmtliche Schriften* [sic!], herausgegeben von dessen Tochter, und begleitet mit einer Charakteristik Forster's [sic!] von G.G. Gervinius, in neun Bänden, neunter Band, Leipzig: F.A. Brockhaus, 1843, die Seite 157.

gierig, vom wahren Zustand dieses Reiches, bevor es die Wilden [...] aus dem Norden unterjochten, einen richtigen Begriff zu erlangen, und setzte mir deshalb vor, als ich nach Bengalen gekommen war, mich entweder mit Hilfe von Übersetzungen an diese Bücher zu machen: 'Im Norden von Indien gibt es viele Bücher, Natak[583] genannt, von denen die Bramen [__sic!__] behaupten, sie enthielten sehr viel von der alten Geschichte, ohne einige Beimischung von Fabel', falls sie nämlich übersetzt worden wären, oder die Sprache, worin sie ursprünglich geschrieben wurden, zu diesem Endzweck zu erlernen, wozu mich überdies noch der Zusammenhang dieser Kenntnis mit der Rechtspflege der Hindus aufforderte. Allein sobald ich mich mit den Bramen unterhalten konnte, versicherten sie mich, die Natak wären keine Geschichtsbücher, sondern wimmelten von Fabeln; es wären beliebte Volksbücher, die aus Unterredungen in Prosa und in Versen bestünden, welche man ehedem vor den Rajas des Alterthums in ihren öffentlichen Versammlungen, über unzählige Gegenstände und in verschiedenen indischen Dialekten, gehalten hätte. [...] Andere Europäer, die ich deshalb befragte, hatten von den Eingeborenen vernommen, daß es Unterredungen über den Tanz, die Musik und die Poesie wären. Endlich hob ein sehr einsichtsvoller Brame [__sic!__] [...], der mit den englischen Sitten vertraut worden war, alle meine Zweifel, und erfüllte mich mit Erstaunen und Freude zugleich, indem er mich versicherte, unser Volk besitze Dichtungen von eben der Art, wie die Natak, welche man auch in der kalten Jahreszeit öffentlich zu Calcutta aufführte, und wie man ihn [__sic!__] berichtet habe, Schauspiele nennte.

Sogleich beschloß ich, bei der ersten Muße, die Beste von dieser Gattung zu lesen, und befragte meinen Bramen, welche von den Nataks

---

583 Ein „Natak" ist ein „Schauspiel" oder „Drama". Die Schauspieler werden „Natakars" genannt. Ein Musikdrama wird Sangeet Natak genannt, allerdings erst in neuerer Zeit, d.h. im 19. Jahrhundert. Die Entwicklung der Musik scheint eine große Rolle bei der Entwicklung des hinduistischen Nationalismus gespielt zu haben, allerdings auch hier wieder vor dem kolonialen Hintergrund. Vgl. hierzu Janaki Bakhle, *Two Men and Music — Nationalism in the Making of an Indian Classical Tradition*, Oxford University Press, Oxford, 2005.

man allgemein vor allen anderen schätzte? Er erwiderte ohne Bedenken: Sakontala, und unterstützte seine Meinung, wie die Pandits [__hierzu merkt Forster an: 'Pandits sind diejenigen unter den Bramen, die des Gesetzbuchs kundig sind; es ist ein Ehrentitel, den man einem Bramen gibt'__] pflegen, mit einem Vers, dieses Inhalts: 'Der Ring der Sakontala, worin der vierte Akt und insbesondere vier Versabschnitte dieses Akts vorzüglich glänzen, entfaltet allen überschwänglichen [__sic!__] Reichthum von Kalidasas Genius.'

Es währte nicht lange, so hatte ich eine richtige Abschrift des Stücks, und mit Hülfe meines Lehrers, Ramalotschan, fing ich an, es zuerst Wort für Wort ins Lateinische zu übersetzen, welches dem Sanskrit so ähnlich ist, daß es sich besser als irgend eine [__sic!__] neuere Sprache für eine gewissenhafte Übersetzung schickt. Hierauf übersetzte ich es wieder wörtlich ins Englische, und zuletzt, ohne irgend einen [__sic!__] wesentlichen Ausdruck ab- oder hinzuzuthun, benahm ich meiner Übersetzung die fremdartige Steifigkeit, und vollendete sie für das Publikum als ein gefälliges und authentisches Bild der alten Hinduistischen Sitten und eine der größten Seltenheiten, welche man aus der asiatischen Literatur noch ans Licht gebracht hat. [...]"[584]

Alle europäischen Gebildeten „wußten" offenbar um diese „Qualitäten" William Jones', da man ihnen erzählt hatte, daß er diese Qualitäten habe, und niemand das in Frage stellte: da sie selbst kein Kriterium hatten, das zu beurteilen ... oder weil sie selbst so verfuhren, also *_ihre_* „Qualitäten — natürlich „schüchtern" — ins „Licht" zu stellen, so sie das nur konnten? Nun, zumindest einige verfuhren so. Die von Forster erwähnte „Asiatick Society", die von den „Sprachgenie William Jones in der Tat zuerst so genannt wurde, deren „Bemühungen ein großes Licht über die Geschichte und Kenntnisse der Indier verbreiten", wie neben Forster damals und auch heute noch (__fast__) alle meinen, bestand bei ihrer Gründung am 15. Januar 1784 aus 13 Europäern,

[584] Siehe *Georg Forster's sämmtliche Schriften* [sic!] [...] in neun Bänden, neunter Band, Leipzig: F.A. Brockhaus, 1843,die Seiten 157-59.

von denen _*niemand*_ — *einschließlich ihres Vorsitzenden Sir William Jones* — auch nur einen Schimmer von _*der*_ Sprache hatte, deren Kenntnis eine der Bedingungen dafür gewesen wäre, von dem überhaupt einen ersten Schimmer zu bekommen, über das seitdem Europäer referierten.

Was über die Shakuntalâ des Kâlidâsas erzählt wird ...

Es wird gesagt, daß Kâlidâsa eine Episode des *Mahâbhâratas*, die in der Bhagavad Gîtâ erzählt wird, zu einem dramatischen Schauspiel verarbeitet habe.[585]

Die in der Bhagavad Gîtâ entwickelte Handlung entspannt sich in Form eines Gesprächs zwischen dem mythischen Pândava-Fürsten Arjuna und seinem Wagenlenker Krishna. *Arjuna ist der mythische Sohn von Indra und Kuntî Devî und selbst der mythische Vater von, u.a., Shrutakîrti. Im Mahâbhârata trägt Arjuna während der Zeit, in der sich die Pândavas im Königreich Virâṭa verstecken, den Namen* Brihannalâ.

Shakuntalâ ist die Gattin des aus der Mond-Dynastie stammenden Dushyantas, die durch diesen mythischen König die Mutter von Bhârata, dem mythischen Gründer Bhâratavarshas und Stammvater der Pandavas und Kauravas ist.

Nun, wie gerade festgestellt, auch dieses „europäische Wissen" um *Shakuntalâ* kann weder ein echtes Wissen gewesen sein, um das ein Klaproth, der Komponist Schubert und all die anderen, die nickten, wurde die Frage gestellt: „Wer kennt die Sakontala nicht?", tatsächlich gewußt haben können, sondern sie können es bloß gemeint haben! Was absolut in Ordnung ist, verarbeitet das ein Künstler, nicht aber mehr, wird das zur Basis wissenschaftlichen Arbeitens gemacht. Allerdings sollte auch ein Künstler schauen, ob er „richtig" liegt, schafft er sein Werk: Die Aufgabe eines Künstlers ist es, die „Wahrheit" künstlerisch zu „zeigen", und dafür kann nicht bloß ein allgemein anerkanntes Meinen zur „Grundlage" genommen werden. Wenn aber die „Shakuntalâ" zum Ganzen der *Bhagavad Gîtâ* gehört, die wiederum

---

[585] Die 18 Abschnitte der *Bhagavad Gîtâ* füllen die Abschnitte 25-42 der Bhîshma Parva (__also des 6. Buches__) des *Mahâbhâratas*.

zum Ganzen des *Mahâbhâratas* gehört, erschließt sich mir dann der Sinn, erschaffe ich aus dieser Episode ein „Kunstwerk", ohne um diesen Zusammenhang zu wissen?

Die „wissenschaftliche Basis" ist offenbar, damals wie heute (__so es nicht „harte Naturwissenschaft" ist__), ein großes von machtelitären Interessen bestimmtes Meinen, über das keiner etwas genaues weiß. Dies ein Meinen, das allein deshalb verbreitet wird, da es in die — *der Masse der Menschen* — zu erzählende „große Erzählung" paßt — *und so eigentlich nichts weiter als Hülse seiend* —, so daß das „Inhaltliche" dieses „unwissenden Meinens" — *wie sein Verbreiten* — keine inhaltliche Bedeutung hat: denn wenn man sich die Welt zurechtphantasieren kann, wie es ansonsten nur Pippi Langstrumpf gekonnt tut, warum nicht, oder? ... Der Unterschied ist: Pippi Langstrumpf verlangt nicht, daß man sie ernst nimmt, die „Koryphäen" von damals und heute verlangen das. Und so kommt es, daß bis heute „alle" wissen, daß William Jones 32 Sprachen fließend sprechen konnte. Woher wissen das „alle"? Von ihm selbst.[586] Bestätigt hat das keiner und _*deshalb*_ kann William Jones bis heute 32 Sprachen sprechen, denn das steht (__*fast*__) überall.[587] Eine dieser 32 Sprachen ist das Sanskrit, das William Jones, so wie, u.a., ein Max Müller, auch nicht konnte. ... Das alles wäre bloß zum Lachen, wäre es Pippi Langstrumpf, die das erzählte, und bedächte man nicht, was daraus erwuchs ...

... kommen wir kurz auf die „Vedânta" zurück

Wie weiter oben schon gesagt, bedeutet Vedânta: „den Veden angehängte Schriften".[588] Wenn von „Upânishad" die Rede ist, handelt es sich philosophiesystemisch um die „Vedânta", wobei davon ur-

---

586 Siehe Prodosh Aich, *Lügen mit langen Beinen*, Acharyya Verlag, Oldenburg, 2003, die Seite 177.

587 Siehe Prodosh Aich, *Lügen mit langen Beinen*.

588 Siehe die Seiten 436.

sprünglich allein jene gemeint waren, die als „frühe upânishadische Schriften" gelten. Der Begriffshorizont für „Vedânta" hat sich dann erweitert, so daß heute nicht nur all jene klassischen hinduistischen Philosophie-Systeme zur Vedânta gerechnet werden, die sich an den frühen upânishadischen Schriften orientieren, denn längst gelten auch jüngere Werke des hinduistischen Denkens zur Vedânta. Daraus ist die „klassische Vedânta" entstanden, die einen Zeitraum von zweitausend Jahren und zahlreiche Richtungen sowie hunderte von Autoren umfaßt. Allen Richtungen der Vedânta ist jedenfalls gemeinsam, daß sie ihre Reflexionen von den upânishadischen Schriften herleiten. Heute wird die Vedânta sogar als die Philosophie des Hinduismus' schlechthin angesehen. Das ist insofern folgerichtig, da es sich bei den Upânishad um die am ausgeprägtesten philosophischen Betrachtungen über den Inhalt Vedischen Wissens handelt — wenn auch, wie schon wiederholt bemerkt, aus einer „Nachvedischen Perspektive", also aus der Perspektive einer hierarchischen Gesellschaftsformation.

Ende der Exkursion:
„Brahmâ / Brâhman—Âtman / Rishi / Veda / Mîmâṃsâ / Vedânta"

Der Faden, der auf der Seite 383 wegen der zu unternehmen gewesenen Exkursion: „Brahmâ / Brâhman—Âtman / Rishi / Veda / Mîmâṃsâ / Vedânta" abgelegt wurde, ist nun wieder aufzugreifen. Zu diesem Zweck seien davon jetzt die ersten Sätze wiederholt, die auf den Seiten 380 f. stehen: Die Entwicklung des Hinduismus' weist eindrücklich daraufhin, daß dieses philosophisch-religiöse Gedankengebäude auf Toleranz gegenüber der individuellen Bevorzugung einer bestimmten philosophischen oder religiösen Richtung angelegt ist, und damit ist ihm die Fähigkeit eigen, nicht allein die verschiedenen religiösen wie philosophischen Glaubensvorstellungen synkretistisch zu verarbeiten, sondern für dieses philosophisch-religiöse Gedankengebäude ist es auch typisch, mit anderen Glaubensvorstellungen ein friedliches Nebeneinander zu praktizieren. Und so kam es erst in der Auseinandersetzung mit dem nach Bhâratavarsha expandierenden — *von seiner ganzen Anlage her gesehen* „monolithisch-monotheistisch", *folglich anlagebedingt intoleranten* — Islam zu gesellschaftspolitisch reaktiven Tendenzen. (__Die islamische Expansion begann sporadisch im 10. Jahrhundert und erfolgte ab dem 13. Jahrhundert systematisch: Sultanat von Delhi [__1206-1526__]; Mogul-Herrschaft 1526-1858.__)

Diese reaktiven Tendenzen, die mehr das Ergebnis von gewaltsamer physischer Eroberung als von gewaltsam geistigem Eroberungsversuch durch islamische Missionierung geprägt waren, wurden dann durch den europäischen Kolonialismus insbesondere deshalb zu einer weit stärkeren reaktiven Tendenz, da dieser Kolonialismus mit gewaltsamen Missionierungsversuchen durch die verschiedenen Vertreter des monotheistischen Christentums einherging.

*Diese* reaktiven Tendenzen der hinduistischen Gesellschaft gingen zuerst vor allem auf die Kappe der Portugiesen, Spanier, Holländer und Franzosen. Dann, als die Briten die Kolonialherren Bhâratavarshas wurden[589], änderten sich Art und Methode: die Britische Ostindien-Kompanie stellte „Orientalisten" zur „besseren Kommunikation" ein — man könnte auch sagen: zur Erleichterung der Ausbeutung der indischen mentalen wie physischen Ressourcen[590], und es wurde nun auf das Schul- und Ausbildungssystem gezielt.

> Die Qualität dieser „Orientalisten" mußte deshalb fragwürdig sein, da keiner von diesen bezahlten Söldnern des Sanskrits mächtig sein konnte: wo hätten sie es erlernen können? Wie hätten sie beurteilen können, ob ihre Sanskrit-Lehrer gut waren oder nicht? Ein Friedrich Maximilian Müller gehörte nicht nur mit zu diesem Söldner-Stab der Inkompetenten, sondern erst nachdem er alle „Prüfungen" bestanden hatte, von denen die letzte von Thomas Babington Macaulay persönlich abgenommen wurde, durfte er den europäischen _*und*_ den indischen Büchermarkt mit seinen „Werken" über die alte Geschichte Bhâratavarshas fluten.[591]

---

589 Herrschaftsübernahme durch die Briten: Ostindien-Kompanie; 1757 erstmals als territoriale Macht nach der Schlacht bei Palashi (__Plassey__) nördlich von Kolkata (__Kalkutta__) auftretend.

590 Siehe diesbezüglich Prodosh Aich, *Lügen mit langen Beinen*, Acharyya Verlag, Oldenburg, 2003, die Seite 320.

591 Siehe a.a.O., die Seiten 389-93.

Das Ergebnis der damit einhergehenden, vor allem die indische Elite betreffenden Gehirnwäsche, bestand einmal darin, daß das Kalkül Thomas Babington Macaulays aufging, daß nämlich daraus eine Elite entstand, die nach europäischem Mentalitätsmuster funktionierte. Der damit einhergehende Nationalismus, war zwar wohl nicht geplant erzeugt, aber er entwickelte sich aus diesem „europäischen Mentalitätsmuster", das Grundlage des europäischen Nationalstaates ist.[592] Das bedeutet, es handelte sich dabei um einen vorhersehbaren, da importierten Nationalismus, der dann zum Streben nach staatlicher Unabhängigkeit führte, die früher oder später sowieso erfolgen mußte. Aber die Unabhängigkeitsbestrebungen entwickelten sich nach „europäischem Muster", da die ganze Elitenprägung eine europäisierte war. Für den „Erfolg" des gesellschaftspolitischen Verankerns des „europäischen Mentalitätsmusters" war aber, daß es keinen „Rückfall" in die eigenständige bharatavarsische Geschichtstradition geben konnte. Und hier kamen die „westlichen 'Indologen'" ins Spiel: zur Zeit der britischen Kolonialherrschaft kam es zu einer „Neuschreibung" der bharatavarsischen Geschichte durch „westliche 'Indologen'". Die sich daraus ergebenden Konsequenzen waren, daß die von Thomas Babington Macaulay initiierte Schul- und Ausbildungsreform eine europäisch denkende Elite schuf, der ein potentiell immer möglicher Rückzug auf eigene Kulturtraditionen durch die „Neuschreibung" der bharatavarsischen Geschichte durch „westliche 'Indologen'" versperrt wurde, da so die ganze bharatavarsische Gesellschaft

---

592 Thomas Babington Macaulay (__1800-1859__), der schon vier Jahren später als reicher Mann ins Vereinigte Königreich zurückkehrte (__bemerkenswert, oder?__), kam 1834 nach Indien und war dort *Member of the Supreme Council of India* dessen Aufgabe darin bestand, die direkt und indirekt unter britischer Herrschaft stehenden Regionen „Indiens" im Sinne der Britischen Ostindien-Kompanie und der britischen Krone zu verwalten. Macaulay war es, der die Grundlagen des indischen Ausbildungssystems schuf.

Übrigens kannte Friedrich Nietzsche von Macaulay verfaßte Schriften. Wußte er auch von dessen Aussagen zum indischen Ausbildungssystem und zur „Elitenbildung"? Gut möglich, daß er sich davon inspirieren ließ, „Grausamkeitsmoral" für „Gesocks-Aristokratie" zu formulieren.

ihrer originären Wurzeln beraubt war. Erst _*jetzt*_ stand die „psychische Energie" der Masse der „indischen Gesellschaft" für nationalistische Tendenzen (__nach „europäischem Mentalitätsmuster"__) zur Verfügung.

Und so setzte schließlich jenes ein, das als hinduistischer Nationalismus bezeichnet wird — der Hindutva. Nämlich zu jener Zeit einsetzend als es zu Bewegungen gegen die britischen Kolonialherren kam, wobei der Aufstand der Sepoy 1857 in zweifacher Hinsicht bezeichnend ist. Einmal, da für Vinayak Damodar Savarkar (__1883-1966__), dem Begründer des Hindutvas, dieser Aufstand als Initialzündung für den hinduistischen Nationalismus gilt. Tatsächlich wurde aber Vinayak Damodar Savarkar so sehr vom europäischen Kulturkreis geprägt (__*allein dadurch, daß sein Denken durch das Studium der Rechtswissenschaft in England* „europäisch strukturiert" *wurde*__), daß er dafür plädierte, die hinduistische Philosophie und Mythologie zumindest in Teilen einer „rationalen" Prüfung durch die „westlich" geprägte Wissenschaft zu unterziehen. Zum anderen belegt aber gerade dieser Aufstand, daß es „Hindus" und Muslimen vereint zu kämpfen möglich war.

Man kann also sagen, daß der hinduistische Nationalismus keineswegs originärer Natur ist, sondern als Resultat der Auseinandersetzung mit dem islamischen Monotheismus, die dann von der „europäischen Indoktrination" abgelöst wurde, zu verstehen ist. Diese Indoktrination erfolgte zwar systematisch durch die Briten, aber diese Indoktrination kann deshalb als „europäisch" gelten, da die „Indologen" der ersten Stunde christianisierte Europäer waren: Briten, Franzosen, vor allem jedoch Deutsche, und diesbezüglich ist Friedrich Maximilian Müller die zentrale Figur.

Zumal die Frage ist, ob denn, wäre die Kolonisierung Bhâratavarshas von einem anderen europäischen Reich so weitreichend wie durch die Briten erfolgt, diese Okkupation besser gewesen wäre. Was eben nicht anzunehmen ist, wenn man sich die Art und Weise des von den anderen europäischen Mächten praktizierten Kolonialismus' ansieht und sich bspw. das Verhalten der Portugiesen vergegenwärtigt, die in ihrem Herrschaftsgebiet „Goa" alle bharatischen Kult-Gebäude zerstörten und als Baumaterial für ihre Kirchen nahmen, so daß dort heute nichts mehr an die so alte wie reiche Kultur Bhâratavarshas erinnert.

> Werfen wir nun einen Blick auf die beiden Elemente der „europäischen Indoktrination" (__*die selbst nicht ohne die christliche Indoktrination Europas zu denken ist*__), um einen vollen Begriff von dem zu bekommen, das man als „europäischen Kolonialismus" bezeichnen muß.

Unter anderem ist es Garland Cannon, Professor für Anglistik und Linguistik, der in unserer Zeit die Legende strickt, daß die „Indologen" der ersten Stunde „Titanen des Geistes" waren, obwohl daran objektiv gesehen nichts Wahres dran ist. Dieser Gelehrte der „westlichen Wissenschaft" beschränkt sich zwar auf eine dieser „Koryphäen", dies aber auf eine Weise, die exemplarisch lobhudelnd ist: „[...] Jones selbst zeigte der Welt den Wert des Sprachstudiums [...], wenn es darum ging, Unterricht, Erbauung und Unterhaltung zu vermitteln. Seine auf Sprachkenntnissen basierende Karriere galt bis tief ins neunzehnte Jahrhundert hinein als Vorbild für Amerikaner und Europäer. Sein Studium des Sanskrits [...] hatte kulturelle und politische Konsequenzen für das indische Volk, die über die wissenschaftlichen Erkenntnisse hinausgingen. Sein wahrscheinlich größtes Vermächtnis ist es, ihnen [...] dabei geholfen zu haben, ihre wissenschaftlichen und künstlerischen Leistungen wiederzubeleben und so zu einem notwendigen Nationalstolz beizutragen, der sie ihren Platz unter den anderen kultivierten Völkern der modernen Welt einnehmen ließ. [...]"[593]

---

[593] Quelle: Garland Cannon, *Sir William Jones, Persian, Sanskrit and the Asiatic Society* [__of Bengal__], in: „Revue 'Histoire Épistémologie Langage'", tome 6, fascicule 2, 1984. Genèse du comparatisme indo-européen, Seite 93. Übersetzung des Autors. Von dieser Schrift gibt es eine PDF-Datei; der Link dazu ist am 15. März '20 erneut geprüft worden: https://www.persee.fr/docAsPDF/hel_0750-8069_1984_num_6_2_1190.pdf. Von Garland Cannon gibt es auch eine William Jones betreffende Biographie, die er 1995 zusammen mit Kevin Brine herausgegeben hat: *Objects of enquiry: life, contributions and influence of Sir William Jones* (__1746-1794__), New York University Press.

Nach dem gerade zitierten Garland Cannon wäre die „Asiatic Society die „Mutter der anderen asiatischen Gesellschaften in der Welt".[594] Eine nähere Beschäftigung mit William Jones und dieser von ihm am 15. Januar 1784 gegründeten Gesellschaft, die von William Jones noch „Asiatick Society" genannt wurde, ergibt aber, daß es sich dabei um eine „komplexe Irreführung" handelt. Immerhin war diese Gesellschaft, wie es Prodosh Aich so treffend wie begründet ausdrückt: „die erste Fabrik für Geschichtsfälschung und für Gehirnwäsche", die schließlich „zum globalen Joch des industriellen Medien-Manipulation-Macht-Komplexes geführt hat".[595]

In seinem Buch *Lügen mit langen Beinen* deckt Prodosh Aich auf, daß weder William Jones noch die anderen Figuren der „Indologie" der ersten Stunde wie Franz Bopp, Friedrich Maximilian Müller (__Max Müller__) und ihre Nachfolger, dem gerecht werden können, was ihnen bis heute zugesprochen wird: Koryphäen auf dem Gebiet der „Indologie" und der „Vergleichenden Sprachwissenschaft" zu sein.

Es ist vor allem Prodosh Aich zu verdanken, daß so William Jones und Friedrich Maximilian Müller ins rechte Licht gerückt wurden. Dazu hat er bspw. die umfangreiche Korrespondenz von William Jones und die von Friedrich Maximilian Müller ausgewertet. Soweit es mir möglich war, habe seine Aussagen im genannten Buch überprüft. Alle Aussagen Prodosh Aichs, die ich im Ihnen vorliegenden Buch als Quelle verwende, habe ich auf ihre Richtigkeit überprüft. Das heißt alle von mir überprüften Aussagen sind korrekt und nachvollziehbar geschlußfolgert. Allein eine Aussage in diesem Buch bedarf aus meiner Sicht einer Klarstellung, von der ich Prodosh Aich aber nicht überzeugen konnte. — Nun, in diesem Zusammenhang ist dieser Punkt irrelevant, deshalb ist darauf an dieser Stelle auch nicht weiter einzugehen.

---

[594] „[...] the Asiatic Society became the mother of other Asiatic Societies around the world"; vgl. Garland Cannon, in: *Sir William Jones, Persian, Sanskrit and the Asiatic Society* [__of Bengal__], die Seite 83. Siehe die weiteren Angaben zur Quelle in Fußnote 593.

[595] Siehe Prodosh Aich, *Lügen mit langen Beinen — Entdeckungen, Gelehrte, Wissenschaft, Aufklärung: Dokumentarische Erzählung*, Acharyya Verlag, Oldenburg in Oldenburg, 2003, die Seite 176.

Schon dieses Zitat von Garland Cannon kann als ein Indiz für meine Vermutung genommen werden, daß der indische Nationalismus eine Schöpfung der „westlichen Welt" ist, bzw. ohne das Treiben der „Indologen" und der von den Briten praktizierten Indoktrination, insbesondere in Form des von Thomas Babington Macaulay initiierten „indischen Schulsystems", nicht denkbar wäre. Der relevante Teil dieses Zitats sei deshalb wiederholt: „[...] [__William Jones'__] Studium des Sanskrits [...] hatte kulturelle und politische Konsequenzen für das indische Volk, die über die wissenschaftlichen Erkenntnisse hinausgingen. Sein wahrscheinlich größtes Vermächtnis ist es, ihnen [...] dabei geholfen zu haben, ihre wissenschaftlichen und künstlerischen Leistungen wiederzubeleben und so zu einem notwendigen Nationalstolz beizutragen, der sie ihren Platz unter den anderen kultivierten Völkern der modernen Welt einnehmen ließ. [...]"[596]

Das nachfolgende Zitat kann aber sogar als klarer Beleg dafür genommen werden, daß der indische Nationalismus eine Schöpfung der „westlichen Welt" ist. Dieses vom bereits genannten Thomas Babington Macaulay stammende Zitat beinhaltet Überlegungen, die über die Zielsetzung _aller_ Kolonisierung großen Stils exemplarisch Auskunft gibt, und genau diesem Ziel dient der vom „Westen" vor ca. 520 Jahren initiierte Weltkrieg[597]:

„[...] Ich bezweifle, daß die Sanskrit-Literatur so wertvoll ist wie die unserer sächsischen und normannischen Vorfahren. In einigen Fachbereichen, z.B. in Sachen Geschichte, bin ich sicher, daß sie es viel weniger ist. [...] Die Sprachen Westeuropas zivilisierten Rußland. Ich kann nicht bezweifeln, daß sie für die Hindoos [__sic!__] das tun werden, was sie für die Tataren getan haben. [...] Wenn ein intelligenter englischer Jugendlicher in der Lage ist, die Kompositionen der besten griechischen Autoren in viel weniger Jahren als unsere unglücklichen Studenten am Sanscrit College zu lesen, zu genießen und sogar

---

596 Siehe auf der Seite 472 die Quellenangaben in der Fußnote 593.

597 Vgl. dazu auch in: « Sie fragen noch, wie die ›Verhältnisse‹ liegen? », Aspekt 28.

nicht ungeschickt nachzuahmen, dann sollte es einem Hindoo [__sic!__] möglich sein, Hume und Milton in weniger als der Hälfte der Zeit zu lesen, die ein englischer Jugendlicher braucht, um Herodot und Sophokles zu lesen. [...] wir sollten sie dazu erziehen, das zu lehren, was am besten zu wissen ist; daß Englisch besser zu wissen ist als Sanskrit oder Arabisch; daß die Einheimischen begierig darauf werden, Englisch zu lernen, und nicht begierig darauf sind, Sanskrit oder Arabisch zu lernen; daß weder die Rechtssprachen noch die Sprachen der Religion das Sanskrit und Arabisch einen besonderen Anspruch auf unser Engagement haben; daß es möglich ist, aus den Eingeborenen dieses Landes durchweg gute englische Wissenschaftler zu machen, und auf dieses Ziel sollten unsere Bemühungen ausgerichtet sein. [...]

Wir müssen [...] unser Bestes tun, um eine Klasse zu bilden, die zwischen uns und den Millionen, die wir regieren, Dolmetscher sein kann; eine Klasse von Personen, indisch in Blut und Farbe, aber englisch im Geschmack, in der Anschauung, in der Moral und im Geist ist. Dieser Klasse können wir es überlassen, die volkstümlichen Dialekte des Landes zu verfeinern, diese Dialekte mit wissenschaftlichen Begriffen anzureichern, die der westlichen Terminologie entlehnt sind, und sie nach und nach zu geeigneten Trägern für die Wissensvermittlung an die große Masse der Bevölkerung zu machen. [...]"[598]

> „[...] Wir müssen [...] unser Bestes tun, um eine Klasse zu bilden, die zwischen uns und den Millionen, die wir regieren, Dolmetscher sein kann; eine Klasse von Personen, indisch in Blut und Farbe, aber englisch im Geschmack, in der Anschauung, in der Moral und im Geist ist [...], und sie nach und nach zu geeigneten Trägern für die Wissensvermittlung an die große Masse der Bevölkerung zu machen. [...]"

---

[598] Bureau of Education, India. *Selections from Educational Records*, Part I: 1781-1839. Edited by H. Sharp. Calcutta: Superintendent, Government Printing, 1920, die Seiten 111-116. Hervorhebung vom Autor. — Im Internet unter folgender Adresse abrufbar:

https://ia802305.us.archive.org/8/items/SelectionsFromEducationalRecordsPartI1781-1839/Sharp_Selections_From_Educational_Records_India_part_1_1781-1839_old_series.pdf. Der Link wurde am 16. März '20 erneut geprüft.

Dieses Zitat von
Thomas Babington Macaulay
vielleicht etwas sacken lassen?

Es ist nun ein Blick auf die „Gelehrten" der „europäischen Kolonialwissenschaft" namens „Indologie" zu werfen, da so besser zu beleuchten ist, was es mit dem „Arier-Mythos" und den „Ariern" auf sich hat. Das ist notwendig, da dieser Mythos nicht nur für eine folgenreiche Entwicklung steht, die direkt von diesen Pseudowissenschaftlern verbrochen worden ist, sondern die Erfindung des „Arier-Mythos" belegt auch das Gegenteil von dem, was der eigentlich begründen sollte: ein tiefsitzendes Minderwertigkeitsgefühl, das auf „die anderen" projiziert wurde.

> „[...] Friedrich Maximilian Müller ist kein Gelehrter, sondern ein Söldner, der stets die Stimme seines Herrn hinausposaunte. [...]"[599] — Und dieser Herr wurde zeitweise von Thomas Babington Macaulay verkörpert.

Von den „europäischen 'Indologen'" wurden sanskritischen Texten „Aussagen" entnommen, die das begründen sollten, was seitdem als „indogermanische" oder „indoeuropäische Sprachfamilie" bezeichnet wird, die in diesen Texten selbst aber nicht gelegen hatten. Diese „Aussagen" wurden von den „Indologen" so in diese Texte eingefügt, daß sie in ihr „ideologisches Bild" paßten. Das bedeutet, daß sie diese Texte nicht einmal falsch interpretiert haben, denn dafür hätten sie sie verstehen müssen. Dieses „Wissen" wurde dann zu Büchern verarbeitet und massenhaft verbreitet. Es ist aber dieses „Wissen", das seitdem die Grundlage für die Beschäftigung mit der alten Geschichte Bhâratavarshas durch die Europäer _und_ durch die Inder selbst, die den Europäern sogar dankbar waren, daß die ihnen wieder ihre alte Geschichte „entdeckt" hatten, bildet. Dabei hat es sich tatsächlich um eine kollektive Gehirnwäsche gehandelt: einmal die Inder betreffend, aber auch die normalen Europäer, denn seitdem „wissen"

---

599 Siehe Prodosh Aich, *Lügen mit langen*, die Seite 393.

diese, daß sie „Indogermanen“ oder „-europäer“ sind. Und unterschwellig glauben sie bis heute, genau das zu „wissen“.

Das heißt die sanskritischen Texten sind mit „Elementen“ versehen worden, die aus den mythischen Vorstellungen der griechisch-römischen Antike und den christlich-monotheistischen Vorstellungen des europäischen Feudalismus’ stammen. Zu diesen „Elementen“ gehören bspw. Kreationen wie der von William Jones geschaffene „indische Liebesgott“, den dieser _mal eben_ erfunden hatte — sich dabei an Eros, Amor _und_ Cupido orientierend — und der seitdem „Camdeo“ heißt.[600] Es sind solche Leute, auf die man sich noch heute beruft, wird den „westlichen“ und „indischen“ Studenten „erklärt“, wie es sich mit dieser und anderen „Gottheiten“ verhält, die es bis dahin in der bharatischen Kultur entweder nicht gegeben hat oder so nicht zu verstehen sind, da schon die Vedischen Menschen wußten, daß es „Wirkkräfte der Materia“ sind.

Das Groteske ist, daß keiner von den europäischen Autoritäten, oder von denen, die zwar „Inder in Blut und Hautfarbe“, aber an „westlichen“ Universitäten ausgebildet wurden, etwas vom klassischen Sanskrit, das ist das Sanskrit, das in der Devanagari geschrieben und heute verwendet wird, geschweige von der Sprache, die die Vedische Sprache war, in der alles schriftlich abgefaßt wurde, daß als Vedisch bezeichnet wird, obwohl es erst in Nachvedischer Zeit verfaßt wurde, denn das Vedische war eine rein mündliche Sprache, etwas wissen konnten. Denn wie hätten diese „Koryphäen“ davon etwas wissen können? Wer hätte es ihnen beibringen können?

Von William Jones weiß man, daß er „weder ‘Shanscrit’ noch eine andere indische Sprache hat lesen können“[601]. Und das ist typisch: obwohl die Indologen von dem, das sie zu ihrem Thema machten: die „bharatische Kultur“, nichts wissen konnten, „interpretierten“ sie nicht nur für sich allein Texte, deren Inhalt sie einzig aus ihrer Perspektive phantasieren konnten, und diese „phantasierten Interpreta-

---

[600] Siehe *Works of Sir William Jones*, Volume XIII, John Stockdale, London, 1807, die Seiten 234-49: „A Hymn to Camdeo“.

[601] Siehe Prodosh Aich, *Lügen mit langen Beinen*, Seite 212.

tionen“ tauschten sie auch nicht nur mit ihren europäischen „indologischen Kollegen“ aus, nein, ihr „interpretatorisches Instrumentarium“, das ihnen „Interpretationen“ zu phantasieren erlaubte, wie auch die von ihnen bearbeiteten Sanskrittexte sowie die auf der Grundlage ihrer „phantasierten Interpretationen“ gewonnenen „Erkenntnisse“, bildeten die Grundlage ganzer Wissenschaftsgebiete: der „Indologie“ und der „Vergleichenden Sprachwissenschaft“.

Nüchtern betrachtet, können die „wissenschaftlichen Ergebnisse“ ihres Interpretierens lediglich einer Kultur entsprungen sein, die über Jahrhunderte vom monotheistischen Christentum geprägt worden war. Denken und Fühlen entwickeln sich aber in Abhängigkeit von der gesellschaftlichen Kultur, in der ein Mensch seine charakterlichen Prägungen erfährt — und die *vor*_prägenden Eindrücke beginnen in der intrauterinen Phase: denn der Mensch ist plastisch[602].

Nun, diese „wissenschaftlichen Ergebnisse“ wurden in Masse auf den Markt geworfen, so daß vernünftige Beschäftigungen mit einem unbekannten Wissensfeld, oder selbst die von Einheimischen angestellten Beschäftigungen mit der alten Vedischen Kultur, keinen oder nur unzureichenden Eingang in den Lehrstoff an Hochschulen finden konnten (__*Theodor Benfey wäre bis zu einem gewissen Punkt als Ausnahme zu nennen*__). Alles, was nicht dem Mainstream-Denken der damaligen Zeit entsprach, wurde auf diese Weise verdrängt. Lediglich in Nischen überlebte das originär Vedische wie originär Nachvedische Wissen. Für das Verbreiten von „phantasierten Interpretationen“ eines unbekannten Wissensschatzes sind aber Leute wie Franz Bopp oder vor allem Max Müller verantwortlich.

Es ist die fixe Idee Franz Bopps, die zur Grundlage der „Vergleichenden Sprachwissenschaft“ wird: er kann das Sanskrit nicht gekonnt haben und er war auch nie in Indien, aber er weiß ganz genau,

---

602 Siehe dazu, daß der Mensch „plastisch angelegt" ist, in: Die *tri*_logische Sezierung […], Band I, Teilband 4, die Seiten 138-47.

daß „Sanskrit, Persisch, Griechisch, Latein und Deutsch einen gemeinsamen Ursprung haben"[603].

> Siehe in diesem Zusammenhang auch Arnold Wadler, *Der Turm von Babel — Urgemeinschaft der Sprachen*, 2. Auflage, Fourier Verlag, Wiesbaden, 1988, erstmals 1935 im Rudolf Geering Verlag, Basel, erschienen; derselbe, *Germanische Urzeit — Quellen zur Vorgeschichte der deutschen Sprache*, Fourier Verlag, Wiesbaden, o.J., erstmals 1936 im Rudolf Geering Verlag, Basel, erschienen; derselbe, *Das Rätsel der Indogermanen*, Rudolf Geering Verlag, Basel, 1937.

Es sei wiederholt: Die „Indologen" der ersten Stunde können nichts von dem gewußt haben, was sie interpretierten und anderen dann als „Wissen" verkauften.

Es sind illustre Namen darunter. Die erwähnten Franz Bopp und Friedrich Maximilian Müller (__der noch heute in Indien einer der Großen mit „Namen" ist__). Sie hatten sich das Sanskrit selbst beigebracht. Oder Friedrich von Schlegel (__1772-1829__), der 1803 in Paris das Sanskrit von Alexander Hamilton gelernt haben soll, obwohl dieser davon ebenso nichts wissen konnte. Aber wie hätte das auffallen können, da seine Schüler und „Mitstreiter" davon auch nichts wußten, auch wenn heutige Wissenschaftler das zu beweisen suchen und damit bloß belegen, daß sie selbst keine Wissenschaftler sind? Und so konnte Friedrich von Schlegel 1808 ohne weiteres das „Evangelium der deutschen Romantik" schreiben: „Ueber die Sprache und Weisheit der Indier". Und sein Bruder August Wilhelm von Schlegel (__1767-1845__)? Es soll Franz Bopp gewesen sein, der ihm eine „Einführung" in „Sanskrit" geben hat ... Also eine „Einführung" in jenes „Sanskrit", das ein „europäische Kunstprodukt" war, deshalb auch nur viel „besser" als das originale Sanskrit sein konnte ... und _*deshalb*_ mußte es auch nach „Indien" exportiert werden, denn:

---

[603] Siehe Prodosh Aich, *Lügen mit langen Beinen* — Entdeckungen, Gelehrte, Wissenschaft, Aufklärung: Dokumentarische Erzählung, Acharyya Verlag für kritische Wissenschaft, Oldenburg, 2003, die Seite 305.

„Europäer" sind die geborenen Exporteure. Und _so_ ist es verständlich, daß August Wilhelm von Schlegel, als erster Professor für Literatur und Kunstgeschichte an der 1818 neugegründeten Universität „zu" Bonn, zumindest auch zum Mitbegründer der „Indologie" wurde.

Es ist dann Max Müller, der „nachweist", daß es im Rig Veda, also im ersten Teil des vom mythischen Vedavyâsa zerlegten Vedas[604], „Hymnen" gibt, die die ursprüngliche Heimat der „Arier" besingen.[605] Das bedeutet, daß mit der Veröffentlichung von: *A History of Ancient Sanskrit Literature* die „Arier" im Jahre 1859 in die Welt treten.[606] Es sind diese und andere Erfindungen Max Müllers, die später die Grundlage für den „Arier-Mythos" und für die „Identitätsbegründung" der faschistischen „Arier" bilden. — Was aber ist eine Grundlage, wenn sie die Qualität des Fundaments eines Luftschlosses hat?

Zwar revidiert dieser Max Müller später die Behauptung, daß er im Rig Veda die Hymnen der „Arier" an ihre „alte Heimat" (__*die ebenso niemand kennt*__) entdeckt habe, d.h. nachdem er erfahren hat, daß es doch nicht so einfach mit dem Sanskrit, dem in Sanskrit Geschriebenen (__*geschweige dem Gesprochenen*__) und dem vom eigenen beschränkten Horizont bestimmten Phantasierten über etwas völlig Unbekanntes, nämlich das Vedische Wissen, ist: Müller, wie alle anderen „Indologen" der ersten Stunde, wußte nicht, daß es einen qualitativen Unterschied zwischen dem in Nachvedischer Zeit zur Verschriftung des Vedischen Wissens verwendeten Sanskrit (__dem „gewöhnlichen" oder „klassischen" Sanskrit__) und dem Vedischen Sanskrit, die zwar den Buchstaben nach gleich sind, gibt, so daß sich Vedisches Wissen dem nicht erschließt, der „nur" die Grammatik des gewöhnlichen bzw. des klassischen Sanskrits beherrscht: und nicht einmal

---

604 Siehe die Seite 386, beginnend mit: „Die Vorstellung, daß Brahmâ vier Veden erschaffen habe ..."

605 Siehe dazu Prodosh Aich, *Lügen mit langen Beinen*, die Seite 359.

606 *A History of Ancient Sanskrit Literature so far as it illustrates the Primitive Religion of the Brahmans* by Max Müller, M.A. [...], Williams and Norgate, London, Edinburgh, Paris, Leipzig, 1859.

vom Beherrschen des gewöhnlichen bzw. klassischen Sanskrits kann bei den „Indologen" der ersten Stunde die Rede sein. Oder wußten sie etwa, wie es gesprochen wurde, welcher Bedeutungsumfang darüber dann transportiert wurde, mittels welcher Klangvielfalt das eigentlich Bedeutungsvolle ausgedrückt wurde? Erst Theodor Benfey (__1809-1881__) erkennt den Unterschied zwischen dem gewöhnlichen bzw. klassischen Sanskrits und dem Vedischen.[607]

Allerdings erkennt auch Benfey den Unterschied nur bezogen auf die Grammatik, nicht bezogen auf die Bedeutung des sprachlichen Ausdrucks zur Vermittlung des vollen Bedeutungshorizontes des Vedischen Wissens, obwohl er davon einen Begriff gehabt haben mag: auch Benfey, nicht anders als die anderen, bringt sich das Sanskrit selbst bei, also mit Hilfe der damals in Europa so gängigen wie unzureichenden Grammatikbücher.

Über die Kenntnis der Grammatik einer Sprache erschließt sich die Sprache selbst aber nicht, denn sie erlaubt nur eine gewisse Ordnung in diese zu bringen, bspw. das Ausgedrückte zeitlich richtig verorten zu können: erlebe ich gerade etwas oder erzähle etwas, daß ich gestern erlebt hatte? Kann ich dies differenzieren, gewinnt der zuhörende Mensch darüber Klarheit, wann etwas geschehen ist, aber noch längst nicht darüber, was das bedeutet. Wer also das „Vergleichen" zu einer „Wissenschaft" macht, wie es die deutschen „Indologen" seit Franz Bopp tun, muß andere Beweggründe haben. Das heißt sie „bewerten, schließen ein und aus. Und das tun sie zudem auf einer ideologischen „Basis". — Denn täten sie das nicht, könnten sie höchstens dorthin geführt werden, von wo aus Arnold Wadler seine Schlüsse ziehen wird.[608]

---

[607] Theodore Benfey, *Einleitung in die Grammatik der vedischen* Sprache, erste Abhandlung: Samhitâ-Text, Dieterich'sche Buchhandlung, Göttingen, 1874, die Seiten 3 f.

[608] Vgl. Arnold Wadler, *Der Turm von Babel — Urgemeinschaft der Sprachen*, 2. Auflage, Fourier Verlag, Wiesbaden, 1988, erstmals 1935 im Rudolf Geering Verlag, Basel, erschienen; derselbe, *Germanische Urzeit — Quellen zur Vorgeschichte der deutschen Sprache*, Fourier Verlag, Wiesbaden, o.J., erstmals 1936 im Rudolf Geering Verlag, Basel, erschienen; derselbe, *Das Rätsel der Indogermanen*, Rudolf Geering Verlag, Basel, 1937.

Aber darum geht es diesen „Indologen" nicht: Es geht ihnen um künstliche Identitätsschaffung von menschlich Identitätslosen. Ein „nahes" Ergebnis davon wird das sein, was man als „Wilhelminismus" bezeichnen kann. Das will besagen, daß der „Wilhelminismus" durch das ideologisch „begründete" Treiben der deutschen „Indologen" und „Vergleichenden Sprachwissenschaftler": „die 'anderen' und 'wir'", zumindest eine seiner ursächlichen Wurzeln findet.[609]

Diese Erkenntnis Theodor Benfeys (__*daß es einen gravierenden Unterschied zwischen dem gewöhnlichen bzw. klassischen Sanskrits und dem Vedischen gebe*__) wurde aber nicht besonders zur Kenntnis genommen, und damit hatte sie keine Auswirkungen mehr auf die verhängnisvolle Entwicklung. Denn die phantasierten Entdeckungen der „Indologen" hatten dieser „besonderen Art von Reflexdenken" längst genügend Nährboden gegeben ... zumal vorher schon das kranke Denken längst in der „europäischen Luft" lagt.

Leute wie ein Joseph Arthur de Gobineau (__1816–1882__) brauchten das nur aufzugreifen, mit ihren eigen Phantasien zu verknüpfen: *Essai sur l'inégalité des races humanes* (__1853-55__) und zur Schaffung des „Hintergrundwissens" für das eigene „rassische Herkommen" der europäischen Nachfahren der „indogermanischen Arier" als „Grundlage" zu verwenden: „untermauert" dann von Friedrich Maximilian Müller, der seine *History of Ancient Sanskrit Literature* 1859 veröffentlicht. Und Müller schreibt aus dem „Bewußtsein" heraus, erst jetzt das Schriftgut einer so unbekannten wie unverstandenen Kultur wissenschaftlich durchleuchtet zu haben, alles andere bis dahin dazu Geschriebene sei so lächerlich wie nichtswürdig. ... Wie gesagt, erst 1874 läßt Theodore Benfey verlauten, daß das Vedische Sanskrit nicht über das damals einzig in Europa bekannte (__soweit man von „bekannt" überhaupt sprechen kann__) gewöhnliche Sanskrit erschlossen werden kann.[610] Das aber hatte nicht nur Max Müller

---

609 Zum „Wilhelminismus" siehe bspw. in: Die *tri*_logische Sezierung [...], Band III, Teilband 2, Lesung 16.

610 Theodore Benfey, *Einleitung in die Grammatik der vedischen* Sprache, erste Abhandlung: Samhitâ-Text, Dieterich'sche Buchhandlung, Göttingen, 1874, die Seiten 3 f.

nicht gewußt: weder ihm noch seinesgleichen, kam es überhaupt in den Sinn, sich diesbezügliche Fragen zu stellen. Denn Max Müller ist schließlich der „Erfinder" der „Durchpausmethode von Sanskritbuchstaben". ... Das „Inhaltliche" der zugehörigen Texte hatte er aus englischen Übersetzungen. Später mag er sich dann an den „Inhalt" solcher „Übersetzungen" erinnert haben, als er, wie er selbst gesagt hat, dann mählich in der Lage gewesen sein will, Sanskrit-Texte im „Original" zu lesen.

Wird nicht daran einmal mehr deutlich, wie realsatirisch das Treiben, Meinen und „Forschen" von Leuten ist, die genau wissen, daß „die anderen", bspw. ein Megasthênes, völlig unwissenschaftlich gearbeitet hätten, und erst durch die eigene Korrektur etwas „Verständiges" aus einem Thema zu machen sei, von dem man selbst nur behaupten kann, es zu wissen?

Dabei ist es durchaus so, daß Friedrich Maximilian Müller um die Komplexität der Vermittlung und die ausschließlich mündliche Übertragung von Vedischen Wissens gewußt hat. Das weiß er aus damals zugänglichen Quellen.[611] Aber er zieht daraus nicht die richtigen Schlußfolgerungen. Beziehungsweise man kann den Eindruck gewinnen, daß er etwas „auf eine ideologische Linie" bringen will, was Ausdruck einer völlig anderen Mentalität, Denk- und Sichtweise ist als die in Europa überlieferte und schon weit vor dem Christentum bestehende. Denn ihm fällt nicht auf, oder er ignoriert es bewußt, daß seine Erfindungen in völligem Widerspruch zu dem stehen, das er selbst feststellen muß: eine völlig andere Herangehensweise an das existentielle Problem des Menschen, also die Art und Weise über das eigene Dasein nachzudenken. Das wird beispielhaft an folgender Aussage Friedrich Maximilian Müllers deutlich. Diese Aussage bezieht sich auf jemanden, der seinen eigenen Sohn nicht nur verkauft und nicht nur selbst fesselt, sondern ihn sogar selbst tötet.

[611] Siehe *A History of Ancient Sanskrit Literature so far as it illustrates the Primitive Religion of the Brahmans* by Max Müller, M.A. [...], Williams and Norgate, London, Edinburgh, Paris, Leipzig, 1859, die Seiten 503-521.

Auf den Seiten 408 bis 414 seiner *History of Ancient Sanskrit Literature* erzählt Friedrich Maximilian Müller dem Leser die „Geschichte des Shunaḥshepa", die sich „im Aitareya Brahmana und in den Sâṅkhâyana-Sûtras" finden. Diese Geschichte „weist darauf hin, daß die Brahmanen zu dieser frühen Zeit mit der Idee des Menschenopfers vertraut waren, und daß die Männer, die vermutlich der Kaste der Brahmanen angehörten, bereit waren, ihre Söhne zu diesem Zweck zu verkaufen."[612]

Aber es ist ein „Arier", der seinen Sohn verkauft, fesselt und tötet, was ebenso seltsam wie beleidigend für Müller sein muß, denn schließlich — so will es nun einmal die Phantasie der „Indologen", der Begründer der „Indogermanen" und des „Arier-Mythos" — ist dieser frühe „Arier", wie Friedrich Maximilian Müller, ein Mitglied jener Rasse, die, wie alle „Arier" schon immer wußten, die ganze Menschheit kultiviert hat und noch immer kultiviert, was keine leichte Aufgabe ist, das erkennt jeder „Arier" von heute sofort, und es ist doch ganz klar: _*diese*_ „arische Rasse" wird niemals aufhören, die Menschheit zu „kultivieren": … „Nationmodelling", nicht wahr?

> Sie erinnern sich an Thomas Babington Macaulay, bzw. an das, was auch heute genauso gemeint ist, wird von „Nationbuilding" geredet, wobei es sich dann tatsächlich um „Nationmodelling" handelt: Formung eines staatlichen Gefüges, das von einer Klasse bestimmt wird, die „westlich denkt und fühlt"?[613]

Aber das Stigma bleibt, denn: „[…] selbst wenn wir die Arische Herkunft [__Müller schreibt das groß, Anm.d.A.__] von Ajigarta, dem Verkäufer und Metzger seines eigenen Sohnes zugeben, ist es wichtig, zu bemerken, wie groß der Unterschied zwischen den verschiedenen arischen Siedlern in Indien gewesen sein muß. Ob wir diesen Un-

---

[612] Siehe *A History of Ancient Sanskrit Literature so far as it illustrates the Primitive Religion of the Brahmans* by Max Müller, M.A. […], Williams and Norgate, London, Edinburgh, Paris, Leipzig, 1859, die Seite 408. (__Üb.d.A.__)

[613] Siehe das Zitat auf den Seiten 474 f.

terschied der Zeit der Einwanderung zuschreiben oder welchen anderen Grund wir dafür auch annehmen wollen, es bleibt die Tatsache, daß bei all der gepriesenen Zivilisiertheit der höheren arischen Klassen, es in Indien arische Menschen gab, denen nicht nur ein junger Fürst das Angebot machen konnte, ihre Kinder zu kaufen, sondern sich sogar der Vater selbst anbot, den Sohn zu binden und zu töten, den er für einige hundert Kühe verkauft hatte. [...]"[614]

Diese zitierte Passage aus Müllers *History of Ancient Sanskrit Literature* belegt, das Müller ideologisch verblendet ist: da er nicht negieren kann, daß einer „seiner 'Arier'" sein eigenes Kind verkauft, selbst fesselt und dann selbst tötet, „erklärt" er dies damit, daß es offenbar sehr große Unterschiede zwischen der „gepriesenen Zivilisiertheit der höheren arischen Klassen" und anderen in Indien lebenden „arischen Menschen" gegeben habe, die — *wegen der* „Umstände", *für die gewiß* „andere" *verantwortlich gewesen sein müssen* — solcher Taten fähig waren. Ein eklatantes Beispiel für solch ruchloses Tun würde, könnte es in der Geschichte nur bei „anderen" zu finden sein, sofort als Beleg für deren „rassische Minderwertigkeit" von jenen „'Ariern' von heute" genommen, deren charakterliche Prägeelemente ihren seltsamen *Ur*_Sprung in jener Zeit des „phantasierenden Treibens" von Leuten wie diesem Müller haben. So aber bleibt die „gepriesene Zivilisiertheit der höheren arischen Klassen" erhalten, und so muß ruchloses Tun den heutigen „Ariern" irgendwie als „Ausrutscher" erscheinen. Und spricht Müller nicht davon, daß „zu dieser frühen Zeit die Brahmanen mit der Idee des Menschenopfers vertraut" waren? Und wenn vor allem für die „Arier" selbst solches Töten zu jener Zeit „geübte" Praxis war? — Und: Wie gesagt, erst 1874 läßt Theodore Benfey verlauten, daß „das Vedische Sanskrit nicht über das damals einzig in Europa bekannte [__soweit man von „bekannt" überhaupt

---

[614] Siehe *A History of Ancient Sanskrit Literature so far as it illustrates the Primitive Religion of the Brahmans* by Max Müller, M.A. [...], Williams and Norgate, London, Edinburgh, Paris, Leipzig, 1859, die Seite 415. Üb.d.A. (__Wie schon angemerkt, erzählt Max Müller auf den Seiten 408-14 die ganze Geschichte seines, den eigenen Sohn metzgernden „Ariers".__)

sprechen kann__] gewöhnliche Sanskrit erschlossen werden kann".[615] ... Nun, die „deutsche Indologie" ist offenbar eine durch und durch *pein*_liche „Wissenschaft"!

Um den auf der Seite 482 abgelegten Faden wieder aufzunehmen, seien die vorlaufenden Zeilen jetzt wiederholt: Diese Erkenntnis Theodor Benfeys (__*daß es einen gravierenden Unterschied zwischen dem gewöhnlichen bzw. klassischen Sanskrits und dem Vedischen gebe*__) wurde aber nicht besonders zur Kenntnis genommen, und damit hatte sie keine Auswirkungen mehr auf die verhängnisvolle Entwicklung. Denn die phantasierten Entdeckungen der „Indologen" hatten dieser „besonderen Art von Reflexdenken" längst genügend Nährboden gegeben ... zumal vorher schon das kranke Denken längst in der „europäischen Luft" lagt.

Leute wie ein Joseph Arthur de Gobineau (__1816–1882__) brauchten das nur aufzugreifen, mit ihren eigen Phantasien zu verknüpfen: *Essai sur l'inégalité des races humanes* (__1853-55__) und zur Schaffung des „Hintergrundwissens" für das eigene „rassische Herkommen" der europäischen Nachfahren der „indogermanischen Arier" als „Grundlage" zu verwenden: „untermauert" dann von Friedrich Maximilian Müller, der seine *History of Ancient Sanskrit Literature* 1859 veröffentlicht. Und Müller schreibt aus dem „Bewußtsein" heraus, erst jetzt das Schriftgut einer so unbekannten wie unverstandenen Kultur wissenschaftlich durchleuchtet zu haben, alles andere bis dahin dazu Geschriebene sei so lächerlich wie nichtswürdig.

Wenn aber eine Erfindung in den Menschen „kollektiv identitätsstiftend" wirksam wird, kann das „Besondere" an ihr nicht erkannt werden: nämlich das Kranke an dieser „arischen Idee". Die Ursache für diese Krankheit, daß etwas „identitätsstiftend" kollektiv in die Menschen getragen werden kann, ist aber die eigene „kollektive Identitätslosigkeit".[616]

---

[615] Theodore Benfey, *Einleitung in die Grammatik der vedischen* Sprache, erste Abhandlung: Samhitâ-Text, 1874, die Seiten 3 f.

[616] Zur Ursache „kollektiver Identitätslosigkeit" siehe weiter unten.

Es sei wiederholt: Theodor Benfey fällt es als erstem Europäer auf, daß mit den üblichen Sanskritkenntnissen das Vedische Sanskrit nicht verstanden werden kann. Vor Benfey wußte das keiner in Europa, aber alle „Indologen" und „'Wissenschaftler' der 'Vergleichenden Sprachwissenschaft'" interpretieren Phantasieprodukte und zogen wissenschaftlich substanzlose Schlußfolgerungen aus ihnen. Max Müller hat zugegeben, daß er kein Sanskrit konnte, dennoch hat er „gewußt", daß im als ältester Teil des zerlegten Vedas geltenden Rig Veda die nach „Indien" eingewanderten „Indogermanen" als „Arier" bezeichnet würden: „[...] Max Müller hat in die Welt gesetzt, daß in den 'Hymnen' im Rig Veda die eingewanderten 'Indoeuropäer' sich als 'Arier' bezeichneten und ihre ursprüngliche Heimat besungen haben. Es ist auch seine 'Schöpfung', daß fortan die vermeintlichen Einwanderer auch eine rassische Identität erhalten haben. Aber [...] während seiner 'Schöpfungen' [__hat er__] den Unterschied zwischen vedischer Sprache und Sanskrit nicht gekannt [...]"[617]

Nun, wenn jemand etwas „weiß", das er gar nicht wissen kann, ist es für diesen auch leicht sich dazu einen zugehörigen „Mythos" und die Ursache für die eigene „Überlegenheit" hinzu zu phantasieren:

> „[...] Es gab eine Zeit, da lebten die Vorfahren der Kelten, der Deutschen, der Slawen, der Griechen und der Italiener, der Perser und der Hindus, innerhalb der gleichen Grenzen zusammen, getrennt von den Vorfahren der semitischen und turanischen Rasse [__eine bezeichnend ideologisch verursachte Behauptung, die später — *ohne weitere* „Bearbeitung" — von den „faschistischen Ariern" übernommen werden konnte; Anm.d.A.__]. [...] Der Hindu war der letzte, der das zentrale Haus der arischen Familie verließ. [...]"[618]

[617] Siehe Prodosh Aich, *Lügen mit langen Beinen*, die Seite 359.

[618] Siehe *A History of Ancient Sanskrit Literature so far as it illustrates the Primitive Religion of the Brahmans* by Max Müller, M.A. [...], Williams and Norgate, London, Edinburgh, Paris, Leipzig, 1859, die Seite 14. (__Üb.d.A.__)

… „das zentrale Haus der arischen Familie" …
Hört sich das nicht irgendwie heimelig an?

Heute — *also vor dem Hintergrund dessen, was aus dem phantasierten Gespinst von Projektionisten*[619] *à la Friedrich Maximilian Müller später* _real_ *resultierte* — hört sich das zumindest so kakophonisch wie realsatirisch an! Woran übrigens einmal mehr erkennbar wird, daß Realsatirisches tödlich sein kann …

Das gerade aus der Max Müllerschen „Einleitung in den 'Arier-Mythos' zur 'Begründung' der 'arischen Rasse'" Zitierte, „wußte" bis dahin tatsächlich nur dieser Max Müller allein, da es diese „arische Rassen-Familie" niemals gegeben hat: es gibt nicht einen objektivierbaren Beweis für diese Behauptung. (__Eine ideologisch betriebene „Sprachwissenschaft" wird wohl kaum geeignet sein, solche Beweise zu liefern, denn wird der Radius nur weit genug gezogen, lassen sich nach _*allen*_ Seiten hin sprachliche Gemeinsamkeiten finden.[620] __)

Das bedeutet, daß, auf Grund von Projektion", die „modernen 'Arier'" erst durch diesen indologischen Märchenschaftler von „ihrem 'Arier-Mythos'" „wußten". Daß aber die „modernen 'Arier' auf Grund von Projektion" um diesen „Mythos" erst 1859 „wußten", bedeutet allerdings nicht, daß sich diese folgenreiche ideologische „Denkweise" erst entwickelte, als Max Müller diesen „Mythos" und die „Arier" geschaffen hatte. Denn an den Max Müllerschen „Ariern" und deren „Mythos" erschien den europäischen indologischen und „sprachvergleichenden" Märchenschaftlern zu jener Zeit nichts mehr ungewöhnlich. Im Gegenteil: „nur _*so*_ konnte es gewesen sein!" — und vor allem: die „europäische Suprematie" war nun nicht mehr auf den alten

---

[619] Siehe dazu auf den Seiten 17 f.: „Das Ausmaß der Projektion".

[620] Vgl. Arnold Wadler, *Der Turm von Babel — Urgemeinschaft der Sprachen*, 2. Auflage, Fourier Verlag, Wiesbaden, 1988, erstmals 1935 im Rudolf Geering Verlag, Basel, erschienen; derselbe, *Germanische Urzeit — Quellen zur Vorgeschichte der deutschen Sprache*, Fourier Verlag, Wiesbaden, o.J., erstmals 1936 im Rudolf Geering Verlag, Basel, erschienen; derselbe, *Das Rätsel der Indogermanen*, Rudolf Geering Verlag, Basel, 1937.

„christlichen Missionsbefehl“[621] allein angewiesen, obwohl der sich damit auch bestens verbinden ließ. Müllers „Denkweise“ mußte sich demnach nicht erst durchsetzen. Müller „sprach“ vielmehr das aus, was die europäischen intellektuellen Märchenschaftler als verbreitungsnotwendig erachteten. Denn: könnte die deutsche Bevölkerung in dem dann sich 1871 konstituierenden deutschen Nationalstaat etwa nicht mittels eines solchen „Mythos“ von den Satelliten der deutschen Machtelite weiterhin bestens im Sinne dieser Machtelite manipuliert werden?

Das bedeutet, was sich ein Friedrich Maximilian Müller zurechtphantasiert hatte, war aus Sicht jener alles andere als „exotisch“, die schon immer — *auf Grund der Projektion ihrer eigenen psychischen Defizite* — um ihre „rassisch“ bedingte „Überlegenheit“ „wußten“ (__*ein heutiger Ausfluß davon ist bspw. das* „sarrazinische Gerede“ *seit den 2010er Jahren*__). Genau dies erleichtert das „machtpolitische Geschäft“: Ein solcher „Mythos“ ist aus machtpolitischer Sicht die beste Garantie, die Masse der Bevölkerung machtelitär zentriert zu halten. Es sei wiederholt: man wird in den Ausflüssen der indologischen Märchenschaftler à la Max Müller eine starke Wurzel des späteren Wilhelminismus' finden.[622]

Auch der moderne Antisemitismus, der sich nach der Französischen Revolution ausbildete, hat dort seine Wurzeln. Und der heutige Umgang damit ist vor allem eines:

Der „Internationale Holocaust-Gedenktag“, oder besser, die „Holocaust Gedenkwoche“, die sich seit 2006 jedes Jahr um den 27. Januar herum ereignet (__*in Deutschland gedenkt man seit 1996 der Befreiung des Konzentrationslagers Auschwitz-Birkenau durch die Soldaten der Roten Armee am 27. Januar 1945*__), entpuppt sich bei näherem Hinsehen als schwerwiegende Peinlichkeit. Einmal deshalb, da das in der Großstadt Lublin gelegene Konzentrationslager, das meist

---

621 Vgl. Mt 28, 18-20.

622 Siehe dazu in: Die *tri*_logische Sezierung [...], Bd III, Tb 2, Lesung 16.

als „Majdanek" bezeichnet wird, bereits am 22. Juli 1944 durch die Rote Armee befreit wurde. Denn wenn man schon den Tag der Befreiung eines einzelnen Konzentrationslagers zum Tag des Gedenkens für das so industrielle wie rassistische Töten von Menschen macht, hätte man den 22. Juli dafür wählen müssen. Oder ging das industrielle Töten von Menschen nach der Befreiung von Auschwitz-Birkenau überall dort etwa nicht weiter, wo es solche Menschen-Vernichtungslager gab, und so noch vielen Menschen das Leben genommen wurde? ...: 13. Februar 1945 Befreiung von Groß-Rosen durch Soldaten der Roten Armee; 11. April Mittelbau-Dora und Buchenwald durch US-amerikanische Soldaten; 15. April Bergen-Belsen durch britische Soldaten; 23. April Flossenbürg durch US-amerikanische Soldaten; 22. bis 23. April Sachsenhausen durch Soldaten der Roten Armee und polnische Truppen; 29. April Dachau durch US-amerikanische Soldaten; 30. April Ravensbrück durch Soldaten der Roten Armee; 2. Mai Neuengamme durch britische Soldaten; 5. Mai 1945 Mauthausen durch US-amerikanische Soldaten; 9. Mai 1945 Stutthof durch Soldaten der Roten Armee.

Zum anderen gibt es in Israel seit April 1951 den Yom HaShoah (__den Tag der Shoah, also den Tag zum Gedenken an die „Katastrophe", bzw. die „völlige Zerstörung" jüdischen Lebens in Europa__). Dieser traurige Jahrestag, dessen vollständiger Name „Yom Hashoah Ve-Hagevurah" lautet, was wörtlich übersetzt soviel wie: „Tag des Gedenkens an den Holocaust und an das Heldentum" (*__der jüdischen Widerstandskämpfer__*) bedeutet, wird am 27. Tag des Monats Nisan (__März-April__) begangen, bzw. eine Woche nach dem siebten Tag des Pessach Festes und eine Woche vor Yom Hazikaron, der dem Gedenken an die gefallenen Soldaten Israels dient, und dem einen Tag später sich ereignenden Yom haAtzma'ut, dem „Unabhängigkeitstag", der an die Staatsgründung Israels am 14. Mai 1948 erinnert und seit 1949 im Monat Iyyar (__April-May__) gefeiert wird. Das heißt der Yom HaShoah liegt immer zehn Tage vor dem Yom haAtzma'ut. Der Grund dafür, daß man nicht beide Tage: den Tag der Katastrophe und den Tag der Unabhängigkeit, also, seit diesem Tag der Staatsgründung Israels, in anderen Ländern von anderen Völkern nicht mehr bloß mehr oder weniger geduldet zu sein, sondern _*davon*_ unabhängig geworden zu sein, liegt darin, daß dieser Abstand darauf aufmerksam machen soll, daß sich die Shoah vielleicht nicht ereignet hätte, wäre 1933 schon ein unabhängiger jüdischer Staat existent gewesen, was Zionisten wie Wladimir Žabotinskij (__1880-1940__) schon sehr früh gefordert hatten.

Nun, daraus folgt, daß erst nach folgender Aussage mit der Max Müllerschen Zitierung aus dessen „Einleitung in den 'Arier-Mythos' zur 'Begründung' der 'arischen Rasse'" fortzufahren ist:

> Der moderne Antisemitismus ist eine ideologische Niederträchtigkeit, die sich bereits im 19. Jahrhundert zu manifestieren begann. Der zu jener Zeit geschaffene „Arier-Mythos" wurde dafür grundlegend. — Letztlich Ausdruck unentwickelten menschlichen Charakters. ... Der Zionismus ist eine ideologische Reaktion auf diese Niederträchtigkeit.

Außerdem glaube ich, daß Gedenktage nutzlos sind,
führen sie nicht dazu, aus den Gründen für die Schaffung
von Gedenktagen die notwendigen Schlüsse zu ziehen.

Fahren wir also jetzt mit der Zitierung aus der Max Müllerschen „Einleitung in den 'Arier-Mythos' zur 'Begründung' der 'arischen Rasse'" fort:

„[...] Die arischen Nationen, die eine nordwestliche Richtung verfolgten, stehen in der Geschichte als die wichtigsten Nationen Nordwestasiens und Europas vor uns. [__Da das offenbar jedem „indogermanischen Arier" sofort einleuchtete — und weiterhin {__wenn auch vorerst stillschweigend__} einleuchtet —, daß also allein durch diese Friedrich Maximilian Müllersche Behauptung, „die 'arischen Nationen' würden vor 'uns' stehen", mußte das erst gar nicht weiter begründet werden, nicht wahr? Anm.d.A.__] Sie waren die herausragenden Akteure im großen Drama der Geschichte und haben alle Elemente des aktiven Lebens, mit denen unsere Natur ausgestattet ist, zu ihrem vollsten [sic!] Wachstum gebracht. Sie haben die Gesellschaft und die Moral perfektioniert und wir lernen aus ihrer Literatur und ihren Kunstwerken die Elemente der Wissenschaft, die Gesetze der Kunst und die Prinzipien der Philosophie. [__Diese „Moral" ist so „perfektioniert" worden, daß Lügengeschichten als Ergebnisse „wissenschaftlicher Forschung" verkauft werden können, was Friedrich Maximilian Müller exemplarisch demonstriert. Der „arische Mensch" ist eben derjenige, der erst die Kultur in die Welt gebracht hat: wenn es irgendwo auf der Welt irgendwann „Kultur" geben hat, kann es nur einem „Arier" zu verdanken sein, nicht wahr? Anm.d.A.__] In ständigem Kampf miteinander und mit den semitischen und turanischen Rassen, sind diese arischen Völker zu Herrschern der Geschichte geworden [__klar, sind ja „Arier"! Anm.d.A.__], und es scheint ihre Aufgabe zu sein, alle Teile der Welt durch die Ketten der Zivilisation, des Handels und der Religion miteinander zu verbinden. [__„Wir schaffen das schon!" Anm.d.A.__] Mit einem Wort, sie repräsentieren den arischen Menschen in seinem historischen Charakter. [__Genau: „Im ständigen Kampf miteinander" schlagen sich diese „Arier" ständig gegenseitig ins Gesicht: was wohl ein klarer Ausdruck des Verhaltens „kulturtragender" Nationen ist, nicht wahr? Oder war das einfach banal? Vielleicht konnte man schlecht etwas wegleugnen, was den Müllerschen „Ariern" seiner Zeit höchst vertraut erschien, und deshalb solch kulturloses Verhalten von einem „Charakter" wie Müller als normal hinzustellen war? Denn, ist es nicht besser, etwas, das nicht geleugnet werden kann — zumal selbst noch von heutigen „Ariern" bestens verstanden wird — als „ganz natürliches" Verhalten von „Ariern" zu behaupten? Obwohl ja, also eigentlich, *_so_* kulturell hochstehende Arier" wissen müßten, daß es nur in Friedenszeiten tatsächlichen kulturellen Fortschritt geben kann. Genau das wußten die Max Müllerschen „Arier" seiner Zeit aber nicht: und sie wissen es immer noch nicht. Was nun? — Und: „in ständigem Kampf mit den semitischen und turanischen Rassen" ... insbesondere *_das_* versteht jeder heutige „Arier": gegen „Semiten" und „Turaner" muß immer gekämpft werden. Die „Arier" kämpften also gegen sich selbst, wie Max Müller selbst sagt, und eben auch gegen „Semiten" und „Turaner": irgendwie banal diese „Arier", oder? Nun, damit haben wir den Bezug zum Heute: Neoimperialismus" ist eben „arisch", bzw.: „Demokratie" versus „Autokratie", so reden die „Arier" von heute, also bspw. jene, die als EU-Funktionselite agieren. Dabei stehen diese mit ihrem „Imperium des Friedens" tatsächlich genauso in Opposition zu echter Demokratie wie andere von dieser EU-Funktionselite als „autokratisch" bezeichnete Regime auch. — „Mit einem Wort", es gab folglich auch schon 1859 Realsatire, allerding, wie an anderer Stelle schon gesagt: Realsatire kann tödlich sein. Anm.d.A.__] Doch während die meisten Mitglieder der arischen Familie diesem ruhmreichen Weg folgten [__der „Gelehrte" Müller meint den „'arischen Weg' westwärts"; Anm.d.A.__], wanderten die südlichen Stämme langsam in Richtung der Berge ... [__bis 1859 „wußte" auch das, daß es nicht nur „nördliche 'arische' Stämme", sondern ebenso „südliche 'arische' Stämme" gegeben hat, tatsächlich allein dieser Friedrich Maximilian Müller. Seit 1859 „weiß" das die ganze „arische Welt"! ... Deshalb auch: wiederholen wir diesen, einem Märchenerzähler würdigen Satz: „Doch während die meisten Mitglieder der arischen Familie diesem ruhmreichen Weg folgten, wanderten die südlichen Stämme langsam in Richtung der Berge" [__wohlgemerkt: der „Gelehrte" Max Müller spricht von den „Bergen" des Himalaya-Hindukusch-Massivs!; Anm.d.A.__], die den Norden Indiens umgeben. Nachdem sie die engen Pässe des Hindukusch oder des Himalaya überquert hatten [__„die 'engen' Pässe" ... der „Gelehrte" Max Müller ist Realsatiriker! — Anm.d.A.__], eroberten oder trieben sie, wie es scheint, [__klar, wie „es scheint", trieben" die „Arier" die „minderwertigen" Bewohner nicht nur vor sich her, sondern das auch:__] ohne große Anstrengung [...] [__klar, die „Arier" kamen als Eroberer über den einen Himalaya-Paß: kein Problem! Anm.d.A.__]. Sie nahmen die wichtigsten Flüsse Nordindiens als ihre Führer und wurden von ihnen zu neuen Wohnorten in ihren schönen und fruchtbaren Tälern geführt. Es scheint [__es „scheint"; Anm.d.A.__], als hätten die großen Berge im Norden danach für Jahrhunderte ihre zyklopischen Tore gegen neue Einwanderer geschlossen, während gleichzeitig die Wellen des Indischen Ozeans über die südlichen Grenzen der Halbinsel wachten. [__Selbstverständlich: nun, nachdem die „Arier" gekommen waren, wurden die „zyklopischen Tore" des Himalayas geschlossen und _*nun*_ „wachten" die Meereswellen: köstlich! ... wären da nicht die solchem Geschwätz im 20. Jh.

nachfolgenden Folgen gewesen! Anm.d.A.__] Keiner der großen Eroberer des Altertums Sesostris, Semiramis, Nebukadnezar oder Cyrus, die eine Art halbnomadischen Krieg über Asien, Afrika und Europa führten [__„eine Art halbnomadischer Krieg"! _ Anm.d.A.__] und deren Namen, in Blutzeichen nachgezeichnet, noch an der Schwelle der Geschichte lesbar sind [...] störte die friedlichen Sitze dieser arischen Siedler. [__Diese „arischen Siedler" kamen vorher über den Himalaya-Paß: ohne Probleme in Masse, wie? Dann aber, die großen Heere der genannten Herrscher, die konnten das nicht? Nun, wenn ich auch einmal spekulieren darf, immerhin hat ein Max Müller sein ganzes Gebäude auf Spekulation gebaut, deren „Basis" wiederum phantasiertes Meinen war: Wieso hätten diese „Arier" etwas tun können, was spätere Herrscher nicht gekonnt hatten? Ach so, „die großen Berge im Norden" hatten exklusiv für die „'friedlichen Arier' ihre zyklopischen Tore" geöffnet und danach, also nachdem der letzte „Süd-Arier" eines davon durchschritten hatte, „für Jahrhunderte geschlossen". ... So muß es wohl gewesen sein, als die alten Israeliten den „Fußgängerweg" durchs „Rote Meere" nehmen konnten, die ägyptische Armee aber nicht[623]; Anm.d.A.__]. Sich selbst überlassen in einer eigenen Welt, ohne Vergangenheit und ohne Zukunft, hatten sie nichts als sich selbst zum Nachdenken. [...], das innere Leben der Hindus [__der „südlichen Arier"; Anm.d.A.__] wurde [...] nicht verändert. [__Der__] Geist war wie das Lotusblatt nach einem Regenschauer, der darüber hinweggegangen ist; sein Charakter blieb derselbe, passiv, meditativ, ruhig und voller Glauben. [...]"[624]

Für mein Verständnis ist es so sehr eine Zumutung, daß der Märchenschaftler Friedrich Maximilian Müller noch heute hochgeehrt ist, wie es ekelhaft ist, daß sein pseudowissenschaftliches Zeug die „Argumentations-Grundlage" für die „arischen" Faschisten wurde, deren

---

623 Vgl. 2. Mose, 14, 26-30.

624 *A History of Ancient Sanskrit Literature so far as it illustrates the Primitive Religion of the Brahmans* by Max Müller, M.A. [...], Williams and Norgate, London, Edinburgh, Paris, Leipzig, 1859, die Seiten 14-16. Eigene Übersetzung.

„Arischsein" sich im Errichtung von Gaskammern, dem Bau von Genickschußanlagen zum heimtückischen Töten und im „Entseelen" eines ganzen Volkes (__*nämlich des deutschen!*__) ausdrückt!

Im übrigen ist zu vermuten, daß der „Gelehrte" Max Müller von Eugen Alexis Schwanbeck weiß, daß die „Größen der Historischen", wie der erwähnte Ägypter Sesostris, der, u.a., mit Ramses II. (__*Pharao der 19. Dynastie von 1279-1212*__) gleichgesetzt wird, es nicht geschafft hätten, in den indischen Subkontinent einzudringen.[625]

Eugen Alexis Schwanbeck ist es aber, der durch seine gründliche Beschäftigung mit Megasthênes, dessen fragmentarisches Werk über „Indien" er nämlich zusammengetragen und 1846 in Leipzig unter dem Titel: „Megasthenis Indica" veröffentlichen konnte, davon weiß, daß das bharatische „Volk [...] nie eine Expedition ins Ausland geschickt" habe, „noch [...] sein Land jemals erobert" wurde, „abgesehen von Hêrakles und Dionysos in alten [__d.h. in mythischen__] Zeiten und von den Makedoniern [__Alexander der Große ist gemeint__] in unserer Zeit". Zwar, so berichtet Megasthênes, gäbe es die Behauptung, daß es dem achämenidischen Herrscher Kyros und der assyrischen Herrscherin Semiramis gelungen sei, episodisch nach Bhâratavarsha einzudringen, was aber unglaubwürdig sei. Andere wiederum, ergänzt Schwanbeck, bspw. Eratosthênes, hielten die von Megasthênes behauptete Eroberung durch „Hêrakles und Dionysos in alten [__d.h. in mythischen__] Zeiten" für „unglaubwürdig und legendenhaft".[626] Also ist es eher wahrscheinlich, daß es, abgesehen von

---

[625] Siehe a.a.O., die Fußnote 1 auf den Seiten 15 f., wo er sich zumindest auf Schwanbeck beziehen muß.

[626] Die Quelle dieser Aussage ist John Watson McCrindle (__1825-1913__), der das Werk Schwanbecks ins Englische übersetzt und selbst noch erweitert hat: *Ancient India as described by Megasthenês and Arrian; being a Translation of the Fragments of the Indika of Megathenês collected by Dr. Schwanbeck, and of the first Part of the Indika of Arrian, by J.W. McCrindle, M.A.* [...] With introduction, notes, and map of Ancient India. Reprinted (with additions) from the "Indian Antiquary", 1876-77., Calcutta: Thacker, Spink & Co, Bombay: Thacker & Co., London: Trübner & Co, 1877, *Fragm. XLV. Arr. VII. ii. 3-9 / Book IV. Fragm XLVI. / Strab. XV. I. 6-8, —pp. 686-688*, die Seiten 107-109.

„Episoden", vor den etlichen vergeblichen Versuchen islamischer Herrscher, das wäre etwa um 1000 u.f.Z. gewesen, kein „invasives Eindringen" nach Bhâratavarsha gegeben hat.

Die von Schwanbeck gemachten Aussagen, die Megasthênes'schen dabei als Basis verwendend, hätten Müller aber von seiner Behauptung abbringen müssen, daß seine „Arier" je existiert haben, zumindest als Invasoren, wäre Friedrich Maximilian Müller ein Wissenschaftler gewesen.

Dabei ist durchaus anzunehmen, daß — *wegen klimatischer Veränderungen* — einst eine _*mähliche*_ Einwanderung von Bewohnern des Iranischen Hochplateaus erfolgt sein kann, immerhin ist das Himalaya-Hindukusch-Massiv nicht irgendeine Gebirgskette, die man _*mal eben*_ als „Eroberer" überwindet. Wieso sollte also diese zwar durch mählich klimatische Veränderungen bedingte Einwanderung kriegerisch abgelaufen sein? Es ist viel eher davon auszugehen, daß das im Sinne eines mählichen „Einsickerns" erfolgte, und zwar so, daß diese auf Grund von klimatischen Veränderungen mählich nach Bhâratavarsha Einwandernden von der damals dort existierenden Gesellschaft absorbiert wurden. Das bedeutet, daß diese Einwanderer, die sich tatsächlich als Arier bezeichnet haben mögen, aber nicht aus rassischen, sondern aus charakterlichen Gründen: *das Verhalten bestimmte die Zugehörigkeit, nicht* „rassisch Determiniertes", könnten sich mählich mit den in Bhâratavarsha Ansässigen vermischt haben. Hingegen nicht als „Herrenkaste", denn sie trafen auf eine längst entwickelte, aber egalitäre Gesellschaft: die Vedische Gesellschaft.[627] Folglich ist viel eher davon auszugehen, so dem überhaupt zu folgen ist, daß diese Arier von der ansässigen Vedischen Gesellschaft ohne sonderliche Friktionen spurlos absorbiert wurden.

Und weit mehr noch ist berechtigt zu vermuten, daß jenes, das man als „Harâppa-Kultur" bezeichnet, als „Relikt" der Vedischen Gesellschaftsformation anzusprechen ist.

---

[627] Darauf ist weiter unten zurückzukommen.

Im übrigen ist eine egalitäre Gesellschaft wohl am besten zu echter Integration einwandernder Menschen befähigt, da ihre Mitglieder über eine „menschliche Identität" verfügen, nicht aber über eine ihnen hierarchisch zugewiesene. Denn zu einer egalitären Gesellschaft gehört man, so man dazu gehören will, also das Egalitäre akzeptiert. Wer nicht „menschlich identitätslos" ist, die Gesellschaft also nicht in Klassen einteilen muß, hat deshalb auch keine Angst vor einer migrationsbedingten Kulturbereicherung oder -veränderung. Hingegen: Was heute als „Identität" bezeichnet wird, ist an sich substanzlos, da es Ausdruck einer kollektiven Neurose ist, die sich individuell divers manifestiert.

Das bedeutet, wäre es dem „Gelehrten" Friedrich Maximilian Müller darum gegangen, aus der Wissenschaft keine „Märchenerzählschaft" zu machen, hätte er nicht — d.h. _*ohne*_ einen Beweis — behauptet, daß weit vor den von ihm selbst genannten Herrschern, die es mit ihren gut organisierten Heeren nicht geschafft hatten _*mal eben*_ in den indischen Subkontinent einzudringen, genau dies aber die Max Müllerschen „Arier" _*mal eben*_ vollbracht hätten, bspw. _*mal eben*_ den Chaiber-Paß gefunden hätten, also einen von den Pässen, die von diesem „Gelehrten" als „zyklopische Tore" bezeichnet werden, um darüber dann _*mal eben*_ „invasiv" nach Bhâratavarsha „hereinzuspazieren". Warum aber eine solche Strapaze auf sich nehmen, die eher in den Tod als in ein (__*unbekanntes*__) „gelobtes" Land führen mußte (__soll „Hindukusch" nicht „Tod des Hindus" bedeuten?__), wenn Richtung Kaspisches Meer leichter zu erreichende, leichter zu besiedelnde Gegenden liegen — und sich so dann vielfältige Möglichkeiten eröffneten? Etwa deshalb, da es sich um „Südarier" handeln mußte, da nicht anders die völlig andere Lebensweise der späteren „Hindus" und der späteren Griechen ideologisch zu „erklären" gewesen wäre? — Diese von Friedrich Maximilian Müller erzählte Geschichte, aus der weiter oben eine Passage zitiert wurde, glauben die „indogermanischen Arier" noch heute!

Gut möglich durchaus, daß der „Schreibstil" dieses „Gelehrten" von Joseph Arthur de Gobineau (__1816-1882__) beeinflußt wurde. Dieser Gobineau hatte in den Jahren 1853-55 den vierbändigen *Essai sur l'inégalité des races humanes* verfaßt, der jedem „arischen Indogermanen" vorab schon zu „verstehen" gab, daß er bzw. sie „genetisch" zur „Herrenrasse" gehörten: er oder sie konnten noch so charakterlich roh sein, allein aus „rassischen Gründen" gehörten sie dazu. Denn im Jahre 1859 „untermauert" der „Gelehrte" Friedrich Maximilian Müller diese Gobineausche Phantasiererei „mit seiner „märchenerzählschaftlichen Schrift" *A History of Ancient Sanskrit Literature*, aus der — *dies zu belegen* — die obigen Kostproben entnommen sind. Dies erlaubte die Gobineauschen Behauptungen „ario-mythenschaffend" wie folgt zu „beflügeln": „Jeder 'Arier' (__bzw. jede 'Arier_*In*__) gehört 'genetisch' zur 'Herrenrasse'". Nun war es für Houston Stewart Chamberlain (__1855-1927__), der 1897 seine zweibändige „Theorie" über Rassenantisemitismus schrieb, die er *Grundlagen des neunzehnten Jahrhunderts* nannte, ein leichtes, zum „Täufer Hitlers" zu werden, wie das James D. Forman dann nannte.[628] ... Nicht anders hat dort das Nietzscheeske seine „Basis" ...

Houston Stewart Chamberlain gilt als „Philosoph". Richtig ist, daß er u.a. mit dem so reaktionären wie nationalistischen und antisemitisch-rassistischen „Wagner-Kreis" um Cosima Wagner eng verbunden war.

> Cosima Wagner war die Tochter des Komponisten, Pianisten, Romantikers, ungarischen Nationalisten und Schriftstellers Franz Liszt (__1811-1886__) und der Autorin der Romantik und Historikerin, die unter dem Pseudonym Daniel Stern schrieb, Marie d'Agoult (__1805-1876__).

Nun, neben anderen menschlich Identitätslosen wie Ludwig Schemann (__*dem ersten deutschen Gobineau-Übersetzer*__), Adolf Stöcker (__*dem kaiserlichen Hofprediger, rassistischen Antisemiten und Mitbegründer des Alldeutschen Verbandes*__), Theodor Fritsch (__*der eines der antisemitischen Standardwerke des Nazismus' schrieb, dessen*

[628] Siehe James D. Forman, *Nazism*, F. Watts, New York, 1978. In diesem Buch erörtert Forman u.a. den Einfluß der Philosophen des neunzehnten Jahrhunderts auf den Nazismus.

Titel: „Handbuch der Judenfrage" *lautet*__), Alfred Rosenberg (__*dem späteren Chefideologen der Nazis, Herausgeber des* „Völkischen Beobachters" *und Verfasser des 1930 erschienenen* „Mythus des 20. Jahrhunderts"__), schrieb auch Houston Stewart Chamberlain in den unter Cosima Wagners Leitung erzkonservativen, nationalistischen und antisemitischen „Bayreuther Blättern". Dort wehte jener „Geist", der zwar wenig mit Richard Wagner[629] selbst zu tun hatte, aber Wagner und sein Werk als auf den Nazismus als „politische Religion" der „Indogermanen" hinweisend phantasierte.[630]

_*H i e r*_ — *also was das Phantasieren anbelangt* — trifft sich das „Wirken" eines Friedrich Maximilian Müllers mit dem der gerade bloß beispielhaft genannten Figuren: sie veröffentlichten Phantasieprodukte von dem, das sie gar nicht verstehen konnten, da ihnen dazu die notwendigen Kenntnisse fehlten, was sie aber nicht daran hinderte, es ideologisch, bzw. phantasiert zu „interpretieren" und daraus zogen sie sulfuröse Schlüsse, d.h. sie zogen Schlüsse, die über die Fakten nicht gedeckt waren. Die Ursache dafür wird man gewiß auch in der Art ihrer Charakterbildung suchen müssen, d.h. in den vom monotheistischen Christentum _*ursächlich*_ bestimmten gesellschaftspolitischen Verhältnissen in Europa, die immerhin eine kollektive Fremdbestimmung der Masse der Menschen in Europa zur Folge hatten.[631]

Aber diese menschlich Identitätslosen wurden auch von einem gefährlichen Opportunismus getrieben. Der sich eben exemplarisch bei Max Müller zeigt. Läßt sich das mit einem Satz belegen?

---

[629] Siehe zu Richard Wagner (__1813-1883__) die Biographie von Dieter David Scholz, *Ein deutsches Mißverständnis — Richard Wagner zwischen Barrikade und Walhalla*, Parthas Verlag, Berlin, 1997.

[630] Bezüglich des Zusammenhangs zwischen Nazismus und „politischer Religion" siehe auch Claus-Ekkehard Bärsch, *Die politische Religion des Nationalsozialismus*, Wilhelm Fink Verlag, München, 1998. Von diesem Buch ist im Jahre 2002 eine 2., vollständig überarbeitete Auflage erschienen.

[631] Vgl. dazu den exkursiven Anhang I: „Von der Etablierung des Feudalismus', der Rolle der christlich-monotheistischen Glaubensvorstellung und den Sachsenkriegen".

Max Müller stand im Sold der East India Company und durfte erst nach einer letzten prüfenden Unterredung mit Thomas Babington Macaulay ohne Aufsicht publizieren. Bis dahin stand er in Oxford unter der direkten Kontrolle von Horace Hayman Wilson (__1786-1860__). Friedrich Maximilian Müllers Aufgabe bestand darin, das Bestreben Thomas Babington Macaulays, eine indische Funktionselite zu schaffen, „rückwärts in der Geschichte zu 'sichern'"?[632]

Was bedeutet dann aber: „rückwärts in der Geschichte zu 'sichern'"? Max Müllers Aufgabe war es, einen möglichen Rückfall der Vertreter der „indischen Funktionselite" in ihre angestammte Kulturtradition zu verhindern, da dann dieses Macaulaysche Bestreben gefährdet gewesen wäre. Wodurch? Eben dadurch, daß — *was früher oder später möglich wäre* — die „indische Elite" sich auf die eigene Kulturtradition besinnen könnte. Damit sie dann dazu keinen originalen Zugang finden könnte, d.h. zu originalen Elementen dieser Tradition zu gelangen, bestand die Aufgabe dieses Müllers darin, die wesentlichen Elemente der „indischen Kulturtradition" zu manipulieren. Diese Elemente finden sich im schriftlich fixierten Veda, insbesondere im Rig Veda. Die „Leistung" Friedrich Maximilian Müllers ist es, den Rig Veda komplett „europäisiert 'redigiert'" zu haben: den dritten dicken Band dieses wichtigsten Elements der Tradition Bhâratavarshas bringt dieser „Gelehrte" Müller 1856 mit dem Geld der East India Company heraus. ... Sie erinnern sich, daß es Theodor Benfey ist, der erst 1874 veröffentlicht, daß die schriftlichen Abfassungen Vedischen Wissens mit dem gewöhnlichen Sanskrit nicht verstanden werden können? Wie alle anderen europäischen „Indologen" und „Vergleichenden Sprachwissenschaftler" weiß Friedrich Maximilian Müller davon nichts. — Ist es nicht seltsam, daß man bei der Lektüre seiner *History of Ancient Sanskrit Literature* den Eindruck gewinnen könnte, daß da jemand schreibt, der einzig kompetent über ein Thema zu berichten weiß, das bisher entweder völlig ungenügend oder überhaupt nicht bearbeitet

---

[632] Das Zitat findet sich auf der Seite 485, beginnend mit: „Wir müssen derzeit unser Bestes tun, um eine Klasse zu bilden ...".

wurde? Um es zu verdeutlichen: Max Müller hat den Rig Veda so bearbeitet, daß sein Inhalt allein als „europäisch ideologisierte Quelle" dienen kann, d.h. aus ihm eben nicht als Quelle zu schöpfen ist. Das bedeutet, daß ein entscheidendes originales Element einer anderen Kulturtradition a) aus europäischer Perspektive und b) ohne die entscheidenden Kenntnisse weder von diesem originalen Element noch von seiner Einbettung in diese völlig andere Kulturtradition „bearbeitet" wurde. Das Ergebnis? Entstellung der „indischen Kultur" und damit Entwurzelung der indischen Elite von ihrer eigenen Kulturtradition. Die East India Company wird dieses „'Standardwerk' des 'europäischen' Rig Vedas" über ihre Druckereien in Kalkutta drucken.[633]

Aber Max Müller ist ein aufstrebender Zauberlehrling, und — *denn das muß man können* — so zaubert er noch mehr! Obwohl Ausdruck jeweils völlig andersartiger gesellschaftlich bedingter Verhaltensweisen (__*und ob _die_ nicht auch wieder ideologisch vorgestellte sind?*__), beschwört der „Gelehrte" Max Müller da_*raus* die „beiden entgegengesetzten Pole" _*seines*_ „arischen" Menschen_*Schlages* her_*auf*: „[...] Griechenland und Indien sind in der Tat die beiden entgegengesetzten Pole in der historischen Entwicklung des arischen Menschen. Für den Griechen ist die Existenz voller Leben und Realität, für den Hindu ist sie ein Traum, eine Illusion. Der Grieche ist zu Hause, wo er geboren ist; all seine Energien gehören seinem Land: er steht und fällt mit seiner Partei und ist bereit, sogar sein Leben dem Ruhm und der Unabhängigkeit Hellas' zu opfern. Der Hindu betritt diese Welt als Fremder; alle seine Gedanken sind auf eine andere Welt gerichtet; er nimmt nicht teil, auch wenn er zum Handeln getrieben wird; und wenn er sein Leben opfert, dann nur, um davon befreit zu werden. [...]"[634]

---

[633] Siehe Prodosh Aich, *Lügen mit langen Beinen*, Acharyya Verlag, Oldenburg, 2003, die Seiten 385-396.

[634] Siehe *A History of Ancient Sanskrit Literature so far as it illustrates the Primitive Religion of the Brahmans* by Max Müller, M.A. [...],1859, die Seite 18. Eigene Übersetzung.

Daß Max Müller kein Wissenschaftler war, läßt sich auch an den folgenden seiner weltweit verbreiteten Aussagen ablesen:

„[...] Niemand hat je daran gezweifelt, daß wir in den Veden das früheste Denkmal der arischen Sprache und des arischen Denkens und in gewissem Sinne auch der arischen Literatur haben, das uns in der langen Nacht der Jahrhunderte vor allem durch mündliche Überlieferung auf fast wundersame Weise erhalten geblieben ist. [...]“[635]

„[...] Was kann einfacher sein als die einfache Überzeugung, daß die regelmäßig wiederkehrenden Ereignisse der Natur bestimmte Erreger erfordern? Von dieser Überzeugung beseelt, sprachen die vedischen Dichter nicht nur vom Regen (Indu), sondern von einem Regen-Erreger (Indra), nicht nur von Feuer und Licht als Tatsache, sondern von einem Feuer-Entzünder und Licht-Anzünder, einem Dyaus (Zeus) und einem Agni (ignis). Es schien ihnen unmöglich, daß Sonne und Mond jeden Tag aufgehen, jeden Monat oder jedes Jahr wieder stark und schwach werden sollten, es sei denn, es stehe ein Verursacher dahinter, der sie kontrolliert. [...]“[636]

„[...] Der Prozeß, von dem ursprünglich alle Götter für ihre Existenz, die Personifizierung oder die Aktivität, die den großen Naturphänomenen mehr oder weniger verdeckt ist, findet im Rig-Veda sozusagen im vollen Tageslicht statt. Die Götter der Veden, und indirekt aller arischen Menschen, waren die Akteure, die hinter den großen Naturphänomenen postuliert wurden. Das war der Beginn der Philosophie, die erste Anwendung des Kausalgesetzes, und darin müssen wir die einzig wahre Lösung der indoeuropäischen Mythologie und auch der arischen Philosophie erkennen. Was auch immer vor diesen Göttern existiert haben mag, können wir nur erahnen, wir können es nicht mit unseren eigenen Augen betrachten, während die Erschaffung von Dyaus [__„Himmel“__], Licht und Himmel, von Prithivî [__„Erde“__], Erde, von Varuna, dunkler Himmel, von Agni, Feuer und anderen solchen vedischen Gottheiten, weder Hypothese noch Induktion erfordert. Es gab den Himmel,

---

[635] Siehe in: *Collected Works of The Right Hon. F. Max Müller, K.M.*, Longmans, Green and Co., London, New York, Bombay, Calcutta, Madras, 1919, die Seite 33. Eigene Übersetzung.

[636] Siehe a.a.O., Seite 35.

Dyaus, anscheinend aktiv, daher muß es einen Verursacher namens Dyaus geben. Zu sagen, daß dieser arischen Theogonie eine Periode von Fetischismus oder Totemismus vorausging, ist einfach überflüssig. Auf jeden Fall muß sie nicht widerlegt werden, bevor sie nicht bewiesen ist. [...]"[637]

Das schreibt der Märchenschaftler Max Müller 1859, also, wie gesagt 15 Jahre vor Theodor Benfeys Erkenntnis, daß Vedisches Wissen sich nicht über das gewöhnliche Sanskrit erschließt. Irgendwann soll Herr Müller das dann sogar zur Kenntnis genommen haben, aber korrigiert an solchem „märchenhaften" Zeug haben er und seine Nachdrucker nichts. Verständlich zwar, denn die ganze Müllersche „Arbeit" wäre wohl Makulatur ... und damit der „Arier-Mythos" im Eimer. Aber wie es eben mit Mythen so ist ... vor allem dann, handelt es sich um gewisse Mythen, da mit solchen die innere Leere von Projektionisten so „herrlich" zu füllen ist ... denn: ohne Projektion kein faschistoides Tun.[638]

Welch ein Schock mußte es gewesen sein, als die ersten europäischen Projektionisten erkennen mußten, daß es im alten Bhâratavarsha einst eine Hochkultur gegeben hat, von der der Brahmanismus/Hinduismus zwar eine hierarchisierte Karikatur ist, aber sich dort immer noch eine so tiefe wie hohe Kultur zeigte als diese europäischen Projektionisten im Rahmen ihres kolonialen Raubens und Zerstörens auf sie stießen. Denn objektiv gesehen ist zu sagen: nichts an der Kultur im alten Bhâratavarsha könnte mit dem etwas gemein haben — *abgesehen von einer gewissen* „Kulturdiffusion" —, was einst insbesondere typisch für jene europäischen Völker wurde, die sich dort niederließen, wo heutzutage „Indogermanen" wohnen sollen: das sich gegenseitig die Köpfe Einschlagen? Wenn man aber nur dreist genug behauptete, daß es da eine „exklusive sprachliche Klammer" gäbe? Nun, _*dann*_ wäre man nur „zu berechtigt", _*mal eben*_ zu behaupten, daß

[637] Siehe *Collected Works of The Right Hon. F. Max Müller, K.M.*, Longmans, Green and Co., London, New York, Bombay, Calcutta, Madras, 1919, Seite 36.

[638] Sie erinnern sich gewiß an: „Das Ausmaß der Projektion" auf den Seiten 17 f.

jetzt durch „uns" die „Kultur" aber endlich _*mal eben*_ nach „Indien" zu bringen sei. ... Zumal man eigentlich sowieso nur „nach Hause" käme, da einstiges Reich der „Südarier", das nachher — *und wieder einmal von den* „anderen" — unrechtmäßig in Besitz genommen worden, folglich man dort _*mal eben*_ alles „nationmodellingmäßig" nach „eigenem Bilde" gesellschaftspolitisch „umzukneten" habe, oder?

Ein solches „Müllersches Meinen" wird auch heute unverdrossen wiedergekäut, so ist es nicht verwunderlich, daß bspw. ein Märchenschaftler Helmuth von Glasenapp (__1891-1963__) weiterhin als koryphäisch gilt. Mehr noch, von den Vertretern der „Indologie" ist bisher nichts Nennenswertes geleistet worden, das die ganze Fragwürdigkeit dieser „westlichen Wissenschaft" in den Fokus nehmen würde, sehe ich vom erwähnten Prodosh Aich, der das schon vor langen Jahren überzeugend tat, und von einer Veröffentlichung zweier anderer Wissenschaftler aus dem Jahre 2014 ab.[639] Aber diese waren eben keine „Indologen". Wie sollten die Vertreter der „Indologie" das auch können, stellte das nicht ihre „Wissenschaft", ihre „Wissenschaftlichkeit" fundamental in Frage? Wer benötigt keine „Forschungsgelder"? Kann ein „Wissenschaftler" darauf Rücksicht nehmen, daß deren Vergabe von jeher von denen abhängig ist, die den „gesellschaftspolitischen Ton" angeben? Oder glauben Sie etwa, daß „Freiheit der Wissenschaft" keine Phrase sei, die sich vorzüglich für Sonntagsreden eignet?

Nun, Universitäten gibt es aus dem Grund, daß einst die feudale weltliche Macht, in Zusammenarbeit mit der „verschleierten weltlichen Macht", gemeinhin als „Geistlichkeit" bezeichnet, einen Kader für das Organisieren der Masse der Menschen in ihrem Sinne benötigte. Wenn sich freies Denken tatsächlich zeigte, war der Platz dafür gewiß nicht in den Universitäten, sondern an mehr privaten Orten, wie bspw. zur Zeit der Renaissance: Philosophen der Renaissance lehrten nicht oder kaum an Universitäten. Daß die „universitären Kaderschmieden der weltlichen Macht" die „Freiheit der Wissenschaft"

---

[639] Vishwa Adluri, Joydeep Bagchee, *The Nay Science — A History of German Indology*, Oxford University Press, New York, 2014.

zu atmen schienen, war allein der Relativität geschuldet: bis dahin bestimmten die „geistlichen Kaderschmieden", also die Köster, das allein im Sinne des (__*dennoch interpretierten*__) christlich monotheistischen Dogmas „Auszudenkende". Und abgesehen davon, daß die universitären Gründungen wohl zu einer gewissen Unabhängigkeit des Denkens beitrugen, war _*diese*_ „Unabhängigkeit" allein dem Umstand geschuldet, daß das rein kirchlich-dogmatische in die Welt „Schauen", für die Geschäfte der weltlichen wie klerikalen Fürsten nicht so zuträglich war, immerhin wollten auch die Kardinäle und Päpste von diesen Geschäften nicht lassen, denn auch sie waren und sind von _*dieser*_ Welt. Und überhaupt: fürs Verschleiern weltlicher Geschäfte sind „universitär" ausgebildete Intellektuelle noch weit besser geeignet.

Damit überhaupt freier Geist eine Gesellschaft durchwehen kann, und damit _*alle*_ Bildungs- und Kulturstätten — *eben die ganze Gesellschaft* —, ist erst noch das zu etablieren, welches die Bezeichnung Demokratie verdient. „Demokratie" existiert aber entweder ganz oder sie existiert gar nicht. Deshalb sind attributive Bestimmungen unsinnig. Da aber soviel Schindluder mit dem Begriff „Demokratie" getrieben wurde und wird, ist ihr das Attribut „direkt" beizugeben.[640]

Also, wieso ist es Ihnen egal, daß die Menschen hier (__*wie in der ganzen EU*__) kollektiv zu unbewußten Realsatirikern gemacht werden? ... Glauben Sie etwa, daß das Themas des Ihnen vorliegenden Buches allein ein die Vergangenheit betreffendes wäre und nichts mit dem heutigen Geschehen zu tun hätte? Woher wissen Sie denn, daß wir uns gesellschaftspolitisch — *und in diesem Fall dann auch im menschengeschlechtlich degenerativen Sinne* — nicht längst in einem gesellschaftspolitischen *Rück*_Wicklungsprozeß befinden, den man als *re*_feudalistisch bezeichnen kann? Denn ein „Müllersches Treiben" muß wohl überhaupt

---

[640] Zur Direkten Demokratie siehe in: « Sie fragen noch, wie die ›Verhältnisse‹ liegen? », Aspekt 2: „Was eine Passage in Chestertons: 'The Man who was Thursday: A Nightmare' offenbart" und die Seiten 337 ff., beginnend mit: „folgendes ist keine politische Geschmacksfrage", sowie die Seite 669, beginnend mit: „Also sei zum Abschluß nicht allein die Frage wiederholt: Was spricht noch gegen *Direkte Demokratie*, spricht nichts für die simulierte Demokratie des lobbykratischen Systems ... [...]?"

als typisch für westliche Intellektuelle gelten: Kritisches lassen diese vorzüglich dann verlauten, läßt sich das nicht vermeiden. Entsprechend schnell bei der Hand sind diese, geht es darum, eine Kritik *_dann_* als „tendenziös" oder „pauschal" oder, wie es gerade so paßt: als „detailversessen" oder „zu allgemein" zu „entwerten", richtet diese sich gegen die *Ur*_Sachen für so etabliertes wie fragwürdiges *Fach*_Wissen. Wie aber sollte das etablierte *Fach*_Wissen — *sein herrschendes Dogma* — in Frage zu stellen sein, bleiben die Ursachen für sein Existieren unangetastet, begnügt man sich statt dessen damit, solches Wissen lediglich — *und bloß vielleicht* — bezogen auf einen Aspekt in Frage zu stellen? Und bei genauerem Hinsehen läuft es dann wieder darauf hinaus, daß ja eigentlich alles „ok" wäre. Kann es da verwundern, daß noch heute selbst in Indien Figuren wie Max Müller als absolute „indologische Autoritäten" gelten? — *Übrigens werden diese von Prodosh Aich richtigerweise als Schwindler bezeichnet*. — Wenn diese Figuren aber in der „Szene des Wissenschaftsbetriebs" sogar heute noch als „Autoritäten" gelten, was sagt das dann über eine Gesellschaft aus, die sich einen solchen „Betrieb" „leistet"?

Ist demnach der Nazismus als
dezisiv faktoriell initiiert anzusehen?

„Dezisiv faktoriell initiiert" soll hier bedeuten, daß ein einzelner Faktor eines Ganzen als dafür entscheidend angesehen wird, einen gesellschaftspolitischen Prozeß auszulösen, bzw. ausgelöst zu haben. Eine solche Ansicht mag sich wohl bei bürgerlichen Intellektuellen finden. Im folgenden kann es natürlich nicht um eine Analyse des Nazismus' gehen, es soll aber der Blick auf die Schaffung der ideologischen Basis des Faschismus' gelenkt und so weitergehendes Nachdenken angeregt werden. Übrigens ist das Notwendige zum Verständnis des Nazismus' schon z.Z. seines Virulentwerdens geschrieben worden, nicht erst in den Jahrzehnte später erfolgten (*__und dennoch unzureichend bleibenden__*) bürgerlich-intellektuellen Nachbetrachtungen zu diesem letztlich selbst bürgerlichen Phänomen.[641]

[641] So Sie ein gesichertes Verständnis vom bürgerlichen Phänomen „Nazismus" gewinnen wollen, suchen Sie besser eine so saubere wie authentische Quelle auf: Leo Trotzki, *Porträt des Nationalsozialismus — ausgewählte Schriften 1930-1934*, Arbeiterpresse Verlag [__heute Mehring Verlag__], Essen, 1999.

Im Zusammenhang mit dem Versuch, sich einen Begriff über die Ursachen der Basisbereitung dessen zu verschaffen, das u.a. auch zum deutschen Faschismus führte, mag der Hinweis zwar nicht ohne Interesse sein, daß Friedrich Nietzsches (__1844-1900__) Schwester Elisabeth Förster-Nietzsche (__1846-1935__), die ihn in den Jahren seiner Umnachtung bis zu seinem Tode von der Außenwelt abschirmte, an seinen philosophischen Überlegungen, insbesondere an denen, die ihn an vielen Stellen seines Werkes über den „Willen zur Macht" spekulieren lassen, zumindest hier von Arthur Schopenhauer, aber auch von Leuten wie Joseph Arthur de Gobineau angeregt, herumfrisiert hat, um aus der Anordnung seiner Notizen zu diesen Überlegungen nach seinem Tode ein „eigenständiges Werk" zu schaffen, das nicht nur den Namen ihres Bruders zierte, sondern die Möglichkeiten es zu interpretieren bestimmte. Ich leugne nicht, daß Friedrich Nietzsches Werk überhaupt den Nazis „Material" für ihr ideologisch bestimmtes Treiben geliefert hat (__vgl. bspw. *Zur Genealogie der Moral*, 1887__). Allerdings war Nietzsches Werk selbst nur ein Gipfelpunkt einer Entwicklung, die als politische Reaktion zu Beginn des 19. Jahrhunderts in Europa erfolgreich einsetzte.[642]

Es ist immer dasselbe mit bürgerlichen Intellektuellen: Als ob der Nationalsozialismus impulsiv bloß auf eine unzulässige Interpretation oder ein paar Schriftmanipulationen zurückzuführen wäre. Zumindest in diesem Fall ist es absurd, dies anzunehmen, da die Grundlagen des falschen Denkens und Fühlens, die u.a. zum Nationalsozialismus führten und auch heute noch wirksam sind, in der ersten Hälfte des 19. Jahrhunderts gelegt wurden, wie aus den obigen Ausführungen deutlich geworden sein könnte.

Der erste bedeutsame gesellschaftspolitische Ausdruck davon — *und weil dies in der sich konstituierenden Massengesellschaft kollektiv geschah, mentalitätsprägend werdend* — ist das, was als Wilhelminismus richtig bezeichnet ist.[643] Das bedeutet, daß dies auch ohne unzulässige Interpretation

---

[642] Für ein besseres Verständnis dessen, was — *und warum* — in Frage steht, nämlich die „Grundlagen der 'westlichen' Gesellschaft" selbst, machte es Sinn, den gesamten Text von der Seite 437, beginnend mit: „Von einer Übersetzung eines Sanskrit-Textes ins Persische ausgehend ...", an bis zu _*dieser*_ Seite 507, die vor Ihnen aufgeschlagen liegt, erneut zu lesen.

[643] Die Auswirkungen der Mentalität des geupdateten Wilhelminismus' durchziehen die *Tri*_logische Sezierung [...] wie ein roter Faden. Von seiner Konstituierung ist insbesondere in Bd III, Tb 2, Lesung 16, die Rede.

Nietzsches und einer Schriftmanipulation seines Werks durch seine Schwester, bspw. seines Tagebuchs, geschehen wäre — ja, auch ohne Nietzsches „Philosophieren" selbst.

Damit sage ich selbstverständlich nicht, daß der Nazismus eine sich „'automatisch' ereignende 'Angelegenheit'" war. Aber die Entscheidungsträger und ihre Berater, die gesellschaftspolitisch Einflußreichen, aber auch die normalen Menschen müssen sich das ansehen, was damals Wissenschaft genannt wurde, eben die „Indologie" oder die „Vergleichende Sprachwissenschaft", und daß den heutigen Wissenschaftlern (__?__) die Märchenschaftler dieser „Schaften" immer noch als „Heroen des Geistes" gelten, obwohl diese doch die ersten Vertreter nicht von wissenschaftlichen, sondern von ideologischen Disziplinen waren, die diese aus einem seltsamen Mangel an menschlicher Identität schufen. Aus den Märchen, die Personen wie Sir William Jones, Franz Bopp, die Brüder Schlegel, Wilhelm von Humboldt, Friedrich Maximilian Müller erzählten, entwickelte sich erst jener „Geist" (__*aus dem auch Nietzsche spezifisch schöpfte*__), der zunächst zu dem führte, was man als „Wilhelminismus" bezeichnen kann und aus dem auch der Nationalsozialismus hervorging.

Zwar ist es richtig, daß die heutige Methode, also die neoliberale, von der ich schon an anderer Stelle ausreichend gesprochen habe[644], anders funktioniert: denn es ist ja nicht so, daß die von der anderen (__*der reaktionären*__) Seite nicht bis zu einem gewissen Punkt lernfähig wären. Zumal die Sachlage nach dem Ende des zweiten Teils des Großen Krieges sie zu „politischen Manövern" zwang (__zur Erinnerung: *an denen auch der Stalinismus beteiligt war*__), die tatsächlich für einige Jahrzehnte ihr System stabilisierte, sozusagen ungewollt. Denn nach dem Ende des Kalten Krieges, begann jenes alte Spiel erneut, daß den ersten und zweiten Teil jenes Krieges verursacht hatte.

Es ist wohl klar:

Wie sollten die von der anderen Seite letztlich die richtigen Schlüsse ziehen können, bedeutete dies doch ihre Abschaffung? Also funktioniert die „neoliberale Methode", so es nicht sein muß, zwar nicht faschistisch, schon eher als Neowilhelmoliberalismus: dies ein Amalgam aus Neoliberalismus und Neowilhelminismus[645], zumal hinzukommt, daß die Vertreter von der anderen Seite _*erneut*_ ratlos sind.

---

[644] Siehe dazu in: Die *tri*_logische Sezierung [...], Bd I, Tb 1, Teil 1.

[645] Die *tri*_logische Sezierung [...], Band III, Teilbände 1+2.

Das bedeutet, daß ihre „neoliberale Methode" für die normalen Menschen unerwartet, insgeheim heimtückisch funktioniert: Die Genickschußanlagen der Nazis waren heimtückisch, aber nicht unerwartet; das Heimtückische der Hohepriester des Neoliberalen kommt hingegen unerwartet heimtückisch, da mit dem Label „freiheitlich" versehen. Daß aber die Ideologen des Neoliberalen keine Probleme damit haben, ganze Völker heimtückisch ins offene Messer laufen zu lassen, zeigt sich nicht nur im Venezuela, Chile oder Bolivien dieser Tage: Man gehe in den Westen des orwellianischen EU-Imperiums des Friedens, da sieht man's schon genügend deutlich.[646]

Was die bleibende Konstante dabei ist? Es sind die Intellektuellen. Es sind die Intellektuellen, die glauben, daß sie die Ursache von sich ereignenden gesellschaftspolitischen Prozessen wären. Das glauben sie, aber sie nehmen „bloß" etwas „noch Unbewußtes" auf und geben diesem „Ausdruck". Der erste von ihnen mag noch nicht gewollt haben, daß das, was er ausdrücken wollte, in einer „bestimmten Weise" verstanden wird, aber spätestens der zweite, vielleicht der dritte, wird sich prostituieren und die „interpretierten Schlüsselwörter" an die Macht übergeben. Denn wie könnte man das noch unbewußt Bleibende eines sich schon ereignenden gesellschaftspolitischen Prozesses im Sinne von Macht noch beeinflussen, würde dieser spontan kollektiv bewußt werden?

Das bedeutet, um bei den Nietzsches zu bleiben, Nietzsches Denken selbst und die Zeichnung von Nietzsches Gedankengut durch seine Schwester Elisabeth finden vor dem Hintergrund des von der anderen Seite initiierten „politisch-reaktionären Prozesses" in der ersten Hälfte des 19. Jahrhunderts statt. Wobei diese „Initiierung" von dem herrührte, das impulsgebend für die Französische Revolution wurde, die hingegen progressiv impulssetzend, d.h. kollektiv Hoffnung gebend war, was genau, wie gesagt, diesen „politisch-reaktionären Prozeß" initiierte.

Es ist nun einmal so: Eine partikular faktorielle, also isolierte Betrachtung eines Ereignisses, ohne seine Einbettung in den zugehörigen Gesamtprozeß zu bedenken, führt auf die falsche Fährte. — Dies bedeutet, um nun wieder zum enger Thematischen dieses Kapitels zurückzukommen, daß von diesem in der ersten Hälfte des 19. Jahrhunderts initiierten politisch-reaktiven Prozeß — *als Reaktion auf die Französische Revolution, die sich ja genau aus dem ergab, was dann wieder zu jenem politisch-reaktiven Prozeß führte, da des*

---

[646] Zur Konsequenziehung daraus siehe mein Buch : *Le rayon des Lumières — Quelques remarques sur* « l'Empire de la paix » *orwellien, nommé l'UE*.

sen Vertreter den durch die Französische Revolution kollektiv Hoffnung setzenden Impuls als für sie existentiell bedrohlich ansahen — alle „westlichen Intellektuellen" direkt betroffen sind. ... Natürlich, von bürgerlichen Intellektuellen ist nicht zu erwarten, daß die sich damit auseinandersetzen, denn das kratzte mehr als lediglich am Firnis ihrer Selbstwahrnehmung.

Es sei wiederholt:

Folgendes muß als typisch für westliche Intellektuelle gelten: den eigenen Wissenschaftsbereich betreffend Kritisches lassen diese lediglich dann verlauten, läßt sich das nicht vermeiden. Schnell bei der Hand sind diese, gilt es, eine Kritik _*dann*_ als „tendenziös" oder „pauschal" oder, wie es gerade so paßt: als „detailversessen" oder als „zu allgemein" zu „entwerten", richtet diese sich gegen die *Ur*_Sachen für so etabliertes wie fragwürdiges *Fach*_Wissen und daraus resultierendes Tun. Wie aber sollte das etablierte *Fach*_Wissen — *sein herrschendes Dogma* — in Frage zu stellen sein, bleiben die Ursachen für sein Existieren unangetastet? Man begnügt sich damit, solches Wissen bezogen auf einen Aspekt _*vielleicht*_ in Frage zu stellen, aber bei genauerem Hinsehen läuft es dann wieder darauf hinaus, daß ja eigentlich alles „ok" ist. Und so kann es eben nicht verwundern, daß noch heute selbst in Indien Figuren wie ein Max Müller, als absolute „indologische Autoritäten" gelten. — *Diese werden von Prodosh Aich richtigerweise als Schwindler bezeichnet.* — Wenn diese Figuren aber in der „Szene des Wissenschaftsbetriebs" immer noch — *also heute noch* — als „Autoritäten" gelten, was sagt das dann über eine Gesellschaft aus, die sich einen solchen „Betrieb" „leistet"?

Die Antwort darauf geben Vishwa Adluri und Joydeep Bagchee in ihrem 2014 erschienenen: *The Nay Science — A History of German Indology*. Daraus nun noch ein kurzes Zitat, angereichert mit einer Anmerkung, die durch ein rhetorisches Fragezeichen ergänzt wird, denn dieser „Wissenschaft" liegt eine Mentalität zugrunde, die, richtig erkannt, die Ursachen für die „westliche Politik" unserer Tage berührt: „[...] Indologie ist eine krankhafte Glaubenslehre, die zu ihrer Verteidigung auf einem unvollständigen Positivismus beruht, oder sie ist ein totgeborener Positivismus, der zudem von einer latenten Theologie beeinträchtigt ist. In beiden Fällen könnte sie nur dann als Wissenschaft bezeichnet werden, wenn damit die institutionellen und hegemonialen Aspekte der Wissenschaft gemeint sind, und zwar als ein rationales, axiomatisches und universell nachweisbares Wissen. '[...] es gibt zwei Arten, wie man sich eine Wissenschaft vorstellen kann: Wir können sie als eine Disziplin betrachten, die eine gemeinsame Tradition von Verfahren und Techniken zur Behandlung theoretischer oder praktischer Probleme umfaßt; oder wir können sie als ein Metier betrachten, das die organisierte Gesamtheit von Institutionen, Rollen und Personen umfaßt, deren Aufgabe es ist, diese Verfahren und Techniken anzuwenden oder zu verbessern', Stephen Toulmin [...], 1972. [...] Die deutsche Indologie entspricht der letzteren Definition, aber [...] sie entspricht nicht der ersteren. [...]"[647]

Es ist also falsch zu glauben, daß die Nazis die Resultate dieser „Wissenschaft" mißbraucht hätten, denn eigentlich haben sie die bloß benutzt. Und so wäre es nur eine weitere semantische Verschleierung dieser wissenschaftlichen Leere, wenn man das „Begriffliche" „indoeuropäisch" dem „Begrifflichen" „indogermanisch" oder den „Begriff" „Aryan" dem „Begriff" „Arier" vorzöge (__*wobei* „Aryan" *ja nichts anderes als die englische Bezeichnung für* „Arier" *ist*__) — vorausgesetzt, man verwechselt nicht Wissenschaft mit einer Märchenschaft. Denn, es sei wiederholt: das „Substrat" der „Germanischen Indologie" wurde von „Koryphäen" „gelegt", die nichts Realistisches über jenes wissen konnten, das sie zu wissen behaupteten, da sie meinten, daß sie das einfach wissen müßten ... als Nachfahren eigenen Phantasieproduktes von Identitätslosen ... Über was nichts Substantielles wissen konnten? Das Vedische Sanskrit und damit auch nichts über den originalen Veda.

[647] Siehe Vishwa Adluri und Joydeep Bagchee *The Nay Science — A History of German Indology*, Oxford University Press, New York, 2014, die Seite 9, einschließlich der Fußnote 32. Eigene Übersetzung.

Die Frage ist also, und es ist eine grundsätzliche Frage, die sich nicht nur an all jene Deutschen richtet, die an dieses phantasierte Gedankengebäude glaubten und glauben, sondern auch an all jene Europäer, die an ein solches Gedankengebäude glaubten und glauben: selbst Franz Bopp fand ja deshalb „Indoeuropäer" besser als „Indogermanen", wie ein Klaproth sich diese schließlich zurechtbastelte. Also: Was könnte der Grund und der Impuls für eine solche Ideologie sein, die letztlich zur Grundlage einer bestimmten politischen Praxis wurde und *un*_bewußt immer noch in einer aktualisierten Form vorliegt? — Eines ist sicher: die Antwort ist schwerwiegend. Für wen? Nun, für uns — das Menschengeschlecht!

Vorsicht ist demnach nicht genug, wenn man das Bedürfnis verspürt, etwas mehr über sogenannte Autoritäten und Pioniere auf dem Gebiet der „europäischen Indologie" zu wissen, wie z.B. Roberto de Nobili (1577-1656), William Jones (1746-1794), August Wilhelm v. Schlegel (1767-1845), Friedrich v. Schlegel (1772-1829), Franz Bopp (1791-1867), Heinrich Julius v. Klaproth (1783-1835), Christian Lassen (1800-1876), August Pott (1802-1887) oder Friedrich Maximilian Müller (1823-1900__). Denn Sie werden auf die falsche Fährte geführt, wenn Sie sich über weithin akzeptierte Enzyklopädien wie *Wikipedia* oder sogar als renommiert geltende Enzyklopädien wie die *Encyclopedia Britannica* über die genannten Persönlichkeiten informieren wollen. — Hingegen sind das mehrmals schon zu Recht genannte Buch von Prodosh Aich, *Lügen mit langen Beinen*, aus dem Jahre 2003 und *The Nay Science* aus dem Jahre 2014 von Vishwa Adluri und Joydeep Bagchee als Lektüre unbedingt zu empfehlen, so Sie sich bezogen auf die genannten Personen und auf nicht genannte, in diesem Zusammenhang aber zu kennende Personen, informieren wollen, und damit über die seltsame „westliche Wissenschaft" selbst auch. Was die „westliche Wissenschaft" ist? Nun, es sind die „ideologischen Humanwissenschaften" wie „Soziologie", „Sprachwissenschaft", „Ökonomie" usw. Nicht aber ist damit jene Wissenschaft gemeint, deren „Perspektiven" schon existierten als die europäischen Universitäten primär aus machtelitären Gründen begründet wurden und dann das Denken in Europa durch das christlich-monotheistische Dogma über Jahrhunderte eingekerkert blieb.

Was könnte der Grund und der Impuls für eine solche Ideologie sein, die letztlich zur Grundlage einer bestimmten politischen Praxis wurde und *un*_bewußt immer noch in einer aktualisierten Form vorliegt? Oder anders gefragt: Woher mag „Identitätslosigkeit" kommen?

Mit der Entstehung der bürgerlichen Gesellschaft verschwand die bisherige „oktroyierte Identität" der feudalen Gesellschaft. Dafür steht das Datum 1789: Französische Revolution. Heute läßt sich sagen, daß es offenbar schwerwiegende gesellschaftliche Folgen hat, gelingt es den Menschen kollektiv, sich aus einer bisher existierenden „gesellschaftspolitischen Zwangsjacke", in diesem Fall die durch die christlich-monotheistisch dominierten Normsetzungen des Feudalismus' bedingt, also sich aus der „feudalistischen Zwangsjacke"[648] zu befreien, dann aber der letzte dazu notwendige Schritt nicht erfolgt: die tatsächliche Übernahme der Macht durch das Volk — denn: « Ein demokratisch verfaßter Staat strebt nicht nach Hegemonie ».[649] Statt dessen das Paktieren der bürgerlichen Intellektuellen mit der Macht des Ancien Régimes und der sich aus jener Gruppe konstituierenden Macht, die später als Bourgeoisie bezeichnet werden wird, die sich auf den „Rücken der bürgerlichen Revolution" setzte und die Masse der Menschen in die durch die sich etablierende bürgerliche Gesellschaftsstruktur ausbildende „ökonomische Zwangsjacke" einband, woraus sich dann — *da behaupteterweise nun alle Bürger seien* — eine

---

648 Siehe dazu auch Anhang I: „Von der Etablierung des Feudalismus', der Rolle der christlich-monotheistischen Glaubensvorstellung und den Sachsenkriegen".

649 Siehe in: « Sie fragen noch, wie die ›Verhältnisse‹ liegen? », Quintessenz-Aspekt 2: „Was mag externe 'Öffentlichkeitsarbeit' bezwecken?", dort die Seiten 640-42.

„Massengesellschaft" bildete, die aber allein für die Masse der Menschen eine „gleichmacherische Gesellschaft" wurde — und ist. Aber, da diese Gleichmacherei" den schönen Namen „Gleichheit" bekam, so daß das von der neuen Macht — *dem Amalgam aus Vertretern des Ancien Régimes und denen des Nouveau Régimes* — Gemeinte besser zu verschleiern war. Und so, obzwar nicht dumm, jedoch ohne eigene politische Stimme bleibend, die Menschen vereinzelt in der Masse blieben. ... Denn was ist „Masse", handelt es sich um eine „Masse von Menschen"? Ein Klumpen Ton in der Hand der Machtelite eines Staates, den diese als „Masse" für die Realisierung ihrer Interessen benötigt und knetet, da selbst über die dazu notwendige „Masse" nicht verfügend? ... Kann so sein. ... Kann aber auch sein, daß damals die ungeübten Individuen dieser Masse von Menschen, um dieser „Gleichmacherei" zu entkommen (__denn „Gleichheit" bedeutet eben _*nicht*_ „Gleichmacherei", ganz im Gegenteil: „Gleichheit bedeutet, anders sein zu können, ohne Angst haben zu müssen, ungleich behandelt zu werden"__), sich *re*_aktiv eine (__*bisher ungewohnte*__) Individualität versuchten zuzulegen, da, wie gesagt: obzwar nicht dumm. ... Das Ergebnis? Eine Art von kollektiver Neurose, meist als „Nationalcharakter" bezeichnet. Von wem? Von dem sich etabliert habenden *Nouveau Régime*, der Machtelite der sich aus der allgemeinen Verbürgerlichung herauskristallisiert habenden „Nationalstaaten". Ein Begriff, der nichts als eine Lüge ist.[650]

Das bisher Gesagten könnte deutlich machen, daß kollektive Identität, bspw. eines Volkes — *und damit auch die persönliche Identität* — von der gesellschaftlichen Vorgabe abhängig ist. Wäre das anders, hätte die „feudalistische Identität" nach 1789 fortbestehen müssen. Gewiß, sie wurde nicht einfach durch die „bürgerliche Identität" ersetzt. Die „feudalistische Identität" wandelte sich wohl eher fragmentarisch in die „bürgerliche Identität" um. Rührt daher das Ambivalente des bürgerlichen Charakters: autoritätshörig einerseits und (__*meist unbewußt bleibendes*__) autonomes Streben — *das wie ein unbewußtes Begehren zur* „Aktion" *drängt* — andererseits? Zwar ist dies

---

[650] Siehe in: Die *tri*_logische Sezierung [...], Bd I, Tbb 1-3, Kapitel 15.

als ein dialektischer Prozeß zu verstehen, aber dieser Prozeß wurde nicht entwicklungsförderlich fortgesetzt, da unterbrochen und dann — *sozusagen* — in einen „reaktiv dialektischen Prozeß" *rück_*gebogen wurde. Wodurch? Durch Gesetze und Verordnungen die primär, wenn nicht letztlich allein, den neuen Machtstrukturen dienlich sein sollten. Dadurch wurde aber die Masse der Menschen in eine *Struggle-for-Life-Mentalität* gedrängt: „balgt euch um die 'Freiheit', denn so kommen die Fittesten nach oben, die 'wir' schon sind — das ist so selbstregulierend wie ökonomisch", lassen die Nachfahren der damaligen Vertreter der kulturverkleideten Gesockselite *_heute_* — natürlich noch nicht *_so_* platt — verlauten. Denn die Folgen des damals nicht zu Ende gebrachten Beantwortens der existentiellen Menschheitsfragen — *die selbstverständlich schon immer sozial-ökologisch verflochtene waren* — wirkt bis heute derartig destruierend nach, daß eine Identitätsbildung noch längst nicht auszumachen ist, die als originär wachsende zu bezeichnen wäre: man versucht sich auf eine Art und Weise vom „anderen" — *jetzt so individuell wie kollektiv gemeint* — zu unterscheiden, die nur als neurotisierte zu bezeichnen ist.

Die „feudalistische Identität" wurde wohl fragmentarisch zu einer „ökonomistischen Identität" umgewandelt, gemeinhin „bürgerliche Identität" genannt, da „ökonomistische Identität" *_erst heute_* Akzeptanz finden kann — *da der Selbstentfremdungsprozeß erst jetzt genügend weit fortgeschritten ist* — und für die meisten Menschen eine „Massenidentität" bedeutet. ... Wenn auch schnell durch „feine" Unterscheidungsmerkmale wieder aufgelöst und durch eine „andere Identität" ersetzt, die erst einmal nach „Freiheit" aussah und im Vergleich zur „feudalen Identitätszuweisung" an sich auch mehr persönliche Freiheit ermöglichte. Aber dadurch wurde nicht nur der persönliche Freiheitsgrad von der materiellen (*__ökonomischen__*) Basis konkret abhängig, sondern die „Identität" gleicherweise, wenn auch „optisch" anders als die „feudalistische Identität" fremdbestimmt. Und diese materielle (*__ökonomische__*) Basis war nicht eine Frage eigener Leistung, zumindest nicht allein, sondern wurde von der Ausgangslage, in der sich jemand befand, als die „Verbürgerlichung" einsetzte, bestimmt.

Also führte zwar dieser dialektisch aufbrechende gesellschaftliche Prozeß fortschrittlich von der Feudalgesellschaft weg, blieb aber in der nach Mikroökonomie-Kriterien tickenden bürgerlichen Gesellschaft stecken, da, wie gesagt, die revolutionär nach oben gespülten

„intellektuellen Kräfte" sich mit den Vertretern der alten Macht und mit denen der sich von den revolutionären Kräften gelöst habenden (__*noch jungen*__) bourgeoisen Macht verbanden, so daß die durch die Französische Revolution fühl- und *denk*_bar gewordenen historischen Menschheitsfragen unbeantwortet blieben, nämlich echte Demokratisierung unterblieb, durch die erst die Bedürfnisse der Masse der Menschen eines Staates zum unbedingt zu erfüllenden Bedürfnis _*des*_ Staates werden, den diese Masse als Volk konkret bewohnt ... und ihn erst _*dann*_ belebt.[651]

Dieser machtpolitisch verhinderte kollektive Emanzipationsprozeß ist wahrscheinlich als der Grund für die dann im 19. Jahrhundert einsetzende „neurotisierte deutsche Identitätssuche" anzusehen, sozusagen als Ersatz fürs sich tatsächlich kollektiv von elitärer Macht Emanzipieren, bzw. zur Verhinderung solcher eigentlichen (__*und deshalb geschlechtsunspezifischen*__) Emanzipation: denn _*das*_ heißt ja „Emanzipation"! Und diese „neurotisierte deutsche Identitätssuche" veranlaßte bspw. den Orientalisten Heinrich Julius von Klaproth 1823, den Begriff „Indogermanen" zu „basteln": denn wer auf solcher „kollektiver (__*erneut fremdbestimmter*__) Identitätssuche" ist, kommt mit der von Franz Bopp auf dem „Forschungsfeld" seiner „Vergleichenden Sprachwissenschaft" „entdeckten" „grammatischen Struktur" nicht mehr aus, denn es liegt wohl in der „ideologischen Logik" neurotischer Charaktere, eine „Stammesverwandtschaft" zu „entdecken" von der Juden ausdrücklich auszuschließen waren.[652] (__Nicht das *der Begriff* „Indoeuropäer" *besser wäre, da der* „substantiell" *genauso falsch ist.*__)

Und _*diese*_ Logik der politischen Reaktion ergibt sich, u.a., aus der, aus Sicht ihrer Vertreter unerhörten, durch die Französische Revolution ermöglichte „Judenemanzipation" und der damit verbundenen

---

[651] Siehe dazu in: « Sie fragen noch, wie die ›Verhältnisse‹ liegen? », dort auf den Seiten 337 ff., beginnend mit: „Denn folgendes ist keine politische Geschmacksfrage".

[652] Siehe in diesem Zusammenhang auch Prodosh Aich, *Lügen mit langen Beinen*, die Seite 339.

Zusprechung der Bürgerrechte, was ein schwerer Schlag gegen die „Identität" eines christlich monotheisierten Europäers gewesen sein muß: die „feudale Identität" ist zerstört, eine „bürgerliche Identität" will nicht gelingen, da sie nur anders fremdbestimmt ist. Also liegt es in dieser Logik, daß die emanzipative Forderung, ab jetzt mit Juden gleiche Rechte teilen zu „müssen", obwohl die doch für den Tod des christlichen Gottes verantwortlich sind, wie jedes Schulkind damals noch unbedingt zu „wissen" hatte, _*keine*_ Basis für eine neue fremdbestimmte (__*also der alten Macht im neuen Gewande dienliche*__) „Identität" sein konnte, da die alte fremdbestimmte „Identität" vorher das Gegenteil behauptet hatte. Zumal die „bösartige Andersartigkeit" der Juden ja auch den Vorteil hatte, sich einfach „besser" „fühlen" zu können, wenn es einem auch noch so dreckig ging. Also mußte mit der sogenannten Nationalstaatsbildung eine Mentalität bzw. ein „Nationalcharakter" erzeugt werden, der jedem „'Besonderheit' in der durchschnittlichen Armseligkeit" ermöglichte.

Dazu muß man aber wissen, daß diese „'Besonderheit' in der durchschnittlichen Armseligkeit" nur mit Blick auf „die 'anderen'" „identitätsstiftend" wirkt. Und so kommt es, daß das machtelitäre Konstrukt „Nationalstaat" Ursache für Rassismus ist, da seine Ideologen die einen nur deshalb als zur Spielwiese einer bürgerlichen Machtelite auserkorenen Territorium — *gemeinhin* „Nationalstaat" *genannt* — zugehörend bezeichnen werden, die sich dann selbst auch diesem Macht-Konstrukt „zugehörig" fühlen (__*so zu einer* „homogenen Nation" *geworden*__), bleiben zugleich andere von dieser Zugehörigkeit ausgeschlossen; was gesellschaftspolitisch damals noch besonders bequem möglich war, da man auf eine alte monotheistische Lehre zurückgreifen konnte, die zu jener Zeit noch so weitverbreitet wie charakterlich verankert war.

Nun, eben dies wurde in der ersten Hälfte des 19. Jahrhunderts immer schwieriger. Daher wurde aus machtpolitischen Gründen eine zwar keineswegs neue, da letztlich auf das christlich-monotheistische Dogma aufbauend, „identitätsschaffende Erzählung" notwendig, also zur Schaffung einer weiterhin fremdbestimmten „Identität", um die seit der Französischen Revolution in Europa keimenden Ansätze sich bilden wollender originärer Identität zu verhindern.

Mit anderen Worten, was damals „Nationalstaatsgründung" hieß, würde heute als „Nation-Building" bezeichnet, denn die behauptete „nationale Homogenität", bspw. die deutsche, hat es so nie gegeben, andernfalls wäre ein solches von Hymne, Militärparaden, Fußball-Nationalmannschaft, massenmedialer „Öffentlichkeitsarbeit", heute „Meinungsbildung" genannt, also kollektive Meinungsbeeinflussung, entsprechendem Bildungssystem und allem anderen Pipapo umstelltes bzw. begleitetes „nationalstaatliches Narrativ" nicht notwendig gewesen.

„[...] Die oft zu hörende Behauptung, bei Jugoslawien habe es sich lediglich um einen 'künstlichen Staat' gehandelt, der sich aus grundsätzlich feindlich gesonnenen und nicht zusammenpassenden Völkern zusammengesetzt habe und allein deshalb gar keinen Bestand haben konnte, ist zurückzuweisen. Denn die Gründungen Deutschlands, Italiens, Indiens, Belgiens oder der Schweiz, sind nicht weniger künstlich gewesen als die Gründung Jugoslawiens. Und, objektiv gesehen, bestehen zwischen Serben und Kroaten weit weniger Unterschiede bezüglich der Sprache, der Kultur und der Religion, als bspw. zwischen Preußen und Bayern in Deutschland. [...]"[653]

Und so sei das Macaulaysche Zitat wiederholt:

> „[...] Wir müssen [...] unser Bestes tun, um eine Klasse zu bilden, die zwischen uns und den Millionen, die wir regieren, Dolmetscher sein kann; eine Klasse von Personen, indisch in Blut und Farbe, aber englisch im Geschmack, in der Anschauung, in der Moral und im Geist [...] und sie nach und nach zu geeigneten Trägern für die Wissensvermittlung an die große Masse der Bevölkerung zu machen. [...]"

---

[653] Diese Zitierung findet sich in: Die *tri*_logische Sezierung [...], Band III, Teilband 2, die Seite 652. Zu dieser Aussage siehe auch: Robert M. Hayden, „Yugoslavia's Collapse: National Suicide with Foreign Assistance", Anmerkungen 2 + 6, in*: Economic and Political Weekly*, Vol. 27, No. 27 (__Jul. 4, 1992__), pp. 1377-82; im Internet abrufbar über folgenden, am 9. Februar '20 erneut geprüften Internet-Pfad: https://jstor.org/stable/4398583.

Ist das nicht „modernes Denken", das auch für die EU-Funktionselite gilt, deren „Projekt" behaupteterweise „Europa" ist, auf deren tatsächlichen Agenda aber alles mit missionarischem Eifer zur Realisierung ihres quasi-religiösen „Projektes" geschrieben steht, das schon jetzt die ersten Charakterzüge eines orwellianischen EU-Imperiums des Friedens zeigt?[654]

Das aber, nämlich die Erzeugung von Nationalismus durch sogenanntes „Nation-Building", gilt möglicherweise für alle Nationalismen, die sich in den Kolonien der „westlichen Welt" nach deren „Befreiung" ausbildeten. Wäre dem so, handelte es sich dabei jeweils um einen von der „westlichen Welt" gesteuerten Nationalismus, dann je von einer Elite in Szene gesetzt, die in einem der „westlichen Wissenschaftszentren" ausgebildet und der jeweiligen Bevölkerung in solchen geschaffenen Staaten als Führungsschicht vorgesetzt wurde — und wird. Damit hätte der Begriff „nation building" in dem seine Wurzeln, was im Macaulayschen Zitat ausgedrückt ist. Und tatsächlich handelt es sich bei „nation building" um „nation modelling".

„[...] 'Nation-Modelling' wird übrigens von [__einstigen__] großen Ex-Straßenkämpfern und anderen neoliberalen Politikern, vielfach fälschlicherweise als 'Nation-Building' bezeichnet. Denn es geht ja gerade nicht um die Förderung eines langwierigen Prozesses, daß die Menschen einer Region sich als ein 'Volk' erkennen mögen, sondern um das Organisieren von Menschen in einer bestimmten Region, ihnen also eine Staatlichkeit überzustülpen — und eben _*nicht*_ in dem Sinne, diese Staatlichkeit den Bedürfnissen der Menschen anzupassen (*__die in einem Diskussionsprozeß herausgefunden würden und an dem möglichst alle gesellschaftlichen Gruppen über ihre Vertreter erst noch zu beteiligen wären__*), sondern es geht dabei um eine *An*_Passung, die neoliberaler *Präge*_Form entspricht, der die Menschen einer bestimmten Region *an*_gepaßt, eben _'anmodelliert'_ werden. [...]"[655]

---

[654] Siehe bspw. Die *tri*_logische Sezierung [...], Band III, Teilband 2, und: « Sie fragen noch, wie die ›Verhältnisse‹ liegen? ».

[655] Siehe in: Die *tri*_logische Sezierung [...], Bd I, Tbb 1-3, Seiten 314 f.

Die folgende Aussage ist exemplarisch für das Denken heutiger Intellektueller: Es sei eine der *geistigen Leistungen Vivekânandas* [__gewesen__], *den Begriff der Nation auf indische Verhältnisse übertragen* [__zu haben__] *und* [daß er__] *in der Religiosität die Grundlage eines einheimischen Nationalismus* [__gesehen habe__] [...] *Wie viele Inder nach ihm im Milieu des erwachenden Nationalismus* [__, glaubte auch__] *Vivekânanda, daß jedes Volk, jede 'Nation', von einem allbeherrschenden Prinzip bestimmt* [__sei__], *das sich in seinem Leben manifestiere. In Indien* [__sei__] *dies die Religion* [__, und deshalb hebe er hervor, daß es in__] *'jeder Nation wie in der Musik eine tragende Melodie, ein zentrales Thema'* [__sozusagen ein „Leitmotiv" gäbe__], *auf das hin alles andere bezogen* [__wäre__]. [__Und so habe jede__] *Nation ein Leitthema; alles andere* [__sei__] *sekundär.* [...] [__Daher käme es, daß in einer Zeit__] *des erwachenden Nationalismus' Vivekânanda bemüht* [__gewesen sei__], *die Fundamente einer religiösen Theorie des Nationalismus' zu legen, die später von Bipin Chandra Pal und Aurobindo vertreten wurden.*[656]

Das soll es gewesen sein, was Vivekânanda völlig unbeeinflußt von den europäischen Kolonialherren — *damals und dort in Bhâratavarsha in Gestalt der Briten* — dachte und wonach er gestrebt habe? Das ist nicht anzunehmen. Berechtigt anzunehmen ist hingegen, da er in der westlichen Philosophie gut bewandert gewesen sein soll, daß er in seinen Aussagen Hegelschem Denken in der Bearbeitung von politischen Erbsenzählern folgt.

Vivekânanda (__1863-1902__) ist ein anerkannt großer Mensch gewesen, das bestreite ich nicht. Es irritiert mich aber, daß er, nachdem er bspw. „Hegel" (__1770-1831__) studiert hat, gleicherweise anfängt vom „Volksgeist" — als „Verwirklichung" des „Weltgeistes" „mit

---

[656] Siehe Hans-Joachim Klimkeit, *Der politische Hinduismus: indische Denker zwischen religiöser Reform und politischem Erwachen*, Otto Harrassowitz Verlag, Wiesbaden, 1981, die Seite 276. Zu seinen Aussagen gibt Klimkeit die belegenden Quellen an, diese können hier aber unerwähnt bleiben, da sie in diesem Zusammenhang nicht weiter erhellend wären.

Hilfe" des „Zeitgeistes" — zu „denken". Denn damit ist jenes gemeint, das von zeitgenössischen westlichen Intellektuellen so leicht verstanden wird, da es bestens zur Mentalität von geistigen Erbsenzählern, die sich die Welt offenbar am liebsten als aus einem „Komplex von 'nationalstaatlichen Kleingartenanlagen'"[657] bestehend vorstellen, wenn diese von einer „Nation" als einem „Gedanken Gottes" reden, sich dabei dann zwar — i.d.R. — auf Herder berufend, obwohl es eigentlich Georg Wilhelm Friedrich Hegel ist, der um solche „Ideen" „hübsche" Kartenhäuser zu bauen erlaubt, die aber fürs Zusammenleben von Menschen ungeeignet sind, hingegen einer nationalstaatlichen Elite „strukturierten Glauben" von ihrer „Mission" im Sinne eines von ihr behaupteten „nationalen Interesses" gibt, paßt.[658] Und da sich selbstverständlich auch die EU-Funktionselite aus „westlichen Intellektuellen" zusammensetzt, entfaltet dieser alte Hegelsche Hirnfurz in den Köpfen dieser Elite ungehindert seinen „Charme". Denn aus was anderem als solchen Intellektuellen sollte das Heer von *Spin*_Doktoren, einsitzend in „Denk-Panzern", gemeinhin als *Think-Tanks* bezeichnet, „Humanwissenschaftlern", „wissenschaftlichen" Kulturbetrieblern, Polit-„Beratern" usw. bestehen? Diese „westlichen Intellektuellen" sind es, die, u.a., mit dem Aushecken von „Gedankengebäuden" zur „Untermauerung" des neoliberalen Projektes „EU" beschäftigt sind. Und so ist es dieser entsprechend geupdatete Hirnfurz, der sich, so deren im Auftrag der EU-Machtelite verfolgten Kalküls, bestens dazu eignen könnte, die europäischen Völker so zuzurichten bzw. zu „homogenisieren", daß diese in die mit der Ideologie des Neowilhelmoliberalismus' ausgestatteten EU-Zwangsjacke *ein*_zubinden bzw. *ein*_zupassen wären.

> „[...] Die politisch folgenreiche *Ideen*_Setzung, daß 'Völker Gedanken Gottes' seien, eine Idee, die übrigens nicht auf Johann Gottfried Herder (__1744-1803__) zurückgeht, hingegen wohl auf die Georg Wilhelm Fried-

---

[657] Den Begriff „nationalstaatliche Kleingartenanlage" verwende ich auf den Seiten 314 und 419 von Die *tri*_logische Sezierung [...], Bd I, Tbb 1-3.

[658] Zur politisch folgenreichen *Ideen*_Setzung: „Völker sind Gedanken Gottes", siehe das unten auf dieser Seite beginnende Zitat.

rich Hegelschen [...] Überlegungen zum 'Volksgeist', als Ausdruck des 'Weltgeistes', wobei sich diese 'Idee' selbst wahrscheinlich zuerst bei Leopold von Ranke (__1795-1886__) findet, kann als eine besondere ideologische Komponente des Wilhelminismus' gelten, die dann im Nationalsozialismus ihre Pervertierung fand. Daß nämlich lediglich eine „volksmäßig homogene" staatliche Entität Gewähr für politisches Tun biete. Auch diese ideologische Vorstellung findet sich übrigens bereits in den Anfängen des *Neo*_Wilhelminismus' wieder, und zwar in der, von solchem 'ethnischen Homogenisierungsgedanken' geprägten Anerkennung der nationalistisch-chauvinistisch geführten Republik Kroatiens Anfang der 90er Jahre deutlich geworden.[...]

Diese ideologische Vorstellung von 'Volk' und 'Staat' verbindet sich übrigens „auf eigenartig widersprüchliche Weise mit der kardinalen Komponente der neoliberalen Ideologie zum Neowilhelmoliberalismus [...] — daß nämlich durch das Einbinden verschieden kulturell geprägter Gesellschaften unter ein (__ideologisches__) 'ökonomisches Gesetz', ihre „Homogenisierung" möglich würde. [...]"[659]

Das besonders heimtückisch Prägende an dieser „europäischen Indoktrination" der bharatavarsischen Gesellschaft bestand also zum einen in der von „westlichen 'Indologen'" erfundenen bharatavarsischen Geschichte und zum anderen in der Schulreform durch die Briten. Auf _*dieser*_ Basis ereignete sich dann die zwischen den „hinduistisch" und den islamisch dominierten Regionen konfliktgeladen geführte politische Auseinandersetzung, die, in der Folge des Abzugs der europäischen (__*in Gestalt der Briten*__) Kolonialherren, schließlich in konfliktgeladene „indische" und pakistanische Nationalstaatsbildungen mündete, wodurch nun auch dort eine sich in den Menschen charakterlich verankernde „kollektiv Emotionalität" entstand.

Es ist aber _*diese*_ Art von „kollektiver Emotionalität", die man deshalb auch als „europäische Emotionalität" bezeichnen kann, da die Idee des „Nationalstaates" eine Erfindung der in den Diensten der europäischen Machteliten stehenden (__*und sich auf diese Weise prostituierenden*__) Intellektuellen ist[660], und die Schaffung eines auf dieser

---

[659] Zitat findet sich in: Die *tri*_logische Sezierung [...], Bd III, Tb 2, 593 f.

[660] Vgl. in: « Sie fragen noch, wie die ›Verhältnisse‹ liegen? », Aspekt 29.

Idee beruhenden „Nationalstaates" zu einer typischen „Gefühlslage" jener Masse der Menschen in einer nationalstaatlich organisierten Gesellschaft wird, die gewohnheitsmäßig auf dem Territorium des so organisierten Staates lebt. Das heißt diese sich in den Menschen kollektiv charakterlich verankernde „Emotionalität" ist eine, die mit jeder „Nationalstaatsbildung" einhergeht, so daß Nationalismus Ausdruck der destruktiven „Identitätsschaffung" der Idee „Nationalstaat" ist. Diese Art „kollektiver Emotionalität" ist aber, wie gesagt, deshalb als „europäische Emotionalität" zu bezeichnen, da sowohl die Idee „Nationalstaat" als auch ihre tatsächliche Umsetzung zum „Nationalstaat" selbst ein originär europäisches Phänomen ist, wenn es auch verschieden geprägte Manifestationen von Nationalismus gibt, die abhängig vom sich konkret ausbildenden „National-Charakter" sind.

Also ist zu unterstreichen:

Dieses gesellschaftspolitische Organisationsmedium „Nationalstaat", der in der Folge der Französischen Revolution zur Ersetzung des obsolet gewordenen Organisationsmediums „Feudalstaat", bestehend aus einer ständisch strukturierten Gesellschaft, deren Führungsschicht, bestehend aus „weltlichem Adel" (__„inklusive „Dienstadel"[661]__) und meist als „Klerus" bezeichnetem „geistlichen Adel", sich die Macht teilten, geschieden in weltliche und in verschleiert weltliche — *sogenannt* „geistliche" — Macht, deren Spitze personifiziert Kaiser, König und Papst besetzten, hat die Funktion als „zeitgemäßes" (__*sozusagen geupdatetes*__) Herrschaftsinstrument zu dienen, das erlaubt, die Menschen in der sich aus der feudalen Gesellschaftsformation herausentwickelt habenden „bürgerlichen Gesellschaftsformation" weiterhin im Sinne einer Machtelite zu manipulieren bzw. zu organisieren.

Die Gesellschaften der „bürgerlichen Gesellschaftsformation" gewinnen _*deshalb*_ den Charakter von „Massengesellschaften", da

---

661 Siehe in Anhang I, die Seiten 607-11, beginnend mit: „Für was ist ein 'Dienstadel' Ausdruck?".

sie typischerweise von den ständischen Strukturen des Feudalismus' befreit sind. Auf diese Weise entsteht in einer solchen „Massengesellschaft", die dann auch als „bürgerliche Gesellschaft" bezeichnet wird, der Eindruck von „Gleichheit".

Ein dem Begriff „Gleichheit" gerecht werdender Sinn — *nämlich als Ausdruck einer egalitären Gesellschaft* — könnte aber nur dann gegeben sein, käme es zur Abschaffung der Machtelite einer „Massengesellschaft". Denn zwar wurde mit der Etablierung der „bürgerlichen Gesellschaftsformation" etwas eingeführt, das — *grundsätzlich positiv* — als „Gewaltenteilung" bezeichnet wird und Grundlage für Rechtssicherheit ohne Ansehung der Person ist, was aber, bleibt die Machtelite erhalten, die Masse der Menschen trotzdem weiterhin im Sinne solcher Elite organisieren wird, da die Gesetze und Verordnungen von den Satelliten der Machtelite in Politik und Verwaltung einer „bürgerlichen Gesellschaft" bestimmt sind. Das bedeutet, daß diese Machtelite — *sich aus den Strukturen der obsolet gewordenen feudalen Gesellschaftsformation heraus entwickelt habend* — sich nur zur „bürgerlichen" Machtelite zu „transformierten" brauchte, um seitdem (__*also weiterhin*__) die Entwicklung der für die Masse der Menschen nicht von Gleichheit, sondern von „Gleichmacherei" geprägten „Massengesellschaften" der bürgerlichen Gesellschaftsformation zu bestimmen.

Anmerkung zum Begriff „Gesellschaftsformation"

„Formation" leitet sich vom lateinischen *formatio* her und bedeutet soviel wie „Gestaltung" oder „Bildung" im Sinne von „Formgebung". Bezogen auf die menschliche Gesellschaft kann man natürlich sagen, daß es „Gesellschaften der Prähistorischen" gegeben hat, aber dafür den Begriff „Formation" zu verwenden erscheint mir nicht sinnvoll. Einmal deshalb, da wir darüber zu wenig wissen und zum anderen, da das, was wir darüber wissen, die Vermutung nahelegt, daß es sich dabei um eine „naturbestimmte Formation" handelte: _*allein*_ die natürlichen Bedingungen gaben die Art der gesellschaftlichen Struktur vor. Deshalb erscheint mir der Begriff „Gesellschaftsformation" erst mit dem Auftreten der Historischen sinnvoll zu verwenden möglich, da sich die „Gesellschaften der Historischen" im Prozeß des Seßhaftwerdens befanden und es hierbei zu einem Zuzug verschiedener Gruppen kam, die sich so zu größeren, also aus verschiedenen Gruppen bestehenden Entitäten entwickelten.

„Seßhaftwerden" bedeutet die bewußte Beeinflussung der natürlichen Umwelt zum Zweck der Erfüllung menschlicher Bedürfnisse. Die sogenannte „Kultivierung von Wildnis" (__*das Roden von Wald, das Urbarmachen von Land*__), tatsächlich also die natürliche Umwelt aus „artspezifischer Perspektive" wahrzunehmen (__*so früher oder später den Blick fürs Zusammenhängende verlierend*__), und damit im Sinne menschlicher Bedürfnisse zu verändern, ist dafür ein Beispiel. Geschieht dies noch in relativem Einklang mit den Rhythmen der Natur, was u.a. daran erkennbar ist, daß durch diese „artspezifische Einflußnahme" auf die natürliche Umwelt, alle anderen *Mit*_Wesen sich auch weiterhin reproduzieren können, werden diese Bedürfnisse also *kontextuell artspezifisch* (__was sagen soll: unter Berücksichtigung der Bedürfnisse möglichst aller anderen *Mit*_Wesen__) befriedigt, kann diese Einflußnahme als unproblematisch angesehen werden. Werden diese Bedürfnisse aber _*primär*_ artspezifisch (__was sagen soll: unter Mißachtung der Bedürfnisse zumindest vieler anderer *Mit*_Wesen__) befriedigt, entsteht ein Ungleichgewicht, das zwar zuerst nur auf Kosten der natürlichen Umwelt und damit der anderen *Mit*_Wesen zu gehen scheint, letztlich aber auch den _*primär*_ artspezifisch handelnden Akteur, in diesem Fall das Menschengeschlecht als Ganzes, schädigt. Beginnend damit, daß dies die „*mit*_wesentliche Wahrnehmung" verarmen läßt, folglich das Menschliche reduziert.[662]

Als im relativen Einklang mit der natürlichen Umwelt stehend, kann eine „agrarische Gesellschaftsformation" angesehen werden, in der also die Stadt noch nicht dominant geworden ist. Beziehungsweise sich in der Stadt noch nicht eine „Interessengemeinschaft" gebildet hat, bestehend aus Priestern, Kriegern, Handwerkern und Händlern, die die weitere Entwicklung des ganzen umliegend besiedelten Territoriums allein bestimmt.

Diese Entwicklung hin zu einer derartigen „Interessengemeinschaft" ist nur eine Frage der Zeit, wird von den Landleuten nicht frühzeitig erkannt, daß eine solche im Entstehen begriffen ist. Woran wäre das zu erkennen? Daß diese sich konstituierende „Interessengemeinschaft" anfängt eine eigene Sprache zu sprechen, diese kodifiziert _*und*_ mit einer Schriftsprache versieht, so daß die gesprochene Sprache der Landleute in entscheidungsrelevanten Angelegenheiten ihren verbindlichen Charakter verliert, bzw. durch „Vertrag" ersetzt wird, dessen „Klauseln" allein diejenigen verstehen — *aus*

[662] Siehe dazu auch die Seiten 283 ff., beginnend mit: „Die Prähistorischen erlebten die anderen ...".

dem Dunstkreis dieser „Interessengemeinschaft" *kommend* — die diese verfaßt haben. Ein Ausdruck einer solchen Entwicklung ist bspw. der, daß die Produkte der Landleute auf dem „Markt" der Stadt ausschließlich nach dem von dieser „Interessengemeinschaft" — *der zukünftigen Machtelite des Territoriums* — diktierten Gesetz verkauft werden dürfen. Aus dieser Entwicklungsrichtung bildet sich gesellschaftliche Hierarchie aus, an deren Fuße die Landleute und an deren Spitze — *je geschlechtsunspezifisch zu verstehen* — der Hauptpriester, der Hauptkrieger und der Haupthandwerker bzw. Haupthändler solcher „Interessengemeinschaft" stehen.

Die Weiterentwicklung einer von einer derartigen „Interessengemeinschaft" bestimmten Gesellschaft (__der „Gesellschaft der Historischen"__) kann im Rückblick, also aus heutiger Sicht, als „folgerichtig *_und_* gesetzmäßig" erfolgt seiend *er_*scheinen. Tatsächlich ist das dann zwar als in sich logisch entwickelnd, aber nicht als sich prozeßhaft folgerichtig aus dem ersten bewußten „formatorischen Akt" sich ergebend zu verstehen. Denn daraus hätte genausogut eine egalitäre gesellschaftliche Entwicklung resultieren können. Dafür wäre übrigens die Vedische Gesellschaft ein gutes Beispiel.[663]

Dieser erste bewußte „gesellschaftsformatorische Akt" veränderte aber seine progressive Entwicklungsrichtung, als mit der Ausbildung einer ersten Machtelite gesellschaftliche Bedingungen primär zur Befriedigung der Interessen dieser Elite (*__ihrer Machtinteressen__*) geschaffen wurden: was auch bedeutet, daß dabei die natürliche Umwelt betreffende Überlegungen nachrangig wurden. Damit aber machtelitäre Interessen leichter umzusetzen waren, nahm jenes Gestalt an, was man heute „Politik" nennt, d.h. die Beeinflussung der „öffentlichen Meinung". Ist es dann noch eine Frage, welchen Interessen *_solches_* politisches Handeln diente und bis heute dient?

Die Beschaffenheit einer bestimmten Gesellschaft verrät, wem ihre „Formatierung" nützlich war bzw. ist. Dies zu beantworten ist selbstverständlich umso leichter möglich, je mehr relevante Informationen man über eine bestimmte Gesellschaftsformation zusammentragen kann. „Relevante Informationen" sind solche, die etwas über die Struktur einer Gesellschaft aussagen.

Das bedeutet, daß man eine „Gesellschaftsformation" sozusagen als „Matrize" verstehen kann, die als „Vorlage" für die „Gestaltung" bzw. die „Bil-

---

[663] Siehe Prodosh Aich, « Das Vedische Erbe » — *Nachdenken über systematisch verdeckt gehaltene WAHRHEITEN*.

dung" eines bestimmten Typs von gesellschaftlicher Organisierung einer Masse von Menschen dient, die gewohnheitsmäßig auf dem Territorium einer dann auch als „Staat" bezeichneten gesellschaftspolitischen Entität lebt. Die Art der „Matrize" bestimmt dann die „Logik" der gesellschaftlichen Entwicklung.

Bisher lassen sich folgende Gesellschaftsformationen unterscheiden: „Urgesellschaft" (__*das ist die frühe Klassengesellschaft*__), „Sklavenhaltergesellschaft", „Feudalismus" und „bürgerliche Gesellschaft".

Wäre diese Abfolge von gesellschaftlichen Formationen als ein „naturgesetzlicher Prozeß" zu verstehen, müßte auf die aktuelle, also die „bürgerliche Gesellschaftsformation", die „egalitäre Gesellschaftsformation" folgen, oder hätte schon folgen müssen. Hierbei handelte es sich dann aber möglicherweise um einen Trugschluß, der daher käme, daß wir auf die Geschichte rückbetrachtend schauen und so der Eindruck entstehen kann, daß sich die genannten Formationen gesetzmäßig ereignet hätten und entsprechend aufeinander gefolgt wären. Zwar kann durchaus angenommen werden, daß sich darin tatsächlich ein materia-inhärenter Prozeß ausdrückt und dieser sich dann sogar gesetzmäßig ereignete, würde er nicht blockiert. Weshalb und von wem blockiert? Wegen manifest gewordener Partikularinteressen einer Machtelite, die zum Schutz und zur Bedienung ihrer Interessen auf allen gesellschaftspolitisch relevanten Positionen ihre Satelliten installiert hat, wodurch dann die gesellschaftliche Entwicklung im Sinne einer solchen Elite bestimmt wird. Deshalb kann hier „Gesetzmäßigkeit" nicht bedeuten, daß sich dieser Prozeß des Wechsels gesellschaftlicher Formationen automatisch ereignen würde. Ja, man kann nicht einmal von „formatorischem Wechsel" sprechen, wenn das machtelitäre Denken und das machtelitär bestimmte gesellschaftliche Organisieren einer Masse von Menschen erhalten bleiben, da dann lediglich die „machtelitäre Garnitur" gewechselt wird. Bleiben machtelitäres Denken und machtelitär bestimmtes gesellschaftliches Organisieren der Masse der Menschen einer Gesellschaft erhalten, kann lediglich von machtelitär bestimmter gesellschaftspolitischer Transformation gesprochen werden, da es dann bloß zu einem „machtelitären Update" kommt. Deshalb handelt es sich bei der „bürgerlichen Gesellschaft" mit ihrer „repräsentativen Demokratie" und den zwar von der Bevölkerung zu wählenden Figuren, die aber letztlich von machtelitärer Seite bestimmt worden sind, sowie ihrem als „Rechtsstaat" bezeichneten „Rechtsgefüge", das bspw. das politische Wahlverfahren als verbindlich festschreibt, *ob*_wohl es doch gerade dieses Wahlverfahren ist, das den machtelitären Interessen entgegenkommt, genau um ein solches gesellschaftspolitisches Update der vorausgegangenen Feudalgesellschaft.

Es ist aber nicht allein aus dem genannten Grund des Erhaltenbleibens von machtelitärem Denken und machtelitär bestimmtem gesellschaftlichen Organisieren der Masse der Menschen einer Gesellschaft, daß es sich bei der Abfolge gesellschaftlicher Formationen: „Urgesellschaft", „Sklavenhaltergesellschaft", „Feudalismus", „bürgerliche Gesellschaft", „egalitäre Gesellschaft", nicht um einen „naturgesetzlichen Prozeß" handelt. Denn es kommt hinzu, daß der Mensch als Spezies plastisch ist.[664] Demnach ist dieser Prozeß als „potentieller Prozeß" zu verstehen, der sich zwar dialektisch vollzieht, aber sowohl sein Sichereignen als auch sein Entwicklungsablauf sind primär von dem abhängig, was als „subjektiver Faktor" dieses sich dialektisch vollziehenden potentiellen Prozesses bezeichnet werden kann.

Was ist der „subjektive Faktor" im sich dialektisch vollziehenden potentiellen Geschichtsprozeß? Der im Sinne dieses materia-inhärenten Prozesses politisch bewußt handelnde Mensch. Fehlt allerdings dieser Faktor in ausreichender Quantität in einer Gesellschaft, ereignet sich dieser Prozeß nicht. Damit dieser Faktor aber überhaupt in ausreichender Quantität in einer Gesellschaft vorhanden sein kann, bedarf es günstiger Bedingungen für die Masse der Menschen einer Gesellschaft, besonders in der „primären Phase ihrer Plastizität", da nur so in ausreichender Weise der Nährboden für die Keimlegung einer als „spürendes Erkennen" zu bezeichnenden Empfindsamkeit für notwendige gesellschaftspolitische Entwicklungs_*Änderungen* zu legen ist.[665] Denn ein „spürendes Erkennen" notwendiger gesellschaftspolitischer Entwicklungs_*Änderungen* ist die Bedingung dafür, daß sich später das in diesem Sinne über Aufklärung Erfahrene überhaupt in den Menschen verankern kann, da andernfalls im Menschen die „Anknüpfungspunkte" für das klare Erkennen notwendiger gesellschaftspolitischer Entwicklungs_*Änderungen* und die Fähigkeit, diese auch in Angriff zu nehmen, fehlen würden.

Und _*hier*_ liegt das menschliche Dilemma begründet: ereignet sich dieser Prozeß im Sinne des materia-immanenten Pulsationsprozesses[666] näm-

---

[664] Zur „Plastizität" des Menschen siehe in: Die *tri*_logische Sezierung [...], Bd I, Teilband 4, die Seiten 138-47: „Aus meiner Sicht ist aber die _*eigentliche*_ Frage ...".

[665] Diese Phase ereignet sich intrauterin. Siehe die Angaben in der Fußnote 664.

[666] Zum „materia-immanenten Pulsationsprozeß" siehe das Nachwort, Teil 1: Was beruhigend ist ...

lich nicht, kann die psychische Energie, die in jedem Menschen vorhanden ist, und die dem subjektiven Faktor für das Realisieren notwendiger gesellschaftspolitische Entwicklungs_*Änderungen un*_gehindert zur Verfügung stehen muß, nicht konstruktiv genutzt werden, da sie dann „eingepanzert" ist, also nicht frei fließen kann (__vgl. Wilhelm Reich__). Das führt aber zu einer reaktiven Aggressivität, die sich dann kollektiv verschieden entladen kann, aber nicht über „Aufstände" hinaus kommt, die relativ leicht „umzuleiten" sind. Denn eine _*solche*_ „Entladung", die sich zuerst gegen die Machtelite richten würde, die über ihre gesellschaftspolitischen Satelliten ja die Bedingungen geschaffen hatte, daß sich psychische Energie kollektiv überhaupt erst eingepanzerte, kann durch zuerst weitere soziale Repression *ab*_gehemmt und dann mittels ihrer Satelliten so gelenkt werden, daß sich die weiter erhöhende reaktive Aggressivität gegen gesellschaftliche Minderheiten und/oder gegen einen äußeren Feind — *im Sinne der Machtelite* — entlädt.

Während aber die den machtelitären Interessen dienliche Entladung, die sich in Form von wie auch immer gearteten Kriegen vollzieht, einen degenerativen, bzw. einen regressiven Entwicklungsprozeß des Menschengeschlechts auslöst, der sich übrigens aktuell in der westlichen Gesellschaftsformation ereignet und den man als „*Re*_Feudalisierung" bezeichnen kann, ist eine tatsächlich demokratische, und damit eine gesellschaftspolitisch progressive Entwicklung, dann allein noch durch einen tatsächlich revolutionären Prozeß möglich, an dessen Ende die vollkommene Machtübernahme durch das Volk stehen _*muß*_.

> Was unter „Volk" und unter „Direkter Demokratie" zu verstehen ist, habe ich in: *Sie fragen noch, wie die* «Verhältnisse» *liegen?* erläutert. Siehe diesbezüglich insbesondere den Aspekt 2: „Was eine Passage in Chestertons: 'The Man who was Thursday: A Nightmare' offenbart", und die Seiten 337 ff., beginnend mit: „folgendes ist keine politische Geschmacksfrage", sowie die Seite 669, beginnend mit: „Also sei zum Abschluß nicht allein die Frage wiederholt: Was spricht noch gegen *Direkte Demokratie*, spricht nichts für die simulierte Demokratie des lobbykratischen Systems ... [...]?" — Wie die Völker sich von der aktuellen Misere befreien können, habe ich in: *Le rayon des Lumières — Quelques remarques sur* « l'Empire de la paix » *orwellien, nommé l'UE* beschrieben.

Typisch für jede Gesellschaftsformation ist ihre materielle Basis, d.h. ihre wirtschaftliche Produktionsweise, die zur Ausbildung entsprechender gesellschaftlicher Verhältnisse führt. In der aktuellen, der „bürgerlichen Gesellschaftsformation", läßt sich das „Ökonomisierungsprinzip" nicht mehr bloß als „dominant" bezeichnen, denn es ist bereits so in den Köpfen der Masse der

Menschen verankert worden, daß sie dieses Prinzip sogar schon als vollkommen richtig *f ü h l e n* und sie es deshalb für normal halten, daß dieses Prinzip, das allein auf betriebswirtschaftlicher Basis funktioniert, auf alle gesellschaftlichen Bereiche angewendet wird, also nicht allein der Rationalisierung aller wirtschaftlichen Produktionsprozesse dienend. Wobei der Begriff „Rationalisierung" — *global gesehen* — sich nicht auf Menschen bezieht, denn die werden ja verschlissen und aus *_der_* Überlegung heraus eingesetzt, ihre im Rahmen eines Produktionsprozesses verwendete Substanz möglichst voll auszubeuten, also so zu verbrauchen, daß eigentliche Regeneration nicht oder nur unzureichend möglich bliebe.

Allein daran wird erkennbar, daß die „bürgerliche Gesellschaftsformation" mit ihrer profitorientierten Grundlage alles andere als „effizient" ist, betrachtet man diese Formation gesamthaft und nicht allein bezogen auf den Bereich, der als die „Zelle" ihrer materiellen Basis gilt: der profitorientierte Wirtschaftsbetrieb. Denn dies hat zur Folge, daß — *da davon die Mentalität einer gesamten Gesellschaft geprägt wird* — alle gesellschaftlichen Bereiche „durchökonomisiert" werden Dies ist der sich heute forciert ereignende gesellschaftspolitische Prozeß, den man als die Gesellschaft „marktkonformisieren" bezeichnen kann. Dieser Prozeß bedeutet, daß die *_ganze_* Gesellschaft, also inklusive *_aller_* Kulturbereiche, nach betriebswirtschaftlichen Kriterien strukturiert[667] und dann im Sinne ihrer materiellen Basis „marktkonform" getrimmt wird, anstatt diese materielle Basis, die gemeinhin als „Wirtschaft" bezeichnet wird, gesellschaftskonform zu „trimmen".[668]

Wer aber die Absicht hat, eine Gesellschaft zu organisieren, in der die Masse der Menschen nicht mehr durch Stände unterschieden ist, und dann sogar behaupten will, man habe ein für alle gleich geltendes Recht, tatsächlich aber will, daß sich die Masse der Menschen einer sich auf diese Weise gebildet habenden „Massengesellschaft" weiterhin im Sinne der Machtelite die-

---

[667] Siehe bspw. in: Die *tri_*logische Sezierung [...], Band II, Zwischenruf 9: „Die Reanimation der ersparten Kultur".

[668] Zur Beeinflussungsgröße einer marktkonformen Gesellschaft siehe in: Die tri_logische Sezierung [...], Bd I, Tbb 1-3, dort die Seiten 69-74. In diesem Zusammenhang siehe a.a.O., die Seiten 396-400, und in: a.a.O., Band III, Tb 2, die Seiten 35-38. Zu dem, was darüber hinaus noch mit der Nationalstaatsbildung und der sich damit etablierenden Machtelite einherging und bis heute wirkt, ja, seit dem Ende des Kalten Krieges wieder zunehmend virulent wird, siehe in: a.a.O. Bd I, Tbb 1-3, die Seiten 371-75.

ser Gesellschaft orientiert, benötigt (__*d.h. neben entsprechenden Gesetzen, Verordnungen und, bspw. einem als* „dreigliedrig" *bezeichneten Schulsystem*__), u.a., Massenmedien zur Schaffung einer „öffentlichen Meinung", die es erst ermöglicht, eine „Massengesellschaft", also die Masse der Menschen in einer solchen Gesellschaft, im Sinne der Interessen der Machtelite zu orientieren _*und*_ orientiert zu halten. Andernfalls würde man nämlich immer dort, wo dieses möglich ist, auf „demokratische Selbstorganisation" und, sozusagen als alle verbindende gesellschaftspolitische Klammer, alles auf Direkte Demokratie setzen.

Denn nur so behält das tatsächliche Staatsvolk auf allen gesellschaftspolitischen Ebenen die Kontrolle über die getroffenen Entscheidungen, da erst auf diese Weise gemeinwohlorientierte (__*was zwingend auch die natürliche Umwelt Betreffendes einschließt: wie sollte das auch anders sein?*__) Politik möglich wird, da diese so erst — *bzw. nur dann!* — grundsätzlich vom Volk _*direkt*_ bestimmt wird; nämlich — *zunächst* — hinsichtlich der abzuarbeitenden „politischen Punkte", die _*vorher*_ über Referenden inhaltlich festgelegt wurden und die _*dann*_ — *bei völliger Transparenz* — von politischen, administrativen und beratenden Entscheidungsträgern abgearbeitet werden, die _*vorher*_ mittels des politischen Losverfahrens bestimmt wurden.[669]

Ende der Anmerkung zum Begriff „Gesellschaftsformation"

Um den Blick wieder auf „Indien" und den von Europäern dort induzierten Nationalismus zu lenken: Daß eine menschliche Gesellschaft im Sinne einer Machtelite zu organisieren tatsächlich möglich ist, hängt vor allem damit zusammen, daß der Mensch als Spezies „plastisch" ist[670], und das wird in „Indien" besonders deutlich.

Einst lebten die „Inder" verschiedener Weltanschauung durchaus friedlich neben- und miteinander. Natürlich gab es immer auch Konflikte, aber unvereinbar war nichts: ein Zusammenleben trotz tra-

---

[669] Zu „Staatsvolk" und „Direkte Demokratie" siehe die Bemerkung auf der Seite 544, beginnend mit: „Was unter „Volk" und unter „Direkter Demokratie" zu verstehen ist …".

[670] Zur „Plastizität" des Menschen siehe in: Die *tri*_logische Sezierung […], Bd I, Tb 4, die Seiten 138-47.

ditionell verschiedener Weltanschauung war nicht unvereinbar. Das ist sozusagen der rote Faden, der sich von der einstigen egalitären Vedischen Gesellschaft durch die sich hierarchisiert habende hinduistische Gesellschaft bis noch in jene Zeit zieht, als in ihr das „europäische Nationalgefühl" kollektiv verankert wurde — bis dahin mußte das Islamische von der hinduistischen Mehrheit nicht ausgehalten werden und umgekehrt. Unvereinbar wurde das Zusammenleben erst durch diese kollektive Verankerung von „europäischem Nationalgefühl", das durch eine von „westlichen 'Indologen'" zusammengebastete Geschichte „unterlegt" wurde. Erst danach prägte sich jenes tatsächlich aus, das später zum „indisch Nationalen" und „pakistanisch Nationalen" wurde: je mit „vehementem Stolz" versehen. Denn nun erst verwandelten ihre je als besonders vorgestellten „himmlischen Beziehungen", die einst miteinander in Bhâratavarshas gelebt Habenden nicht nur schließlich in voneinander getrennte Bewohner zweier Staaten, in denjenen, der heute Bharat Ganarajya/Republik Indien (__1947/1949__) heißt, und in denjenen, der aus dem sich von Bhâratavarsha abgespaltenen Westpakistan zur heutigen Islamischen Republik Pakistan (__1947/1956__) wurde, sondern auch in unerbittliche Gegner: auf pakistanischer Seite bedingt durch den expliziten Monotheismus des Islams, dem die europäische Nationalstaatsidee aufgepfropft wurde, auf „indischer" Seite durch den quasi staatsreligiösen Charakter angenommen habenden Brahmanismus, der sich im Laufe der Jahrhunderte zu dem entwickelt hatte, das im „Westen" als „Hinduismus" bezeichnet wird — so sich vom alten „Vedischen Kanon" weit entfernt habend — und dem die europäische Nationalstaatsidee noch auf besondere Weise aufgepfropft wurde. Denn hier kam hinzu, und das allerdings alles andere bisher von seiten irgendwelcher Besatzer Verbrochene in den Schatten stellend, daß die bharatavarsische Geschichte zusätzlich noch zerstört und durch eine „indische Geschichte" europäischer Lesart ersetzt wurde, bei gleichzeitiger Etablierung eines die „indische" Gesellschaft indoktrinierenden europäischen Schulsystems.

Anmerkung zum Hinduismus

Den Bhâratern selbst ist die Bezeichnung „Hinduismus" für ihre Ideenvielfalt fremd. Diese Vielfalt nennen sie *sanâtana dharma*, was oft mit „die ewige Ordnung" oder „das ewige Gesetz" übersetzt wurde und immer noch wird. Das hat aber nur eines bewirkt: die Bedeutungsmöglichkeiten eines den Europäern fremden, in diesem Fall sanskritischen Begriffs, schon vor dem eigentlichen Verstehenkönnen zu verengen, bzw. auf die christlich-monotheistisch Denkgewohnheiten hin „auszurichten".

Eine „Ordnung", ein „Gesetz" werden von einer „Person" oder „Organisation" aufgestellt, in diesem Zusammenhang meist als „Schöpfer" bezeichnet. Auch das läßt wieder darauf schließen, daß die Europäer bei der Definition von *sanâtana dharma* wie selbstverständlich vom eigenen (_*christlich dominierten*_) Horizont ausgingen: „ewige Ordnung", „ewiges Gesetz". Hingegen dürfte der Sinn von *sanâtana dharma* besser mit: „die ewige Natur der Dinge" wiedergegeben sein. Das ist schon deshalb anzunehmen, da das Sanskrit-Wort *dharma* weit besser mit: „Prinzip des universellen Gleichgewichts im Mikro- und Makrokosmos" gefaßt zu sein scheint.[671] Dieses *Prinzip des universellen Gleichgewichts im Mikro- und Makrokosmos* ist dann für alles das Individuum und die Gesellschaft Betreffende normsetzend: beginnend beim individuellen (_*mikrokosmischen*_) Verhalten bis zur Organisation einer ganzen menschlichen Gesellschaft, die im Verhältnis zum Individuum eine makrokosmische Entität ist. Hingegen sind das Individuum und die menschliche Gesellschaft mikrokosmische Entitäten im Verhältnis zum Universum, der eigentlichen makrokosmischen Entität. Das menschliche *dharmische Ziel* ist es dann, zum Einklang bzw. Gleichgewicht des Mikrokosmischen und Makrokosmischen beizutragen: sich selbst, die menschliche Gesellschaft und die Beziehung zu allen anderen *Mit*_Wesen betreffend — und so zum Einklang bzw. Gleichgewicht im Universum beizutragen. Das ist ein aktiver Anspruch. Dies hat aus meiner Sicht aber eine mehr philosophische als eine religiöse Sinnbedeutung: Es fordert eine intensive Beschäftigung mit allem (_*sichtbaren wie unsichtbaren*_) Sein, und dies bedeutet überdies der Versuch der Einflußnahme auf die verschiedensten Wirk-Kräfte der Materia, mögen die auch mit

[671] In diesem, aus meiner Sicht tendenziell richtigen Sinne, ist die Bedeutung des Sanskrit-Wortes *dharma* ins Deutsche übertragen zu finden in: *Erklärendes Wörterbuch zur Kultur und Kunst des Alten Orients — Ägypten, Vorderasien, Indien, Ostasien*, hg. v. Helmut Freydank et al., Verlag Werner Dausien, Hanau, o.J., dort unter dem Eintrag: „Dharma".

dem bezeichnet werden, das wir zu „verstehen" glauben, reden wir von „Gottheiten" oder „Dämonen".

Das Abbild des Makrokosmos

„[...] Der jüdische Philosoph Josef ibn Zaddik (__1075-1149__) ließ seine philosophischen Überlegungen vom Menschen ausgehen, [...] da der Mensch, so seine Überzeugung, das ganze Universum in sich enthalte, also der *_Makrokosmos_* in Miniaturausgabe sei. Entsprechend benannte er sein in arabischer Sprache geschriebenes Werk *Mikrokosmos*, denn allein durch die Erkenntnis des Menschen würden sich Gott und die Welt erschließen. Diese Annahme war nicht nur für die naturwissenschaftliche und philosophische Ausprägung des Charakters eines Paracelsus' (__1493-1541__) und eines Agrippas von Nettesheim (__1486-1535__) oder für die Formulierung der mystisch-philosophischen Lehren eines Jakob Böhmes (__1575-1624__) entscheidend, sondern es ist die in diesem Werk Zaddiks entwickelte Vorstellung, daß der Mensch das Abbild des Makrokosmos', also der Mensch als „Mikrokosmos" zu verstehen und über *_dieses_* Verstehen *_alles_* zu verstehen sei, die für das neue Menschenbild der Renaissance *mit*_prägend wurde. [...][672]

Wenn Sie nun die Aussagen des siebten Kapitels dieses Buches Revue passieren lassen, ergibt sich von selbst die Beantwortung der Frage: Welche Rolle haben Europäer bei der Ausbildung des hinduistischen Nationalismus (__*Hindutva*__) gespielt?

Dazu ist zuerst auf das zurückzukommen, das schon mehrmals erwähnt worden ist: der „Missionsbefehl", der in den Propagandaschriften des Paulinischen Christentums dokumentiert ist.[673] Denn dies ist die Formel, mit der die europäischen Machteliten sich anschickten, die Welt in ihrem Sinne und zu ihrem Nutzen zu erobern, auszubeuten, die Masse der dort lebenden Menschen in ihrem Sinne

---

[672] Siehe Die *tri*_logische Sezierung [...], Bd III, Tb 2, die Seiten 833 f., beginnend mit: „Das Abbild des Makrokosmos".

[673] Mt 28, 19+20.

funktionieren zu lassen, sie zu versklaven, zu töten, dies mitunter genozidale Ausmaße annehmend — alles behaupteterweise im Namen Gottes. Und diese Formel ist die Basis des Überlegenheitsgefühls der Europäer, das aber letztlich Ausdruck eines Minderwertigkeitsgefühls sein muß. Denn welche Berechtigung sollte es haben, gibt es weit ältere Kulturen, die offenbar keinen Nachholbedarf an Kultur, Bildung und humanitärer Gesinnung hatten, wie aus den beiden auf den chinesischen Philosophen Mo Ti zurückgehenden Zitaten auf den Seiten 78 und 79 klar hervorgeht?

Das eigentliche Ziel ihrer Eroberungen war aber immer Bhâratavarsha gewesen, auch wenn dabei per Zufall „Amerika" entdeckt wurde, von dem Kolumbus bis zu seinem Tode glaubte, es sei „Indien", das dann 1498 tatsächlich entdeckt wurde. Das heißt es war für die „neuzeitlichen Europäer" eine Entdeckung. Die Ägypter, die Phönizier, die Chinesen, die alten Griechen — *von denen sich die* „neuzeitlichen Europäer" *sehr weit entfernt haben* —, die Menschen im Kulturkreis des Hellenismus', die Araber, war Bhâratavarsha alles andere als unbekannt.

Auch wurden Sie angeregt, sich zu fragen, ob ein Sir William Jones, ein Franz Bopp oder ein Friedrich Maximilian Müller (__Max Müller__), um jetzt nur Beispiele zu nennen, überhaupt von dem tatsächliche Ahnung haben konnten, von dem diese und andere eine phantasierte „Interpretation" schufen, die Ausfluß von Borniertheit und Verblendung war, bedingt durch fehlende eigene Anschauung und christlich geprägte Weltsicht.

Dieser Melange aus Vorurteilen, beschränkter Weltsicht und monotheistischer Verblendung konnte gar nicht zulassen, daß es Kulturen auf der Welt gegeben hat, die, weit entfernt von monotheistischer Borniertheit und völlig unabhängig von, bspw. christlicher „Heilsbringung", humanes Denken in die Welt gebracht hatten, so daß nicht gesagt werden könnte, daß diese Kulturen auf europäische „Kulturbringer" hätten warten müssen, um „kultiviert" zu werden. Und eine solche Kultur war bspw. die Vedische Kultur.

Am Ende dieses Kapitels wird erklärt, daß diese nur beispielhaften Persönlichkeiten keine Ahnung von der Sprache gehabt haben können, die sie für die Sprache der Veden hielten, dem gewöhnlichen oder klassischen Sanskrit, noch von der Sprache, in der die Veden einst tatsächlich mündlich ausgedrückt und dann in einem vedischen Sanskrit niedergeschrieben wurden.

Konnten die Menschen _*damals*_ in Bhâratavarsha noch nicht ausreichend differenziert denken, im Gegensatz zu den „Europäern" — im weit jüngeren _*europäischen Damals*_ wie heute? Waren sie eine amorphe Masse, der nach „europäischem Muster" erst „Shape" zu geben war? Oder dachten und fühlten sie „nur" anders? Das, also ihre andere Sicht auf die Welt, ist schon deshalb zu vermuten, da, bspw. die kapitalistische Produktionsweise erst nach „Indien" eingeführt werden mußte, obwohl alles gegeben war, diese Produktionsweise dort selbst zu entwickeln.

> „[...] Es ist bezeichnend, daß die Vedische Kultur den Kapitalismus nicht kannte, obwohl dieser sich hätte entwickeln können: es gab Arbeitsteilung, aber es bildeten sich keine „begünstigten Gruppen" mit _*damit*_ einhergehender differierender Bewußtseinslage und den _*daraus*_ sich ergebenden differierenden Interessen und den sich _*daraus*_ ergebenden „Erklärungsversuchen" für „Ungleichheit", d.h. es bildeten sich keine hierarchischen Strukturen aus. Zur Ausbildung „begünstigter Gruppen" kam es erst in der nach-Vedischen Kulturzeit Bhâratavarshas, einhergehend mit Segregationsbewegungen, dennoch führte auch das nicht zur Entwicklung dessen, was als „Kapitalismus" bezeichnet wird. [...] Man kann also sagen, daß die „kapitalistische Produktionsweise" eine Erfindung der christlichen Europäer ist. — Ist es nicht bezeichnend, daß es für die christlich geprägte „Mentalität der Europäer" als „normal" gilt, die Bedeutung einer „Idee" nach ihrer „Vermarktungsmöglichkeit" zu „bewerten", bzw. müßte das nicht zum Nachdenken anregen? [...]"

Dies ist eine Zitierung einer Anmerkung von mir in: Prodosh Aich, « Das Vedische Erbe » — *Nachdenken über systematisch verdeckt gehaltene WAHRHEITEN*, Fußnote 23, Seiten 66 f. Bezüglich der Bemerkung, daß der Kapitalismus nicht originär bharatavarsisch ist, siehe in: Max Weber, *Gesammelte Aufsätze zur Religionssoziologie*, Band II: „Hinduismus und Buddhismus", 5., photomechanisch gedruckte Auflage, J.C.B. Mohr [__Paul Siebeck__], Tübingen, 1972, die Seite 4.

Oder dachten und fühlten die Menschen in den alten Zeiten (__*und ich meine jetzt nicht die eindeutig* „prähistorischen Zeiten", *von denen in Kapitel 5 schon die Rede war*__) in anderen Weltgegenden nicht nur anders, sondern wurden die Ergebnisse ihres Andersdenkens und -fühlens von Europäern falsch interpretiert? Auch das ist berechtigt zu vermuten, wie am Beispiel der Vedischen Kultur aufscheinen kann, die es wohl noch weit anders gegeben haben muß als wir von ihr über das zu wissen glauben, welches in allgemein zugänglichen Ausgaben mit dem Titel „Veden" zu lesen ist.

Abschließend einige Aussagen allein über die Vedische Sprache, nicht aber über die Vedische Gesellschaft.

Denn hier genügt das Erwähnen von ein paar Besonderheiten dieser Sprache, die völlig ausreichend sind, um einen Eindruck davon zu gewinnen, was es bedeutet hätte, wenn die „Autoritäten" der „Kolonialwissenschaften 'Indologie' und 'Vergleichende Sprachwissenschaft'" und ihre Nachfolger wirklich etwas von dem gewußt hätten, das sie behaupteten zu wissen, bzw. andere glauben machten, sie wüßten genau, wie etwas zu interpretieren sei, das sie nicht einmal ansatzweise wissen konnten, da es ein Melange von Aufgeschnapptem und Hinzuphantasiertem ist.

Und ihrem Hirn konnte dieser Melange entspringen, da sie — *und viele ihrer Zeitgenossen mit ihnen* — nicht akzeptieren konnten, daß es eine Hochkultur außerhalb ihrer „kulturellen Reichweite" gegeben hat, die nichts mit ihren Vorstellungen von „Kultur" zu tun hatte und die ihnen zeigte, daß sie selbst nichts weiter als intellektuelle Wichte waren, und ihre „Nachfahren im Geiste" (__*ist nicht besser von* „Scheuklappendenkern" *zu sprechen?*__), es heute — *vielleicht ge-*

updatet — nicht anders sind! Denn selbst heute glauben ihre „Nachfahren im Scheuklappendenken" noch, _*sie*_ seien es, die die Kulturbringer dieser Welt wären, da sie — *so glauben sie offenbar wirklich!* — die Nachfahren der von ihren „Vorfahren im Scheuklappendenken" selbst erfundenen „Arier" wären, die heute, da diese „Nachfahren" meinen, das „Wissenschaftliche" der Erfindung ihrer „Vorfahren im Scheuklappendenken" „retten" zu müssen, als „Aryas" bezeichnet werden. Denn der (__von ihren „Vorfahren im Scheuklappendenken" selbst erfundene__) Begriff „Arier" sei „ideologisch" mißbraucht worden. Wodurch sie (__*distanziert betrachtet*__) das Lächerliche ihres Meinens und Treibens nur einmal mehr unterstreichen, zumal „Aryan" lediglich der englische Ausdruck für „Arier" ist.

An diesen nachfolgend zitierten Aussagen wird deutlich, daß es nicht notwendig ist, selbst das Vedische Sanskrit oder das klassische Sanskrit zu verstehen, um beurteilen zu können, daß die William Jones' und Max Müllers nichts davon gewußt haben können — wobei ja die gerade Genannten selbst zugegeben haben, daß sie es nicht konnten, wie weiter oben bemerkt wurde.

Ein paar Sätze zur Vedischen Sprache

„[...] Die Veden sind in der Vedischen Sprache verfaßt und mündlich überliefert. Eine Sprache besteht immer aus einer Kombination von Lauten, Gesten und Gebärden. Ein zuverlässiger zwischenmenschlicher Austausch ist nur im persönlichen Gespräch, im mündlichen Austausch, gewährleistet, Angesicht zu Angesicht. Die Vedische Sprache ist ein Zusammenspiel von 97 verschiedenen Lauten (__„Buchstaben"__) in wechselnder Reihenfolge und vielen Gesten und Gebärden. Die Vedische Sprache ist im menschlichen Gedächtnis gespeichert. Es ist nicht dokumentiert, wie die 97 verschiedenen Laute letztlich erschaffen worden sind. — Möglicherweise ist dies auch nur unzureichend erforscht.

Es ist dokumentiert, daß es vor der Erfindung von Buchstaben zwei Hauptsprachen in Bharatavarsa gegeben hat: „Bhoota Bhasha" und „Chhando Bhasha". „Bhasha" bedeutet Sprache. „Bhoota Bhasha" besteht aus 42 Buchstaben und „Chhando Bhasha", die Sprache der Veden, aus 97 Buchstaben. „Bhoota Bhasha" ist im Laufe der Zeit verschwunden. Zum Abfassen der Veden wurde sie nicht verwendet.

Es verging viel Zeit, und viele Wege wurden beschritten, bevor Buchstaben als Mittel für die schriftliche Speicherung einer Sprache in „Büchern" erfunden wurden. Naturgemäß ist die Schriftform einer Sprache ein mangelhafter Wissensspeicher: Die Schriftform einer Sprache kann keine Töne, Gesten und Gebärden vermitteln. Die Schriftform einer Sprache ist eine Unterstützung für das menschliche Gedächtnis, sie ist folglich ein *nach*_geordneter Wissensspeicher. Es ist dokumentiert, daß für die „Chhando Bhasha" zuerst die „Brahmi"-Buchstaben erfunden wurden, später die „Devanagari"-Buchstaben. Devanagari ist ebenso der Buchstabentyp für die „Laukika-Bhasha". Die „Laukika-Bhasha" ist die Sanskrit-Sprache. Sie verwendet 63 beziehungsweise 64 Laut-Buchstaben.

Die Upanishaden, die vielen Brahmanas, Sutras und Puranas; die Itihasa (__*wozu das Ramayana und das Mahabharata gehören*__), das Panchatantra, sowie unzählige ähnliche Bücher, sind in der „Laukika Bhasha" in mündlicher und schriftlicher Form abgefaßt. Danach tauchte eine andere, als „Devanagari Bhasha" bezeichnete Sprache auf, die 51 Buchstaben verwendet. Die darauffolgenden Sprachen verfügen über 43 Buchstaben. Während die „Prakrit"-Sprache die Devanagari-Schrift ebenfalls benutzt, gilt das für die „Pali"-Sprache nicht. Etliche „örtlich gesprochene" Sprachen haben ihre eigene Schrift entwickelt. Von der „Pali"-Sprache ausgehend, bildeten sich mehrere Schriftarten aus.

Die ersten drei, die Devanagari-Buchstaben verwendenden Sprachen, haben einen Aspekt gemeinsam. Selbst der kürzeste Laut, die Silbe, folgt strengen Regeln und ist unterschiedlich gewichtet. Die Hauptsilben, sozusagen die Wurzeln, entwickeln sich mittels Vor- und Endsilben zu Wörtern, also durch das Hinzufügen anderer Silben vor oder nach diesen „Wurzeln", oder vor und nach ihnen zugleich. In diesem Wortbildungsprozeß verändert sich auch die Bedeutung der „Wurzeln"

— hierbei ebenso strengen Regeln folgend. Ohne den Erwerb gründlicher Kenntnisse über jede einzelne Silbe und ihren wechselnden Bedeutungsinhalt in unterschiedlichen Zusammenhängen, kann der genaue Sinngehalt der Wörter nicht verstanden werden. Des weiteren hängt die Bedeutung derselben Wörter davon ab, wo sie sich in einem Satz befinden und welcher Art die Bedeutung des ganzen Satzes ist. Die Bedeutung eines Satzes beruht auf der mitgeführten Bedeutung des ganzen Absatzes, in den dieser eingebettet ist, die Bedeutung des Absatzes hängt vom ganzen Kapitel ab. Es gibt keine Abkürzung zu diesen Sprachen.

Die Veden wurden in der „Chhando Bhasha" (__der Vedischen Sprache__) mit ihren 97 Klang-Eigenschaften über Generationen hinweg überliefert. Das gesamte, in den Texten der Veden bewahrte Wissen, kann lediglich über die mündliche Überlieferung erschlossen werden. Es gibt keine Abkürzung.

Es ist erwähnenswert, daß die mündliche Überlieferung der Vedischen Texte bis auf den heutigen Tag anhält. Das ist einzigartig. Keine andere Sprache benötigt mehr Klang-Eigenschaften für Ausdrücke, für zwischenmenschliches Verstehen, für „Mitteilungen". Alle Nachvedischen Sprachen in Bharatavarsa benötigen weniger. Daraus folgt logischerweise, daß das in der Vedischen Sprache gespeicherte Wissen gemindert wird, erfolgt seine Übertragung in irgendeine andere Nachvedische Sprache. Mit anderen Worten, die Ganzheit des Vedischen Wissensschatzes kann in keine andere untergeordnete Sprache übertragen werden. Bestenfalls kann eine Zusammenfassung versucht werden — ohne Garantie einer unverfälschten Beschreibung.

Eine lange Zeit war vergangen, als die Vedischen Menschen gleichwohl den Eindruck gewannen, zur Unterstützung das menschlichen Gedächtnisses seien zusätzliche Speicher notwendig. Aber wie Laute, Gesten und Gebärden außerhalb des menschlichen Gedächtnisses speichern? Es muß ein mühsamer Prozeß gewesen sein, mit Zeichen auf haltbarem Material zu experimentieren. Nach etlichen Experimenten gelang es der Vedischen Gesellschaft schließlich, durch die Schaffung von geeigneten Zeichen zur Gliederung von Lauten der Vedischen Sprache, für kommende Generationen das in den Veden aufgehobene Wissen in dem menschlichen Gedächtnis nachgeordneten Medien zu speichern. Für Gesten und Gebärden konnte keine Lösung gefunden werden. Nichts ist über diesen Prozeß überliefert.

Jedoch ist es eine Tatsache, daß diese zusätzlichen Speicher für die Vedische Sprache mit „lesbaren" Symbolen (__Schriftzeichen__) auf dauerhaftem Material erstellt wurden. Zur Bereitstellung eines sekundären (__*eines nachgeordneten*__) Speichers für erworbenes Wissen, gelang es den Vedischen Menschen schließlich die „lesbaren" Symbole in die Devanagari-Schrift umzuwandeln. Die „Bücher" in Mundartform wurden auch in die „Schriftform" übertragen, aber _*ohne*_ Gesten und Gebärden sowie mit die Urfassung verwässernden Lauten. Die „Lautschrift" (__„Phonetik"__) ist lediglich ein Ersatz für die _*tatsächlich*_ auszudrückenden Laute.

Demnach wurde der primäre Speicher (__*der Haupt-Speicher*__) im menschlichen Gedächtnis (__*die mündliche Überlieferung*__) über den sekundären Speicher ergänzend unterstützt. Nichts weiter als das ist die Schriftform der „Chhando Bhasha" (__die Vedische Sprache__).

Als der Vedische Wissensschatz in die Schriftform überführt wurde, also in einen nachgeordneten Speicher, geschah dies unter Verlust an korrektem und vollumfänglichem Verstehen auf Grund des Fehlens der meisten Laute sowie der Einbuße der Gesten und Gebärden in Gänze. Dieser Verlust blieb minimiert, waren die „Leser" mit der mündlichen Überlieferung vertraut und konnten deshalb die fehlenden Laute, Gesten und Gebärden aus dem Gedächtnis heraus rekonstruieren. Die Rekonstruktionen konnten sich individuell unterscheiden. Dies ist die Tücke eines jeden *nach*_geordneten Speichers. Auf welche Art und Weise auch immer, und wie Sprachen im allgemeinen, benötigte „Chhando Bhasha" (__*die Vedische Sprache*__) Regeln für richtiges und vollumfängliches Verstehen (__Stichwort: *Grammatikbücher*__), wie sich also artikulierte Klänge zu Wörtern entwickeln, die Wörter zu Sätzen, die Sätze zu Absätzen, die Absätze zu Kapiteln, die Kapitel zu Büchern und, schließlich, die Themen der Bücher zum gesamten Wissen. Die Entwicklung des Wissens führt zur Entwicklung der Sprache und nicht umgekehrt. Die Entwicklung der Sprache führt zu Regeln für richtiges und vollumfängliches Verstehen (__Grammatikbücher__) und nicht umgekehrt.

Wie weiter oben bereits angemerkt, bestehen die Veden aus „Büchern“ des Wissens. Diese „Bücher“ beschäftigen sich mit allen Aspekten des Mikrokosmos' und des Makrokosmos', die mittels der fünf Sinne des Menschen wahrnehmbar sind. Dies sind Überlegungen zum Universum, inklusive den menschlichen Gesellschaften. Diese Überlegungen hatten einen Anfang und eine Entwicklungsgeschichte. Die Geschichte von den ersten Entdeckungen der universellen Kräfte und Energien, die das Leben auf der Erde bestimmen, bis zum erhabenen Scheitelpunkt des in den Vier Veden gesammelten und überlieferten Wissens, scheint verlorengegangen zu sein. Es ist ein sinnloses Unternehmen zu versuchen, diese Errungenschaft in ihrer zeitlichen Entwicklung nachzuzeichnen. Es brächte auch keinen Nutzen, denn entscheidend ist das überlieferte Wissen. Weshalb also überhaupt Datierungsklimzüge?

Die vier Veden — Rig Veda, Yajur Veda, Sama Veda und Atharva Veda — verwahren Wissen über das Universum in verdichteter Form und alles, was dazu gehört. Das in der Vedischen Sprache überlieferte Wissen wurde von den nachfolgenden Generationen weder in Frage gestellt noch angefochten. Tatsächlich manifestiert sich darin der Höhepunkt vielfältig entwickelten Wissens sowie hochentwickelter Kultur und Zivilisation. Es ist anzunehmen, daß die Entwicklung des Vedischen Wissens zum Stillstand gekommen war. Damit kam auch die Entwicklung der Vedischen Sprache, der Vedischen Kultur und der Vedischen Zivilisation zum Stillstand.

Zwischen den Anfängen menschlicher Gesellschaften und dem Erreichen dieses, in den Vier Veden gespeicherten, überragenden menschlichen Wissens und dieser überragenden Kultur, liegt fast eine ganze Ewigkeit. Absolut nichts ist über den mühsamen Prozeß vom Beginn menschlicher Gesellschaften im allgemeinen und von dem Beginn menschlicher Gesellschaften in Bharatavarsa im besonderen bekannt. Eine mit den „Büchern Moses“ beginnende datenakrobatische Zeitbestimmung oder Erbsenzählerei, nebst vereinzelten archäologischen Funden, wird beim Zurückblicken auf die ersten Tage menschlicher Gesellschaften im allgemeinen oder auf eine geophysikalisch bevorzugte Weltgegend wie Bharatavarsa im besonderen nicht fruchtbar sein.

Die Kraft menschlicher Vorstellungsfähigkeit ist zum Erfassen der Vedischen Zivilisationen erforderlich. Die Vedischen Zivilisationen waren das Ergebnis der Verbreitung Vedischen Wissens in den Vedischen Gesellschaften und seiner praktischen Anwendung, menschliche Gesellschaften zu organisieren und zu gestalten. Die in Bharatavarsa lebenden Menschen hatten ihre Wahrnehmungen im Gedächtnis gespeichert, tauschten ihre Wahrnehmungen mit Hilfe von Sprachen einvernehmlich aus, um Erkenntnisse zu gewinnen, Wissen zu sammeln und das akkumulierte Wissen wiederum im menschlichen Gedächtnis zu speichern. Es ist vorstellbar, daß alle menschlichen Gesellschaften diesen Prozeß durchlaufen haben. In Abhängigkeit von natürlichen und gesellschaftlichen Einflußfaktoren, liegen die Unterschiede in der Weite und Tiefe dieses Prozesses. Daraus folgt: jedes Vergleichen ist sinnlos. [...]"[674]

Also sei Ihnen vor diesem Hintergrund, wie auf der Seite 423 angekündigt, folgende Frage gestellt, die Sie sich jetzt selbst beantworten könnten, so Sie das nur wollten:

> Sind Sie der Ansicht, daß vor dem hier ausgeleuchteten Hintergrund davon gesprochen werden kann, daß die europäischen Intellektuellen, in Gestalt der „Vergleichenden Sprachwissenschaftler" und „Indologen", überhaupt nur ansatzweise in der Lage gewesen sein könnten, die Komplexität der Vedischen Sprache, das Vedische Wissen und die kulturelle Komplexität der Vedischen Gesellschaftsformation zu verstehen?

---

[674] Siehe Prodosh Aich, « Das Vedische Erbe » — *Nachdenken über systematisch verdeckt gehaltene WAHRHEITEN* (__der korrigierte Originaltitel lautet: « The Vedic Heritage » — *Reflections on systematically concealed TRUTHS*__), aus dem Englischen übertragen von Joachim Endemann, Bd 13 der Edition !_scheuklappenfrei_! _ EndemannVerlag, Mülheim an der Ruhr, September 2019, die Seiten 29-36.

Offenbar stimmt es, daß der Glaube, sei er auch noch so falsch und zeitigt der auch noch so schlimme Folgen, „Berge versetzen" kann, ersetzt der Glaube kollektiv gewachsene menschliche Identität. Daß die dabei „versetzten Berge" dort alles zerstören, wo die dann „abgesetzt" werden, und dort gähnende Leere hinterlassend, wo die sich vorher erhoben, belegt zwar die Falschheit des „Geglaubten", was ja meist doch nur Wiedergekäutes ist, kann aber nicht zugegeben werden, da andernfalls die eigene gähnende Leere nicht mehr zu verdecken wäre.

Achtes Kapitel

Monotheistische Religionen stellen per se ein probates Medium für Machteliten dar, sind sie aber die Ursache für daraus resultierende Formen von Terrorismus und religionspolitischem Nationalismus? Oder sind sie die eine Seite derselben Medaille? — Eine exemplarische Spurensuche: Der Matsouanismus

Angesichts der Faktenlage stellt sich die Frage, ob heutzutage religiöser Fanatismus für die weltweite gewalttätige Entwicklung _*ursächlich*_ verantwortlich ist oder nicht eher die Gesellschaften des „Westens", die zu oligarchischen Gebilden geronnen sind und die ihr imperialistisches Streben nicht aufgegeben haben. Es sind immerhin diese Gebilde, die jenen seit mindestens 520 Jahren währenden Krieg gegen die Welt führen.[675]

Allerdings sehen die westlichen Oligarchien ihre bisher unangefochtene Machtposition, die sie in wechselnden Waffenbrüderschaften bisher stets zu behaupten wußten, bedroht. Gerechtfertigt ist das zwar nicht, aber es dient dazu, den Bevölkerungen _*ihrer*_ „Nationalstaaten" mittels ihrer *spin*_doktorischen Satelliten jene Art von Angst einzuflößen, die es ihren regierungsamtlichen Satelliten so leicht macht, daß die Masse der Menschen diesen auch weiterhin folgen (__*und damit ihnen*__).

[675] Siehe dazu in: « Sie fragen noch, wie die ›Verhältnisse‹ liegen? », den Aspekt 28.

Wobei durchaus zu sagen ist, daß die Angst der deutschen Oligarchie eine gewisse Berechtigung hat, denn insbesondere sie „sieht", zumindest sollte sie es, ihre Felle — *sich dabei von ihr entfernend* — nicht allein in _*eine*_ Richtung schwimmen. Nein, für sie gilt, daß die sogar in mehrere Richtungen davonschwimmen. Wieso? Es ist ein für Exportüberschußweltmeister früher oder später spezifisch sich ergebendes Problem, kommt es zu „globalen Verwerfungen".[676] Und obwohl das jeder wissen kann, der genau darum wissen will, gelingt es ihren Satelliten immer noch „ihrer" Bevölkerung den Glauben einzuflößen, daß die Regierung dieser Oligarchie — *trotz der vielfach so mit- wie selbsterzeugten Bedrohungen* — das Beste sei, was „ihrer" Bevölkerung überhaupt nur widerfahren könnte, *ob*_wohl doch — *sozusagen als ein Ergebnis* — das vielseitige Wegschwimmen ihrer Felle ein selbst verursachtes Phänomen ist, dem letztlich alte Mentalität und altes Streben zugrunde liegen. ... Gewiß, die Arbeit ihrer Satelliten ist entscheidend, denn woher könnte sie, wollte „ihre" Bevölkerung denen das nicht mehr abnehmen, andernfalls die „Masse" fürs Durchsetzen ihres neoimperialistischen Strebens nehmen?

Als _*übliches*_ Machtmittel hierzu dient diesen Oligarchien einmal das, was man üblicherweise als „Geheimdienste" bezeichnet, die sowohl nach innen als auch nach außen „schauen", um dann ihr übles Metier zu betreiben. Es ist festzustellen: die deutschen Geheimdienste spielen ihre Rolle nur anders widerlich als bspw. die CIA — will sagen: der BND würde der CIA in nichts nachstehen, wäre die BRD (__*mittels EU, deren Hegemon sie ist*__) in vergleichbarer Position wie die USA es sind — gleich gefolgt vom deutschen Verfassungsschutz (__VS__). Das ist nicht allein deshalb so, da es in der Natur von Geheimdiensten liegt, widerlich zu sein, denn sowohl BND als auch VS sind längst schon Elemente eines Staates in jenem Staat, den viele immer noch als den „ihren" betrachten.

Das so Ausgedrückte ist aus _*Ihrer*_ Sicht, wenn nicht eine weit hergeholte, so doch eine übertriebene Behauptung?

---

[676] In den Bänden der *Tri*_logischen Sezierung [...] finden Sie die Gründe dafür dokumentiert.

- „Amri: Welche Rolle spielt das Bundesamt für Verfassungsschutz? […]" Die Ungereimtheiten und Falsch- und widersprüchlichen Aussagen des damaligen Verfassungsschutzchefs Hans-Georg Maaßen und anderer Beteiligter lassen vermuten, daß bei diesem Attentat von einer wie auch immer gearteten behördlichen Mittäterschaft auszugehen ist. [677]

- Zum „Fall NSU" siehe Thomas Moser, *NSU: Die doppelte Vertuschung — Schauplätze und Schlüsselfälle, offene Fragen, Widersprüchliches und Grundsätzliches*, eBook, Heise Medien, April 2017.

- Zum bis heute nicht aufgeklärten Oktoberfest-Attentat vom 26. September 1980, siehe Ulrich Chaussy, *Oktoberfest — Das Attentat: Wie die Verdrängung des Rechtsterrors begann*, 2., aktualisierte und erweiterte Auflage, Ch. Links Verlag, Berlin, Dezember 2015.

- „Ausspähen unter Freunden: 'Der Bundesnachrichtendienst (BND) hat Frankreichs Außenminister Laurent Fabius, diplomatische Vertretungen mehrerer EU-Staaten und der USA, UNICEF sowie einen deutschen Diplomaten ausspioniert. […]'".[678]

- „Ausspähen unter Freunden (II): 'BND und CIA nutzten die Schweizer Crypto AG zum Abhören fremder Regierungen. Verbündete wurden auch später noch ausgeforscht […]'".[679]

---

[677] Diese Aussage basiert auf einem Bericht vom 25. März 2019, der geschrieben wurde, als genügend Informationen über den Fall Amri zur Verfügung standen, so daß bis zum Beweis des Gegenteils davon auszugehen ist, daß staatliche Behörden involviert sind. Dieser Link wurde am 18. März '20 erneut geprüft: https://www.heise.de/tp/features/Amri-Welche-Rolle-spielt-das-Bundesamt-fuer-Verfassungsschutz-4347263.html?seite=all.

[678] Der vollständige Bericht vom 12. November 2015 ist auf der Nachrichtenplattform *German Foreign Policy — Informationen zur deutschen Außenpolitik* zu finden. Der zugehörige Link wurde ebenso am 18. März '20 erneut geprüft: https://www.german-foreign-policy.com/news/detail/6815.

[679] Dieser Bericht stammt vom 13. Februar 2020. Auch dieser Link wurde am 18. März '20 geprüft: https://www.german-foreign-policy.com/news/detail/8186/.

Die Frage an Sie sei wiederholt: Das ist aus _*Ihrer*_ Sicht, wenn nicht eine weit hergeholte, so doch eine übertriebene Behauptung? Nein, es ist eine Feststellung, wie alles in meinen Büchern Festgestelltes ist — selbst jenes, das ich noch für zwar gut begründet, aber doch für behauptet hielt, als ich diese Bücher schrieb!

Das bedeutet in der Tat, daß nicht allein die CIA ein Problem für eine friedliche Entwicklung in der Welt ist. Nein, ich vergesse die russischen und chinesischen und israelischen usw. Geheimdienste nicht. Es ist nun einmal Fakt, daß es die westlichen Oligarchien sind, die jenen seit mindestens 520 Jahren währenden Weltkrieg führen (__*siehe die Angabe in der Fußnote 675*__), nicht die russischen und auch nicht die chinesischen usw. Geheimdienste.

> Also sei die rhetorische Zwischenfrage gestellt: Wozu mögen Geheimdienste da sein? Antwort: Das zu verhindern, welches sie abschaffen würde. Das heißt es sind Werkzeuge der Machteliten.

Das andere Macht- und Basis-Mittel der westlichen Oligarchien, das einmal dem Organisieren und Manipulieren _*ihrer*_ Massengesellschaften dient, ist das sich nach der Französischen Revolution in Europa ausgebildet habende Konstrukt des Nationalstaates. Beziehungsweise man muß sagen, daß die damaligen Revolutionäre schon die Absicht hatten, daß sich im „Nationalstaat" das Volk „widerspiegeln" sollte, daß es ab jetzt das Volk sei, das die Macht in diesem Staat ausüben würde: « Le gouvernement du peuple, par le peuple, pour le peuple ». Allerdings stimmte hierbei der Ansatz nicht …

Wie richtig vorzugehen ist, habe ich in: « Sie fragen noch, wie die ›Verhältnisse‹ liegen? » skizziert. Zur Ausleuchtung des Hintergrunds siehe dort insbesondere den Aspekt 2: „Was eine Passage in Chestertons: 'The Man who was Thursday: A Nightmare' offenbart", und die Seiten 337 ff., beginnend mit: „folgendes ist keine politische Geschmacksfrage", sowie die Seite 669, beginnend mit: „Also sei zum Abschluß nicht allein die Frage wiederholt: Was spricht noch gegen *Direkte Demokratie*, spricht nichts für die simulierte Demokratie des lobbykratischen Systems … […]?". — Wie sich die Völker von der aktuellen Misere befreien können, damit eine Direkte Demokratie überhaupt erst realisierbar wird, habe ich in: *Le rayon des Lumières — Quelques remarques sur* « l'Empire de la paix » *orwellien, nommé l'UE* beschrieben.

Und da der Ansatz nicht stimmte, wurde es erst möglich, daß auf die Französische Revolution die große politische Reaktion folgen konnte. Eine Reaktion, die dann von allen Machteliten der alten Imperien Europas ausging, auch von der französischen Machtelite, was daran erkennbar ist, daß nach dem Frieden von Tilsit am 7. Juli 1807 zwischen Buonaparte und Alexander I. die Politik Buonapartes selbst ins Reaktionäre abdriftete, was bedeutet, daß es keinen Kampf mehr gegen die alten imperialen Mächte Europas gab, was bis dahin der Fall gewesen war:

> „[...] der Erbe der bürgerlichen Revolution [__Buonaparte__] scheute vor dem großen Sündenfall zurück, der ihm in seiner Lage sonst nur noch übrigblieb und ihm zum Verhängnis werden mußte, wie er ihm tatsächlich zum Verhängnis geworden ist, nämlich mit einem asiatischen Despotismus die Herrschaft über die Welt zu teilen. [...]"[680]

> „[...] Man kann sagen, daß das lobbykratische System, folglich auch die EU [...], mehr und mehr Ähnlichkeit mit dem gewinnt, das einst typisch für die 'internationale konterrevolutionäre Solidarität' war, von der am 26. September 1815 die zwischen Preußen, Österreich und Rußland geschlossene reaktionäre 'Heilige Allianz' nur ein exemplarischer Ausdruck war. [...]".[681]

Oder wen hatten die „Befreiungskriege" zurück an die Macht gebracht, wenn nicht die Kräfte der politischen Reaktion? Und wer hatte ihnen dabei geholfen? Die von den Satelliten der politischen Reaktion bezirzten republikanischen Kräfte. Ist daraus nicht klar erkennbar, daß sich progressive Kräfte nicht mit reaktionären Kräften vereinen

---

[680] Siehe Franz Mehring, *Zur deutschen Geschichte von der Zeit der Französischen Revolution bis zum Vormärz (__1789 bis 1847__)*, in: *Gesammelte Schriften*, Band 6, Dietz Verlag, Berlin, 1979, die Seite 142.

[681] Siehe in: « Sie fragen noch, wie die ›Verhältnisse‹ liegen? », Aspekt 41: „Lehnt die Masse der Menschen politische Volljährigkeit ab, ist nichts auszurichten", dort die Seiten 436 ff.

dürfen? Und falls die Situation es doch erforderte? Dann allein unter der Bedingung, daß _*nicht s i e*_ die Führung innehätten. Akzeptierten sie das nicht, wäre sowieso damit zu rechnen, daß sie bei der ersten Gelegenheit gemeinsame Sache mit den reaktionären Kräften der Seite machten, gegen die sich der gemeinsame Kampf richtete.

Die Idee des Basis-Machtmittels „Nationalstaat" dient aber auch als „Exportprodukt", bzw. wird Länden übergestülpt (__*ob nun physisch erobert oder per Vertragswerk à la TTIP*__), was dann als „Nationbuilding" bezeichnet wird, tatsächlich aber „Nationmodelling" ist.[682] Das „ideelle Mittel", über das die Oligarchien des Westens die Strukturen ihrer Macht festlegen, ist die Ideologie des Neoliberalismus'. Das bedeutet aber auch, daß diese Ideologie der Verankerung eines Rechtssystems dient, das primär ihr Profitsystem stützt. Dieses Rechtssystem wird zwar als „Rechtsstaat" bezeichnet, ist tatsächlich aber die juristische Verankerung der ideologischen Grundsätze des Neoliberalismus'. Diese „ideologischen Grundsätze" werden in der EU als „ihre Grundfreiheiten" bezeichnet, obwohl es sich dabei tatsächlich um bedingte Freiheiten handelt, diese also keine Grundfreiheiten sein können.[683]

Nun, die Ideologie des Neoliberalismus' ist ähnlich fest in der Mentalität und sogar dem Gefühl der in den als „Nationalstaaten" bezeichneten Territorien der Machteliten einsitzenden Menschen verankert, wie es typisch für den christlichen Monotheismus in der Zeit des europäischen Feudalismus' war, so daß es, auch wegen der Glaubenssätze des Neoliberalismus', bis zu einem gewissen Punkt berechtigt ist, diese Ideologie als „säkular-monotheistische Religion" zu bezeichnen.

---

[682] Zu „Nationmodelling" siehe in: Die *tri*_logische Sezierung [...], Bd I, Tbb 1-3, die Seiten 314 f., beginnend mit: „'Nation-Modelling' wird übrigens von ...". Was Vertragswerke à la TTIP anbelangt, siehe in: a.a.O., Bd III, Tb 2, Anhang II.

[683] Zu diesen „vier Grundfreiheiten der EU" siehe in: a.a.O., die Seiten 683-91.

Das bedeutet, daß, da nun einmal das Territorium eines Staates die materielle Basis auch für die sich in die „bürgerliche Zeit" gerettet und transformiert habende Machtelite bildet, im 19. Jahrhundert die Idee des „Nationalstaates" von den intellektuellen Satelliten dieser Machtelite in das machtelitäre Instrument zur Organisierung einer Massengesellschaft umgeformt und zu diesem Zweck entsprechend emotional verbrämt wurde: Hymne, Fahne, Militär-Pipapo, paramilitärische „Sportvereine", massenmediale Meinungsmanipulation, auf im Sinne dieses machtelitären Organisationsinstruments „Nationalstaat" hin orientiertes „dreigliedriges Bildungssystem" usw.

Das Rückgrat der deutschen Oligarchie wurde übrigens aus dem Amalgam von reaktionärem Großbürgertum und den zusätzlich noch grobschlächtigen Vertretern des deutschen Junkertums gebildet. Für diese Truppe war klar, daß der deutsche „Nationalstaat" allein ihnen gehöre, folglich die Masse der Menschen in „ihrem" Territorium ihnen als Verfügungsmasse zu dienen habe — sobald sie darauf erst den vollen Zugriff erlangt hätten.

Das heißt, und spätestens seit 1871 für Deutschland geltend, dient der „Nationalstaat" allein der Einbindung der Masse der Menschen im Sinne der Bedürfnisse der entsprechenden nationalstaatlichen Machtelite und ihrer stetigen Orientierung auf deren Bedürfnisse hin. Sinn und Zweck der Ideologie des säkular-monotheistischen Neoliberalismus' besteht gerade darin, die dazu notwendigen „Theoretisierungen", bzw. die entsprechenden Updates zu liefern, von denen die „Agenda 2010" bloß eines im lobbykratischen Zeitalter ist.

Diese Aufgabe wird von den intellektuellen
Prostituierten der Macht erledigt.

Folglich handelt es sich beim machtelitären Konstrukt „Nationalstaat" keineswegs um ein staatliches Gebilde, das dem Volk eines solchen Staates (__dem „Staatsvolk"__) gehören und deshalb demokratisch regiert, also vom Volk selbst regiert würde. Im Gegenteil, das machtelitäre Konstrukt „Nationalstaat" dient als Instrument zur Organisierung einer „Massengesellschaft" im Sinne der Machtelite und deren Satelliten.

Mehr noch, das machtelitäre Konstrukt „Nationalstaat" dient auch als „Matrize" für andere Gesellschaften, sind deren Staaten vom „militärischen Arm" „befriedet" oder sind diese über „Verträge" à la TTIP an die „Leine" der westlichen Neokolonisatoren genommen worden. Will sagen: sind unterworfenen Gesellschaften die „Matrize Nationalstaat" — *so oder so* — übergestülpt wurde, was irreführenderweise als „Nation-Building" bezeichnet wird, tatsächlich aber, wie gesagt, „Nation-Modelling" ist.

Geführt werden solche „modellierten" Gesellschaft dann von Funktionseliten, die an „westlichen Hochschulen" indoktriniert wurden. Falls notwendig, wird dazu ein „paßgenaues Narrativ" von intellektuellen Prostituierten der westlichen Neokolonisatoren „konstruiert": damit die Masse der Menschen in solchen „modellierten" Gesellschaften auch „wissen", wo sie „herkommen" ... also, „geschichtlich" gesehen.[684]

Es läßt sich nicht leugnen: dies alles hat mit der Dominanz des „Westens", seiner „Superführungsmacht" und deren „Begleitführungsmächten" *_direkt_* zu tun. *_Alle_* diese Mächte weisen heute — *mählich nach dem Ende des Kalten Krieges begonnen habend* — *neo_*imperialistischen Charakter auf. Diese Mächte sind in der Vergangenheit — *als sie noch imperialistische Mächte der neuzeitlichen Welt waren* — nie über eine irgendwie geartete „Waffenbruderschaft" hinausgekommen. Wie könnte sich das geändert haben, wenn sie, als die beste Gelegenheit zu einer grundlegenden gesellschaftspolitischen Änderung bestanden hatte, also nach dem Ende des Kalten Krieges, nichts anderes zu tun hatten, als *_sofort_* wieder imperialistische, bzw., da „geupdatet", nun *neo_*imperialistische Tendenzen zu zeigen? Als exemplarisch dafür kann übrigens die deutsche „Jugoslawien-

[684] Was von den westlichen Neokolonisatoren heute praktiziert wird, um nach „ihrem Bilde" modellierte Klon-Nationalstaaten zu „kreieren", ist jenes für diesen Zweck zur Methode Gemachte, das in der auf den Seiten 474 f. zitierten Thomas Babington Macaulayschen Aussage zum Ausdruck kommt. Wobei in diesem Zusammenhang die unten auf der Seite 475 wiederholte Passage dieses Zitats entscheidend ist.

Politik" genommen werden.[685] Und es ist keineswegs zu erwarten, daß die EU jemals anderen als *neo_*imperialistischen Zwecken dienen könnte, hat sie sich doch aus „ur-imperialistischen Mächten" der Neuzeit konstituiert. Daß Großbritannien sich aus dem „Gebinde" dieses „aufstrebenden" orwellianischen EU-Imperiums des Friedens gelöst hat, bedeutet keineswegs, daß die „ur-imperialistischen Mächte" keine „*neo_*imperialistische Dreieckspolitik" betreiben würden, scheint deren Machteliten das gemeinsame (*__traditionelle__*) Ausrauben anderer Länder nicht anders möglich zu sein.[686] Ansonsten, und das gilt immer, kochen diese nationalstaatlichen Machteliten ihr eigenes *neo_*imperialistisches Süppchen.

„Ja, *_aber_* die USA sind es doch!"

Sind die USA etwa keine von den europäischen Ur-Imperialisten abstammende imperialistische Entität? Wo also sollte — *etwas hypothetisch scheinend gefragt* — der Unterschied liegen, könnte das orwellianische EU-Imperium des Friedens tatsächlich die USA führungsmachtmäßig ablösen? Vielleicht darin, daß im Zentrum des „EU-Imperium des Friedens", im Gegensatz zu den USA, ein „genetischer" Exportweltmeister sitzt, der, wie es Exportweltmeistern nun einmal eigen ist, nämlich in sich aggressiv zu sein, da nicht anders die Position eines solchen „Meisters" auf Dauer zu halten ist?[687]

Und überhaupt: Was besagt es schon, hat es 1789 auf „europäischem Festlandsboden" eine Revolution gegeben, die zwar zu einer hehr verfaßten « Déclaration des Droits de l'Homme et du Citoyen » geführt hat, deren Inhalt aber, sieht man von Sonntagsreden und anderen politischen Spiegelfechtereien ab, schon bald keine Rolle mehr spielte? ... Seit wann nicht mehr? Vielleicht bereit mit dem Beginn des

---

[685] Siehe dazu Die *tri_*logische Sezierung [...], Bd III, Tb2, Seiten 621 ff.

[686] Siehe German Foreign Policy, Meldung vom 3. Februar 2020: „Das europäische Militärdreieck [...]". Der zugehörige Link wurde am 18. März '20 erneut geprüft: https://www.german-foreign-policy.com/news/detail/8174/.

[687] Siehe dazu auch Die *tri_*logische Sezierung [...], Bd II, Seiten 386-89.

ersten Französischen Kaiserreichs (__*Empire Français*__) am 18. Mai 1804, dem Buonaparte als Kaiser der Franzosen vorstand? ZITAT: „[...] Im Jahre [__1803__] componierte [__sic!__] [__Ludwig van__] Beethoven [__1770-1827__] in Heiligenstadt, einem anderthalb Stunden von Wien gelegenen Dorfe, seine dritte Symphonie (jetzt unter dem Titel: Sinfonia eroica bekannt). [...] Bei dieser Symphonie hatte Beethoven sich *Buonaparte* gedacht, aber diesen, als er noch erster Konsul war. [...] Ich war der erste, der ihm die Nachricht brachte, *Buonaparte* habe sich zum Kaiser erklärt, worauf er in Wuth [__sic!__] geriet und ausrief: 'Ist der auch nicht anders, wie ein gewöhnlicher Mensch! Nun wird er auch alle Menschenrechte mit Füßen treten, nur seinem Ehrgeiz fröhnen [__sic!__]; er wird sich nun höher, wie alle Andern [__sic!__] stellen, ein Tyrann werden!'." ZITATENDE Dies schreibt Ferdinand Ries in seinen „Erinnerungen".[688] Ob das _*so*_ stimmt, muß offenbleiben. Tatsache ist jedenfalls, daß Buonaparte dieser Titel vom Senat zugesprochen wurde, er sich diesen also nicht selbst angemaßt hatte. Oder spielt die « Déclaration des Droits de l'Homme et du Citoyen » erst keine wesentliche Rolle mehr als Buonaparte, in der Folge der Verleihung dieses Titels, sich am 2. Dezember 1804 selbst zum *Empereur des Français* krönte? Denn ist in der Verleihung dieses Titels nicht überhaupt beispielhaft das Verhalten einer sich vom Volk entfernt habenden Machtelite zu erblicken? Sinn und Zweck der Revolution lagen darin jedenfalls nicht. Nun, solche Sachen sind symbolisch, sie sind sozusagen „vorankündigende Symbolik nachfolgenden Tuns politischer Reaktion", und so war es gewiß nach dem „Frieden von Tilsit", daß das Entfalten des potentiell Demokratischen mählich zum „Stoff" fürs Dreschen politischer Phrasen verkam — *und heute allein noch ist*.[689]

---

[688] Siehe in: Biographische Notizen über Ludwig van Beethoven von Wegeler und Ries — Neudruck mit Ergänzungen und Erläuterungen von Dr. Alfr. Chr. Kalischer, Schuster & Loeffler, Berlin und Leipzig, 1906, die Seiten 92 f. Diese „Biographischen Notizen sind erstmals 1838 bei Karl Baedeker in Coblenz [__damals so geschrieben__] erschienen.

[689] Siehe das Mehringsche Zitat auf der Seite 549.

Wie dem auch sei, dieses Ereignis selbst kann symbolisch für das genommen werden, was sich im 19. Jahrhundert ereignete, als nämlich, in Reaktion auf diese bürgerliche Revolution, die an sich der Befreiung des geknechteten Volkes diente, im 1900 etwas einsetzte, das als „konterrevolutionärer Rollback" zu verstehen ist und, u.a., die beiden „Waffengänge" des großen Krieges im 20. Jahrhundert verursachte. Dieser „Rollback" kam nach dem zweiten dieser „Waffengänge" noch längst nicht zum Stillstand, blieben doch die trotz dieser beiden „Waffengänge" ungelösten Konflikte bloß bis auf weiteres „eingefroren". Da demnach dieses konterrevolutionäre Treiben bis ins Heute reicht, ist es alles andere als unberechtigt anzunehmen, daß es die Vision der Ideologen dieses „konterrevolutionären Rollbacks" ist, ihn erst im Jahre 2025 als mehr oder weniger abgeschlossen zu erachten. Nämlich dann, transformierte sich die EU tatsächlich zu einer „politischen Union". Denn dies würde ein „Bundesstaat" auf neoliberaler Basis sein, der einzig adäquat als orwellianisches EU-Imperium des Friedens zu benennen wäre. — Wer will danach den Menschen weiterhin etwas von der „Idee Europa" ins Gesicht lügen?

Nun, es ist überhaupt nicht abzustreiten, daß es die *neo*_imperialistischen Mächte Europas sind, die ein Hindernis für eine friedliche, also demokratische Entwicklung in Europa selbst, aber auch in der Welt darstellen.

Und eine demokratische und deshalb dann erst friedlich mögliche Entwicklung ist selbst Bedingung für eine die natürliche Umwelt berücksichtigende Politik ... soll das, was von „Klimarettern" berechtigterweise gefordert wird, keine Augenwischerei bleiben.[690]

Da das so ist, ist genausowenig abzustreiten, daß es insbesondere die deutsche Machtelite ist, die als eines der Haupthindernisse dafür anzusehen ist, eine so friedliche wie demokratische wie tatsäch-

---

[690] Siehe dazu in: « Sie fragen noch, wie die ›Verhältnisse‹ liegen? », Perspektive 3: „Läßt sich das Klima leugnen?", dort insbesondere die Passage, die sich über die Seiten 388-92 erstreckt und mit folgender Frage einsetzt: „Wie verändert man aber die Lebensbedingungen der Menschen, soll eine zumindest relative Balance beim Zusammenwirken der vielen klimarelevanten Faktoren möglich werden?"

lich ökologische Entwicklung zu initiieren _*und*_ beizubehalten. Denn es ist insbesondere diese Elite, die die EU dominiert und so die gesellschaftspolitische Ausrichtung der EU mittels austeritäts- und exportorientierter Direktive bestimmt: dies der erste Teil ihres alten — *nun geupdateten* — reaktionären Traums, den sie dennoch nur träumt, um die USA endlich „führungsmächtig" abzulösen. Aber, wie es nun einmal mit Träumenden so ist: ihr Träumen— *obwohl aus Tradition* — realisiert sich nicht. Woran mag das liegen? ... „An den 'anderen'!" ... wie immer ... oder?[691]

Und diese neoimperialistischen Oligarchien des „Westens" begnügen sich nicht damit, daß die Gesellschaften _*ihrer*_ Nationalstaaten gemäß den Glaubenssätzen ihrer säkular-monotheistischen Ideologie marktkonform getrimmt bleiben: immer nach dem neusten von ihrem darüber stetig „forschend" brütenden *spin*_doktorischen Personal in „Form" gebrachten „Theoretisierungsstand", als Basis für „Gesetzesnovellen" — „& mehr" — dienend. Nein, sie fordern, daß ihre Ideologie des säkular-monotheistischen Neoliberalismus' als einzig geltendes Organisationsmedium allen Völkern weltweit als „marktkonformierende Richtschnur" zu dienen habe. Denn das haben die Ideologen des Westens der Jetztzeit aus dem gelernt, was einst überhaupt den christlichen Monotheismus so interessant für den römischen Kaiser Constantin den Großen machte: dem Alleinherrschaftsanspruch das dazu adäquate Mittel an die Hand zu geben. Damals war es eben das Paulinische Christentum, das (__*voll ausgereift zwar erst später*__) erlaubte, eine große Menge von Menschen — *da einem Glauben folgend* — wie eine einzige Person zu kommandieren. Heute ist es die „neoliberale Methode", die das auf vergleichbare Weise erlaubt: „Das Regierungshandeln nimmt keinen Einfluß auf den 'Markt', sondern ausschließlich auf die gesellschaftlichen Bedingungen, wodurch in der

---

691 Woran dass *tat*_sächlich liegt, wird in: Die *tri*_logische Sezierung [...], Band III, Teilband 2, dort die Seiten 609-14, beginnend mit: „Die traditionell fehlende eigene Substanz", erläutert. Dies eine Passage, die ich erstmals Ende der 2000er Jahre formuliert habe.

der Bevölkerung ein 'marktkonformes' Verhalten dauerhaft erzeugt wird".[692]

Erst so, so ihre Glaube, könne dem „Markt" seine ihm immanente volle *Po*_tenz entströmen, die immer in dem Land marktkonformierend reguliertes Glück über die dort lebenden Menschen bringen würde, auf das der Finger seiner unsichtbaren Hand gerade weist — so sie die nicht zurückweisen würden, und dem nach Möglichkeit mission_*arisch* vorzubeugen ist, also als Teil der Strategie, ihre Ideologie weltweit in den Köpfen der Menschen zu verankern. Gewiß, mit nicht abzuschätzenden Konfliktentwicklungen, die uns von konstruktiven Ansätzen zur Lösung existentieller Fragen des Menschengeschlechts und des in seine Obhut gelegten — man muß jetzt wohl sagen: den Machteliten dieser Welt ausgelieferten — Planeten Erde nur noch weiter entfernen werden.

* * *

Die Auswirkungen des europäischen *Neo*_Kolonialismus müssen sich zwar erst noch zeigen, aber sie werden sich auf der Basis dessen ereignen, das im folgenden skizziert wird: die Entwicklung hin zu einer regelrechten religionspolitischen Bewegung, die als exemplarisch für die Folgewirkungen des europäischen Kolonialismus genommen werden kann.

André Matsoua und der Matsouanismus

Afrikanische Bewegungen wie der *Matsouanismus* sind ohne den europäischen Kolonialismus nicht vorstellbar, handelt es sich bei ihnen doch um eine Reaktion afrikanischer Völker auf ideologisch bedingte Unterdrückung durch die europäischen Kolonisatoren. „*Ideologisch bedingte Unterdrückung*" heißt, daß die Europäer bei ihrer Kolo-

---

692 Diese „Methode", d.h. was der Neoliberalismus ist und wie er funktioniert, ist in: Die *tri*_logische Sezierung [...], Band I, Tbb 1-3, die Kapitel 1-3, dokumentiert. Das Zitat findet sich dort auf der Seite 59.

nisierung Afrikas von einer ideologisch „begründeten" Überlegenheit der „weißen Menschheitsgruppe", bzw. einer grundsätzlichen Unterlegenheit der „schwarzen Menschheitsgruppe" ausgingen und ausgehen. Denn diese Haltung ist bei Europäern weiterhin vorhanden, auch wenn die „offiziellen" Europäer „gelernt" haben, das über Wortschöpfungen der Political Correctness zu kaschieren. Das läßt sich deshalb so sagen, da ich an die vielen Aussagen unter vier Augen als Basis für diese Feststellung denke und nicht an fürs Fenster Gesprochenes.

Daß auch die Schwarzafrikaner keineswegs „europäischer Kulturbeglückung" bedurften, hat übrigens schon Leo Viktor Frobenius in den 1920er Jahren deshalb feststellen können, da er ohne ideologische Scheuklappen seine Überlegungen auf der Grundlage dessen anstellte, was er tatsächlich sah und feststellen konnte, ihm also nicht ein scheuklappenverstellter „Blick" die beschränkte Richtung vorgab, worauf noch zurückzukommen ist. Vergleichbares gilt für die Kolonisierung anderer Erdteile auch.

(__*Was geschieht, müssen Europäer feststellen, daß sie es mit Kulturen zu tun haben, die keines europäischen Kulturexports bedürfen, ist in Kapitel 7 nachzulesen.*__)

Heute, d.h. seit dem Ende des Kalten Krieges, wird diese alte „kolonialistische Haltung" im politischen Handeln wieder vorherrschend, wie die Versuche zeigen, Afrika einer erneuten Kolonisierung zu unterwerfen. Das geschieht zwar je nach „Sachlage" modifiziert, bspw. über EU-Verträge, wodurch mittelbar bestimmender Einfluß auf die gesellschaftspolitische Richtung der Staaten genommen wird, die solche Verträge unterschreiben. Üblich ist es auch, daß „Elite-Züchtungen" die bestimmende Rolle in afrikanischen Ländern übernehmen. _*Diese*_ Züchtungen haben das „*westliche Denken*" an entsprechenden Universitäten gelernt. Ob diese „Elite-Züchtungen" erst über Parteien in relevante Positionen „gehoben" werden oder „auf kurzem Weg" direkt nach einem von Militärs — *die zu diesem Zweck,* *bspw. in Deutschland ausgebildet wurden* — ausgelösten Putsch, ist ebenfalls von der „Sachlage" abhängig.

Es ist auch nicht unüblich, daß entweder eigene Züchtungen terroristischer Gruppen, oder solche, die sich auf Grund der ständigen Einflußnahme von außen *_mittelbar_* gebildet haben, eingesetzt werden, um nicht genehme Regime zu destabilisieren, so daß sich erhöhter sozialer Druck in solchen Ländern ergibt, was eine Intervention von westlichen Staaten „zwingend" macht. Denn es würden die „Menschenrechte mit Füßen getreten", wie die selektiv aufmerksamen Mitarbeiter der Konzerne für Meinungsorientierung (__KofMeins__) in der Massengesellschaft — *photogen bestürzt* — dann verlauten lassen, geschieht das in einem Land, das die Begehrlichkeit bei der oder den Machteliten weckt, wo diese KofMeins angesiedelt sind, so daß die Masse der Menschen in den Nationalstaaten dieser Machteliten „wissen", daß die „westliche Wertegemeinschaft" — aus „moralischer Verantwortung" — *_dort_* zum Führen von „Menschenrechtskriegen" aufgefordert ist, wo sich — *wie zufällig* — die entsprechenden „Begehrlichkeiten" finden. Vergleichbares gilt natürlich für die *Art und Weise westlicher Dominanzausübung* in anderen Erdteilen.[693] — Der „europäische Neokolonial-Impuls" ist demnach kein anderer als der alte, wenn auch nuanciert modifiziert. (__*Da die USA selbst Teil des* „europäischen Kolonialismus'" *sind, wird jetzt nicht weiter erwähnt, daß deren Machtelite und deren Satelliten mittelbar oder unmittelbar immer mit dabei sind: oder handelt es sich bei den USA etwa um eine marsianische Gründung?*[694]__)

---

[693] Siehe hierzu das zwar schon etwas ältere Buch von Markus Frenzel, da das darin Dokumentierte nichts an Aktualität verloren hat: *Leichen im Keller — Wie Deutschland internationale Kriegsverbrecher unterstützt*, DTV, München, 2011.

[694] Siehe in: Die *tri*_logische Sezierung [...], Bd I, Tbb 1-3, Kapitel 13.

André Grénard Matsoua wurde am 17. Januar des Jahres 1899 in dem kleinen unweit der Hauptstadt Mandsakala-Kinkala des Distriktes Kinkala und der Region *Pool Malebo* gelegenen Ort Loukoua-Nzoko geboren.

Der *Pool Malebo* stellt eine seeartige Stauung des Flusses Kongos dar, bedingt durch eine Faltung der Erdoberfläche, die einen Abfall der Höhe um ca. 270 Meter bis zum Kongodelta verursacht, wodurch der Kongo unterhalb von Brazzaville, der Hauptstadt der Republik Kongo, und Kinshasa, der Hauptstadt der Demokratischen Republik Kongo, wegen der unterhalb von den nach dem schottischen Missionar und Afrikaforscher David Livingstone (1813-1873) benannten, dort herabstürzenden — *gefährliche Stromschnellen verursachenden* — Wassern des Kongos, den *Livingstone-Fällen*, nicht mehr schiffbar ist. Im *Pool Malebo* gibt es zahlreiche Inseln und auf einer davon befindet sich Mandsaka-Kinkala. (__*Übrigens ist der Kongo mit einer Länge von mehr als 4.370 km der zweitlängste und wasserreichste Fluß Afrikas, wohingegen der Nil mit seinen etwa 6.650 km zwar sogar der längste Fluß der Erde sein soll, was allerdings von brasilianischer Seite bestritten wird, aber sogar deutlich weniger wasserreich als der Kongo ist.*__)

Die Eltern Matsouas, sein Vater N'Goma und seine Mutter N'Koussou, die der Volksgruppe der Lari angehörten, bestimmten, daß er von den missionarisch in Afrika tätigen *Pères du Saint-Esprit* katholisch erzogen würde. Im Sinne dieser Glaubenslehre ausgebildet, wurde Matsoua selbst ihr missionarischer Lehrer im *Pool Malebo*.

Mit wachem Blick und liebevoll in seinem Tun, lernte er die Sorgen und Nöte der Menschen kennen, von denen er geachtet wurde und bei denen er beliebt war. Und so stellte er sich mehr und mehr tiefgreifende politische Fragen über das soziale Verhältnis der beiden großen Menschheitsgruppen dort in Afrika: weiße kolonialmächtige Minderheit hier, schwarze Mehrheit dort. Fragen, die auch die Zukunft Kongos betrafen.

Kongo war einst ein Königreich der Bantu, das große Teile der heutigen Demokratischen Republik Kongo, Angolas und, in geringem Maße, der Republik Kongo umfaßte und vom 14. bis ins 18. Jh. bestanden hatte. Die Bantu bilden eine multiethnische afrikanische Menschheitsuntergruppe, deren verbindendes Band vor allem sprachlicher, ethnischer und kultureller Art ist. Den Bantu gehören heute etwa 200 Millionen Menschen an.

Seine politischen Überlegungen veranlassen Matsoua nach Brazzaville zu gehen. Durch seine auf Erfahrung und Reflexion beruhenden Kenntnisse über die sozialen und politischen Probleme in seiner Heimatregion *Pool Malebo* erwirbt er sich in Versammlungen mit gleichgesinnt Unzufriedenen schnell Achtung. Aber sein ehrgeiziges Ziel ist Frankreich, für das er anfangs keine Einreisegenehmigung erhält. Dann, im Jahre 1923, stellt ihm die Stadt Marseille eine vorläufige Aufenthaltsgenehmigung aus.

Wegen der mit Unterbrechungen insgesamt von 1893 bis 1926 währenden, in der Bergregion Rif im Norden Marokkos sich ereignenden heftigen Konflikte zwischen den aufständischen Stämmen, zu denen insbesondere der von Sidi Mohamed ben Abdallah el-Raisuni (__1871-1925__) gehörte, und der spanischen, dann der französischen Kolonialmacht, tritt Matsoua im Frühjahr 1925 in das 22. Regiment der senegalesischen Gewehrschützen (__*der Tirailleurs sénégalais*__) des französischen Heeres ein, dient im *Rif-Krieg* und erhält den Rang eines Unteroffiziers. Nach seiner Rückkehr aus dem Krieg geht er 1926 nach Paris, bildet sich dort in Abendkursen weiter, die für die aus den Kolonien Stammenden angeboten werden und verdient sein Geld als Buchhalter.

Durch die Bekanntschaft mit anderen, meist intellektuellen schwarzen Emigranten, kommt er mit bürgerlich-liberalen Pariser Clubs in Berührung, wo gegen die Ungerechtigkeit und die Schikanen der Kolonisation polemisiert wird, indem man bspw. die 1927 erschiene Reise in den Kongo André Gides zitiert: *Voyage au Congo*, oder wo vielleicht auch schon Aussagen des deutschen Ethnologen Leo Viktor Frobenius' kursieren, dessen *Kulturgeschichte* Afrikas zwar erst 1933 in Zürich erscheinen sollte, deren französische Ausgabe: *Histoire de la Civilisation Africaine* in Frankreich jedenfalls sehr gelesen wurde und deshalb 1936 schon eine 3. Auflage bei Gallimard erscheinen mußte.

Leo Viktor Frobenius (1873-1938__) prägte den Begriff der „Kulturseele“ und begründete im Jahre 1920 das erste ethnologische Institut Deutschlands: „Institut für Kulturmorphologie“ in München, heute *Frobenius-Institut* in Frankfurt am Main. Frobenius unternahm den ersten ernsthaften Versuch, die schwarzafrikanische Zivilisation auszuloten. _*das*_ erlaubt ihm erst korrekte Schlußfolgerungen aus dem zu ziehen, was er _*sah*_ und *tat*_sächlich feststellen konnte, und nicht etwas zu „sehen“, das von der Phantasie Ausgemaltes ist, da die „europäisch-ideologische Sicht auf die Welt“ den Blick auf das, was ist verstellt, wie es noch heute selbst unter als „gelehrt“ geltenden Europäern nicht ungewöhnlich ist. Und so konnte Frobenius zu dem Schluß kommen, daß die Schwarzafrikaner gewiß nicht der „Kulturbringung“ durch Europäer bedurften:

„[...] Nicht, als ob die ersten europäischen Seefahrer des späteren Mittelalters nicht schon höchst bemerkenswerte Beobachtungen ähnlicher Art gemacht hätten. Als sie in die Bai von Guinea kamen und [...] das Land betraten, waren die Kapitäne sehr erstaunt. Sorgfältig angelegte Straßen, auf viele Meilen ohne Unterbrechung eingefaßt von angepflanzten Bäumen; Tagereisen weit nichts als mit prächtigen Feldern bedecktes Land, Menschen in prunkenden Gewändern aus selbstgewebten Stoffen! Weiter im Süden dann, im Königreiche Kongo, eine Überfülle von Menschen, die in 'Seide und Samt' gekleidet waren, eine bis ins kleinste durchgeführte Ordnung großer, wohlgegliederter Staaten, machtvolle Herrscher, üppige Industrien, —Kultur bis in die Knochen! Als ebendies erwies sich der Zustand in den Ländern auf der Ostseite, zum Beispiel an der Mozambiqueküste.

Aus den Berichten der Seefahrer vom 15. bis zum 17. Jahrhundert geht ohne jeden Zweifel hervor, daß das vom Saharawüstengürtel gen Süden sich erstreckende Negerafrika damals noch in der vollen Schönheit harmonisch wohlgebildeter Kulturen blühte. Eine „Blüte“, die europäische Konquistadoren, soweit sie vorzudringen vermochten, zerstörten. Denn das neue Land Amerika brauchte Sklaven; Afrika bot Sklaven. Sklaven zu Hunderten, Tausenden, schiffsladungsweise! Der Menschenhandel war jedoch niemals ein leicht zu verantwortendes Geschäft. Es erforderte eine Rechtfertigung. So wurde der Neger zu einem Halbtier „gemacht", zu einer Ware. So wurde der Begriff Fetisch (feticeiro, ein portugiesisches Wort) als Symbol einer afrikanischen Religion erfunden. Eine europäische Fabrikmarke! Ich selbst habe in keinem Teile Negerafrikas die Fetischanschauung bei Negern gefunden.

Die Vorstellung vom „barbarischen Neger" ist aber eine Schöpfung Europas, die dann rückwirkend Europa noch bis in den Anfang dieses Jahrhunderts beherrscht hat. [...]"[695]

(__„Beherrscht hat"? In diesem Punkt irrte Frobenius. Sah er nicht, was sich insbesondere in Deutschland manifestierte und auf dem „beruht", das seine Erfinderzeit im 19. Jahrhundert hat?[696]__)

In Paris ist dann die Begegnung mit Jules Alcandre, dem Herausgeber der Zeitschrift *„Europe-Colonies"*, für Matsoua deshalb entscheidend, da er in einem der von Alcandre gegebenen Abendgesellschaften von der Geschichte Kojo Tovalou Houénous (__1887-1936__) erfuhr, der im ersten Teil des Großen Krieges des zwanzigsten Jahrhunderts auf französischer Seite gekämpft hatte und dann eine Protestbewegung gegen das koloniale Regime in Französisch-Westafrika (__*bestehend aus Obersenegal, Senegal, Niger, Mauretanien, Französisch-Sudan* [__heute Mali_], *Guinea, Dahomey* [__heute Benin__] *sowie Elfenbeinküste*__) und für eine Verbesserung der kolonisierten Bevölkerung kämpfte, dann festgenommen wurde und in Dakar im Gefängnis starb.

André Matsoua gründete 1927 die *Amicale des originaires de l'Afrique-Équatoriale française* (__„Freundeskreis der im Generalgouvernement 'Französisch Äquatorialafrika' Beheimateten"__).

Dieses Gouvernement, das von 1910 bis 1958 bestanden hatte und dessen Hauptstadt Brazzaville war, umfaßte die französischen

[695] Leo Frobenius, *Kulturgeschichte Afrikas, Prolegomena zu einer historischen Gestaltlehre*, Phaidon Verlag, Zürich, 1933, die Seiten 13 f.

[696] Siehe das Kapitel 7.

Kolonien Zentralafrikas und erstreckte sich von der Sahara über den Flußlauf des Kongos bis zum Atlantik und den Bergen im Westsudan.

Diese Organisation machte es sich zur Aufgabe, neben dem Bestreben, die Schwarzen vom Militärdienst in Frankreich freizustellen, eine auf Gegenseitigkeit beruhende Hilfe und Unterstützung in Bildungsfragen, anwaltlicher Verteidigung oder zur Erlangung politischer Rechte sicherzustellen. Die eigentliche Zielsetzung der *Amicale* war die Schaffung einer schwarzafrikanischen, insbesondere kongolesischen Elite zur Beschleunigung der sozialen und wirtschaftlichen Entwicklung Zentralafrikas.

Für Matsoua war hierbei die leitende Idee, die Unabhängigkeit seines Landes mit friedlichen Mitteln zu erreichen, und dabei sollte die *Amicale*, die unter dem Namen *Mikalé* in Afrika populär wurde, als politischer Arm bei Verhandlungen mit dem Kolonialgouverneur eine wichtige Rolle spielen. Als Delegierte waren hierzu folgende Personen ausersehen: Constant Balou, Pierre Kinzonzi, Pierre N'Ganga, Lucien Tchicaya und Joseph Kangou. Diese wurden dann bei ihrer Ankunft im Kongo festgenommen. Im Jahre 1930 dann auch Matsoua selbst.

*Dies* war es dann, das einen breiten Protest in der einheimischen Bevölkerung auslöste: Streiks waren an der Tagesordnung, das ganze wirtschaftliche Leben in Brazzaville kam zum Erliegen, alle wichtigen Einrichtung und Geschäfte waren geschlossen und selbst Bürgermeister erfüllten nicht mehr ihre administrativen Aufgaben. Die koloniale Obrigkeit reagierte mit Vergeltungsmaßnahmen und Verhaftungen. Am 14. Juli 1930 boykottieren die Bewohner die Feierlichkeiten zum Gedenken an die Französische Revolution von 1789. Die *Mikalé* wurde verboten, die sich daraufhin zu einer Untergrundbewegung entwickelt. Der vorgesehene neue Gouverneur, Édouard Renard, weckte Hoffnungen, als ankündigte, die Aufhebung des Verbots der *Mikalé*, die Verhaftungen von *Mikalisten* rückgängig zu machen und überhaupt die Situation der Kolonisierten zu verbessern beabsichtige. Aber das Flugzeug, das ihn nach Brazzaville bringen sollte, stürzte bei Boloko in Belgisch-Kongo (__*der heutigen Demokratischen Republik Kongo*__) ab. Dies wurde von seiten der Mikalisten als Ergebnis einer Verschwörung kolonialer Kräfte verstanden, denn sie hatten gehofft, daß es zu einer Unterredung mit Matsoua käme, der im Tschad einsaß.

Matsoua gelang mehrmals die Flucht und er gelangte sogar wieder nach Paris, wo er unter falschem, aber bezeichnendem Namen lebte: *André M'Bemba Loukéko-Kivoukissi*: „Retter und Befreier". — Darin hat Matsoua seine Mission gesehen. Diese war aber eine politische. Daß er nach seinem Tod insbesondere in der Republik Kongo als „Messias" verklärt wurde, der wiederkäme, um die Geschundenen zu „retten" und zu „befreien", war und ist das Hoffen dieser dort.

Überwacht von der französischen Polizei, meldet er sich dann aber zum Kriegseinsatz bei Beginn des zweiten Teils des Großen Krieges des 20. Jahrhunderts, wobei unklar ist, ob dies aus Loyalität gegenüber Frankreich geschah oder wegen der möglichen Gefahr, als deutscher Spion gebrandmarkt zu werden[697], oder aus der Überlegung heraus, auf diese Weise zu signalisieren, daß er zwar für die Freiheit der Menschen Kongos kämpfte, aber nicht gegen Frankreich.

An der Front wird er verletzt und muß im *Hôpital Beaujon* in Paris operiert werden. Mit der Absicht, nach seiner Gesundung an die Front zurückzukehren, wird er am 3. April 1940 verhaftet und an den französischen Kolonialgouverneur Kongos ausgeliefert, wo er im Februar 1941 zu einer Gefängnisstrafe verurteilt wird und im Januar 1942 unter unklaren Umständen stirbt.

*Dies* ist der Beginn der Mystifikation André Matsouas durch das Volk der Lari im Kongo, von denen viele bis heute nicht an seinen Tod glauben, sondern davon überzeugt sind, daß er einst als Messias wiederkommen werde.

---

[697] Insbesondere in Kriegszeiten reagieren die Menschen überall hysterisch. Von einer solchen Spionenfurcht, die in den ersten Kriegstagen des ersten Teils des großen Krieges des 20. Jh. in ganz Deutschland herrschte, und die mit geradezu lächerlichen, allerdings nicht selten tödlich endenden Erscheinungen einherging, wußte der Chef des deutschen Nachrichtendienstes Walter Nicolai zu berichten; vgl. diesbezüglich in: Oliver Janz, *14 – Der große Krieg*, Campus, Frankfurt/New York, 2013, die Seiten 265 f.

Für den politischen Menschen Matsoua lag eine solche Entwicklung kaum in seiner Absicht und erst recht nicht seine Vergöttlichung und auch nicht die Entwicklung seiner politisch motivierten Organisation zu einer religiösen Bewegung, die seinen Namen tragen sollte: der *Matsouanismus*.

Die ungeklärten Umstände seines Todes und der unbekannte Ort seiner Bestattung, haben einerseits einen Glauben genährt, der, in Anlehnung an die christliche Glaubensvorstellung von der Wiederkunft Christi, Matsoua zur Erlöserfigur stilisierte – oder ihn zumindest zu einem Märtyrer für die Sache der Befreiung der Schwarzafrikaner Kongos werden ließ, bei gleichzeitig sich forcierender Infragestellung der kolonialen Obrigkeit selbst. Und so wandelte sich die von Matsoua begründete *Mikalé*, für deren Mitglieder er zu einem Messias wurde, in eine religiös-politische Bewegung, den *Matsouanismus*, der dann eine wichtige Rolle im Kampf gegen den Kolonialismus spielte.

Aber auch danach, seit der Unabhängigkeit Kongos, versuchten eine Reihe von Politikern Vorteil aus dem Ansehen Matsouas in der Bevölkerung zu ziehen, wie Fulbert Youlou, Alphonse Massamba-Débat, Denis Sassou-Nguesso sowie Bernard Kolélas.[698]

Man kann also sagen, daß André Matsoua von Elementen beeinflußt wurde, die verschiedenen Ebenen angehören: der kongolesischen, der christlich-monotheistischen, der alltäglichen Erfahrungsebene, die von Diskriminierung der Bevölkerung Kongos durch die französische Kolonialherrschaft bestimmt war, auf dieser Ebene kamen die Erfahrungen hinzu, die er in Frankreich selbst gesammelt hatte, wo er die Masse der Franzosen nicht als Kolonialherren kennenlernte, sondern als in Teilen politischen bzw. sozialrevolutionären Ideen gegenüber aufgeschlossen. All diese Beeinflussungselemente mischten sich in ihm und ließen ihn auf die Seite derer treten, die für

---

[698] Die Quelle für die André Grénard Matsoua betreffenden biographischen Eckdaten ist: Pierre Guillaume, *Le monde colonial, XIX-XXe siècle*, Collection U : « Série Histoire contemporaine », Armand Colin, Paris, 1994/2001.

die Unteilbarkeit der Menschenrechte und für nationale Unabhängigkeit kämpfen. Und hier, im politischen Kampf, sah er seine Rolle als *André M'Bemba Loukéko-Kivoukissi*.

Das heißt der *Matsouanismus* ist keine Erfindung André Matsouas, noch lag diese religiös-politische Bewegung, auf Basis seiner Vergöttlichung und Messianisierung, in seiner Absicht. Es handelt sich hierbei um eine Reaktion seiner Anhänger auf die wahrscheinliche Folter und dann bewußte Tötung Matsouas durch die Kolonialmacht hin, da er ihnen Hoffnung in der Hoffnungslosigkeit geben konnte.

Eine solche Reaktion ist als normal anzusehen, wenn Menschen in extremer Hoffnungslosigkeit, Hoffnung in einen Menschen setzen, der ihnen ihre Würde zurückgab, der sie lehrte für ihre Rechte zu kämpfen und ihnen das auch vorlebte und selbst durchlitt.

Eine solche „Reaktion" auslösen zu können, kann für alle bisher als „Messias" bezeichneten Menschen angenommen werde (__davon gibt es mindestens mehr als 50__), die, so sie sich nicht zu ihren Lebzeiten selbst als Messias präsentierten, von den nachgeborenen Gläubigen — *nach deren Tod* — als Messiasse angesehen wurden und werden. Dies aber ein Tod, der für diese nachgeborenen Gläubigen nicht gilt, denn wie sollte „ihr" Messias „später" wiederkommen können?

> Also muß der sich irgendwo versteckt halten … Etwa „nördlich" von Tibet, in Shambhala?

Im Falle des als „Begründer des Christentums" bezeichneten „Jesu Christi" ist *dies*_bezüglich aber berechtigterweise davon auszugehen, daß ihm der Titel „Messias" von einer „Interessengruppe" zugesprochen wurde, die eher an ein „Medium" dachte, mit dessen Hilfe ganze Völker wie eine einzige Person manipuliert werden können: allein darin liegt der Sinn und Zweck von monotheistischen Religionen, nicht den Menschen die „Suche" nach _*ihrem*_ Heil zu eröffnen. Die vielen im Neuen Testament angehäuften Wiedersprüche lösen sich auf, ändert man die Perspektive. Auch kann dann erst erkennbar werden, daß — *so man ihnen Historizität zuspricht* — Jesus und Maria Magdalena in völlig andersgearteter „Mission“ unterwegs gewesen sein müssen als von den Propagandisten der Jesusbewegung behauptet.

> Siehe dazu das Kapitel 2, dort insbesondere die Seiten 104-19, beginnend mit: „Freilegung von kriminalfalltypischen Indizien, deren Spuren zwar nicht mehr frisch sein können“, und siehe auch den exkursiven Anhang II.
>
> In einem späteren Buch ist auf die plausible Intention Jesu und Maria Magdalenas zurückzukommen. Dies eine Intention, die eine andere gewesen sein muß als die so gern geglaubte. Denn geht man von dieser aus, lösen sich die vielen der in den Propagandaschriften des Paulinischen Christentums angehäuften Widersprüche auf — damit allerdings auch _diese_ „frohe Botschaft“.
>
> Es sind übrigens diese widersprüchlichen Aussagen, die erst eine „gewisse Flexibilität“ dieses christlichen Glaubens ermöglichten. Oder ist dieses Geglaubte etwa nicht erst in den letzten ca. 180 Jahren zu einem „unbedingt ‘liebend’“ Geglaubten geworden? Immerhin erlaubte davor diese „Flexibilität“ das genaue Gegenteil in Europa nicht nur zu glauben, sondern auch unerbittlich zu praktizieren, so daß es christlich Gläubigen nur als völlig in Ordnung erscheinen konnte, wurden andere im Namen Jesu Christi in Masse getötet, so schon allein der Verdacht bestand, sie könnten anderen Glaubens sein.

Diese Reaktion ist also der Versuch, den Verlust eines solchen Menschen dadurch zu kompensieren, daß man sich der Realität _kollektiv_ verweigert, da ihre Anerkennung völlige Demoralisierung bedeutete, die ein ganzes Volk in die Hoffnungslosigkeit zurückstoßen würde. Das heißt die Ursachen für eine solche kollektiv-kompensatorische Reaktion finden sich im Kolonialismus.

> (_Es dürfte nicht weithergeholt sein, in heutigen Formen von Terrorismus parallele Entwicklungsmuster zu vermuten._)

Der zweite Grund für diese prophetisch-religiös-politische Bewegung liegt in der Christianisierung der Bevölkerung Kongos durch Missionare _und_ ihrer zugleich tief fortwirkenden Verbundenheit mit ihren ursprünglichen Glaubensvorstellungen.

Wobei anzumerken ist, daß Missionierung, ob nun von christlicher, von islamischer oder von welcher Seite auch immer ausgehend, dem Versuch gleichkommt, den Geist anders sozialisierter Menschen zu okkupieren: „[...] Jetzt, wo ich erwachsen bin und mehr darüber weiß, verstehe ich, daß die Religion ein Werkzeug war, um unsere afrikanische Denkweise zu kontrollieren. So gehen Imperialisten vor. [...]"[699]

Kehren Sie zur Seite 562 zurück. Lesen Sie das dort wie folgt beginnende Zitat: „[...] Nicht, als ob die ersten europäischen Seefahrer des späteren Mittelalters nicht schon höchst bemerkenswerte Beobachtungen ähnlicher Art gemacht hätten. [...]". Rufen Sie sich das in Kapitel 7 Geschriebene ins Gedächtnis zurück. Stellen Sie sich dann die Frage: Welcher „Charakter" mit welcher „Mentalität" liegt dem zugrunde, das man „europäische Kultur" nennt?

Und, wie wir heute wissen: dies geschah nicht „nur" dort, auch nicht „bloß" woanders auch, hingegen zu_*erst* in Europa selbst!

Diese christlich-religiöse Einflußnahme milderte zwar die „intensive Kraft" des autochthonen Wahrnehmens (__*und des* da_*raus resultierenden Gefühlt-Gedachten und der* da_*raus resultierenden Kultur und Tradition*__) der Menschen dort ab, konnte es aber nicht ersetzten. Ähnliches gilt übrigens für die islamisch-religiöse Einflußnahme in anderen Teilen Afrikas.

Wer es auch sein mag: Auf *Aus*_Rauben und *Ver*_sklaven ausseiende Machteliten müssen ihr übles Treiben bemänteln ... Wie bequem, kann dazu doch der Auftrag ihres „einzigartigen" Gottes dienen, zusätzlich verkleidet von sich prostituierenden Intellektuellen, da der eigenen Karriere förderlich.

So „beseelt" ist das Interpretierte des autochthon Wahrgenommenen der Menschen dort, daß ihnen dazu „aufgeschriebene religiöse

---

[699] Siehe V.S. Naipaul, *Afrikanisches Maskenspiel: Einblicke in die Religionen Afrikas*, aus dem Englischen von Anette Grube, S. Fischer Verlag, Frankfurt am Main, 2011, die Seite 55.

Lehre" wie Fesselung des daraus resultierenden Gefühlt-Gedachten wäre, und, schließlich, ihre Einheit *ab*_schnürte, so daß zwar Dominanz des Denkens zu resultieren schiene, das Gefühl, nun für sich, sich staute und _*dann*_ das Denken konfusionierte. Das scheinen sie zu wissen — zumindest verhinderten sie's bis jetzt. Und so haben für sie immaterialisierte Wesen gleiche Bedeutung wie materialisierte —„immaterialisiert" besagt ja nicht: *jen*_seits der Materia — wo sollte das denn sein? —, hingegen bloß: nicht *da*_seiend: für einen „pulsatorischen Augenblick" — ruhend — *in*_seits der *M a t e r i a*. ... Und da die ihnen als moralisch groß geltenden Menschen „in den Wald gegangen", wenn nicht „verreist" sind — *anstatt tot* —, können diese das bedürftige Wort geben, wird zu diesem Zweck *bei*_zeiten das Zeremoniell korrekt von den *Wahr*_Sagenden vollzogen.[700]

Auch diese „Rückbesinnung" auf autochthone Wahrnehmungstraditionen, hängt direkt mit dem „europäischen Kolonialismus" als Ausdruck des „europäischen Imperialismus'" zusammen, also mit dem *Un*_Verständnis von einer und dem *Des*_Interesse an einer anderen menschlichen *Da*_Seinsweise, die zu anderem Wahrnehmen führt — denn, wie gesagt: der Mensch ist plastisch.[701]

Etienne Fopa Simo sagt, und das ist weit über den afrikanischen Raum hinaus wichtig und gilt überhaupt für die vom „Westen" und seiner „Superführungsmacht", seinen „Begleitführungsmächten", von denen einige rumorende — *traditionell eigentlich widerstreitende* — Teile des orwellianischen EU-Imperiums des Friedens sind, geschürten und erzeugten Konflikten in der Welt, die über seine Züchtungen von Terrorgruppen und ausgeübten Terrorakten unterhalten werden, die gar nicht mehr der Aufklärung bedürfen, denn sie wurden ja von „Terroristen" ausgeübt, die, wüßte man mehr von den Zusammenhängen, sich doch, in den meisten Fällen zumindest, als westliches De-

---

[700] Vgl. das *Afrikanisches Maskenspiel* V.S. Naipauls.

[701] Zur „Plastizität" des Menschen siehe in: Die *tri*_logische Sezierung [...], Band I, Teilband 4, die Seiten 138-47, beginnend mit: „Aus meiner Sicht ist aber die _*eigentliche*_ Frage folgende [...]".

stabilisierungsgezücht entpuppten, ob aktuell durch jenes im Irak von der „Superführungsmacht" des „Westens" und seinen Verbündeten vollbrachte zerstörerische Werk entstandene Gezücht mit seinem „Islamischen Staat" der nun bereits mythisch die Köpfe junger Menschen mit gewissen Ambitionen hantiert, oder praktiziert vor den „Haustüren" widerstreitender Mächte, denn, um es mit Etienne Fopa Simo nun zu sagen: „[...] Die Frage nach der Herkunft der nationalen Bewegungen, der Nationalität und der Unabhängigkeit ist für viele Europäer nicht nachvollziehbar. Denn zunächst einmal ging es in den Kolonien mehr um Menschenrechte als um die Unabhängigkeit. Die Anführer dieser Bewegungen und andere Intellektuelle waren sich aber sicher, daß ohne die Unabhängigkeit die Rechte der Einheimischen nie in den Mittelpunkt rücken würden. Einer, der diese Tatsache ans Licht gebracht hat, ist der erste afrikanische Führer, Lumumba, der erste kongolesische Ministerpräsident. [...]"[702] ... Denn wie sagte der am 2. Juli 1925 geborene und am 17. Januar 1961 nach bestialischer Folterung ermordete Patrice Émery Lumumba in seiner Antwort auf den belgischen König, der in seiner Rede anläßlich der Unabhängigkeit Kongos am 30. Juni 1960, u.a., auch von den „Segnungen des Kolonialismus" gesprochen hatte: „[...] Noch zu frisch sind unsere Verletzungen dessen, was in 80 Jahren Kolonialherrschaft unser Schicksal war, als daß wir es aus unserem Gedächtnis verbannen könnten. Wir haben Schinderarbeit am eigenen Leib erfahren, mit einem Lohn, der weder unseren Hunger zu stillen noch uns anständig zu kleiden oder menschenwürdig zu wohnen noch unsere Kinder wie geliebte Wesen aufzuziehen ermöglichte. Wir haben erfahren wie man Späße mit uns macht, uns beleidigt, uns schlägt am Morgen, am Mittag und am Abend, weil wir Nigger waren [...]. Wir haben erlebt, wie man unsere Bodenschätze im Namen irgendwelcher fadenscheiniger

---

[702] Quelle: Dissertationsarbeit von Etienne Fopa Simo am Institut für Journalistik der Technischen Universität Dortmund: *Friedensjournalismus und sein endogenes Modell für Nationenbildungsprozeß. Eine Fallstudie zur Republik Kamerun*, 2009, die Seite 147. Am 27. Juli 2010 als Taschenbuch im Südwestdeutschen Verlag für Hochschulschriften mit Sitz in Rīga erschienen.

Gesetze ausraubt, die doch nur Ausdruck des Rechts des Stärkeren waren. Wir haben gespürt, daß das Recht nicht dasselbe war, wenn es sich um einen Weißen oder um einen Schwarzen handelte [...]. Und schließlich, wie die Erschießungen unserer Brüder vergessen, oder jene, die sich nicht einem unmenschlichen Regime unterwerfen wollten und deshalb erbarmungslos in Kerkerlöcher geworfen wurden?[703]

Lumumba wurde kurze Zeit später von Handlangern solcher Machtinteressen ermordet und seine sterblichen Überreste in Schwefelsäure aufgelöst. Was davon noch blieb, wurde verbrannt.[704]

Sind es nur 90% der „Terroristen" dieser Welt, die _*heute*_ im Dienst solcher Interessen stehen und — geht „sonst nichts mehr" — ihre Anschläge allein aus Gründen der „machtelitären Raison" verüben, also die Masse der Bevölkerung kuschtig zu halten, da — *zwar diesem Zweck nicht anders dienend* — die „großen Kriege" so kostspielig sind?

> Mir fällt auf, daß ich „kuschtig" verwende, obwohl es allgemein unbekannt ist. Nun, „kuschtig" ist ein Adjektiv der Kölner Mundart und bedeutet soviel wie: „ruhig!" oder „still!". Es hat sein Herkommen vom französischen Verb *coucher*, das u.a. „hinlegen" bedeutet und bspw. für Hunde verwendet wird: „va coucher", das dann mit „kusch!" zu übersetzen wäre, bzw. mit: „leg dich!". Wollte man aber einen Menschen _so_ ansprechen, wäre das derb, da es dann: „sei still!" oder „halt den Mund!" bedeutete. Das Adjektiv „kuschtig" wird mit dem Verb „halten" in Verbindung mit dem Reflexivpronomen „sich" verwendet: „sich kuschtig halten". — Im *Wörterbuch der Kölner Mundart* von Fritz Hönig, das 1905 von J.P. Bachem in Köln gedruckt wurde, gibt es zu dem Eintrag: „kuschtig" nur den Hinweis: „ruhig!", „still!".

---

[703] Quelle: „Les discours prononcés lors de la cérémonie de l'indépendance du Congo", Seite 8; Üb.d.A.

[704] Zu Patrice Émery Lumumba, siehe auch den Essay von Jean-Paul Sartre, « La pensée politique de Patrice Lumumba », Éditions Présence Africaine, 1963/3 (__N° XLVII__), die Seiten 18-58.

Nun, wie Sie diese Frage auch immer beantworten wollen, es läßt sich sagen: was wir heute an Terrorismus erleben und wohl noch erleben müssen, hat mit _*der*_ Gewalt, deren Ursache eine der „klassisch-monotheistischen Ausprägungen" wäre, höchstens noch mittelbar etwas zu tun, denn es ist „Machteliten-Terrorismus" zur Destabilisierung von Staaten — *gar ihrer Zerstörung* —, die in den Fokus des Interesses der neoliberalen „Superführungsmacht" oder/und seiner neoliberalen (__bestrebt „aufzustreben"__) „Begleitführungsmächte" geraten, um sie dann entweder destabilisiert zu halten oder zerstört zu lassen, oder, so es dort etwas zu rauben, eine „gewisse strategische Bedeutung" gibt, vielleicht auch nur die eine Machtelite nicht will, daß eine andere Machtelite auf sie den „Zugriff" erhält, sie nach „westlicher Nationmodelling-Methode" nationalstaatlich zu klonen und mittels „westlich geklonter Funktionselite" an der Leine zu führen ... und _*so*_ deren Bevölkerung im Welt-Arenen-Kreis.

Folglich änderte sich an solchen Machenschaften aus „machtelitärer Raison" nicht, gelänge es jenen neoliberalen „Begleitführungsmächten", die westliche „Superführungsmacht" abzulösen, da es ja die alten imperialistischen Mächte sind, die unter dem Deckmantel des „neoliberalen 'Projektes' EU" nach geübter „waffenbrüderlicher Manier" _*ihre*_ „Pläne" für die Welt aushecken. (__*Nein, man darf, aus machtelitärer Sicht, den Brexit nicht falsch verstehen: die britische Machtelite macht da schon mit, so es ihren Interessen dient.*__)

Die Probleme dieser Machteliten? Einmal jenes, welches alle Machteliten haben: sie trauen sich nicht über den Weg. Zum anderen jenes andere, welches alle Machteliten geradezu existentiell haben: sie trauen ihren Bevölkerungen noch weniger über den Weg als den anderen Machteliten, von denen eine „ihr" Territorium dann von einer oder mehreren anderen besetzen läßt ... so sie in existentielle Not gerät, will „ihre" Bevölkerung tatsächlich ihren eigenen, also „demokratischen Weg" gehen ... ganz ohne sie. Beides sind in machtelitären Kreisen „gewohnheitsmäßige", da konstitutionelle Probleme.[705]

---

[705] Siehe in: Die *tri*_logische Sezierung [...], Bd II, Zwischenruf 15.

*Des*_halb ist die Bezeichnung „orwellianisches EU-Imperium des Friedens" alles andere als falsch. Folglich, falls nichts anderes mehr geht, bspw. das „Spiel der Konzerne für Meinungsorientierung in der Massengesellschaft" (__KofMeins__) nicht mehr zureichend zu spielen ist, dient der *Machteliten-Terrorismus* zugleich dazu, der eigenen Bevölkerung Angst zu machen, sie hysterisch zu halten — durch vom *Machteliten-Terrorismus* direkt oder mittelbar gezüchteten „Gruppen" oder „Einzeltätern"[706], auf diese Weise die eigene Bevölkerung doch machtelitär geneigt zu halten, bspw. ihr ein „Verständnis" davon zu „vermitteln", daß da noch Kriege zu führen sind — aus „Verantwortung" —, ob frontal angreifend oder „schleichend", also andere Staaten zu destabilisieren — letztlich immer zum Nutzen ekelerregender Machteliten, die, wie an anderer Stelle schon angemerkt: „[...] eher bereit sind, die Völker aufeinander zu hetzen, als daß sie die Macht zu teilen bereit wären. [...]"[707]

* * *

Hiermit endet also der Ausflug, der der Beantwortung der Frage diente: „Ist der Monotheismus von seiner Anlage her ein elementarer Faktor der Gewalt?" Und damit sind wir wieder in der Realität, denn der eigentlich elementare Faktor der *_heute_* ausgeübten Gewalttätigkeit ist das nationalstaatliche System mit seinen Machteliten und dem ausgefeilten neoliberalen Herrschaftssystem, von dem das orwellianische EU-Imperium des Friedens nur das monströse Update sein würde, so es sich tatsächlich im Jahre 2025 konstituieren sollte, da dabei das einst zur „nationalstaatlichen Identität" verwendete „machtelitäre Konzept" angewendet werden würde, bzw. schon angewendet wird, und zwar in der geupdateten „wilhelministischen Ausprägung": Einbindung des „europäisch Partikularen" in einen „Einheitsstaat" nach preußischem Muster, auch wenn der „EU-Bundesstaat"

---

[706] Zu „Terror-Einzeltätern", „Terrorgruppen" usw. siehe die Seite 576.

[707] Siehe bspw. in: Die *tri*_logische Sezierung [...], Bd I, Tbb 1-3, Seite 384.

heißen sollte, denn die nach der geupdateten „wilhelministischen Ausprägung“ erfolgende „Gesetzes- und Verordnungshomogenisierung“ gilt dann apodiktisch für alle „EU-Bundestaaten“.

Diesen Prozeß habe ich in: Die *tri*_logische Sezierung [...], Band III, Teilband 1, Lesung 11: „Frau Merkel und die Welt-*Un*_Ordnung“ skizziert. Dort auf der Seite 323 beziehe ich mich auf das, was man die „Einbindung der Deutschen in den preußischen Einheitsstaat“ bezeichnen kann: „[...] es war [...] diese Vielfalt, die mit der Gründung des deutschen Nationalstaates von 1871 in das enge Korsett des, *_nach Möglichkeit_* das Partikulare negierenden, preußischen Einheitsstaates eingebunden wurde. Es ist diese ‘Einbindung’, die diesen Einheitsstaat schon von seiner Anlage her enormen sozialen Druck erzeugen ließ — forciert über jenes mit diesem gesellschaftlichen Prozeß Einhergehenden, welches mit dem Begriff ‘Wilhelminismus’ richtig umschrieben ist. [...]“

Zum „Wilhelminismus“, von dem es ein weiteres Update geben wird, wenn das neoliberale „Projekt EU“ im Jahre 2025 abgeschlossen sein wird, finden sich Aussagen in: a.a.O., Tb 2, die Seiten 590-93.

In: « Sie fragen noch, wie die ›Verhältnisse‹ liegen? » spreche ich von der „Preußisierung der Deutschen“ und meine damit das, was den Wilhelminismus erst ermöglicht hat. Siehe dazu a.a.O. die Seite 108.

Was mit dieser „Preußisierung“ sonst noch einherging bzw. darunter zu verstehen ist, findet sich, u.a., a.a.O. in Aspekt 54: „Das orwellianische EU-Imperium des Friedens steht in vollem Widerspruch zu dem, das ‘europäisches Denken’ im positiven Sinne bedeutet“ erläutert, siehe dazu ab der Seite 533, beginnend mit: „Denn dieser dialogische Disput ist durch einen *dia*_lytischen ersetzt worden ...“.

In diesem Zusammenhang könnte die in Aspekt 58: „Kleine Reflexion über das Nichtparadoxe selbst am paradox Erscheinenden der ‘preußisierten Postmoderne’“ „aufscheinende“ „Reflexion“ nicht uninteressant sein. Dieser „Preußisierungsprozeß der Deutschen“, der letztlich zum Wilhelminismus und in der Folge zum Nazismus führte, und aktuell zum Neowilhelminismus, bzw. zum Neowilhelmoliberalismus, ist vor dem Hintergrund dessen zu sehen, das in Kapitel 7 des Ihnen vorliegenden Buches — *kulminierend in dem, was mit* „Arier-Mythos“ *bezeichnet ist* — beschrieben ist.

Allein daran wird erkennbar, daß die „Macher" des „Projektes EU" überhaupt nicht „Europa" oder die „Idee Europa" im Sinn haben können, denn, wenn etwas den europäischen Völkern eigen ist, dann ist es ja das „Plurale", das „Partikulare". Und „EU" bedeutet eben nicht: *e pluribus unum*, sondern Homogenisierung des Pluralen.

Die Behauptung des „Westens", der Islam sei das heutige Problem, ist schon deshalb nicht stichhaltig, da es faktisch so ist, daß, seit dem das Deutsche Reich im ersten Teil des Großen Krieges des 20. Jahrhunderts versucht hatte, die islamische Welt zum Aufstand gegen die alten dortigen Kolonialmächte Großbritannien und Frankreich anzuregen, daß auf diese Weise eine Entlastung der Westfront sowie der auf dem Balkan und der Ostfront möglich würde[708], dieses bis heute nicht gelungen ist, und deshalb der neoliberale Nationalstaatsterrorismus sich darauf verlegen mußte, Terrorgruppen zu züchten, die der oben angesprochenen Destabilisierung von Staaten, um sie entsprechend gefügig zu machen oder mit eigner Elitezüchtung zu besetzen, wie es in Afghanistan in die Hose gegangen ist, und der Angstmache und Geneigtmachung (__*zur Führung* „robuster Einsätze"!__) der eigenen Bevölkerung dient.

Und es ist keineswegs so, daß die deutsche Politik _*heutzutage*_ ein harmloser _*Dabeiherumsteher*_ oder bloßer _*Mitläufer*_ der von den Interessen der USA dominierten westlichen Politik wäre, nein, das ist weder bezogen auf Afrika oder Asien der Fall[709] noch bezogen auf die westliche Destabilisierungspolitik der Ukraine[710], aber auch nicht

---

708 Vgl. Oliver Janz, *14 – Der große Krieg*, Campus, Frankfurt/New York, 2013, die Seite 116.

709 Siehe insbesondere hierzu das schon erwähnte Buch von Markus Frenzel, *Leichen im Keller*: *Gesucht von Interpol — Geschützt in Deutschland*, dtv, München, 2011.

710 Siehe hierzu bspw.: „Warum Helmut Schmidt irrt"; der zugehörige Link wurde am 19. März '20 erneut geprüft:

https://www.spiegel.de/politik/deutschland/ukraine-krise-helmut-schmidt-von-ex-eu-kommissar-verheugen-kritisiert-a-970150.html.

Rußland direkt betreffend der Fall[711], denn immerhin wird die EU-Politik von Berlin entscheidend mitbestimmt. Es hat nämlich etwas Heuchlerisches, wenn man auf die „Leichen im Keller" anderer weist, damit niemand einen Blick auf die eigenen werfe — zumindest nicht die eigene Bevölkerung, denn das könnte schließlich Fragen aufwerfen, deren Beantwortung sich dann direkt gegen die Machtelite und ihre Satelliten richten *k ö n n t e*.[712]

Exkursion:

Jener, der als Herr Jemand glaubte, daß es lediglich eine „Frage der Vernunft" und des „guten Willens" wäre, daß die Machteliten dieser Welt sich irgendwann an ihre _*eigene*_ Verantwortung erinnerten (__*also sich dann* _ungewohnt_ *im Interesse der Insassen ihrer Nationalstaaten verhaltend*__), sich folglich um *inner*_staatliche wie *inter*_staatliche Balance der Macht bemühten, würde wohl noch so manche Enttäuschung erleben (__*als Spielball der journalistischen,* spin_*doktorischen und politischen Satelliten der Machtelite jenes Nationalstaates, in dem dieser Herr Jemand selbst ein Insasse ist*__), bevor dieser sagte, nachdem er es eigentlich nicht mehr abstreiten könnte, daß er mit seiner falschen Gläubigkeit genau jenen half _*und*_ hilft, die für das Gefahr sind, was Demokratie heißt: „Es reicht, ich geh' jetzt, denn von der Ursache darf ich keinesfalls wissen, da ich dann mein so festgefügtes wie verbrettertes Welt-Theorie-Bild verlöre!" ... Denn wo ginge er dann hin — leitplankenlos?

Es ist eben nicht ohne Grund, daß ich die *Tri*_logische Sezierung des lobbykratischen Zeitalters geschrieben habe — und es ist dieser Grund, der die Edition (__*in eigener, aber uneigennütziger Sache*__) !_scheuklappenfrei_! heißen läßt.

---

[711] Siehe hierzu bspw.: „Verhältnis EU-Rußland: 'Gefahr einer Spirale nach unten'"; der zugehörige Link wurde ebenfalls am 19. März '20 erneut geprüft: https://www.deutschlandfunk.de/verhaeltnis-eu-russland-gefahr-einer-spirale-nach-unten.694.de.html?dram:article_id=280378.

[712] Siehe dazu die Angaben auf der Seite 576, aber dort auch in der Fußnote 709.

« Der Genozid, der nichts kostet »

„[...] Der New Yorker Prozeß, den Vertreter der Herero und der Nama Anfang 2017 angestrengt haben, ist das Resultat der jahrzehntelangen deutschen Weigerung, Entschädigung für den Genozid an vermutlich rund 80.000 ihrer Vorfahren zu zahlen. Entschädigungsforderungen sind bereits in den 1990er Jahren laut geworden; sie beziehen sich darauf, daß Genozid ein Straftatbestand ist, der — wie Mord — nicht verjährt. Die Bundesrepublik hat die Forderungen stets umstandslos abgewiesen und zur Begründung immer wieder tief in die Trickkiste sprachlicher und juristischer Finessen gegriffen. So hat sie sich lange Zeit geweigert, den Massenmord an den Herero und den Nama als Genozid zu bezeichnen, um der Strafbarkeit zu entgehen. Als sich diese Position als unhaltbar erwies, hat sie als Ersatz die Sprachregelung erfunden, man könne den Begriff Genozid im „historisch-politischen" Sinne verwenden; daraus ergäben sich allerdings „keine Rechtsfolgen". [...] Inzwischen versteift sich Berlin, wie etwa einer Untersuchung der Wissenschaftlichen Dienste des Deutsche Bundestages zu entnehmen ist, auf die Position, die Völkermordkonvention von 1948 könne nicht rückwirkend angewandt werden. Auch auf die Genfer Konvention von 1864 und die Haager Landkriegsordnung von 1899 könnten die Herero und die Nama sich nicht berufen, da sie sie nicht unterzeichnet hätten — und weil zudem ein Genozid kein regulärer Krieg im Sinne der Landkriegsordnung sei [...]. Letzten Endes sahen sich die Herero und die Nama zum Prozessieren gezwungen. [...]

Mit ähnlichen Taktiken hat die Bundesregierung auch den New Yorker Prozeß zu sabotieren versucht. Zuerst sorgte sie dafür, daß ihr die Prozeßunterlagen nicht zugestellt werden konnten. Dies war möglich, weil die Regierung auf dem — international umstrittenen [...] — Grundsatz der „Staatenimmunität" besteht; er sieht vor, daß Einzelpersonen nicht vor auswärtigen Gerichten gegen einen Staat klagen können. Laut ihrer eigenen Interpretation ist die Bundesregierung nicht einmal verpflichtet, Unterlagen eines Prozesses anzunehmen, der vor einem auswärtigen Gericht gegen sie geführt wird. Entsprechend nahm die zuständige Stelle in der Bundeshauptstadt — laut internationalen Übereinkünften über die Abwicklung des Rechtsverkehrs ist dies der Justizsenator des rot-rot-grün regierten Berliner Senats — die aus New York eintreffenden Dokumente einfach nicht an. Entsprechend konnte die Bundesregierung vorschützen, nicht über die Prozeßtermine informiert worden zu sein; das Verfahren drohte wegen konsequenten Nichterscheinens der Beschuldigten zu platzen [...]. Dem unwürdigen, die Opfer mißachtenden Vorgehen Berlins hat erst eine diplomatische Note der Berliner US-Botschaft ein Ende gesetzt, in der es hieß, die Bundesregierung müsse bei weiterer Obstruktion damit rechnen, daß „ein Versäumnisurteil" („default judgement") erlassen werde – „ohne Aussagen und ohne Vorlage von Beweismitteln". Das könne durchaus zu ihren „Ungunsten" sein.[...]"[713]

* * *

Das bedeutet, ich glaube nicht, daß die Schuld, die die westlichen Machteliten sowie ihre politischen, „wissenschaftlichen", journalistischen und kulturbetrieblichen Satelliten auf sich geladen haben (__*und offensichtlich weiterhin auf sich laden*__), jemals noch zu tilgen sein wird. Gibt es doch eine Schuld, die nicht entschuldbar und deshalb unverzeihlich ist: Verbrechen gegen das Menschengeschlecht!

[713] Quelle des Zitats: German Foreign Policy: „Der Genozid, der nichts kostet". Dieser Bericht stammt vom 8. Mai '18; der zugehörige Internet-Pfad ist am 19. März '20 erneut geprüft worden: https://www.german-foreign-policy.com/news/detail/7600/. Siehe in diesem Zusammenhang auch: a.a.O., „Meilensteine deutscher Erinnerung". Dieser Bericht stammt vom 7. Mai '18; der zugehörige Internet-Pfad ist ebenfalls am 19. März geprüft worden: https://www.german-foreign-policy.com/news/detail/7599/.

Nachwort

Teil 1: Was beruhigend ist ...

Ein *Deus absconditus* ist zwar eine mittels menschlicher Denkkraft geschaffene Vorstellung (__die sich in einem ebenfalls mittels menschlicher Denkkraft geschaffenen Glaubensgebäude _*frei*_ bewegen kann__), die dem Menschen deshalb „*un*_erkannt" bleibt, da sie ihm, wie der Name schon sagt, _*nicht*_ erscheint, die aber _*nicht*_ trotzdem, sondern erst *des*_wegen seinen Erschaffern bzw. Vertretern *er*_laubt, jeden von _*ihnen*_ verursachten *welt*_lichen — *gesellschaftspolitisch sich auswirkenden* — Dreck zu *recht*_fertigen. Müßte aber dieser „*ver*_borgene Gott" sich *selbst*_enthüllend offenbaren, also *tat*_sächlich zum *Deus revelatus* werden, *ent*_puppte sich seine ihm von seinen Vertretern *zu*_gesprochene *Wirk*_Kraft als nicht von ihm, sondern von der Machtelite und deren Satelliten ausgehend, die diese Fiktion — *im Sinne dieser Elite* — phantasiert und der Masse der Menschen als „*An*_Betungsgröße" vorgesetzt hatten und weiterhin — wie auch immer *ge*_hüllt — vorsetzen. — Das Gesagte gilt nicht nur für die „spirituellen Theismen", sondern auch für den „säkularen" Monotheismus, der i.d.R. als Neoliberalismus bezeichnet wird.

Das heißt ein *Deus absconditus* ist der letzte Rettungsanker einer jeden „spirituellen" wie „säkularen 'monotheistischen Religion'" — und damit einer jeden gegen die Masse der Bevölkerung gerichteten Politik. Denn „monotheistische Religion" heißt kollektive *An*_Bindung an eine machtelitären Interessen _*dienende*_ Abstraktion. Und so muß sich ein *Deus absconditus* nicht einmal hüten, sich selbst „offenbarend" zu *ent*_hüllen, sind es doch stets die „Hohepriester" eines solchen „verborgenen Gottes", die ihre Schöpfung — *via ihnen zuteil gewordenen* „Offenbarungen" — der Masse „offenbar" werden lassen: daß sie staune und vor den Hohepriestern kuschtig bleibe. Denn würde ein

Deus absconditus „von 'sich' aus" ein *Deus revelatus* werden, also sich selbst „enthüllen", würde offenbar, daß Gott eine Fiktion ist, und daß jede ausgekungelte (__*verborgen abgesprochene*, was gleichbedeutend mit einem *Deus absconditus* ist__) Politik für die Masse der Menschen immer — *zumindest letztlich* — nachteilig ist. Ignorieren die Menschen aber kollektiv solche absurden „Enthüllungen" des *materia*_jenseitig nicht Existenten, müßten die Menschen erkennen, daß sie — *seitdem sie und solange sie als Spezies* (__als Menschengeschlecht!__) *existieren* — mit folgenden Fakten konfrontiert sind:

1. Da das Universum pulsierend existiert, „entwickelt" es sich weder teleologisch noch funktioniert es anthropozentrisch.
2. In einer bestimmten Phase des pulsierenden Universums bestehen für die verschiedensten Seins-Möglichkeiten günstige oder ungünstige Bedingungen.
3. Die Dauer solcher Bedingungen in einer bestimmten Pulsationsphase des Universums ist unbekannt.
4. Die „pulsierende Entwicklung" einer Spezies in der für sie günstigen Pulsationsphase des Universums verläuft nach dem Prinzip „Zufall und Notwendigkeit": zufälligerweise einmal entstanden, „entwikkelt" sich eine Spezies notwendigerweise gemäß ihren potentiellen Möglichkeiten, also —*da Mikrokosmos im Makrokosmos* — ebenfalls nicht teleologisch.
5. Eine Spezies, die nicht instinktgesichert ist, deren Individuen sich sozusagen „plastisch" an die natürlichen Umweltbedingungen und an die gesellschaftlichen Umweltbedingungen anpassen — *wie es bei der Spezies Mensch der Fall ist* — kann die Zeitdauer der für sie günstigen Pulsationsphase des Universums „bewußt" nutzen, um ihr volles Potential in dem für sie dann möglichen *Da*_Sein zu entfalten — oder auch nicht, denn sie kann es auch lassen.
6. Ob eine nicht instinktgesicherte Spezies dazu kommt, ihr volles Potential in der Zeitspanne der für sie günstigen Pulsationsphase des Universums in dem für sie dann möglichen Dasein zu entfalten, ist allein von ihr selbst abhängig.
7. Nutzt eine nicht instinktgesicherte Spezies die für sie günstige Pulsationsphase des Universums nicht, wird sie zwar zu einem „Irrläufer" der für sie potentiell günstigen Pulsationsphase des Universums, was aber allein für die betreffende Spezies existentielle *Aus*_Wirkun-

gen hat, da sie dann lediglich die Zeitspanne der für sie günstigen Pulsationsphase des Universums nicht voll ausschöpft. Abgesehen von diesen Auswirkungen ergeben sich daraus keine weiteren *Nach*_Wirkungen für diese Spezies selbst, da sich, wie gesagt, die Pulsation des Universums weder anthropozentrisch noch teleologisch ereignet.

8. Nutzt eine nicht instinktgesicherte Spezies die für sie günstige Pulsationsphase des Universums zur vollen Entfaltung ihres Potentials, wird sie zwar zu einer „voll entfalteten Spezies" der für sie potentiell günstigen Pulsationsphase des Universums, was aber allein für die betreffende Spezies existentielle *Aus*_Wirkungen hat, da sie dann die Zeitspanne der für sie günstigen Phase des Universums _*voll*_ ausschöpft. Abgesehen von diesen Auswirkungen ergeben sich keine weiteren *Nach*_Wirkungen für diese Spezies selbst, da, wie schon gesagt: Die Pulsation des Universums sich weder anthropozentrisch noch teleologisch ereignet.
9. Eine Spezies kann den Zeitraum der für sie günstigen Pulsationsphase des Universums nicht verlängern, aber apokalyptisch verkürzen.
10. Aus den Punkten 1-9 ergibt sich, daß die Spezies Mensch es selbst in der Hand hat, ob sie es weiterhin von Machteliten und deren Satelliten verhindern läßt, daß sie ihr volles Potential entfaltet, und so zum „Irrläufer" der für sie potentiell günstigen Pulsationsphase des Universums zu werden, also die Zeitspanne dieser Phase _*nicht*_ zu ihrer vollen Entfaltung zu nutzen, oder doch noch, nämlich vor Ablauf der für sie relevanten Zeit der für sie potentiell günstigen Pulsationsphase des Universums, zu einer „voll entfalteten Spezies" zu werden.

Aus diesen aufgeführten Fakten ergibt sich, daß sich, abgesehen von den damit einhergehenden existentiellen *Aus*_Wirkungen, keine weiteren *Nach*_Wirkungen für diese Spezies selbst ergeben, da, es sei wiederholt, die Pulsation des Universums sich weder teleologisch noch anthropozentrisch ereignet, es folglich für den universellen Pulsationsprozeß als solchen weder entscheidend ist, ob die Masse der Angehörigen dieser Spezies es weiterhin zuläßt, daß Machteliten und deren Satelliten es verhindern können, daß sich das Potential des Menschengeschlechts volle entfaltet. Oder ob die Masse der Angehörigen dieser Spezies beginnt, die für sie relevante Zeit der für sie potentiell günstigen Pulsationsphase des Universums zur vollen Entfaltung ihres Potentials zu nutzten. — *Ist das nicht beruhigend?*

* * *

Da der Rahmen nun abgesteckt und der Spiegel aufgestellt ist, auf daß die Vertreter der beklagten „spirituellen" wie „säkularen" monotheistischen Glaubenssysteme einen Blick hineinwerfen könnten — *es sieht ja sonst niemand* —, erscheint mir nun die Gelegenheit passend, also jetzt, nach der Lektüre des ersten Teils des Nachworts: „Was beruhigend ist ..." des Ihnen vorliegenden Buches, eine sich aus der menschlichen Misere ergebende Frage zu reflektieren, denn der Monotheismus in seinen diversen Spielarten hat in der Praxis gezeigt, daß er darauf keine befriedigende Antwort zu geben weiß.

* * *

Teil 2: Anmerkung zum sich selbststeuernd entfaltenden Menschen im Sinne Wilhelm Reichs

Wilhelm Reich, 1897-1957, erkannte die destruktiven Folgen der soziokulturell bedingten Unterdrückung des sich im primären *An*_Trieb äußernden Orgons. Aus diesem Grund nannte er sich selbst auch „Sexualökonom".[714]

Der Reichschen Annahme, daß die westliche Kultur zumindest im wesentlichen auf der Unterdrückung des sekundären, also unnatürlich entstandenen (__*nämlich von ihr erzeugten*__) *An*_Triebes beruhe, stimme ich zu, spiegelt sich im „sekundären *An*_Trieb" doch „lediglich" der Unterdrückungsgrad des primären *An*_Triebs wider.

Während der unter_*drückte*, zum „sekundären *An*_Trieb gewordene primäre *An*_Trieb des menschlichen Wesens sich bspw.in „Haß", „Neid", „Bösartigkeit" oder „Zerstörungsdrang" ausdrücken kann, drückt sich der *un*_unterdrückte primäre *An*_Trieb in sexueller Liebe, Wissensdrang und Unabhängigkeit aus — denn der primäre *An*_Trieb kann nur eines sein: Ausdruck der *un*_gehindert pulsierenden Lebensenergie.

Kann diese Unterdrückung dadurch aufgelöst werden, daß die Ursache für die Bildung des sekundären *An*_Triebs aufgehoben wird, da auf diese Weise die Lebensenergie wieder *un*_gehindert pulsieren kann, muß dies zum Zusammenbruch dieser Kultur führen, da sie auf der Unterdrückung des sekundären *An*_Triebs beruht. Da am Anfang die Unterdrückung des primären *An*_Triebs gestanden hatte, wodurch erst der sekundäre *An*_Trieb erzeugt wurde, kann der Zusammenbruch dieser Kultur nur begrüßt werden, denn sie ist selbst keine

[714] Zu Wilhelm Reich siehe auch die Bemerkungen in: « Sie fragen noch, wie die ›Verhältnisse‹ liegen? », Aspekt 47.

primäre, sondern eine sekundäre Kultur. Da aber diese sekundäre Kultur im Kopf wie im Gefühl ihrer individuellen Mitglieder verankert worden ist, muß die Gefahr dieses Zusammenbruchs erst einmal kollektiv Angst verursachen, wodurch ein Verhalten kollektiv virulent wird, das Wilhelm Reich als „emotionale Pest" bezeichnet hat, da, wie gesagt, diese Kultur, die ihre Existenz lediglich der Unterdrückung des sekundären *An*_Triebs verdankt, sich über ihre „ideologischen Moralvorstellungen" im Charakter jener Menschen verankert hat, die dieser sekundären Kultur traditionell unterliegen. Die daraus zu ziehende Konsequenz?

Nun, vor dem Hintergrund des in Teil 1 des Nachworts Gesagten: „Was beruhigend ist ...", ist zumindest zu sagen, daß, obwohl die Menschen nicht viel müssen, folgendes aber schon: eine ihnen gemäße Ethik entwickeln, wollen sie die für sie relevante Zeit der für sie potentiell günstigen Pulsationsphase des Universums zur vollen Entfaltung ihres Potentials nutzen. Und dazu ist die Erkenntnis zwingend, daß das nur unter gesellschaftspolitischen Verhältnissen zu verwirklichen ist, die die Bezeichnung demokratisch verdienen. Zum besseren Verständnis spricht man dann von *Direkter Demokratie*.[715]

---

[715] Was *Direkte Demokratie* bedeutet und was sie benötigt, findet sich in: « Sie fragen noch, wie die ›Verhältnisse‹ liegen? » erläutert. Siehe dort insbesondere Aspekt 2: „Was eine Passage in Chestertons: 'The Man who was Thursday: A Nightmare' offenbart" und die Seiten 337 ff., beginnend mit: „folgendes ist keine politische Geschmacksfrage", sowie die Seite 669, beginnend mit: „Also sei zum Abschluß nicht allein die Frage wiederholt: Was spricht noch gegen *Direkte Demokratie*, spricht nichts für die simulierte Demokratie des lobbykratischen Systems ...[...]?". Was zu wissen ist, um diesen Weg kollektiv gehen zu können — *und damit sich kollektiv aus der EU-Zwangsjacke zu befreien* — ist in meinem Buch — *das den Charakter eines Manifestes hat* — erläutert: *Le rayon des Lumières — Quelques remarques sur* « l'Empire de la paix » *orwellien, nommé l'UE. En tenant compte du mouvement des Gilets Jaunes comme la première expression grave contre cette entité politique en charactère d'une camisole de force pour les peuples européens. Avec des considérations sur certains éléments essentiels de l'économie.*

Anhang

Exkursiver Anhang I[716]

Von der Etablierung des Feudalismus', der Rolle der christlich-monotheistischen Glaubensvorstellung und den Sachsenkriegen

In diesem exkursiven Anhang I werden die historisch faßbaren Eckdaten verwendet, die in nachfolgend genanntem Buch hervorragend bearbeitet worden sind: *Deutsche Geschichte in 10 Kapiteln*, herausgegeben von Joachim Herrmann et al., Akademie-Verlag, Berlin, 1988, Kapitel 1: „Vom Ursprung der Deutschen: Von den Anfängen bis zu Karl dem Großen", dort Punkt 3: „Der Weg zur Feudalgesellschaft in Mitteleuropa vom 6. bis zum 8. Jahrhundert", die Seiten 24 bis 46.

Einige der Formulierungen dieses Buches wurden übernommen, da sie prägnant sind. Über die dort bearbeiteten historischen Eckdaten waren aber eigene Überlegungen anzustellen, immerhin sollte ihnen im thematischen Zusammenhang des Ihnen vorliegenden Buches Ausdruck geben werden.

Dieser exkursive Anhang I knüpft insbesondere an diejenigen Aussagen an, die ab der Seite 194 des Ihnen vorliegenden Buches entwickelt werden, beginnend mit: „Die 'Konstantinische Schenkung'", und die bis zum Ende des 3. Kapitels reichen, wo steht: „Auf die Etablierung des europäischen Feudalismus' ist zurückzukommen", denn genau darauf ist jetzt einzugehen.

---

716 Dieser Anhang knüpft an die Passage an, die auf der Seite 207 das dritte Kapitel beendet und mit: „So tat es einst schon der von Deutschen wie Franzosen gleicherweise reklamierte Karl der Große bzw. Charlemagne ..." beginnt.

Der Begriff „Feudalismus" leitet sich vom lateinischen Adjektiv *feudalis* her, soviel wie das „Lehen", das „Lehnswesen", eben den „Feudalismus" Betreffendes bedeutend, geht tatsächlich aber wohl auf das althochdeutsche *fihu* zurück, das für „Vieh" stehen soll. Man sagt aber, daß sich *fihu* vom gotischen *faihu* herleite, welches auf das „Vermögen", das „Gut" anspielen würde. Daß es dafür kein eigenes lateinisches Wort gegeben hat, sondern *feudalis* letztlich eine Entlehnung aus dem Gotischen wäre (__*faihu*__), könnte übrigens als Beleg dafür genommen werden, daß die Gesellschaftsformation „Feudalismus" ihren Ursprung anlagemäßig nicht in der Gesellschaftsstruktur des Römischen Reiches findet, sondern durch die sogenannte Völkerwanderung Eingang in die römische Gesellschaftsstruktur gefunden hat und zwar in der Phase des Niedergangs des Weströmischen Reiches, als es zu einer Verflechtung von römisch-gesellschaftspolitischen mit gentilgesellschaftlichen, bzw. stammesgesellschaftlichen Strukturen kam, bspw. „keltogermanischen". — Allerdings bedeutet das nicht, daß es sonst nirgends auf der Welt feudale Gesellschaftsstrukturen gegeben hätte.

> „Keltogermanisch" ist aus meiner Sicht dem Adjektiv „germanisch" vorzuziehen, da es keine tatsächliche Klarheit darüber gibt, was denn die Kelten von den Germanen getrennt hat, abgesehen davon, daß die einen, bezogen auf West- und Mitteleuropa, ab einer gewissen Zeit primär linksrheinisch und die anderen primär rechtsrheinisch siedelten, und sich bei diesen Stämmen so ein je anderer Erfahrungshorizont ausbildete, der auch damit zu tun hat, daß die linksrheinisch siedelnden „Keltogermanen" von den Weströmischen ein intaktes Gesellschaftswesen übernehmen konnten und das vor allem auch taten. Überdies sind die sogenannten „germanischen Namen" und „Begriffe" keltisch. „German" bedeutet übrigens soviel wie: „der 'Vetter' von der anderen Seite" (__des Rheins__). Denn etwas, das nicht deutlich separiert werden kann, bleibt besser begrifflich verbunden; folglich wird der Begriff „Keltogermanen" dem nur „ungefähren Wissen" über die damaligen Völker eher gerecht.

Auch läßt sich an der Rückführung auf *faihu* schon vage erkennen, worauf es im „Feudalismus" ankommt: Das „Vermögen", bzw. das zu gewinnende „Gut" muß im Feudalismus auf einer Rechtsverbindlichkeit beruhen, die an den Besitz von Grund und Boden gekoppelt ist.

Dies geht mit einem bestimmten Verhältnis zwischen den beteiligten gesellschaftlichen Gruppen einher, das als „Lehnsverhältnis" bezeichnet wird und zwischen dem „Lehnsnehmer" und dem „Lehnsgeber", dem wegen der Art und Weise dieses Verhältnisses die sogenannte „Lehnsherrlichkeit" zukommt, besteht. „Lehnsverhältnis" und „Lehnsherrlichkeit" sind die beiden Seiten der „Feudalität". Entsprechend heißt die auf den „Feudalismus" beruhende Herrschaft „Feudalherrschaft". Da es sich beim „Feudalismus" um eine „regelgestützte" gesellschaftliche Gliederung[717] handelt, die bezogen auf Europa im Westen, dem späteren Frankreich, im 8. Jahrhundert beginnend, und im „mittleren" Europa, dem späteren Deutschland, im 9. Jahrhundert einsetzte (__vgl. Karl den Großen__), spricht man, insbesondere in der Phase seiner vollen Ausprägung, auch von „Feudalsystem". Der sich auf der Basis des Feudalismus' ausbilden könnende Staat heißt folgerichtigerweise „Feudalstaat". Ein Synonym für „Feudalismus" ist das „Lehnswesen". Allerdings ist zu bedenken, daß der Begriff „Feudalismus" aus rückbetrachtender Überlegung stammt, d.h. aus der Zeit der sogenannten Aufklärung, die in Europa im 17./18. Jahrhundert einsetzte.

Der Begriff „Lehnswesen" setzt sich aus „Lehen" und „Wesen" zusammen, das im Sinne von „Art" und „Weise", d.h. hier im Sinne von „System" zu verwenden ist. (__Das Wort „Lehen" geht auf das althochdeutsche *lehan* „leihen", bzw. *lihan*: etwas „auf Borg nehmen" [__selten „auf Borg geben"__], zu gotisch *livan*, zu vorkeltogermanisch *liku*: „über- oder zurücklassen" bedeutend, verwandt mit „entlehen" bzw. „Lehen", zurück.__)

> Der „Borg", bzw. das „Borgen", wird heutzutage nur noch im Sinne von: „etwas auf Borg geben, kaufen, nehmen" oder „auf Borg leben" verwendet. Etwas „borgweise" geben, bedeutet also etwas „leihweise" zu geben: ob Geldwert oder Sachwert, spielt dabei keine Rolle. Entsprechend bedeutet „borgen" so viel wie etwas „verleihen" (__bspw. ein Buch oder Geld „leihweise" ausgeben__) oder etwas „entleihen" (__bspw. ein Buch aus einer Bibliothek „ausleihen"__), zu althochdeutsch *bor*[a]*gen*, was eigentlich soviel wie: „sich vor etwas hüten" oder „sich schonen", dann: jemanden mit „Zahlung verschonen", bedeutet.

[717] Siehe diesbezüglich auch die Erläuterung zur „Gesellschaftsformation" auf den Seiten 524-31, beginnend mit: „Anmerkung zum Begriff 'Gesellschaftsformation'".

Ein „Lehen" ist eine „Landleihe". Der Begriff „Landleihe" bezeichnet jenes Verhältnis, bei dem Grund und Boden (__„Lehen", „Leiheland"__) vom Eigentümer einem anderen gegen bestimmte Verpflichtungen zur Nutznießung (__als Besitz__) übergeben wird. Hierbei wurde im Feudalismus zwischen „Lehen" und „Leihe" unterschieden: Die Landleihe des Königs, der Kirche oder großer Feudalherren an große oder kleine Feudalherren (__„Ritter"__) wurde als „Lehen" bezeichnet, die Landleihe an Bauern gegen Feudalrente hingegen als „Leihe".

Dies belegt auf recht einfache Weise den Klassencharakter des Feudalismus', der sich dann konkret darin zeigte, daß die Bauern, zuerst freie Allodbauern, nach und nach in sklavenartige Abhängigkeit zum entsprechenden Feudalherren, ob Kirche oder Feudaladel, gerieten.

Bei einem „Lehen" oder *Feudum* handelt es sich also um die Übertragung von Grundbesitz oder von Rechten aufgrund geleisteter Dienste, die auf die eine oder die andere Art mit dem Besitz von Grund und Boden zusammenhingen.

Mit der Übertragung eines Feudums entstand ein rechtsverbindliches Verhältnis zwischen dem Lehnsherrn, der auch als *Senior* bezeichnet wurde, und dem Lehnsmann. Zwar kommt der Begriff „Senior" aus dem Lateinischen, wo er eigentlich „der Ältere" bedeutet, bezeichnete aber zum einen bei insbesondere keltogermanischen Stämmen den Gefolgsherrn, also den Anführer einer Gefolgschaft, zum anderen wurde in fränkischer Zeit (__d.h. in jener Zeit als die erstmals um das Jahr 257 u.f.Z. in römischen Überlieferungen erwähnten *salischen* Franken sich in der 2. Hälfte des 5. Jahrhunderts unter der Führung des Merowingerkönigs Chlodwig I. von Tournai aus über Westeuropa auszudehnen begannen__) ein Feudalherr als *Senior* bezeichnet, von welchem, entsprechend dem Umfang seiner Grundherrschaft, mehr oder weniger viele Feudalbauern in dem Sinne abhängig waren, daß ihnen das Land zwar als Allod gegeben wurde, sie aber schon, allerdings auch im eigenen Interesse liegend, im Bedarfsfall zum Heeraufgebot zählten.

(__Mit der Phrase: „in fränkischer Zeit" soll etwas bezeichnet werden, das in der 2. Hälfte des 5. Jahrhunderts unter der Führung des Merowingerkönigs Chlodwig I. einsetzte, als es von Tournai aus zur Ausbreitung der erstmals um das Jahre 257 u.f.Z. in römischen Überlieferungen erwähnten *salischen* Franken kam. Die Phrase „in fränkischer Zeit" läßt sich bis zum Tod Karls des Großen im Jahre 814 verwenden, geht es um gesellschaftspolitische Prozesse, die das Frankenreich betreffen. Der größere Teil dieser Zeit kann übrigens auch als „merowingische Zeit" bezeichnet werden, da vom Ende des 5. Jh. bis zum Anfang des 8. Jh. das Frankenreich unter der Bezeichnung „Merowingerreich" existierte.__)

Der Gebrauch des lateinischen Wortes „Senior" für diese Funktion läßt einerseits insbesondere die Nähe der Salier zum Weströmischen Reich, mit dem sie u.a. als Verbündete gegen die Westgoten an der Loire kämpften (__so im Jahre 507__), zum anderen die frühe Entwicklung feudaler Strukturen insbesondere innerhalb dieses keltogermanischen Stammes erkennen, was für die weitere Entwicklung des Feudalismus' im europäischen Raum von großer Bedeutung wurde, denn immerhin ging diese Entwicklung entscheidend von den Saliern aus. Zu einer tragfähigen gesellschaftlichen Grundlage wurde der Feudalismus aber erst unter dem Namensgeber der Karolinger, Karl Martell. Darauf ist noch zurückzukommen.

Übrigens wurde ein Lehnsmann oft als „Vasall" bezeichnet (*__dies ein Wort, das wohl über das mittellateinische* vasallus *vom keltogermanischen* vassus *herkommt__*). Ein Lehnsmann hieß aber auch *feudatorius* oder *beneficiatus*, da sein Besitz das *feudum* bzw. *beneficium* war, denn beides (*__feudum* bzw. *beneficium__*) bedeutet „Lehen". Begrifflich durchgesetzt haben sich aber nur *feudum* bzw. *feudatorius*.

Die besondere Beziehung zwischen Lehnsherrn und Lehnsmann drückte sich dadurch aus, daß bei der Übertragung des Lehnsgutes der Lehnsmann eine an den Lehnsherrn gerichtete eidesstattliche Treuepflicht zu sprechen hatte. Die Verletzung dieser Treuepflicht konnte die Auflösung des Lehensverhältnisses nach sich ziehen. Bis zum 9. Jahrhundert bedeutete der Tod eines Lehnsmannes (*__der sogenannte Mannfall__*) oder der Tod eines Seniors (*__der sogenannte Herrenfall__*), daß der rechtmäßige Nachkomme des verstobenen Lehnsmannes beim Senior oder beim rechtmäßigen Nachfolger des Seniors um Erneuerung des Lehnsverhältnisses nachsuchen mußte. Mit der vollen Entwicklung des Feudalismus im 9. Jahrhundert wurden die an den Adel vergebenen Lehen im west- und mitteleuropäischen Bereich faktisch erblich, so daß sich ein Anspruch auf Lehnserneuerung beim rechtmäßigen Nachfolger eines Lehnsmannes herausbildete.

Durch die Weitergabe von Lehen eines Vasallen an andere, von ihm abhängige Vasallen, die als *Aftervasallen* bezeichnet wurden, bildete sich ein System aus, das als Pyramide aufgezeichnet werden könnte und deshalb auch „Lehnspyramide" heißt: unten die völlig abhängigen Bauern, Handwerker und die auf dem Gebiet der Vasallen oder des Feudalherren tätigen, meist in Städten wohnenden Händler (*__die auch als* „Feudalbürger" *bezeichnet werden und die im übrigen später eine nicht unbedeutende Rolle bei der Entwicklung zur Geldwirtschaft, d.h. zum Kapitalismus spielen sollten__*), dann die Aftervasallen, nach oben weiter die Vasallen und an der Spitze der König. Der Klerus spielte im januskŏpfigen System des europäischen Feudalismus' eine Sonderrolle. Darauf ist zurückzukommen.[718]

Die Vergabe von Lehen erfolgte bis ins 12. Jahrhundert hinein in mündlicher Form, verbunden mit der Ablegung eines Eides. Erst dann wurden mählich, anfangs noch einfache vom Lehnsherrn oder von einem Beauftragten ausgestellte Lehnsurkunden üblich. Mit der Zeit wurden aus diesen Urkunden sogenannte Lehnsbriefe, die auch die Details des Lehnsverhältnisses: Rechte, Pflichten, die Größe, die Weitergabemöglichkeit, die Erblichkeit des Lehens usw., aufführten. Diese Briefe wurden im Anschluß an Lehnstagen vom Lehnsherrn oder einem Beauftragten ausgestellt, deren Aushändigung an den Lehnsmann dann seit dem Hochmittelalter in von den weltlichen oder kirchlichen Kanzleien geführten, auch als Lehnsregister oder Lehnsverzeichnisse bezeichneten Lehnsbüchern vermerkt wurde — entweder als kurze Notiz oder die Art und Weise des Lehnsverhältnisses ausführlich wiedergebend. Ein Lehnstag wurde je nach Größe einer Herrschaft immer dann anberaumt, hatte sich eine gravierende, das Lehnsverhältnis tangierende Änderung des Herrschaftsverhältnisses ergeben. Beispielsweise nach dem Herrenfall, wenn der rechtmäßige Nachfolger die Herrschaft über sein Territorium begann, so daß die persönliche Anwesenheit der Lehnsleute zwingend war, denn sie mußten ihre Lehen mündlich benennen, damit das Lehnsverhältnis erneuert werden konnte. Auch dies wurde in dem entsprechenden Lehnsbuch festgehalten. Auf diese Weise behielt der Lehnsherr die Kontrolle über sein Grundeigentum, den davon belehnten Teil und die Anzahl der von ihm abhängigen Vasallen. Diese Lehnsbücher behielten ihre praktische Bedeutung bis zur Auflösung des Lehenswesens im 19. Jahrhundert.[719]

---

[718] Diese historischen Eckdaten finden sich in: *Lexikon früher Kulturen*, hg. von Joachim Hermann et al., Pahl-Rugenstein Verlag, Köln, 1984, unter den diversen Einträgen.

[719] Zu den Detailangaben zur „Vergabe von Lehen" siehe: *Herrschaft zwischen Herrschaften — Die Herrschaft Anholt und die Familie von Bronckhorst-Batenburg. Ein niederrheinisches Kleinterritorium im Spätmittelalter*, Inauguraldissertation zur Erlangung des Grades eines Doktors der Philosophie in der Fakultät für Geschichtswissenschaft der Ruhr-Universität Bochum, vorgelegt von Iris Kwiatkowski, 2006, dort die Seiten 17-19, beginnend mit: „Lehnsverzeichnisse und Lehnsbücher".

Ein Wort zu den *Merowingern*

Die Merowinger (__auch Merovinger geschrieben__) gehörten zum Stamm der Salier, dessen Königshaus sie waren. Das Adelsgeschlecht der Merowinger leitete sich von der legendenumwobenen Abkunft ihres Stammvater Merowech her. Merowech (__auch Meroveus I.__), geboren um 455, war König der salischen Franken. Die salischen Franken, auch Salier genannt, bildeten die Hauptgruppe der niederrheinischen Franken und finden sich, wie weiter oben schon geschrieben, in römischen Aufzeichnungen erstmals um das Jahr 257 u.f.Z erwähnt.

Die Franken waren ursprünglich ein lockerer keltogermanischer Stammesverband. Der Name „Franken" ist von keinem der Einzelstämme dieses Verbandes abzuleiten, bedeutet aber möglicherweise soviel wie „mutig und kühn" oder „Freie". Es ist auch nicht auszuschließen, daß ihnen ihre zweischneidige Streitaxt, die *francea*, den Namen gab. Von ihrem Siedlungsgebiet an der Ijssel in den heutigen Niederlanden zogen die Salier zu Beginn des 4. Jahrhunderts in das Bataverland an der Rheinmündung. Von dort breiteten sie sich schließlich über Nordgallien aus, wo ihnen Kaiser Flavius Claudius Iulianus (__331-363__) Toxandrien zwischen Maas und Schelde als Besitz bestätigte. Bis um die Mitte des 5. Jahrhundert bildete eine vom heutigen Köln bis nach Boulogne verlaufende Straße die befestigte römische Reichsgrenze.

Unter der Führung der Merowinger — namentlich genannt wird Clodio (__gestorben 460__) — eroberten die Salier nach und nach das Land bis an die Somme. Das war nach dem Tode des „letzten Römers" im Westen, des Heerführers Flavius Aetius (__391-454__), der, u.a. wegen der Schlacht auf den Katalaunischen Feldern bei Châlons-en-Champagne bekannt ist, die er im Jahre 451 mit einer gemeinsamen Streitmacht aus römischen Legionen und verbündeten Keltogermanen, wie den Wisigothen unter Theoderich I., gegen die wahrscheinlich aus Zentralasien stammenden Reitervölker unter Attila führte und diese zum Rückzug aus Gallien zwang. Das bedeutet, daß die Salier, trotz kriegerischer Auseinandersetzungen mit den Römern, auch ihre Bundesgenossen waren. So kämpften sie an der Loire unter der Führung des Aegidius' mit römischen Truppen gemeinsam gegen die Westgoten.

Mit der Übernahme der politischen Führung der salischen Franken durch Childerich I. erfolgte die Stabilisierung der wirtschaftlichen und politischen Verhältnisse, so daß für dessen Sohn Chlodwig I. die Voraussetzungen geschaffen waren, den letzten selbständigen römischen Feldherrn in Gallien, Syagrius, 486 bei Soissons entscheidend zu schlagen.

Das Volksrecht der Salier, die also als Begründer des Frankenreichs zu gelten haben, ist in dem zwischen 507 und 511 aufgezeichneten *Pactus legis Salica* niedergelegt, der oft auch als *Lex Salica* bezeichnet wird.

Die salische Stammessage will, daß der Stammgeber der Merowinger, Merowech, von der Gemahlin des Chloio und einem Meeresungeheuer gezeugt wurde. (__*Chloio war um 430 bis 460 Gaukönig der salischen Franken.*__) Diese Legende hat Anlaß für manche Spekulation über die Herkunft der Merowinger gegeben, da dies ein Hinweis auf den überseeischen Ursprung der Merowinger sein kann, deren Glaubensvorstellungen mit dem Kultus der Diana bzw. Isis verbunden gewesen sein könnte. Jedenfalls war es dieser legendenhafte Ursprung, der die „Heiligkeit" der Merowinger begründete, da ihre Abstammung als „übernatürlich" galt.

Auf die Rolle der Merowinger als „Priesterkönige", die, da natürlicherweise als „heilig" geltend und es deshalb ihre Funktion war, „spirituell" zu herrschen, dies eine Rolle, die sich später die Führungsschicht des Paulinischen Christentums anmaßen sollte, während die Hausmeier das weltliche Regierungsgeschäft auszuüben hatten, ist noch zurückzukommen.

Der letzte Merowinger auf dem Thron des Merowingerreiches war Childerich II., der 751 mit päpstlicher Zustimmung vom austrasischen Adel unter Führung Pippins III. abgesetzt wurde, wodurch die offizielle Herrschaft der Arnulfinger, die später als Karolinger bezeichnet wurden, begann.

Es lohnt die Beschäftigung mit der merowingischen Kunst, da in ihr fränkische, galloromanische und, dann vor allem die Buchmalerei betreffend, irisch-angelsächsische Elemente in verschiedener Mischung ihren Ausdruck fanden.

Ende der Anmerkung: „Ein Wort zu den *Merowingern* ..."

Gewiß, es gibt eine ganze Reihe von Unterschieden zwischen Konstantin dem Großen und dem Salier Chlodwig I. (__ca. 465-511__) aus dem Geschlecht der Merowinger, der nach dem Tod seines Vaters Childerichs I. im

Jahre 482 König wurde und das Frankenreich begründete, das sich im Jahre 511 vom Rhein bis zur Garonne erstrecke. Was sie aber gemeinsam haben, ist, daß sie ausschließlich aus politischen Gründen Abkommen geschlossen haben. Dies zeigt sich daran, daß Chlodwig sich dann ähnlich wie Konstantin verhielt, waren tatsächliche Machtfragen zu klären. Dementsprechend nutzten beide das paulinische Christentum für ihre politischen Ziele.[720] Selbst die Taufe Chlodwigs I. ist unter diesem Aspekt zu verstehen. — Ob sich übrigens Konstantin tatsächlich taufen ließ oder er seine Einwilligung dazu gegeben hatte — *seine Taufe soll erst auf seinem Totenbett erfolgt sein* —, ist eine offene Frage.

Denn nachdem sich Chlodwig entweder 496 oder 497 taufen ließ, unterstellte er sich keineswegs seinem neuen „Glauben", sondern berief im Jahre 511, als sein Reich von der Garonne bis zum Rhein reichte und relative politische Stabilität herrschte, die Bischöfe zu einer Reichssynode nach Orléans ein, denn er wußte, daß sie großen Einfluß auf die Bevölkerung ausüben konnten, immerhin war diese mehrheitlich römisch-katholisch getauft — im Gegensatz zu den anderen keltogermanischen Stämmen, die, entweder ihren alten Glaubensvorstellungen weiterhin verhaften waren, wie bspw. die Friesen, oder — *wenn schon* — es zu jener Zeit noch mehr mit dem Arianismus hielten.

Auch hier eine indirekte Parallele: Konstantin war es, „der den Streit zwischen den Vertretern der 'Wesenseinheit' (__Homousie__) des 'Gottessohnes' mit 'Gott' und den Arianern, die diese Wesensgleichheit ablehnten und den 'Gottessohn' lediglich als eine über alle anderen geschaffenen Wesen gesetzte Größe auffaßten, zugunsten der Vertreter der 'Wesensgleichheit' entschied".[721] Durch dieses direkte Eingreifen und die daraus resultierende religionspolitische Entwicklung des Weströmischen Reiches, und so die feudale Strukturbildung Europas entscheidend bestimmend, wurde das enge Band zwischen der „offen-weltlichen Macht" und der „verborgen-weltlichen Macht", gemeinhin als „kirchliche Macht" bezeichnet, zugunsten der „offen-weltlichen Macht" geknüpft.

Anläßlich der Zusammenkunft in Orléans im Jahre 511, die u.a. ebenfalls der Klärung kirchlicher Belange und Organisation diente, bestand Chlodwig darauf, daß die Bischöfe ihm und seinen merowingischen Nachfolgern Befug-

---

[720] Erinnert sei an das auf den Seiten 197-99 Erläuterte, beginnend mit: „Daß es sich derartig verhält ...".

[721] Das Zitat findet sich auf der Seite 198. Zum „Arianismus" siehe die Seiten 175 f.

nisse zustanden, die schon einst Konstantin besessen hatte. Zu diesen Befugnissen gehörte, daß die Salier von nun an die Ernennung der Bischöfe bestimmten — und dies wird ohne das Wissen Roms kaum möglich gewesen sein. Denn zwar waren die römisch-katholischen Bischöfe dem Papst unterstellt, der hätte aber nicht die Macht gehabt wirkungsvoll etwas gegen diese von Chlodwig angeordnete Einfügung der christlich-monotheistischen Geistlichkeit in die Machtstruktur des Merowingerreiches, die dann so von seinen merowingischen Nachfolgern und den Hausmeiern beibehalten wurde, zu unternehmen. Denn das Papsttum war noch längst nicht gefestigt, und seit dem formalen Ende des Weströmischen Reiches, das man mit der Absetzung des noch jugendlichen, nur ein knappes Jahr geherrscht habenden Romulus Augustulus Anfang September des Jahres 476 durch den keltogermanischen Rugier Odoaker (__433-493__), der später von dem arianisch-gläubigen Theoderich den Großen (__454-526__) verdrängt wurde, datieren kann, gab es keine von Ostrom unabhängige weltliche Macht mehr, die den Papst hätte verläßlich schützen können.

Anmerkung zum „Papsttum"

Das „Papsttum" ist erst dadurch entstanden, daß sich im Jahre 384 der Bischof von Rom als „Bischof der Bischöfe", als „Papst" bezeichnete. Die „Legitimität" dafür findet sich in der Legende um Petrus.

Diese Legende hat in zwei der Propagandaschriften des Paulinischen Christentums Eingang gefunden: Evangelium nach Matthäus und nach Johannes. Wobei allein die in Matthäus ausdrücklich ist, die in Johannes hingegen nur Sinn gewinnt, wenn man die Stelle in Matthäus kennt. Die Stelle in Matthäus findet sich in Mt 16, 17-19 und lautet: „[...] Simon, Jonas Sohn [...]. [...] Du bist Petrus, und auf diesen Felsen will ich meine Gemeinde bauen [...]. Ich will dir die Schlüssel des Himmelreichs geben: alles, was du auf Erden binden wirst, soll auch im Himmel gebunden sein, und alles, was du auf Erden lösen wirst, soll auch im Himmel gelöst sein. [...]" Die Stelle in Johannes ist, wie gesagt, für sich nicht verständlich, sie findet sich in Joh 1, 42 und lautet: „[...] Du bist Simon, der Sohn des Johannes; du sollst Kephas heißen, das heißt übersetzt: Fels. [...]"

Der Vers Mt 16, 18: *Du bist Petrus, und auf diesen Felsen will ich meine Gemeinde bauen*, der seit Papst Stephan I. (__254-257__) von seiten der römischen Kurie als Beleg dafür genommen wird, daß der Bischof von Rom, der „Bischof der Bischöfe" oder der „Vater der Bischöfe" sei, ist übrigens einer der Gründe dafür, daß es eine römisch-katholische und eine griechisch-katholische Kirche, bzw. griechisch-orthodoxe Kirche, die sich wiederum in mehrere unabhängige bzw. autokephale orthodoxe Kirchen auffächert, gibt. Denn die orthodoxen Kirchen lehnen es ab, dem Apostel Simon Petrus eine Vorrangstellung einzuräumen, da es Jesus Christus selbst sei, der der „Fels" wäre, bzw. der damit verbundene Glaube dieser „Fels" sei (__vgl. Mt 16, 13-16__). Denn bei Mt 16, 18 handelte es sich um eine Aussage, die rückbezüglich zu verstehen sei, nämlich auf die insbesondere in Mt 16, 16 gegebene. In diesem Sinne wäre dann auch die Behauptung zu verstehen, daß „die Pforten der Hölle [...] sie [__die Gemeinde__] nicht überwältigen sollen" (__vgl. Mt 16, 18__), da sie über diesen „Fels", also ihren Glauben, davor bewahrt bliebe.

Es ist nicht auszuschließen, daß es sich bei Mt 16, 18 um eine „besonders bearbeite" Stelle handelt. Das wird u.a. dann deutlich, liest man die ganze Passage von Mt 16, 13-20. Denn man könnte den Eindruck gewinnen, daß diese Passage folgende Aussage sowohl „eingrenzen" als auch, zum einen, auf diese Weise Jesu noch erhöhen soll: „[...] Jesus [...] fragte seine Jünger und sprach: Wer sagen die Leute, daß der Menschensohn sei? Sie sprachen: Einige sagen, du seist Johannes der Täufer, andere, du seist Elia, wieder andere, du seist Jeremia oder einer der Propheten. [...]"[722] Zum anderen, ausgehend von diesen beiden zitierten Versen, soll, nachdem in den Versen 18 und 19 alles „klargemacht" wurde, über Vers 20: „[...] Da gebot er seinen Jüngern, niemandem zu sagen, daß er der Christus sei [...]", seine Johannes den Täufer, Elias, Jeremia und all die anderen „Propheten" überragende Bedeutung, die aber verborgen bleiben müsse, dokumentiert werden.

Nun, was aber, wenn in der damaligen Zeit, also in römischer Zeit, ein „Gesalbter" nichts weiter als ein römischer Würdenträger war? Was wäre dann daraus zu schließen, daß sich Jesus als „Christus" bezeichnete? Daß er selbst ein römischer Würdenträger war? Nun, dem daraus sich eröffnenden Gedankengang soll jetzt nicht gefolgt werden. Hingegen wäre _*dem*_ Gedankengang zu folgen, der sich dann eröffnet, nimmt man an, daß in jenen „Thinktanks" der späteren Paulinischen Jesusbewegung, in denen u.a. die Propagandaschriften des Neuen Testaments verfaßten wurden, die Bezeichnung „Christus" für ihren Glaubens-Heros reklamierten, und die über diesen Vers 20 transportierte Behauptung: daß Jesus der „Christus" sei, also der nach vorchristlicher Sitte „Gesalbte" sei, dies aber (__noch?__) verborgen bleiben

[722] Siehe Mt 16, 13.14. Vielleicht sollte die Erwähnung des Täufers aufhorchen lassen? Siehe dazu die Aussagen weiter oben, so die auf den Seiten 122 ff., beginnend mit: „Nun, wenn auch davon erst später und an anderer Stelle mehr ...".

müsse. Warum? Etwa wegen der „Höllenkräfte", von denen in Vers 18 die Rede ist? Oder weil die Menschen damals allgemein um die Funktion eines „Gesalbten", nämlich zu jener Zeit ein römischer Würdenträger zu sein, noch ungebrochen wußten? Die ganze spätere „christliche Sitte" des „Salbens", mutet sie vor _*diesem*_ Hintergrund nicht seltsam an?

Übrigens ist der Name *Johannes* die latinisierte Form des griechischen Namens *Ioannes*, der eine Übersetzung des hebräischen Namens *Yochanan* ist. Yochanan setzt sich aus dem hebräischen Gottesname „Jahve" und aus „chanan", was „begünstigen" bzw. „gnädig sein" bedeutet, zusammen, so daß die Übersetzung von *Yochanan* soviel wie: „Jahve ist gnädig" bzw. „Jahve hat Gnade erwiesen" bedeutet. Der Name *Jonas*, auch *Yonas* geschrieben, ist hingegen die griechische Form des hebräischen Namens *Jona*. Da *Jona* soviel wie „Taube" bedeutet, besteht kein Sinnzusammenhang zwischen *Jonas* und *Johannes*. Das heißt *Jona* kann keine Kurzform von *Yochanan* sein. So ergibt sich aus dieser Beschäftigung mit Mt 16, 13-20 und Joh 1, 42 eine weitere Frage: Wie können der Simon in Mt 16, 17, der der „Sohn des Jonas" sein soll, und der Simon in Joh 1, 42, der der „Sohn des Johannes" sein soll, identisch sein? Man sagt zwar zur „Erklärung", daß „Jonas" ein Schreibfehler sein müsse, da „Johannes" als Vater des Simons im Johannesevangelium mehrmals genannt würde, nämlich in Joh 15-17. Das ist aber keine „Erklärung", denn es wäre zusätzlich seltsam, wenn in einem Evangelium der Name ein und derselben Person wechseln würde. Im übrigen ist auch die für „Jonas" gegebene „Erklärung" seltsam, daß nämlich gar nicht der leibliche Vater Simons gemeint sei, sondern der „ideelle" Vater, der der *Jona* aus dem Alten Testament sei. Es gibt aber keine „ideelle Verbindung" zwischen diesem Simon und dem *Jona* des AT's.

Auf diese Weise geriet das Papsttum zur Zeit des oströmischen Kaisers Justinian (__482-565; seit 527 oströmischer Kaiser__) zwar unter dessen zunehmenden Einfluß, aber nicht zunehmenden militärischen Schutz, den ihm zu gewähren blieb nämlich ungewiß. Folglich konnte der Papst die Ordnung und Organisierung des Merowingerreiches nicht mitbestimmen, zumal die Bischöfe durch die enge Bindung an die merowingische Macht in ihren bischöflichen Einflußgebieten vom Papst recht frei agieren konnten, wobei ihnen hierbei zudem ihre alte gallo-römische Herkunft und Bildung zugute kam, das Merowingerreich politisch mit zu gestalten. Diese für die römisch-katholische Kurie unbefriedigende Einflußmöglichkeit, ließ Papst Stephan II. später zu einem Trick greifen (__siehe dazu auch die Anmerkung zur „Konstantinischen

Schenkung" auf den Seiten 194 ff.__), wodurch er sich selbst an den austrasischen Adel band, der unter Führung der Arnulfinger stand. Die Absicht war, zusammen mit den Arnulfingern, die ihren Stammvater in Arnulf von Metz finden und die zuerst Hausmeier-Ämter im Merowingerreich bekleideten, die Erfolgsgeschichte der merowingischen Herrschaft mit diesem fränkischen Adel, der später als karolingisch bezeichnet wurde, fortzusetzen.

> Unter dem Merowingerkönig Dagobert I. (__623-639__) übte Arnulf von Metz (__582-641__), der seit 611 oder 612 Bischof von Metz war, von 622 an zusammen mit dem Hausmeier Pippin I., genannt auch der Ältere (__gestorben 640__), die Regierungsgeschäfte im austrasischen Teil des Frankenreichs aus. Tatsächlich aber war Dagobert I. vom guten Willen sowohl Arnulfs als auch Pippins abhängig.

Daß das merowingische Geschlecht, das diese Erfolgsgeschichte geschrieben hatte — *übrigens die längste von einem Geschlecht ausgeübte nachrömische Herrschaft* —, dann keine Rolle mehr spielen durfte, liegt auf der Hand. Denn wie anders hätte die römisch-katholische Kurie je eine Chance haben können, die europäische Entwicklung mitbestimmend zu beeinflussen? Es waren die merowingischen Könige, die jene Rolle spielten, die später nach außen hin geteilt wurde: sogenannt weltliche Macht hie und sogenannt geistliche Macht dort. Wobei in diesem Zusammenhang zu erwähnen ist, daß die Rolle der merowingischen Könige im „janusköpfigen Herrschen" bestand: Weltliches und Nichtweltliches als Einheit zu verstehen. Das hatte zur Folge, daß das „weltliche Regieren" — *da als untergeordnet verstanden* — von den sogenannten Hausmeiern im Sinne der (__*von den merowingischen Priesterkönigen sichergestellten*__) „weltlich-nichtweltlichen Balance" auszuüben war.

Die tatsächliche „europäische Zeitenwende"

Da dieses „janusköpfige Herrschen", nämlich Weltliches und Nichtweltliches aus einem tiefen Verständnis heraus als Einheit zu verstehen, mit der Beseitigung des merowingischen Geschlechts endete, kann dies als „europäische Zeitenwende" verstanden werden, und nicht etwa die Thronbesteigung Karls des Großen, denn die lag bloß in der durch den mit dieser „europäischen Zeitenwende" ausgelösten Prozeß sich ergeben habenden gesellschaftspolitischen Richtung, die dann für jenes prägend wurde, das später den Namen „Feudalismus" erhielt. Das definitive Datum dieser „europäischen Zeitenwende" ist das Jahr 751 als Childerich III. mit Zustimmung des Papstes abgesetzt wurde. Natürlich ist eine „Zeitenwende" keine „punktgenaue Zäsur", deshalb könnte man auch die Entmachtung Chilperichs II. im Jahre 721 als faktisches Datum dieser europäischen Zeitenwende nehmen.

Und die Hinwendung des Merowingers Chlodwig zum Christentum, hat nicht auch sie gewisse Ähnlichkeit mit jener Konstantins? So empfing Konstantin, also laut Legende; „irgendwann" vor der Schlacht gegen Maxentius nicht nur „Himmelszeichen" wie „strahlendes Kreuz", „tönende Stimme": „In hoc signo vinces"[723], sondern ihm soll sogar Jesus im Traum erschienen sein, woraufhin er seine Truppen sofort mit dem — *allerdings bis dahin nicht bekannten* — „Christus-Monogramm: XP" ausgestattet habe, was erst den Sieg bei den *Saxa Rubra* unweit der *Mulvischen Brücke* im Jahre 312 sicher zu erringen ermöglicht habe.

> „XP" steht für die griechischen Anfangsgroßbuchstaben von „Christus": Chi und Rho: ΧΡιστός. „Christus" heißt übersetzt „Gesalbter". Ein „Gesalbter" war, bspw. in römischer Zeit, nur deshalb etwas Besonderes, da damals _*jeder*_ Würdenträger bei seiner Amtseinführung gesalbt wurde. Das heißt auch, daß das „Salben" eine vorchristliche Praxis war, aus Sicht der christlich-monotheistischen eine „heidnische". Wie weiter oben schon erwähnt, bedurften die merowingischen Könige dieser „Salbung" nicht, da sie per se als „heilig" galten und deshalb als „Priesterkönige" zu bezeichnen sind.

Bei Chlodwig I. lautet die legendenhafte Behauptung so: Im Jahre 496 soll sich Chlodwig unter der Bedingungen getauft haben lassen, daß er, da im Kampf gegen die Alemannen in aussichtloser Lage stehend, den Sieg davontragen würde, was sich nach inbrünstigem Gebet auch prompt ereignete. ... Wir wissen wenig über die wahren Motive von Menschen, die nach Macht streben, nicht wahr?

Der nuancenhafte Unterschied zwischen diesen beiden legendenhaften Ummantelungen profanen Machtstrebens besteht darin, daß sich Konstantin erst auf seinem Sterbebett taufen ließ. Wobei selbst diese Behauptung als nicht gesichert gelten muß, denn wir „wissen" lediglich durch seinen lobhudelnden Biographen, den Bischof von Caesarea, Eusebios (__270-339__), daß Konstantin sich anläßlich seines Todes im Jahre 337 von dem dann 341 gestorbenen Bischof Eusebios von Nikomedia habe taufen lassen.

---

[723] „In diesem Zeichen wirst du siegen."

Nun, das sind legendenhafte Ummantelungen, die das Tun der Machtinteressierten der damaligen Zeit in ein ihnen wie auch anderen ebenso Machtinteressierten — *also jenen von der römisch-katholischen Kurie in Rom* — dienendes Licht zu tauchen ermöglichte ... Woraus so mancher Machtinteressierte unserer Tage noch „seine Inspiration" ziehen mag.

Im Gegensatz dazu, also in vollem Gegensatz zu solchen legendenhaften Ummantelungen stehend, kann folgendes als gesicherte Annahme gelten: Bei grundsätzlich richtunggebenden Ereignissen im Rahmen machtpolitischer Auseinandersetzungen ist eines für die Legendenüberwucherung von besonderer Bedeutung: Die Ereignisse müssen schon sehr weit zurückliegen _*und*_ die Quellenlage muß undurchsichtig bzw. unübersichtlich sein, wobei die „Legenden-'Informationen'" möglichst _*ausschließlich*_ von machtinteressenkonformen Gewährsleuten zu stammen haben, wenn auch solche von der „Gegenseite" dann akzeptable sind, wissen die für solche Legendenbildungen Passendes beizutragen. Und daß solche fabelhaften Heiligengeschichten heutzutage — *was von manchen Zeitgenossen tief bedauert wird* — nicht mehr geschehen, kann auch erklärt werden: die Menschen sind einfach nicht mehr ausreichend „rechtgläubig" — so jedenfalls die _*feste*_ Behauptung „geistlich" verkleideter Ideologen letztlich weltlicher Macht.

Daraus schlußfolgernd aufs Heute bezogen, ist alles andere als auszuschließen, daß, wegen des Nahens sich „ereignender Ereignisse", die Propagandisten des lediglich nur wenigen nützlich seienden Status quo sowie die machtkonformen Pusher der Meinung, aus genau diesem Grund gezwungen sind, den Zusammenhang des sich aktuell Ereignenden für die Masse der Menschen nicht erkennbar werden zu lassen — denn früh genug ist mit dem *In-die-Welt-setzen* von Legenden nie zu beginnen, nämlich, womöglich, schon weit vor Eintritt des „gewünschten Ereignisses", da dadurch der „prophetische Charakter" des machtelitär Gewünschten unterstrichen und so auch der machtkonforme Richtungsbeibehalt bequem erleichtert wird. Sie fragen wie das geht?

Ein Beispiel zur Erläuterung „moderner Legendenbildung", die heute „Narrativ", aber vielleicht, wegen der Suche nach „Vertrautheit", auch schon wieder eingedeutscht: „Erzählung" heißt, sei deshalb jetzt gegeben: „Wir brauchen für den Eintritt der sich zu ereignen habenden Ereignisse eine neue 'Erzählung'", meinte der *Spin*_Doktor zum Meinungsrichtungs_*Pusher*, der, wegen seiner Schulung, wissend nickte, und so trat ihm das zu Schreibende keineswegs vereinsamt sofort klar vor sein 'inneres Auge', denn es wurde von dem 'Wissen' begleitet, daß dies *bei*_zeiten zu geschehen habe, da es erst dadurch 'realistisch' würde, bspw. in 200 Jahren oder so, den _*dann*_ Lebenden 'klar' zu machen, wieso 'damals' — *also heute, in unseren Tagen!* — Kriege 'Menschenrechtskriege' hießen. Denn erst das Verdeckthalten eines komplexen — *nicht schwarzweißen* — Zusammenhangs ist geeignet, fakten_*jenseitiges* kollektiv zusammen_*schweißendes* Fühlen über kollektiv wirksame 'erzählende Gedankenbildungen' zu erzeugen ... sich in geflügelten Worten ausdrückend wie: 'Wie gut müssen _*wir*_ erst sein, wenn unsere Vorfahren schon so selbstlos für unser aller nachgewachsenen Generationenwohl die _*Bösen*_ auf der Welt bekämpften?'" ...

Wie eingangs dieses exkursiven Anhangs: „Von der Etablierung des Feudalismus', der Rolle der christlich-monotheistischen Glaubensvorstellung und den Sachsenkriegen", schon bemerkt, war der „Feudalismus" kein auf Europa beschränkt gebliebenes Phänomen. Gemeinsam ist diesem gesellschaftspolitischen Phänomen jedoch eine Struktur, die noch keine Geldwirtschaft kennt. Ihr muß es daran deshalb noch mangeln, da es sich andernfalls nicht mehr um eine feudale Gesellschaftsstruktur handelte, denn gerade das, was die Wirtschaftsstruktur einer Feudalgesellschaft ausmacht, ist die Übertragung eines Feudums (__eines Lehens__) gegen Dienstleistung, nicht das Verleihen von Geld zur freien Verfügung gegen Zinsen. Im Feudum selbst, bei dem es sich immer um eine gewisse Quantität von Grund und Boden handelt, liegt sein Wert begründet. Dieser Wert ist nicht mobil, kann also nicht an einer anderen Stelle auf der Erde investiert werden und sich über den daraus ergebenden Ertrag verzinsen, kann also nicht zu Kapital werden.

Gewiß, es kam in den verschiedenen Regionen der Welt zu unterschiedlichen Ausprägungen des „Feudalismus'", da sich diese Gesellschaftsstruktur zu Beginn ihrer Ausprägung selbstverständlich nur auf den jeweils (__*unterschiedlich*__) geltenden, natürlichen und gesellschaftlichen Umweltbedingungen ereignen konnte. Auch scheint es so zu sein, daß diese Entwicklung stets mit einer dominanten Ideologie, wie dem Christentum oder dem Islam oder dem Konfuzianismus in China, verbunden war. In unserem Zusammenhang, und an dieser Stelle, ist aber die Entstehung der feudalen Struktur und die dabei zum Tragen kommende, enge Verbindung zwischen sogenannter weltlicher und sogenannter geistlicher Macht in Europa von Interesse, da für diese Weltgegend sicher zu sagen ist, daß die damals im europäischen Feudalismus perfektionierte „gesellschaftspolitische Manipulationsmethode" in ihren Grundzügen bis heute gilt: Arbeitsteilung zwischen praktizierter Politik und Ideologiesetzung (__*ob nun religionsphilosophisch oder heute primär neoliberal gestützt*__), die der Politik (__*der weltlichen Macht*__) die Argumente und die Rechtfertigung liefert, ein mehr oder weniger subtil ausgedachtes Regelwerk in die Praxis umzusetzen, das die Masse der Menschen gleichen, der (__*mehr oder weniger verschleierten*__) Ausbeutung dienenden Bedingungen zu unterwerfen erlaubt. Dieses gesellschaftspolitische Manipulationssystem wurde später im aufkommenden Kapitalismus wohl verfeinert, aber darum geht es an dieser Stelle nicht, zumal es sich dabei „nur" um eine „Aktualisierung" dieses machtelitären Manipulationssystems handelt.

Der wesentliche Unterschied zwischen „damals" und „heute" besteht aber darin, daß das nicht mehr mittels einer Religionsideologie notwendig ist, sondern offenbar über ein „soziales Regelwerk" recht „geräuscharm" erfolgen kann (__*wobei hier* „sozial" *nicht etwas* „Soziales" *meint, sondern nur anzeigen soll, daß dieses* „Regelwerk" *direkt auf die Gesellschaft und damit auf den einzelnen Menschen abzielt, hingegen nicht auf die Wirtschaft*[724]__), das im Sinne der „Forderungen des Marktes und 'seiner Kräfte'" von seinen Hohepriestern ausgedacht und von ihren „politischen Mitstreitern" mittels Gesetzen und Verordnungen in der Gesellschaftsstruktur verankert wurde und auf diese Weise dieses „soziale Regelwerk" die Masse der Menschen in ihrem Verhalten auf eine Art und Weise bestimmt, daß die Menschen eine so zwangsweise wie subtile marktkonforme Trimmung erfahren und sie entsprechend funktionieren läßt.[725]

Der weitere, mindestens genauso wichtige Unterschied liegt darin, daß die Manipulation der Köpfe zum Zwecke kollektiver *macht*_konformer Trimmung ganzer Gesellschaften, nicht mehr wie zur Hochzeit des religiösen Monotheismus' mit einem als Gottesdienst bezeichneten Gemeinschaftserlebnis verbunden ist, sondern sich diese *macht*_konforme Trimmung in der Vereinzelung am digitalen Arbeitsplatz (__*und nach Möglichkeit mehr und mehr im außenweltlich abgeschirmten* „Homeoffice"__) ereignet, wodurch das alte „Ausbeuterproblem", das in der potentiellen Gefahr kollektiven Bewußtwerdens des Fakts, kollektiv gleichen Ausbeutungsbedingungen unterworfen zu sein, mit der potentiellen Konsequenz kollektiver Erhebung gegen diese mental erfolgende Knechtung, gebannt zu sein scheint.

Diese enge Verbindung zwischen weltlicher und ideologischer Macht (__*zur Zeit des Feudalismus' als* „geistliche Macht", *heute als* „marktkonformierende Macht" *bezeichnet, stets aber im Dienste weltlicher Interessen zu verstehen*__) bedeutet immer die Zerstörung der gewachsenen sozialen und bewußtseinsgestützten Strukturen und ihr Ersatz durch homogenisierte soziale und damit homogenisiert bewußtseinsgestützte Strukturen.

---

[724] Siehe in: Die *tri*_logische Sezierung [...], Bd I, Tb 1. Der Schlüsselsatz dieser Ideologie findet sich auf den Seiten 556 unten und 567 oben.

[725] Siehe a.a.O., ebenda.

Wie dem auch sei, an _*dieser*_ Stelle verfolgen wir weiter diese Zerstörung der gewachsenen sozialen und bewußtseinsgestützten Strukturen der alten Stammesgesellschaften und ihren Ersatz durch die homogenisierend wirkenden sozialen und bewußtseinsgestützten Strukturen des Feudalismus'.

Der Erfolg des Merowingerreiches bei der Etablierung der Grundlagen des später insbesondere durch Karl Martell entscheidende Struktur gewinnenden Feudalismus', der unter Karl dem Großen dann zur vollen Entwicklung kam, basierte auf fünf Faktoren, die sich vorteilhaft ergänzten, von denen später aber insbesondere jener, der erst den Aufstieg der Merowinger zur zentralen Macht über die verschiedenen fränkischen Stämme ermöglicht hatte, die Ablösung der merowingischen Könige selbst und damit den Übergang zum arnulfingischen bzw. zum karolingischen Frankenreich verursachte. Diese fünf Faktoren sind folgende:

1. Das Geschick der ersten merowingischen Könige, insbesondere Chlodwig I., die noch ihrer alten Glaubenstradition verhaftet waren — hierbei selbst die Rolle von „Priesterkönigen" spielend.
2. Die fränkische adelige Gefolgschaft und die ehemalige römische Oberschicht bildeten den merowingischen Dienstadel: es ist insbesondere dieses Element sowie der Pakt zwischen dem Papst und dem austrasischen Adel aus dem Hause der Arnulfinger, das dann im Jahre 751 die Absetzung des letzten Merowingerkönigs, Childerich III., möglich machte.
3. Freie fränkische Bauern, die in den eroberten Gebieten siedelten, besonders im Norden Galliens, und sowohl auf Allod- als auch auf Lehnsbasis wirtschafteten.
4. Einbindung der römisch-katholischen Geistlichen.
5. Aufgrund dieser Einbindung leistete die gallo-römische Bevölkerung, die mehrheitlich der römisch-katholischen Konfession angehörte, keinen Widerstand gegen die fränkischen Besatzer.

Insbesondere unter den Merowingern selbst, ihrem Dienstadel und den, seit dem von Chlodwig I. im Jahre 511 einberufenen Konzil von Orléans im Sinne der Merowinger funktionierenden römisch-katholischen Geistlichen, wurden die neu eroberten Gebiete aufgeteilt, wobei ein Teil davon fränkischen Bauern als Allod gegeben wurde, wodurch sie an dessen Bewirtschaftung gebunden und zugleich, im Falle weiterer Eroberungszüge angrenzender Gebiete ohne lange Märsche zum Militärdienst eingezogen werden konnten. Demnach waren die freien Bauern wirtschaftlich und militärisch von großer Bedeutung. Durch die Vergabe von Land auf Lehnsbasis, gerieten sie allerdings immer mehr in Abhängigkeit zum Feudaladel. Auch ließ sich die ambivalente Rolle der Bauern, wirtschaftliche und zugleich militärische Bedeutung für das Feudalsystem selbst zu haben, später nicht mehr erfolgreich praktizieren, da sowohl das „Geschäft" des Bauern oder als auch das „Geschäft" des Kriegers zu betreiben dauerhaft gesamtgesellschaftlich nachteilige Konsequenzen nach sich zog, worauf noch zurückzukommen ist.

Für was ist ein „Dienstadel" Ausdruck?

Ein „Dienstadel" ist Ausdruck dafür, daß es in einem sich mählich vergrößernden, die bisherigen Stammesgebietsgrenzen überschreitenden Reiches zu unterschiedlichen Machtinteressen zwischen einer sich staatlich ausbildenden Zentralgewalt und dem alten, vorher ausschließlich die Macht in der späten Ausprägung der sogenannten Urgesellschaft innehabenden Erb- bzw. Stammesadel gekommen ist. Der „Erb- bzw. Stammesadel" ist die Führungsschicht dieser späten, „Gentilgesellschaft" heißenden urgesellschaftlichen Ausprägung, zu lateinisch *gens*, was soviel wie „Stamm", „Klan" oder „Sippe" bedeutet, also die „Blutsverwandtschaft" innerhalb eines Stammes betrifft. Als „Stamm" wird die wichtigste ethnische und soziale Gemeinschaft der Urgesellschaft bezeichnet, die in ihrer späten Phase erste politische Strukturen aufweist, zu denen Normsetzungen fürs Zusammenleben, von denen einige schon Rechtscharakter zeigen, und erste Formen von „staatlichen Gewaltorganen" gehören, wobei sich solche politischen Strukturen personengebunden entwickeln, also mit Häuptlingsbildung (__Häuptlingsrat__) und der Einberufung von Volksversammlung einhergehen.

In Abhängigkeit von der Intaktheit des alten Beziehungsgeflechts der stammesorientierten Gentilgesellschaft sowie der in den Organen einer sich von den alten Stammesstrukturen abhebenden Zentralgewalt relevant vertretenen Angehörigen der alten Gentilgesellschaft, konnte es für eine sich stammesunabhängig entwickeln wollende Zentralgewalt sehr gefährlich werden, so sie ihre Machtinteressen an denen der alten stammesorientierten Gesellschaftsstruktur vorbei und über diese hinweg durchsetzen wollte.

Dies zu vermeiden, wurden von der Zentralgewalt möglichst viele relevante Positionen mit Vertretern besetzt, die ihre Stellung nicht dem in einen der alten Sippenverbände Hineingeborensein verdankten, sondern ausschließlich der ihnen — *in Anerkennung ihrer Dienste, bspw. an erfolgreiche Heerführer* — verliehenen Positionen und Aufgaben im Herrschaftsbereich der

Zentralgewalt. Zwar war auf diese Weise der „Dienstadel" von der personifizierten „Staatsgewalt", dem König, abhängig, aber, da diese Besetzung relevanter Positionen und Aufgaben immer mit der Vergabe von Land verbunden war, und allein Grundbesitz Macht bedeute, entstand so auch ein in sich problematisch werdender Machtfaktor, nämlich spätestens dann, war die persönliche Bindung nicht mehr gegeben, bspw. durch den Tod des Herrschers, der Lehen persönlich vergeben hatte, und die vergebenen Positionen und die damit verbundenen Grundbesitze erblich geworden. Diese Abhängigkeit zwischen „Dienstadel" und König war also eine wechselseitige.

Der „Dienstadel" war demnach so etwas wie die „Beamtenschaft" einer sich nicht mehr auf die Strukturen der Stammesgesellschaft (__*der Gentilgesellschaft*__) stützen könnenden Zentralgewalt, da diese über ein Territorium herrschte, das sich über die ursprünglichen Stammesgrenzen hinaus ausgedehnt hatte.

Demnach entsteht „Dienstadel" immer dann, kommt es zu einer staatlichen Organisierung einer Gesellschaft, die nicht mehr stammesorientiert ist. Dieses Prinzip gilt bis heute, wenn auch selbstverständlich abgewandelt, denn die Beamtenschaft eines modernen Territorialstaates ist nichts anderes als „geupdateter Dienstadel". Und dieses Prinzip gilt selbst dann, befindet man sich in einer veritablen Lobbykratie, ja, man muß sagen, daß die zeitgenössischen Lobbyisten machtvoller Einzelinteressen zumindest mehr und mehr dem zu entsprechen scheinen, was den einstigen „Dienstadel" charakterisiert haben dürfte, da die Lobbykratie, wenn nicht schon selbst Ausdruck dessen ist, das man als *Re*_Feudalismus bezeichnen könnte, dann doch den Weg dorthin weist. — So daß, bei aufmerksamer Beobachtung des heutigen lobbykratischen Treibens, erkennbar werden könnte, wie die einstigen Vertreter des Dienstadels tickten. — Und folglich: was dann *Re*_Feudalismus bedeuten wird?

Da dieses Prinzip gesellschaftsorganisierender Macht auch heute noch gilt, läßt sich das so ausdrücken: Eine derartige staatliche Organisierung wird dann notwendig, hat sich in einer Gesellschaft eine herrschende Schicht ausgebildet, die ihre Vorrangposition gegenüber der Masse der Menschen einer solchen Gesellschaft absichern und festigen will, die aber nicht mehr über Stammesbindungen beherrscht werden kann. Dazu werden dann Strukturen benötigt, die der Masse der Menschen in einem „überstammlichen Territorium" keine andere Wahl läßt, als im Sinne der herrschenden Klasse einer Gesellschaft zu funktionieren. Und da das weit vor der feudalgesellschaftlichen Entwicklung in Europa schon einst in Mesopotamien, bspw. im Mitannireich, oder in Ägypten oder prinzipiell nicht anders in China, so war, oder auch in Europa zur Zeit der ausgehenden, in die Formation der Sklavenhaltergesellschaft übergehenden Formation der Gentilgesellschaft, als sich die sogenannte militärische Demokratie ausbildete, die manche als letztes Stadium der Urgesellschaft oder als Übergangsperiode von der Urgesellschaft zum „Staat" sehen, andere hingegen als Ausdruck vor- oder frühfeudaler Gesellschaften, oder überhaupt der frühen Klassengesellschaft, ist diese Art der Herrschaft _*immer*_ die einer Klassengesellschaft. ... Das bedeutet, daß auch der „Nationalstaat" nichts anderes als eine als „bürgerlicher Staat" verkleidete Klassengesellschaft ist.

Wie aber die Geschichte zeigt, war diese Herrschaft einer relativ kleinen Gruppe (__*Machtelite*__) über die ausgebeutete Masse der Menschen auf dem von dieser „Machtelite" beherrschten Territorium immer nur bis zu dem Punkt relativ friktionsarm möglich, an dem die Aufrechterhaltung dieser ausbeutenden Verhältnisse bloß noch über immer weiter zunehmenden sozialen wie militärischen Druck aufrechtzuerhalten bzw. auszudehnen war, da ab diesem Punkt Aufstände oder gar Revolutionen immer wahrscheinlicher wurden. In der Regel führten solche Aufstände, so sie erfolgreich waren, oder gar Revolutionen, nicht zur Abschaffung ausbeutender Herrschaft, sondern damit ging lediglich ein Wechsel der „Machtelite" einher.

Allerdings kennen wir aus der Zeit der europäischen Sklavenhaltergesellschaft auch das exemplarische Beispiel für den Versuch, menschenausbeutende Gesellschaftsverhältnisse abzuschaffen. Dieser Versuch wurde in der Zeit von 74 bis 71 von dem gebürtigen Thraker und römischen Sklaven Spartacus unternommen, der mit dem nach ihm benannten Aufstand gegen die Macht des Römischen Reiches, kein „neues" Reich errichten, sondern zumindest vorrangig die in dieser Sklavenhaltergesellschaft in Unwürde gehaltenen Menschen befreien wollte, so daß sie wieder als freie Menschen in jene Länder oder Gegenden hätten gehen können, wo sie sich zu Hause fühlen wollten, wäre dieser große und gut organisierte Aufstand erfolgreich verlaufen (__*was durchaus im Bereich des Möglichen gelegen hatte*__) und auf jeden Fall auch die Zerstörung der römischen Sklavenhaltergesellschaft bedeutet hätte, da ihr auf diese Weise die Grundlage abhanden gekommen wäre, und _*dies*_ hätte wahrscheinlich ein weit früheres Einsetzen einer völlig anderen Gesellschaftsformation zur Folge gehabt, die mit „Feudalismus" nichts gemein gehabt hätte, sondern eher mit dem, das man als „frei, da gleich, also nicht gleichgemacht" bezeichnen kann. Es gibt sogar ein noch früheres Beispiel für ein solches edles Streben, das sich einst im alten Ägypten ereignet hat. Die revolutionären Ereignisse könnten in der „1. Zwischenzeit" stattgefunden haben, die von 2181-2040 währte und vier Dynastien umfaßte. Dieser erfolgreich vollzogene revolutionäre Prozeß, der gegen die herrschenden Verhältnisse und damit gegen die damalige Machtelite gerichtet war, setzte im Jahre 2181 v.u.f.Z. ein. Das Wenige, das wir von seinem Verlauf und den Folgen wissen, stammt aus der Sicht der politischen Seite, die entmachtet worden war, die Beurteilung dieser Revolution fällt entsprechend aus.[726]

Aber es gibt auch ein Beispiel für eine Gesellschaft, die tatsächlich als exemplarische demokratische Gesellschaft angesehen werden kann, nämlich die Vedische Gesellschaft.[727]

So läßt sich zwar sagen, daß der „Feudalismus" einen „Fortschritt" gegenüber der „Sklavenhaltergesellschaft" darstellt, aber es läßt sich nicht sagen, daß der automatisch oder gar mit historischer Notwendigkeit aus dem Vorherigen entstanden sei, sondern „lediglich" wegen der mißglückten revolutionären Aufstände gegen die Ausbeutung von Menschen durch Menschen entstehen konnte. Und was wissen wir wirklich, wie viele Aufstände und Revolutionen es gegeben hatte, die von edlen Geistern unternommen worden waren, um das angestrebte Ziel einer klassenlosen Gesellschaft zu verwirklichen? Es sei wiederholt: es hat eine solche so egalitäre wie prosperierende Gesellschaft schon einmal existiert (__*siehe den Hinweis in der Fußnote 727.*__)

Der zwar verständliche anthropozentrische Blick verleitet zu hoffen, daß die menschliche Geschichte ein teleologischer, zu Höherentwicklung neigender Prozeß sei. Es verhält sich aber nicht einmal so, daß es sich dabei um etwas typisch Prozeßhaftes handelte, erfolgt diese „Entwicklung" doch weder selbstentwickelnd noch kontinuierlich fortschreitend, da sie vom Tun der Menschen direkt abhängig ist, hingegen einst allein wegen des Momentes des fürs Menschengeschlecht phasisch Günstigwerdens materia-eigener Pulsation begonnen habend und wegen des dereinst eintretenden Momentes des fürs Menschengeschlecht phasisch *Un*_günstigwerdens dieser Pulsation endend. Demnach ein einmal ausgelöster, sich mit inhärenter Logik prozeßhaft

---

[726] Siehe dazu Burchard Brentjes, *Von Schanidar bis Akkad*, 1. Auflage, Urania-Verlag, Leipzig, Jena, Berlin, 1968, die Seiten 221 ff. Die Jahresangaben der „1. Zwischenzeit" gehen auf Peter A. Clayton zurück: *Die Pharaonen — Herrscher und Dynastien im Alten Ägypten*, aus dem Englischen von Nikolaus Gatter, Econ Verlag, Düsseldorf, 1995.

[727] Siehe Prodosh Aich, « Das Vedische Erbe » — *Nachdenken über systematisch verdeckt gehaltene WAHRHEITEN*, aus dem Englischen übertragen von Joachim Endemann, EndemannVerlag, Mülheim an der Ruhr, September 2019.

ereignender Richtungseinschlag menschlicher Geschichte, genauso in die gegenläufige Richtung umschlagen kann, und sich dann ebenso mit inhärenter Logik prozeßhaft ereignend, so daß — *nachbetrachtend* — im einen Fall menschliche Entwicklung als regressiv, sprich: degenerativ, im anderen als progressiv, sprich: progredierend verlaufen seiend anzunehmen ist ... wobei ein *„l e t z t e s* Nachbetrachten" — *wegen der pulsatorischen Eigenheit der Materia* — nicht denkbar ist. Dementsprechend allein zu sagen ist: einen „menschlichen Geschichtsprozeß" ohne subjektiven Faktor gibt es nicht. ... Wie auch anders — und genügt das nicht?[728]

Wie dem auch sei, für die Herausbildung des Feudalismus' war der Dienstadel von großer Bedeutung, und, wie schon gesagt, genau dann, löste sich bei der Herausbildung dieser neuen Gesellschaftsordnung eine der letzten wesentlichen Komponenten der als „Gentilgesellschaft" bezeichneten Phase der Urgesellschaft auf: der Stammes- bzw. Erbadel, da die Staatsgewalt des Feudalismus' sich erst nach der Ausschaltung des Stammes- bzw. Erbadels (__*also der Machtelite der Gentilgesellschaft*__) durchsetzen konnte, wie sich dies seit der 2. Hälfte des 5. Jahrhunderts in West-, Mittel-, Nord- und Osteuropa entwickelte.

Dieser prozeßhafte Übergang setzte im Merowingerreich ein, wo er auch am besten gelang. Sich darin ausdrückend, daß der Erbadel von „Königsbeamten" abgelöst wurde und dieser Dienstadel über das Lehen (__das *feudum*__) an die personifizierte Staatsmacht (__den „König"__) gebunden wurde, so daß eine kleine gesellschaftliche Schicht von Feudalherren entstand, die zur Aufrechterhaltung der klassenbedingten Ausbeutung des Menschen durch den Menschen entscheidend beitrug — wenn auch primär nicht mehr auf Basis der Sklavenhaltergesellschaft, so doch weiterhin mit Sklaven, zumal mit fortscheitendem Machtzuwachs des Feudaladels und des Klerus (__*siehe dazu weiter unten das Edikt von Paris*__) viele Bauern und Handwerker zwar nicht Sklaven hießen, aber in sklavenartigen Verhältnissen lebten.

Ende der Anmerkung:
Für was ist ein „Dienstadel" Ausdruck?[729]

---

[728] Siehe auch Teil 1 des Nachworts: „Was beruhigend ist ...".

[729] Siehe auch die Aussagen auf der Seite 657, d.h. um den Satz: „Auf diese Weise wurde das Lehnswesen eingeführt" herum.

Im Unterschied zur späteren karolingischen Basis des Feudalismus', die dann für die weitere gesellschaftspolitische Entwicklung in Europa bestimmend wurde, bestand die sozioökonomische Basis des merowingischen Feudalismus' vorrangig aus den folgenden vier Komponenten:

1. Die freien fränkischen Bauern, die einerseits über eigenen Landbesitz verfügten (__das *Allod*__), andererseits nachbarschaftlich (__*meist nicht blutsverwandtschaftlich*__) organisiert waren und Weiden, Wald und Wasser (__als *Allmende*__) kollektiv bewirtschafteten. Allerdings bedeutete das nicht, daß die reicheren bäuerlichen Landbesitzer selbst nicht auch Knechte und Mägde ausbeuteten. In diesem Punkt bestand übrigens Vergleichbarkeit mit den sächsischen freien Bauern.

   Das bedeutet, daß „Freiheit" immer nur bezogen auf den eigenen Status in der Gesellschaft wahrgenommen wurde. Das heißt diese „Freiheit" führte nicht zu einem Bewußtsein, daß das Recht auf „Freiheit" als für alle Menschen geltend zu verstehen sei. Und prinzipiell war dies kein anderer Begriff von „Freiheit" als jener, der in den antiken Sklavenhaltergesellschaften galt.

   Interessant ist in diesem Zusammenhang vielleicht der Hinweis, daß genau dies, nämlich ein über den persönlichen Horizont hinausreichender Begriff von „Freiheit", mitbestimmende Grundlage für die altrussische Dorfgemeinde *Mir* wurde: Die Bezeichnung der *Mir* findet sich schon in dem russischen Gesetzbuch *Russkaja Prawda* (__„Russisches Recht"__) aus dem Jahre 1015. Das Besondere an dieser Art von Dorfgemeinschaft war nun, daß das von den Bauern eines *Mir* bewirtschaftete Land unter ihnen nach einem bestimmten Rhythmus neu aufgeteilt wurde, so daß ein unter Umständen mehr Ertrag bringender Teil des Grunds und Bodens nicht stets in der Hand allein eines Bauern und seiner Familie blieb, wodurch sich Reichtum und Macht mählich in dessen Händen konzentriert hätten.

   Kann es auch nicht um eine Idealisierung des *Mirs* gehen, ist doch festzustellen, daß diese Art und Weise dorfgemeinschaftlicher Organisierung Ausdruck guten Gemeinschaftssinns ist, dem jenes zugrunde liegt, das als „sozialistisch" bezeichnet werden darf, da sich darin eben nicht nur konstruktives Denken zeigt, sondern, durch die besondere Form der Dorfgemeinschaft *Mir*, dem auch praktischer Ausdruck gegeben wurde.

Ein Wort vielleicht zum „Allod" und zur „Allmende"? Das *Allod*, zu fränkisch *alodis* zu *al* „voll", „ganz" und *od* „Besitz", „Gut", ist der lehnsfreie Grundbesitz eines Bauern oder eines Feudaladligen. Die *Allmende*, zu mittelhochdeutsch *al*[ge]-*meinde*, *almende*, „was allen gemein ist" bedeutend, ist das einer ganzen Gemeinde gehörende Land, das gemeinsam bewirtschaftet und genutzt wird; Synonym: „Gemeindeflur", „Gemeindegut". „Gemeindeflur" meint übrigens die „Flur", das „Nutzland", den „Acker" und die „Wiesen".

2. Der fränkische Adel mit Großgrundbesitz, bestehend aus Allod, d.h. aus Familienerbe stammend, und *beneficium* (__*feudum* bzw. *Lehnsgut*__), der von Hofsklaven, unfreiem Gesinde und abhängigen *Hintersassen* bewirtschaftet wurde.

   „Hintersasse" ist übrigens ein Begriff der Feudalgesellschaft, der, je mit minderen Rechten verbunden, jene als „Hintersassen" bezeichnet, die im „Schutz" eines Herren „saßen", tatsächlich aber vom Grundherrn _*dinglich*_ abhängig waren, ihm also Dienste zu leisten hatten. Auf dem Land war ein Hintersasse ein _*höriger*_ Bauer, in der Stadt jemand, der „im Schutz eines Bürgers" stand. — „Hintersasse" wäre somit ein *prä*_orwellianischer Begriff.

3. Der in das merowingische Herrschaftssystem _*eingebundene*_ römisch-katholische Klerus mit seinen Organisationen Kirche und Kloster, deren großer Grundbesitz vorwiegend von *Kolonen* bewirtschaftet wurde.

   Beim *Kolonat* handelte es sich um ein Pachtsystem, das sich wegen der zunehmenden Unrentabilität der Sklavenarbeit auf großem Landbesitz entwickelte und ab dem 3. Jahrhundert zum Hauptproduktionsverhältnis in der Landwirtschaft wurde. Dementsprechend wurden in diesem System die durchweg Kleinpächter seienden Bauern als *Kolonen* bezeichnet, die vom Grundherrn eine Parzelle Land gegen Zahlung eines Pachtzinses zur Bewirtschaftung erhielten. Die Kolonen besaßen aber selbst auch eigenes Land und eigene Produktionsinstrumente, so daß für sie die Pachtfläche ein Anreiz für die Ertragssteigerung ihrer eigenen Arbeit war. Tatsächlich aber verschlechterte sich ihre persönliche und rechtliche Freiheit zunehmend und damit ihre soziale Lage.

4. Die verbliebenen gallorömischen Landeigentümer, die sich in das merowingische Feudalsystem wohl oder übel einfügten.

Aber nicht dies allein war für den Erfolg des merowingischen Feudalsystems, später dann des karolingischen, entscheidend, sondern mindestens genauso wichtig war, und so auf einer relativ intakt gebliebenen weströmischen Organisationsstruktur aufbauen könnend, die optische Übernahme des katholischen Christentums durch Chlodwig I. Denn hätte er sich nach den anderen, sein Reich umsiedelnden keltogermanischen Stämmen gerichtet, wären die merowingischen Könige zum Arianismus übergetreten, was allerdings im Falle der von Chlodwig eroberten Gebiete stetige Spannungen zwischen den Eroberern und den Eroberten bedeutet hätte, waren diese doch schon in der Zeit des Weströmischen Reiches vom Paulinischen Christentum geprägt worden. Also war es keine Glaubensfrage, sondern politische Klugheit, den römisch-katholischen Glauben optisch anzunehmen und politisch für die eigenen Machtzwecke zu verwenden.

Auf diese Weise kam es auch zu einem Bündnis der Merowinger mit der besonders in den Städten einflußreichen römisch-katholischen Geistlichkeit, das sich bspw. in der von Remigius von Reims (__*dieser soll Chlodwig getauft haben*__) und anderen durchgeführten christlichen Mission unter den Franken ausdrückte und zugleich die direkte Abhängigkeit der Bischöfe im fränkischen Herrschaftsgebiet vom merowingischen König bedeutete, weniger vom Papst, der, wie weiter oben schon bemerkt, zu jener Zeit in Abhängigkeit vom byzantinischen Kaiser stand. Auf diese Weise gelang ein Ausgleich zwischen den neuen und den alten, bisher maßgeblich gewesenen, innergesellschaftliche Interessen, wodurch ein mählicher Verschmelzungsprozeß zwischen den fränkischen Eroberern und der unterworfenen gallorömischen Bevölkerung einsetzte, so daß ihr wirtschaftliches, organisatorisches und kulturelles Wissen sowie ihre Erfahrungen, Techniken, Wert- und Kunstvorstellungen für die merowingische Kultur wesentlich werden konnten.

Erst diese innenpolitisch gesicherte Basis erlaubte eine expansive Außenpolitik, deren Augenmerk auf die Unterwerfung der südlich der Loire gelegenen, von Burgundern und Wisigothen sowie der ostrheinisch von Friesen, Alemannen, Thüringern und Bayern besiedelten Territorien gerichtet war. Dies erforderte jedoch eine ständige militärische Präsenz östlich des Rheins, da die dortigen Stämme eine andere Sozialisierungstradition hatten und deshalb nicht so zu integrieren waren, wie es in den gallo-römischen Provinzen des untergegangenen Weströmischen Reiches der Fall war. Die damit verbundenen Feldzüge und Fehden brachten die merowingischen Könige im eigenen Reich in eine sich stetig vergrößernde Abhängigkeit von den verschiedenen Adelsfraktionen. Überdies bedingte das nach der *Lex Salica* gesprochene Recht, daß sich durch Erbteilungen schließlich vier Teilreiche ausbildeten: *Neustrien* (__als Kerngebiet des Merowingerreiches__), *Austrasien* (__das „Ostreich"__), *Burgund* und *Aquitanien*. Es war dann letztlich die vom austrasischen Adel für sich entschiedene Rivalität mit dem neustrischen Adel, die zur Übernahme der Macht durch die Angehörigen des sich auf den Bischof von Metz, Arnulf, zurückführenden Geschlechts der Arnulfinger (__*später als Karolinger bezeichnet*__) führte, so daß das Reich zugunsten der Arnulfinger wieder vereinigt wurde. Diese Machtübernahme durch die Arnulfinger/Karoringer bekam nicht nur durch die Absetzung des letzten Merowingerkönigs Childerichs III. sichtbaren Ausdruck, wie weiter oben schon bemerkt, sondern auch dadurch, daß Pippin III., nicht selten der Jüngere genannt, sich im Jahre 751 zum fränkischen König wählen ließ.

Sowohl die Absetzung Childerichs als auch die Krönung Pippins wurde vom damaligen Papst Zacharias (__von 741-752__) vor allem deshalb wohlwollend wahrgenommen, da er zwar dem griechisch-byzantischen Kaiser zuneigte, aber die Beziehungen zu einem starken Frankenreich deshalb befördert sehen wollte, da die Bedrohung durch die Anfang des 8. Jahrhunderts bis nach Süditalien vorgedrungenen Langobarden eine so akute wie latente Bedrohung für das Papsttum wurde, ein militärisches Einschreiten des byzantinischen Kaisers zugunsten des Papstes hingegen unsicher blieb. Es war dann der ihm nachfolgende Papst Stephan II (__von 752-757__), der das Bündnis mit den Karolingern folgenreich schloß.

* * *[730]

Ab diesem Zeitpunkt war der christliche Monotheismus in dem von den Merowingern geschaffenen und dann von den Karolingern übernommenen Herrschaftsgebiet Europas fest verankert und die von den Merowingern vorbereitete Grundlage für die Fortsetzung der im Römischen Reich erfolgten Amalgamierung weltlicher und geistlicher Macht gegeben, wenn auch über zwei nach außen als different auftretende Größen dargestellt: Kaiser und Papst. Letztlich aber gehörten beide der einen Seite der weltberühmten Me-

---

[730] Siehe die Erläuterung auf den Seiten 194 ff., beginnend mit: „Die 'Konstantinische Schenkung'" ... Einige der bisher im Rahmen der Exkursion: „Von der Etablierung des Feudalismus', der Rolle der christlich-monotheistischen Glaubensvorstellung und den Sachsenkriegen" verwendeten Eckdaten finden sich in: *Lexikon früher Kulturen*, hg. von Joachim Hermann et al., Pahl-Rugenstein Verlag, Köln, 1984.

daille an, während so auf der anderen Seite die ausgebeutete Masse des Volkes bestens in Schach zu halten war — sich in dem Motto ausdrückend: „Halt' du sie dumm, ich halt' sie arm!"[731]

Da aber im Europa der damaligen Zeit längst nicht alles an weltlicher Macht „gewonnen" war — und überhaupt: Wann kann es genug sein, ist *macht*_logisches Drängen für das tatsächliche Tun bestimmend? Dementsprechend blieben noch viele Köpfe zu *mono*_theisieren, auch stetig zu *re*_monotheisieren oder zumindest zu *ent*_arianisieren[732], demzufolge blieb weiteres territoriales Expandieren zwingend — zumal dies erst erlaubte mit den dort wartenden bodenständigen wie menschlichen Schätzen *_vernünftig_* (*__und auf keinen Fall* „populistisch", *wie man heute sagen würde__*) umzugehen — also im eigenen Interesse.

Die Rolle der alten, in das Merowingerreich integrierten römischen Oberschicht bei der Übertragung der kulturellen und geistigen Traditionen der untergegangenen römischen Herrschaft in die neue Zeit, ist nicht zu überschätzen — hierbei anfangs durchaus in Verbindung mit den christlichen Bischöfen, die, wegen der Schwäche des Papstes und der Klugheit Chlodwigs, im Merowingerreich relativ unabhängig vom Papsttum agieren konnten. Diese Rolle drückte sich auch darin aus, daß die Kulturtraditionen der verschiedenen durch die Merowinger in einem Reich zusammengebundenen Stämme unterschiedlicher ethnischer Herkunft, (*__ohne daß diese Traditionen von den Eroberern vernichtet worden wären__*), durch die Mischung der verschiedenen vorchristlichen geistigen wie künstlerischen Elemente, dem Merowingerreich eine fruchtbare kulturelle Grundlage eigen wurde. Dies wurde allerdings zerstört, als das Papsttum für die kulturelle Entwicklung Europas bestimmend wurde. Zuerst mit der Salbung Pippins III. durch Papst Stephan II. im Jahre 754 im Frankenreich, und später dann, als die Idee einer Neuauflage des Weströmischen Reiches in die Praxis umgesetzt werden sollte, von Karl dem Großen / Charlemagne zwar in der Tat nach der vorübergehenden Befriedung der niedergekämpften sächsischen Stämme mit seiner Kaiserkrönung zum „römischen Kaiser" durch den Papst im Jahre 800 in Rom realisiert (*__wie üblich, legendenhaft verbrämt__*), wodurch dieser „ideellen Zielsetzung" durch die Losung: „Erneuerung des Römischen Reiches", der „Renovatio Romani Imperii", sichtbarer Ausdruck geben wurde.

---

[731] Siehe und höre dazu Reinhard Mey, „Sei wachsam", 1996; Live-Version auf YouTube unter: https://youtu.be/M45bJtipEa4; der Pfad wurde am 20. März '20 erneut geprüft.

[732] Hinweise zum „Arianismus" finden sich auf den Seiten 175 f.

Seitdem werden die machtelitären europäischen Köpfe (__*unterstützt von ihren intellektuellen Mägden und Knechten*__) von dieser Idee heimgesucht — bis heute. Dabei war diese Idee (__*befreit von sie umnebelnden Schwaden betrachtet*__) in der Praxis kaum von Erfolg gekrönt — zumal der Idee tatsächlicher Emanzipation des menschlichen Wesens per se abträglich.

Schon nach wenigen Jahrzehnten war diese „ideelle Zielsetzung" gescheitert: Primär auf Grund rivalisierender Adelsinteressen. Ein Ausdruck davon war die definitive Aufteilung des Frankenreichs unter den Söhnen Ludwigs des Frommen (__*mit dem Vertrag von Verdun*__) im Jahre 843, und erst daraus konnten sich schließlich jene beiden großen kontinentalen Territorialgebiete herauskristallisierten, die später als Frankreich und als „Römisches Reich deutscher Nation" bezeichnet wurden. Damit einhergehend, und unabhängig von der territorialen Aufteilung des Frankenreichs über lange Jahrhunderte dominant die kulturelle Entwicklung Europas *anti*_emanzipativ bestimmend, legte sich die Macht des christlich-monotheistischen Klerus schwer auf Europa, so daß eigentlich eher von einer Jahrhunderte währenden Blockierung kultureller Entwicklung in Europa zu sprechen ist (__*immerhin gehören zur Kultur _alle_ geistigen und schöpferischen Ausdrücke der Völker*__), denn auf diese Weise wurde das an sich zu pluralen Äußerungen drängende Denken und Tun der Menschen in lethargisierende, vom monotheistischen Glaubensdogma geprägten Denk- und Verhaltensschablonen gepreßt — unter Androhung des Todes bei Verstoß dagegen.

Keineswegs bestreite ich, daß sich ohne ein verbindendes Band kein Staat und schon gar nicht ein Großreich formieren kann. Ist aber nicht die entscheidende Frage: Was ist die Zielrichtung dabei? Jedenfalls wäre sie mit: zur Wahrung der eigenen Freiheit schlecht bzw. unzureichend beantwortet. Wessen Freiheit? Die aller Bewohner eines Territoriums oder lediglich die der Machtelite dieses Territoriums und ihrer Satelliten, die heute in *spin*_doktorischer Wissenschaft, Politik, Kulturbetrieb und „Stätten zum Fabrizieren von Meinungsorientierung" beschäftigt sind? ... Wäre es aber *_ohne_* den Fakt der konflikt- und rivalitätproduzierenden Klassenbildung: Konflikt zwischen Herrschaftsklasse und beherrschter Klasse, Konflikt und Rivalität innerhalb einer Herrschaftsklasse (__*Interessenrivalität, Interessenkollision unter den verschiedenen Fraktionen dieser Klasse*__), Konflikt und Rivalität innerhalb der beherrschten Klasse (__„nach oben buckeln, nach unten treten"__), Konflikt und Rivalität zwischen den herrschenden Klassen verschiedener Gesellschaften, nicht möglich gewesen, zu kultureller Blüte zu kommen, wenn, *an*_statt durch Bewußtseinssplitterung (__*wegen des Fakts der Klassenbildung innerhalb von Gesellschaften und* _wegen_ *der mit der eigenen neurotisierenden Bewußtseinssplitterung einhergehenden widerstreitenden Bewertung sozioökonomischer Gegebenheiten*__), Kooperation *an*_statt Rivalität, fürs persönliche wie kollektive Streben treibend gewesen wäre? ... Davon bin ich überzeugt. Immerhin war genau dies einst die Bedingung dafür, daß der Mensch als Art erfolgreich die von der Natur gesetzten Bedingungen meistern konnte, gegen die er allein niemals eine Chance gehabt hätte. Zumal der „große 'Sturm' der Völkerwanderung" von dem man allerdings auch nicht genau weiß, ob es den tatsächlich _*so*_ gegeben hat, vorbei war. ... Oder ob nicht eher ein über lange Zeit stattfindender Einwanderungsprozeß erfolgte, dem Phasen der „Bewegungsbeschleunigung" und „Bewegungsverlangsamung" eigen waren, verursacht durch verschiedene, sich mitunter beeinflussenden Faktoren (__*worauf gleich noch kurz zurückzukommen ist*__)? — Wer weiß es?

Der ionische Ethno- und Geograph Bhâratavarshas Megasthenes, der als Gesandter des Diadochen Seleukos' I. vermutlich zwischen 302 und 291 entweder mehrmals nach Bhâratavarsha, das er selbst — *und seitdem die Europäer* — als „Indien" bezeichnete, reiste, oder, eher wahrscheinlich, wegen der Strapazen einer solchen Reise, dort über den genannten Zeitraum blieb, weiß jedenfalls in seiner von seinen Zeitgenossen und den später schreibenden Persönlichkeiten oft zitierten, oder zumindest auf sie Bezug nehmend, aber widersprüchlicherweise von solchen Schreibenden als „nicht zuverlässig" diskreditierten und leider nur fragmentarisch erhaltenen *Indika* aus der eigenen Anschauung zu berichten oder von dem vom Hörensagen Erfahrenen zu erzählen. Denn tatsächlich ist es Megasthenes, der die beste antike Beschreibung Bhâratavarshas gibt. Und, wie bemerkt, hierbei immer aus der eigenen Erfahrung und Interpretation des selbst Gesehenen oder anläßlich seiner Reisen Gehörten sprechend. Und was er zu berichten weiß, wurde keineswegs gern von jenen zur Kenntnis genommen, die zur „intellektuellen Garde" der aus den Feudalstaaten hervorgegangenen Machteliten gehörten, vertraten diese doch eine Gesellschaftsordnung, deren Gründungsbasis offenbar völlig anderer Natur als die bharatavarsische ist, nämlich primär eine menschenausbeutende. Es ist diese „Basis", die bis heute die Mentalität der „intellektuellen Garde" der europäischen Machteliten bestimmt.

In dem von Megasthenes Erzählten klingt tatsächlich etwas an, welches aus einer Tradition zu kommen scheint, für die Kooperation eher wesentliches Merkmal ihrer Gesellschaftsformation war, im Gegensatz also zum „europäischen Rivalitätsprinzip". Der „Kapitalismus" mußte jedenfalls erst von Europäern nach „Indien" eingeführt werden, obwohl er sich durchaus in „Indien" selbständig hätte entwickeln können, das Rechtswesen stand dem nicht entgegen, wie schon Max Weber zu berichten weiß[733] — und Ausdruck „intellektuellen Unvermögens" könnte es gewiß nicht gewesen sein.

Daß also einst eine Gesellschaftsformation existierte, deren Vertreter über den eine menschliche Gesellschaft in „Interessen-Balance" halten könnenden „archimedischen Hebel" zu einer Zeit in jenem Land verfügten, als es noch nicht einmal Bhâratavarsha und schon gar nicht „Indien" hieß, und von dem selbst Megasthenes nur zu „Ahnendes" hörte? Zwar ist davon in einem anderen Buch die Rede[734], aber an dieser Stelle sei doch ein aus Megasthenes' *Indika* stammender Hinweis von dem über eine veritable egalitäre Gesellschaft zu „Ahnenden" geben — ergänzt durch Zitierungen des um 95 bis um 175 gelebt habenden römischen Historikers Arrianus', der sich in seinen Aussagen auf Megasthenes beruft.

„[...] mit seinen im Überfluß vorhandenen, verschiedenste Früchte tragenden Bäumen, und daß überdies, obwohl reich flußdurchströmt, der größere Teil des Bodens künstlich bewässert [__ist__] und er deshalb zwei Ernten im Jahr trage. Zugleich es von Tieren und Vögeln wimmelt. [...] Nicht anders die Einwohner, Möglichkeiten, den Lebensunterhalt zu sichern in Hülle und Fülle habend, sind folglich größer als gewöhnlich und an ihrer stolzen Körperhaltung zu erkennen. Und es überrascht nicht, daß sie vielseitig kunstfertig sind, wie es von Menschen zu erwarten ist, die reinste Luft atmen und bestes Wasser trinken. Und während der Boden auf seiner Oberfläche alle Arten von kultivierbaren Früchten trägt, wird er von zahlreichen Adern aller Sorten von Metall durchzogen, wozu viel Gold und Silber und in nicht geringer Menge Kupfer und Eisen, selbst Zinn, gehören, die für viele Gebrauchsgegenstände und Geschmeide, wie auch zur Herstellung von Waffen und Ausrüstung für den Krieg verwendet werden. [...] [__Seiten 30 f.__]

[...] Es wird übereinstimmend berichtet, daß Bhâratavarsha niemals von Hunger heimgesucht wurde. [...] [__Seite 32__] [...] Während es unter anderen Völkern im Krieg üblich ist, den Boden zu verwüsten, und auf diese Weise in eine unkultivierte Wüste zu verwandeln, ist es, im Gegensatz dazu, [...] bei den Indern, bei denen die Bauern als heilige und unantastbare Klasse angese-

---

733 Vgl. Max Weber, Gesammelte Aufsätze zur Religionssoziologie, 5., photomechanisch gedruckte Auflage, J.C.B. Mohr (__Paul Siebeck__), Tübingen, 1920/1972, Seite 4.

734 Siehe Prodosh Aich, « Das Vedische Erbe » — *Nachdenken über systematisch verdeckt gehaltene WAHRHEITEN*.

hen werden, der unter ihnen das Auftreten von Hungersnöten zu verhindern beitragende Brauch, daß die Ackerbauern von jeder Gefahr selbst dann unbeeinträchtigt bleiben, tobt der Kampf in ihrer Nachbarschaft, denn während die Krieger beider Seiten, sich gegenseitig niedermetzelnd, den Streit austragen, lassen sie die landwirtschaftlich Tätigen völlig unbehelligt. Im übrigen verheeren sie weder Feindesland noch hauen sie seine Bäume um. [...] [__Seite 33__] [...] die Inder stehen unter den Völkern fast allein, wenn sie niemals aus ihrem Land auswanderten. Von den Tagen des Vaters Bacchus bis zu jenen des Alexanders des Großen, schätzten sie die Zahl ihrer Könige auf 154, deren Herrschaft sich über 6451 Jahre [...] ersteckte. [...] [__Seite 115__]

[...] Megasthenes unterrichtet uns dann, daß die Inder weder in andere Länder noch andere Völker in ihr Land eingefallen seien. [...] [__Arrianus; Seite 195__]

[...] [__Megasthenes__] erzählt uns [...], daß die Inder in den alten Zeiten Nomaden waren, wie jene Skythen, die nicht den Boden bestellten, sondern mit ihren Wagen nach dem Wechsel der Jahreszeiten von einem Teil Skythiens zum anderen zogen, weder in Städten wohnend noch in Tempeln betend [...] [__Seite 199__]

[...] Megasthenes [...] erzählt uns ferner den bemerkenswerten Fakt über Indien, daß alle Inder frei und keiner von ihnen ein Sklave sei. [...] [__Seiten 205 f.__] [..,] die Inder verwenden nicht einmal Fremde als Sklaven [...]. [...] [__Seite 208__]"[735]

---

[735] Vgl. Eugen Alexander Schwanbeck, *Megasthenis Indica*, Bonn, 1846, von John Watson McCrindle ins Englische übertragen und mit dem Titel versehen: *Ancient India as described by Megasthenês and Arrian; being the translation of the fragments of the Indika of Megathenês collected by Dr. Schwanbeck, and of the first part of the Indika of Arrian*, Calcutta, Bombay, London, 1877. Eigene Übersetzung; die Seitenangaben finden sich jeder Zitatstelle nachgestellt.

Die Bedeutung der Schwanbeckschen und der McCrindleschen Arbeit liegt darin, daß auf diese Weise erstmals ein Bild von Bhâratavarsha zu zeichnen war, das möglicherweise eher erlaubt einen Begriff von dem zu bekommen, das auch schon zu Megasthenes' Zeit mehr als nur im Verblassen war, und auf diese Weise diesem weiter näher kommend als es durch jenes möglich wäre, was von den ideologischen Indologen des 19. Jahrhunderts gezeichnet worden ist — und, diesen dann nachplappernd, noch heute gezeichnet wird.

Wer will bestreiten, daß es richtig sein wird, Megasthenes' Aussagen nicht in allen Punkten als zuverlässig zu verstehen? Denn auch er schaute durch die Brille seiner Zeit und Kulturprägung auf die Welt, und doch anders als es die „Indologen" der ersten Stunde und ihre Nachfolger taten — gemäß ihrem tief im Bewußtsein verankerten Christianisierungsgrad. Da aber Megasthenes nicht mit monotheistischen Scheuklappen ausgestattet war, hingegen diese „Indologen" der ersten Stunde und ihre Nachfolger es waren, wüßte ich nicht, wieso Megasthenes diese an Glaubwürdigkeit nicht übertreffen sollte, zumal diese selbst weder die alte Sprache der Bharater gekannt (__*geschweige jene der einstigen Vedischen Gesellschaft*__), noch ihr Land (__*entweder gar nicht gesehen oder nur mit ihren lichtundurchlässigen monotheistischen Scheuklappen*__) bereist hatten. — Auch war Megasthenes in der Tat als Gesandter gekommen, nicht als Spion, der den Auftrag gehabt hätte: den Hebel und die Stelle zu finden, wo zum „Heben des Schatzes" im „Namen Gottes" in Bharatavarsha anzusetzen ist — wie es bei diesen „Indologen" der ersten Stunde entweder tatsächlich der Fall war oder *des*_halb zumindest zu vermuten ist. Denn es handelt sich dabei um die typische „Haltung" der europäischen Intellektuellen. Und das gilt unverändert — wenn auch heute in solchen „Kriegsfortsetzungszusammenhängen" mehr von „Menschenrechten" und deshalb vom „Menschenrechtskriege-führen-müssen" geredet wird. Dienen die „Theoretisierungen" dieser „europäischen Intellektuellen" doch seit mindestens 522 Jahren der Rechtfertigung, die ganze Welt im Kriegszustand zu halten — nimmt man das Jahre 2020 als Basis für die Rückrechnung zur Ermittlung des Datums des Beginns dieses Weltkriegs und zur Bewußtwerdung der *prä*_orwellianischen Phrase, mit der die „Eröffnungsperiode" dieses Krieges seitdem benannt wird: „Zeitalter der Entdeckungen".[736]

Daß die Bhârater selbst nichts von dem wissen, das die europäischen „Indologen" seit dem 19. Jahrhundert von ihrer Geschichte zu erzählen „wissen", hängt primär damit zusammen, daß diese selbsternannten Experten dieses „Wissens" aus ihrer eigenen Phantasie geschöpft und „kreativ" mit dem verbunden hatten, das ihnen mitunter von „Pandits" erzählt wurde, von denen sie nicht wissen konnten, ob diese denn tatsächlich welche waren oder bloß solche, die den Besatzern das erzählten, was diese hören wollten. Vielleicht auch deshalb, da diese so „europäisch" fragten? Denn Pandits hätten ihnen nichts vom Eigentlichen des Vedischen Wissens erzählt, das war sozusagen „moralisches Gesetz", bzw. „Pandits" hätten ihnen lediglich jenes er-

---

[736] Siehe weiter oben auf den Seiten 326 f. die „PASSAGE DER VERACHTUNG".

zählt, das nichts von diesem Eigentlichen verraten konnte:

> „[...] Diejenigen, die die Veden verkaufen, die die Veden bemängeln und die Veden in Schriftform bringen, müssen alle in der Hölle versinken. [__Mit 'Verkauf der Veden' ist die Berechnung von Entgelt für das Lehren der Veden gemeint. Was die Veden angeht, so lautet die Aufforderung in den Schriften, sie dem Gedächtnis einzuprägen und sie von Mund zu Mund weiterzugeben. Daher wurde es als ein Vergehen angesehen, sie auf das Schriftliche zu reduzieren.__] [...]"[737]

Also nichts von dem wissen, daß, bspw. die Vorfahren der „Europäer" einst auch über das Himalaya-Hindukusch-Massiv gekommen seien und erst sie „die" Kultur nach Bhâratavarsha gebracht hätten, nämlich als diese „Kulturbringer" — *als* „Arier" *verkleidet* — ihr Land eroberten. Diese Legende wird seit dem 19. Jahrhundert von „Indologen" mit illustren Namen erzählt, die, als Begründer von allem möglichen geltend, selbst keinen blassen Schimmer vom Sanskrit haben *_konnten_* (*__das sollte man sich als erstes vor Augen halten__*) oder von den gewohnheitsmäßig als „Inder" bezeichneten Bewohnern Bhâratavarshas hatten, sondern sich diese komplexe Sprache mal eben selbst beigebracht hatten. So geht zumindest die mythische Rede der „Nachfahren" jener „Kulturbringer". ... Und so ist es selbst auch bezeichnend, daß dieser Fakt niemanden in Europa zum Lachen anregte, obwohl doch das als „klassisch" bezeichnete vereinfachte Sanskrit außerordentlich komplex ist. Ganz zu schweigen von der Komplexität der ursprünglichen Vedischen Sprache selbst — *um deren Verständnis es ja gehen muß* —, die eine rein mündliche ist, sowie um die daraus hergeleiteten Verschriftungen, die unweigerlich zu einer Verarmung, wenn nicht gar zur Verfälschung des ursprünglich über die weit ausdrucksstärkere Vedische Sprache vermittelten Wissens geführt haben müssen.[738]

Nun, das einzig sich geändert Habende an dem von solchen „Indologen", wie gesagt mit illustren Namen behaftet und bis heute als „Autoritäten"

---

[737] Quelle: *The Mahâbhârata* of Krishna-Dvaipâyana Vyâsa, translated into English prose from the original Sanskrit texte by Kisari Mohan Ganguli [1883-1896], Buch 13: Teil 1: Ânuśâsanika Parva, Abschnitt: XXIII, Seite 126. Die in eckige Klammern gesetzte Anmerkung stammt von Kisari Mohan Ganguli und findet sich am Ende dieser Sektion: „126:1".

[738] Siehe dazu die einen ersten Einblick gebenden Sätze auf den Seiten 538-43, beginnend mit: „Ein paar Sätze zur Vedischen Sprache".

geltend, in die Köpfe der Europäer _und_ der Bharater Gepflanzte — und so die Sicht auf die Welt bis heute _*grundmäßig*_ bestimmend —, ist (__*wegen gewisser Ereignisse im 20. Jahrhundert, die heute bereits als etwas hingestellt werden, für das keiner konnte ... und wenn doch? ... nun, dann die Opfer selbst*__) die vermeintlich auf diese Weise *ver*_wissenschaftliche Modifizierung des Namens „Arier" in „Ârya", wobei dies eigentlich nur anglisierend ist, sowie die verbliche Änderung von: „eingefallen" in: „eingewandert". Alles andere aber, also die mythische Erzählung, daß die „Arier" als Kulturbringer über einen der Pässe in der *Himalaya-Hindukusch-Region* gekommen seien, um die Bharater mit „ihrer" Kultur zu beglücken, die vergleichsweise unterentwickelt war, aber ihre flink zu bedienenden „Streitwagen" (__*offenbar mal eben in Masse über diese Gebirgskette gebracht*__) hätten den Ausschlag gegeben, gilt weiterhin als stimmige Erzählung. Wie hätte vor allem im 20. Jahrhundert daran das Aufdecken dessen etwas ändern sollen, das als „Induskultur" oder als „Harâppa-Kultur" bezeichnet wird und eine völlig andere Sprache spricht?

Und so bleibt, da einmal kollektiv in die Köpfe der als „Europäer" bezeichneten Bewohner jenes Kontinents, der eigentlich als „Eurasien" zu bezeichnen ist, sowie in die Köpfe jener „Europäer" eingepflanzt, die den einst von europäischen Räubern — *im Namen Gottes* — den ursprünglichen Bewohnern genommenen und von diesen Schlächtern als „Nordamerika" bezeichnet worden ist, also jene, die insbesondere in dem als USA bezeichneten Land als abgestammte „Europäer" heute wohnen, das phantasierte Bild von Bhâratavarsha erhalten, anstatt ein scheuklappenfreies Nachdenken auszulösen, also auch über sich selbst. Zugegeben, das könnte von Leuten nicht erwartet werden, die offenbar ein tiefsitzendes Identitätsproblem haben. — Woher mag das aber kommen?[739]

* * *

Wie dem auch sei, zwar stimmt es, daß die antike Sklavenhaltergesellschaft mit der Etablierung des Feudalismus' überwunden wurde. Das bedeutet aber nicht, daß es ab dem Zeitpunkt keine Sklaverei mehr gegeben hätte. Sklaverei gibt es bis heute in den verschiedensten Schattierungen — und damit meine ich jetzt gar nicht jene Widerlichkeiten, die bspw. etwas ins Bewußtsein der Bevölkerungen jener Nationalstaaten bringen, die primär die

[739] Die Antwort ergibt sich aus dem auf den Seiten 513 ff. Stehenden, das mit: „Woher mag 'Identitätslosigkeit' kommen?" beginnt.

Zerstörung des libyschen Staates im Jahre 2011 verursacht haben und die seit mehr als 520 Jahren die Geschicke der Weltbevölkerung keineswegs im „kulturbringenden" Sinne bestimmen. Denn im Feudalismus war die Sklavenhaltung lediglich nicht mehr das primäre Produktionsmittel in der Gesellschaft selbst. (__*Sklaverei bedeutet übrigens Produzent und zugleich Produktionsmittel zu sein, also durch das Produzieren selbst nichts zu gewinnen, mit der Folge, daß ab einer gewissen Anzahl von Sklaven die Gefahr von Aufständen zu groß wird, bzw. die Kosten für deren Verhinderung zu hoch werden.*__) Sondern es bildete sich schließlich auf veränderter Ausbeutungsgrundlage die Klassengesellschaft neu aus: König, Adel und Klerus auf der einen und Bauern sowie Handwerke auf der anderen Seite — abgesehen jetzt von den sich in den Städten erst mählich eigenständig entwickelnden „Bürgern".

Diese soziale Revolution, also die Umwandlung der alten Allodialverhältnisse primär in Lehnsverhältnisse, unter Einbeziehung der im gallischen Raum sich vorher schon mit den keltischen Stammverhältnissen zur gallo-römischen Gesellschaft amalgamiert habenden, aus der römischen Zeit stammenden städtischen Sozialverhältnisse, primär in Gestalt der sich integrierenden römischen Oberschicht, den römisch-katholischen Bischöfen und den sich ebenso ins Merowingerreich integrierenden städtischen Bewohnern ... Nun, diese soziale Revolution ereignete sich in Europa über einen Zeitraum von etwa 450 Jahren, relativ mit dem Einsetzen der „Völkerwanderungszeit" um das Jahr 375 beginnend und bis zum Tode Karls des Großen im Jahre 814 reichend.

Übrigens gibt es vermutlich mindestens seit dem Neolithikum „Völkerwanderungen", deren Gründe, u.a., in sich verändernden klimatischen Verhältnissen, Bevölkerungsentwicklung sowie dem Aufeinandertreffen verschiedener Stämme und Gruppen, insbesondere dann, lebten die einen schon seßhaft, liegen mögen. Die sogenannte Völkerwanderungszeit ist also keineswegs die erste große Wanderungsbewegung in der Geschichte unseres Geschlechtes gewesen, aber nur sie verdient in diesem Zusammenhang Erwähnung, da sie insbesondere Europa betraf.

Im „Neolithikum", das der allgemein übliche aus dem Griechischen kommende Begriff für die „Jungsteinzeit" ist, vollzog sich ein einschneidender Prozeß in der Entwicklung unseres Geschlechts durch den Übergang von der prähistorischen Kultur, die sich in relativer Harmonie mit der Natur ereignete, zur historischen Kultur, in der sich ein regelrecht produzierendes agrarisches Wirtschaften etablierte.

Diese mehrere tausend Jahre dauernde Phase wird auch als „agrarische Revolution" oder als „neolithische Revolution" bezeichnet, obwohl diese Bezeichnung für einen Prozeß, der im Vorderen Orient im 9./8. Jahrtausend v.u.f.Z. und in Mitteleuropa im 5. Jahrtausend einsetzte und mehrere tausend Jahre dauerte, eigentlich irreführend ist. Jedenfalls ist es diese Phase, die zum geschichtlichen Auftritt der Historischen führte.

Im Prozeß dieser sozialen Revolution wurde nach dem Tod Chlodwigs I. im Jahre 511 die weitere Entwicklung des Merowingerreiches auf Grund der Konsequenzen der *Lex Salica* entscheidend beeinflußt, da nach diesem salischen Recht das Reich zwischen seinen Söhnen aufzuteilen war: Theuderich, Chlodomer, Childebert und Chlotachar. Folglich wurde jeder dieser Söhne König über eine der vier Teile des Merowingerreiches: Neustrien, Austrasien, Burgund und Aquitanien, das im Jahre 507 erobert wurde. Auf diese Weise entstanden innerstaatliche Rivalitäten zwischen dem merowingischen Königtum, insbesondere dem austrasischen Adel und den Bischöfen. Diese Rivalitäten waren es dann, die das Merowingerreich schließlich in das Reich der Karolinger umwandeln sollten.

Für die jetzt in den Blick zu nehmende Geschichte der Stämme der Gentilgesellschaften östlich des Rheins, hatte das austrasische Reich Theuderichs erstrangige Bedeutung.

Dieses merowingische Teilreich bestand aus fruchtbaren Ackerböden an Rhein und Maas, aus reichen Gegenden der Ardennen und dem späteren Mayen in der Eifel, in denen es ausgedehnte Siedlungen fränkischer Bauern gab, und ebenso gehörten die großen wohlhabenden ehemals römischen Zentren wie Metz und Köln dazu. Die Grenzen dieses Reiches waren im Süden und Westen gegen die anderen direkt benachbarten merowingischen Teilreiche an sich sicher gezogen ... man muß sagen: vorerst sicher gezogen: aus Sicht Neustriens und Burgunds. Im Gegensatz dazu waren die Grenzen im Osten keineswegs gesichert, denn dort lebten die Stämme der Sachsen, der Friesen, der Bayern; aber vor allem auch der Thüringer, deren Reich gegen Osten bis über die Elbe hinaus und gegen Süden bis an die Donau reichte. Mit den Sachsen verbündet, zerstörte Theuderich im Jahre 531 dieses Reich und machte so die Thüringer tributpflichtig. Daran schloß sich die Eroberung des burgundischen Teilreiches an, und vermutlich gelang es dem Sohn und Nachfolger Theuderichs, Theudebert, auch schon das Donauland unter die Herrschaft der Merowinger zu bringen. Das bedeutete, daß das Merowingerreich Mitte des 6. Jahrhunderts seine größte Ausdehnung erreichte, betrachtet man seine historischen Landschaften: Neustrien, Austrasien, Burgund und auch Aquitanien, weiterhin als Einheit: zumindest führten sich alle Könige dieser Teilreiche auf den mythischer Merowech zurück. Denn mit Aquitanien reichte ihr Reich im Westen bis jenseits der Pyrenäen, im Süden über die römische *Provincia Gallia Narboniensis*, dies jene römische Provinz, die wir heute nur noch unter der Bezeichnung Provence kennen, bis ans Mittelmeer, so daß das Reich auch lange Küstenstreifen im Westen und Süden umfaßte und deshalb anzunehmen ist, daß zumindest der schon lange bestehende mittelmeerische Handelsverkehr genutzt wurde. Mit der Eroberung Rätiens, also der seit 20 u.f.Z. römischen *Provincia Raetia*, fielen dann die Alpenpässe nach Italien in die Hand der Merowinger.

Zu jener Zeit waren die Merowinger selbst weder arianisch noch römisch-katholisch „christlich", sondern sie praktizierten ihre eigenen Riten, die mit dem Mythos ihrer Herkunft direkt zusammenhingen und möglicherweise auch mit der Göttin Isis in ihrer Verkleidung als Diana. Wie weiter oben schon bemerkt, bedeutet das, daß sie Priesterkönige waren, die den Hausmeiern das politische Tagesgeschäft überließen. Das funktionierte zumindest so lange, wie die römisch-katholischen Bischöfe noch in ihrer Abhängigkeit waren: einmal wegen der Schwäche des Papstes selbst und wegen des Nimbus dieser Priesterkönige, die, im Gegensatz zum Arnulfinger/Karolinger Pippin III., keiner Salbung durch den Papst bedurften, da sie per se als „heilig" galten, so daß dieser erst mählich zu einer Einheit zusammenwachsende Machtbereich zum einen über ihre als „heilig" geltende „Unantastbarkeit" und zum anderen über die für den Feudalismus typisch werdende, dem Königshaus mittels Dienstverpflichtung verbundenen Adligen (__„Dienstadel"__) strukturell gesichert war; aber auch über insbesondere im Osten von den Thüringern und anderen Stämmen sowie im Süden von den Langobarden in Italien zu erbringenden Tributleistungen ergänzend gefestigt wurde. Solange die so erzielte Kräfte-Balance beibehalten blieb, bedurfte es keines, alle gesellschaftspolitischen Bereiche durchdringenden monotheistischen Glaubens zur Sicherung eines, auf diese Weise mählich zu einer Einheit werdenden Reiches. Dies wurde erst notwendig, als die letzten Merowingerkönige noch kein politisches Gewicht besaßen, d.h. noch Kinder waren und Angehörige insbesondere des austrasischen Dienstadels, zusammen mit dem christlichen Klerus, über deren Köpfe hinweg die Geschicke des Reiches begannen zu bestimmen.

Die oben genannten großen Reichsgebiete und Eroberungen, in Verbindung mit der für den Feudalismus typisch werdenden Dienstverpflichtung (__der Lehnswirtschaft__), erlaubten dem merowingischen König und seinem Adel gegen die freien, bisher allodial wirtschaftenden Bauern vorzugehen, sowie ihr Grundeigentum dadurch zu erweitern, daß ausschließlich nur jenen Adligen Grund und Boden aus den eroberten Gebieten überlassen wurde, die den Treueeid auf den merowingischen König geleistet hatten. Zumal der König durch die Aneignung ehemaliger weströmischer Gebiete selbst zum größten Grundeigentümer geworden war. Auf diese Weise entstand sozusagen der „Prototyp der feudalen Grundherrschaft". Denn durch die Schenkungen von Land an die dem König ergebenen Dienstadeligen, die, in die Dorfgemeinschaften sozusagen als „feudaler Stachel" für die in diesen Gemeinschaften lebenden und arbeitenden Bauern, Handwerker und Hirten gesetzt, wurde der dienstadeligen Schicht eine ökonomische Basis auf Kosten der freien Allod-Bauern verschafft, wodurch deren Position im feudalen Machtgefüge immer weiter untergraben wurde.

Und an diesem Prozeß waren die römisch-katholischen Bischöfe maßgeblich beteiligt, d. h. insbesondere seit der Zeit, als der arnulfingische Adel gemeinsame Sache mit den Bischöfen machte (__vgl. Karl Martell, Pippin III.__). Diese Bischöfe verwandelten nämlich durch Schenkungen oder Krieg bäuerliches Allod in bischöfliches Eigentum, und später dann, d.h. nach der tatsächlichen oder vermeintlichen, auf jeden Fall ausschließlich aus politischen Gründen erfolgte christliche Taufe Pippins des Jüngeren, in Kircheneigentum, um dieses dann wieder, nun unter ihren Bedingungen, an abhängige Bauern, Hörige oder Leibeigene zur Bestellung gegen Abgaben und Dienstleistungen als Lehen auszugeben. Allerdings unterhielt die Kirche auch eigene Wirtschaftshöfe (__*Fronhöfe*__), die sie mittels Mägden und Knechten, sowie über Fronarbeit von Bauern, die von den Kirchenherren abhängig geworden waren, bewirtschaftete. Dies ist eine verschleierte Form von Sklaverei.

Demnach beruhte der Feudalismus auf dem Grundeigentum des Feudaladels und der Kirche, an deren Spitze der König und der Papst standen, wobei der Papst vorerst noch völlig von der weltlichen Macht abhängig war. Dieses Grundeigentum wurde teils unmittelbar in großen, dem Adel und dem Klerus direkt gehörenden Wirtschaftshöfen (__*den Fronhöfen*__) genutzt, oder von in Abhängigkeit gebrachten Bauern bearbeitet, die dadurch abgaben- und dienstleistungspflichtig wurden.

Dieses aus bäuerlicher Eigenwirtschaft (__Allod-Wirtschaft__), abhängiger bäuerlicher Wirtschaft und Fronhofwirtschaft (__Wirtschaftshöfe__) bestehende System bildete sich zunächst in den eroberten gallo-römischen Gebieten aus.

Daß der Adel derartige Ausbeutungsverhältnisse schaffen konnte, ohne daß es zu größeren sozialen Kämpfen (__*Bauernaufständen*__) gekommen wäre — war nicht zuletzt deshalb möglich geworden, da zum einen die freien

Allod-Bauern noch geduldet wurden und zum anderen die christlichen Bischöfe das „monotheistische Band" nun zu einem alles durchdringenden sozialen Netz knüpften und übers Land legten, zumal große Teile der galloromanischen Bevölkerung des ehemaligen Weströmischen Reiches bereits römisch-katholisch orientiert worden waren, wie weiter oben schon festgestellt — daher ja der Impuls für die römisch-katholische Taufe Chlodwigs kam.

Auf Grundlage dieser sozioökonomischen Entwicklungstendenz im Frankenreich konnte der König einige sozialpolitische Maßnahmen durchsetzen, die folgenschwer auf das Herz der bäuerlichen Seite der untergehenden Gentilgesellschaft zielten.

Der vom Volk gewählte und deshalb der auf dem Thing-Platz stattfindenden bäuerlichen Thing-Versammlung vorsitzende *Thunginus*, dessen Aufgabe es bspw. bei den Franken war, Recht nach den Vorgaben zu sprechen, die einst von den Saliern festgelegt und zwischen 507 und 511 in der *Lex Salica* schriftlich fixiert worden waren, wurde von einem vom König eingesetzten Grafen ersetzt, so daß das Thing, als Versammlungsstätte der freien, waffenfähigen Männer eines keltogermanischen Stammes, das bis dahin alle ihre, die Gesamtheit betreffenden Angelegenheiten, und insbesondere auch die Krieg und Frieden betreffenden Fragen, in demokratischer Abstimmung entschieden hatte, auf diese Weise zuerst seiner demokratischen Schiedsgerichtsbarkeit und gerichtlichen Urteilsfindung beraubt und von der feudalen Staatsorganisation schließlich beseitigt werden konnte, als die feudale Gesellschaftsformation zur Zeit Karls des Großen zur vollen Blüte kam.

Der Widerstand gegen diese grundlegenden Eingriffe in die Rechte der freien Bauern war immer dort stark, wo die gentilen Strukturen weitgehend intakt geblieben waren. Dies war insbesondere bei dem Stammesverband der Sachsen der Fall, sich in vielen Kämpfen ausdrückend, die sich über einen Zeitraum von mehr als 200 Jahren ereigneten, wie in dem großen Aufstand der Sachen im Jahre 555, der die fränkische Herrschaft über die Sachsenlande beseitigte, wohingegen der im Jahre 594 von den thüringischen Bauern geführte Aufstand damit endete, daß in Thüringen ein fränkischer Herzog eingesetzt wurde — was ebenso in Bayern und in den Landen der Alemannen geschah.

Während diese Machtkämpfe zwischen der alten Gentil-Ordnung und der entstehenden Feudal-Ordnung stattfanden und über einen langen Zeitraum wechselhaft verliefen, ereigneten sich auch folgenreiche Machtkämpfe innerhalb dieser sich etablierenden Ordnung des Feudalismus' selbst, also innerhalb des Adels und zwischen dem Adel und den Merowingerkönigen. Wegen seiner grundlegenden Bedeutung für die weitere Entwicklung der feudalen Staatsordnung, sei jetzt auf das *Pariser Edikt* von 614 hingewiesen. Denn in diesem Edikt erkannte der merowingische König Chlothar II. die wirtschaftliche Unabhängigkeit des hohen weltlichen wie geistlichen Feudaladels von der königlichen Zentralgewalt an. Das heißt dieses Edikt gestand den weltlichen und geistlichen Größen im Merowingerreich Unantastbarkeit ihrer Grundherrschaft zu. Das war ein tiefgreifender Einschnitt, der bis in die Zeit der sogenannten bürgerlichen Revolutionen für den Feudalismus prägend bleiben sollte — und bis heute Bedeutung hat. Oder sind die den Akteuren auf dem Finanzmarkt von der Politik eingeräumten Möglichkeiten prinzipiell etwa nicht mit jenen Privilegien vergleichbar, die einst dem Adel im Edikt von Paris eingeräumt wurden — wenn auch geupdatet und „angemessen" verschleiert? Was bedeutete diese Unantastbarkeit?

Nun, sie bedeutete, daß keine königliche Amtsperson im königlichen Auftrag eine für unantastbar erklärte Grundherrschaft betreten durfte, ob als Herzog, Graf oder Königsbote, um bspw. Gerichts- oder Polizeigewalt auszuüben, Abgaben zu erheben oder für das Lehnswesen typische Dienstleistungen einzufordern — bspw. dem König wehrfähige Männer zu unterstellen. Damit nicht genug, legte dieses Edikt zudem fest, daß künftig die königlichen Grafen nur noch aus der Schicht des hohen Feudaladels des betreffenden Gebietes berufen werden durften. Auf diese Weise gingen in diesen unantastbaren Grundherrschaften alle staatlichen Funktionen an den weltlichen und kirchlichen Feudaladel über, mit bspw. _*der*_ wesentlichen Auswirkung, daß deren Vertreter nun auf ihren Territorien sozusagen nach Gutdünken (__*als „staatlich" verkleidete*__) Gewalt gegen die freien Bauern ausüben konnten.

Wobei dies insbesondere für Deutschland noch weit über die Französische Revolution hinaus galt, und im Jahre 1848 keineswegs abgeschafft wurde, bzw. führte dann gleich zur „gemeinsamen Sache" zwischen Bürgertum, Junkertum und Kaiser gegen die Masse des Volkes, was letztlich die Keime für jene Mentalität legen sollte, die sich dann nach 1871, also nach der Nationalstaatsgründung, in Gestalt des „Wilhelminismus'" zeigen sollte, mit den daraus erwachsenen Konsequenzen, von denen eine der Nazismus war. Es ist diese Mentalität, die seit dem Ende des Kalten Krieges eine geupdatete „Qualität" gewinnt, die als Basis für das orwellianische EU-Imperium des Friedens vorgesehen ist und deren Ideologie als eine Amalgamierung von Neowilhelminismus und Neoliberalismus zu verstehen ist, die ich als „Neowilhelmoliberalismus" bezeichne.[740]

---

[740] Siehe dazu in: Die *tri*_logische Sezierung [...], Band III, insbesondere den Teilband 2.

Dieses „Prinzip der Unantastbarkeit" durchzog dann die ganze weitere Epoche des Feudalismus' und blieb keineswegs bloß bis zur Zeit der sogenannten bürgerlichen Revolutionen „unangetastet", denn es wurde durch diese nicht abgeschafft, sondern, bspw. im Wilhelminismus lediglich modifiziert, und später, d.h. im Rahmen der gesellschaftlichen Doktrinsetzung des Neoliberalismus', für die Finanzmarktakteure einem „zeitgemäßen" Update unterzogen, wie dies in den Jahren 2007 und 2008, also nach dem Offensichtlichwerden der letzten Finanzkrise, erneut deutlich wurde.

Mit diesem Edikt von 614 waren nicht nur die Grundlagen der Herrschaft des weltlichen wie geistlichen Adels über die Masse der Menschen in Europa gelegt, sondern diese Herrschaft auch schriftlich fixiert. Überdies wurde damit der Offenbarungseid der Merowinger gegenüber dieser weltlichen und geistlichen Adelsschicht abgelegt, so daß man sagen kann: Seit dem Jahre 614 waren die Merowingerkönige in der Gewalt des fränkischen Hochadels und der römisch-katholischen Bischöfe, allerdings nicht des Papstes, denn zu jener Zeit verfolgten die Bischöfe im Frankenreich noch eigene, nicht vom Papst bestimmte Ziele. Das änderte sich erst, als der letzte Merowinger als König abgesetzt wurde, denn dies geschah nun mit ausdrücklicher Billigung auch des Papstes, da jetzt das Band zwischen dieser fränkischen Adelsschicht, angeführt von den Arnulfingern (__*später dann als Karolinger bezeichnet*__), den Bischöfen des Frankenreichs und dem Papst ausreichend „reißfest" war.

Die Konsequenzen dieser machtpolitischen Auseinandersetzungen zwischen den Merowingern und dieser weltlichen und geistigen Adelsschicht drückte sich bspw. darin aus, daß Dagobert I., der zwar seit dem Tod seines Vaters Chlothars II. im Jahre 629 alleiniger König des Gesamtreiches wurde, aber längst vom Wohlwollen des von den Arnulfingern (__*deren Stammvater, es sei daran erinnert, ein römisch-katholischer Bischof war — wer darin keine engst mögliche Verquickung weltlicher und „geistlicher"* Macht [__oder sollte man besser: geistlich verkleideter weltlicher Macht" sagen?__] *sehen will, soll es tun*__) angeführten austrasischen Adels war, wegen tiefgreifender, die Macht betreffenden Differenzen, im Jahre 630 oder 631 eine vernichtende Niederlage gegen das unter der Führung eines Samos stehenden slawischen Heerverbandes erlitt, und das, obwohl das von Dagobert I. geführte austrasische Heer sowohl von der Ausbildung als auch der Bewaffnung sowie der Größe dieses Heeres her gesehen, das slawische übertraf, zumal die alemannischen und langobardischen Hilfsverbände in dieser militärischen Auseinandersetzung erfolgreich gegen genau diese Streitmacht des legendären Samos gekämpft hatten.

Folglich ist die Annahme berechtigt, daß aus machtpolitischen Überlegungen heraus der von den Arnulfingern (*__den späteren Karolingern__*) geführte austrasische Adel lieber die eigenen Leute über die Klinge springen ließ, als daß seine Vertreter einen merowingischen König an der Spitze „ihres" austrasischen Heeres siegen sehen wollten — hätte das doch die karolingischen Machtpläne ernsthaft gefährden können: immerhin sollte der aus ihren Reihen stammende Pippin der Jüngere im Jahre 551 von ihnen erst noch zum König des Frankenreichs gewählt werden, begleitet von heftig zustimmendem Nicken des römisch-katholischen Klerus und des Papstes.

An dieser Ausübung von Macht hat das Christentum nichts geändert. Wie auch, waren doch schon damals ihre „hohen Vertreter" bei solchen Machtkämpfen im eigenen Interesse nicht nur dabei, sondern aktiv daran beteiligt. Und so haben solche Kämpfe bis heute nichts von ihrer konsequentenreichen Dynamik eingebüßt, lediglich die Kleidung der Akteure wurde gewechselt. Denn was geschieht — *heute* —, befindet die Führungsriege eines Marktmacht ausübenden Unternehmens, daß die Ausrichtung einer Gesellschaft in ihrem Sinne zu erfolgen habe, oder wurde dazu etwa nicht schon längst alles Notwendige vorbereitet, daß das bisher inhaltlich Geltende der Gesetze und Verordnungen bequem marktkonformierend abzuändern ist?

Damit war die Macht des merowingischen Königtums ausschließlich von seiner eigenen Grundherrschaft und von dem abhängig, was aus Zöllen, Abgaben und, ganz wesentlich, aus Raubkriegen zu ziehen war. Denn mit diesem verbrieften Recht von 614 wurde es diesem weltlichen und geistigen Adel entschieden erleichtert, die noch freien Bauern in immer größer werdende Lehns-Abhängigkeit zu bringen und zugleich die merowingische Königsmacht womöglich zu beschneiden, besser noch, von ihren Akteuren entscheidungsabhängig zu machen.

Diese machtinternen Kämpfe setzten sich zwar bis zum Jahre 751 fort, aber das Schicksal der Merowinger war mit diesem Edikt besiegelt. Und damit wäre auch das Königtum als Machtfaktor von der Weltbühne verschwunden — sieht man von rein repräsentativen Zwecken ab —, wenn seine später als Karolinger bezeichneten, nun das Ruder übernehmenden Repräsentanten, diesen Machtfaktor nicht neu belebt hätten. Beispielsweise dadurch, daß sie sich über das Edikt von Paris hinwegsetzten, so ihnen das ihre Macht erlaubte, oder, wie üblich, über Raubkriege, an deren erfolgreichen Ergebnissen — *also die Beute betreffend* — die anderen Adligen und deren kämpfenden Soldaten sowie die Bischöfe natürlich zu beteiligen waren. Oder aber, und insbesondere dies war sehr erfolgreich, durch die Rodung großer Forsten und durch deren von Bauern erfolgte Kultivierung sowie die Bewirtschaftung von bisher nicht genutzten und deshalb dem König zustehenden Ländereien.

Auf diese Weise ergaben sich aus dem Pariser Edikt von 614 durchaus die Grundlage für das karolingische Frankenreich, einhergehend mit der Festigung des Königtums als Machtfaktor, und die eigentliche Etablierung des Feudalismus'. Dies allerdings vor allem wegen der Klugheit Karl Martells. Das wird weiter unten noch deutlich werden.

Anders sah es im rechtsrheinischen, bis über die Elbe hinausreichenden Teil des Frankenreiches aus, da dort die vom Thingwesen und der Position freier Bauern bestimmte spät-gentile Gesellschaft noch vorherrschend war. Denn höchstens in den direkt vom fränkischen Adel beherrschten Gebieten Thüringens und Bayerns bildeten sich erst mählich feudalgrundherrschaftliche Verhältnisse aus.

Die Verhältnisse im sächsischen Stammesverband verharrten im 7. und 8. Jahrhundert auf spät-gentiler Basis. Der Stammesverband der Sachsen war im 7. und 8. Jahrhundert einer der mächtigsten Stammesverband an der Ostgrenze des Frankenreiches. Dies beruhte teils auf Eroberungen von Gegenden, wo die dort lebenden Stämme zwangsweise eingegliedert, sozusagen zu Sachsen gemacht wurden, teils auf freiwilligem Zusammenschluß von Stämmen.

Die drei Gruppen der entwickelten sächsischen Gentil- oder Stammesgesellschaft sind die *Allod*-Bauern, die *Edelinge* und die *Liten.* Wobei die sozioökonomische Grundlage dieses Stammesverbandes auf den freien *Allod-Bauern* lag, die die Masse der Sachsen bildeten und deshalb die Beharrungstendenz der spät-gentilen Gesellschaftsstruktur bestimmten.

Wie weiter oben schon angemerkt, ist hier „frei" stets auf die eigenen Verhältnisse bezogen zu verstehen, niemals auf das grundsätzliche Recht eines jeden Menschen als freier Mensch zu leben. Denn auch die sächsischen Bauern hatten nichts dagegen, unfreie Menschen für sich arbeiten zu lassen, also auf deren Kosten in der Illusion zu leben, „frei" zu seien.[741]

---

[741] Siehe die Seiten 612 f., Punkt 1, beginnend mit: „Die freien fränkischen Bauern …", und auch die Seiten 27 f., beginnend mit: „Anmerkung zu den gesellschaftspolitischen Verhältnissen im klassischen Griechenland …".

Den sächsischen Allod-Bauern waren die *Liten* untergeordnet. Von dieser Gesellschaftsgruppe des sächsischen Stammesverbandes wird angenommen, daß es sich dabei vermutlich um die einst freien Allod-Bauern jener Stämme handelte, die in den von den Sachsen eroberten Gebieten siedelten und zwangsweise in den sächsischen Stammesverband integriert und als *Liten* in eine untergeordnete Position gedrückt wurden, was bedeutete, daß sie nur über kleinere selbständige Wirtschaftseinheiten verfügen durften, dem Adel und den großen Allod-Bauern oftmals Abgaben zu leisten hatten und demzufolge über geringere Rechte verfügten, wenn sie auch am Thing teilnahmen, und, wie die „freien" Bauern auch, zum Militärdienst verpflichtet waren.

Die *Edelinge* bildeten den sächsischen Stammesadel. Die Mitglieder des sächsischen Stammesadels verfügten über große Hofwirtschaften, die meist zu regelrechten Verbänden zusammengeschlossen waren und von Sklaven, Knechten und Mägden bewirtschaftet wurden. Bei der von den *Edelingen* betriebenen Verbundhofwirtschaft handelte es sich um die von ihnen zur vollen Entfaltung gebrachte „Hofverbandsordnung", von deren Existenz man über verschriftete Aussagen aus römischer Zeit weiß, die aus der Zeit um 100 u.f.Z. stammen. Allerdings haben archäologische Forschungen gezeigt, daß es diese Art der Land- und Viehwirtschaft schon in der „frühen Eisenzeit" gegeben hat.

„Frühe Eisenzeit" meint hier die Verwendung des Eisens in Mitteleuropa. Das wäre nach allgemeiner Vereinbarung die Zeit von 750-450 v.u.f.Z. Dies eine Periode, die auch als „Hallstattkultur" bekannt ist und deren Name vom Fundort eines Gräberfeldes im oberösterreichischen Salzkammergut herrührt. Wichtige Impulse erhielt die Hallstattkultur übrigens vor allem von den Etruskern, wozu wohl auch das Wissen um die Verhüttung von Eisenerz gehörte. Schließlich verfügten die Etrusker nicht nur über eigene Eisenerzvorkommen wie auf Elba, sondern ihre hochentwickelte Bronze- und Eisenverarbeitung bildete die Grundlage für ihre gesellschaftliche Entwicklung.

Die zeitliche Einordnung der „Eisenzeit" ist abhängig davon, wo man in der Entwicklungsgeschichte unseres Geschlechts hinschaut. So gelten die Hethiter, deren Namensnennung auf die Übersetzung einer Textstelle des Alten Testaments durch Martin Luther zurückgeht, die man heute für die Träger des 1700 v.u.f.Z. in Zentralasien entstandenen und sich dann über fast ganz Kleinasien sowie Syrien erstreckenden Hatti-Reiches ansieht, als die ersten, die die Technik der Verhüttung von aus reichen Lagerstätten in Anatolien gewonnenen Eisenerzes bereits in der Mitte des 2. Jahrtausends v.u.f.Z. beherrscht haben sollen.[742] Auch wissen wir von den Ägyptern, daß sie seit dem 4. Jahrtausend v.u.f.Z. gelegentlich schmiedbares nickelreiches Meteoreisen verwendeten. Ebenso sollte nicht unerwähnt bleiben, daß die Herkunft des Eisens auf die *Chalyber* zurückgeführt wird, die einst im Südosten des Schwarzen Meeres gesiedelt haben sollen. Sie müssen für ihre Kenntnisse berühmt gewesen sein, denn nach ihnen ist der Name für gehärtetes Eisen, den Stahl, benannt: *chalyps*. Und sicher ist, daß, neben ihnen und den Hethitern, insbesondere die Bewohner Bhâratavarshas, die (__*wenn nicht schon früher*__) bereits im 18. bis 12. Jh. das Eisen verwendeten und bei denen ab dem 13. Jh. v.u.f.Z. (__*wenn nicht schon früher*__) die Eisenverhüttung verbreitet war, und die Chinesen, deren metallurgischen Kenntnisse fürs 9. Jh. v.u.f.Z. belegt sind, wobei der Beginn der chinesischen Eisenzeit gegen Ende des 6. Jh. v.u.f.Z. angenommen wird, beste Eisenschmelzer und -Schmiede waren.[743]

Es sollte nicht vergessen werden, daß Eisen starker Oxidation unterliegt und somit ein weit älterer Gebrauch schmiedbaren, aus Erz gewonnenen Eisens nicht von der Hand zu weisen ist, da bei dieser Oxidation nicht ohne weiteres nachweisbare Spuren zurückbleiben.[744]

Für den sächsischen Stammesverband war die jährlich in ihrer Stammeshauptstadt *Marklô* an der Weser stattfindende große Versammlung von höchster Bedeutung, da anläßlich dieser Zusammenkunft aller Edelingen, freien Bauern und Liten, die den ganzen Verband betreffenden Angelegenheiten beraten und entschieden wurden.

Der Ort *Marklô* scheint eine Zusammensetzung zweier altdeutscher Wörter zu sein. Zum einen vermutlich *marca* oder *marha*, das für „Rand", „umgrenztes Gebiet" oder einfach für „Grenze" steht, und zum anderen *lô*, das soviel wie „Waldstück", dann bspw. einen „Hain" meinend, oder sogar für einen „größeren" Wald stehen kann. Demnach ist anzunehmen, daß es sich bei *Marklô* ursprünglich um einen Ort handelte, der irgendwo an der Weser am

---

[742] Vgl. in: Erhard Gorys, *Kleines Handbuch der Archäologie*, DTV, München, 1981. den entsprechenden Eintrag unter „Begriffe".

[743] Vgl. den entsprechenden Eintrag in: *Lexikon der Antike*, hg. v. J. Irmscher u. R. Johne, Bibliographisches Institut, Leipzig, 1985.

[744] Vgl. Talfourd Ely, *Manual of Archaeology*, Putnam's Sons, New York, 1890, die Seite 11.

„Rand eines Waldes gelegen" hatte. Die Örtlichkeit selbst ist bisher nicht entdeckt worden.

Die sächsischen Bauern blieben eine unabhängige Kraft solange sie sich gegen die begrenzte Macht der *Edelinge* durchsetzen konnten, die primär auf deren eigenen Hofverbünden beruhte und deshalb ohne weitere Verbündete nicht in der Lage waren über die Allod-Bauern zu herrschen, und ohne diese den Angriffen der Merowinger nicht standhalten konnte.

Neben den beiden großen Faktoren der im Merowingerreich vereinigten fränkischen Stämme und dem dazu in Opposition stehenden sächsischen Stammesverbund, spielte bei der Herausbildung dessen, was später als „deutsche Nation" bezeichnet wurde, die ab Ende des 6. Jahrhunderts sich deutlich ereignende Wanderbewegung der Slawen eine gesellschaftlich wie ethnisch relevant werdende Rolle. Bei dieser Wanderbewegung, die über mehrere Routen von ihren angestammten Herkunftsgebieten zwischen den Flüssen Warta, Weichsel und Dnepr aus erfolgte, zogen die Slawen bis an die Unterelbe, in Teile der Altmark, das hannoverische Wendland, die Gegend zwischen Elbe und Saale, Gebiete Thüringens an der entspringenden Unstrut und um Weimar herum, ja sogar bis an den oberen Main und das Grenzgebiet zwischen Thüringen und Bayern, wo sich insbesondere sorbische Bauern niederließen.

Diese Wanderbewegung hatte ihren Ursprung im Wissen der Slawen um den Reichtum der römisch-byzantinischen Provinzen an der unteren Donau und auf der Balkanhalbinsel, so daß ihre im 5. Jahrhundert sporadisch einsetzende Hauptwanderrichtung gen Süden gerichtet war. In diese mählich sich vergrößernde slawische Südwanderung stießen in den sechziger Jahren des 6. Jahrhunderts jene als Awaren bezeichneten Reiter, die auf den gleichen Wegen Richtung Westen kamen, wie vor ihnen die als Hunnen und die nach ihnen als Ungarn bezeichneten Nomaden. Zeitweise mit den Byzantinern verbündet, hatten die Awaren ihr Hauptzentrum an der mittleren Donau und der Theiß, also im heutigen Ungarn. Bevor sie sich dort fest ansiedelten, waren sie aber bereits um 562 und 566 bis in das fränkische Thüringen vorgedrungen — wohl nicht ohne Deckung des römisch-byzantinischen Kaisers Justinian.

* * *

Große Teile der folgenden Angaben sind aus dem hervorragenden Geschichtsbuch: *Deutsche Geschichte in 10 Kapiteln*, herausgegeben von Joachim Herrmann et al., 1988, Kapitel 1: „Vom Ursprung der Deutschen. Von den Anfängen bis zu Karl dem Großen"; Punkt 3: „Der Weg zur Feudalgesellschaft in Mitteleuropa vom 6. bis zum 8. Jahrhundert", dort die Seiten 24 bis 46, geschöpft; insbesondere die Wanderbewegungen der verschiedenen slawischen und keltogermanischen Stämme betreffend, die auf die eine oder die andere Art und Weise in Auseinandersetzungen mit den Franken verstrickt waren und so, im engeren wie weiteren Sinne, die Entwicklung in den mitteleuropäischen Gebieten mit beeinflußten.

Als die erstmals im Jahr 5 u.f.Z. erwähnten keltogermanischen Langobarden, die ihren Namen von ihren langen Bärten hatten, die wohl ursprünglich, also nach ihrer Kultur zu urteilen, zu den Elbkeltogermanen, bzw. zu den *Sueben* gehörten und die übrigens die ersten waren, die sich nicht mehr in die römische Reichsordnung eingliederten, sondern eine unabhängige Politik betrieben, um das Jahre 568 herum, wegen der Bedrängung durch die *Awaren*, aus ihren Siedlungsgebieten zwischen Donau, Save und Ostalpen in Richtung auf das damals byzantinisch seiende Italien abzogen und es eroberten, bewirkte das eine tiefgreifende Störung insbesondere für die umwohnenden slawischen Stämme, da diese nun vor die Frage stellt waren, sich den Awaren zu unterwerfen, die Byzantiner um Aufnahme in ihr Reich zu bitten, was in jedem Fall Verlust der gentil-politischen Freiheit, Tributpflicht und entwürdigende Knechtschaft und Heerdienst bedeutete, oder Richtung Ostsee in die großen, unbesiedelten Waldgebiete des Nordens zu ziehen, in Gegenden also, wo awarische Reiterscharen ihres Vorteils des schnellen über Ebenen Stürmenkönnens beraubt gewesen wären. Diese Frage wurden von den slawischen Stämmen zwar unterschiedlich beantwortet, mitunter auch von Teilen eines Stammes verschieden, führte aber in der Konsequenz zu einer breiteren Wanderungsbewegung Richtung Mitteleuropa.

Es war zu dieser Zeit, daß die Franken auf jene Gebiete östlich der Elbe begehrlich wurden, die einst zum Thüringerreich gehört hatten, das seit dem Jahre 531 zum Merowingerreich gehörte. Für jene slawischen Stämme, die sich in diesen Gebieten ansiedeln wollten, bedeutete das, sich mit den dort herrschenden Franken „anzufreunden", was zumindest Teile der Sorben taten, so daß sie sich dort niederlassen konnten. Allerdings blieb dieses Verhältnis vorerst labil, sich bspw. darin ausdrückend, daß im Jahre 631 die Sorben unter ihrem Fürsten Dervan vom Frankenreich abfielen und sich dem slawischen Stammesverbund unter Samos anschlossen, nachdem dieser Samos ein austrasisches Heer unter Dagobert I. an der Wogastisburg vernichtend geschlagen hatte.[745]

Unter diesem Samo, der möglicherweise ein fränkischer Waffenhändler war, bzw. von dem wir lediglich wenig wissen, und wenn, nur Widersprüchliches, sollen danach die Slawen an der mittleren Donau einen siegreichen Aufstand gegen die Awaren geführt haben, was ihnen, so diese Aussage stimmt, wahrscheinlich deshalb möglich gewesen wäre, da die Masse der Awaren zu jener Zeit im Kampf gegen das byzantinische Reich viele Kräfte vor Konstantinopel konzentrieren mußten.

Trotz der Niederlage der Franken gegen diesen Samo im Jahre 630/31, war den sorbischen Bauern das weitere siedlerische Vordringen im östlichen Teil des Frankenreiches nur mit der allerdings gern gegebenen Zustimmung der dort im fränkischen Auftrag herrschenden Herzöge von Franken, Thüringen und Bayern möglich. Diese ließen die slawischen Bauern in Waldgebieten gegen entsprechende Abgaben siedeln, so daß dort seit dem 7. Jahrhundert große Gebiete von den slawischen Bauern urbar gemacht, also pflügbar wurden.

Anders war die Situation bei den Sachsen.

Ist eine menschliche Gesellschaft erst einmal in einen Verfestigungsprozeß eingetreten, der durch das Fehlen jeglicher sozialer Entwicklung aufgrund ineinander greifender Regeln und Normen gekennzeichnet ist, ist sie nicht mehr in der Lage, mit den sie umgebenden Entwicklungen anderer Gesellschaften angemessen umzugehen oder sich an diese anzupassen, geschweige, an ihren territorialen Rändern eine lebendige Gemengelage von Menschengruppen mit unterschiedlicher kultureller Herkunft zu akzeptieren. So verhielt es sich insbesondere mit dem sächsischen Stammesverband und dem slawischen Stammesverband der *Obodriten*, die, an der Donau siedelnd,

---

[745] Es ist nicht bekannt, wo sich diese Örtlichkeit befunden hat, die wir nur aus den fränkischen Reichsannalen kennen — möglicherweise hat Wogastisburg irgendwo in Nordböhmen oder Mähren gelegen. Zu dieser Episode siehe auch die Anmerkung auf den Seiten 630 f., die mit: „Die Konsequenzen dieser machtpolitischen Auseinandersetzungen ..." beginnt.

wegen des dortigen Einfalls der Awaren um das Jahre 568 herum, in den Ostseeraum zwischen dem heutigen Holstein (__*dessen Name aus dem Niederdeutschen kommt und dem angelsächsischen* „holt-stan" entspricht, das, was glaubwürdig wäre, soviel wie „Waldkämpfer" bedeuten soll__) und Teilen Mecklenburgs bis zur oberen Warnow einwanderten. Wodurch sich zwischen diesen Stammesverbänden durchaus eine lebendige Gemengelage hätte ausbilden können. Wegen des oben angesprochenen gesellschaftspolitischen Erstarrungsprozesses der sächsischen Gesellschaft, konnte davon allerdings nicht die Rede sein, denn statt dessen wurden an der Unterelbe und nördlich davon zwischen Sachsen und Obodriten sowie zwischen Dänen und Obodriten Befestigungsanlagen errichtet. Diese Befestigungen waren einer der sichtbaren Ausdrucksformen des sächsisch-obodritischen Gegensatzes, der einerseits seine Ursache in der erwähnten sächsischen Sozialstruktur findet und andererseits immer aus der üblichen Rivalität zwischen herrschenden Klassen unterschiedlicher Klassengesellschaften resultiert. Die Konsequenz daraus war, daß sich der fränkische Adel und die römisch-katholische Kirche diesen Gegensatz zwischen Sachsen, Dänen und Obodriten zunutze machen konnten. Einer der sichtbaren Ausdrücke _*davon*_ war, daß die Obodriten zu Verbündeten der Franken gegen Sachsen und Dänen wurden. Zur Abwehr gegen sächsische und dänische Einfälle, errichteten die Obodriten im 6. und 7. Jahrhundert bspw. die Oldenburg in Holstein und die Mecklenburg südlich vom Dorf Mecklenburg bei Wismar.

Die Warnow ist ein Fluß, der beim nördlich von Parchim gelegenen Dorf Grebbin entspringt, sich u.a. an Sternberg und Bützow vorbeischlängelt und durch Rostock fließt, wo die Warnow in den Wirkbereich der Gezeitenzone kommt, also brackig wird, und Unterwarnow heißt, um schließlich beim schon früh zu Rostock gehörenden Seebad Warnemünde in die Ostsee zu münden.

Mecklenburg geht übrigens auf den Namen „Miekelborg" zurück. Dieser Name wird zwar erst 995 in einem Dokument in arabischer Sprache erwähnt, soll aber bereits in der ersten Hälfte des siebten Jahrhunderts bestanden haben, denn sie muß schon kurz nach der Einwanderung der Obodriten dort gegründet worden sein, wo „Miekelborg" gelegen haben muß, nämlich zwischen Schwerin und Wismar. Demnach kann es nicht überraschen, daß die slawischen Obodriten diese Burg in ihrer Sprache als „Velikograd" bezeichneten, was bloß „große Burg" bedeutet, denn in ihrer Sprache bedeutete „veliko" „groß" und „grad" „Burg". Offenbar wurde dann später

„Velikograd" einfach ins Niederdeutsche übertragen, da im Niederdeutschen „veliko" „miekel" und „grad" „borg" oder „kasteel" bedeutet. — Übrigens war die „Miekelborg" über Jahrhunderte eine der mächtigsten Königsburgen Mitteleuropas.

In den dreißiger Jahren des 12. Jahrhunderts zerfiel der sich auf diese Weise mählich ausbildende Obodritenstaat und wurde schließlich unter Führung des obodritischen Herrschergeschlechts ein Territorialstaat des deutschen Feudalstaates.[746]

Die Sachsenkriege zwischen 782 und
dem Beginn des 9. Jahrhunderts.

Da sich aber die slawischen Obodriten mit dem östlich von ihnen siedelnden slawischen Stammesverband der Wilzen in dauernder Rivalität befanden, „lag es für Sachsen und Dänen nahe, [__die Wilzen__] als Bundesgenossen gegen die Obodriten und damit zugleich gegen die Franken zu gewinnen", wie der Historiker, Hofgelehrte und Abt Einhard (__770-840__) in seiner weitgerühmten und vermutlich um 830-833 verfaßten Biographie Karls des Großen zu berichten weiß.[747] Das aber mußte Karl den Großen und seine Entourage auf den Plan rufen, denn die Franken befanden sich seit dem Jahre 782 im Krieg mit dem mächtigen Stammesverband der Sachsen, und so führte er im Jahre 789 in den ostelbischen Gebieten bis zur Peene einen Feldzug gegen die Wilzen (*__an dem übrigens auf fränkischer Seite auch sorbische, obodritische, friesische, selbst sächsische Kontingente beteiligt waren__*) und mit der Unterwerfung des Königs des wilzischen Stammes, Dragowit, endete. (*__Vermutlich lag die Burg Dragowits bei dem östlichen Vorort der heutigen Stadt Demmin, der Vorwerk heißt.__*)

---

[746] Die historischen Eckdaten zu dieser, die *Obodriten* betreffenden Anmerkung finden sich in: *Lexikon früher Kulturen*, hg. von Joachim Hermann et al., 1984.

[747] Das Zitat ist dem Buch: *Deutsche Geschichte in 10 Kapiteln*, herausgegeben von Joachim Herrmann et al., 1988, entnommen, es findet sich dort auf der Seite 35.

Die im 6. Jahrhundert einsetzende Verflechtung slawischer Einwanderer mit den Franken ließ im östlichen Frankenreich selbst oder in seinen Randgebieten slawische, thüringische, sächsische, bayrische und fränkische Bauern direkt benachbart siedeln, sich auf diese Weise verbindend, was auch auf jener Ebene geschah, wo sich fränkischer König und Adel und slawische Fürsten und Adel begegneten, bspw. anläßlich der Hoftage Karls des Großen und seiner Nachfolger, an denen obodritische, wilzische, sorbische und auch tschechische Fürsten teilnahmen.

Aber die slawischen Bauern ließen sich nicht einfach unterwerfen, denn ihr Lebensgefühl unterschied sich nur geringfügig von dem der keltogermanischen Bauern, und so waren sie genausowenig bereit, sich in die Position der Ausgebeuteten und Unterdrückten abdrängen zu lassen, wo immer sie konnten.

Auch scheint es hierbei mitunter zu regelrecht verabredeten Aufständen zwischen slawischen und keltogermanischen Stämmen gekommen zu sein, wie im Jahre 782, als es zu dem von Karl dem Großen an sich geplanten Feldzug gegen die aufrührerischen Sorben deshalb nicht kam, da nun auch die Sachsen aufständisch wurden. Dann, weit nach dem Tode Karls des Großen, erhoben sich die sächsischen Bauern im *Stellinga-Aufstand* gegen ihre eigenen Stammesadligen, da diese mit den Franken gemeinsame Sache machten, sie zu unterdrücken.

> Der *Stellinga-Aufstand* ereignete sich in den Jahren 841/42 und flammte 843 noch einmal auf.
>
> Die Herkunft des Namens *Stellinga* ist unklar, wenn auch vermutet wird, daß er ursprünglich aus dem Friesischen kommt und „Gefährte oder Genosse" meint. Demnach bedeutete die *Stellinga* soviel wie: „Bund der sächsischen Bauern und Liten gegen das Eingezwängtwerden in das mit dem monotheistischen Glaubensdogma des Christentums überwölbte Herrschaftssystem des fränkischen und sächsischen Adels".

Diesem Beispiel folgend, warfen die Obodriten die Abhängigkeit vom fränkischen Kaiser Ludwig II. (__dem Deutschen__) kurzzeitig ab, um allerdings, nach dem Niederschlagen der *Stellinga*, ihr Stammeskönigreich im Jahre 844 ganz zu verlieren, wenn es auch noch bis in die 30er Jahre des 12. Jahrhunderts hinein einen Territorialstaat unter Führung des obodritischen Adels geben sollte, wie weiter oben schon angemerkt.

In diesem Zusammenhang ist vielleicht die Bemerkung nicht uninteressant, daß die *Stellinga* erst durch die Rivalität möglich wurde, die zwischen den Karolingern Lothar I., Ludwig II. (__dem Deutschen__) und Karl II. (__dem Kahlen__) bestand, die sich seit dem Jahre 830 u.a. auch in der Empörung gegen deren Vater, Ludwig I. (__den Frommen__) ausdrückte, der, als einzig noch lebender der erbberechtigten Söhne Karls des Großen, im Jahre 813 von seinem Vater zum Mitkaiser eingesetzt wurde und deshalb nach dem Tod seines Vaters im Jahre 814 die Alleinherrschaft im Karolingerreich innehatte. Denn tatsächlich wurde die *Stellinga* durch die Niederlage Lothars I.(__*der seit 817 Mitregent des Frankenreichs war und nach dem Tod seines Vaters die Alleinherrschaft anstrebte*__) gegen seine — *vermutlich mit Unterstützung des Papstes* — sich gegen ihn verbündet habenden Brüder ausgelöst, als dieser Lothar nach Sachsen geflohen war, die sächsischen freien Bauern und Liten um ihre Unterstützung zu bitten, mit dem Versprechen, daß sie bei einem Sieg gegen seinen Bruder Ludwig II. ihre alten Glaubens- und Rechtsvorstellungen, also ihre traditionellen Lebensgewohnheiten mit seiner Unterstützung wiederbeleben könnten.

Demnach war dieses starke Aufbegehren gegen die Vereinnahmung durch den fränkischen und den sächsischen Adel auch antichristlich motiviert, denn ihre alten Glaubens- und Rechtsvorstellungen waren ja ihre „gesellschaftspolitischen Orientierungsgrößen". Das bedeutet aber, daß sich dieses antichristliche Motiv nicht von dem Aufbegehren gegen die Vertreter des Feudalsystems in Gestalt des fränkischen und des sächsischen Adels trennen ließ, agierten diese Vertreter doch in Eintracht mit dem christlich-monotheistischen Klerus zuungunsten der ihren alten Glaubens- und Rechtsvorstellungen noch tief verhafteten sächsischen Bauern. Und so war es dann Ausdruck typischer Machtpolitik, hingegen nicht des Bringens einer „frohen Botschaft", nämlich zur Demonstration ihrer uneingeschränkten, im Namen ihrer Gottesvorstellung ausgeübten Macht, daß die fränkischen und sächsischen Feudalherren unter Führung ihres im Jahre 843 frisch zum König des ostfränkischen Reiches gewählten Ludwigs II. nach der Niederwerfung der Sachsen ein Blutbad unter ihnen anrichteten, dem genau jenes eigen war, das Christen noch heute sofort als barbarisch bezeichnen ... und dann so_*fort* den „anderen" zuweisen würden.

Eine kleine, die Begriffe „deutsch", „Deutschtum" und „Deutschsein" betreffende Exkursion

Objektiv gesehen ist nicht von der Hand zu weisen, daß Ludwig II. wohl später aus ideologischen Gründen als der „Deutsche" bezeichnet werden mußte, da aus diesem Teil des Karolingerreiches, das seit Karls des Großen

Kaiserkrönung als Heiliges Römisches Reich bezeichnet wurde, später, aus eben diesen ideologischen Gründen, als Heiliges Römisches Reich deutscher Nation benannt werden mußte, da dem Attribut „deutsch" die homogene Ursprünglichkeit fehlt, demnach irreführend ist. Denn die Bewohner dieses ostfränkischen Reiches setzten sich primär sowohl aus slawischen als auch aus keltogermanischen Stämmen zusammen.

Wobei es gut möglich ist, daß es die Kirchenoberen waren, die diesen Rat gegeben hatten, aus Ludwig II., „Ludwig den Deutschen" zu machen. Einmal zur besseren Einbindung an sich heterogener Stammesmitglieder zu einem „Volk", erst dadurch konnte sich ja das Potential eines monotheistischen Glaubens machtpolitisch auszahlen, und zum anderen konnte es von seiten der Kirche nur gut sein, in Zukunft mit zwei sich zu Rivalen ausbildenden Staaten (__Deutschland, Frankreich__) zu tun zu haben, da so, zum eigenen machtpolitischen Vorteil, „Diplomatie" betrieben konnte. Immerhin waren unter Ludwig dem Frommen die Bischöfe zu direkten Beratern der fränkischen Führungsschicht geworden, inklusive des eigensüchtigen Feudaladels, der immer mächtiger wurde und später im deutschen Kaiserreich bestimmte, wer Kaiser wurde. Unter solchen Bedingungen liegt es auch auf der Hand, daß dieser Adel für irgendeine Intrige immer zu haben war. Bei diesen Machtspielen konnten die normalen Menschen nur verlieren: das „Volk" selbst konnte dabei nur verlieren.

Jahrhunderte später wurde das Attribut „deutsch" für die Ideologen des „völkischen Geistes" à la Heinrich von Treitschke ff. zu einer „'existentiellen' Frage", die sie im „Sinne" eines „illusionären Seins" beantworteten, also falsch beantworteten.

Denn was impliziert diese Frage, bzw. wie kann sie dann einzig richtig beantwortet werden, wenn es sich dabei um eine Frage handelt, die ihre substantielle Beantwortung in einer „geistigen Gegend" suchen muß, wo Phantasieprodukte die dort allein mögliche gedankliche Unschärfe ersetzen müssen? Oder sollen? Ob nämlich mit diesem Attribut „deutsch", in Verbindung mit „Volk" und „Reich", ein für jede Volkstumsbildung, die stets nur eine ideologisch geschaffene sein kann, wenn auch durch Erziehung und wegen ihrer „abstrakten Identitätsstiftung", von der Bevölkerung eines Staates früher oder später allgemein akzeptiert, ein „inakzeptables 'illusionäres Sein'" verbunden ist, also ein ursprüngliches Nichtsein? Dieses „inakzeptable 'illusionäres Sein'" wurde von den Ideologen des „völkischen Geistes" à la Heinrich von Treitschke ff. bejaht und als „Basis" für ihre ideologischen Betrachtungen über die „deutsche Volkstumsbildung" genommen: hatten dazu nicht die deutschen „Indologen" die „illusionäre Vorarbeit" geleistet, von der, u.a., in

Kapitel 7 die Rede ist? Oder ob einer „Volkstumsbildung" ein zwar „mythisch unterlegtes", aber als „akzeptable" gelten könnendes „Sein", dem tatsächlich ebenso ein ursprüngliches Nichtsein eigen ist, da ein solches „akzeptables Sein" die illusionäre Basis überhaupt eines _*jeden*_ Volkes ist? — Was ist damit gemeint?

„[...] Die Bewohner einer historischen Landschaft konnten sich über Jahrhunderte aneinander gewöhnen, entwickelten auf diese Weise eine entsprechende Bewußtheit von Zugehörigkeit durch ähnliche Erlebnisweisen und begannen sich mählich (__*verhaltensmäßig wie sprachlich*__) von Bewohnern anderer Landschaften zu unterscheiden. Eine „historische Landschaft" ist demnach ein Teil der Erdoberfläche, die in ihren Bewohnern ein Gefühl von Heimat dadurch erzeugt, daß sich bei ihnen, u.a. wegen ihrer besonderen Räumlichkeit und ihrer besonderen klimatischen Bedingungen, in der Zeitlichkeit eine vorherrschende Gemütsart, und damit einhergehend, eine vorherrschende Mentalität entwickeln, was Zusammengehörigkeit suggeriert. Es handelt sich hierbei also um einen über einen langen Zeitraum verursachten Gewöhnungsprozeß. [...] Solche Prozesse liegen _*jeder*_ gesellschaftlichen Entwicklung zugrunde, deren Vollendung mit dem Begriff „Volk" bezeichnet wird. Das heißt die Geschichte eines Volkes läßt sich zwar mythisch verfassen, was dann nicht problematisch wird, bleibt bewußt, daß ein „Volk" realiter lediglich historisch faßbar ist. [...]"[748] — Dies wäre dann ein als „akzeptable" gelten könnendes „Sein" eines „Volkes".

Es ist übrigens bezeichnend, daß es _*nie*_ ein _*zentrales*_ deutsches Archiv geben hat, das alle verfügbaren, das deutsche Volk und seine Geschichte betreffenden Schriftstücke dokumentiert hätte. Erst im 20. Jahrhundert wurde damit zwar begonnen, ist meines Wissens aber bis heute nicht vollendet. Dies wäre jedoch erste Bedingung für eine faktenunterlegte Volksbildung gewesen, ausgestattet mit einem entsprechenden Bewußtsein. Aber wie sollte das je von Interesse gewesen sein, ging es doch primär stets um das Wohl der Fürsten, dem das Volk zu dienen hatte? Nicht umgekehrt. Mag sein, daß der eine oder der andere unter diesen seinen Untertanen gegenüber „milde" war. — Wer aber stand tatsächlich auf der Seite des Volkes?

Nun, bspw. Thomas Müntzer (__1490-1525__), im Gegensatz zu Martin Luther (__1483-1546__), der, wie üblich, Volkes Gehorsam gegen die Obrigkeit per se forderte und ihr deshalb empfahl, den Bauern, zur Strafe für ihr um

---

[748] Siehe in: Die *tri*_logische Sezierung [...], Bd I, Teilbände 1-3, Seite 402.

ihre Freiheit Kämpfen (__*ungarischer Bauernkrieg: 1514; deutscher Bauernkrieg und Schweizer Bauernkrieg: 1524/25*__) „aufs Maul" zu schlagen. So stand ein Luther weiterhin auf der Seite der Macht, und so konnten seine Predigten später zu denen für das sich etablierende Bürgertum werden, nicht aber für die um ihre Freiheit kämpfenden Bauern, daher auch nicht für diejenigen, die später für _*ihre*_ Freiheit kämpften ... und die, die heute dafür kämpfen wollten — so sie das nur täten. ... Allein deshalb konnte Luther normalen Todes sterben, während Müntzer gefoltert, gehängt und gespießt wurde. Denn Müntzer und seine Anhänger kämpften auf der Seite der Bauern.

Für Müntzer stand fest, daß das Volk nicht nur das Recht auf Tyrannenmord habe, sondern auch die Herrschaft selbst auszuüben berechtigt sei, so die weltliche Macht dabei versage, den Interessen des Volkes gerecht zu werden. Seine dies begründenden Gedanken finden sich in seiner 1524 gehaltenen und die bestehende Ordnung analysierenden „Fürstenrede" ausgedrückt.

Damit aber hatte Müntzer (__*in Europa*__) das Widerstandsrecht des Volkes gegen jede Art von Tyrannei, Fremdherrschaft

(__eine _*jede*_ Macht, die auf der Ausbeutung anderer beruht und zum eigenen Nutzen verwendet wird, ist nun einmal Fremdherrschaft__)

und eine den Interessen des Volkes zuwiderlaufende Politik erstmals theologisch begründet, also konkrete Veränderungen im weltlichen Reich gefordert, die Luther ablehnte und allein im geistlichen Vorstellungsreich und das Kirchenrecht im hiesigen verwirklicht sehen wollte, allerdings von der Obrigkeit verfügt, nicht vom Volk. Denn das Volk hätte dann auch die sozialen Verhältnisse gleich mit zu ändern nur als sinnig auffassen können. Das aber ist für jeden „Kopf der Macht" nicht tragbar, da dies die Kontrolle übers Volk zu verlieren hieße: Natürlich, dies ein Horror für jede Machtelite, da das ihre angemaßte — *allein auf Kosten anderer mögliche* — Freiheit sofort in Frage stellte.

Ist aber primär das Wohl des Adels, der Kirchenoberen und des später dann sich etablierenden Großbürgertums gefragt, kann daraus nur ein Untertatengeist entstehen, hingegen niemals ein so selbstbewußtes wie freies Volk mit dem sich daraus ergebenen „Geist".

Und ist es nicht so, daß erst dann von „Volk" gesprochen werden kann, sind seine Mitglieder nicht mehr fremdbestimmt, da von einem Bewußtsein beseelt, das sich erst dann entwickelt, haben sich die Menschen eines bisher fremdbestimmten Territoriums von der Macht befreit und erlosen sie sich dann, als Freie unter Gleichen, _*ihre*_ politischen Vertreter, die _*ihnen*_ gegenüber stets verantwortlich bleiben? Nun, erst dann ist von „Volk" zu sprechen, ist _dieser_ emanzipative Akt vollzogen. Alles andere bleibt Untertanerei.

> Ich will es an dieser Stelle wiederholen: Seine Vertreter zu „losen", d.h. durch ein politisches Losverfahren zu bestimmen, bedeutet selbstverständlich, die Idee der „Direkten Demokratie" in Betracht zu ziehen. Was Direkte Demokratie bedeutet und was die benötigt, findet der interessierte Mensch in: « Sie fragen noch, wie die ›Verhältnisse‹ liegen? » erläutert. Dieser seltene Mensch möge diesbezüglich dort mit Aspekt 2: „Was eine Passage in Chestertons: 'The Man who was Thursday: A Nightmare' offenbart" beginnen, da diese Passage einen Einblick in etwas eröffnet, das in doppelter Hinsicht aufschlußreich ist, und die Seiten 337 ff., beginnend mit: „folgendes ist keine politische Geschmacksfrage", sowie die Seite 669, beginnend mit: „Also sei zum Abschluß nicht allein die Frage wiederholt: Was spricht noch gegen Direkte Demokratie, spricht nichts für die simulierte Demokratie des lobbykratischen Systems ...[...]?".
>
> Übrigens gibt es in der Geschichte kein Beispiel dafür, daß sich ein von einer gegen seine Interessen gerichteten Herrschaft befreit habendes Volk, es dann also zu tatsächlicher Demokratie gekommen ist, das nach hegemonialer Macht gestrebt und deshalb Kriege gegen andere Völker geführt hätte. Denn immer waren und sind es die vom Volk abgesonderten Klasseninteressen der Machtelite, die Krieg benötigten und benötigen — wie anders sollte diese ihre Machtspiele mit anderen Machteliten auch _real_ spielen können?[749]

Randständige Bemerkung:

Gibt es eine Machtelite und Satelliten dieser Elite in einem Staat, gibt es auch eine „machtpolitische Agenda", die vorrangig umzusetzen ist, mitunter auch unabhängig von dem, das man eine „demokratische Agenda" nennen könnte. Ob eine „machtpolitische Agenda" „nur" vorrangig umgesetzt wird, also unter relativer Berücksichtigung einer „demokratischen Agenda", ist von der aktuell zu lösenden Fragestellung einer „machtpolitischen Agenda" abhängig und davon, ob eventuell dagegen zu erwartender Widerstand aus dem Volk _nicht_ gegen andere gerichtet kanalisiert werden könnte. Unabhängig von einer „demokratischer Agenda" wird jedenfalls eine „machtpolitische Agenda" _dann_ mit „allen Mitteln" umgesetzt, geht es um

---

749 Vgl. in: Die *tri*_logische Sezierung [...], Bd II, Zwischenruf 15: „Das Weihmachtspiel".

die harten Interessen einer Machtelite. So ist es zu erklären, daß in Systemen mit politischem Wahlverfahren die in Wahlkrämpfen versprochene „Politik" nach solchen Krämpfen _*dann*_ nicht praktiziert wird, sondern eine konträre Politik, ist auf andere Weise die „machtpolitische Agenda" nicht weiter zu verfolgen.

Da es in der Natur von Machteliten liegt, andere im eigenen Interesse zu dominieren, kann eine machtpolitische Agenda nur selten mit demokratischen Interessen übereinstimmen, da es genauso in der Natur von demokratieorientierten Gesellschaften liegt, andere gesellschaftspolitisch nicht zu dominieren. Das ist auch der Grund, wieso eine „demokratische Gesellschaft" nicht nach Hegemonie strebt. Auch ist daran erkennbar, ob eine Gesellschaft demokratisch strukturiert ist, bzw. sie es noch ist.

Es sei wiederholt: eine machtpolitische Agenda kann nur selten mit demokratischen Interessen übereinstimmen, da es für Machtfragen charakteristisch ist, daß ihr Beantworten allein dem dient, das erst andere zu dominieren erlaubt oder dies dauerhaft zu sichern ermöglicht, hingegen es bei Demokratiefragen darum genau nicht geht.

Vor diesem so ausgeleuchteten Hintergrund, der für jedes gesellschaftspolitische System mit politischem Wahlverfahren gilt, also auch für die zeitgenössischen „westlichen Demokratien", ist festzustellen, daß, wegen dieser grundsätzlichen Diskrepanz zwischen der „Agenda" einer Machtelite und der eines Volkes, eine Machtelite und deren Satelliten in *spin*_doktorischer Wissenschaft, Politik, Konzernen für Meinungsorientierung in der Massengesellschaft und Kulturbetrieb mit demokratischen Prozessen nichts anfangen können.

Nun, zur weiteren Verklarung, und in Anbetracht solcher Figuren, die, aus der klassischen Haltung eines Projektionisten heraus, _*heute*_ jungen Leuten von alten Hirnfürzen erzählen können, wie bspw.: „Völker sind Gedanken Gottes", die diese als neue „'Erkenntnisse' wahrnehmen", da diese wenig bis nichts Erhellendes von der deutschen Geschichte wissen, sei an dieser Stelle kurz auf den Begriff „deutsch" von seinem Herkommen eingegangen, das belegt, daß es kein „'homogenes' Deutschsein" geben kann, sondern nur durch eine unzulässige Reduktion zu behaupten möglich ist, gerade die aber hat in der Vergangenheit schon zwei so große wie *selbst*_schädigende Konsequenzen nach sich gezogen, wegen der zwangsjackenartigen Einbindung von grundsätzlich Heterogenem in etwas homogenseiend Behauptetes, es folglich auch kein „Deutschtum", es hingegen wohl ein „Preußentum" geben mag, das aber kein „Deutschsein", sondern lediglich ein „Preußischsein" meinen kann (__*das selbst immer fremdbestimmt war, wie die Geschichte Preußens belegt*__), das fatalerweise in der Tat Grundlage für den deutschen Nationalstaat von 1871 wurde und seitdem gemeint ist, wird von „Deutschsein" geredet.

Der Verklarung des attributiven Begriffs „deutsch" sei aber vorausgeschickt, was unter „Projektionisten" zu verstehen ist, denn von „Deutschtum" zu reden, tatsächlich aber „Preußentum" zu meinen, ist mehr als eine Verwechselung, da das „Einheits-Staatlichkeit" meint. Zumal vor dem Hintergrund dessen, was sich hinter dem im Jahre 1992 begonnenen „Projekt EU" verbirgt, die Frage zu stellen ist: Darf man dann aber, da die damit einhergehende Mentalität schon für ein traditionell an sich pluralistisches Deutschland weder geeignet war noch ist, wie die Vergangenheit dramatisch gezeigt hat, eine solche nach „Einheitsstaat" strebende Mentalität, und die darüber geschaffenen Strukturen, für eine Gemeinschaft walten lassen, bezeichnet als „EU", da auf diese Weise ein „EU-Einheitsstaat" geschaffen würde, der aus an sich traditionell unabhängigen Nationalstaaten bestände? Denn wie sollte daraus etwas anderes entstehen als eine politische Entität, die vergleichbaren Zwangsjacken-Charakter aufweisen müßte wie das zum Nationalstaat gewordene, preußisch dominierte Deutschland von 1871? Und welche Konsequenzen würden daraus für die weitere Entwicklung in der Welt resultieren?[750]

Sehen Sie, ich _bin_ Deutscher (__*brauche mir also von irgendwelchen Figuren nicht deren* „Vorstellung von 'Deutschsein'" *als* „Deutschsein" *erklären zu lassen, abgesehen davon, daß es dann emotional zu stinken anfängt — wie es so üblich ist, öffnen Projektionisten ihren Mund*__), käme aber nie auf den Gedanken mich über etwas zu definieren, wonach Projektionisten stetig suchen, offenbar deshalb, da ihnen — *wegen permanenter Projektion* — Substantielles fehlt, und dann nur wegen dazu notwendig konstanter Blickverengung etwas „wahrnehmen" können, das, von diesen „Suchenden" lediglich über ein Bild reduzierten Menschseins ideologisch zu fassen wäre, das der Abgrenzung von _den_ „anderen" diente, da dem „reduziert Wahrgenommenen" alles Lebendige fehlt, und lediglich deshalb diesen mit festverwachsenen Scheuklappen ausgestatteten „stetig „Suchenden" zur „Orientierung" dienen kann!

Da aber solche Reduktion, wie der Geschichtsprozeß belegt, zum Gegenteil dessen führen muß, was man zu suchen behauptete, gebietet es — *vor diesem geschichtsprozeßlichen Hintergrund* — die eigene Verantwortung, den

750 Siehe hierzu in: Die *tri*_logische Sezierung [...], Bd III, Teilband 2.

Schwerpunkt auf persönliche Entwicklung zu legen und sich ausschließlich durch das zu definieren, was man als Mensch tatsächlich selbst ist.

Deshalb sei, damit das Problem von Projektionisten *_im Kontext_* deutlich werde, und welche Konsequenzen es hat, beginnen diese ihr existentielles Problem kollektiv zu reflektieren, üben sie zugleich Funktionen der Macht aus, vor dieser *Ver_*Klarung des attributiven Begriffs „deutsch" an: „Das Ausmaß der Projektion" erinnert.[751]

Die Bezeichnung „deutsch" geht auf das von einem sich „Franken" nennenden keltogermanischen Stammesverbund kommende Wort *theudisc* zurück, das soviel wie „nach Art des (*__eigenen__*) Stammes" oder „zum (*__eigenen__*) Stamm gehörig" bedeutet. Man sieht also, daß dieses *theudisc* eine Gemeinsamkeit fassen soll, die es nicht gab, da es sich bei den Franken eben nicht um einen Stamm handelte, der sich als „Franken" bezeichnete, sondern um einen Stammesverbund, der sich aus verschiedenen Stämmen zusammensetzte, zu denen bspw. die Amsivarier, die Brukterer, die Chamavaren, die Usipier, die Salier gehörten. Denn der Name „Franken" kann aus keinem der Einzelstämme dieses anfänglich nur losen Stammesverbundes abgeleitet werden, die, soweit man das sagen kann, zuerst im unteren Rheingebiet, also Richtung und in den heutigen Niederlanden siedelten und erstmals um das Jahr 257 u.f.Z. in einer römischen Überlieferung erwähnt werden.[752]

Dieses „theudisc" fand dann Eingang in die althochdeutsche Sprache, wo es sich zu *thiota* wandelte und zum Begriff für „Volk" wurde.

Die althochdeutsche Sprache umfaßt die mittel- und oberdeutschen Mundarten vom Beginn der schriftlichen Überlieferung an. Diese Phase in der deutschen Sprachentwicklung setzte um 810 ein und währte bis etwa 1100. Aber schon das sind Annahmen, denn im 13. Jahrhundert wurde die „Kunst des Schreibens" in „Deutschland" insofern allgemein, daß erst seitdem allgemeine Sprachregeln notwendig wurden. Entsprechend setzte seitdem erst das Streben ein, eine einheitliche Sprache zu schaffen. Alles davor Liegende kann aber nicht objektiviert belegt werden, da es einzelne Menschen waren, die vielleicht die verschiedenen sprachlichen Quellen zwar zu erkunden suchten, aber dies aus „gewünschter" Perspektive, wenn sie das schon taten. Denn wer wird damals solche frühen Sprachquellen aufgesucht haben, über die es

---

[751] Siehe dazu auf den Seiten 17 f. „Das Ausmaß der Projektion".

[752] Zu den „Franken" siehe auch die Anmerkung auf den Seiten 595 f., beginnend mit: „Die Franken waren ursprünglich ein lockerer keltogermanischer Stammesverband ...".

keine einheitlichen Dokumente gab, diese dann im „gewünschten“ Sinne zu interpretieren, wenn nicht Intellektuelle im Dienste der damaligen Macht?

Am Ausgang des 8. Jahrhunderts bedeutete mittellateinisch *lingua theodisca* die Sprache der Westfranken im Gegensatz zu der Sprache der Romanen, die sich bspw. aus dem Gallorömischen entwickelt hatte und von den Franken als *walhisc* „welsch“ bezeichnet wurde. Dieses mittellateinische *theodiscus* wurde im 9. Jahrhundert zum althochdeutschen *diutisc*, das dann die Benennung für sprachliche Gemeinsamkeit wurde. Da aber in Mitteleuropa der „sprachliche Grund“ von keltogermanischen (*_fränkischen, friesischen, sächsischen u.a._*) sowie slawischen Stammesverbänden (*_wie den Obodriten_*) kam, konnten auch nur von diesen Stammesverbänden kommende Sprachelemente in diese Worthülse *diutisc* einfließen. Damit aber war eine grundsätzlich plurale Sprachgrundlage gegeben, die sich auch in den vielen Mundarten des Deutschen ausdrückt — was als schöner Beleg für vielfältige Lebensart genommen werden kann.

Daraus ergibt ist allerdings, daß es zwar leicht möglich ist von einer „deutschen Pluralität“ zu sprechen, es hingegen nicht leicht möglich ist von einer „deutschen Uniformität“ zu sprechen. Folglich kann es auch kein „Deutschtum“ geben, wenn damit etwas Ideologisches gemeint ist und nicht die Tatsache, daß es sich in einem bestimmten Territorium um eine bestimmte Sprache sprechende Menschen handelt. Es sich andernfalls nur um eine Verwechselung, bzw. um eine unzulässige Gleichsetzung handelte, die allein wegen des Ausblendens eines komplexen Zusammenhangs möglich wäre, oder, besser gesagt, es sich dann um eine Irreführung handelte, die wohl „abstrakt identitätsstiftend“ sein mag — *dies aber wegen der menschlichen Plastizität fatalerweise immer möglich ist*[753] —, allerdings eine „ideologische Künstlichkeit“ wäre und substanzlos bleiben müßte, redete jemand zwar von „Deutschtum“, tatsächlich dann aber lediglich „Preußentum“ meinen könnte, dessen kollektivcharakterprägende Ideologie und kollektivprägende Mentalität im Begriff des „Wilhelminismus‘“ seinen Ausdruck findet und heute, in gewissem Sinne geupdatet, als Neowilhelminismus, bzw. als Neowilhelmoliberalismus seine *selbst*_schädigende Wiederbelebung erfährt.[754]

Ende dieser kleinen, die Begriffe „deutsch“,
„Deutschtum“ und „Deutschsein“ betreffenden Exkursion

---

[753] Was die „Plastizität“ des Menschen anbelangt, siehe in: Die *tri*_logische Sezierung […], Bd I, Tb 4, die Seiten 139-47.

[754] Vgl. in: Die *tri*_logische Sezierung […], Bd III, Tb 2, Lesung 16.

Nachdem also der Widerstand der sächsischen Bauern und Liten niedergeschlagen worden war, und nachdem die fränkischen und die sächsischen Feudalherren ein Blutbad unter den geschlagenen Sachsen angerichtet hatten — und dies, wie weiter oben schon erwähnt, mit Billigung der christlich-monotheistisch Glaubensvertreter, erfolgte ab dieser Zeit, wenn auch weiterhin aufflammend, wie bspw. im Jahre 843, sozusagen als Echo des großen *Stellinga*-Aufstandes, die disparate „Integration" der traditionsverlustigen Sachsen ins karolingische Reich, dessen Einheit dieser Ludwig der Deutsche dadurch glaubte sichern zu können, daß die christlich-monotheistische Glaubensvorstellung als „einendes Band" für sein Reich unter weltlicher Gewalt zu dienen habe. — Prinzipiell nicht anders als schon zu Konstantins und Chlodwigs Zeiten.

In diesem kakophonischen Konzert machtpolitischer Spiele in Europa gewann das Papsttum zunehmend an Bedeutung, allerdings nicht in dem Sinne, der weltlichen Macht nicht mehr zu bedürfen, denn gerade davon blieb seine Existenz grundsätzlich abhängig, sondern im Sinne der Einflußnahme auf das „Machen" eines weltlichen Herrschers und diesem nach Möglichkeit die politische Richtung zu weisen. ... Sie wünschen ein Beispiel?

Nun, es waren jene drei bereits erwähnten päpstlichen Dekrete[755], einen im 15. Jahrhundert sich äußernden „europäischen Machtimpuls" zu bemänteln. Dies ein „Impuls", der, da letztlich auf das Römische Reich zurückgehend, und sich in den Köpfen der machtelitären Gruppen vor allem in der Vorstellung davon in der Person Konstantins des Großen manifestierend, da vergleichbaren machtpolitischen Zielen dienend, wozu die Integration und Verwendung einer massenwirksamen Ideologie, nämlich die des christlichen Monotheismus', da diese religionspolitische Ideologie, wie alle „Staatsreligion" gewordenen Ideologien, insbesondere jene, die monotheistischen Charakter annehmen können, machtelitären Gruppen als dazu bestens geeignet erschien, und seitdem — *verschiedentlich geupdatet* — das Schicksal der Welt folgenreich bestimmt ... bis heute. Denn, es muß wiederholt werden, es war im 15. Jahrhundert, daß die europäischen Machteliten der Welt den Krieg erklärten, der bis heute währt.[756]

---

[755] Vgl. die Seiten 202 f., beginnend mit: „Insbesondere die nachfolgend aufgeführten päpstlichen Dekrete ...".

[756] Siehe diesbezüglich in: « Sie fragen noch, wie die ›Verhältnisse‹ liegen? », die Aspekte 28 und 29.

Im Rahmen der Beschäftigung mit dem sich mählich etablierenden Feudalismus und seinen widerstreitenden Akteuren, von denen insbesondere die gebildeten Köpfe, meist dem Klerus angehörend, ihre gesellschaftspolitischen Überlegungen vor dem Hintergrund der im ihnen noch erinnerlichen imperial gewordenen Römischen Reich geltenden „machtpolitischen Regeln" anstellten, diese „Regeln" folglich auch jenen, die zwar wenig gebildet, aber der weltlichen Macht vorstanden, imponierten, was übrigens bis heute gilt und sogar die gedankliche „Grundlage" fürs machtpolitische Projekte EU darstellen, obwohl sich doch damals zur Zeit des Versuchs, ein „neues Imperium Romanum" zu errichten, zeigte, daß genau dies nicht mehr zeitgemäß sein konnte — *wenn es das je war, denn solche* „Projekte" *sind stets allein die von Machteliten* —, sei nun noch einmal auf die beiden hauptsächlichen Machtelemente als neuer Grundlage der für die folgenden Jahrhunderte geltenden gesellschaftspolitischen Formation des „Feudalismus'" zurückgeblendet:

Panzerreiter und Lehnswesen als neue Grundlage
des Karolingerreiches seit dem 8. Jahrhundert.

Wie sich aus dem Vorgehenden schon erschlossen haben könnte, stießen die Merowinger, oder besser gesagt, jene, die eigentlich lediglich in deren Auftrag die Regierungsgeschäfte zu erledigen hatten, d.h. die Hausmeier, in den Gebieten östlich des Rheins mitunter auf zähen Widerstand. ... Um es zu unterstreichen, die Phrase: „lediglich in deren Auftrag die Regierungsgeschäfte zu erledigen", soll besagen, daß die Funktion der Merowingerkönige selbst, da Priesterkönige, wie weiter oben schon angedeutet, eine geistig-kultische war, und zwar eine, die, wie bisher noch nicht gewürdigt, der „Balance" zwischen „Weltlichem" und „Spirituellem" diente, die tatsächlich aber gleicherweise „Ausdrücke" der Materia sind: also das sogenannte „Weltliche" und das sogenannte „Spirituelle". Diese Könige demnach _*jene*_ Funktion per se innehatten, die dann später, allerdings im einseitigen, nämlich im sogenannt monotheistischen, tatsächlich aber im rein weltlichen Zwecken dienenden Sinne, vom Papsttum beansprucht, allerdings lediglich als „Rolle" gespielt wurde — so aber nicht nur die landläufig als „spirituell" bezeichneten Anteile der Materia negierend, diese auf diese Weise von ihr auch nicht nur separierend, _*sondern*_ dieses „Spirituelle" von ihr (__*der Materia*__), sozusagen ideologischerweise, „unabhängig" setzend, da dies tatsächlicher Ausdruck illusionären Denkens ist, denn: etwas der Materia per se Zugehöriges, kann von ihr tatsächlich nicht separiert werden. Aber, da diese ideologisch erfolgte Separierung gesellschaftspolitisch bestimmend wurde, *ent*_stand — *als Produkt* *der für Machteliten typischen* „Spiele" — auf diese Weise jene die weltlichen Geschehnisse zum Spielball von Machtinteressen werden lassende *Dys*_Balance. Und da es der Masse der Menschen nicht gelang, diesen „Spielen" der Machteliten Einhalt zu gebieten, verselbständigte sich diese „Dysbalance", ja wurde zu einer selbständigen „Größe" — *deren geflügelten Worte* „gut" *und* „böse" *sind* —, die dann für alles weitere gesellschaftspolitisch Entscheidende bestimmend wurde — *bis heute* — und letztlich Ursache für jede gesellschaftspolitisch kakophonische Entwicklung ist. Und es war mit Hilfe der christlich-monotheistischen Glaubenssätze — *in Europa* —, daß diese Dysbalance — *die Ausdruck des* „Kampfes zwischen 'Gut' und 'Böse'" *sei, tatsächliches aber Produkt besagter* „Spiele" *ist* — in den Köpfen der Menschen verankert wurde, so daß sich ein nicht mehr so ohne weiteres auflösbarer — *und bis heute alles bestimmender* — „*dys*_balancierender Komplex" ergab.

Denn dieser „machtspielebedingte Prozeß" wurde eben nicht dadurch prinzipiell geändert, daß der „religiöse Monotheismus" später durch einen „säkularen Monotheismus" ersetzt wurde, war doch nun der „Impuls des über andere Herrschenmüssens" im „westlichen Menschen" quasi implantiert. Wir nennen das zwar „Kapitalismus" und seine heutige Ideologie „Neoliberalismus", obwohl es doch „säkularer Monotheismus" ist, immerhin wurde von seinen Hohepriestern der „Markt" als eigenständig wirkkräftig vorgestellt und dementsprechend glaubensmäßig mit eigenen „Kräften" und „unsichtbarer Hand" ausgestattet, so daß, vorausgesetzt, die Masse der Menschen folgte ihren Glaubenssätzen nur brav, ihr „Gott" wohlwollend walten würde — andernfalls natürlich nicht. ... Und so leuchtet es dem entsprechend Indoktrinierten sofort ein, daß das „Wissen" darum, wie diese (*__selbsterzeugte__*) „Dysbalance" zu heilen wäre, in die ganze Welt zu „tragen" war: zuerst ja auch wegen des „christlichen Missionsbefehls" [757], später dann wegen des die „Demokratie" und die „Menschenrechte" und die „Freiheit des Marktes" in die Welt bringen Müssens, überall in der Welt bekannt zu machen ... zumal die „Indogermanen", die „Indoeuropäer" — *also die „Nachkommen der* 'Arier'" — die ersten und überhaupt die „Kulturbringer" wären. ... Gewiß, die „Unverständigen" verstehen das nicht. ... Davon aber nicht an dieser Stelle mehr, denn von solchen „Kulturbringereien" findet sich im siebten Kapitel schließlich schon genug.

Nun, die Hausmeier des Merowingerreiches stießen in den Gebieten östlich des Rheins wohl auf zähen Widerstand, aber es war auch der Feudal-

[757] Vgl. Mt 28, 18-20.

adel im Kerngebiet des Merowingerreiches, der vor allem mit sich selbst und inneren Fraktionskämpfen befaßt war.

Gleichsam vor und in den Grenzen des östlichen Reichsteils, also in jenen von den Franken nur locker beherrschten Gebieten, dominierten hingegen die freien Bauern. Diese Gebiete waren im Vergleich zu den westlichen und südlichen Teilen, die dem heutigen Frankreich und den Rheinlanden entsprechen, unentwickelt, aber sie schienen dem fränkischen Adel, später dann zusammen mit dem thüringischen und dem sächsischen Adel, für weitere Anhäufung von Reichtum und Ausdehnung der eigenen Macht bestens geeignet.

Bei der Verfolgung dieses Zieles war jenes schon erwähnte Adelsgeschlecht der Arnulfinger besonders erfolgreich, konnten doch seine Repräsentanten — *die erst später, nämlich als dieses Geschlecht selbst nicht mehr herrschte, als Karolinger bezeichnet wurden* — den austrasischen Adel unter ihrer Führung vereinen, was die erste Bedingung dafür war, sich gegen die anderen Teilreiche, und damit gegen den, dem merowingischen Priesterkönigtum noch traditionsverbundenen Adel durchzusetzen. Entscheidend dabei war für ihren weiteren Erfolg im Sinne der oben genannten Zielrichtung, der Sieg über den neustrischen und burgundischen Adel bei dem zwischen den Abteien Péronne und Saint-Quentin in der Picardie, heute beidseits des Nebenflusses der Somme Omignon gelegenen Ort Tertry, im Jahre 687 unter Führung des von ca. 635 bis 714 gelebt habenden Pippins II., den man auch Pippin den Mittleren oder Pippin von Héristal nennt, der sich wegen dieses vernichtenden Sieges zum Hausmeier ernennen konnte, und damit zum zweiten Mann im Gesamtreich der ab dieser Zeit nur noch ein Schattendasein führenden Merowingerkönige wurde. Denn deren Funktion als Priesterkönige war nun dem Bewußtsein des Adels gänzlich entschwunden, woran die römisch-katholischen Bischöfe, die, unter Führung ihres Papstes, zur Sicherung ihrer eigenen weltlichen Macht, diese „Rolle", allerdings im entstellenden Sinne begehrend, wie oben schon kurz erläutert wurde, für sich reklamierten, entscheidend beteiligt waren. Es war dieser Machtzuwachs des australischen Adels, der u.a. zum Ergebnis hatte, daß zwei Jahre später die von Friesen bewohnten Gebiete südlich des Alten Rheins von Franken besetzt wurden.

Die letztlich der Verwirklichen von weltlichen Machtinteressen dienende unmittelbare Zusammenarbeit von Vertretern des karolingischen Adels und Vertretern der christlichen monotheistischen Religionsvorstellung läßt sich übrigens am Beispiel der Missionsarbeit des 658 geborenen und 739 gestorbenen Angelsachsen Willibrord bequem verdeutlichen. Denn an der militärischen Besetzung dieser von Friesen bewohnten Gebiete läßt sich exemplarisch das Vorgehen der damaligen religionspolitischen Macht bei der Christianisierung der mit eigenen „Weltvorstellungen" lebenden keltogermanischen Stämme erkennen.

Willibrord begann im Jahre 690 mit dem Taufen der von alten Glaubensvorstellungen geprägten Friesen. _Ohne_ die vorherige Eroberung friesischer Siedlungsgebiete durch die Franken wäre das aber nicht möglich gewesen. Die Stimmigkeit dieser Behauptung ist daran zu erkennen, daß, als nach dem Tod Pippins II. im Jahre 714 das Frankenreich geschwächt war, die Christianisierung von den Friesen — *wegen des fehlenden militärischen Drucks durch die Franken* — wieder zunichte gemacht wurde. Erst nach dem erneuten Niederkämpfen der Friesen, angeführt von ihrem den alten Glaubensvorstellungen zugeneigten König *Ratbod*, der bei diesem Kampf im Jahre 719 den Tod fand, und so die fränkische Herrschaft über die Friesen wiederhergestellt war, konnte dieser Willibrord mit seinem Taufen fortfahren. Willibrord hatte sich übrigens seine Missionstätigkeit vom Papst bestätigen lassen, wozu er in den Jahren 692 und 695 extra nach Rom gereist war, so daß ihm sogar der Titel „Missionserzbischof" verliehen wurde, und er bei dieser Gelegenheit auch ein Kastell als materielle Basis erhielt, das später zum Bistum Utrecht wurde.[758] Die zwangsweise Christianisierung durch Willibrord wurde dann im Rahmen der Feldzüge gegen die Alemannen und Thüringer zu Beginn des 8. Jahrhunderts fortgesetzt. Dies geschah sozusagen parallel mit der Anbindung des thüringischen Herzogtums an das Frankenreich, wo der fränkische Herzog Heden oder Hedan als „weltlicher Vertreter" eingesetzt wurde.

Das „Christwerden", symbolisiert übers „Taufen", war (__*und ist*__) keine freiwillige Angelegenheit. Im Gegensatz zu heute betraf das Taufen damals allerdings nicht allein die Neugeborenen, sondern jeden Bewohner eines eroberten Gebietes. Auch hieran wird die direkte Verbindung von weltlicher und von vermeintlich „spiritueller Macht" erkennbar: die Eroberten hatten keine Wahl. Auch heute ist das „routinemäßige 'Christwerden'" keine freiwillige Angelegenheit: oder wird etwa ein Säugling gefragt, ob er getauft werden will? — Gewiß, das gilt für die anderen „großen" Monotheismen nicht anders.

Konnte aber einen „echten" monotheistischen Christen das reine (__*andere zwangsweise*__) Taufen befriedigen? Kaum, denn bei solchen Zwangstaufen wurde den Eroberten ihr Land genommen, auf dem sie dann gegen

---

[758] Quelle der historischen Eckdaten: *Lexikon früher Kulturen*, hg. von Joachim Hermann et al., 1984, dort der Eintrag: „Willibrord".

Abgabe des sogenannten Zehntens auf Fronhöfen arbeiten mußten. Und mit dem (__*andere zwangsweise*__) Taufen war immer auch die Bildung kirchlicher Grundherrschaft verbunden.

All das hätte nicht geschehen können, wäre es allein um das Bringen der „Frohen Botschaft" gegangen. Das bedeutet: Monotheismus ist Mittel zur Ausübung von weltlicher Macht, hingegen kein Mittel, dem einzelnen Menschen den Weg zu seinem Heil (__*nicht auf Kosten anderer*__) zu eröffnen.

Als der später Karl Martell (__689-741__) genannte Sohn Pippins II., nach dem Tod seines Vaters im Jahre 714 die Herrschaft im Karolingerreich antrat, mußte er noch über Jahre gegen den Adel, insbesondere den austrasischen, heftige Kämpfe austragen, um seine Herrschaft über das Gesamtreich wenigstens ausreichend zu sichern. Sein Führungsanspruch wurde jedoch erst anerkannt, als der Herzog von Aquitanien, Odo der Große, Charles Martell um Hilfe gegen die Araber bat. Zwar gelang es den Franken unter seiner Führung nicht, die vom maurischen Heerführer Abd ar-Rahman befehligte riesige arabische Armee in der im Jahre 732 bei Châtellerault zwischen Poitiers und Tours geführten Schlacht, bei der dieser Abd ar-Rahman den Tod fand, zu besiegen, sie aber schließlich zum Rückzug zu drängen.

Daß die Araber aber keine Niederlage erlitten, lag wohl insbesondere daran, daß sie über eine Heereseinheit verfügten, die die Franken nicht hatten: Panzerreiter. Seit der Zeit dieses erfolgreichen Zurückdrängens der Araber, die seit dem Jahre 720 wiederholt über die Pyrenäen ins Merowingerreich eingedrungen waren, war im Gesamtreich der Führungsanspruch der Arnulfinger, die, wie schon wiederholt bemerkt, erst später als Karolinger bezeichnet wurden, gesichert — und seitdem wurde der Sohn Pippins II. von seinen Anhängern „Karl / Charles Martell" genannt, denn „Martell" heißt „Hammer".

Entscheidend für die weitere Entwicklung des Karolingerreiches und des Feudalismus' wurde dann, daß Karl Martell aus seinen Siegen wie aus seinen Niederlagen die richtigen Schlüsse zog. Ein Ergebnis davon war, daß er die arabische Heereseinheit der Panzerreiter als Vorbild für die Aufstellung einer eigenen solchen Einheit nahm und damit zugleich die Struktur seines Heeres gravierend verändern konnte, denn diese war für das ständige Austragen militärischer Konflikte und das Führen von Eroberungskriegen ungeeignet.

Zum einen standen den Franken östlich des Rheins große und leichtbewaffnete Bauernheere gegenüber, zum anderen nahmen seine Möglichkeiten über ausreichend viele freie Bauern für den Heerdienst in seinem direkten austrasischen Herrschaftsbereich zu verfügen dadurch ab, daß immer mehr

Bauern vom Feudaladel abhängig wurden, so daß der Heerdienst, der ursprünglich als Ausdruck der bäuerlichen Freiheit gegolten hatte, mehr und mehr zur Last wurde. Denn nicht selten kam es vor, daß jährlich Heerzüge zu organisieren waren, so daß die Bauern ihre Felder nicht mehr zureichend bestellen konnten, wodurch ihre Wirtschaftskraft zerstört wurde und letztlich auch Hungersnöte drohten. Diese Folgen kamen vor allem dem Feudaladel zugute. Einmal die Heerzüge selbst betreffend, versprachen solche doch Beute und Eroberung von Land, das dann besiegte Bauern auf Fronbasis zu bestellen hatten. Zum anderen sahen unter den gegebenen Umständen viele fränkische Bauern ihr Heil darin, sich in die Abhängigkeit eines Feudalherren zu begeben, nämlich dann diesem gegenüber zu gewissen Dienstleistungen und Abgaben bereit zu sein, wurde ihnen nur zugesichert, ihr von einem Feudalherren eingezogenes Allod dennoch als erblichen Besitz bewirtschaften zu können und vom Heerdienst befreit zu sein.

Diese, in der Struktur des Feudalismus' selbst begründete Entwicklung, die wechselwirkender Ausdruck sozialer wie wirtschaftlicher Prozesse und Ergebnis der fortgesetzten karolingischen Eroberungspolitik war, diente vor allem dem Adel, und zwar nicht nur, wie gerade bemerkt, auf Kosten der Bauern, sondern genauso zuungunsten der von Karl Martell ausgeübten Zentralgewalt, denn dessen Macht nahm in gleichem Maße ab wie die des Adels wuchs.

Es ist anzunehmen, daß sich Charles Martell darüber im klaren war, daß es auf Dauer schwerlich möglich sein konnte, die mehr und mehr zum Kriegsdienst gezwungen werden müssenden Allodbauern seines mehrheitlich aus ihnen bestehenden Heeres, nicht gegen sich aufzubringen, geschweige für sich zu gewinnen, um die sich verkomplizierenden Machtfragen, einhergehend mit Machtgewinn für den Adel in den verschiedenen Regionen des Gesamtreichs, im Sinne der die Zentralgewalt ausübenden arnulfingisch/karolingischen Hausmeier und ihrer austrasischen Adels-Entourage zu beantworten.

Diese enge Verflechtung von Militärwesen und sozioökonomischer Grundlage galt es aufzulösen und führte zu Konsequenzen, die zu jener Zeit wohl noch niemand überblicken konnte, nämlich der vollen Entfaltung des in sich widerspruchsreichen und deshalb leicht in Dysbalance geratenden europäischen Feudalismus'.

Auch vor _*dem*_ Hintergrund, daß fränkische Grundherren und kirchliche Grundherren durch weitere Landeroberungen zu befriedigen waren, zumal Karl Martell gewußt haben muß, daß weltlicher und kirchlicher Adel, wie es in solchen Kreisen üblich ist, ohne weiteres gegen eine sich schwach zeigende Zentralgewalt paktieren würden — was übrigens im Laufe der kommenden Jahrhunderte dazu führen sollte, daß die deutschen Kaiser wenig bis nichts mehr gegen die Fürsten zu sagen hatten, sondern diese mehr und mehr ihr eigenes Süppchen kochten, wie es bspw. in der Reformation und dann im Dreißigjährigen Krieg exemplarisch zum Ausdruck kam —, müssen Karl Martells machtpolitische Überlegungen ihn dazu geführt haben, daß, einerseits zur Sicherung der ökonomischen Basis (__*Ernteausfälle lösen Hungersnöte aus, wodurch früher oder später die Lage im eigenen Herrschaftsbereich unbeherrschbar würde*__), andererseits zur Abwehr von Begehrlichkeiten anderer Herrscher (__*sowie der fränkischen und kirchlichen Grundherren selbst*__) nach den Reichtümern im Frankenreich, aber nicht anders zur Durchsetzung eigener Begehrlichkeiten, wozu eben auch die Reichtümer in anderen Gegenden und Ländern gehörten, deren Herren selbst über leichtbewaffnete Bauernkrieger verfügten, die Aufstellung eines tatsächlich aus Soldaten bestehenden Heeres, zu dem als entscheidendes Element Panzerreiter gehören müßten, die Bedingung dafür sei, die sich gerade etablierende Feudalordnung aufrechtzuerhalten, weiterzuentwickeln und räumlich auszudehnen.

Diese Aufgabe war nicht allein eine organisatorische, denn die Herstellung der Ausrüstung für und die Aufstellung von Panzerreitern überstiegen die Möglichkeiten seiner eigenen Güter und Werkstätten. Aus diesem Grund griff er auf den Dienstadel[759] zurück und entwickelte diesen zu einer Adelsklasse, die *des*_halb zu einer verläßlichen Größe der Zentralgewalt wurde, da die ihr Angehörenden mit von Karl Martell persönlich zugewiesener Grundherrschaft ausgestattet wurden, das sie nicht als Eigentum, sondern lediglich zur Nutzung erhielten.

Auf diese Weise wurde das Lehnswesen eingeführt. Denn, im Gegensatz zur Zeit der Merowinger, die ihrem Dienstadel Grund und Boden als allodiales Eigentum überließen (__*vergleiche das Edikt von Paris*[760]__), was auch die Arnulfinger erst groß werden ließ, wurde dem Charles Martell verpflichteten Dienstadel, wie gesagt, das Land nur zur Nutzung gegeben. Die Gegenleistung dieses Adels war die Bereitstellung und Ausrüstung von Panzerreiten, die dann an der Spitze des Heeres Karl Martells ritten.

Mit diesem Schritt war die Umwandlung der alten Gesellschaft in die neue Feudalgesellschaft getan, wenn diese auch erst unter Charlemagne zur

---

759 Siehe die Anmerkung zum „Dienstadel" auf den Seiten 607-11, beginnend mit: „Für was ist ein 'Dienstadel' Ausdruck?".

760 Siehe die Seiten 629-32: „Pariser Edikt von 614".

vollen Entfaltung kommen sollte, diese Entfaltung aber ohne _*diesen*_ Schritt nicht möglich gewesen wäre. Denn jenes, was schon auf der unteren Ebene dieser Gesellschaft galt: Überlassung von Land an die Bauern gegen Dienstleistungen und Abgaben, wurde nun auch auf der Ebene der herrschenden Klasse zum bestimmenden Prinzip.

Damit war das *organisierte Durchreichen von Ausbeutung von oben nach unten* gewährleistet: Der König war der Lehnsherr, der über Grund und Boden als Eigentum verfügte, davon vergab er etwas an Feudalherren — *an seine Vasallen* — mit dem Recht ihn als Lehen zu besitzen und zu nutzen, wodurch die Vasallen Grundherrschaften anlegen konnten, wo Leibeigene und Hörige ausgebeutet wurden, die erst die „Verteilung" des so erwirtschafteten Mehrprodukts, reichtum_*mehrend* in den „oberen Etagen" der neuen Gesellschaftsordnung — *ob Feudaladel, Kirche oder König* — innerhalb des Frankenreichs selbst ermöglichten. ... Dies jetzt also unabhängig von den Raubzügen betrachtet.

Ein Teil des erwirtschafteten Mehrprodukts, das ja jenes Erwirtschaftete ist, welches nicht für den eigenen Lebensunterhalt verwendet werden mußte, diente dann für Unterhalt und Ausrüstung der im Dienste des Lehnsherrn stehenden Panzerreiter, was die Bedingung dafür war, daß der Lehnsherr seinen Vasallen im Gegenzug militärischen Schutz bot, solange diese ihm gegenüber loyal blieben — um so mehr, als sowohl sie als auch die Kirchenoberen bei jedem erfolgreichen Raubzug „angemessen" bedacht wurden.

Allerdings gewann diese nach einer Pyramide aussehende Gesellschaftsformation des Feudalismus' ihre volle Komplexität dadurch, daß der vor der Dienstadelverpflichtung schon bestanden habende Adel selbst über Allod, also über eigenes Grundeigentum verfügte, so daß sich vielfältige Arten von Abhängigkeit ausbildeten. Denn ein solcher Grundeigentümer trat zwar durch die Übernahme eines Lehens mit dem König in ein Verpflichtungsverhältnis, konnte aber anderen Adligen aus seinem eigenen allodialen Eigentum Grund und Boden als Lehen geben, wofür er von diesen entsprechende Dienste oder Abgaben empfing. Auf diese Weise entstand eine wechselseitige, ökonomisch begründete Abhängigkeit und Verpflichtung innerhalb des Feudaladels selbst.

Wie eingangs dieses exkursiven Anhangs schon erläutert, ist das Lehen jenes, das zur Zeit Karl Martells noch als *beneficium*, dann als *feudum* bezeichnet wurde. Was dieses vielfältige „gesellschaftliche Verstrickungsgeflecht" bedeutete, verdeutlicht das folgende Zitat exemplarisch:

„[…] Das Grundverhältnis der ganzen feudalen Wirtschaft, Landverleihung gegen Leistung gewisser persönlicher Dienste und Abgaben, lieferte schon in seiner ursprünglichen, einfachsten Gestalt Stoff genug zu Streitigkeiten, besonders wo so viele ein Interesse hatten, Händel zu suchen. Wie nun erst im späteren Mittelalter, wo die Lehnsbeziehungen in allen Ländern unentwirrbare Knäuel von bewilligten, entzogenen, wieder erneuerten, verwirkten, veränderten oder anders bedingten Berechtigungen und Verpflichtungen bildeten? Karl der Kühne z.B. war für einen Teil seiner Länder Lehnsmann des Kaisers, für andre Lehnsmann des Königs von Frankreich; andrerseits war der König von Frankreich, sein Lehnsherr, zugleich für gewisse Gebiete der Lehnsmann Karls des Kühnen, seines eignen Vasallen; wie da Konflikten entgehen? — Daher dieses jahrhundertlange Wechselspiel der Attraktion der Vasallen zum königlichen Zentrum hin, das allein sie gegen außen und gegen einander schützen kann, und die Repulsion vom Zentrum, in die jene Attraktion unaufhörlich und unvermeidlich umschlägt; daher der ununterbrochene Kampf zwischen Königtum und Vasallen, dessen ödes Getöse alles andre übertäubte während jener langen Zeit, wo der Raub die einzige, des freien Mannes würdige Erwerbsquelle war; daher jene endlose, sich immer neu erzeugende Reihe von Verrat, Meuchelmord, Vergiftung, Heimtücke und aller nur erdenklichen Niederträchtigkeiten, die sich hinter dem poetischen Namen der Ritterlichkeit versteckt und in einem fort von Ehre und Treue redet. […]"[761]

Und was daraus dann erwuchs, sei, da ebenso
exemplarisch, über folgendes Zitat verdeutlicht:

„[…] Das feudale Mittelalter entwickelte außerdem in seinem Schoß die Klasse, die berufen war, in ihrer weiteren Ausbildung die Trägerin der modernen Gleichheitsforderung zu werden: das Bürgertum. Anfangs selbst feudaler Stand, hatte das Bürgertum die vorwiegend handwerksmäßige Industrie und den Produktenaustausch innerhalb der feudalen Gesellschaft auf eine verhältnismäßig hohe Stufe entwickelt, als mit dem Ende des fünfzehnten Jahrhunderts die großen Entdeckungen zur See ihm eine neue, umfassendere Laufbahn eröffneten. Der außereuropäische Handel, bisher nur zwischen Ita-

---

[761] Vgl. „Aus dem handschriftlichen Nachlaß" Friedrich Engels, „Über den Verfall des Feudalismus und das Aufkommen der Bourgeoisie", in: MEW, Band 21, Dietz Verlag, Berlin, 1962, die Seiten 396 f.

lien und der Levante betrieben, wurde jetzt bis Amerika und Indien ausgedehnt und überflügelte bald an Bedeutung sowohl den Austausch der einzelnen europäischen Länder unter sich wie den inneren Verkehr eines jeden einzelnen Landes. Das amerikanische Gold und Silber überflutete Europa und drang wie ein zersetzendes Element in alle Lücken, Risse und Poren der feudalen Gesellschaft. Der handwerksmäßige Betrieb genügte nicht mehr für den wachsenden Bedarf; in den leitenden Industrien der fortgeschrittensten Länder wurde er ersetzt durch die Manufaktur. [...]"[762]

Allerdings ist dieser Aussage Engels, die in diesem Zusammenhang von ihm nicht mit dem versehen ist, das den eigentlichen Grund für dieses „Zeitalter der Entdeckungen" abgab, in zwei Punkten zu widersprechen; wodurch auch deutlich wird, daß das Bürgertum vor allem die eigene Freiheit und persönliche Entfaltung meint — *was dann ohne weiteres* „auf Kosten" *anderer bedeutet* —, reden seine Vertreter von „Freiheit" und „persönlicher Entfaltung": Die „großen Entdeckungen zur See" dienten der Erkundung von Vermutetem, das, so wußten die alten Erzählungen zu berichten, sagenhaften Reichtum versprach. Diese Erkundungen dienten der Vorbereitung des Raubs von fremdem Eigentum, der Ausbeutung von Bodenschätzen und Menschen, der Vernichtung ganzer Völker oder ihrer Vergewaltigung und Versklavung. Also war der „außereuropäische Handel" nichts als Ausrauben von Grund und Boden nach seiner Raubnahme. Abgesegnet von der religionsdogmatischen Seite der Vertreter des Christentums (__*vgl. die weiter oben genannten drei päpstlichen Dekrete*_) — und gerechtfertigt von den Intellektuellen, die im Dienste der Macht standen.

Man kann sagen, daß _ohne_ diese von Charles Martell initiierte Strukturverfestigung der durch das Pariser Edikt im Jahre 614 eingeleiteten Feudalisierung der am weitesten fortgeschrittenen nachrömischen Gesellschaft in Europa, als das feudale Eigentum, das Allod, zur Grundlage der feudalen Klassenzugehörigkeit wurde, wodurch erst die feudale Ausbeutung und politisch ausgeübte Macht möglich wurden — *mehr und mehr vom Adel und Klerus für sich reklamiert* —, dieser Prozeß zum Erliegen gekommen wäre.

Ob das schlecht gewesen wäre? Gewiß, diese Frage ist müßig. Aber es kann festgestellt werden, daß an diesem Entwicklungsverlauf nichts war, das zu sagen erlaubte: „nur _so_ konnte es sein", da dies quasi automatisiert er-

[762] Vgl. Friedrich Engels, MEW, Band 20, „Anti-Dühring", die Seite 97.

folgt wäre. Das bedeutet, daß es falsch gedacht wäre, den Feudalismus, die Monotheisierung von Glaubensvorstellungen und alles folgende, wie auch das davor gewesene als einen zielgerichteten *Ent*_wick_*e*_lungs_*Prozeß* unseres Geschlechts verstehen zu wollen. Wenn auch zu sagen ist, daß, ist einmal eine Entwicklungsrichtung eingeschlagen worden, diese eine gewisse „Entfaltungslogik" zeigt, wobei dann der subjektive Faktor sowohl für den Entwicklungsrichtungseinschlag als auch den Verlauf der eingeschlagenen Richtung bestimmend ist. Das heißt vor der entsprechenden „Weichenstellung" (__„Entwicklungsrichtungseinschlag"__) gab es potentielle Entwicklungsmöglichkeiten, die nicht genutzt wurden, so daß ein blutverschmierter Geschichtsprozeß einsetzte, der sich durch die Jahrhunderte bis heute ereignet. — Was sollte daran zu feiern sein? Etwa die „abendländische Kultur", die, so die Behauptung, die „'Kultur' bringende Kultur" ist?

Durch diese Tat Karl Martells wurde jedenfalls der zur Destruktion neigende Feudaladel als Klasse diszipliniert. Das bedeutet, daß der Adel durch das Lehnswesen zur Berücksichtigung der Interessen der Zentralmacht, auch „Reichsinteressen" genannt, gezwungen wurde. Solange durch das Lehnswesen sichergestellt war, daß keine der widerstreitenden Kräfte innerhalb der herrschenden Klasse das „Geschäft" dauerhaft auf Kosten der anderen machen konnte — wobei die „Diplomatie" des Klerus dabei fleißig die Fäden intrigant mitzog —, festigte sich die Struktur des Feudalismus', da durch den ständigen Streit innerhalb des Feudaladels, die Macht auf sein Zentrum gerichtet blieb, so diese Macht, die Fäden — *natürlich* — in ihrem Sinne zog ... nur: wehe nicht! — wie aus dem ersten der beiden obigen Zitat zu schließen ist. Dies ist der Grund dafür gewesen, wieso dieses Lehnsverhältnis für die Feudalgesellschaft bestimmend blieb und bis ins sich bildende Städtebürgertum konsequenzenreich hineinwirkte — wie aus dem zweiten der beiden obigen Zitat ersichtlich wird: so meine diesem punktuell widersprechende Anmerkung hinzugenommen wird.

Zu Karl Martells Zeiten selbst steckte dies alles (__*also das organisierte Durchreichen von Ausbeutung von oben nach unten*__) noch kaum in den Kinderschuhen, und so konnte er die gesellschaftspolitischen Folgen seiner einstigen Überlegungen keineswegs abschätzen. Denn weiterreichende Überlegungen anzustellen hätte bedeutet, den praktischen Schritt zur Verwirklichung seiner einstigen Überlegungen nicht zu vollziehen. Aus Sicht seiner Position konnte es dementsprechend nur darum gehen, die nächst folgerichtigen Überlegungen anzustellen. Und das bedeutete erst einmal lehns_*fähigen*

Grund und Boden zu gewinnen, damit Panzerreiter als wichtigste Einheit seines Heeres überhaupt ausreichend aufzustellen waren. Aus diesem Grund wurden Teile der großen Forsten und Ländereien Austrasiens zur Schaffung von Lehnsverhältnissen gerodet. _*Dies*_ erst eröffnete die tatsächliche Entwicklung zum Lehnswesen hin.

In diesem Entwicklungsprozeß der Feudalisierung der fränkischen Gesellschaft hatte sich die Kirche bereits in bedeutendem Maße Land angeeignet als Karl Martell das Lehnswesen einzuführen begann. So waren die Kirchenvertreter zu veranlassen, einen Teil des angeeigneten Grund und Bodens herauszugeben, was oft allein erst unter Zwang möglich wurde, der dabei gezeigte Protest aber deshalb nicht zu wichtig zu nehmen war, da die ostrheinischen Gebiete als „unerschlossen" und als „reif" zur Einnahme galten — *obwohl sie doch bewohnt waren* — und sich, im Falle ihrer Eroberung, auch diese Kirchenvertreter gütlich halten konnten.

Da in diesen ostrheinischen Gebieten jedoch tatsächlich nicht nur Menschen wohnten, sondern diese auch in entwickelte gentile Sozialstrukturen mit Klassenschichtung eingebunden waren, wie bei den Sachsen in den „sozialen Schichtungen" der *Edelinge*, *Allodbauern* und *Liten*[763], gab es zwei Möglichkeiten, diese Bewohner in die feudale Machtsphäre zu „zwingen": Brechen des Wiederstandes der Masse dieser Gentilgesellschaften — *bei den Sachsen Allodbauern und Liten* — oder Einfügen des Adels — *bei den Sachsen Edelinge* — in die sich ausbildende „Profitkette" des Lehnswesens. Dies war zu jener Zeit leichter gesagt als getan. Und so dauerte es noch bis Mitte des 8. Jahrhunderts, also weit über den Tod Charles Martells im Jahre 741 hinaus, daß die unter der Führung seines Nachfolgers, Pippins III., bei diesem Unterwerfungsversuch geführten Kämpfe und auftretenden Aufstände, und nicht allein der Alemannen und Bayern, da sich das auch im westlichen Frankenreich ereignete, nämlich in Aquitanien, niedergeschlagen waren, und dann, soweit rebellisch, der Adel in den besiegten ostrheinischen Ländern durch Konfiskation seiner ökonomischen Grundlage beraubt wurde oder sich die Adligen dort als Vasallen anboten, wodurch dann das karolingische Feudalwesen des Frankenreichs auch in den ostrheinischen Gebieten, die nun zu Herzogtümern geworden, adlige Verbündete gewonnen hatte.

---

[763] Siehe dazu die Seiten 632 f., beginnend mit: „Die drei Gruppen der entwickelten sächsischen Gentilgesellschaft".

Es wird angenommen, daß die Bezeichnung „Herzog" vom althochdeutschen *herizoho* oder *herzizogo* kommt. Übersetzt bedeutet „Herzog": „derjenige, der dem Heer vorangeht, es 'zieht'". Bei den Franken, auch bei den Langobarden, war ein „Herzog" aber vor allem ein Beamter, der in einem Amtsbereich des Frankenreichs die Interessen des Königs vertrat. Die Rechte und Aufgaben eines Herzogs entsprachen denen eines Grafen. Es war allein die Größe des Amtsbereichs, die „Grafen" und „Herzöge" voneinander unterschieden, d.h. ein „Herzogtum" ist größer als eine „Grafschaft".

Die Bezeichnung „Graf" leitet sich eigentlich vom griechischen *grapheus* her, was soviel wie „Schreiber" bedeutet und im byzantinischen Reich ein Hoftitel war. Aus *grapheus* wurde dann mittellateinisch *graphio*, was in frühmerowingischer Zeit die Bezeichnung für einen mit „Polizei- und Vollstreckungsgewalt" ausgestatteten Beamten aus dem Dienstadel des Königs war. Daraus entwickelten sich dann die entscheidenden administrativen und richterlichen Befugnisse in einem Teilbereich des merowingischen Reiches, später des karolingischen Reiches und des Feudalsystems überhaupt. — Aus dem mittellateinischen *graphio* wurden später das althochdeutsche „gravo" bzw. „gravio", woraus schließlich der „Graf" wurde. — Ein „Herzog", wie auch ein „Graf", sind also königliche Beamte mit administrativen und richterlichen Befugnissen in einem bestimmten „Herzogtum" bzw. einer „Grafschaft".

Das „ideologische Band" dieses in sich heterogenen Karolingerreiches war kein anderes, als das bereits von Konstantin dem Große virtuos genutzte: das monotheistische Christentum und seine einst ebenso schon von Konstantin verfügte Kirchenorganisation, die hie und da lediglich anzupassen war. Deshalb spielte die Schaffung von Bistümern in diesen ostrheinischen Herzogtümern eine wesentliche Rolle, deren Gründung in den 40er Jahren des 8. Jahrhunderts einsetzte und von 742 an unter der Leitung Bonifatius' systematisch fortgesetzt wurde. Bonifatius (__*der, 672/73 geboren, im Jahre 754 von Friesen getötet wurde, als er diese an der Ausübung ihrer alten Riten hindern wollte*__) war in den neuen Herzogtümern, und dann rückwirkten auf das ganze Reich, wesentlich am Aufbau der kirchlichen Hierarchie (__*des Papsttums*__) beteiligt: Papst, Bischöfe und an der Basis die von den Bischöfen eingesetzten Pfarrer, die, selbst unter der Kontrolle der Bischöfe stehend, vor Ort die Menschen „geistlich kontrollierend" zu „begleiten" hatten. Bonifatius war es auch, der das Band zwischen den erst später als Karolinger bezeichneten Arnulfingern und dem Papsttum eng zu knüpfen half, was später im Jahre 754 durch die „Salbung" des Sohnes Karl Martels, Pippins III., besiegelt wurde.

Denn, so offenbar die Überlegung auf beiden Seiten: die merowingischen Priesterkönige waren zwar schon 751 abgesetzt worden, aber, während diese auch ohne „Salbung" als heilig galten, bedurften die Hausmeier dieser „Salbung" durch den Papst, um sie erst „besonders" zu machen, wobei, wie bereits angemerkt, das Salben an sich schon zur Zeit der Römer für jeden hohen Amtsträger des Römischen Reiches obligatorisch war. Das bedeutet, daß die „Salbung", obwohl alles andere als christlich, das Element wurde, das einen christlichen Herrscher erst legitimierte.[764]

Bei rechter Überlegung wird augenfällig, daß alle Riten des Christentums, selbst das als urchristlich geltende Wiederauferstehen (__*war es nicht Osiris, der, zerstückelt an einem Freitag,* „am dritten Tag" *wieder auferstand?*__), alten Kulten entlehnt worden ist, unter gleichzeitiger Zerstörung der damit verbundenen alten Glaubensvorstellungen — wo dies möglich war.

Zu dieser Verflechtung weltlicher und optisch „spiritueller Macht" gehörte auch, daß die Bischöfe, unter dem von Chlodwig I. wiederaufgegriffenen, einst von Konstantin dem Großen begründeten Vorsitz des weltlichen Herrschers[765], nun von den karolingischen Hausmeiern fortgeführt, in der Zeit von 742 bis 745 auf den, der Beratung des fränkischen Königs mit den Adligen und Lehnsträgern dienenden feudalen Hoftagen, die später auch von den deutschen Königen zu diesem Zweck abgehalten wurden und meist an hohen römisch-katholischen Festtagen wie Weihnachten, Ostern oder Pfingsten an entsprechenden „Pfalzen" genannten Königshöfen abgehalten wurden, woraus sich der spätmittelalterliche Reichstag entwickelte[766], zusammentraten — *dann Synoden geheißen* —, um die Voraussetzungen für eine systematische „christlich-feudale Herrschaft" zu schaffen, die vom austrasischen Reichsteil ausging — wozu übrigens auch das Integrieren der Klöster in diese Hierarchie gehörte.

---

[764] Zum „Salben" siehe unter: „Anmerkung zum 'Papsttum'", die sich auf den Seiten 598-600 findet.

[765] Siehe auch die Seiten 596-98, beginnend mit: „Gewiß, es gibt eine ganze Reihe von Unterschieden zwischen Konstantin dem Großen und dem Salier Chlodwig I. ...".

[766] Quelle dieser, den Begriff „Hoftage" betreffenden Bemerkung: *Lexikon früher Kulturen*, hg. von Joachim Hermann et al., 1984.

Von diesem „christlich-feudalen Zentrum" ausgehend, wurde das „weltlich-geistliche System" des Feudalismus' schließlich in allen Reichsteilen zur Struktur und Basis der feudalen Herrschaft, die vom Lehnsherrn, dem Feudaladel und den kirchlich-feudalen Grundherren — *untereinander selbst in widersprüchlicher Abhängigkeit zueinander stehend*[767] — über das Volk in Form weltlicher, physisch spürbarer Macht und über direkt auf die Lebensbedingungen wirkenden Gesetze und Verordnungen, und über kirchliche Macht — *wirksam wegen der in den Köpfen der Masse der Menschen verankerten monotheistischen Ideologie des Paulinischen Christentums* — ausgeübt wurde.

Das von den Karolingern und den Bischöfen geschaffene feudale System hatte die Herrschenden, und damit die Masse der Menschen, tief ins Grobstoffliche der Materia absinken lassen, und da sich ihnen aus diesem Grund die Funktion der Merowinger nicht mehr erschließen konnte, war die Absetzung der Merowingerkönige nur noch eine Formalie, zumal dies für das „neue" Herrschaftssystem notwendig war. Und so war es dann der erster der Bischöfe, den Sitz Petri in Rom besetzend (__*denn Petrus gilt den Anhängern der Jesusbewegung als der* „erste Apostel", *da es behaupteterweise Petrus gewesen sei, der Jesum nach seiner behaupteten Wiederauferstehung als erster gesehen habe*__), der es guthieß, daß sich Pippin III. (__714/15-768__) von dem austrasischen Adel und Bischöfen im Jahre 751 zum König der Franken wählen ließ.

Die Sache mit dem „Fels, auf den Jesus seine Gemeinde bauen" wollte, wie in einer der Propagandaschriften dieser Bewegung zu lesen ist[768], ist als eine der vielen *Zurecht*_Formulierungen der Propagandaschriften dieser Bewegung zu werten, zumal diese, wenn auch populär, nicht als „Begründung" für die Erstrangigkeit Petri gilt, sondern es sind die folgenden Stellen: Siehe Lk 24, 34: „[...] Der Herr ist wahrhaftig auferstanden und Simon [__Petrus__] erschienen." Siehe 1. Kor 15, 4.5: „[...] und das er auferstanden ist am dritten Tag [...] und daß er gesehen worden ist von Kephas [__Petrus__], dann von den Zwölfen."— Wieso das _*so*_ da steht, ist unklar, denn laut Paulinischer Jesusbewegung waren im Auftrag Jesu zwölf Apostel unterwegs, die Formulierung müßte demnach lauten: „[...] gesehen worden [__...__] von [__Pe-

[767] Siehe dazu das Zitat auf der Seite 659, beginnend mit: „*Das Grundverhältnis der ganzen feudalen Wirtschaft* ...".

[768] Vgl. Mt 16, 18.

trus__], dann von den [__anderen Elfen__]". Aber, gewiß, das läßt sich sprachlich schon zurechtbiegen: zuerst sah ihn Petrus, später dann sahen ihn alle zwölf Apostel zusammen. ... Aber bloß nicht erwähnen, daß Maria Magdalena selbst, wenn man im Rahmen der in diesem Glaubenskanon erzählten Geschichte bleiben will, Apostelin gewesen sein muß. Einmal deshalb, da _*sie*_ es und nicht Petrus ist, die Jesum zuerst sieht und mit ihm spricht, die den verzagten männlichen Jüngern den — *wie es heißt* — „zwölf Aposteln", die frohe Botschaft verkündet: „Maria von Magdala geht und verkündet den Jüngern: Ich habe den Herrn gesehen, und das hat er zu mir gesagt."[769] Was aber hatte — *laut diesen Schriften* — Jesus gesagt? Nun, daß sie — Maria von „Magdala" — seinen „Brüdern" berichten solle, er werde zu seinem Vater und zu ihrem Vater, zu seinem Gott und zu ihrem Gott auffahren.[770] — *Unter den Gläubigen dieser Paulinischen Jesusbewegung gilt Magdalena aber nach wie vor als* „Sünderin" — auch wenn manche sich emanzipieren wollende Frauen, Magdalena als ihre Gewährsfrau nehmen: ob sie ihr damit gerecht werden? Zum anderen deshalb, da Magdalena die später als „Provence" bekannt gewordene Gegend evangelisierte, so wissen es jedenfalls die Menschen dort heute noch zu berichten. ... Und wenn sie ursprünglich eine ganz andere „Botschaft" verkündete, bevor das „große Umschreiben" systemisch geübt wurde?[771]

Aber alles eine rein weltliche Machtfrage, immerhin war der Papst selbst ohne jede Macht, das Zusammengehen mit den Karolingern, die auf diese Weise selbst ihre weltliche Autorität absegnen lassen konnten und diese, da sie um deren Nutzen wußten, die Bischöfe in ihrem Sinne walten ließen, und den Papst nicht anders. Denn der bestätigte nur erneut, da als _*die*_ geistliche Autorität geltend, was Bonifatius Pippin III. schon bestätigt hatte: der Königswürde zu entsprechen. Mit der Absegnung und dann der 754 erfolgten Salbung, sich in diesem Zusammenhang gewiß auf die „Konstantinische Schenkung" berufend, war die Bindung zwischen der weltlichen Macht und der im Dienste der weltlichen Macht stehenden römisch-katholischen Macht in großen Teilen Europas dauerhaft geknüpft.[772]

---

[769] Vgl. Joh 20, 18.

[770] Vgl. Joh 20, 17.

[771] Unter anderem ist in einem späteren Buch auf Magdalena und damit dann auf diese Frage zurückzukommen.

[772] Siehe weiter oben auf den Seiten 194-99, beginnend mit: „Die 'Konstantinische Schenkung'".

Exkursion

Es ist hier, daß der Dualismus zwischen Papsttum und fränkischem Reich und, später dann, dem meist als deutsches Kaiserreich bezeichneten Reich seinen Anfang nahm. (__*Bezeichnenderweise hieß dieses Reich offiziell aber* „Heiliges Römisches Reich", *später, als es sich auf den vom ostfränkischen Reich beherrschten Raum beschränken mußte*: „Heiliges Römisches Reich deutscher Nation" *und nicht* „deutsches Kaiserreich", *wenn es auch landläufig so genannt worden sein mag*. Denn, sozusagen vorbereitet durch die „Salbung" Pippins III. durch Papst Stephan II. im Jahre 754, wurden die Beziehungen zwischen der neuen Großmacht in Mittel- und Westeuropa und dem byzantinischen Reich mit mehr oder weniger großem Erfolg belebt, so daß es, bei etwas mehr Kompromißfähigkeit auf beiden Seiten, zu einer tatsächlichen Vereinigung beider Reiche, und damit zur Wiederherstellung des Römischen Reiches, was zumindest eine potentielle Möglichkeit war, hätte kommen können. Und _*dies*_ — die „Erneuerung des Römischen Reiches" — war das Ziel (__*dokumentiert durch die Losung, die Charlemagne für sein Siegel nach seiner Krönung zum Kaiser anfertigen ließ*: „Renovatio Romani Imperii"__), nicht die Schaffung eines deutschen oder/und französischen Reiches. Und selbst die dann tatsächlich realisierte Option, die Schaffung eines neuen Weströmischen Reiches, blieb an der Person des Sohnes Pippins III. gebunden, denn es bestand lediglich zu seiner Zeit sicher, beginnend mit der Krönung Karls des Großen zum Kaiser im Jahre 800 und schon mit seinem Tod im Jahre 814 endend. Bereits danach — *spätestens jedenfalls ab 830* — setzten die Querelen zwischen seinem Sohn, dem von ihm (__*nicht vom Papst!*__) zum Nachfolger bestimmten und schon 813 zum Mitkaiser eingesetzten Ludwig I. (__dem Frommen__) und dessen Söhnen um die Macht im ungeteilten Frankenreich ein. Woraus sich später zwar tatsächlich Frankreich und Deutschland entwickelten. Aber geplant war daran nichts. Kein Wunder, meinten doch die Herrschenden stets sich, nicht ihre Untertanen, ging es um diese Reichsteile und deren Geschicke — die Völker mußten dann „mitgehen", gestalteten selbst aber nichts. Keine gute Basis für die Behauptung: das deutsche Volk hatte ein eigenes Territorium, genannt „Heiliges Römisches Reich deutscher Nation". Denn die Herrschenden dieses Reiches hatte dieses Volk und andere Völker zu Untertanen — *nicht mehr und nicht weniger* —, und dies offenbar bis heute.

Vgl. die Seiten 641-49, beginnend mit: „Eine kleine, die Begriffe 'deutsch', 'Deutschtum' und 'Deutschsein' betreffende Exkursion", sowie, zwar in einer späteren Phase einsetzend, aber so den Bogen bis ins Heute schlagend, siehe: « Sie fragen noch, wie die ›Verhältnisse‹ liegen? », Aspekt 41.

Denn es ist so:

Die Grundlage der eigenen Existenz, beginnend mit der ersten Bewußtwerdung des Existierens auf entsprechender Grundlage: Als Person, die direkte soziale wie natürliche Umwelt; als Gesellschaft, Nation, Volk, die territoriale Besonderheit und die „gesellschaftlichen Regeln und Normen". ...

Jene Grundlage ist gemeint, die existierte, als sich in einer Person konkret, bzw. in den Menschen einer Gesellschaft, allgemein Bewußtsein über das _*eigene*_ gesellschaftliche Sein ausbildete — womit eine *eigen*_artige Lebensweise, *eigen*_artige Lebenseinstellung und *eigen*_artige Wahrnehmung gemeint sind, als Ausdruck persönlicher wie kollektiver Charakter_*Prägung*.

Waren die entscheidenden Elemente dieser „Grundlage", also die sozialen Regeln, Gesetze und Verordnungen des Staates (__*oder des Reiches*__) fremdbestimmte, nämlich von einer Machtelite verordnete, und gleichgültig, ob diese Machtelite nun zum sogenannt eigenen Volk gehörte oder die eines anderen Staates war (__*dies ein Umstand, der genauso heute gilt*__), und war diese Grundlage weit vorherrschend, andere Gesellschaften bestimmend beeinflussend, prägte so das Sein der Menschen in Masse, galt auch als Hochkultur, und geht dieser, diese Gesellschaft(__*en*__) bestimmt habende Staat (__*oder Reich*__) unter, so werden dessen organisatorische Strukturen, ob gewollt oder nicht, die Matrize für einen oder mehrere sich auf seinen Trümmern neu bildende/n Staat/en abgeben ... solange es von diesem untergegangenen Reich oder Staat und seinen Strukturen ein über architektonische und andere dokumentarische Überbleibsel erinnerungsgestütztes (__*und mythisiertes*__) Bewußtsein (__*da zeitlich fern*__) gibt. ...

Ein Bewußtsein, das, wegen der real erlebten, sich neu bildenden staatlichen Verhältnisse, die noch kein eigenes, einen Vorbildcharakter haben könnendes Bewußtsein erzeugen, diesen untergegangenen Staat (__*oder dieses untergegangene Reich*__) als ideal erscheinen läßt, dem nachzueifern oder ihn/es wiederaufzurichten als gesellschaftlich verbindende Aufgabe „begriffen" wird. Dies allerdings mit dem _*eigenen*_ Bewußtsein, also mit dem Bewußtsein, das im gesellschaftlichen *Ist*_Zustand präsent ist — von dem aus ja der „Blick" auf jenen untergegangenen Staat bzw. jenes Reich zurück erfolgt. Wodurch schon so manche politische Bewegung entstanden ist, die die Masse der Menschen kirre zu machen in der Lage war (__*und ist*__). ... Da das von Versprechungen genährte Hoffen schöner zu sein scheint als das Tun? ...

Schöner als jenes Tun, das die Masse der Menschen zum *subjektiven Faktor* werden läßt? Beispielsweise, und nun im _*eigenen*_ Interesse, denn _*das*_ bedeutet: „subjektiver Faktor", eine Gesellschaft zwar noch mit einer staatlichen Struktur zu verfassen, die als Gerüst zu denken, das _*dann*_ weggenommen werden kann, ist kollektiv *Citoyenneté* erreicht: volle Bewußtheit des einzelnen Menschen in der Gemeinschaft, also nicht in der *Unter*_Ordnung, nicht in der *Über*_Ordnung, sondern in der *Gleich*_Ordnung im Sinne von: gleich unter Gleichen zu sein und doch individuell eigen, aber nicht neurotisiert „eigen" zu sein. Nämlich eine Gesellschaft zu schaffen, der ein gemeinsames Bewußtsein _*eigen*_ ist. ... Gewiß, je persönlich „gefärbt", demnach als „Einheit in der Vielheit": *e pluribus unum* zu verstehen. Das bedeutet aber: nicht fremdbestimmtes Bewußtsein, nicht von einer Machtelite „*ver*_ordnetes" Bewußtsein, da _*dann*_ erst Ausdruck von so kollektivem wie individuell *selbst*_bewußtem Sein.

Dies durchaus ein selbstbewußtes Sein, das wohl von einer revolutionären Gruppe initiiert ist, da für einen kollektiven emanzipativen Prozeß ein auslösender subjektiver Faktor notwendig ist, damit die Masse der Menschen jener Gesellschaft, die sich ihrer bewußt wird und deshalb emanzipieren will, selbst zu _*dem*_ — *mit entsprechendem Bewußtsein verbundenen* — subjektiven Faktor werden kann, so daß das „alte", vorstellungsmäßig im Bewußtsein seit langem verankerte, bei genauer Betrachtung jedoch keineswegs ideal *Ge*_wesene, aber, eben auf Grund von „Hoffen" und „Versprechen", als „ideal" geltend, _*nicht mehr*_ zur dauerhaften Triebkraft fürs Sehnen, Streben und Hoffen nach der Wiederherstellung des in der Vorstellung verklärt daherkommenden „Ehemaligen" werden kann. _*Hingegen*_ diese Kräfte _*dieser*_ machtelitenbestimmten „Tradition" vom kollektiv gewordenen subjektiven Faktor so kühl überlegt wie bewußt zu brechen sind. Und das geht ausschließlich über die bewußt gewordene, also emanzipierte und emanzipierende Kraft der wirklichen Menschen, die andere Nöte und deshalb andere Interessen haben als solche Figuren, die sich als Vertreter einer Elite verstehen, die im Dienste jener Machtgruppen (__*Machtelite*__) funktionieren, die eben jenes „Ehemalige" in _*ihrem*_ Sinne *re*_etabliert sehen wollen. ...

Und das galt nicht nur bis „gestern", sondern wird mit _*aller*_ Kraft von den — *diesem* „Ehemaligen" *verhaftet seienden* — Machteliten und ihren Satelliten in Politik, *spin*_doktorischer Wissenschaft, Konzernen für Meinungsorientierung und Kulturbetrieb zu *re*_etablieren versucht. ... Beispielsweise in der EU unter der „Idee" des Neowilhelmoliberalismus', dem die „Ideen" des Wilhelminismus' und des Neoliberalismus' als „Basis" eigen sind, der „ideell" nicht fern von dem ist, das einst Römisches Reich hieß. Allerdings aus _*dem*_ Bewußtsein heraus passend gemacht vorgestellt, das schon einst mit der Ausbildung des Wilhelminismus' einherging, und bereits zu jener Zeit — *wie auch heute im sich machtelitär konstituieren wollenden orwellianischen EU-Imperium* *des Friedens* — lediglich aus machtelitärer Sicht „Größe" mit dem assoziierte, was einst „Römisches Reich" hieß, und allein in _*diesem*_ Sinne zur Zeit Karls des Großen versuchsweise wiederbelebt wurde — und: scheitern mußte.

Denn den Machteliten des verklärten „Ehemaligen", damals wie heute, fehlt jenes, das für ein potentiell erfolgreiches Versuchen notwendig ist: Balance im Tun, im Denken, im Fühlen. ... Eine Balance also, die mit einer, dem verklärten „Ehemaligen" verhafteten Machtelite und ihren Satelliten nicht realisierbar ist: zum Glück! ... Denn welch eine Monstrosität sollte daraus „werden"? ...

Hingegen: Einzig die kollektiv zum subjektiven Faktor werdenden Menschen könnten das, da dann _*ihre*_ Interessen bei allen gesellschaftlichen Angelegenheiten bestimmend wären, so daß Balance im Tun, im Denken, im Fühlen erst möglich würde und gesellschaftliche Strukturbildung _*nicht*_ der Freiheit auf Kosten anderer diente. Und _*dies*_ löste einen *kon*_struktiv unabsehbar folgenreichen Prozeß aus, da _*dann*_ erst das blockierte *menschen*_geschlechtliche Potential — *folglich in jedem Menschen steckend* — _*nicht*_ überschießend, aber stetig pulsierend frei würde.

Nun, in diesem widerspruchsreichen, damals als Feudalismus bezeichneten, heute als Neowilhelmoliberalismus zu bezeichnenden gesellschaftlichen Machtsystem ereignen sich seitdem (__*also seit der Etablierung des Lehnswesens*__) die erbitterten Kämpfe der verschiedenen Machtgruppen und ihrer Hierarchien in Europa — zuerst auf der Basis der engen Bindung zwischen der weltlichen Macht und der, im Dienste der weltlichen Macht stehenden römisch-katholischen Macht, dann — *zunehmend mit der politischen Reaktion gegen das in den bürgerlichen Revolutionen liegende Potential* — auf der Basis einer politisch-industriellen Machtkomplex-Entität, deren eine Ausprägung das orwellianische EU-Imperium des Friedens sein wird, so es sich tatsächlich im Jahre 2025 konstituiert.[773]

Ende dieser Exkursion

Zum Abschluß dieses exkursiven Anhangs ist auf die Brutalität hinzuweisen, durch die allein das Karolingerreich zu errichten möglich war, damit deutlich werden kann, daß an den Träumereien, die von Teilen der heutigen

---

[773] Siehe Die *tri*_logische Sezierung [...], in diesem Zusammenhang insbesondere Band III, beide Teilbände.

EU-Funktionselite (__den *Spin*_Doktoren der EU__) den Menschen eingeflüstert werden, alles machtelitäres Streben und nichts Konstruktives ist, da die politische Entität EU ausschließlich den Interessen der europäischen Machteliten nützlich ist[774], die aber widerstreitende sein müssen, da diese „Eliten" ihre Basis in dem haben, was als „Nationalstaaten" bezeichnet wird. Diese Basis wird jedoch gerade durch die vom EU-Hegemon verlangte Politik (__*Austerität, Militarisierung*__) brüchig, da sich hierdurch der soziale Druck für immer größere Teile der „EU-Gesellschaften" erhöht und so auch die gesellschaftlichen Verhältnisse prekär werden müssen.

Gewiß, der Aufbau einer ausschließlich der EU verpflichteten Elite, und damit dem EU-Hegemon verpflichtet, ist möglich und wird auch versucht, allerdings kommt es dadurch zu einer direkten „Opposition von 'Oben'" gegen die Masse der Menschen in den Mitgliedsländern der EU, so daß die politische Entität EU von dieser als Zwangsjacke empfunden wird. Diese Entwicklung ließe sich dann nach innen allein noch militärisch unterdrücken, bzw. der sich mehr und mehr aufbauende soziale Druck, unterstützt von begleitender Propaganda über die mit im „Boot der Macht" sitzenden Medienkonzerne, bedürfte eines „äußeren" Feindes (__*der auch ein Virus sein kann*__), damit sich dieser Druck nicht gegen diese „Eliten" entlädt.[775] — Also derartig praktiziert, wie es Karl der Große mit den Sachsen tat?

Karl der Große, Besieger der Sachsen

Es mag stimmen, daß der „europäische Feudalismus" ein Fortschritt bedeutet, vergleicht man die Ökonomie der „europäischen Sklavenhaltergesellschaft". Ebenso soll nicht bestritten werden, daß Charlemagne, daß Karl der Große, — also je nach Reklamation —, der als *Carolus Magnus* schon zu seiner

[774] Siehe Die *tri*_logische Sezierung [...],Bd III, Tb 2, Kapitel 18, dort ab der Seite 476.

[775] Mit *Le rayon des Lumières — Quelques remarques sur* « l'Empire de la paix » *orwellien, nommé l'UE*, habe ich ein Manifest vorgelegt, das alles notwendig zu Wissende enthält, will eine Bevölkerung — notwendig aus sich heraus, um nicht von irgendeiner der Tamtam-Parteien des lobbykratischen Systems in die nächste gesellschaftspolitische Sackgasse *ab*_gelenkt „geführt" zu werden — den „emanzipativen Sprung" wagen, sich von machtelitärer Fremdherrschaft zu befreien. Dies ein „Sprung", der, das ist gewiß, am besten weltweit kollektiv zu unternehmen ist.

Lebenszeit bezeichnet wurde, für jenes verantwortlich ist, das, wenn auch nicht erklärend, als „Karolingische Renaissance" bezeichnet wird und sich später zu einer eigenen Kultur der Feudalgesellschaft entwickelte, wozu bspw. die Universitäten gehörten, die aber tatsächlich als Kaderschmieden des Feudalismus' zu verstehen sind, wo also die *Scholastik* von zentraler Bedeutung war — aus _*diesem*_ Grund soll Bologna im Jahre 1088 als erste dieser „Schmieden" gegründet worden sein.[776]

An dieser Stelle ist die Bemerkung opportun, daß die „geistige Ausbildungsstätte" von Nâlandâ, unweit der Stadt Rajgir im heutigen indischen Bundesstaat Bihar gelegen, als erste Universität der Welt gelten kann. Denn sie scheint bereits im 5. Jahrhundert als Hochschule gegründet worden zu sein. Die Universität Nâlandâ entwickelte sich zu einem wichtigen kulturellen Zentrum der Nachvedischen Gesellschaft in dem Philosophisches aus brahmanischer und buddhistischer Perspektive, aber u.a. auch Medizin und Astronomie aus wissenschaftlicher Perspektive gelehrt wurden. Wenige Jahrhunderte später lehrten dort schon mehrere tausend Professoren die 10.000 in der Nâlandâ eingeschriebenen Studenten. Im Jahre 1200 wurde sie auf Veranlassung des Sultans von Delhi vollständig zerstört. Übrigens hatten jene buddhistischen Mönche, die nach Tibet die Mahâyâna-Philosophie brachten, und so eine wesentliche Ausprägung des tibetischen Buddhismus' begründeten, diese Philosophie in der Nâlandâ studiert.

Und im marokkanischen Fès war es, daß im Jahre 859 von Fatima al-Fihri, der Tochter eines wohlhabenden Kaufmanns namens Mohammed Al-Fihri, die Moschee Al-Qarawiyyin mit einer angegliederten *Madrasa* gegründet wurde, die sich zum geistigen Zentrum der islamischen Welt entwickelte, wo, selbstverständlich neben islamischer Theologie, schon ein weites Wissenschaftsfeld bearbeitet wurde, wozu u.a. Mathematik und Geographie gehörten.

Dieser Mohammed Al-Fihri war mit seiner Familie von Tunis gekommen, so daß es sein kann, daß seine Tochter Fatima al-Fihri die Idee, in Fès eine Moschee mit angeschlossener Hochschule zu gründen, von dort mitgebracht hat. Denn in Tunis war schon im Jahre 703 die Zaytouna-Moschee-Schule gegründet worden. Und es ist auch nicht ausgeschlossen, daß von Fès

---

[776] Zur „Scholastik" siehe in: Die *tri*_logische Sezierung [...], Bd III, Tb 2, den Anhang 1.

aus diese Idee über Spanien nach Europa kam, die dann im Jahre 1088 der Gründung der ersten europäischen Universität in Bologna die Impulse gab.

Könnte diese kleine Beleuchtung verdeutlicht haben, daß die „Welt“ nicht darauf warten mußte, daß sich schließlich auch in Europa Ansätze von „systematisiertem wissenschaftlichem Denken“ zeigten ... zumal dieses — *auch dort* — nicht ideologiefrei war?

Nun, dieser Fakt ist aber nicht das Thema dieses Buches, sondern die Blutspur, die von den monotheistischen Glaubensvorstellungen durch die Jahrhunderte gezogen worden ist und wird — ob als tatsächlich religiöse Systeme oder als „säkular-monotheistische“ Systeme, wie der Neoliberalismus eines ist, spielt offenbar nicht die entscheidende Rolle, wie u.a. in Kapitel 8 des Ihnen vorliegenden Buches verdeutlicht ist.

Auch bin ich _*nicht*_ davon zu überzeugen, daß, nur weil es _*diese*_ geschichtliche Entwicklung zum Feudalismus hin gegeben hat, und dann mittelbar daraus jenes entstanden ist, das als „Nationalstaaten“ bezeichnet wird, das wiederum aktuell — *machtpolitisch* — zu dem „transformiert“ wird, das ich als orwellianisches EU-Imperium des Friedens bezeichne, keine andere geschichtliche Entwicklung möglich gewesen wäre. Denn, was wäre das für ein Denken? Das wäre überhaupt kein Denken. Das wäre lediglich das Konstatieren eines sich ereignet habenden geschichtlichen Entwicklungsablaufs, dem jedoch weder Automatismus noch Naturgesetzlichkeit eigen sind, in dem sich hingegen „bloß“ pure Machtpolitik ausdrückt, in der sich bis heute — *heute nur ganz anders verschleierbar* — das ausdrückt, das schon für Karl den Großen und seine aus Adel und Klerus bestehende Entourage bestimmend war: eine von Krieg, Brutalität, Willkür und Menschenverachtung geprägte Politik.

Läßt man alle Legenden und Mythenbildungen beiseite, ist festzustellen, daß das Karolingerreich, in der Nordsüdausdehnung schließlich von Mittelitalien bis zur Nordseeküste und zur Unterelbe und in der Ostwestausdehnung von der Adria und der Donau bei Budapest bis nach Nordspanien und bis zur Atlantikküste reichend, ein zusammengestohlenes Reich war, in dem quasi ständig irgendwelche Heerzüge zum Plündern und Zerstören von Staaten und Stammesreichen zu organisieren waren. Was mit der Feudalstruktur direkt zu tun hatte, denn für die Aufrechterhaltung der Herrschaft mußte ständig Beute gemacht und unter den Herrschenden verteilt werden oder irgendein Landstrich mußte gegen einen anderen, irgendeinem Adligen oder Kirchenfürsten weggenommenen, als Ersatz gegeben werden. Zumal die Ökonomie stetig ausbeutbarer Menschen bedurfte, die, mitunter zwar tatsächlich über geringes Allodialeigentum verfügend, lediglich wegen der Illusion von Freiheit und wegen des an die Scholle Gebundenseins, oder des auf Fronhöfen des Adels und der kirchlichen Grundherren eher nach Art von Sklaven Arbeitens, und deshalb, da sie keinen Führsprecher hatten, über lange Jahrhunderte stumme Masse blieben ... und deshalb keine Geschichte hatten? — Nun, mit der im Jahre 768 an Charlemagne / Karl den Großen übergegangenen „Königswürde" verging jedenfalls kaum ein Jahr, das ohne mit Vorbedacht geführten Krieg geblieben wäre.

Auf Karls des Großen „Wunsch" hin, nach Art eines „Paten" der Mafia, wurde im Juni 772 auf der Reichsversammlung in Worms auf die Agenda der Macht der Krieg gegen die Sachsen geschrieben und sofort erklärt. Denn noch im selben Jahr fand der erste Heerzug gegen den sächsischen Stammesverband statt. Der Krieg wurde auf beiden Seiten mit aller Härte geführt — dreißig Jahre währte dieser Kampf. ... Ob Karl, sein Adel und seine Kirchenfürsten diesen Krieg vom Zaun gebrochen hätten, wäre ihnen das bewußt gewesen? Wahrscheinlich schon, da das auf der Agenda der Macht Stehende so unbedingt wie stets „*ab*_zuarbeiten" ist, wenn nur reiche Beute anzunehmen ist, was allerdings nicht immer abzuschätzen ist und, in der Tat, für diesen Krieg nicht zutraf.

Und selbst nach diesem jahrzehntelangen Kämpfen blieb die Ruhe trügerisch, wenn auch dort die Feudalordnung peu à peu in den mitteleuropäischen bis in die osteuropäischen Länder hinein entwickelt und etabliert werden konnte.

Es waren dann die *Edelinge* (__der sächsische Adel__), die mit den Franken und dem Klerus anfingen gemeinsame Sache zu machen, als, nach langen wechselvollen Kämpfen, wo der letztliche Sieg nicht von vornherein feststand, Karl im Jahre 782 verfügte, daß die „fränkische Ordnung" von nun an gelten würde und die Grafschaften mit frankentreuen sächsischen Edelingen besetzt wurden. Dies war ein schwerer Schlag gegen die sächsische Stammesstruktur, deren schon einsetzendes Bröckeln der sozialen Schichtung sich Karl dadurch zunutze machte, daß er die Edelinge mehr und mehr auf seine Seite zog — durch Korrumpierung. Aber seit wann zählt persönliche Würde, geht es um die Macht, die ohne Korrumpieren erst gar nicht existierte?

Noch aber war die Widerstandskraft der Sachsen nicht gebrochen — wie sich, sozusagen als Antwort auf dieses Vorgehen Karls und der Verräter in den Reihen des sächsischen Adels, kurz darauf zeigte, als ein fränkisches Heer fast vollständig vernichtet und dann sächsische Grafen niedergemacht oder vertrieben wurden. Doch das Band zwischen den freien sächsischen Bauern, den halbfreien Liten auf der einen Seite und den Edelingen auf der anderen Seite war zerrissen. Die Edelinge hatten die Seite gewechselt, schlossen sich mit fränkischen Truppen zusammen und so wurde der Aufstand niedergeschlagen. 4.500 Sachsen lieferten die „Edelinge" an die Franken aus, die Karl der Große in Verden an der Aller köpfen ließ — sozusagen zur Mahnung und mit dem „Segen 'Gottes'".

Und als der Sachse Widukind, von dem mehr Mythisches als geschichtlich Faßbares bekannt ist (__*er wird 777 erstmals erwähnt*__), der als einer der großen sächsischen Führer gilt, sich im Jahre 785 in Attigny bei Reims, dort nämlich, wo zu jener Zeit noch die fränkischen Könige zu residieren pflegten, taufen ließ, muß es für die Sachsen wie ein Schock gewesen sein. Und in der Tat, damit hatte sich der sächsische Adel vom Stammesverband endgültig abgelöst. Die von Charlemagne verfügte Verordnung, „die sächsischen Gegenden betreffend" (__die *Capitulatio de partibus Saxoniae*__), ließ dann nicht mehr lange auf sich warten — und damit stand die feudale Macht in Sachsen, was in etwa dem heutigen Westfalen entspricht, auf „juristischem Papier". Und was bedeutete das?

Todesstrafe für jene, die sich gegen König und Adel und Kirche verschworen, einen Grafen oder andere Herrn töteten, an den angestammten Sitten und Bräuchen festhielten, die Fastenzeit nicht einhielten, Kinder nicht binnen Jahresfrist taufen ließen. Handwerker und Maurer waren aber gut beschäftigt, bauten Kirchen überall, eigentlich in jedem Dorf. Kirchliche Grundherrschaften wurden festgelegt, Knechte und Mägde zugewiesen, der Kirchenzehnte festgesetzt. Zugleich hatten die Bauern dem fränkischen König Kriegsdienst zu leisten. Freie Versammlungen waren untersagt. Nur in Gegenwart von Königsboten oder Grafen durften Versammlungen überhaupt stattfinden. Das Thingwesen wurde zerstört. Immer mehr Bauern gerieten in feudale Abhängigkeit ... verloren ihre Freiheit. Friedhofsruhe herrschte im fränkisch eroberten Land.

Dennoch brachen 792 erneut große Aufstände aus, die bis ins Jahr 804 hinein anhielten. Diese Aufstände zeigten Merkmale eines Klassenkampfes, der sich gegen die adligen Franken und Sachsen, gegen die Kirche und gegen die Frankenherrschaft überhaupt richtete. Dieser Kampf gegen die Fremdherrschaft der Franken wurde nicht auf dem Schlachtfeld entschieden, sondern erst als Karl der „Große" zum Mittel der Massendeportation griff, und so Männer, Frauen und Kinder von ihren angestammten Wohnsitzen in weit entfernte Gegenden seines Reichs verschleppt wurden. Erneut legte sich aufgezwungenes Schweigen über das Land. Die Sachsen schienen besiegt, so daß die weltlichen und kirchlichen Fürsten für die nächsten Jahrzehnte in ihrem Sinne schalten und walten konnten.

Vor diesem Hintergrund der verlustreichen, letztlich wenig Beute eingebracht habenden Erfahrungen mit den Sachsen, ist es möglich, daß dies bei

Karl die Erkenntnis reifen ließ, daß sein heterogenes Reich keine weitere große Ausdehnung vertragen würde, sieht man jetzt von den Kriegen gegen die Langobarden und Bayern ab, die noch notwendig waren, die Wohnstätte des Papstes zum Teil des Frankenreichs werden zu lassen, was durchaus stärkere Verwicklungen mit dem byzantinischen Reich bedeutet hätte, wäre dieses Reich in besserer Verfassung gewesen. So aber wurde Karl im Jahre 784 zum „König der Langobarden" gekrönt und zum „Patricius der Römer", d.h. zum „Adligen der Stadt Rom".

Ursprünglich gehörte ein *Patricius* der römischen Gentil-Aristokratie an. Später wurde dies ein von Konstantin dem Großen vergebener „Titel der Würde". Im 5. Jahrhundert wurde damit der 1. Heerführer des Weströmischen Reiches bezeichnet. Dieser wurde auch an Keltogermanen wie Odoaker (__433-493__) oder Theoderich den Großen (__454-526__) verliehen.

Im Jahre 788 wurde der unbotmäßig gewordene bayrische Herzog Tassilo beseitig. 796 eroberten die Franken das Hauptlager der Awaren zwischen Donau und Theiß. In den Jahren 805 und 806 wurde Böhmen Teil des fränkischen Reiches, die Sorben zwischen Elbe und Saale unterworfen und die sorbische Mark eingerichtet. Damit war das Karolingerreich zum größten feudalen Reich Europas geworden. Da seine Ausdehnung allerdings primär auf Unterwerfung und Zwangstaufe beruhte, konnte das keine Basis für ein dauerhaftes Reich sein — für die Ausbildung echter Klassen-Gegensätze hingegen schon.

In der „Pracht" dieser räumlichen Größe mag der Gedanke der „Erneuerung des Römischen Reiches" naheliegend gewesen sein. Aber auf diese Weise ein „deutsches" oder „französisches" Imperium zu errichten, kann nicht Teil eines solchen machtpolitischen Denkens gewesen sein. Denn Karl ließ lediglich „Renovatio Romani Imperii" in sein Siegel eingravieren, das er nach seiner Kaiserkrönung in Rom im Jahr 800 bis zu seinem Tod verwendete.

Diese Kaiserkrönung war durchaus ein Affront gegen die byzantinische Macht, denn einzig der Kaiser von Byzanz besaß diese Autorität in Europa. Aber alle wollten hoch hinaus: Karl der Große, sein Adel und sein Papst.

Entsprechend wurde diese Krönung mit einer Legende ausgestattet, was dann später noch zu so manchem Streit zwischen weltlicher Macht und Päpsten Anlaß gab. Hatte doch, wie es heißt, der Papst Karl — *gegen dessen Willen* — diese Krone aufgesetzt. Denn diese Krone hätte er sich normalerweise selbst aufgesetzt. Aber alles war päpstlicherseits arrangiert: Karl befand sich kniend im Gebet, so daß das Aufsetzen der Krone von ihm zu ertragen war, sollte es nicht zum Eklat kommen. Seinen Sohn, Ludwig den Frommen, bestimmte dann Karl selbst zu seinem Nachfolger und setzte ihn schon vor seinem Tode zum Mitkaiser ein, womit der Papst wieder in die zweite Reihe gestellt worden war. Später bestanden die Päpste darauf, das Krönungszeremoniell zu vollziehen — wobei ihnen der Trick mit der „Konstantinischen Schenkung" erneut dienlich war.[777]

Damit war die Spur gelegt, die bis heute verfolgt wird, nämlich immer dann verfolgt wird, glaubt ein europäischer Staat mächtig genug geworden zu sein, die anderen dominieren zu können. Wobei gewisse „Experten" des deutschen EU-Hegemonen den Stein der Weisen für dieses alte Machtstreben in der „EU-Struktur" gefunden zu haben meinen. Und daß dieses Streben nicht von besonnener Wachheit begleitet wird, also auch nicht mit dem notwendigen Begreifen, daß dazu die eigene Substanz fehlt, zeigt sich im Treiben der *Neo*_Wilhelmoliberalisten.

[777] Zur „Konstantinischen Schenkung" siehe die Seiten 194 ff.

Exkursiver Anhang II

Die *Mandäer* und die „Sabier von Harrân"[778]

„Die Mandäer verstehen sich als eine Art Urreligion, gestiftet von der Lichtwelt zur Zeit Adams und Evas und seitdem in der Tibil [Erde] verbreitet."[779]

Die Glaubensgemeinschaft der Mandäer ist die letzte existierende gnostische Religionsgemeinschaft, die, nach *Selbstaussage*, ihre Wurzeln in Ägypten hat und, u.a. wegen Streitereien mit Moses, der den Mandäismus ablehnte, aus Ägypten auszog, d.h. noch bevor Moses mit seiner Gruppe den allein alttestamentlich dokumentierten Exodus antrat, und somit schon weit vor der christlichen Ära existierte.[780]

Die Sprache der Mandäer, das Mandäische, führt sich auf das zur Zeit des Neuen Testaments in der römischen Provinz Palästina vorherrschende Aramäisch zurück, das, bleibt man im Erzähl-Rahmen des Neuen Testaments, auch von Johannes dem Täufer, Maria Magdalena und Jesu gesprochen wurde. Allerdings ist nicht zu sagen, daß es sich bei dieser Sprache um ihre Muttersprache handelte, denn niemand weiß, ob Johannes der Täufer, Maria Magdalena und Jesus aus der Gegend gebürtig waren, wo sich die in den Pro-

---

778 Der exkursive Anhang II steht primär im Zusammenhang mit Aussagen in den Kapiteln 2 + 4.

779 Quelle: *Die Gnosis:* [2. Band] *Koptische und mandäische Quellen*, eingeleitet, übersetzt und erläutert von Martin Krause und Kurt Rudolph, hrsg. von Werner Foerster, Artemis & Winkler, Zürich, 1995, die Seite 192.

780 Vgl. Şinasi Gündüz, *The Knowledge of Life – The Origins and Early History of the Mandeans and Their Relation to the Sabians of the Qur'ān and to the Harranians*, Oxford University Press on behalf of the University of Manchester, Oxford, 1994, Seite 64.

pagandaschriften des Neuen Testaments geschilderten Ereignisse abspielten. Vielmehr ist anzunehmen, daß ihnen das „hellenische Griechisch", die *Koiné* geläufig war, da vieles darauf hindeutet, daß sie ursprünglich aus Ägypten kamen. Daß sie die *Koiné* sprachen, schließt keineswegs aus, daß sie nicht ebenso des Aramäischen mächtig gewesen wären. Die *Koiné* wurde vor allem von den gebildeten, hellenistisch geprägten gesellschaftlichen Schichten gesprochen und war in Palästina verbreitet. Johannes der Täufer, Maria Magdalena und Jesus dürften zu diesen Schichten gehört haben, das geht aus den vier Hauptschriften der Paulinischen Jesus-Bewegung selbst hervor. Deshalb wäre es nicht überraschend, stellte sich heraus, daß sie Aramäisch dann sprachen, hatten sie sich insbesondere mit den Einwohnenden Judäas zu verständen. In Galiläa hingegen war die Situation ganz anders, bspw. im hellenistisch geprägten Sepphoris und Umgebung, wo Nazareth liegt, das zur Zeit der allgemein angenommenen Geburt Jesu zwar noch nicht existierte, wo Jesus aber unter armseligen Bedingungen zur Welt gekommen sein soll. Oder im jungen Tiberias am westlichen Ufer des Sees Genezareth und Umgebung. Denn im hellenistisch geprägten und deshalb weltoffenen Galiäa herrschte zu jener Zeit das Aramäische nicht vor, hingegen wurde dort vor allem die *Koiné* gesprochen. Galiläa, durch das wichtige Handelsrouten zwischen Ägypten und Babylonien führten, war mit seinen eigenen Produkten voll integrierter Teil dieses Handels. Da konnte die gemeinsame Verkehrssprache *Koiné* nur von Vorteil sein. Auch waren jene Juden, die dem heute bekannten jüdischen Glaubenskanon folgten, in Galiläa nicht zahlreich vertreten, das war erst weit nach dem angenommen Tod Jesu der Fall, nämlich in den 60er und vor allem den 70er, 80er und 90er Jahren des 1. Jh. u.f.Z., als die Evangelien geschrieben wurden.[781] — Dies soll aber nur als Merkposten dienen, der im Rahmen eines späteren Buches zu erinnern ist.

Das zentrale Element des Kultes der Mandäer ist die Taufe in einem fließen Gewässer. Das Taufen bezieht sich aber nicht bloß auf die Aufnahme eines neuen Mitglieds in ihre Gemeinschaft, sondern es ist für alle religiösen Riten der Mandäer wesentlich.

Nach Aussage der Mandäer war Johannes der Täufer ihr geistlich-politischer Führer, aber erst zu jener Zeit in Palästina, hingegen weder ihr Gemeindegründer noch ihr erster „*Prophet der Kušṭā*".

---

781 Siehe Morton Smith, *Jesus the Magician*, Victor Gollancz, London, 1978, die Seite 29.

Kušṭā bedeutet übrigens „Wahrheit" oder „Geradheit", die als personifizierte Heilswahrheit vorgestellt wird. Wenn im mandäischen Kult die „Kušṭā gereicht" wird, symbolisiert durch Handschlag mit der rechten Hand, wird auf diese Weise der „Wahrheit" Treue bezeugt.[782] — Man denke in diesem Zusammenhang auch an die „Sophia", d.h. die „Weisheit/Wahrheit" der Gnostiker.

Für die Mandäer war Jesus ein Gegner Johannes' des Täufers. Diese Position deckt sich mit Aussagen der Gnostischen Evangelien, die im Jahre 1945, zusammen mit den als *Corpus Hermeticum* bezeichneten Schriften bei Nag Hammadi entdeckt worden sind: Aus Sicht der Gnostiker, spaltete sich von Johannes' großer Glaubensgemeinde eine Gruppe ab, die von Jesu angeführt wurde, der ursprünglich ein dem Johannes „nachfolgender" Jünger war, dann aber in Widerspruch zu den von Johannes gelehrten Inhalten geriet: Wie selbst eines der kanonischen Evangelien zu berichten weiß, warb Jesus seine ersten Anhänger unter den vielen Anhängern Johannes'.[783] Dies führte zu einer tiefgreifenden Rivalität zwischen den beiden Führern ihrer Glaubensgemeinschaften und diesen Gemeinschaften selbst. Hierzu paßt, daß das Matthäus-Evangelium berichtet, daß der eingesperrte Johannes *seine Zweifel an der Glaubwürdigkeit der Messianität Jesu* hatte.[784]

Nun, die Folgerung daraus ist die, daß er Zweifel hatte, ob er recht daran getan, Jesu _*anfänglich*_ seine Unterstützung gegeben zu haben. Wenn aber dieser kleine Hinweis schon in denjenigen Schriften auftaucht, die die *Jesus-Bewegung* stützende Schriften sind, ist daraus zu schließen, daß Johannes die Messianität Jesu unmißverständlich bestritten und sein Verhalten gebrandmarkt hatte. (__In den folgenden Jahrhunderten wird die etablierte Kirche der Petruslinie, initiiert von Paulus, die gnostische *Kirche der Johannes-Maria-Magdalena-Linie* stets als häretisch bezeichnen und zu vernichten suchen.__)

---

[782] Quelle: *Die Gnosis,* [2. Band] *Koptische und mandäische Quellen*, eingeleitet, übersetzt und erläutert von Martin Krause und Kurt Rudolph, hrsg. von Werner Foerster, Artemis & Winkler, Zürich, 1995, die Seite 202.

[783] Siehe Joh 1, 35-40.

[784] Siehe Mt 11, 3. Wie Sie sich erinnern, ist davon weiter oben schon die Rede: siehe Kapitel 2, dort insbesondere die Seiten 104-19, beginnend mit: „Freilegung von kriminalfalltypischen Indizien, deren Spuren zwar nicht mehr frisch sein können"

Da das mandäische Schriftgut — das „rein religiöser Natur ist" — in seinen ältesten Teilen „der orientalischen Umwelt des frühen Christentums" entstammt, hat es auch Bedeutung für ein besseres Verständnis „gewisser neutestamentlicher Schriften" und zwar insbesondere für jene Elemente des Johannesevangeliums, die gnostischen Ursprungs sind.

Wenn aber die Literatur der Mandäer „rein religiöser Natur" ist, müssen ihre Schriften jene Angelegenheiten behandeln, die ihren Kultus betreffen, also die „Liturgien, Gebete, Hymnen" sowie mit den sich daraus ableitenden „Kommentaren, Legenden, theologisch-mythologischen Traktaten und Priesterspekulationen, [aber] auch [mit] magischen Texten ...". Deshalb sei im Rahmen dieses Anhangs auch ein Blick auf einige ihrer Werken geworfen.

Da ist einmal der *Ginzâ* (__„das heißt der ‚Schatz', auch das ‚Große Buch' [*sidrâ rabbâ*] genannt__), der sich im wesentlichen aus zwei Anteilen zusammensetzt: dem sogenannten *rechte Ginzâ* und dem kleineren *linken Ginzâ*.

Während der sogenannte *rechte Ginzâ* vor allem aus mythologischen und kosmologischen Texten besteht, die der Belehrung dienen, widmet sich der *kleine Ginzâ* der Seele und der Erläuterung ihres Aufstiegs, der *masiqtâ*, ins sogenannte „Lichtreich". Dieser *kleine Ginzâ* kann auch als das „Totenbuch der Mandäer" bezeichnet werden, denn sein Inhalt wird bei der Totenmesse rezitiert. Und wenn man bedenkt, daß die Mandäer ihren Ursprung im alten Ägypten „sehen", könnte dieses „Totenbuch" ein Widerschein des ägyptischen Totenbuches sein.[785]

Ein weiteres wichtiges Buch der Mandäer ist das *Johannesbuch (draša dahja)* oder *'Bücher der Könige (d.h. Engel)' (drašě dmalkě)*, das „hauptsächlich mythologischen Inhalts [__ist__], [__wozu__] Traktate über Johannes den Täufer [__und__] über Mirjai [__gehören__] und über das „Auftreten eines himmlischen Gesandten in Jerusalem", der keineswegs als Jesus vorgestellt wird.[786]

---

[785] Der *Ginzâ* liegt in deutscher Sprache vor: *Ginzâ — Der Schatz oder Das große Buch der Mandäer*, übersetzt und erklärt von Mark Lidzbarski, Neudruck der Auflage von 1925, Vandenhoeck & Ruprecht, Göttingen, 1978.

[786] Siehe derselbe, *Das Johannesbuch der Mandäer*, 2 Bd, Töpelmann, Gießen, [mandäischer Text] 1905; [Einleitung, Übersetzung, Kommentar] 1915.

Es sei in diesem Zusammenhang noch die „Harrân-Gawaita-Legende" erwähnt, die „Harrân Gawaita" genannt wird und die die „Große Offenbarung" der mandäischen Religion darstellt, die „über Ursprung und Geschichte" der Mandäer berichtet, aber auch über die „mandäische Legende von Johannes dem Täufer (Jôhânâ)", der in diesem Text als der oben schon bezeichnete „Prophet der Kušṭâ" (__*zur Zeit des Neuen Testaments*__) und als „Gesandter des Lichtkönigs" erscheint.[787]

Zur besseren Verdeutlichung der Behauptung, daß die *Mandäer* und die *Sabier von Harrân* identisch seien[788], möchte ich die diesbezüglichen Aussagen der Autoren Lynn Picknett und Clive Prince im folgenden zusammenfassen, denn darin kommt die Begründung für diese Behauptung gut zum Ausdruck.[789]

Der Name Mandäer bedeutet buchstäblich Gnostiker (__*von aramäisch mandâ*, „Gnosis, Erkenntnis"__) und verweist eigentlich nur auf den mandäischen Laienstand, wenn er auch oft zur Bezeichnung der gesamten Glaubensgemeinde verwendet wird. Ihre Priester heißen *Nazoräer*. Die Araber nennen sie Subbas, und im Koran erscheinen sie unter dem Namen *Sabier*. Trotz ihrer

---

[787] Alle bisher zitierten Stellen, die im einzelnen nicht bezeichnet worden sind, finden sich in: *Die Gnosis*, [2. Band] *Koptische und mandäische Quellen*, eingeleitet, übersetzt und erläutert von Martin Krause und Kurt Rudolph, hrsg. von Werner Foerster, Artemis & Winkler, Zürich, 1995, die Seiten 174-178.

[788] Siehe meine Anmerkung auf der Seite 245 unten, beginnend mit: „Als 'Leute des Buches' gelten den Muslimen nicht allein die Juden und Christen, sondern auch die Mandäer ...".

[789] Siehe Lynn Picknett und Clive Prince, *The Templar Revelation — Secret Guardians of the True Identity of Christ*, Bantam Press/Corgi Books, London, 1997/2007. Die beiden Autoren haben dann im Jahre 2007 ihre hervorragende Recherchearbeit als durchgesehene und erweitere Auflage über Corgi Books, London, herausgegeben. Korrigieren mußten sie aber nichts, was allein schon für die Qualität ihrer Arbeit spricht. Was an der 2007er Ausgabe neu ist, ist das lange Nachwort: „Ten Years On", denn in diesem setzen sie sich mit ihren Kritikern brillant auseinander und widerlegen sie in allen Punkten.

Mit großen Gewinn habe ich dieses Werk in den 2000er Jahren übersetzt. Leider konnte es bisher nicht erscheinen, obwohl es ein epochales Werk ist, das nichts an Aktualität eingebüßt hat.

konfusen Texte, die in einer vom Aramäischen abgeleiteten Sprache abgefaßt sind, wird das, was die Mandäer von sich selbst sagen, im wesentlichen von der modernen Wissenschaft bestätigt, obwohl ihre Vertreter anfangs eher skeptisch gegenüber den Behauptungen der Mandäer waren.

Die Mandäer sagen, daß die *Wegbereiter* ihrer Glaubensgemeinschaft aus dem alten Ägypten kämen, wenn auch die Gemeinschaft selbst Palästina entstamme. Sie wären selbst keine Juden, sondern lebten einst mit ihnen in direkter Nachbarschaft. Ihre zu jener Zeit als *Nazoräer* bekannte Glaubensgemeinschaft wurde von Johannes dem Täufer geführt, sie hatte aber schon lange vor ihm existiert. Und so ehren sie ihn zwar, aber mehr als ein Führer und Prophet ist er in ihren Augen nicht.

Sie wurden verfolgt. Zuerst von den Juden, dann von den Christen, und wurden schließlich aus Palästina und immer weiter östlich in ihre heutige unsichere Heimat, den Irak, vertrieben. Seit dem Einmarsch der US-Amerikaner und ihrer Verbündeten Anfang der 2000er Jahre hat sich ihre Lage dort dramatisch verschlechtert, so daß sie heute durch die Drohung der Islamisten, sie zu töten, wenn sie nicht konvertieren oder auswandern, der Vernichtung ausgesetzt sind. Wobei schon heute die weltweit verstreute mandäische Gemeinde größer ist, als die beständiger Bedrohung ausgesetzten Gemeinden im Irak. (__*Allerdings hatten viele Mandäer ihre Sitze im südirakischen Schwemmland schon vor längerer Zeit von sich aus verlassen und waren in die Städte, insbesondere nach Bagdad gezogen: wegen der besseren Verdienstmöglichkeiten dort. Auch sind viele junge Mandäer heute Lehrer und Akademiker und haben nur noch lose Bindungen an ihre Religion*.[790] __)

Die Mandäer mögen als eine bloße anthropologische Kuriosität erscheinen, als ein untergegangenes, in der Zeit steckengebliebenes Volk, das im Zeitenlauf absonderliche Glaubensvorstellungen zusammenklaubte. Aber sorgfältiges Studium ihrer heiligen Texte hat erstaunliche Parallelen mit anderem alten Schrifttum enthüllt. So sind bspw. ihre heiligen Schriftrollen mit Darstellungen von Gottheiten illustriert, die eine ins Auge fallende Ähnlichkeit mit griechischen und ägyptischen Darstellungen auf magischen Papyri zeigen — und zwar von der Art, wie sie in der Forschungsarbeit von Morton Smith erwähnt und analysiert worden sind.[791] Auch sind Vergleiche zwischen

---

[790] Die Quelle dieser in Parenthese gesetzten Aussage, entstammt den Erläuterungen Kurt Rudolphs in: *Die Gnosis,* [2. Band] *Koptische und mandäische Quellen*, eingeleitet, übersetzt und erläutert von Martin Krause und Kurt Rudolph, hrsg. von Werner Foerster, Artemis & Winkler, Zürich, 1995, die Seiten 196 f.

[791] Vgl. Morton Smith, *Jesus the Magician*, Victor Gollancz, London, 1978, dort bspw. die Seite 97, und in: Kurt Rudolph, *Mandaeism*, E.J. Brill, Leiden, 1978, die Tafel IV.

den Lehren der Mandäer und denen der Manichäer angestellt worden, den Anhängern des gnostischen Lehrers Mani (__216-276__). Hier wird man von einer wechselseitigen Beeinflussung ausgehen können, wobei die Annahme begründet ist, daß Mani selbst von Mandäern unterrichtet wurde.[792] Manis Lehren waren demnach von den Mandäern beeinflußt, die in der Folge wiederum von diesen Lehren beeinflußt wurden — aber diese von den Mandäern mitbeeinflußten Lehren Manis, übten in der Folge auch großen Einfluß auf europäische gnostische Glaubensgemeinschaften aus, wozu bspw. die Katharer gehörten. Überdies haben Wissenschaftler wie George Robert Stow Mead auf ins Auge fallende Ähnlichkeiten zwischen den heiligen Texten der Mandäer und der gnostischen *Pístis Sophía* hingewiesen.[793] In der Tat ist ein Abschnitt des „*Johannesbuches*" der Mandäer als *Der Schatz des Lebens* bezeichnet, was von Mead als „der Nachklang einer frühen Abfassung" der *Pístis Sophía* angesehen wird.[794] Es gibt auch deutliche Parallelen mit verschiedenen Nag-Hammadi-Texten, die mit in jener Zeit existierenden „Täufer-Bewegungen" in Beziehung gebracht worden sind. Und es sind enge Gemeinsamkeiten zwischen der mandäischen Theologie und einigen der Schriftrollen vom Toten Meer festgestellt worden.[795]

Ein anderer, zum Nachdenken anregender Zusammenhang liegt in der begründeten Annahme, daß die *Mandäer* im damaligen Mesopotamien und heute unweit der syrischen Grenze in der Türkei gelegenen *Harrân* gesiedelt hätten.[796] Bis zum zehnten Jahrhundert war *Harrân* das Zentrum einer Schule oder einer Glaubensgemeinschaft, die unter der Bezeichnung *Sabier* bekannt ist.

---

792 Siehe diesbezüglich Rudolph in: *Die Gnosis:* [2. Band], Seite 195.

793 Vgl. *Koptisch-gnostische Schriften*, 1. Band: *Die Pistis Sophia — Die beiden Bücher des Jeû, Unbekanntes altgnostisches Werk*, hg. von Carl Schmidt, bearbeitet von Walter Till, 3. Auflage, Akademie-Verlag, Berlin, 1959.

794 Siehe G. R. S. Mead, *The Gnostic John the Baptizer, Selections from the Mandæan John-Book*, die Seite 16.

795 Siehe Theodore H. Gaster, *The Dead Sea Scriptures*, Doubleday, Garden City, 1956, die Seiten 21 f.

796 Siehe Şinasi Gündüz, *The Knowledge of Life — The Origins and Early History of the Mandeans and Their Relation to the Sabians of the Qur'ān and to the Harranians*, Oxford University Press on behalf of the University of Manchester, Oxford, 1994, die Seiten 64-69.

Die Sabier von *Harrân* waren hermetische Philosophen und Erben des ägyptischen Hermetismus', und waren u.a. auf muslimische mystische Gemeinschaften wie die Sufis ausgesprochen einflußreich, deren Einfluß wiederum in der Kultur Südfrankreichs im Mittelalter ausgemacht werden kann. Jack Lindsay drückt es folgendermaßen aus: „[...] Eine seltsame Abkapselung hermetischer Vorstellungen, wozu viel alchimisches Wissensgut gehörte, dauerte mitten unter den Sabiern von Harrân in Mesopotamien fort. Sie überlebten als eine altgläubige Gemeinschaft für immerhin zweihundert Jahre innerhalb des Islams. [...]"[797] Noch heute werden die Mandäer von den Muslimen als „Sabier" (__*oder Subbas*__) bezeichnet.

Nun, die Sabier waren belesene Leute, die *Hermes Trismegistos* verehrten. Die diesem zugesprochenen Lehren verbanden sie mit philosophischem und wissenschaftlichem Wissen der Griechen, was sie zu neuen Erkenntnissen führte und das später unter dem Namen „Weisheitskult von Harrân" bekannt wurde. Die Sabier waren die Erben alexandrinischer Gelehrter, deren philosophische und wissenschaftliche Schule verlegt wurde, als im vierten Jahrhundert die christliche Kirche rigoros gegen sie durchgriff. Als die Türkei drei Jahrhunderte später unter muslimische Herrschaft geriet, wurden die Sabier zu Wissenschaftlern, Doktoren und Gelehrten, von denen viele nach Bagdad gingen. Tatsächlich war das meiste von dem, das wir in der Zeit des Mittelalters als arabische Wissenschaft ansehen, in Wirklichkeit sabisch.

Nun gibt es zwar einige Anthropologen und Historiker, die anerkennen, daß die Sabier von *Harrân* mit den *Mandäern* identisch seien, doch in der Masse besteht der heutige surreal anmutende akademische Konsensus darin, daß, obwohl die Mandäer bei den Arabern als Sabier bekannt waren (__*und sind*__) und die Mandäer in ihrer Geschichte *Harrân* selbst als ihr Hauptsiedlungsgebiet ansehen, seien sie nicht mit den Sabiern von *Harrân* zu verwechseln, also nicht mit der Glaubensgemeinschaft, die die Fackel des Hermetismus' hochhielt.

Dieser seltsame Konsensus stützt sich auf eine Auffassung, die die Unterschiede zwischen einerseits den religiösen Praktiken und Überzeugungen der Sabier von Harrân — *soweit man darüber überhaupt etwas weiß* — und den im 20. Jahrhundert bekannt gewordenen Schriften der Mandäer betont. Abseits vom Mainstream forschende Wissenschaftler kommen aber zu dem Schluß, daß die *hermetischen Sabier* und die *mandäischen Sabier* ein und dieselbe Gruppe seien.

---

[797] Jack Lindsay, *The Origins of Alchemy in Greco-Roman Egypt*, Frederick Muller, Ebenezer Baylis & Son, Trinity Press, London, 1970, Seite 172.

Zur Abstützung dieser These, weist bspw. Andrew Collins auf die Ähnlichkeiten in der Sternenkunde beider Gruppen hin: Die Sabier von *Harrân* waren Sternenanbeter und die Astronomie spielte eine große Rolle in ihrer Kultur. So unternahmen die Sabier im elften Jahrhundert Pilgerreisen zu den Pyramiden von Gizeh. In der Tat hat Collins, hierbei sich auf das Werk des großen ägyptischen Ägyptologen Selim Hassan (__1887-1961__) beziehend, die Sabier mit einem Volk von *Harrân* identifiziert, das Wallfahrten zum Großen Sphinx unternahm, und sogar unweit davon ein Dorf errichtete — und das bereits im siebzehnten und sechszehnten Jahrhundert vor u.f.Z. Es sei daran erinnert, daß die Mandäer glauben, daß sie ursprünglich aus Ägypten stammten und „Glaubensgenossen" der alten Ägypter seien.[798] Darüber hinaus haben Wissenschaftler Parallelen zwischen den Hermetica, den mandäischen Schriften und jenen, die Anhängerschaft Johannes' des Täufers betreffenden Passagen im Johannesevangelium herausgefunden, was einen gemeinsamen Ursprung nahelegt.

Nun, wenn auch nicht anzunehmen ist, daß es sich bei den *Sabiern von Harrân* und den heutigen Vertreter der *Mandäer* um ein und dasselbe Volk handeln kann, das über die Jahrhunderte unverändert geblieben wäre, so besteht zwischen ihnen gleichwohl eine enge, ursprüngliche Beziehung. Das heißt, die plausible Auffassung der Autoren Lynn Picknett und Clive Prince, die sie in ihrem Werk brillant entwickeln, ist die, daß die *Mandäer* die *Sabier von Harrân* seien, ausgestattet mit einer jahrtausendjährigen Überlieferung, bestehend aus gewissen hinzugefügten und andererseits verlorengegangenen Elementen, was, so vermuten Lynn Picknett und Clive Prince, sowohl die Ähnlichkeiten als auch die Unterschiede zwischen den beiden Gruppen erkläre.[799] Dies ist eine einleuchtende These, die zudem den Vorteil hat, u.a. auch die vielen Ungereimtheiten der als gegeben angenommenen Ursprünge des Christentums — *und wohl auch des Islams* — zu klären.

---

[798] Siehe Andrew Collins, *Gods of Eden: Egypt's Lost Legacy and the Genesis of Civilisation*, Bear & Company, Rochester, Vermont, USA, 2002, die Seiten 228-230.

[799] Bei dieser Zusammenfassung handelt es sich um die Aussagen in Kapitel 15: „Followers of the King of Light" des auf der Seite 682 in der Fußnote 789 aufgeführten Buches.

Zum „Hermetismus" sei deshalb noch eine Anmerkung angefügt (__*und auch sie ist ein Ergebnis meiner Beschäftigung mit dem Werk von Lynn Picknett und Clive Prince*__), da man heutzutage die Auffassung verbreitet findet, dieser sei eine Erfindung aus den frühen Jahrhunderten unserer fraglichen Zeitrechnung.

Als Zeuge für diese Annahme gilt gemeinhin der französische humanistische Gelehrte und Theologe Isaac Casaubon, der im Jahre 1614 in seinem *De rebus sacris et ecclesiasticis exercitationes* (__„Von den heiligen Angelegenheiten und ihrer kirchlichen Ausübung"__) eine Untersuchung der *Hermetica* unternahm und zu dem Schluß kam, daß diese Schriften hauptsächlich von der griechischen Philosophie der frühen Jahrhunderte u.f.Z. herrührten.

Zwar stimmt es, daß ihm moderne Historiker wegen seiner vermeintlichen Objektivität applaudieren, tatsächlich aber war Casaubon alles andere als unbefangen. Immerhin war Casaubon ein Kind seiner Zeit und so stellte es sich für ihn als Problem dar, daß gewisse in den hermetischen Schriften ausgedrückte Vorstellungen, enge theologische Parallelen im Neuen Testament haben. Was also in jener Zeit tun, so man ein hingebungsvoller Christ und Theologe war, der keinesfalls akzeptiert konnte, daß solche Konzepte von Vertretern vorchristlicher Vorstellungsinhalte stammen könnten, und sich folglich die Evangelienschreiber — *also umgekehrt* — aus früheren Quellen bedient hätten? Und wurde nicht schon im siebten Kapitel genügend deutlich, daß die Welt auf europäische Kulturbringer nicht warten mußte? ... Sie erinnern sich noch an das siebte Kapitel, in dem deutlich wird, daß die Welt auf europäische Kulturbringer nicht warten mußte? ... Wer nun eine solche Möglichkeit rundweg ausschließen muß, da ansonsten seine als einzigartig geltende Glaubensvorstellung selbst in Frage gestellt würde, muß sich daran machen, genau diese Einzigartigkeit dadurch zu „beweisen", daß das hermetische Schriftgut jüngeren Datums wäre.

Es war namentlich die Parallele zwischen bestimmten Passagen im Johannesevangelium — bspw. „Im Anfang war das WORT" — und den *Hermetica*, die Casaubon veranlaßte, die letzteren zu „entlarven". Aber nach den Aussagen von Akademikern wie Karl Wilhelm Luckert[800], beziehen sich diese Passagen tatsächlich auf alte ägyptische religiöse Auffassungen, die der griechischen Hegemonie über Ägypten *vor*_ausgingen.

---

[800] Siehe Karl Wilhelm Luckert, *Egyptian Light and Hebrew Fire*, State University Press, London, 1991.

Die *Hermetica* sind auch unter dem Namen *Corpus Hermeticum* bekannt. Der okkulte Denker am Hof der Medici in Florenz, Marsilio Ficino (__1433-1499__) war es, der der ganzen Sammlung jener Traktate, die als *Corpus Hermeticum* bezeichnet werden, den Titel des ersten Traktates gab: *Poimândres* oder *Pimander*, zu griech. Ποιμάνδρης. Junge etymologische Studien haben aufgedeckt, daß die Bezeichnung *Poimândres* sich tatsächlich von der ägyptischen Formulierung *Peime-nte-rê* herleitet, deren Bedeutung folgende ist: „Das Wissen von Re" oder das „Verständnis von Re".[801]

Vor dieser Aufdeckung galt es als ausgemacht, daß *Poimândres* sich von *poimainô* „ein Hirte sein" herleite, das eine Zusammensetzung aus *poimên* „Hirte" und *anêr* „Mensch" ist. Übrigens bedeutet das Altgriechische θεῖος ἀνήρ [*Theïos anêr*] „göttlicher Mensch" oder „Gottmensch" und bezeichnet einen Menschen, dem, da er nicht erklärliche Taten vollbringt, übernatürliche Kräfte zu Gebote stehen, die er aber nicht zum Nachteil der Menschen verwendet, so daß *Poimândres* mit *„Hirte der Menschen"* oder *„Menschenhirte"* übersetzt werden konnte.[802]

Peime-nte-rê gilt auch als eine Art Gottheit, oder als die Bezeichnung für eine Eigenschaft, die allein einem Gott zukomme: ό νούς der *Nous* oder ό νόος der *Nóos*, wobei *Nous/Nóos* Verschiedenes bedeuten kann, so bspw. „Sinn", „Vernunft", „Einsicht" oder „Geist", aber bspw. auch „Gemüt", „Herz", „Gesinnung", oder bspw. noch „Gedanke", „Absicht" oder „Wille"; wobei in diesem Zusammenhang *„Geist"*, *„Absicht"*, *„Herz"* und *„Wille"* als Attribute Gottes genommen werden können.

Allerdings stammt der _*Inhalt*_ der Schriften des *Corpus Hermeticum* zwar aus altägyptischer Zeit, _*nicht*_ aber die Traktate selbst, denn _*sie*_ wurden in griechischer Sprache abgefaßt, als Ägypten unter der Herrschaft der Ptolemäer stand und es den Verantwortlichen der ägyptischen Kultur darum zu tun war, ihre Glaubensinhalte in die neue Zeit zu retten. Und bei der Aufklärung der Frage, welchen Inhalt die hermetischen Traktate ursprünglich gehabt haben mochten, war die legendenumrankte Entdeckung der sogenannten *Nag-Hammadi-Texte* in Oberägypten im Jahre 1945 entscheidend, denn

---

[801] Vgl. Roelof van den Broeck und C. van Heertum, HHg., *From Poimandres to Jacob Böhme: Gnosis, Hermetism and the Christian Tradition*, Brill Academic Publishers, Leiden, 2000, die Seite 48.

[802] Siehe Brian P. Copenhaver, *Hermetica: The Greek* Corpus Hermeticum *and the Latin* Asclepius *in a New English Translation, with Notes and Introduction*, Cambridge University Press, Cambridge, 1992, die Seite 95.

neben den gnostischen Evangelien gehören zu ihnen auch hermetische Traktate.

In der Tat, der bei Nag Hammadi aufgefundene Schatz umfaßt auch die ältesten bekannten, praktisch komplett erhaltenen Manuskripte hermetischer Abhandlungen. Und das beweist einerseits den Zusammenhang zwischen gnostischen und hermetischen Lehren und die beträchtliche Bedeutung der hermetischen Schriften selbst. Brian P. Copenhaver, Professor für Geschichte und Philosophie an der Universität von Kalifornien in Los Angeles, drückt ihre Bedeutung folgendermaßen aus: „[...] Die Auswirkungen auf unser Verständnis von den Hermetica ist durch die ans Licht gebrachten Entdekkungen bei Nag Hammadi außerordentlich gewesen. Theoretische hermetische Schriften in Ägypten aufzufinden, abgefaßt in Koptisch und Seite an Seite mit unredigierten Ausblühungen gnostischer Vorstellungen, war für die alte Sichtweise eine überwältigende Herausforderung ... daß [nämlich] die Hermetica komplett im postplatonischen Zusammenhang verstanden werden könnten. [...]"[803]

Dies weist darauf hin, daß, eher als daß Ideen aus der griechischen Vorstellungswelt eine ägyptisch anmutende Einkleidung erfahren hätten, die *Hermetica* zumindest eine Mischung aus griechischen und ursprünglich ägyptischen Ideen waren. Allerdings hat sich heute der Fall durch einen vertieften Kenntnisstand zugunsten der Annahme verschoben, daß es sich hierbei eher um ägyptische Ideen in griechischer Einkleidung handelt. Denn welche Götter waren es, die in den *Hermetica* auftreten? Nun, sie sind so gewiß ägyptisch, wie es die gelehrten Männer waren, die diese Texte verfaßten. Mit Garth Fowdens Worten gesprochen, dachten die Autoren: „in Begriffen eines mit alten ägyptischen Göttern und Sagen bevölkerten Milieus".[804]

Die Hauptgötter bzw. Hauptcharaktere in den hermetischen Traktaten waren *Hermes Trismegistos*, *Asklepios*, *Isis*, *Horus*, *Ammon* (__Amon_), *Tat* (__Thoth__), *Agathos Daimon* (__göttlicher Schutzpatron Alexandreias__).All diese Größen sind ägyptisch, mit Ausnahme des griechischen Gottes der Heilkunde, Asklepios. Doch selbst er ist eng mit *Sarâpis* verbunden, dessen Kult

---

[803] Brian P. Copenhaver, *Hermetica: The Greek Corpus Hermeticum and the Latin* Asclepius *in a New English Translation, with Notes and Introduction*, Cambridge University Press, Cambridge, 1992, die Seite 44 des Vorworts. Eigene Übersetzung des Autors.

[804] Vgl. Garth Fowden, *The Egyptian Hermes: A Historical Approach to the Late Pagan Mind*, Cambridge University Press, Cambridge, 1986, die Seite 34.

zwar „Staatsreligion“ des hellenistischen Ägyptens wurde, der aber schon in der Zeit vor der griechischen Periode existierte.[805]

Und so gewinnt man den Eindruck, daß der inhaltlich ägyptische Sarâpis-Kult tatsächlich mit der Absicht eingeführt worden war, bei den drei ethnischen Hauptgruppen Alexandreias Anklang zu finden: Ägyptern, Griechen und Juden. Wie? Indem man Sarâpis Attribute des Zeus', des Osiris' und des Jahves verlieh. Wohingegen die standardmäßige Auffassung die ist, daß es der im Auftrag der ptolemäischen Herrscher Wissen abfassende ägyptische Priester Manetho und Schreiber Ptolemaios' II. (__Philâdelphos'__) war, der, zusammen mit einem griechischen Priester namens Timotheus', mit *_dem_* zweckdienlichen Bemühen eine hybride Religion begründet habe, die sowohl den ägyptischen Einwohnern als auch der neuen herrschenden (*__ptolemäischen__*) Schicht als Identifikationsmöglichkeit dienen konnte.

Nun, diese Zielrichtung mag stimmen, aber die Ursprünge dieser „Identifikation“ entstammten der ägyptischen Religion.

Indes teilen die beiden von den Griechen als gleichgestellt angesehenen Götter der Weisheit: der griechische Hermes und der ägyptische Thoth, keineswegs identische Eigenschaften. Und wenn auch Hermes Trismegistos einen griechischen Namen trägt, so entspricht er eher dem Charakter Thoths als dem Hermes'. (*__Es sei kurz daran erinnert, daß der Name des ägyptischen Priesters Manetho soviel wie* „Wahrheit des Thoths“ *bedeutet.__*)

Zudem wird in dem berühmten Teil des Traktates *Asklepios*, der als „Lamento“ abgefaßt ist, das Verschwinden der ägyptischen Götter beklagt, das zum Wohle der ganzen Welt geschähe — was damals kaum Ausdruck eines griechischen Lebensgefühls gewesen sein kann.

Außerdem stellt Fowden fest, daß der Aufbau der hermetischen Texte — *bei denen es sich um eine Sammlung von Abhandlungen handelt, die einem bestimmten* „Gott“ (__Thoth__) *zugeordneten sind* — charakteristisch ägyptisch sei und daß diese Sammlung der ägyptischen „Weisheitsliteratur“ entspräche. Auch der Beiname „der dreifach Große“ ist charakteristisch ägyptisch — selbst wenn er in griechischer Übertragung als „Hermes Trismegistos“ erscheint. Die Ägypter wiederholten üblicherweise die Beifügung „groß“ zwei- oder dreimal bei Ehrung einer Gottheit: „großer, großer, großer Thoth“.

---

[805] Vgl. John E. Stambaugh, *Sarapis under the Early Ptolemies*, E.J. Brill, Leiden, 1972, die Seiten 10-13.

Hieraus wurde im Griechischen „dreifach groß". Und die Beifügung „dreifach groß" scheint eigens dem Gott der Schrift und der Weisheit, also Thoth, vorbehalten gewesen zu sein.[806] Und schließlich gibt es deutliche Parallelen zwischen ägyptischen magischen Schriften und den *Hermetica*. Obschon in einer die griechische Welt ansprechenden Sprache abgefaßt, ist es ägyptische Tradition, die in den *Hermetica* zum Ausdruck kommt. Angesichts der kulturellen Vorherrschaft der Griechen kommt es den Verfassern also wesentlich darauf an, ihre Glaubensvorstellungen zu bewahren.

Wenn dem so ist, müssen die Texte aus der frühen griechischen Herrschaft stammen, als sich die Ptolemäer und die Ägypter um Verständigung bemühten, wenn dieses Bemühen auch mit dem ausgehenden zweiten Jahrhundert v.u.f.Z. endete. Demnach müssen die hermetischen Schriften aus dem frühen 3. Jh. und der Mitte des 2. Jh. vor u.f.Z. stammen. Keineswegs aber aus dem 2. oder 3. Jh. u.f.Z. (__*Dies zeigt übrigens auch, daß Casaubon darin irrte, sie als dem Johannesevangelium zeitlich folgend zu datieren.*__)

Aus dieser kleinen Exkursion sollte sich erschlossen haben, daß die Behauptung, die *hermetischen Sabier von Harrân* und die *mandäischen Sabier von Harrân* seien identisch, alles andere als fragwürdig ist: beide hatten ihren Ursprung in Ägypten, beide entstammten einer Denktradition, die von _*den*_ Ideen durchdrungen war, die in der gnostischen *Pístis Sophía*, dem *Corpus Hermeticum* des Hermes Trismegistos' und jenen, die, u.a., in den *Texten der Mandäer* zum Ausdruck kommen.

Von _*dort*_ rührte die Beeinflussung und Ausbildung des ursprünglichen, d.h. des _*eigentlichen*_ Christentums her, und _*dort*_ finden sich genauso die _*eigentlichen*_ Ursprünge des Islams. _*Beide*_ Glaubensvorstellungen haben sich von diesen Ursprüngen weit entfernt.

---

[806] Vgl. J.D. Ray, *The Archive of Hor. Texts from Excavations*, Egypt Exploration Society, London, 1995.

Deskriptiver Anhang IV

The Unabomber oder Ein Beispiel für das, was das „westliche System" gebiert

Theodore John Kaczynski, geboren 1942, bekannt geworden unter dem Namen „Unabomber", ist ein Mathematiker, der in seiner radikalen Kritik am technisierten System der menschlichen Gesellschaft zu dem Schluß kam, daß durch Terrorakte eine Revolution gegen dieses System ausgelöst werden müsse. Zu diesem Schluß könnten tiefgreifende Erfahrungen beigetragen haben, die er als Student in Harvard hatte, als er dort an einer Studie teilnahm, die vom Autor Alston Chase als „vorsätzlich grausames psychologisches Experiment" bezeichnet worden ist und die von dem Psychologen Henry Alexander Murray (__1893-1988__) geleitet wurde.

In den gefilmten Versuchsanordnungen hatte jeder Student mit einem seiner Kommilitonen über die persönlichen Überzeugungen und Wünsche zu debattieren und darüber dann Aufsätze zu schreiben, die anschließend einem anonymen Bevollmächtigten übergeben wurden, der in einer späteren experimentellen Sitzung jeden Studenten einzeln mit dessen Äußerungen konfrontierte, hierbei in persönlich herabsetzender und psychologisch tiefwirkender Weise auch den Inhalt dieser Aufsätze als Munition verwendete, während Elektroden die physiologischen Reaktionen der Testperson dabei überwachten. Dieses Experiment dauerte drei Jahre.

In diesem Zeitraum wurde der bei Beginn dieser Studie siebzehnjährige Kaczynski jede Woche solchen Manipulationen ausgesetzt, deren Ziel es war, die Testperson einem Streß auszusetzen, um extreme emotionale Reaktionen auszulösen. Zu diesem Zweck wurden auch die Filmsequenzen verwendet, die die einzelnen Versuchsanordnungen wiedergaben — immer begleitet von beleidigenden Äußerungen der Versuchsleiter, zur Steigerung extremer Reaktionen bei der Testperson: wechselnd zwischen Wut und Angst, wobei Elektroden die körperlich meßbaren Reaktionen der Testperson an Meßgeräte übermittelten.

Es gibt Hinweise darauf, daß diese Experimente Teil des CIA Projektes MKUltra waren, die Auskunft darüber geben sollten, auf welche Weise Kontrolle über den menschlichen Geist, d.h. die Kontrolle des Denkens, erlangt werden könnte. Zu den verwendeten Methoden, die, wohlgemerkt: immer ohne Wissen der Versuchspersonen angewendet wurden, reichten von verbalem und körperlichem Quälen, bspw. durch das Verabreichen von Elektroschocks, die Verwendung von Hypnose, sexuellem Mißbrauch und die Verabreichung von psychoaktiven Substanzen wie LSD, anderen chemischen Substanzen usw.

Wie gesagt, in diesen Experimenten wurde der psychische Zustand der Testpersonen manipuliert bzw. versucht ihre Gehirnfunktionen zu beeinflussen, um herauszufinden, wie Kontrolle über den menschlichen Geist, und damit über das menschliche Denken, erlangt werden könnte.

Dieses Projekt begann 1953 und wurde in unterschiedlicher Intensität bis 1973 fortgeführt. Der überwiegende Teil der Dokumente des Projektes MKUltra wurde auf Veranlassung des damaligen CIA-Chefs Richard Helms vernichtet.

Der oben schon genannte Autor Alston Chase beschreibt die Erfahrungen Kaczynskis in seinem Buch, *Harvard and the Unabomber: The Education of an American Terrorist*, 2003.

Man kann also sagen, daß ein emotional und mental starker und zudem mit genügend menschlicher Sensibilität ausgestatteter Mensch, aus derartigen Erlebnissen Schlüsse ziehen kann, die ihn veranlassen, alles zu unternehmen, diese am eigenen Geist erfahrene Gefahr, nämlich eine drohende Manipulation zu zerstören, die der Abrichtung des Menschengeschlechts dient.

(__Der persönliche Rückzug Kaczynskis in die Wildnis und sein Versuch autark zu leben, zeigt aber auch, daß er keinen richtigen Begriff von dem hat, was den Entwicklungsweg der Spezies Mensch auszeichnet.__)

Zwischen 1978 und 1995 verübte Kaczynski zu diesem Zweck eine Vielzahl von Anschlägen, die an sich gegen solche Personen des Wissenschaftsbetriebs gerichtet waren, die herausragende Arbeiten im Sinne der weiteren Entwicklung des technisierten Systems der menschlichen Gesellschaft leisten, tatsächlich aber auch Menschen traf, die keine Rolle bei dieser technisierten Entwicklung der menschlichen Gesellschaft spielten. Bei diesen Anschlägen, die in Form von selbstgebauten Paketbomben verübt wurden, kamen drei Menschen zu Tode und wurden 23 verletzt, wobei nicht ganz klar zu sein scheint, ob alle auf das Konto von Kaczynski gehen. Im Jahre 1996, nach der in der Geschichte des FBIs längsten Suche nach einem Täter, wurde Kaczynski festgenommen und schließlich zu achtmal lebenslanger Freiheitsstrafe ohne Möglichkeit der Begnadigung verurteilt.

Neben seinen frühen wissenschaftlichen Arbeiten als Mathematiker, ist eine seiner schriftlichen Arbeiten Ergebnis seiner radikalen Kritik am technisierten System der menschlichen Gesellschaft. Diese Schrift wurde 1995 von der New York Times und der Washington Post veröffentlich, nachdem Kaczynski das verlangt hatte und das FBI zu dem Schluß gekommen war, daß dadurch Hinweise aus der Bevölkerung eingehen könnten, die Identität des „Unabombers“ herauszufinden.

(__„Unabomber“ ist eigentlich ein Akronym: UNABOM und steht für ***Un**iversity*, ***A**irline* und ***Bom**be*, das vom FBI als Codename verwendet und später von der Presse zu „Unabomber“ wurde.__)

Dieser dreiunddreißig seitige Essay trägt den Titel: *Industrial Society and Its Future*. 2010 wurde ein Buch mit dem Titel: Technological Slavery — The Collected Writings of Theodore J. Kaczynski, a.k.a. 'The Unabomber' herausgegeben, das auch eine aktualisierte Fassung des Essays *Industrial Society and Its Future* enthält.

Editorische Notiz

In der Edition !_*scheuklappenfrei_*! sind bisher erschienen:

Bände 1-4:
Die *tri_*logische Sezierung des lobbykratischen Zeitalters, Band I: Es werde *mehr* Licht! Mehr Demokratie wagen in der Lobbykratie? Untersuchung über die Konsequenzen der bürgerlichen Real-Demokratie, Juni 2016, 2., revidierte Auflage, April 2018.

Band 5:
Die *tri_*logische Sezierung des lobbykratischen Zeitalters, Band II: Zwischenrufe in satirisch-politischen Variationen oder Reale Betrachtungen dadaistisch-surrealer Phänomene in der Lobbykratie, Dezember 2016, 2., revidierte Auflage, April 2018.

Band 6 (__6.1 + 6.2__):
Die *tri_*logische Sezierung des lobbykratischen Zeitalters, Band III, Teilbände 1+2: „Ich stimme nicht zu!" — Gesellschaftspolitische Lesungen über den Neowilhelmoliberalismus und seine Konsequenzen, Januar 2018.

Band 7.1
Dies ist ein Sonderband in englischer Sprache, der im September 2018 erschienen und eine Auskopplung des erst später erscheinen könnenden Bandes 7 der Edition !_scheuklappenfrei_! ist. Der Titel von Band 7.1 lautet: *Reading Nine* of The *tri_*logical Dissection of the Lobbycratic Era, volume III: "I do not agree!" Politico-economic Readings on The *neo_*Wilhelmo-liberalism and its Consequences.

Band 8:
„Ist der Monotheismus von seiner Anlage her ein elementarer Faktor der Gewalt?" Dieser Band liegt Ihnen vor. (__Siehe dazu die Bemerkung unter „Band 13".__)

Band 12:
Dieser Band der Edition !_scheuklappenfrei_! ist in französischer Sprache verfaßte und wurde vom Autor in der Zeit vom 25. Dezember 2018 bis zum 17. Januar 2019 geschrieben. *Le rayon des Lumières — Quelques remarques sur* « l'Empire de la paix » *orwellien, nommé l'UE* wurde dann erstmals am 17. Januar 2019 im PDF-Format veröffentlicht. Diese Datei konnte bis zum 9. September 2019 kostenlos von der Site „endemannverlag.com" gedownloadet werden, da der Text bis zu diesem Zeitpunkt noch nicht korrigiert werden konnte und dieses Buch auch ein Ausdruck der Solidarität des Autors mit der Gilets-Jaunes-Bewegung ist, für die der Autor bis heute tiefes Mitgefühl hat.

Das bedeutet, daß die Ursache für das Schreiben dieses Manifestes das Aufkommen der Gilets-Jaunes-Bewegung am 17. November 2018 war, sowie das brutale Vorgehen der französischen Staatsmacht gegen diese Bewegung, die hauptsächlich aus normalen Franzosen aller Altersschichten besteht. Dies ist bemerkenswert und sicherlich der Grund dafür, wieso diese Bewegung nicht von den politischen

Tamtam-Parteien und Gewerkschaften und anderen für das lobbykratische System typischen Tamtam-Organisationen im Sinne dieses Systems kanalisiert werden kann.

Tatsächlich ist das Entstehen der Gilets-Jaunes-Bewegung auf die von der neoliberalen Doktrin der EU auferlegte Politik zurückzuführen. Denn in Frankreich, wie in allen anderen EU-Mitgliedstaaten, wird eine Politik verfolgt, die Teil des neoliberalen Projekts namens EU ist, das 1992/93 seinen Anfang nahm, und diese Politik richtet sich gegen die Interessen der Masse der Bevölkerungen in der EU. Auf der *anti*_demokratischen Basis dieses Projektes soll dann im Jahre 2025 eine „politische Union" entstehen. Aus Sicht des Autors ist die Gilets-Jaunes-Bewegung die erste schwerwiegende Reaktion auf die zutiefst verfehlte Politik der Funktionselite dieses antidemokratischen politischen Gebildes namens „EU".

Der Verlag freut sich sehr, einer ehrwürdigen Dame dafür danken zu können, daß sie sich großherzig bereit erklärt hat, den Text des Autors mit ihrer Fachkompetenz Korrektur zu lesen, obwohl sie selbst sehr beschäftigt ist. Dies ist der Grund, wieso dieses Buch schließlich am 17. Januar 2020 als Buch erscheinen konnte.

Le rayon des Lumières — Quelques remarques sur « l'Empire de la paix » *orwellien, nommé l'UE* ist ein veritables Manifest, das alles enthält, das notwendig zu wissen ist, um eine konstruktive Politik zu praktizieren, die _*ohne*_ neoliberale Glaubenssätze auskommt, und damit erst eine demokratische Entwicklung eröffnet.

Band 13:

Dieser Band behandelt ein Thema, das für das Verständnis der europäischen Sichtweise auf die Welt elementar ist, gezeigt an einem von Prof. Prodosh Aich erläuterten Beispiel, nämlich der „europäischen Herangehensweise" an das „Vedische Erbe", den daraus resultierenden Konsequenzen und dem bis heute nachwirkenden Umgang damit. Dieser Band ist im September 2019 erschienen. Wegen seiner allgemeinen Bedeutung kann dieser Band als eBook (__PDF-Format__) kostenfrei über den EndemannVerlag und als Print-Ausgabe zum Selbstkostenpreis über die Books on Demand GmbH in Norderstedt bezogen werden. Dieser von Joachim Endemann aus dem Englischen übertragene Text steht im Zusammenhang mit dem in Kapitel 7 behandelten Aspekt von Band 8 der Edition !_scheuklappenfrei_!

Band 14:

Die Frage dieses Buches: « Sie fragen noch, wie die ›Verhältnisse‹ liegen? » zu beantworten ist Ihnen nach seiner Lektüre unschwer möglich, da sie sich über seine Perspektivische *An*_Sicht, seine drei Perspektiven mit ihren 53 Aspekten, seine Perspektivische *Ab*_Sicht mit ihren neun Aspekten, seine Hinführung zum *über*_sichtenden Aspekt, seinen *über*_sichtenden wie *nach*_sichtenden Aspekt _*sowie*_ über seine zuletzt gesetzten, aber nicht at least, vier Quintessenz-Aspekte blindfleckfrei erschließt.